D1640877

Peter Forstmoser

Die aktienrechtliche Verantwortlichkeit

Die aktienrechtliche Verantwortlichkeit

Die Haftung der mit der Verwaltung,
Geschäftsführung, Kontrolle und Liquidation
einer AG betrauten Personen

2., neubearbeitete und stark erweiterte Auflage

von

Dr. iur. Peter Forstmoser
Professor an der Universität Zürich, Rechtsanwalt

Mitarbeiterin der ersten Auflage:
Dr. iur. Susy Moser, Rechtsanwältin

Schulthess Polygraphischer Verlag, Zürich 1987

Zitiervorschlag:
FORSTMOSER, Aktienrechtliche Verantwortlichkeit, 2.A.

Literatur und Judikatur sind bis 15. September 1987 berücksichtigt.

Verweisungen innerhalb des Bandes erfolgen auf die durchnumerierten Randnoten (N) oder Anmerkungen (Anm.).

© Schulthess Polygraphischer Verlag AG, Zürich 1987
ISBN 3 7255 2549 8

Aus dem Vorwort zur ersten Auflage

Ziel dieser Arbeit ist es, die aktienrechtlichen Bestimmungen über die Verantwortlichkeit systematisch und unter möglichst umfassender Verarbeitung der Judikatur und Literatur darzustellen. Sie richtet sich in erster Linie an den Praktiker, der Auskunft über die lex lata sucht. Aufzuzeigen waren freilich auch die Mängel und Unklarheiten der heutigen Ordnung. Insofern mag die Publikation auch für die rechtspolitische Diskussion nützlich sein, obwohl sich Hinweise de lege ferenda nur am Rande finden.

Zürich, im September 1978 P. FORSTMOSER

Vorwort zur zweiten Auflage

Die erste Auflage dieser Publikation ist seit langem vergriffen. Dies und die rasante Entwicklung, welche das Verantwortlichkeitsrecht in den letzten Jahren durchmachte, drängten eine Neubearbeitung auf.

Unverändert ist die *Zielsetzung:* Wie schon in der ersten Auflage wendet sich die Darstellung vorwiegend an den Praktiker, dem detailliert und belegt Antwort auf möglichst viele Fragen aus dem gesamten Bereich der aktienrechtlichen Verantwortlichkeit erteilt werden soll.

Doch ist die Publikation nicht nur auf weite Strecken neu geschrieben worden, sie hat sich auch *im Umfang nahezu verdoppelt.* Hiefür gibt es eine Reihe von Gründen:

Der zu verarbeitende *Stoff* hat in den letzten Jahren *zugenommen* wie wohl in kaum einem anderen Rechtsgebiet. Zu beachten waren gegen hundert neue Publikationen und eine Vielzahl von Urteilen (rund ein Viertel aller veröffentlichten Entscheide der letzten Jahre zum Gesellschaftsrecht betrafen die aktienrechtliche Verantwortlichkeit, vgl. hinten S. 334).

Sodann ist der Band durch verschiedene *neue Abschnitte* ergänzt worden:

– Ihrer praktischen Bedeutung entsprechend ist die Behandlung der Verantwortlichkeit im *Steuerrecht* und im *Sozialversicherungsrecht stark erweitert bzw.* neu aufgenommen worden (vgl. S. 293 ff.).

- Eingefügt wurden *Übersichten über die wesentlichsten Pflichten* der Verwaltung und Geschäftsführung sowie der Kontrollstelle (vgl. S. 238ff., 254ff.).
- Ein eigener Paragraph vermittelt *praktische Ratschläge zur Vermeidung der Organverantwortlichkeit* (S. 315ff.) und weist auf die *Versicherungsmöglichkeiten* hin (S. 327ff.).
- Endlich wurde auch die *künftige Neuordnung* der aktienrechtlichen Verantwortlichkeit – so wie sie sich heute abzeichnet – laufend in die Bearbeitung einbezogen und zudem in einer systematischen Übersicht (S. 341ff.) zusammenfassend dargestellt. Damit wird das doppelte Ziel verfolgt, einerseits auf m.E. verbliebene Mängel des Reformvorschlages hinzuweisen, anderseits aber auch bereits auf das künftige Recht vorzubereiten.

Trotz der Vielzahl von Änderungen und Ergänzungen wurde versucht, so gut es ging den bisherigen Aufbau beizubehalten. Eine Konkordanztabelle (S. 355ff.) soll den Vergleich der beiden Auflagen erleichtern und insbesondere helfen, die in Judikatur und Literatur zitierten Stellen wiederzufinden.

Erneut bin ich Mitarbeitern, Kollegen und Freunden zu Dank verpflichtet:

Meine Assistenten, lic.iur. et lic.oec. HSG STEPHAN DEKKER, RA lic.iur. RENÉ ISENSCHMID, lic.iur. ADRIAN PLÜSS und Dr.iur. FRANCO TAISCH haben mich nicht nur von administrativer Arbeit entlastet und zuverlässig recherchiert, sondern auch zu Teilfragen überzeugende materielle Vorschläge unterbreitet. Meine Sekretärin, Frau GABRIELA STADLER, hat das Manuskript erstellt – eine mühsame und langwierige Arbeit – und dabei auf eine Vielzahl formeller, teils auch inhaltlicher Mängel hingewiesen. Ihnen allen sei an dieser Stelle herzlich gedankt.

Für wertvolle Informationen und weiterführende Gespräche bin ich den Herren Prof. Dr. MARTIN SCHUBARTH, Bundesrichter, und Assessor KLAUS HÜTTE dankbar. Mit Hinweisen und Kritik unterstützt haben mich – neben vielen anderen – auch Herr Dr. HEINZ REICHWEIN, der schon die erste Auflage mit Akribie geprüft hatte, mein zu früh verstorbener Freund MAX BÜHLER, Herr lic.iur. ROLAND BÜHLER und Herr Dr. HERBERT WOHLMANN. Auch Ihnen gebührt mein herzlicher Dank.

Wiederum lagen Ausarbeitung und Niederschrift ausschliesslich in meinen Händen und trage ich für den Inhalt des Bandes die alleinige Verantwortung.

Die Arbeit wurde Ende April 1987 abgeschlossen, jedoch bis Mitte September 1987 nachgeführt. Verschiedene erst als Manuskript vorliegende Darstellungen und zahlreiche nicht oder noch nicht publizierte Entscheide konnten berücksichtigt werden.

Zürich, im August 1987   PETER FORSTMOSER

Inhaltsübersicht

Inhaltsverzeichnis	9
Abkürzungsverzeichnis	19
Literaturverzeichnis	23

§ 1 Die aktienrechtliche Verantwortlichkeit im allgemeinen   33
    A. Übersicht und Bemerkungen zur Gliederung   33
    B. Die verantwortlichen Personen   36
    C. Die Klage- und Anspruchsberechtigten   37
    D. Die Rechtsnatur der Verantwortlichkeitsansprüche   68
    E. Schaden, Schadensnachweis und Schadensberechnung   73
    F. Pflichtverletzung der Verantwortlichen; widerrechtliches bzw. vertragswidriges Verhalten   92
    G. Adäquater Kausalzusammenhang   97
    H. Verschulden   104
    I. Schadenersatzbemessung   121
    K. Mehrheit von Ersatzpflichtigen   126
    L. Untergang der Ersatzansprüche und Ausschluss des Klagerechts   140
    M. Ergänzende prozessuale und vollstreckungsrechtliche Ausführungen   181
    N. Das Verhältnis zu anderen Haftungsgrundlagen   187
    O. Das Verhältnis zu anderen Rechtsbehelfen von Aktionären und Gläubigern   195
    P. Internationales Privatrecht   201

§ 2 Die Haftung der mit der Verwaltung und Geschäftsführung betrauten Personen insbesondere   205

§ 3 Die Haftung der Mitglieder der Kontrollstelle insbesondere   251

§ 4 Die Gründerhaftung insbesondere   263

§ 5 Die Prospekthaftung insbesondere   277

§ 6 Die Haftung der Liquidatoren insbesondere   289

§ 7 Exkurs: Verantwortlichkeit im Strafrecht, im Steuerrecht und im Sozialversicherungsrecht   293

§ 8 Hinweise zur Vermeidung der Organverantwortlichkeit 315

§ 9 Die praktische Bedeutung der aktienrechtlichen
    Verantwortlichkeit 333

§ 10 Die Ordnung der Verantwortlichkeit im künftigen
     schweizerischen Aktienrecht 341

Konkordanzregister der Randziffern der ersten zur zweiten Auflage 355
Sachregister 365

Inhaltsverzeichnis

Inhaltsübersicht	7
Inhaltsverzeichnis	9
Abkürzungsverzeichnis	19
Literaturverzeichnis	23

§ 1 Die aktienrechtliche Verantwortlichkeit im allgemeinen — 33

   A. Übersicht und Bemerkungen zur Gliederung — 33

   B. Die verantwortlichen Personen — 36
      I. Aktienrechtliche Verantwortlichkeit als persönliche Verantwortlichkeit — 36
      II. Übersicht über den Kreis der Verantwortlichen — 36

   C. Die Klage- und Anspruchsberechtigten — 37
      I. Übersicht — 37
      II. Ansprüche und Klagerecht der Gesellschaft — 37
         1. Allgemeines — 37
         2. Der Entscheid über die Geltendmachung von Verantwortlichkeitsklagen — 38
         3. Die Vertretung der Gesellschaft bei der Geltendmachung — 40
         4. Ausschluss des Klagerechts trotz pflichtwidrigen Verhaltens — 40
         5. Verhältnis zum Klagerecht von Aktionären und Gläubigern — 41
      III. Ansprüche und Klagerechte der Aktionäre — 41
         1. Bei unmittelbarem Schaden — 42
         2. Bei mittelbarem Schaden — 43
           2.1. Geltendmachung ausser Konkurs — 44
           2.2. Geltendmachung im Konkurs und im Falle eines Nachlassvertrages mit Vermögensabtretung — 47
      IV. Ansprüche und Klagerechte der Gläubiger — 56
         1. Bei unmittelbarem Schaden — 56
         2. Bei mittelbarem Schaden — 58
           2.1. Geltendmachung ausser Konkurs — 59
           2.2. Geltendmachung im Konkurs und im Falle eines Nachlassvertrages mit Vermögensabtretung — 60
      V. Exkurs: Ansprüche und Klagerechte von Genussscheinberechtigten und Partizipanten — 65
      VI. Mehrheit von Klageberechtigten und von Klagerechten — 67
         1. Mehrheit von Klageberechtigten — 67
         2. Mehrheit von Klagerechten — 68

   D. Die Rechtsnatur der Verantwortlichkeitsansprüche — 68
      I. Allgemeines — 68
         1. Unterschiede in der Rechtsnatur der verschiedenen Verantwortlichkeitsansprüche — 68

Inhaltsverzeichnis

2. Praktische Bedeutung der Qualifizierung	68
II. Ansprüche gegen die mit der Verwaltung, Geschäftsführung, Kontrolle und Liquidation betrauten Personen (OR 754)	69
1. Ansprüche der Gesellschaft	69
2. Ansprüche der Gesellschafter	70
3. Ansprüche der Gläubiger	70
III. Ansprüche aus Gründerhaftung	72
IV. Ansprüche aus Prospekthaftung	72
E. Schaden, Schadensnachweis und Schadensberechnung	**73**
I. Der Schaden als Voraussetzung von Verantwortlichkeitsansprüchen	73
II. Schadensnachweis und Schadensberechnung	75
III. Unmittelbarer und mittelbarer Schaden	79
1. Die Bedeutung der Unterscheidung	79
2. Unmittelbarer Schaden	80
3. Mittelbarer Schaden	82
4. Möglichkeit einer Verbindung von unmittelbarer und mittelbarer Schädigung	83
5. Die Rechtsnatur der Klage aus mittelbarem Schaden insbesondere	84
6. Das Verhältnis der Klage aus mittelbarem Schaden zu den Klagen gestützt auf eine Abtretung nach SchKG 260 I bzw. OR 164ff.	88
7. Folgerungen der unterschiedlichen Klagegrundlagen für die Höhe des einklagbaren Schadens, die möglichen Einreden und die relevanten Pflichtwidrigkeiten	89
8. Kritik an der gesetzlichen Ordnung und Hinweis auf die Aktienrechtsreform	91
F. Pflichtverletzung der Verantwortlichen; widerrechtliches bzw. vertragswidriges Verhalten	**92**
I. Allgemeines	92
II. Die Tatbestände der Pflichtwidrigkeit (Übersicht)	93
III. Einschränkung: Haftung für Gläubigerschaden nur bei Verletzung aktienrechtlicher Gläubigerschutzbestimmungen	94
IV. Ausschluss der Pflichtwidrigkeit	96
1. Einwilligung des Geschädigten	96
2. Ausführung von Generalversammlungsbeschlüssen bzw. Handeln auf Weisung des Verwaltungsrates	97
G. Adäquater Kausalzusammenhang	**97**
1. Adäquater Kausalzusammenhang als Voraussetzung der Schadenersatzpflicht	97
2. Inadäquanz bzw. Unterbrechung des Kausalzusammenhangs	102
H. Verschulden	**104**
I. Der Grundsatz: Haftung für jedes Verschulden, auch für die leichte Fahrlässigkeit	104

II. Anforderungen an die zu beobachtende Sorgfalt: objektivierter
Verschuldensmassstab 106
1. Allgemeines 106
2. Berücksichtigung des Umfangs der Geschäftstätigkeit 107
3. Allfälliges Ungenügen der in eigenen Angelegenheiten beachteten
Sorgfalt 108
4. Mangelnde und besondere Kenntnisse, persönliche Interessen der
Handelnden 108
5. Zeitmangel, Krankheit, Abwesenheit und Stillschweigen 111
6. Fiduziarische Tätigkeit und Befolgung von Weisungen übergeordneter
Organe 113
7. Kompetenzaufteilung, Kompetenzdelegation und Übertragung von
Ausführungshandlungen auf Dritte 114
7.1. Kompetenzaufteilung 114
7.2. Kompetenzdelegation 115
7.3. Übertragung von Ausführungshandlungen auf Dritte 118
7.4. Formerfordernisse 119
8. Verschulden bei als Kontrollstelle amtierenden juristischen Personen 120
9. Der massgebliche Zeitpunkt für die Beurteilung des Verschuldens 120
10. Kasuistik 120
III. Die Beweislast 120

I. Schadenersatzbemessung 121
I. Der Grundsatz des vollen Schadenersatzes 121
II. Reduktionsgründe 122
1. Allgemeines 122
2. Selbstverschulden und weitere Umstände beim Geschädigten
(OR 44 I) 122
3. Leichte Fahrlässigkeit (OR 43 I) 124
4. Drittverschulden und konkurrierender Zufall 124
5. Geringe Entschädigung und Unentgeltlichkeit als Reduktionsgründe
(Anwendbarkeit von OR 99 II)? 125
6. Besondere Umstände in der Person des Schädigers 125

K. Mehrheit von Ersatzpflichtigen 126
I. Solidarität im Aussenverhältnis 126
1. Der Grundsatz 126
2. Das Verhältnis von Haftpflichtigen verschiedener Kategorien
(insbesondere die Solidarhaftung zwischen Mitgliedern der Verwaltung
und der Kontrollstelle) 128
3. Haftung für den ganzen Schaden oder nur für den adäquat
verursachten Teil? 129
4. Die Beachtung von Herabsetzungsgründen im allgemeinen 132
5. Zur Frage der Berücksichtigung des leichten Verschuldens
insbesondere 132
II. Die Auseinandersetzung im Innenverhältnis: der Rückgriff 136

L. Untergang der Ersatzansprüche und Ausschluss des Klagerechts 140
I. Infolge Entlastung durch die Generalversammlung 140
1. Allgemeine Voraussetzungen der Beschlussfassung und Wirkungen der Entlastung, Anwendungsbereich 140
   1.1. Voraussetzungen der Beschlussfassung 140
   1.2. Wirkungen der Entlastung und Anwendungsbereich im allgemeinen 146
2. Wirkungen des gültigen Entlastungsbeschlusses auf die Ersatzansprüche der Gesellschaft 153
3. Wirkungen des gültigen Entlastungsbeschlusses auf die Ersatzansprüche der Aktionäre 154
4. Wirkungen des gültigen Entlastungsbeschlusses auf die Ersatzansprüche der Gläubiger 157
5. Wirkungen nichtiger, anfechtbarer oder unverbindlicher Entlastungsbeschlüsse 157

II. Infolge Urteils und Vergleichs 159
1. Allgemeines 159
2. Wirkungen auf die Klagerechte der Gesellschaft 159
3. Wirkungen auf die Klagerechte von Aktionären 159
4. Wirkungen auf die Klagerechte von Gläubigern 162
5. Wirkungen von Urteil und Vergleich bei solidarischer Haftung 162
6. Exkurs: Wirkungen des Verzichts 162

III. Infolge Verjährung und Verwirkung 162
1. Übersicht 162
2. Die ordentliche fünfjährige Verjährungsfrist und die Verjährung im allgemeinen 163
3. Die absolute zehnjährige Verjährungsfrist 168
4. Längere Verjährungsfristen bei strafbaren Handlungen 168
5. Die Verwirkungsfrist von OR 757 171
6. Exkurs: Rechtsmissbräuchliche Verzögerung der gerichtlichen Geltendmachung 171

IV. Infolge Verrechnung 171

V. Infolge Löschung der Gesellschaft? 173
1. Das Klagerecht von Aktionären und Gläubigern 173
2. Das Klagerecht der Gesellschaft 174
3. Wiedereintragung der gelöschten Gesellschaft 174

VI. Exkurs I: Handeln in Ausführung von Generalversammlungsbeschlüssen oder in Kenntnis aller Aktionäre oder Gründer; Handeln in Kenntnis des gesamten Verwaltungsrates und in Kenntnis von Gläubigern 175
1. Handeln aufgrund eines Generalversammlungsbeschlusses bzw. mit Zustimmung aller Aktionäre 175
2. Handeln in Kenntnis und mit Zustimmung sämtlicher Gründer 178
3. Handeln in Kenntnis und mit Zustimmung sämtlicher Mitglieder des Verwaltungsrates 179
4. Handeln in Kenntnis und mit Zustimmung von Gläubigern 179

VII. Exkurs II: Unzulässigkeit von Rückerstattungsvereinbarungen mit der Gesellschaft, Zulässigkeit der Zahlung von Versicherungsprämien durch die Gesellschaft — 180

M. Ergänzende prozessuale und vollstreckungsrechtliche Ausführungen — 181
    I. Gerichtsstand und sachliche Zuständigkeit für Verantwortlichkeitsklagen — 181
        1. Der einheitliche Gerichtsstand am Sitz der Gesellschaft nach OR 761 — 181
        2. Abweichende statutarische Bestimmungen zum Gerichtsstand und Schiedsgerichtsklauseln — 183
    II. Der Streitwert — 186
    III. Zur Vollstreckung der Ersatzansprüche — 187
        1. Bei der Klage aus unmittelbarem Schaden — 187
        2. Bei der Klage aus mittelbarem Schaden — 187

N. Das Verhältnis zu anderen Haftungsgrundlagen — 187
    I. Haftung aus Vertrag — 187
        1. Haftung aus Arbeitsvertrags- und Auftragsrecht — 187
        2. Haftung aus Kaufvertrag — 191
    II. Haftung aus unerlaubter Handlung — 191
    III. Haftung bei Gründungsmängeln und für Rechtshandlungen vor der Inkorporierung — 193
    IV. Haftung wegen Unterlassens von Handelsregisteranmeldungen — 194

O. Das Verhältnis zu anderen Rechtsbehelfen von Aktionären und Gläubigern — 195
    I. Das Verhältnis zur Haftung der Gesellschaft für unerlaubte Handlungen ihrer Organe — 195
    II. Das Verhältnis zur Haftung der Gesellschaft aus Vertrag — 197
    III. Das Verhältnis zur Anfechtungsklage des Aktionärs sowie zur Klage des Aktionärs oder Gläubigers auf Feststellung der Nichtigkeit von Gesellschaftsbeschlüssen — 198
    IV. Das Verhältnis zur Auflösungsklage — 199
    V. Das Verhältnis zum Rückerstattungsanspruch gemäss OR 678f. — 200
    VI. Exkurs: Zur Möglichkeit von Feststellungsklagen — 201

P. Internationales Privatrecht — 201

§ 2 Die Haftung der mit der Verwaltung und Geschäftsführung betrauten Personen insbesondere — 205

    I. Der Anwendungsbereich der Haftungsnormen im allgemeinen — 205
        1. Organstellung als Voraussetzung für die Unterstellung — 205
        2. Formelle Organstellung — 209
        3. Materielle oder faktische Organstellung — 209
        4. Organstellung durch Kundgabe — 214

Inhaltsverzeichnis

	5. Unterschiedlicher Umfang der Verantwortung je nach Art der Begründung der Organstellung	215
II.	Die verantwortlichen Personen im einzelnen	217
	1. Die Mitglieder des Verwaltungsrates im allgemeinen	217
	2. Der fiduziarische Verwaltungsrat	218
	3. Die Haftung des stillen und des verdeckten Verwaltungsrates sowie des Beirates	220
	4. Die Haftung des Hintermannes und des Hauptaktionärs sowie in Konzernverhältnissen	221
	5. Die Haftung von juristischen Personen oder Handelsgesellschaften sowie des Gemeinwesens für von ihnen entsandte Mitglieder der Verwaltung	225
	5.1. Die Haftung von juristischen Personen oder Handelsgesellschaften bei offener Delegation	225
	5.2. Die Haftung von juristischen Personen oder Handelsgesellschaften bei verdeckter Delegation	229
	5.3. Die Haftung des Gemeinwesens	229
	6. In den Verwaltungsrat gewählte und weitere Berater	231
	7. Suppleanten	231
	8. Direktoren, Prokuristen, Handlungsbevollmächtigte sowie der Sekretär des Verwaltungsrates	232
	9. Exkurs I: Die Haftung des Beistandes	233
	10. Exkurs II: Die Haftung von Diplomaten	233
	11. Beginn und Ende der Verantwortlichkeit	234
	11.1. Beginn	234
	11.2. Ende	235
III.	Die Pflichten der mit der Verwaltung und Geschäftsführung befassten Personen (Übersicht)	238
	1. Pflichten der Verwaltung im formellen Sinn	238
	2. Pflichten bei materieller Organstellung	240
	3. Pflichten bei Organstellung infolge Kundgabe	240
IV.	Pflichtverletzungen der mit der Verwaltung und Geschäftsführung betrauten Personen (Kasuistik)	240
	1. Entzug von Vermögen ohne entsprechende Gegenleistung, insbesondere zugunsten von einzelnen Aktionären oder Organpersonen	240
	2. Ungenügende Sorgfalt in der Auswahl, Überwachung und Instruktion von Mitarbeitern und Organen	242
	3. Ungenügende Sorgfalt in der Vermögensverwaltung	244
	4. Ungenügende Sorgfalt bei der Durchsetzung der Liberierungsforderung	246
	5. Ungenügende Kenntnisse, kein Beizug von Fachleuten	247
	6. Ungenügende Sorgfalt im Zusammenhang mit der Generalversammlung	247
	7. Missachtung der Buchführungspflichten	248
	8. Missachtung der Vorschriften bei Unterdeckung und Überschuldung	248
	9. Verschiedenes	249

§ 3 Die Haftung der Mitglieder der Kontrollstelle insbesondere   251

    I. Der Anwendungsbereich der aktienrechtlichen
Verantwortlichkeitsbestimmungen   251
        1. Haftung für spezifische Kontrollstellaufgaben   251
        2. Insbesondere bei der Bestellung einer juristischen Person als
Kontrollstelle   252
        3. Haftung aufgrund einer faktischen Ausübung des
Kontrollstellmandats?   253
        4. Haftung besonderer Sachverständiger und Kommissäre im Sinne von
OR 723 I, 731 II und 732 II; Haftung der bankengesetzlichen
Revisionsstelle   253
        5. Zeitlicher Geltungsbereich   254
    II. Die Pflichten der Kontrollstelle (Übersicht)   254
    III. Die Pflichtverletzungen insbesondere (Kasuistik)   256
        1. Verletzung der Prüfungspflichten   256
        2. Missachtung von Meldepflichten   259
        3. Unterlassen der Einberufung   261
        4. Ungenügende Kenntnisse, kein Beizug von Fachleuten   261

§ 4 Die Gründerhaftung insbesondere   263

    I. Der Anwendungsbereich der Gründerhaftung im allgemeinen   263
        1. Das Gründungsstadium im Sinne von OR 753   263
        2. Abgrenzung zur Prospekthaftung und zur Haftung aus
Geschäftsführung   266
    II. Der der Gründerhaftung unterworfene Personenkreis   267
        1. Allgemeines   267
        2. Der Kreis der Verantwortlichen im einzelnen   268
    III. Die Tatbestände der Gründerhaftung   272
        1. Allgemeines   272
        2. Verletzung von Vorschriften über die qualifizierte Gründung
(OR 753 Ziff. 1)   273
        3. Erwirken des Handelsregistereintrages durch eine unrichtige Angaben
enthaltende Bescheinigung oder Urkunde (OR 753 Ziff. 2)   273
        4. Wissentliche Annahme von Zeichnungen zahlungsunfähiger Personen
(OR 753 Ziff. 3)   274
        5. Kasuistik   275

§ 5 Die Prospekthaftung insbesondere   277

    I. Der Anwendungsbereich der Prospekthaftung im allgemeinen   277
        1. Anwendung auf die Aktienausgabe bei Gründung und
Kapitalerhöhung sowie auf die Ausgabe von Obligationen   277
        2. Die Kundgebungen im Sinne von OR 752   280
        3. Aktien- und Obligationenausgabe durch ausländische Gesellschaften   281

	4. Abgrenzung zur Gründer- und zur Geschäftsführungshaftung	282
	5. Exkurs: Die Prospekthaftung nach dem Revisionsentwurf	282
II.	Der der Prospekthaftung unterworfene Personenkreis	283
III.	Die Anspruchsberechtigten	284
IV.	Die Tatbestände der Prospekthaftung	285
	1. Aufstellen oder Verbreitung von unrichtigen oder den gesetzlichen Erfordernissen nicht entsprechenden Angaben	285
	2. Beschränkung auf die unmittelbare Schädigung von Aktionären und Obligationären	286
	3. Kasuistik	286

§ 6 Die Haftung der Liquidatoren insbesondere 289

I.	Der Anwendungsbereich der aktienrechtlichen Haftung aus Liquidation im allgemeinen und ihr Verhältnis zur Haftung nach SchKG 5	289
II.	Der der Haftung aus Liquidation unterworfene Personenkreis	290
III.	Die Tatbestände der Haftung aus Liquidation	291
	1. Allgemeines	291
	2. Kasuistik	291

§ 7 Exkurs: Verantwortlichkeit im Strafrecht, im Steuerrecht und im Sozialversicherungsrecht 293

I.	Strafrechtliche Verantwortlichkeit	293
	1. Gesetzesbestimmungen	293
	2. Literatur (Auswahl)	296
II.	Persönliche Haftung von Organpersonen für Steuern	298
	1. Allgemeines und Literaturhinweise	298
	2. Verrechnungssteuer	298
	3. Direkte Bundessteuer	301
	4. Andere bundesrechtliche Haftungsnormen	302
	5. Steuerhaftungsnormen auf kantonaler Ebene	303
	6. Exkurs: Haftung für Steuern aufgrund von OR 754	304
III.	Persönliche Haftung von Organpersonen für Sozialabgaben	305
	1. Allgemeines und Literaturhinweise	305
	2. BG über die Alters- und Hinterlassenenversicherung	305
	2.1. Die Haftungsgrundlage	305
	2.2. Der Kreis der Haftpflichtigen	306
	2.3. Der Schaden	307
	2.4. Das Erfordernis einer Pflichtverletzung	307
	2.5. Der Verschuldensmassstab	308
	2.6. Rechtfertigungs-, Exkulpations- und Herabsetzungsgründe	310
	2.7. Der Haftungsumfang	312
	2.8. Die Dauer der Verantwortlichkeit	312
	2.9. Die Verjährung	312
	2.10. Verfahren, Rückgriffsrecht und Gerichtsstand	313

　　　　3. BG über die berufliche Alters-, Hinterlassenen- und Invalidenvorsorge　313
　　　　4. Weitere Haftungsnormen im Sozialversicherungsrecht　313

§ 8 Hinweise zur Vermeidung der Organverantwortlichkeit　315
　　I. Vermeidung der Haftung als Mitglied des Verwaltungsrates　315
　　　　1. Handeln wie ein sorgfältiger Einzelunternehmer　316
　　　　2. Die Minderheit leben lassen　316
　　　　3. Das Spiel der AG spielen　317
　　　　4. Sicherstellung einer angemessenen Organisation　318
　　　　5. Konzentration auf die obersten, nicht delegierbaren Aufgaben　319
　　　　6. Erfüllung der Buchführungsvorschriften　320
　　　　7. Wahl einer qualifizierten Kontrollstelle　320
　　　　8. Sorgfalt und Zurückhaltung bei der Einräumung von Vollmachten　320
　　　　9. Einhalten der Formalien　321
　　　10. Überprüfung der Erfüllung öffentlich-rechtlicher Abgabe- und Beitragsforderungen　322
　　　11. Klare Regelung bei Treuhandverhältnissen　322
　　　12. Folgerung　322
　　II. Vermeidung der Haftung als Kontrollstelle　323
　　　　1. Materielle Kontrolle und Bewertung der wichtigsten Bilanzpositionen　323
　　　　2. Erstellen einer angemessenen Dokumentation　324
　　　　3. Selbständige Prüfung und Bewertung, allenfalls unter Beizug unabhängiger Sachverständiger　324
　　　　4. Pflicht zu Orientierungen und Vorbehalten　325
　　　　5. Allfällige Pflicht zur Einberufung der Generalversammlung　326
　　　　6. Genaue Prüfung der «Partner»　326
　　　　7. Beachtung der Kontrollstellpflichten auch bei der Einmann-AG　326
　　III. Exkurs: Zur Versicherbarkeit der Haftungsrisiken　327
　　　　1. Allgemeines　327
　　　　2. Umfang und Grenzen der Versicherungsdeckung　328
　　　　3. Zulässigkeit der Prämienzahlung durch die Gesellschaft　331

§ 9 Die praktische Bedeutung der aktienrechtlichen Verantwortlichkeit　333
　　I. Sprunghafter Anstieg von Verantwortlichkeitsansprüchen in den letzten Jahren　333
　　II. Folgenlosigkeit zahlreicher Fälle auch grober Fahrlässigkeit　335
　　III. Ungewöhnliche Härte für die Betroffenen　336
　　IV. Folgerungen und praktische Erwägungen zum Haftungsrisiko　338

§ 10 Die Ordnung der Verantwortlichkeit im künftigen schweizerischen Aktienrecht 341

    I. Allgemeines zur Reform des schweizerischen Aktienrechts, Literaturhinweise 341

    II. Die geplante Neuordnung des Verantwortlichkeitsrechts 343
        1. Allgemeines 343
        2. Der Wortlaut der Verantwortlichkeitsbestimmungen 343
        3. Weitere für die Verantwortlichkeit bedeutsame Reformvorschläge 346

    III. Würdigung 348
        1. Hinweise zu den einzelnen Artikeln 348
        2. Zu den Tendenzen des Reformvorschlages 353

Konkordanzregister der Randziffern der ersten zur zweiten Auflage 355

Sachregister 365

Abkürzungsverzeichnis

A.	Auflage
a.A.	am Anfang
a.a.O.	am angeführten Ort
a.E.	am Ende
AG	Aktiengesellschaft; Die Aktiengesellschaft, Zeitschrift für das gesamte Aktienwesen (Köln)
AGVE	Aargauische Gerichts- und Verwaltungsentscheide (Aarau)
AHVG	BG über die Alters- und Hinterlassenenversicherung vom 20.12.1946
AHVV	Verordnung über die Alters- und Hinterlassenenversicherung vom 31.10.1947
AktG	(Deutsches) Aktiengesetz vom 6.9.1965
altOR	altes Obligationenrecht = Bundesgesetz über das Obligationenrecht vom 14.7.1881
a.M.	anderer Meinung
Anm.	Anmerkung, Fussnote
Art.	Artikel
AS	Amtliche Sammlung der Bundesgesetze und Verordnungen (Bern)
ASA	Archiv für schweizerisches Abgaberecht (Bern)
ASR	Abhandlungen zum schweizerischen Recht (Bern)
BankG	Bundesgesetz über die Banken und Sparkassen vom 8.11.1934
Basler Studien	Basler Studien zur Rechtswissenschaft (Basel)
BB	Bundesbeschluss
BBl	Schweizerisches Bundesblatt (Bern)
Bd.	Band
BdBSt	BRB über die Erhebung einer direkten Bundessteuer vom 9.12.1940
Ber I	Huber, Eugen: Bericht über die Revision der Titel 24 bis 33 des schweizerischen Obligationenrechts (1920)
Ber II	Hoffmann, Arthur: Zweiter Bericht über die Revision der Titel 24 bis 33 des schweizerischen Obligationenrechts (1925)
Berner Kommentar	Kommentar zum schweizerischen Privatrecht (Bern)
BezGer	Bezirksgericht
BG	Bundesgesetz
BGE	Amtliche Sammlung der Entscheidungen des Bundesgerichtes (Lausanne)
BGer	Bundesgericht
BGH	Bundesgerichtshof

BGHZ	Entscheidungen des deutschen Bundesgerichtshofes in Zivilsachen (Detmold)
BJM	Basler Juristische Mitteilungen (Basel)
BlSchK	Blätter für Schuldbetreibung und Konkurs
BN	Der Bernische Notar (Bern)
Botschaft	Botschaft des Bundesrates; ohne besondere Angabe jene zu einem Gesetzesentwurf über die Revision der Titel 24 bis 33 des schweizerischen Obligationenrechts vom 21.2.1928
Botschaft 1983	Botschaft des Bundesrates über die Revision des Aktienrechts vom 23. Februar 1983, BBl 1983 II 745ff.
BRB	Bundesratsbeschluss
BS	Bereinigte Sammlung der Bundesgesetze und Verordnungen 1848–1947
BV	Bundesverfassung
BVG	BG über die berufliche Alters-, Hinterlassenen- und Invalidenvorsorge vom 25.6.1982
DBG	Entwurf für ein BG über die direkte Bundessteuer vom 25.5.1983
ders.	derselbe (Autor)
Diss.	Dissertation
E	Erwägung(en), Entwurf
EBK Bulletin	Bulletin der Eidg. Bankenkommission (Bern)
gl.M.	gleicher Meinung
GmbH	Gesellschaft mit beschränkter Haftung
GVP	St. Gallische Gerichts- und Verwaltungspraxis (St. Gallen)
hg. Hg.	herausgegeben, Herausgeber
HReg	Handelsregister
HRV	V über das Handelsregister vom 7.6.1937
IPR	Internationales Privatrecht
IPRax	Praxis des internationalen Privat- und Verfahrensrechts (Bielefeld)
JT	Journal des Tribunaux (Lausanne)
JZ	Juristenzeitung (Tübingen)
lit.	litera
Lit.	Literatur
LJZ	Liechtensteinische Juristen-Zeitung (Vaduz)
LuzMax	Grundsätzliche Entscheidungen des luzernischen Obergerichtes und seiner Abteilungen (Luzern)
Maschschr	Maschinenschrift, Vervielfältigung
MBVR	Monatsschrift für bernisches Verwaltungsrecht und Notariatswesen (Bern)
m.E.	meines Erachtens

m.W.	meines Wissens
N	Note, Randnote
NF	Neue Folge
NJW	Neue Juristische Wochenschrift (München)
n.p.	nicht publiziert
NZZ	Neue Zürcher Zeitung
OGer	Obergericht
OLG	Oberlandesgericht
OR	Obligationenrecht vom 30.3.1911/18.12.1936
PKG	Die Praxis des Kantonsgerichtes von Graubünden
Pra	Die Praxis des Bundesgerichtes (Basel)
ProtExp.	Protokoll der Expertenkommission für die Revision der Titel 24 bis 33 des Obligationenrechts (1928)
PVG	Praxis des Verwaltungsgerichtes des Kantons Graubünden
Recueil	Recueil de jurisprudence neuchâteloise (Neuchâtel)
Rep	Repertorio di Giurisprudenza Patria
RevE	Entwurf für eine Revision des Aktienrechts gemäss der bundesrätlichen Botschaft (BBl 1983 II 745ff., 950ff.), unter Berücksichtigung der in der ersten Lesung des Nationalrates vorgenommenen Änderungen
RGZ	Entscheidungen des Deutschen Reichsgerichts in Zivilsachen (Leipzig)
RJN	Recueil de jurisprudence neuchâteloise (Neuchâtel)
RVJ	Revue valaisanne de Jurisprudence
SAG	Schweizerische Aktiengesellschaft, Zeitschrift für Handels- und Wirtschaftsrecht (Zürich)
SchKG	BG über Schuldbetreibung und Konkurs vom 11.4.1889
Schweizer Schriften	Schweizer Schriften zum Handels- und Wirtschaftsrecht (Zürich)
Sem	La Semaine judiciaire (Genf)
SHAB	Schweizerisches Handelsamtsblatt (Bern)
SJK	Schweizerische Juristische Kartothek
SJZ	Schweizerische Juristen-Zeitung (Zürich)
SR	Systematische Sammlung des Bundesrechts/Steuer-Revue (Bern)
SSHW	Schweizer Schriften zum Handels- und Wirtschaftsrecht (Zürich)
ST	Der Schweizer Treuhänder (Zürich)
StenBull NR/StR	Amtliches Stenographisches Bulletin der Bundesversammlung, Nationalrat/Ständerat
StG	Steuergesetz
StGB	Schweizerisches Strafgesetzbuch vom 21.12.1937

SUB	Schluss- und Übergangsbestimmungen
V	Verordnung
VAR	Vierteljahresschrift für aargauische Rechtsprechung
VEB	Verwaltungsentscheide der Bundesbehörden
Vorb.	Vorbemerkung(en)
VStG	BG über die Verrechnungssteuer vom 13.10.1965
VV	Vollziehungsverordnung
VVG	BG über den Versicherungsvertrag vom 2.4.1908
WR	Wirtschaft und Recht, Zeitschrift für Wirtschaftspolitik und Wirtschaftsrecht mit Einschluss des Sozial- und Arbeitsrechts (Zürich)
ZAK	Zeitschrift für Ausgleichskassen
ZBGR	Schweizerische Zeitschrift für Beurkundungs- und Grundbuchrecht (Zürich)
ZBJV	Zeitschrift des Bernischen Juristenvereins (Bern)
ZBl	Schweizerisches Zentralblatt für Staats- und Gemeindeverwaltung (Zürich)
ZBR	Zürcher Beiträge zur Rechtswissenschaft (Zürich)
ZGB	Schweizerisches Zivilgesetzbuch vom 10.12.1907
ZGR	Zeitschrift für Unternehmens- und Gesellschaftsrecht (Frankfurt a.M.)
ZHR	Zeitschrift für das gesamte Handels- und Wirtschaftsrecht (Stuttgart)
Ziff.	Ziffer
ZIP	Zeitschrift für Wirtschaftsrecht (Köln)
ZPO	Zivilprozessordnung
ZR	Blätter für zürcherische Rechtsprechung (Zürich)
ZSR	Zeitschrift für schweizerisches Recht (Basel)
ZStÖR/P/Str/V/IR	Zürcher Studien zum öffentlichen Recht / Privatrecht / Strafrecht / Verfahrensrecht / Internationalen Recht (Zürich)
ZStR	Schweizerische Zeitschrift für Strafrecht (Bern)
Zürcher Beiträge	Zürcher Beiträge zur Rechtswissenschaft, Neue Folge (Zürich)
Zürcher Kommentar	Kommentar zum Schweizerischen Zivilgesetzbuch und Obligationenrecht (Zürich)
ZVW	Zeitschrift für Vormundschaftswesen (Zürich)

Literaturverzeichnis

Die nachstehend aufgeführten Publikationen werden nur mit dem Autornamen und nötigenfalls mit dem *kursiv* gesetzten Stichwort zitiert.

ALBERS-SCHÖNBERG MAX: Haftungsverhältnisse im Konzern (Diss. Zürich 1980 = Schweizer Schriften Bd. 44) insbes. 29 ff., 168 ff.

BALLY DAN: La Responsabilité des dirigents envers les créanciers sociaux en cas de faillite de la société anonyme: étude de droit français avec référence au droit suisse (Diss. Lausanne 1982)

BÄR HANS J.: Der Verwaltungsrat der herrschenden bzw. der abhängigen Gesellschaft im Konzern – aus der Sicht eines Praktikers, in: Die Verantwortung des Verwaltungsrates in der AG (Schweizer Schriften Bd. 29, Zürich 1978) 95 ff.

BÄR ROLF: Verantwortlichkeit des Verwaltungsrates der Aktiengesellschaft, Probleme bei einer Mehrheit von verantwortlichen Personen, ZBJV 106 (1970) 457 ff.
- *Funktionsgerechte Ordnung* der Verantwortlichkeit des Verwaltungsrats, SAG 58 (1986) 57 ff.

BÄTTIG KURT: Die *Verantwortlichkeit* der Kontrollstelle im Aktienrecht (Diss. St. Gallen 1976 = Schriftenreihe der Schweiz. Treuhand- und Revisionskammer 16)
- Die Verantwortlichkeit der Kontrollstelle in der *Bundesgerichtspraxis,* in: Aufgaben und Verantwortlichkeit der Kontrollstelle (Zürich 1979 = Schriftenreihe der Schweiz. Treuhand- und Revisionskammer 36) 39 ff.

BECKER HERMANN: Obligationenrecht Allgemeine Bestimmungen (Berner Kommentar) (2. A. Bern 1941/1945)

BÉGUELIN JACQUES: La responsabilité fiscale des liquidateurs de sociétés anonymes..., in: Mélanges Henri Zwahlen (Lausanne 1977) 535 ff.

BENZ HANSPETER: Die Haftpflichtversicherung der Kontrollstelle, in: Aufgaben und Verantwortlichkeit der Kontrollstelle, Schriftenreihe der Schweiz. Treuhand- und Revisionskammer Bd. 36 (Zürich 1979) 51 ff.

BERWEGER HANS: Die Prüfung der Geschäftsführung durch die Kontrollstelle im schweizerischen Aktienrecht (Diss. Basel 1980 = Schriftenreihe der Schweiz. Treuhand-und Revisionskammer 43) insbes. 153 ff.

BIGGEL HANS: Die Verantwortlichkeit des Verwaltungsrates gemäss Art. 673 ff. OR/754 ff. rev.OR unter Berücksichtigung des geltenden und kommenden deutschen, französischen und italienischen Rechts (Diss. Zürich 1940)

BLICKENSTORFER KURT U.: Die genossenschaftsrechtliche Verantwortlichkeit (Diss. Zürich 1987 = Schweizer Schriften Bd. 91)

BÖCKLI PETER: Haftung des Verwaltungsrates für Steuern, SR 40 (1985) 519; fast unverändert auch veröffentlicht in: Die Haftung des Verwaltungsrates (Schweizer Schriften Bd. 87) 87 ff.

BODMER DANIEL/KLEINER BEAT/LUTZ BENNO: Kommentar zum BG über die Banken und Sparkassen (Zürich 1976, mit Nachträgen) zu Art. 38 ff.

BOSSARD ERNST: Die Organhaftung der Kontrollstelle aus Aktien- und Bankenrecht, ST 50 (1976) Heft 9, 2 ff.

BREHM ROLAND: Berner Kommentar Bd. VI/1/3/1/1. Lieferung: Art. 41–44 OR (Bern 1986)

BUCHER EUGEN: Schweizerisches Obligationenrecht Allgemeiner Teil (Zürich 1979)

BURCKHARDT MATHIAS: Die Pflichten und die Verantwortlichkeit der Verwaltung der AG nach schweizerischem, französischem und deutschem Recht (Diss. Basel 1969, Maschschr)

BÜRGI WOLFHART F.: Probleme differenzierter Schadenersatzpflicht bei der Solidarhaftung von Verwaltungsräten der AG, in: Festgabe der juristischen Abteilung der Hochschule St. Gallen ... zum Schweizerischen Juristentag 1965 (Bern 1965) 29 ff.

BÜRGI WOLFHART F./NORDMANN-ZIMMERMANN U.: Die Aktiengesellschaft, Zürcher Kommentar Bd. V/b/3: Art. 739–771 (Zürich 1970–1979).

BURKI OTTO: Pflichtprüfung und Verantwortlichkeit der Pflichtprüfer nach schweizerischem Bankengesetz und revidiertem Obligationenrecht (Diss. Zürich 1942)

DESCHENAUX HENRI/TERCIER PIERRE: La responsabilité civile (2.A. Bern 1982)

DESSEMONTET FRANÇOIS: *Action sociale,* actions individuelles et cession des actions en responsabilité, in: La responsabilité des administrateurs de sociétés anonymes, publication CEDIDAC 8 (Lausanne 1987) 49 ff.

DESSEMONTET FRANÇOIS (avec la collaboration de BLAISE BATTISTOLO, IVAN CHERPILLOD, RÉMY WYLER): Droit suisse des sociétés anoymes: répertoire des arrêts fédéraux et cantonaux (Publication CEDIDAC Vol. 5, Lausanne 1986)

DIEZI ALFRED: Versicherbarkeit der aktienrechtlichen Verantwortlichkeit... (Diss. Zürich 1982 = Schweizer Schriften Bd. 62).

DRUEY JEAN-NICOLAS: Organ und Organisation. Zur Verantwortlichkeit aus aktienrechtlicher Organschaft, SAG 53 (1981) 77 ff.

DÜGGELIN HANS: Die Sonderprüfung als Rechtsbehelf des Aktionärs zur Kontrolle der Verwaltung einer AG (Diss. Bern 1977 = Schriftenreihe der Schweiz. Treuhand- und Revisionskammer 19)

EGGER AUGUST: Über die Verantwortlichkeit des Bankiers, in: Festgabe Gottlieb Bachmann (Zürich 1944) 71 ff.

EGLI JEAN-FRANÇOIS: Aperçu de la jurisprudence du Tribunal fédéral relative à la responsabilité des administrateurs de sociétés anonymes, in: La responsabilité des administrateurs de sociétés anonymes, publication CEDIDAC 8 (Lausanne 1987) 29 ff.

FEDER E.: La responsabilité pénale des Administrateurs en Droit suisse, SAG 12 (1939/40) 103 ff., 140 ff., 197 ff., 222 ff.

FEHR KONRAD: Die zivilrechtliche Verantwortlichkeit der Verwaltungsorgane im schweizerischen Aktienrecht, in: Schweizerische Beiträge zum vierten internationalen Kongress für Rechtsvergleichung (Genf 1954) 147 ff.

FORSTMOSER PETER: Die *Verantwortlichkeit* der Verwaltungsräte, in: Die Verantwortung des Verwaltungsrates in der AG (Schweizer Schriften Bd. 29, Zürich 1978) 27 ff.

– Der *Organbegriff* im aktienrechtlichen Verantwortlichkeitsrecht, in: Festschrift MEIER–HAYOZ (Bern 1982) 125 ff.

– *Solidarität,* Kausalzusammenhang und Verschulden im aktienrechtlichen Verantwortlichkeitsrecht..., SJZ 78 (1982) 369 ff.

- Die aktienrechtliche Verantwortlichkeit nach Schweizer Recht – *Risiken* und Möglichkeiten ihrer Vermeidung, LJZ 5 (1984) 1 ff.
- *Beschränkung des Risikos* als Verwaltungsrat – aber wie? in: Die Haftung des Verwaltungsrates (Schweizer Schriften Bd. 87, Zürich 1986) 27 ff.
- Der mittelbare *Schaden* im aktienrechtlichen Verantwortlichkeitsrecht und seine Geltendmachung im Konkurs, SAG 58 (1986) 69 ff.
- Schweizerisches *Aktienrecht* Bd. I/1: Grundlagen, Gründung und Änderungen des Grundkapitals (Zürich 1981).

FORSTMOSER PETER/LACHAT-HÉRITIER ANNE: La responsabilité civile dans la société anonyme, Fiches juridiques suisses, fiche 61 section VIII, (Genf 1987). Deutsch: Die privatrechtliche Verantwortlichkeit im Aktienrecht, SJK, Karte 61 Sektion VIII (Genf 1987)

FORSTMOSER PETER/MEIER-HAYOZ ARTHUR: Einführung in das schweizerische Aktienrecht (2./3. A. Bern 1980/83)

FREY ERICH: Die *Verantwortlichkeit* der Kontrollstelle, in Schweiz. Treuhand- und Revisionskammer (Hg.): Abschlussprüfung und Unternehmungsberatung (Zürich 1975) 114 ff.
- Handfestes zu *Art. 725* II und III OR, ST 59 (1985) 75 ff.

FRICK EMIL: Der unmittelbare und der mittelbare Schaden im Verantwortlichkeitsrecht der Aktiengesellschaft (Diss. Zürich 1953)

FUNK FRITZ: Kommentar des Obligationenrechts (2. Bd. Aarau 1951) zu Art. 752 ff.

GAUCH PETER: Der Zweigbetrieb im schweizerischen Zivilrecht (Diss. Zürich 1974)

GEHRIGER PIERRE-OLIVIER: Faktische Organe im Gesellschaftsrecht unter Berücksichtigung der strafrechtlichen Folgen (Diss. St. Gallen 1979 = Schweizer Schriften Bd. 34)

GESSLER ERNST: Die Haftung des Vorstandes für wirtschaftliche Fehlentscheidungen, in: Neue Betriebswirtschaft 1973, Heft 2, 13 ff.

GLASSON PIERRE: La responsabilité civile des administrateurs de la société anonyme envers les créanciers sociaux en droit suisse (Diss. Fribourg 1937)

GOLDSCHMIDT ROBERT: Die zivilrechtliche Verantwortlichkeit der Verwaltungsmitglieder der Aktiengesellschaft, ZHR 113 (1950) 33 ff.

GREBER PIERRE-YVES: La responsabilité civile des personnes chargées de l'administration et de la gestion d'une institution de prévoyance (Peseux 1986)

GREYERZ CHRISTOPH VON: *Solidarität* der Haftung von Verwaltung und Kontrollstelle im Rechtsvergleich, ST 50 (1976) Heft 9, 14 ff.
- Die *Verwaltung* in der privaten Aktiengesellschaft, in: Die Verantwortung des Verwaltungsrates in der AG (Schweizer Schriften Bd. 29, Zürich 1978) 57 ff.
- *Prüfung,* Berichterstattung und Vorgehen bei Kapitalverlust und Überschuldung in: Aufgaben und Verantwortlichkeit der Kontrollstelle (Zürich 1979 = Schriftenreihe der Schweiz. Treuhand und Revisionskammer 36) 9 ff.
- Die Verantwortlichkeit der aktienrechtlichen *Kontrollstelle*, in: Rechtsgrundlagen und Verantwortlichkeit des Abschlussprüfers (Zürich 1980 = Schriftenreihe der Schweiz. Treuhand- und Revisionskammer 45) 51 ff.
- Die *Aktiengesellschaft,* in: Schweiz. Privatrecht Bd. VIII/2 (Basel 1982) 1 ff., insbes. 289 ff.

GUHL Th./MERZ H./KUMMER M.: Das Schweizerische Obligationenrecht (7. bereinigte A. Zürich 1980) 690 ff.

GUHL THEODOR: Aktiengesellschaft, Verantwortlichkeit, SJK, Karte 404 und 405

HAAB HANS ROBERT: Die Ergänzung des zivilrechtlichen Aktionärschutzes durch das Strafrecht (Diss. Basel 1950, Maschschr)

HEBERLEIN ROBERT: Die Kompetenzausscheidung bei der Aktiengesellschaft in Liquidation unter Mitberücksichtigung der Kollektivgesellschaft nach schweizerischem Recht (Diss. Zürich 1969) 62 ff.

HEFERMEHL WOLFGANG: Zur Haftung der Vorstandsmitglieder bei Ausführung von Hauptversammlungsbeschlüssen, in: Festschrift Wolfgang Schilling (Berlin/New York 1973) 159 ff.

HENGGELER J. und E.: Die zivilrechtlichen Verantwortlichkeiten im Bankengesetz und im neuen schweizerischen Aktienrecht (Zürich 1937)

HESS WALTER: Kritische Bemerkungen eines Verwaltungsrates, in: Die Haftung des Verwaltungsrates (Schweizer Schriften Bd. 87, Zürich 1986) 101 ff.

HIRSCH ALAIN: La *responsabilité* des administrateurs dans la société anonyme, Sem 89 (1967) 249 ff.
- L'*organe de contrôle* dans la société anonyme (Diss. Genf 1965) 193 ff., 227 ff.
- La *cession du contrôle* d'une société anonyme: responsabilité des administrateurs envers les actionnaires, in: Lebendiges Aktienrecht, Festgabe zum 70. Geburtstag von Wolfhart Friedrich Bürgi (Zürich 1971) 183 ff.
- La responsabilité de l'*avocat,* comme administrateur de sociétés: aspects pratiques, Mitteilungen des Schweiz. Anwaltsverbandes (1973) 4 ff.
- La responsabilité des *contrôleurs* envers les créanciers sociaux, ST 50 (1976) Heft 9, 10 ff.
- La *responsabilité civile* des contrôleurs, in: Aufgaben und Verantwortlichkeit der Kontrollstelle (Zürich 1979 = Schriftenreihe der Schweiz. Treuhand- und Revisionskammer 36) 31 ff.

HOLZACH CHRISTOPH: Der Ausschuss des Verwaltungsrates der Aktiengesellschaft und die Haftungsverhältnisse bei verwaltungsratsinternen Delegierungen. Das Verhältnis von Art. 714 Abs. 2 zu Art. 717 OR (Diss. Basel 1960, Maschschr)

HOPT KLAUS J./TEUBNER GUNTHER (Hg.): Corporate Governance and Director's Liabilities... (Berlin/New York 1985)

HORBER FELIX: Die Kompetenzdelegation beim Verwaltungsrat der AG und ihre Auswirkung auf die aktienrechtliche Verantwortlichkeit (Diss. Zürich 1986 = Schweizer Schriften Bd. 84)

HORLITZ HORST: Betrachtungen zur Verantwortung und Haftung des Aufsichtsrats (Beirats, Verwaltungsrats) (Essen 1980) (vorwiegend zu deutschem Recht)

HOTZ CHARLES-ANTOINE: La responsabilité civile des fondateurs de la société anonyme (Diss. Neuchâtel 1945)

HUNZIKER ARTHUR: Pflichterfüllung und Pflichtverletzung der Kontrollstelle, in: Rechtsgrundlagen und Verantwortlichkeit des Abschlussprüfers (Zürich 1980 = Schriftenreihe der Schweiz. Treuhand- und Revisionskammer 45) 23 ff.

HÜTTE KLAUS: Die *Sorgfaltspflichten* der Verwaltung und Geschäftsleitung im Lichte der aktienrechtlichen Verantwortlichkeit, Versuch einer Analyse der schweizerischen Rechtsprechung, ZGR 15 (1986) 1 ff.

- Aus der Rechtsprechung: Gründerhaftung und die Bedeutung der *Einwilligung* für den Gesellschafts-/Gläubiger-/Aktionärsschaden, ST 59 (1985) 222 ff.
- Die *Risiken* des Verwaltungsrates aus der Sicht der Versicherungsgesellschaften, in: Die Haftung des Verwaltungsrates (Schweizer Schriften Bd. 87, Zürich 1986) 41 ff.
- *Zu Unrecht kolloziert* und dennoch (deshalb) voll befriedigt, ST 60 (1986) 100 ff.

JAEGGI JOSEPH: Die Haftung der Verwaltung und der Kontrollorgane gegenüber der Genossenschaft, den Genossenschaftern und Gläubigern (Diss. Basel 1955, MaschSchr)

JOLIDON PIERRE: Action en annulation des décisions de l'assemblée générale, ou action en responsabilité entre les administrateurs?, in: Lebendiges Aktienrecht, Festgabe zum 70. Geburtstag von Wolfhart Friedrich Bürgi (Zürich 1971) 213 ff.

KAESLIN THEODOR: Die AG und die Verantwortlichkeit der Verwaltung nach revidiertem OR (Diss. Bern 1941)

KELLER MAX/GABI SONJA: Das schweizerische Schuldrecht Bd. II: Haftpflichtrecht (Basel 1985)

KLEINER BEAT: Die Organisation der grossen AG unter dem Aspekt der Verantwortlichkeit, SAG 50 (1978) 3 ff.

KUMMER MAX: Die Verantwortung des Anwaltes als Verwaltungsrat einer AG, Mitteilungen des Schweiz. Anwaltsverbandes Heft 38 (1972) 7 ff.

LANTER MARCO: Die Verantwortlichkeit von Stiftungsorganen. Die zivilrechtliche Haftung von Organpersonen mit Verwaltungs- und Aufsichtsaufgaben in privatrechtlichen Stiftungen... (Diss. Zürich 1984 = ZStP 41)

LEHNER GEORG RUDOLF: Die Verantwortlichkeit der Leitungsorgane von Aktiengesellschaften in rechtsvergleichender und privatrechtlicher Sicht... (Diss. Basel 1981 = Schweizer Schriften Bd. 54)

LOCHER KURT: Die rechtliche Stellung und der Schutz der Gesellschaftsgläubiger im schweizerischen Aktienrecht (Diss. Bern 1941)

LUSTENBERGER THOMAS: Die Verwaltung der Aktiengesellschaft und ihre Sorgfaltspflichten im englischen und schweizerischen Recht (Diss. Bern 1983)

LUTZ BENNO: Verantwortlichkeit des Abschlussprüfers bei der Bankrevision, in: Rechtsgrundlagen und Verantwortlichkeit des Abschlussprüfers (Zürich 1980 = Schriftenreihe der Schweiz. Treuhand- und Revisionskammer 45) 119 ff.

MEIER-WEHRLI JÖRG: Die Verantwortlichkeit der Verwaltung einer Aktiengesellschaft bzw. einer Bank gemäss Art. 754 ff. OR/41 ff. BankG (Diss. Zürich 1968 = ZBR 296)

MORANT ALBERT: Die Gründung der Aktiengesellschaft nach neuem Recht, insbes. Gründerverantwortlichkeit und Auflösung (Diss. Bern 1939)

NIGGLI ADRIAN: Die Aufsicht über die Verwaltung der Aktiengesellschaft im schweizerischen Recht (Diss. Bern 1981)

NOBEL PETER: Praxis zum öffentlichen und privaten Bankenrecht der Schweiz (Bern 1979) 167 ff.

OBERSON RAOUL: La responsabilité de l'administrateur en matière fiscale, in: La responsabilité des administrateurs de sociétés anonymes, publication CEDIDAC 8 (Lausanne 1987) 79 ff.

OFTINGER KARL: Schweizerisches Haftpflichtrecht, I. Band: Allgemeiner Teil (4.A. Zürich 1975)

OFTINGER KARL/STARK EMIL W.: Schweizerisches Haftpflichtrecht, II. Band, 1. Teilband: Verschuldenshaftung, gewöhnliche Kausalhaftungen, Haftung aus Gewässerschmutzung (4.A. Zürich 1987)

OSER HUGO/SCHÖNENBERGER WILHELM: Obligationenrecht Allgemeiner Teil (Zürcher Kommentar) (2.A. Zürich 1929)

PATRY ROBERT: *Précis* de droit suisse des sociétés, Vol. II: La société anonyme, Les sociétés mixtes (Bern 1977) 104 ff., 252 f., 256 f., 259 f.

PEDRAZZINI MARIO: Einführungsreferat, in: Die Verantwortung des Verwaltungsrates in der AG (Schweizer Schriften Bd. 29, Zürich 1978) 11 ff.

PFRUNDER-SCHIESS MAYA R.: Die Geltendmachung des Gläubigerschadens im Verantwortlichkeitsprozess..., SJZ 78 (1982) 373 ff.

PICENONI RENO: Der Entlastungsbeschluss (Décharge) im Rechte der Handelsgesellschaften und der Korporationen auf Grund des deutschen, französischen, italienischen und besonders des schweizerischen Rechts (Diss. Zürich 1945)

PLANTA ANDREAS VON: Die Haftung des Hauptaktionärs (Diss. Basel 1981 = Basler Studien zur Rechtswissenschaft Reihe A Bd. 3) (zit. von Planta)

– *Doppelorganschaft* im aktienrechtlichen Verantwortlichkeitsrecht, in: Festschrift Vischer (Zürich 1983) 597 ff.

PLANTA FLURIN VON: Der Interessenkonflikt des Verwaltungsrates der abhängigen Konzerngesellschaft (Diss. Zürich, erscheint 1987 oder 1988) (zit. FLURIN VON PLANTA)

PORTMANN PETER: Organ und Hilfsperson im Haftpflichtrecht (Bern 1958 = ASR 335)

REICHWEIN HEINZ: Über die *Solidarhaftung* der Verwaltungsräte der Aktiengesellschaft und ihre Beschränkung, SJZ 64 (1968) 129 ff.

– Das Verhältnis des adäquaten *Kausalzusammenhanges* zur Solidarhaftung bei der aktienrechtlichen Verantwortlichkeit, SJZ 81 (1985) 349 ff.

REVISIONSHANDBUCH der Schweiz Bd. I–III (Zürich 1971/79/82/84, wird laufend ergänzt und à jour geführt) insbes. Ziff. 3.15

REYMOND JACQUES-ANDRÉ: Délégation et responsabilité en matière de gestion – Le règlement d'organisation du projet de revision, SAG 56 (1984) 112 ff.

RITTER PETER: Verschärfte Haftungsrisiken für Verwaltungsräte? in: Die Haftung des Verwaltungsrates (Schweizer Schriften Bd. 87, Zürich 1986) 9 ff.

RITTNER FRITZ: Zur Verantwortung des Vorstands nach § 76 Abs. 1 AktG 1965, AG 18 (1973) 113 ff. sowie in Festschrift Ernst Gessler (München 1971) 139 ff.

RONCA MARC: Die Verantwortlichkeit in der Aktiengesellschaft im internationalen Privatrecht mit Vergleich des amerikanischen Kollisionsrechts (Diss. Genf 1971)

RÜEGG ARNOLD: Die Haftung der Gründer von Aktiengesellschaften (Diss. Zürich 1914)

SAUBER THOMAS: Zur aktienrechtlichen Verantwortlichkeit stiller und verdeckter Verwaltungsräte (Diss. Zürich, erscheint voraussichtlich 1987 oder 1988)

SCHÄRER HEINZ: Die Vertretung der Aktiengesellschaft durch ihre Organe (Diss. Freiburg i.Ue. 1981)

SCHENK PETER: Die Verantwortlichkeit der AG ... (4.A. Zürich 1978)
SCHIESS MAYA: Das Wesen aktienrechtlicher Verantwortlichkeitsansprüche aus mittelbarem Schaden und deren Geltendmachung im Gesellschaftskonkurs (Diss. Zürich 1978 = Schweizer Schriften Bd. 31)
SCHLUEP WALTER RENÉ: Die wohlerworbenen Rechte des Aktionärs und ihr Schutz nach schweizerischem Recht (Diss. St. Gallen, Zürich 1955) 85 ff.
SCHMID NIKLAUS: Die strafrechtliche Verantwortlichkeit für Wirtschaftsdelikte im Tätigkeitsbereiche der AG, SAG 46 (1974) 101 ff.
SCHMID WIELAND: Die Verantwortlichkeit von Verwaltung, Geschäftsführung und Kontrolle gegenüber Gesellschaftsgläubigern im Konkurs der Aktiengesellschaft... SJZ 81 (1985) 241 ff.
SCHOOP KATHARINA: Die Haftung für die Überbewertung von Sacheinlagen bei der Aktiengesellschaft... (Diss. Bern 1981 = Schweizer Schriften Bd. 52)
SCHRAFL ULYSSES CONRADIN: Die Aktien-Emission durch Banken nach schweizerischem Recht (Diss. Bern 1939) 56 ff.
SCHUBARTH MARTIN: Zur Rechtsprechung der I. Zivilabteilung 1983–1986, ZSR 106 (1987) I 473 ff., 485 ff.
SCHUCANY EMIL: *Kommentar* zum schweizerischen Aktienrecht, Schweizerisches Obligationenrecht, 26. und 27. Titel: Die Aktiengesellschaft und Kommanditgesellschaft (2. neubearbeitete A. Zürich 1960) zu Art. 752 ff.
– *Verantwortlichkeit* wegen Absenz und Stimmenthaltung im Verwaltungsrat, SJZ 60 (1964) 229 ff.
SCHUCANY GIOVANNI: Die Vertreter juristischer Personen im Verwaltungsrat einer Aktiengesellschaft (Diss. Zürich 1949)
SCHUMACHER–BAUER ISO: Beistandschaft in der AG (Diss. Zürich 1981 = ZStP Bd. 18) 220 ff.
SECRÉTAN ROGER: Remarques sur la responsabilité de l'officier public comme «fondateur» de la société anonyme (753 CO), SAG 21 (1948/49) 7 ff.
SEEGER NORBERT: Verantwortlichkeit im liechtensteinischen Gesellschaftsrecht, ST 60 (1986) 308 ff., 365 ff. – Etwas erweitert auch abgedruckt in LJZ 8 (1987) 77 ff.
– Die *Verantwortlichkeit gemäss Art. 218 bis 228* des liechtensteinischen Personen- und Gesellschaftsrechtes (Diss. Bern 1987 = ASR 504)
SENN GUIDO: Die Verantwortlichkeit der Organe einer AG und einer Kommandit-AG gegenüber der Gesellschaft, den Aktionären und Gläubigern (Diss. Basel 1947, Maschschr)
SIEGER KURT: Das rechtlich relevante Wissen der juristischen Person des Privatrechts (Diss. Zürich 1979 = Schweizer Schriften Bd. 33)
SIEGWART ALFRED: Die Aktiengesellschaft, Zürcher Kommentar Bd. V/a (OR 620–659) (Zürich 1945)
SPIRO KARL: Die Begrenzung privater Rechte durch Verjährungs-, Verwirkungs- und Fatalfristen (2 Bde. Bern 1975)
STAEHELIN THOMAS: Der Verwaltungsrat einer privaten Aktiengesellschaft, in: Die Haftung des Verwaltungsrates (Schweizer Schriften Bd. 87, Zürich 1986) 101 ff.
STAUBER ERIC F.: Das Recht des Aktionärs auf gesetzes- und statutenmässige Verwaltung (Diss. Zürich 1985 = Schweizer Schriften Bd. 79)

STEIGER FRITZ VON: Das *Recht der AG* in der Schweiz (4.A. 1970) 274ff.
- *Verantwortlichkeit* der Kontrollstelle, wenn alle Aktionäre im Verwaltungsrat?, SAG 35 (1962/63) 265ff.

STOKAR RUDOLF: Kognitionspflicht und Verantwortlichkeit der Urkundsperson bei ihrer Tätigkeit in der AG (Diss. Zürich 1947)

STRÄULI HANS/MESSMER GEORG: Kommentar zur Zürcherischen Zivilprozessordnung (2.A. Zürich 1982)

TERCIER PIERRE: La responsabilité des administrateurs. Introduction générale, in: La responsabilité des administrateurs de sociétés anonymes, publication CEDIDAC 8 (Lausanne 1987) 9ff.

TOUFFAIT ADOLPHE: Délits et sanctions dans les sociétés (2ᵉ ed. Paris 1973)

Türkisch-schweizerische Juristenwoche 1980: Die Verantwortlichkeit im Recht, zwei Bände (Zürich 1981 = ZStP Bd. 16 und 17)

VIELI DIEGO: Die Kontrolle der Stiftungen, insbesondere der Personalvorsorgestiftung (Diss. Zürich 1985 = ZStP Bd. 42) 115ff.

VISCHER FRANK: Die Stellung der Verwaltung und die Grenzen der *Delegationsmöglichkeit* bei der grossen AG, in: Festgabe für Wilhelm Schönenberger (Freiburg 1968) 345ff.
- Zur Stellung und *Verantwortung* des Verwaltungsrates in der Grossaktiengesellschaft, in: Die Verantwortung des Verwaltungsrates in der AG (Schweizer Schriften Bd. 29, Zürich 1978) 71ff.

VOLLMAR JÜRG: Grenzen der Übertragung von gesetzlichen Befugnissen des Verwaltungsrates an Ausschüsse, Delegierte und Direktoren (Diss. Bern 1986)

VON TUHR ANDREAS/ESCHER ARNOLD: Allgemeiner Teil des Schweizerischen Obligationenrechts, Bd. II (3.A. Zürich 1974)

VON TUHR ANDREAS/PETER HANS: Allgemeiner Teil des Schweizerischen Obligationenrechts, Bd. I (3.A. Zürich 1974/79)

WATTER ROLF: Die Verpflichtung der AG aus rechtsgeschäftlichem Handeln ihrer Stellvertreter, Prokuristen und Organe (Diss. Zürich 1985 = Schweizer Schriften Bd. 81)

WETTENSCHWILER SUZANNE: Die stille Liquidation der Aktiengesellschaft (Diss. Zürich 1982 = Schweizer Schriften Bd. 68) 69ff.

WEHRLI ULRICH: Die *Sachübernahmegründung* der Aktiengesellschaft nach schweizerischem und deutschem Recht (Diss. Zürich 1940) 112ff.
- Die *Entlastung* der Kontrollstelle einer AG, SJZ 40 (1944) 310ff.

WIELAND ALFRED: Können die Gläubiger der AG vom Aktionär im Falle widerrechtlicher Bezüge aus dem Gesellschaftsvermögen Rückerstattung an sich oder nur an die Gesellschaft beanspruchen?, SAG 22 (1949/50) 213ff.

WILHELM GEORGES: Quelques aspects de la Responsabilité des administrateurs de sociétés anonymes: Etude de droit comparé, Droit suisse – Droits français et allemand (Diss. Lausanne 1967)

WOERNLE GÜNTER: Die organähnliche Haftung des machtausübenden Hauptaktionärs gegenüber Gläubigern der abhängigen Aktiengesellschaft, Rechtsvergleichende Studie, unter Berücksichtigung des deutschen, amerikanischen und schweizerischen Rechtes (Diss. Lausanne 1970)

WYLER BERTHOLD: Die Verantwortlichkeit der Kontrollstelle in der Aktiengesellschaft und der Aufsichtsstelle in der Kommanditaktiengesellschaft (Diss. Bern 1943)

YAMULKI AKRAM: La responsabilité des administrateurs et des organes de gestion des sociétés anonymes, Essai d'une étude critique et comparative des droits français, belge, suisse et irakien (Diss. Genf 1964)

ZAHND BERNARD: Pluralité de responsables et solidarité (Diss. Lausanne 1980)

ZEENDER ALOIS: Les risques de l'administrateur du point de vue des assureurs, in: La responsabilité des administrateurs de sociétés anonymes, publication CEDIDAC 8 (Lausanne 1987) 69ff.

ZELLWEGER HANS-JAKOB: Haftungsbeschränkung und Solidarhaftung im Verantwortlichkeitsrecht der AG (Diss. Bern 1972 = ASR 413)

ZIEGLER A.: Anleihensobligationen Art. 1156–1186 OR, Berner Kommentar zum Obligationenrecht Bd. VII/6 (Bern 1950) Art. 1156 N 24ff.

§ 1 Die aktienrechtliche Verantwortlichkeit im allgemeinen

A. Übersicht und Bemerkungen zur Gliederung

a) In OR 752 ff. werden besondere aktienrechtliche Bestimmungen über die *Verantwortlichkeit* aufgestellt[1]. Den spezifisch aktienrechtlichen Haftungsnormen ist ein bestimmter Personenkreis[2] unterstellt: die mit der Verwaltung[3], Geschäftsführung[4], Kontrolle[5], Gründung[6] und Liquidation[7] betrauten Personen sowie die bei der Ausgabe eines Prospektes Mitwirkenden[8]. Voraussetzung der Haftung ist dabei durchwegs, dass
– ein *Schaden* eingetreten ist[9],
– die zur Verantwortung gezogenen Personen *pflichtwidrig*[10] und *schuldhaft*[11] gehandelt haben und
– dass zwischen Schaden und pflichtwidrig schuldhaftem Verhalten ein *adäquater Kausalzusammenhang* besteht[12].

Sondervorschriften über die zivilrechtliche Verantwortlichkeit sind im *BankG* enthalten. Diese finden in Verbindung mit den aktienrechtlichen Vorschriften für *Bankaktiengesellschaften*[13] Anwendung[14]. In der Formulie-

---

[1] Zum Verhältnis dieser Regeln zu anderen Haftungsgrundlagen vgl. nachstehend N 585 ff. Zur Rechtfertigung aktienrechtlicher Spezialnormen vgl. R. BÄR 457 f.
[2] Dazu N 6 ff.
[3] Dazu N 638 ff., 695 ff.
[4] Dazu N 638 ff., 741 ff.
[5] Dazu N 852 ff.
[6] Dazu N 916 ff.
[7] Dazu N 1006 f.
[8] Dazu N 982 ff.
[9] Dazu N 148 ff.
[10] Dazu N 249 ff.
[11] Dazu N 285 ff.
[12] Dazu N 266 ff.
[13] Für Kantonalbanken behält BankG 38 I die kantonalen Vorschriften über die zivilrechtliche Verantwortlichkeit vor. Die Bestimmungen des Bundesrechts kommen jedoch auch auf Kantonalbanken dann zur Anwendung, wenn kantonale Vorschriften ganz oder teilweise fehlen (BODMER/KLEINER/LUTZ Art. 38 N 1; MEIER-WEHRLI 27, mit weiteren Literaturhinweisen; NOBEL 262). Dabei kommen m.E. in erster Linie die Bestimmungen des BankG zum Zuge, nur subsidiär die allgemeinen obligationenrechtlichen Vorschriften (ebenso BODMER/KLEINER/LUTZ Art. 38 N 1 sowie MEIER-WEHRLI 27; a.M. offenbar NOBEL 262, der «die aktienrechtlichen Regeln heranziehen» will).
[14] Die Bestimmungen des OR sind dabei subsidiär anwendbar, NOBEL 183.

rung bestehen zwischen den bankengesetzlichen und den aktienrechtlichen Verantwortlichkeitsbestimmungen Unterschiede; inhaltlich decken sie sich weitgehend[15]. Dies erklärt sich daraus, dass die bankengesetzlichen Vorschriften seinerzeit dem Revisionsentwurf des OR entnommen worden sind[16]. Eine getrennte Behandlung der Haftungsgrundlagen nach BankG erübrigt sich daher[17]. Soweit nötig wird im folgenden auch auf die Bestimmungen des BankG hingewiesen.

2a b) Das aktienrechtliche Verantwortlichkeitsrecht findet kraft gesetzlicher Verweisung auch Anwendung auf die *GmbH*[17a]. Eine ähnliche, aber etwas vereinfachte Ordnung findet sich im Gesetz für die *Genossenschaft*[17b]. Dagegen ist die Anwendung der aktienrechtlichen Sonderbestimmungen im *Stiftungsrecht* und insbesondere bei der Personalvorsorgestiftung abzulehnen[17c]. Immerhin sind die durch die Judikatur und Literatur intensiv bearbeiteten aktienrechtlichen Haftungsnormen im Stiftungsrecht «nicht gänzlich unbeachtlich. Daraus in Praxis und Literatur abgeleitete Grundsätze, die *allgemeiner Natur* sind, sind auch bei den Stiftungen heranzuziehen»[17d].

---

[15] Selbst bei unterschiedlichem Wortlaut ist im allgemeinen inhaltliche Übereinstimmung anzunehmen, vgl. NOBEL 183 sowie BGE 97 II 414 E 7a.

[16] Vgl. BODMER/KLEINER/LUTZ, Vorb. vor Art. 38 N 3f.; ROBERT REIMANN: Kommentar zum BG über die Banken und Sparkassen ... (3. A. Zürich 1963) 108; NOBEL 182; ferner MEIER-WEHRLI 27 und den Hinweis in BGE 97 II 414 E 7a.

[17] Unterschiede zwischen dem BankG und dem OR bestehen dagegen hinsichtlich des Umfangs der Organpflichten und damit im Hinblick darauf, worin eine Pflichtwidrigkeit bestehen kann. So ist etwa der Pflichtenkreis der bankengesetzlichen Revisionsstelle erheblich weiter gefasst als derjenige der aktienrechtlichen Kontrollstelle, vgl. BODMER/KLEINER/LUTZ zu Art. 18 ff.

[17a] Vgl. OR 827.

[17b] Vgl. dazu insb. BLICKENSTORFER, passim, mit zahlreichen Literaturangaben; ferner etwa MAX GUTZWILLER: Zürcher Kommentar zum Genossenschaftsrecht Bd. II (Zürich 1974) zu Art. 916–920 sowie URS HENGGELER: Berechtigte und unberechtigte Differenzen des Genossenschaftsrechts gegenüber dem Aktienrecht (Diss. Zürich 1976 = SSHW 19) 148 ff. – Die aktienrechtlichen Bestimmungen finden kraft gesetzlicher Verweisung (OR 920) Anwendung bei *Kreditgenossenschaften* und *konzessionierten Versicherungsgenossenschaften*.

[17c] Vgl. HANS MICHAEL RIEMER: Berner Kommentar zum Stiftungsrecht (Bern 1975) Art. 83 N 18 ff., insb. etwa S. 497; ders.: Das Recht der beruflichen Vorsorge in der Schweiz (Bern 1985) 75f.; GREBER 14f.; LANTER 56, 167, 171, 175, 184, 215, 225, 230, der für die einzelnen Haftungsnormen die Anwendbarkeit prüft und durchwegs zu einem negativen Ergebnis kommt. Die Übernahme der aktienrechtlichen Bestimmungen in das BG über die berufliche Alters-, Hinterlassenen- und Invalidenvorsorge war zwar im bundesrätlichen Entwurf noch vorgesehen, wurde dann aber durch die Räte abgelehnt, vgl. StenBull STR 1980, 295 und NR 1981, 1100.

[17d] RIEMER, Recht der beruflichen Vorsorge (zit. Anm. 17c) 76; ebenso GREBER 15. – Als Beispiele führt RIEMER etwa die Grundsätze an, dass ungenügende Fachkenntnis und Abwesenheit nicht exkulpieren.

c) *Für die verschiedenen Kreise* von potentiell Verantwortlichen hat das 3
Gesetz eine *im wesentlichen einheitliche Ordnung* aufgestellt[18]. Es rechtfertigt sich daher, in diesem Paragraphen zunächst die *Voraussetzungen und Wirkungen* aktienrechtlicher Verantwortlichkeit *allgemein darzustellen* und im Anschluss daran[19] nur noch auf die *Besonderheiten* der Haftung der einzelnen Personenkreise hinzuweisen. Auf weitere, allenfalls *konkurrierende zivilrechtliche Haftungsgrundlagen* wird nachstehend in N 585 ff. hingewiesen, auf die allfällige *straf-, steuer- und sozialversicherungsrechtliche Verantwortlichkeit* in N 1017 ff.

d) Das schweizerische Aktienrecht ist zur Zeit in *Revision* begriffen. Die 4
Arbeiten sind weit fortgeschritten[20], doch stehen Inhalt und Form des künftigen Rechts noch nicht definitiv fest und ist auch offen, wann es in Kraft treten soll[21].

Das *aktienrechtliche Verantwortlichkeitsrecht* soll zwar durch die 5
Reform nicht grundlegend, wohl aber in verschiedenen wesentlichen Einzelfragen *abgeändert* werden. Diesem Umstand wird in der folgenden Darstellung in zweierlei Art Rechnung getragen: Es wird auf die geplanten Änderungen laufend in Text und Anmerkungen hingewiesen. Sodann findet sich eine zusammenfassende Darstellung der geplanten Änderungen in ihrer Gesamtheit in N 1209 ff.

---

[18] Abweichungen ergeben sich im Hinblick auf die *Prospekthaftung* mit Bezug auf die Anspruchsberechtigten sowie im Hinblick auf die *Gründerhaftung*, indem nur die Verletzung einzelner ausgewählter Gründerpflichten der aktienrechtlichen Sonderregelung unterstellt wird.
[19] N 638 ff.
[20] Vgl. den bundesrätlichen Entwurf und die Botschaft über die Revision des Aktienrechts vom 23.2.1983 in BBl 1983 II 745 ff. Die nationalrätliche Kommission hat die Bestimmungen über die Verantwortlichkeit geringfügig modifiziert und redaktionell verbessert. Die erste Lesung im Nationalrat anfangs Oktober 1985 brachte keine Änderungen. Die ständerätliche Kommission begann mit den Beratungen im Frühjahr 1986.
[21] Der Ständerat wird die Beratungen frühestens Mitte 1988, allenfalls aber auch erst 1990 aufnehmen; die geltende Ordnung wird daher erst in den neunziger Jahren abgelöst werden.

B. Die verantwortlichen Personen

I. Aktienrechtliche Verantwortlichkeit als persönliche Verantwortlichkeit

6 Die aktienrechtliche Verantwortlichkeit ist «eine rein persönliche»[22]. Sie *trifft die handelnden natürlichen oder* – im Falle der Kontrollstelle[23] – allenfalls auch *juristischen Personen* und nicht etwa das Organ (Verwaltung, Kontrollstelle)[24], in welchem diese tätig sind[25]. Deshalb sind auch die Haftungsvoraussetzungen für jeden Handelnden gesondert zu prüfen[26].

II. Übersicht über den Kreis der Verantwortlichen[27]

7 In OR 752ff. werden die folgenden Personenkreise der spezifisch aktienrechtlichen Verantwortlichkeit unterstellt:
– Die mit der *Verwaltung und Geschäftsführung betrauten Personen,* wozu die Mitglieder des Verwaltungsrates, allenfalls Direktoren, Prokuristen und Handlungsbevollmächtigte gehören, ferner auch solche Personen, die zwar nicht formell, wohl aber materiell Organfunktionen ausüben[28]. Nicht erfasst sind dagegen die an der Generalversammlung Beteiligten[29], weshalb der Aktionär, der keine besonderen Funktionen ausübt, der aktienrechtlichen Verantwortlichkeit nicht untersteht[30]. – Vgl. dazu N 638ff.
– Die *Mitglieder der Kontrollstelle;* dazu N 852ff.
– Die *Liquidatoren,* dazu N 1006ff.
– Die *Gründer,* dazu N 916ff.
– Die bei der *Ausgabe eines Prospektes Mitwirkenden,* dazu N 984ff.

---

[22] MEIER-WEHRLI 17.
[23] Vgl. OR 727 III.
[24] Zur Frage der allfälligen Haftung von juristischen Personen bzw. des Gemeinwesens für die von ihnen entsandten Vertreter vgl. N 716ff.
[25] Ebenso MEIER-WEHRLI 17, mit weiteren Angaben; LUSTENBERGER 165; WYLER 28; BURCKHARDT 148f.; ferner RVJ 1 (1967) 35f. Vgl. auch die Formulierung von OR 754, wonach die mit der Verwaltung, Geschäftsführung oder Kontrolle betrauten *Personen* verantwortlich sind.
[26] Vgl. BÜRGI/NORDMANN, Kommentar zu Art. 753f. N 88.
[27] Vgl. E. FRICK 56ff.; VON GREYERZ, Aktiengesellschaft 291.
[28] Vgl. BGE 78 IV 28ff.; dazu Näheres in N 657ff.
[29] Vgl. FUNK Art. 754 N 2.
[30] Vgl. aber zur allfälligen Haftung des beherrschenden Aktionärs N 703ff.

C. Die Klage- und Anspruchsberechtigten

I. Übersicht

Gemäss OR 754 I haben Anspruch auf Schadenersatz die *AG* selbst[31], die einzelnen *Aktionäre*[32] und die *Gesellschaftsgläubiger*[33]. Bei den Ansprüchen und der Klageberechtigung von Aktionären und Gläubigern ist zu differenzieren danach, ob diese direkt, *unmittelbar* geschädigt worden sind[34] oder ob die Schädigung primär die Gesellschaft trifft und der Aktionär oder Gläubiger lediglich indirekt, *mittelbar* durch den Substanzverlust der Gesellschaft Schaden erleidet[35,36]. Für die Geltendmachung des mittelbaren Schadens ist weiter wesentlich, ob die Gesellschaft *aufrechtsteht*[37] oder ob über sie der *Konkurs* eröffnet worden ist[38].

8

Für *Bankaktiengesellschaften* enthält BankG 41 formell eine eigene Regelung, die sich aber mit der allgemeinen aktienrechtlichen Ordnung materiell deckt[39].

9

II. Ansprüche und Klagerecht der Gesellschaft

1. Allgemeines

Voraussetzung für die Geltendmachung von Verantwortlichkeitsansprüchen ist, dass die Gesellschaft als AG *entstanden* und damit im Handelsregi-

10

---

[31] Dazu N 10ff.
[32] Dazu N 25ff.
[33] Dazu N 79ff.
[34] Dazu N 27ff. und 80ff.
[35] Dazu N 34ff. und 93ff.
[36] Zur Abgrenzung zwischen dem unmittelbaren und dem mittelbaren Schaden vgl. N 186ff.
[37] Dazu N 35ff. und 94ff.
[38] Dazu N 51ff. und 100ff.
[39] Vgl. MEIER-WEHRLI 50 und vorn N 2. Die besonderen Verfahrensvorschriften für das Konkurs- und Nachlassverfahren von Banken – vgl. namentlich BankG 36f. und VV zum BankG 49ff. – können hier nicht berücksichtigt werden, vgl. dazu etwa BODMER/KLEINER/LUTZ zu Art. 36f.

ster eingetragen ist⁴⁰. Die Gesellschaft bleibt während der ganzen Dauer ihres Bestehens klageberechtigt, besonders auch im Stadium der *Liquidation*⁴¹.

10a   Bei einer *Fusion* gehen Ansprüche und Klagerecht auf die Rechtsnachfolgerin – die übernehmende⁴² oder neuzugründende⁴³ Gesellschaft – über⁴⁴.

2. Der Entscheid über die Geltendmachung von Verantwortlichkeitsklagen

11   a) Die Anhebung von Verantwortlichkeitsklagen ist ein Akt der Geschäftsführung, sie liegt daher in der Entscheidungskompetenz der *Verwaltung*⁴⁵. Eine besondere Ermächtigung der Generalversammlung ist nicht nötig⁴⁶. Doch ist die Verwaltung m.E. durch die Weisung der Generalversammlung, keine Verantwortlichkeitsansprüche geltend zu machen, gebunden⁴⁷.

---

⁴⁰ Vgl. MORANT 61f. Die AG entsteht, sie erlangt die Rechtspersönlichkeit und damit die Handlungsfähigkeit erst mit der Eintragung im Handelsregister, vgl. OR 643 I, ZGB 52 I sowie etwa BGE 101 Ib 387.

⁴¹ Vgl. BÜRGI/NORDMANN, Kommentar zu Art. 753f. N 100.

⁴² So bei der Absorption, vgl. OR 748.

⁴³ So bei der Kombination, vgl. OR 749.

⁴⁴ Die Fusion vollzieht sich auf dem Wege der Universalsukzession (vgl. statt vieler BÜRGI/NORDMANN, Vorb. zu Art. 748–750 N 15ff.), womit auch die Gesamtheit der vermögenswerten Rechte des untergehenden Subjekts einschliesslich allfälliger Verantwortlichkeitsansprüche übergeht.

⁴⁵ Vgl. OR 722; LUSTENBERGER 182; HIRSCH, Responsabilité civile 33; LEHNER 14; TERCIER 14. Für die Genossenschaft wird dagegen – trotz insoweit übereinstimmendem Gesetzeswortlaut – allgemein die Ansicht vertreten, über die Anhebung von Verantwortlichkeitsklagen habe die Generalversammlung zu entscheiden, vgl. etwa MAX GUTZWILLER: Kommentar zum Genossenschaftsrecht Bd. 2 (Zürich 1974) Art. 916 N 30f. sowie die bei BLICKENSTORFER N 215 angeführten Autoren. Ob diese Differenzierung richtig ist, mag hier offenbleiben. Begründen lässt sie sich allenfalls damit, dass im Genossenschaftsrecht die in OR 721 II vorgesehene Kompetenzvermutung zugunsten der Verwaltung fehlt. – A.M. und für die Kompetenz der Verwaltung nun aber mit überzeugender Begründung BLICKENSTORFER N 215ff.

⁴⁶ Vgl. ZR 42 (1943) Nr. 8 S. 19; BURCKHARDT 121f.; MEIER-WEHRLI 48; SCHOOP 125; BÜRGI/NORDMANN, Kommentar zu Art. 753f. N 100; FUNK Art. 754 N 3. A.M. offenbar HOTZ 199, der wegen der grossen Tragweite des Entscheides die Generalversammlung für zuständig hält. Dieser Ansicht kann nicht zugestimmt werden. – Auch OR 693 III steht der herrschenden Lehre nicht entgegen, da diese Norm keine Kompetenzzuweisung enthält, sondern eine Regelung für den Fall, dass der Generalversammlung dieser Entscheid zukommt oder zugewiesen wird.

⁴⁷ Vgl. OR 698 II Ziff. 4, wonach der Generalversammlung unübertragbar die Kompetenz zur Entlastung der Verwaltung zukommt. Durch die wirksame Entlastung entfallen Ersatzansprüche der Gesellschaft, vgl. N 462. Damit muss die Generalversammlung – in maiore minus – auch die Möglichkeit haben, über den (allenfalls vorläufigen) Verzicht auf die Geltendmachung von Ansprüchen zu entscheiden.

b) Richten sich die Ansprüche gegen den Gesamtverwaltungsrat oder gar die gesamte Geschäftsführung im weiteren Sinne[48], dann ist ein Beschluss der *Generalversammlung* erforderlich. Allerdings wird in solchen Fällen die Generalversammlung die bisherige Verwaltung tunlichst ersetzen[49].

Ein Beschluss der Generalversammlung kann sich auch in anderen Fällen aufdrängen, etwa dann, wenn gegen eine bedeutsame Minderheit des Verwaltungsrates vorgegangen werden soll oder wenn die Mitglieder der Kontrollstelle ins Recht gefasst werden sollen und deren Pflichtverletzung voraussichtlich mit Pflichtwidrigkeiten der Verwaltung zusammenhängt[50,51]. Auch wird man der Generalversammlung die Kompetenz einräumen, «die Verwaltung zur Anhebung von Verantwortlichkeitsklagen anzuhalten, ungeachtet, ob ein Verwaltungsratsbeschluss eine solche bereits verworfen hat»[51a].

Die Beschlussfassung erfolgt mit dem normalen gesetzlichen Quorum der *absoluten*[51b] Mehrheit der vertretenen Aktienstimmen[52]. Das Quorum darf nach herrschender Ansicht statutarisch nicht erhöht werden[53].

Bei der *Beschlussfassung* in der Generalversammlung ist die erhöhte Stimmkraft von Stimmrechtsaktien nicht zu beachten[54]. Dagegen ist der erhöhten Stimmkraft bei der Bestellung eines Vertreters der Gesellschaft zur Geltendmachung der Ansprüche[55] Rechnung zu tragen. Es ist daher denkbar, dass zwar der Beschluss über die Geltendmachung von Verantwortlichkeitsansprüchen zustande kommt, nicht aber die Wahl des zur Geltendmachung Bevollmächtigten. In solchen Fällen ist mit BÜRGI/NORDMANN[56] in analoger Anwendung von OR 706 III die Ernennung des Vertreters durch den Richter zu befürworten.

c) Im *Konkurs* der Gesellschaft steht der Entscheid über die Geltendmachung von Verantwortlichkeitsansprüchen der zweiten *Gläubigerversammlung* zu[57]. Eine besondere Regelung gilt im *Bankenkonkurs,* in welchem

---

[48] Einschliesslich der Mitglieder der Direktion oder Generaldirektion.

[49] Vgl. BÜRGI/NORDMANN, Kommentar zu Art. 753f. N 100; LUSTENBERGER 182f.; LEHNER 14.

[50] Vgl. BÄTTIG, Verantwortlichkeit 22f.

[51] Zu weitgehend dagegen MEIER-WEHRLI 48, der eine besondere Ermächtigung durch die Generalversammlung auch in den Fällen begrüsst, in denen die Verwaltung zu einem selbständigen Vorgehen kompetent ist.

[51a] So BLICKENSTORFER N 217.

[51b] TERCIER 14 spricht von der «majorité simple», will aber damit wohl nur ausdrücken, dass den Stimmrechtsaktien keine qualifizierte Stimmkraft zukommt, vgl. dazu N 15.

[52] OR 703. Stimmberechtigt sind auch die allenfalls ins Recht zu Fassenden, vgl. N 434 bei Anm. 841.

[53] ULRICH GEILINGER: Die erschwerten Beschlüsse der Generalversammlung der Aktionäre (Diss. Zürich 1948) 48; BLICKENSTORFER N 272; vgl. dazu auch nachstehend N 593 sowie zur abweichenden Ordnung hinsichtlich des Entlastungsbeschlusses N 414.

[54] Vgl. OR 693 III. Die Einschränkung ist eng zu interpretieren. Sie kommt auf den Beschluss über die Erteilung der Decharge *nicht* analog zur Anwendung. Ebenso BÜRGI, Kommentar zu Art. 693 N 44.

[55] Dazu N 18.

[56] Kommentar zu Art. 753f. N 101.

[57] Vgl. SchKG 253 II, BlSchK 36 (1972) 82ff., 20 (1956) 179f., 19 (1955) 27f.; SCHOOP 125f.; LUSTENBERGER 183; HIRSCH, Responsabilité civile 33.

die *Konkursverwaltung* die Rechte der Gläubigerversammlung ausübt[58]. Beschliesst die Gläubigerversammlung, den Anspruch weder gerichtlich noch auf dem Verhandlungswege geltend zu machen, ist er allen Gläubigern zur Abtretung anzubieten[59].

3. Die Vertretung der Gesellschaft bei der Geltendmachung

17 a) Bei der Geltendmachung der Ansprüche wird die AG in der Regel durch die *Verwaltung* vertreten[60].

18 b) Richtet sich der Anspruch gegen sämtliche zur Vertretung der Gesellschaft berechtigten Verwaltungsratsmitglieder, dann hat die Generalversammlung einen *besonderen Bevollmächtigten* zu bestellen[61].

19 Die Geltendmachung durch einen besonderen Vertreter kann sich auch in anderen Fällen aufdrängen, namentlich dann, wenn die Generalversammlung gegen den Willen der Verwaltung die Anhebung einer Verantwortlichkeitsklage beschliesst oder bei potentiellen Interessenkonflikten der Mitglieder des Verwaltungsrates[62].

20 c) Im *Konkurs* hat die *Konkursverwaltung* im Namen der Gesellschaft als deren Vertreterin[63] zu klagen.

21 d) Die Schadenersatzforderung der AG kann von dieser im Sinne von OR 164ff. *abgetreten* und durch einen *Dritten* – insbesondere auch durch einen Gläubiger der Gesellschaft – geltend gemacht werden[64]. Zur «Abtretung» im Konkurs vgl. nachstehend N 49, 104.

4. Ausschluss des Klagerechts trotz pflichtwidrigen Verhaltens

22 Trotz pflichtwidrigen Verhaltens kann das Klagerecht der Gesellschaft ausgeschlossen sein, so namentlich
– wenn in *Ausführung eines Generalversammlungsbeschlusses* gehandelt worden ist, dazu N 544ff.,
– wenn den Fehlbaren *Decharge* erteilt worden ist, dazu N 410ff.

---

[58] Vgl. BankG 36 II und dazu BODMER/KLEINER/LUTZ Art. 36f. N 124f.
[59] Vgl. BGE 79 III 11f.; ERNST SCHMID: Die konkursrechtliche Behandlung der Verantwortlichkeitsansprüche gegen die Organe einer failliten AG, BlSchK 33 (1969) 65ff., 74; zur Geltendmachung durch Gläubiger hinten N 104.
[60] Vgl. MEIER-WEHRLI 48; BÜRGI/NORDMANN, Kommentar zu Art. 753f. N 100; BÄTTIG, Verantwortlichkeit 22; FUNK Art. 754 N 3.
[61] PICENONI 236; E. FRICK 24; MEIER-WEHRLI 48f.; BÜRGI/NORDMANN, Kommentar zu Art. 753f. N 100. Zu dessen Wahl und zur allfälligen Ernennung durch den Richter vgl. vorn N 14f.
[62] Vgl. vorn N 13 betreffend die Klage gegen Mitglieder der Kontrollstelle.
[63] Und nicht etwa in eigenem Namen, vgl. BGE 97 II 409 sowie SCHOOP 126.
[64] Vgl. BGE 82 II 58ff.

5. Verhältnis zum Klagerecht von Aktionären und Gläubigern

a) Keine Probleme ergeben sich hinsichtlich des *unmittelbaren*[65] Schadens von Aktionären und Gläubigern: In diesen Bereichen steht den unmittelbar Geschädigten das Klagerecht ausschliesslich zu und ist die Gesellschaft weder anspruchs- noch klageberechtigt.

b) Dagegen besteht im Rahmen des *mittelbaren*[66] Schadens von Aktionären und Gläubigern grundsätzlich eine Konkurrenz der Ersatzansprüche und des Klagerechts der AG einerseits, der Aktionäre und Gläubiger andererseits. Diese wird gemildert durch verschiedene Einschränkungen des Klagerechts von Aktionären und Gläubigern, vgl. OR 755–758 und nachstehend N 51 ff., 93 ff.

III. Ansprüche und Klagerechte der Aktionäre

Den Aktionären stehen Ansprüche sowohl im Falle unmittelbarer, direkter[67] wie im Falle mittelbarer, indirekter[68] Schädigung zu. Klageberechtigt sind dabei *alle Aktionäre,* auch diejenigen, die in der Verwaltung oder in anderer Organstellung tätig sind oder waren[69].

Hinsichtlich des *Inhalts* und der *Geltendmachung* des Anspruchs ist zwischen *unmittelbarer* und *mittelbarer* Schädigung zu differenzieren:

---

[65] Zur Abgrenzung zwischen unmittelbarem und mittelbarem Schaden vgl. N 186 ff.
[66] Dazu N 200 ff.
[67] Zum Begriff des unmittelbaren Schadens vgl. N 188 ff.
[68] Zum Begriff des mittelbaren Schadens vgl. N 200 ff.
[69] BGE 107 III 93; ebenso ZR 84 (1985) Nr. 57 S. 138 E IV 1 und 2. Auch für Mitglieder der Verwaltung ist die Verantwortlichkeitsklage nicht subsidiär zu anderen Massnahmen wie etwa der Einberufung spezieller Verwaltungsratssitzungen. Immerhin kann allenfalls die Anhebung einer Klage trotz Unterlassung jeglicher Proteste rechtsmissbräuchlich sein (so das BGer im nicht amtlich publizierten Entscheid vom 25.11.1983 in Sachen CdF Chimie c. Vullierat E 3b) und ist das Verhalten des Klägers in seiner Eigenschaft als Mitglied des Verwaltungsrates oder eines anderen Organs gegebenenfalls als schadenersatzminderndes oder -ausschliessendes Selbstverschulden zu berücksichtigen (vgl. dazu hinten N 348).

1. Bei unmittelbarem Schaden

27 a) Unproblematisch ist die Geltendmachung unmittelbaren Schadens: Sie kann im Rahmen der Verjährungsfrist von OR 760[70] *jederzeit erfolgen*[71], gleichgültig, ob über die Gesellschaft der Konkurs eröffnet worden ist oder nicht[72]. Das Klagerecht steht *individuell jedem einzelnen Aktionär* zu und ist unabhängig von allfälligen Ersatzansprüchen anderer Aktionäre, Gläubiger oder der Gesellschaft[73]. Eine *Klagenkonkurrenz*, wie sie im Rahmen des mittelbaren Schadens der Aktionäre auftritt[74], besteht nicht, da der Schaden nur beim primär Geschädigten eingetreten ist[75].

28 Abgesehen von den besonderen aktienrechtlichen Bestimmungen betreffend die Verjährung[76] und den Gerichtsstand[77] richtet sich die Klage, die sich allenfalls auch auf ZGB 55 III stützen lässt[78], nach den *allgemeinen Bestimmungen von OR 41ff.*[79].

29 b) Die in *OR 755–757* aufgestellten Beschränkungen des Klagerechts kommen bei der Geltendmachung unmittelbaren Schadens *nicht zur Anwendung*[80]. Insbesondere kann daher der Aktionär unmittelbaren Schaden auch im *Konkurs* der Gesellschaft[81] und selbst nach deren *Löschung*[82] selbständig direkt geltend machen[83]. Ebensowenig schränkt die Erteilung

---

[70] Dazu N 498ff.
[71] Vgl. BGE 106 II 260f. sowie GUHL/MERZ/KUMMER 692; DÜGGELIN 83; E. FRICK 104; VON GREYERZ, Aktiengesellschaft 294f.; HIRSCH, Responsabilité civile 35; LUSTENBERGER 185; LEHNER 15.
[72] AGVE 1976 S. 43ff. Nr. 8 = SJZ 74 (1978) S. 26 Nr. 5 (bezüglich der analogen Rechtslage hinsichtlich der Gläubigerklage); DESSEMONTET, action sociale 59.
[73] Vgl. SEM 74 (1952) 85 sowie SCHOOP 126. Einer «Abtretung» im Sinne von OR 756 II bedarf es nicht, BGE 112 II 262 E 4a.
[74] Vgl. hinten N 38.
[75] FEHR 151; MORANT 67.
[76] OR 760, dazu N 498ff.
[77] OR 761, dazu N 562ff.
[78] BGE 106 II 259, für die analoge Rechtslage bei Gläubigerschädigung. Doch muss im Recht der aktienrechtlichen Verantwortlichkeit – anders als bei ZGB 55 III – nicht unbedingt eine unerlaubte Handlung im Sinne des ausservertraglichen Haftpflichtrechts gegeben sein. Denkbar sind vielmehr als Haftungsbasis auch spezifisch aktienrechtliche Pflichtwidrigkeiten (vgl. hinten N 249f. sowie einschränkend N 258ff.).
[79] MEIER-WEHRLI 81; MORANT 67; SCHLUEP, Wohlerworbene Rechte 91f.; vgl. auch SENN 125.
[80] Vgl. die eindeutige Systematik des Gesetzes, nach welcher sich die Bestimmungen von OR 755–758 nur auf die Geltendmachung mittelbaren Schadens beziehen. Ebenso MEIER-WEHRLI 81; BÜRGI/NORDMANN, Kommentar zu Art. 755 N 1; VON GREYERZ, Aktiengesellschaft 293; BURCKHARDT 128; GLASSON 237; ZR 78 (1979) Nr. 134 S. 307; ZR 80 (1981) Nr. 33 S. 101 E VIII./2. und implizit BGE 106 II 260f.
[81] Entgegen OR 756 I.
[82] Vgl. nachstehend N 538.
[83] Vgl. MEIER-WEHRLI 92, 96, 102; SCHUCANY Art. 756 I; RVJ 1 (1967) 35; SAG 25 (1952/53) 141. – Kritisch zu dieser – von ihm aber de lege lata ebenfalls anerkannten – Ordnung DRUEY 82 (mit Bezug auf die gleiche Situation hinsichtlich des unmittelbaren Schadens von Gläubigern).

der *Decharge*[84] das Klagerecht des Aktionärs aus unmittelbarem Schaden ein[85], und zwar selbst dann nicht, wenn der klagende Aktionär der Entlastung zugestimmt hat[86].

c) Die Klage des Aktionärs geht auf *Leistung an sich selbst*[87].

d) Die *Aktionärseigenschaft* des Klägers *im Zeitpunkt der Klage* ist nicht vorausgesetzt[88]. Denkbar ist auch, dass *mehrere aufeinanderfolgende Eigentümer* der gleichen Aktie nebeneinander auf Schadenersatz für den je unmittelbar erlittenen Schaden klagen[89]. Ferner wird man bei der vinkulierten Namenaktie sowohl den als Aktionär Eingetragenen wie auch einen allenfalls nicht eingetragenen Erwerber zur Klage zulassen, je nachdem, wo ein direkter Schaden anfällt[90].

e) Zum Verhältnis des Verantwortlichkeitsanspruchs aus direkter Schädigung zur *Haftung der Gesellschaft* für unerlaubte Handlungen ihrer Organe gemäss OR 718 III vgl. hinten N 611 ff., insb. N 615.

f) Von der Geltendmachung unmittelbaren Schadens zu unterscheiden ist die Geltendmachung der *Ersatzansprüche der Gesellschaft* aufgrund einer Zession, vgl. nachstehend N 49.

2. Bei mittelbarem Schaden

Beim Klagerecht hinsichtlich des mittelbaren, sekundären Schadens ist zu unterscheiden danach, ob sich die Gesellschaft im Konkurs befindet[91] oder nicht[92]. In beiden Fällen ergeben sich aus OR 755–757 Schranken des Klagerechts, die für die Geltendmachung des *un*mittelbaren Schadens nicht bestehen.

---

[84] Da OR 757 nicht zur Anwendung kommt.
[85] Vgl. BÄTTIG, Verantwortlichkeit 30; WILHELM 134; YAMULKI 211 ff.; E. FRICK 106; PICENONI 165 f.; FEHR 156; VON GREYERZ, Aktiengesellschaft 301; SCHLUEP, Wohlerworbene Rechte 93 f.
[86] Die Entlastung ist bedeutsam nur für die Geltendmachung des Schadens der AG und damit des mittelbaren Schadens des Aktionärs, von dem der unmittelbare Schaden klar zu unterscheiden ist; vgl. BÄTTIG, Verantwortlichkeit 30; E. FRICK 106; BIGGEL 89.
[87] BGE 106 II 260f. (für die analoge Rechtslage bei direkter Schädigung von Gläubigern). Vgl. dagegen für die Klage aus mittelbarem Schaden OR 755 und nachstehend N 36.
[88] BGE 106 II 232 ff. (für die entsprechende Frage hinsichtlich der Gläubigereigenschaft); SCHOOP 123; SENN 127; WILHELM 134; BÜRGI/NORDMANN, Kommentar zu Art. 753f. N 105; unrichtig E. FRICK 42, der zwischen der Geltendmachung unmittelbaren und mittelbaren Schadens nicht differenziert.
[89] SENN 127.
[90] A.M. BÜRGI/NORDMANN, Kommentar zu Art. 753f. N 107, der das Klagerecht dem nicht eingetragenen Erwerber zuspricht, und WILHELM 144f., nach dessen Ansicht nur der eingetragene Aktionär klageberechtigt ist, wobei er die Klage allenfalls im Interesse des Erwerbers zu führen hätte.
[91] Dazu N 51 ff.
[92] Dazu N 35 ff.

2.1. Geltendmachung ausser Konkurs

35 Bezüglich der Geltendmachung mittelbaren Schadens *ausser Konkurs* gilt folgendes:

36 a) Der Aktionär ist gemäss OR 755 zwar grundsätzlich[93] klageberechtigt, doch geht sein Anspruch nur auf *Leistung von Ersatz an die Gesellschaft*. «Indirekter Schaden wird demnach indirekt ersetzt»[94]; die Zusprechung von Ersatz mittelbaren Schadens an einzelne Aktionäre wäre rechtswidrig[95].

37 Diese Ordnung wird *praktisch* damit motiviert, sie verhindere schikanöse und erpresserische Klagen[96] und eine ungerechtfertigte Bereicherung klagender Aktionäre[97]; sie stelle eine gleichmässige Befriedigung aller Geschädigten sicher und verhindere, dass die Verantwortlichen zweimal Ersatz leisten müssten[98]. *Rechtlich* wird sie damit begründet, die zu erbringende Ersatzleistung sei unteilbar[99], und es müsse der primär geschädigten Gesellschaft auch der Schadenersatz primär zufallen[100].

38 b) Das Klagerecht des Aktionärs ist *selbständig*[101] und *nicht subsidiär* zum Klagerecht der Gesellschaft[102]. Der Aktionär kann somit klagen, «gleichgültig, ob die Gesellschaft ihrerseits klagt oder auf eine Klage verzichtet»[103].

39 c) Unbestritten ist, dass der einzelne Aktionär ausser Konkurs den *ganzen Gesellschaftsschaden einklagen* kann. Aus dem Gesetzestext geht dies freilich nicht klar hervor: OR 755 spricht von einem «den einzelnen Aktionären... nur mittelbar durch Schädigung der Gesellschaft verursachten Schaden». Dem einzelnen Aktionär mittelbar aber wird Schaden nur in dem Umfang zugefügt, als seinem Anteil am Grundkapital entspricht, also

---

[93] Zu Ausnahmen vgl. N 48.
[94] BÄTTIG, Verantwortlichkeit 24; MEIER-WEHRLI 86; ebenso WYLER 42; SENN 128f.; MORANT 65; E. FRICK 105f.; DÜGGELIN 84; GUHL in SJK Nr. 405, 2; FEHR 152; WIELAND 216, 233ff.; VON GREYERZ, Aktiengesellschaft 292, 295, 300; LUSTENBERGER 185f.; HIRSCH, Responsabilité civile 33.
[95] BGE 96 I 634, in der Praxis zum altOR wurden Ausnahmen zugelassen, vgl. BGE 59 II 454ff.
[96] Vgl. ProtExp 440; Botschaft 60; SCHUCANY Art. 755 II.
[97] Vgl. BÄTTIG, Verantwortlichkeit 24; SENN 147.
[98] Vgl. BGE 96 I 635; WILHELM 95ff.
[99] MEIER-WEHRLI 87, mit weiteren Angaben; GUHL/MERZ/KUMMER 693; GUHL in SJK Nr. 405, 2; MORANT 65; FEHR 152; WIELAND 220ff.
[100] BÄTTIG, Verantwortlichkeit 23, vgl. ferner SCHUCANY Art. 755 II.
[101] MEIER-WEHRLI 82, 86; SCHOOP 123; LEHNER 15.
[102] BÜRGI/NORDMANN, Kommentar zu Art. 753f. N 102, 755 N 6; MEIER-WEHRLI 86; BÄTTIG, Verantwortlichkeit 24 e contrario; WYLER 43; MORANT 64; GUHL in SJK Nr. 404, 2; FEHR 151f.; WIELAND 215f.; SCHIESS 124; LUSTENBERGER 186; LEHNER 15; unrichtig BURCKHARDT 123 und HOTZ 202, die offenbar von der Subsidiarität des Klagerechts des Aktionärs ausgehen.
[103] MEIER-WEHRLI 86; vgl. auch ProtExp 446f.; Botschaft 61, wo die «Konkurrenz vom Klagerecht der Gesellschaft und des Gläubigers oder Aktionärs» ausdrücklich bestätigt wird: ferner WYLER 43; unrichtig m.E. HOTZ 202.

nur in Höhe der auf seine Aktien entfallenden *Quote* des gesamten Gesellschaftsschadens. Dass die Aktionäre trotzdem den *Gesamtschaden* geltend machen können, folgt aber daraus, dass «ihr Anspruch nur auf Leistung des Ersatzes an die Gesellschaft» geht. Dies führt nur dann zur vollen Schadloshaltung des mittelbar geschädigten Aktionärs, wenn der von der Gesellschaft erlittene Gesamtschaden eingeklagt werden kann und gegebenenfalls ersetzt werden muss[104].

d) Die *Rechtsnatur des Klagerechts* des Aktionärs ist umstritten[105]:

Nach der hier vertretenen Ansicht[106], die sich mit der Auffassung des Bundesgerichts deckt[107], der aber gewichtige Gegenargumente entgegenstehen[108], liegt der Klage ein *eigenes Forderungsrecht* zugrunde.

Nach einer anderen, in der Literatur[109] und zum Teil auch der kantonalen Judikatur[110] vertretenen Auffassung handelt es sich dagegen nicht um ein materielles Forderungsrecht, sondern nur um eine «Aktivlegitimation für die Geltendmachung des Gesellschaftsschadens»[111].

Wo sich aus den unterschiedlichen Auffassungen praktische Konsequenzen ergeben, wird in der Folge jeweils besonders darauf hingewiesen[112].

e) Werden *mehrere Klagen* anhängig gemacht, so sind sie mit Vorteil in einem Verfahren zu *vereinigen*[113], oder es ist ein Prozess bis zum Abschluss des anderen zu suspendieren, damit einander widersprechende Urteile vermieden werden[114].

Falls mehrere Prozesse parallel laufen und ein Aktionär den gesamten Schaden eingeklagt und zugestanden erhalten hat, werden dadurch die noch hängigen Prozesse gegenstandslos. Umstritten sind die Rechtsfolgen der *Abweisung* einer Klage. Nach wohl herrschender und hier vertretener Lehre werden dadurch die weiteren hängigen Klagen *nicht berührt*[115]. Dagegen vertreten BÜRGI/NORDMANN[116] die Ansicht, dass ein Urteil in einem von der Gesellschaft eingeleiteten Prozess die Aktionäre und Gläubiger in jedem

---

[104] Ebenso FORSTMOSER, Schaden 74.
[105] Vgl. die Übersicht über die in der Judikatur und Literatur geäusserten Ansichten hinten N 207ff.
[106] Vgl. hinten N 223ff.
[107] Vgl. die Übersicht hinten N 216ff.
[108] Vgl. die Übersicht über die gegenteiligen Lehrmeinungen hinten N 208f.
[109] Vgl. dazu die Hinweise hinten N 208f.
[110] Vgl. dazu die Übersicht hinten N 215f.
[111] BÜRGI/NORDMANN, Kommentar zu Art. 755 N 7.
[112] Vgl. etwa N 45, 487ff. und N 493.
[113] Vgl. BGE 93 III 64, 63 III 70ff. sowie BÜRGI/NORDMANN, Kommentar zu Art. 755 N 6 a.E.; SCHIESS 125.
[114] Es besteht eine einfache Streitgenossenschaft.
[115] So MEIER-WEHRLI 89; SCHIESS 170; LUSTENBERGER 186; SCHUCANY Art. 755 II; FUNK Art. 755 N 1.
[116] Kommentar zu Art. 755 N 13.

Fall binde. Diese Konsequenz ergibt sich aus der Auffassung von BÜRGI/ NORDMANN, OR 755 verleihe kein materielles Forderungsrecht, sondern nur die Aktivlegitimation für die Geltendmachung des Gesellschaftsschadens[117]. Sie vermag m.E. praktisch nicht zu befriedigen[118].

46 f) Erforderlich ist[119], dass der Kläger die *Aktionärseigenschaft im Zeitpunkt der Klageerhebung* innehat[120] und er diese beweisen kann[121]. Bei einer Veräusserung der Aktien geht der Klageanspruch auf den Erwerber über[122].

47 Umstritten ist, wem das Klagerecht bei *vinkulierten Namenaktien* zukommt, deren Erwerber nicht in das Aktienbuch eingetragen worden ist. Nach BÜRGI/NORDMANN[123] ist das Klagerecht als Vermögensrecht zu betrachten und geht als solches «bei der Veräusserung vinkulierter Namenaktien unabhängig vom Eintrag ins Aktienbuch auf den Erwerber über». Im Ergebnis gleich äussert sich SCHIESS[124] mit der Begründung, der Veräusserer verliere «nicht nur seine Beteiligung, sondern auch das Interesse am Schadenersatz». – Dem ist entgegenzuhalten, dass nach der präzisierten Formulierung des Bundesgerichts[125] nicht die vermögensmässigen Mitgliedschaftsrechte als solche auf den Erwerber übergehen, sondern lediglich die aus der Mitgliedschaft fliessenden Forderungsrechte. Entgegen BÜRGI/ NORDMANN und SCHIESS ist daher m.E. mit WILHELM[126] davon auszugehen, dass der nicht zugelassene Erwerber keine Verantwortlichkeitsklage anstrengen, dass aber der Buchaktionär allenfalls zu dessen Gunsten klagen kann[127].

48 g) OR 757 sieht eine Reihe von speziellen *Gründen für das Erlöschen* des Klagerechts vor: Zustimmung des Aktionärs zum Entlastungsbeschluss[128]; Erwerb der Aktien in Kenntnis der Dechargeerteilung[129]; unbenützter Ablauf der Klagefrist von sechs Monaten[130].

---

[117] Vgl. oben N 42.
[118] Vgl. dazu ausführlich hinten N 207 ff., insb. N 223.
[119] Anders als bei der Klage aus unmittelbarer Schädigung, dazu vorn N 31.
[120] BGer in SAG 6 (1933/34) 15 f.; SCHOOP 123; BIGGEL 91 f.; HOTZ 203; BÜRGI/NORDMANN, Kommentar zu Art. 753 f. N 103; SCHIESS 65 (mit zahlreichen Verweisungen auf Literatur und Judikatur), 142.
[121] Vgl. MAX KUMMER: Berner Kommentar, Einleitungsband (Bern 1962/66) Art. 8 N 20, 86 ff., 93, 132, 146, 157, und SPIRO §§ 351–356.
[122] MEIER-WEHRLI 55; SCHOOP 123; vgl. aber die Einschränkung von OR 757, dazu N 469.
[123] Kommentar zu Art. 753 f. N 107 f.
[124] S. 65 f.
[125] Vgl. BGE 109 II 137 ff. und 90 II 239 ff. im Gegensatz zu BGE 83 II 302 f.
[126] S. 144 f.
[127] Gl.M. wohl BÄTTIG, Verantwortlichkeit 23, wonach sich die Aktionäre bei Namenaktien durch den Eintrag im Aktienbuch legitimieren. Es handelt sich – in den Worten des Bundesgerichts (BGE 109 II 138, im Hinblick auf das Bezugsrecht) – um ein «vollwertiges Mitgliedschaftsrecht», das «allein der im Aktienbuch eingetragenen Person zu[steht]».
[128] Dazu N 410 ff.
[129] Dazu N 447 ff.
[130] Dazu N 472.

h) Vom selbständigen Klagerecht des Aktionärs auf Geltendmachung 49
des mittelbaren Schadens ist zu unterscheiden die Klage aufgrund einer
Abtretung der Ersatzansprüche der Gesellschaft an einen Aktionär im Sinne
von OR 164ff.[131]. So kann der auf eine Zession gestützten Klage die allfällige
Entlastung entgegengehalten werden.

i) Die gesetzliche Ordnung kann – zumindest für den Kleinaktionär – 50
für die Klageerhebung *prohibitiv* sein, vgl. nachstehend N 1191f. Der RevE
will hier eine Verbesserung bringen, vgl. hinten N 1217 (rev. Art. 756 II),
1240.

2.2. Geltendmachung im Konkurs und im Falle eines Nachlassvertrages mit Vermögensabtretung

Stark eingeschränkt ist das Klagerecht des Aktionärs aus mittelbarer 51
Schädigung *im Konkurs* und im Falle *eines Nachlassvertrages mit Vermögensabtretung*[132].

a) Gemäss OR 756 I und BankG 43 III kann der Aktionär nach 52
Konkursausbruch seinen mittelbaren Schaden vorerst *nicht mehr selbständig geltend machen.* Vielmehr wird das Klagerecht durch die Konkursverwaltung ausgeübt[133]. Diese ist gehalten, gegebenenfalls eine Verantwortlichkeitsklage anzustrengen, «denn diese ... Ersatzansprüche bilden einen
Bestandteil der Masse»[134]. Die Interessen der Aktionäre werden dadurch
geschützt, dass ihnen das Recht zur Beschwerde gegen Verfügungen der
Konkursverwaltung zusteht[135]. Weiter dient der Wahrung ihrer Interessen
das Recht auf Abtretung gemäss OR 756 II[136]. Dagegen können sie – im
Gegensatz zu den Gläubigern[137] – bei der Entscheidung darüber, ob eine
Verantwortlichkeitsklage angehoben werden soll, nicht mitwirken[138].

---

[131] Eine solche Abtretung ist zulässig; vgl. den – die Abtretung an einen Gläubiger betreffenden – BGE 82 II 58f., 60f. und dazu ZBJV 94 (1958) 93f.; vgl. ferner ZR 57 (1958) Nr. 54 sowie BÜRGI/NORDMANN, Kommentar zu Art. 753f. N 104; HOTZ 211f. Nicht zu verwechseln ist die schuldrechtliche Abtretung nach OR 164ff. mit der in OR 756 II vorgesehenen «Abtretung des Anspruchs»; zu dieser vgl. N 56ff. und N 104ff. Vgl. im übrigen auch hinten N 230.
[132] Zur Anwendbarkeit von OR 756 auf den Nachlassvertrag mit Vermögensabtretung vgl. BGE 86 II 185; 93 II 24.
[133] Dazu ausführlich SCHMID (zit. Anm. 59) 70.
[134] SENN 156.
[135] Vgl. SchKG 17–21 und BankG 36 II.
[136] Dazu nachstehend N 56.
[137] Vgl. SchKG 253.
[138] Vgl. etwa FEHR 152.

53 Da die Konkursverwaltung *auch den Anspruch der Gesellschaft selbst* geltend machen kann[139,140], ist die Bedeutung des durch die Konkursverwaltung auszuübenden Anspruchs des Aktionärs gering. Immerhin kann er dann eine Rolle spielen, wenn zwar dem Masseanspruch der Gesellschaft, nicht aber den Ansprüchen von Aktionären oder von einzelnen unter ihnen Einreden entgegenstehen[141]. Insbesondere kann die Konkursverwaltung allenfalls *trotz Erteilung der Entlastung klagen,* gestützt auf das Klagerecht eines Aktionärs, der der Decharge nicht zugestimmt hat.

54 Die Konkursverwaltung klagt – entgegen dem Wortlaut von OR 756 I und BankG 43 III – nicht im eigenen Namen, sondern als *Vertreterin der Gemeinschuldnerin*[142].

55 Analog der Ordnung für die aufrechtstehende Gesellschaft ist der *Schadenersatz an die Konkursmasse* zu leisten[143]. Daraus sind zunächst sämtliche Gläubiger zu entschädigen[144]. Das Interesse der Aktionäre an der Geltendmachung ihrer Ansprüche durch die Konkursverwaltung ist daher in der Regel gering[145].

56 b) *Verzichtet die Konkursverwaltung auf die Geltendmachung* des Anspruchs, dann kann gemäss OR 756 II bzw. BankG 43 III jeder Aktionär[146] dessen «*Abtretung*»[147] verlangen[148,149,150], wobei das *Ergebnis*

---

[139] Vgl. BGE 86 III 161; MEIER-WEHRLI 96ff.; FEHR 152.
[140] Die Konkursverwaltung kann Ansprüche der Gesellschaft wie auch der Aktionäre (und Gläubiger) nebeneinander und *gleichzeitig* geltend machen, vgl. SCHIESS 177, BGE 86 III 161, 111 II 82 und implizit wohl auch BGE 106 Ib 368 in Verbindung mit 364ff.
[141] Vgl. BGE 86 III 161; MEIER-WEHRLI 103; SCHUCANY Art. 756 I und nachstehend N 463. – Diese Konsequenz ist freilich dann abzulehnen, wenn ein eigenes Forderungsrecht der Aktionäre verneint wird, vgl. vorn N 42.
[142] BGE 97 II 409.
[143] MEIER-WEHRLI 103.
[144] Vgl. etwa SCHMID (zit. Anm. 59) 70.
[145] Vgl. SCHOOP 124; SENN 154; BIGGEL 129 sowie MEIER-WEHRLI 103f., nach welchem Autor ein Anspruch des Aktionärs aus mittelbarem Schaden nach Eintritt des Konkurses de lege ferenda «nicht mehr gerechtfertigt» ist.
[146] Verlangen mehrere Aktionäre die Abtretung, so haben sie als aktive Streitgenossen vorzugehen, vgl. SCHMID (zit. Anm. 59) 75.
[147] Es handelt sich um ein Institut sui generis und nicht etwa um eine Abtretung im Sinne von OR 164ff., mit der es allerdings Gemeinsamkeiten aufweist, vgl. BGE 111 II 83, 105 III 138, 93 III 63 E 1a sowie den nicht amtlich publizierten Entscheid des BGer vom 29.10.1985 in Sachen Sch. gegen AG B, et al.: Danach sind die Regeln von OR 164ff. «nur beschränkt auf Abtretungen gemäss Art. 260 SchKG und Art. 756 OR anwendbar» (E 1b). Vgl. ferner HANS FRITZSCHE: Schuldbetreibung und Konkurs II (2. A. Zürich 1968) 168; FAVRE (zit. Anm. 193) 347f. Vgl. sodann die ausführliche Darstellung bei SCHIESS 192ff.
[148] Dem Begehren *muss* Folge geleistet werden, und es kann die Konkursverwaltung die Abtretung nicht verweigern mit der Begründung, die Forderung bestehe nicht, vgl. BlSchK 28 (1964) 114ff.; 15 (1951) 93f.; BÜRGI/NORDMANN, Kommentar zu Art. 756 N 10.
[149] Zur Form vgl. Formular Nr. 7 betreffend die Abtretung von Rechtsansprüchen der Masse gemäss Art. 260 SchKG und FAVRE (zit. Anm. 193) 346.

des Prozesses *nach den Bestimmungen des SchKG,* also gemäss SchKG 260, *zu verwenden* sein soll. Diese summarische Ordnung ist missglückt und schafft zahlreiche Probleme[151]: Es wurde übersehen, dass SchKG 260 von den Gläubigern handelt und dem Aktionär die Rechtsstellung des Gläubigers gerade nicht zukommt. Auch fehlt eine Regelung der Konkurrenz zwischen Aktionären und Gläubigern.

aa) Richtigerweise ist mit dem Bundesgericht[152] davon auszugehen, dass die «Abtretung» gemäss OR 756 II und jene nach SchKG 260 I trotz analogen Wortlauts Verschiedenes beschlagen[153,154]: *SchKG 260 I* spricht von den Ansprüchen der Masse, somit den der *Gesellschaft* zustehenden Verantwortlichkeitsansprüchen. *OR 756 II* dagegen behandelt die Ansprüche von *Aktionären und Gläubigern* aus mittelbarer Schädigung[155].

Aus dieser *unterschiedlichen Grundlage* ergeben sich erhebliche praktische *Konsequenzen:*
- Hinsichtlich des *Umfangs* des einklagbaren Anspruchs: Klagt ein Gläubiger aufgrund einer «Abtretung» im Sinne von SchKG 260 I, so kann ihm allenfalls *mehr zugesprochen* werden als seinem Schaden entspricht[156]. Klagt dagegen ein Aktionär oder Gläubiger gestützt auf eine «Abtretung» nach OR 756 II, so kann ihm nicht mehr zugesprochen werden als seiner Schädigung entspricht, erfasst doch die «Abtretung» nur seine Ansprüche infolge (mittelbarer) Schädigung und nicht mehr[157].

---

[150] Die Einstellung des Konkurses gegen die Aktiengesellschaft mangels Aktiven und deren Löschung im Handelsregister sind keine Hinderungsgründe: Der Aktionär kann die Wiedereintragung verlangen und anschliessend die Abtretung durchsetzen, vgl. BGE 110 II 396 ff. (für die entsprechende Rechtslage beim Gläubiger) sowie ausführlich zu den Konsequenzen der Löschung hinten N 537 ff.

[151] Zur Kritik vgl. auch SCHIESS 171 ff. sowie das Zürcher Obergericht in SJZ 83 (1987) 217 = SAG 59 (1987) voraussichtlich Heft 3.

[152] Vgl. BGE 111 II 182 ff., wo im Ingress betont wird, dass die Gläubiger einerseits Ansprüche der Gesellschaft gestützt auf SchKG 260, anderseits eigene Ansprüche gestützt auf OR 756 II geltend machen können. Dabei handle es sich – wie im Entscheid betont wird – um zwei «actions distinctes, soumises chacune à des règles et à des conditions propres» (S. 183).

[153] Dazu ausführlich hinten N 228 ff.

[154] A.M. SCHIESS 119 ff., die zwischen den beiden Normen nicht differenziert und offenbar OR 756 II als Anwendungsfall von SchKG 260 I betrachtet. Diese Auffassung trägt m.E. dem Umstand zu wenig Rechnung, dass den Aktionären *keine Gläubigerstellung* zukommt. Auch ergeben sich Schwierigkeiten mit dem Wortlaut von OR 756 II, vgl. dazu hinten Anm. 172.

[155] Dafür, dass nach der hier vertretenen Auffassung die Forderungsrechte der Gesellschaft einerseits und jene von Aktionären und Gläubigern aus mittelbarer Schädigung anderseits zu unterscheiden sind und es sich bei den Rechten der letzteren nicht etwa nur um eine «Aktivlegitimation auf Ersatz des Gesellschaftsschadens» handelt, vgl. hinten N 223 ff.

[156] Folgerichtig bestimmt SchKG 260 II, der allfällige Überschuss sei an die Masse abzuliefern.

[157] So eindeutig der Wortlaut von OR 756 I, wo vom Anspruch «der einzelnen Aktionäre und Gesellschaftsgläubiger» gesprochen wird. Vgl. im einzelnen hinten N 233 ff.

- Hinsichtlich der *Einreden:* Der auf SchKG 260 I gestützten Klage können diejenigen Einreden entgegengehalten werden, die den Beklagten gegenüber der *Gesellschaft* zustehen, nicht dagegen Einreden gegenüber den Gesellschaftern persönlich[158]. Der auf OR 756 II basierenden Klage stehen dagegen die Einreden entgegen, welche die Beklagten gegenüber den *Klägern selber* erheben können, nicht dagegen Einreden, die sie gegenüber der Gesellschaft hätten[159].
- Hinsichtlich der relevanten *Pflichtverletzungen:* Macht ein Gläubiger Ansprüche aus eigener, mittelbarer Schädigung geltend, dann kann er nur die Verletzung spezifischer Gläubigerschutzbestimmungen rügen[160]. Werden dagegen der *Gesellschaft* zustehende Ansprüche wahrgenommen, kann der Klage jegliche Sorgfaltspflichtverletzung zugrunde gelegt werden[161].

59   Betont sei nochmals, dass gestützt auf OR 756 II Aktionäre wie Gläubiger klagen können, während SchKG 260 I nur die Rechte von Gläubigern regelt.

60   bb) Für die *Rechtsstellung des die «Abtretung» verlangenden Aktionärs* ergibt sich aus dieser Differenzierung das Folgende: Da der Aktionär nicht Gläubiger der Gesellschaft ist, sondern ihm lediglich ein Anspruch auf einen Anteil am allenfalls verbleibenden Liquidationsüberschuss zukommt, findet der Abtretungsanspruch nach SchKG 260 I keine Anwendung und können ihm die Rechtsansprüche der Masse nicht «abgetreten» werden[162]. Vielmehr kann die «Abtretung» nur das Recht zur *selbständigen Geltendmachung des eigenen Anspruchs aus mittelbarem Schaden* umfassen, das – wenn die Konkursverwaltung auf die Verfolgung der Ersatzansprüche verzichtet – wieder auflebt[163].

61   Der Aktionär handelt somit nach der hier vertretenen und wohl überwiegenden Lehre *nur aus eigenem Recht und nicht* – wie allenfalls der

---

[158] Vgl. BGE 111 II 373 ff. (mit unrichtiger Verweisung auf OR 756 II im Ingress, jedoch richtiger Differenzierung im Text, insbes. nicht veröffentlichte E 4a, ferner E 4b); ferner ZR 84 (1985) 139 (wo diese Auffassung jedoch zu Unrecht für die Klage gestützt auf eine Abtretung nach OR 756 II angestellt wird).
[159] Vgl. dazu hinten N 236 ff.
[160] Vgl. dazu hinten N 241 und N 258 ff.
[161] Vgl. hinten N 240.
[162] Vgl. BGE 86 III 163 und neuestens mit ausführlicher Begründung das Zürcher Obergericht in SJZ 83 (1987) 216 = SAG 59 (1987) voraussichtlich Heft 3. – Vgl. dagegen zum Recht des Gläubigers auf Abtretung nachstehend N 106 und BGE 93 III 63 f. Es ist allerdings unklar, ob das BGer in diesem Entscheid den Aktionär dem Gläubiger gleichstellen will, vgl. nachstehend Anm. 163.
[163] Ebenso MEIER-WEHRLI 105; SCHOOP 127; SCHIESS 173; FEHR 154; HIRSCH, Responsabilité civile 251 f., der auf die Abweichung von der Regelung des SchKG ausdrücklich hinweist; a.M. wohl ZBJV 89 (1953) 461 f., wonach Aktionäre und Gläubiger hinsichtlich der Legitimation zur Stellung von Abtretungsbegehren durch OR 756 «auf die gleiche Stufe»

Gläubiger – *auch als Prozessbevollmächtigter der Masse*[164]. Unbestritten ist im übrigen, dass ihm jedenfalls *keine Ansprüche anderer Aktionäre oder Gläubiger* zur Geltendmachung überlassen werden können[165].

Gemäss Formular Nr. 7[166] Ziff. 6 erfolgt die «Abtretung» *zeitlich befristet*. Sie kann (muss aber nicht) rückgängig gemacht werden, wenn nicht innert Frist geklagt wird[167].

Auch *nach erfolgter Einstellung* des Konkursverfahrens kann die Abtretung von Ansprüchen gemäss OR 756 II noch verlangt werden[168], da der Konkursrichter auf seine Einstellungsverfügung zurückkommen und das Verfahren wieder aufgenommen werden kann, wenn nach der Einstellung neues Vermögen entdeckt oder noch Ansprüche angemeldet werden[169].

cc) Gesetzlich und m.W. auch gerichtlich nicht gelöst ist die Frage des *Verhältnisses zwischen den Rechten der Aktionäre und denen der Gläubiger aus OR 756 II.*

---

gestellt sein sollen und OR 756 II SchKG 260 vorgehen soll. A.M. auch BÜRGI/NORDMANN (Kommentar zu Art. 756 N 12), wonach der aus der Abtretung Berechtigte schlechthin berechtigt sein soll, «die Forderung der Masse geltend zu machen». Nach BÜRGI/NORDMANN (Kommentar zu Art. 756 N 5f.) ist OR 756 II lex specialis zu SchKG 260, was sich aus den Materialien ergebe. A.M. endlich BÄTTIG, Verantwortlichkeit 26, wonach Aktionär und Gläubiger gleichgestellt sein sollen. – Die Haltung des BGer ist unklar: In BGE 93 III 63f. spricht es zwar ohne Differenzierung vom Recht des Gläubigers und des Aktionärs auf Abtretung der Ansprüche der Masse. Doch steht in diesem Entscheid nur die Klage von Gläubigern zur Diskussion. Daher lässt sich aus der allgemeinen Formulierung wohl – entgegen BÜRGI/NORDMANN (Kommentar zu Art. 756 N 3) – kaum eine Stellungnahme des Gerichts ableiten. Dies um so weniger, als in BGE 93 III 64 ausdrücklich auf BGE 86 III 160ff. verwiesen wird, ohne dass eine Praxisänderung angezeigt würde. In jenem Entscheid wird aber auf S. 163 klar differenziert und erklärt «jedem Aktionär ... seine eigenen Ansprüche und jedem Gläubiger ausser den Ansprüchen der Gesellschaft ebenfalls seine eigenen ...» überlassen werden. Zwei neuere Entscheide des Bundesgerichts – BGE 111 II 82 und 111 II 184f. – stellen nun allerdings beiläufig Aktionäre und Gläubiger im Hinblick auf die «Abtretung» gleich. Es handelt sich jedoch um nicht begründete dicta, die für den jeweiligen Entscheid bedeutungslos waren und wohl auf Versehen beruhen (korrekt, d.h. nur auf die Gläubiger bezogen, ist in beiden Fällen der Ingress der Veröffentlichung).
Ein neuer Entscheid des Zürcher Obergerichts bestätigt die hier vertretene Auffassung mit ausführlicher und überzeugender Begründung, vgl. SJZ 83 (1987) 216 = SAG 59 (1987) voraussichtlich Heft 3.

[164] Wie hier SCHOOP 127f.; a.M. BÜRGI/NORDMANN, Kommentar zu Art. 756 N 12; vgl. auch oben Anm. 163.
[165] BGE 86 III 163; vgl. auch SCHOOP 127.
[166] Dazu vorn Anm. 149.
[167] Vgl. BÜRGI/NORDMANN, Kommentar zu Art. 756 N 13; FRITZSCHE (zit. Anm. 147) 174; FAVRE (zit. Anm. 193) 349 und BlSchK 39 (1975) 91f. – Bis zu einem allfälligen Widerruf bleibt das Klagerecht erhalten.
[168] Vgl. BGE 110 II 397.
[169] Vgl. BGE 110 II 397, 102 III 84f. und 87 III 78.

65 Da sich aus dem Gesetz keinerlei Anhaltspunkte für eine Subsidiarität des Rechts der Aktionäre ergeben, ist m.E. mit MEIER-WEHRLI[170] sowie BÜRGI/NORDMANN[171] und im Gegensatz zu verschiedenen Lehrmeinungen davon auszugehen, dass das Klagerecht des Aktionärs aufgrund einer «Abtretung» nach OR 756 II *gleichberechtigt* neben einem Klagerecht von Gläubigern steht[172]. Doch ist – wie nachfolgend aufgezeigt wird[173] – der unterschiedlichen Stellung von Gläubigern und Aktionären bei der *Verwendung des Erlöses* Rechnung zu tragen.

66 dd) Der Aktionär klagt *in eigenem Namen*[174], «als Zessionar gemäss Art. 756 Abs. 2 im Konkurs» der X AG[175]. Mehrere klagende Aktionäre (und Gläubiger) haben regelmässig als *Streitgenossen* aufzutreten[176]. Die Klage geht auf Leistung an die Kläger und nicht etwa an die Gesellschaft bzw. die Masse[177].

67 ee) Doch ist ein *klageweises Vorgehen nicht unbedingt erforderlich.* Die Ansprüche können auch *aussergerichtlich* geltend gemacht und – gerichtlich oder aussergerichtlich – *verglichen* werden[178].

---

[170] S. 105f.
[171] Kommentar zu Art. 756 N 10.
[172] Ebenso ZBJV 89 (1953) 462; a.M. SCHIESS 123ff., 129; PICENONI 178; E. FRICK 111 sowie F.v.STEIGER, Recht der AG 276, die von einer Subsidiarität des Anspruchs der Aktionäre ausgehen. Aktionäre sollen danach erst klagen können, wenn nicht nur die Gesellschaft, sondern «auch die Konkursgläubiger darauf verzichtet haben, nach den Regeln von SchKG 260 gegen die verantwortlichen Personen zu klagen» (SCHIESS 123). Diese Auffassung steht im Gegensatz zum Wortlaut des Gesetzes (so ausdrücklich auch SCHIESS 123). Sie ist auch nicht aus praktischen Erwägungen geboten, wenn den Unterschieden der «Abtretung» gemäss OR 756 II und SchKG 260 I Rechnung getragen (dazu vorn N 57 und hinten N 228ff.) und die unterschiedliche Stellung von Aktionären und Gläubigern bei der Verwendung des Prozessergebnisses berücksichtigt wird (dazu N 72).
[173] Vgl. N 72.
[174] Vgl. BGE 93 III 63f., 86 III 158.
[175] BGE 86 III 158, zur Fragwürdigkeit dieser rechtlichen Qualifizierung vgl. vorn N 56.
[176] Vgl. Formular Nr. 7 (zit. Anm. 149) Ziff. 5; SCHMID (zit. Anm. 59) 75; FEHR 153f.; BÜRGI/NORDMANN, Kommentar zu Art. 756 N 16. Eine bundesgerichtliche Praxis besteht – soweit ersichtlich – nur für die «Abtretung» nach SchKG 260. Diese hat sich im Sinne einer *Abschwächung der Notwendigkeit gemeinsamen Vorgehens* entwickelt: BGE 43 III 160ff. verlangt eine notwendige Streitgenossenschaft. BGE 63 III 70ff. anerkennt dagegen die getrennte Klageführung als wirksam. Doch könnten die Klagen auf Antrag oder von Amtes wegen in ein einziges Verfahren gewiesen werden. Nach BGE 93 III 64 müssen mehrere Abtretungskläger gemeinsam als Streitgenossen vorgehen. Dagegen betont nun BGE 107 III 94ff., dass das Bundesrecht die Bildung einer notwendigen Streitgenossenschaft nicht vorschreibt und dass es Sache des Richters ist, gestützt auf das kantonale Prozessrecht einerseits dafür zu sorgen, dass jeder Abtretungskläger seine Rechte – nötigenfalls auch unabhängig von den übrigen – geltend machen kann, dass aber zugleich widersprüchliche Entscheide vermieden werden.
[177] Dies folgt schon daraus, dass die Kläger *eigene* Ansprüche geltend machen, vgl. vorn N 57.
[178] Vgl. Formular Nr. 7 (zit. Anm. 149) Ziff. 2; BGE 93 III 63, 49 III 124f.

Die Frage, ob bei einer *Mehrzahl von Ansprechern* auch nur *einzelne* 68
unter ihnen einen *Vergleich abschliessen* können, ist in der Literatur m.W.
bisher nicht behandelt worden. In der *Judikatur* finden sich Stellungnahmen lediglich für die *Abtretung nach SchKG 260:* Gemäss BGE 49 III 124f.
hat die Möglichkeit, einen Vergleich abzuschliessen, vor derjenigen der
gerichtlichen Durchsetzung zurückzutreten, womit ein Vergleich «nur mit
Zustimmung sämtlicher Abtretungsgläubiger zustande kommen» kann und
es «nicht möglich [ist], dass der eine Abtretungsgläubiger oder eine Gruppe
von solchen ihr Ziel durch einen Vergleich zu erreichen suchen, während
gleichzeitig die andern Gläubiger oder eine andere Gruppe von ihnen einen
Prozess durchführen.» BGE 107 III 95 betont dagegen, es sei entscheidend,
«qu'aucun cessionnaire ne soit empêché de faire valoir son droit, même
indépendamment des autres...». Weiter wird in diesem Entscheid hervorgehoben, dass das Bundesrecht keinesfalls die Bildung einer Streitgenossenschaft vorschreibt. Daraus ist wohl zu schliessen, dass die vergleichsweise
Erledigung durch einzelne Kläger möglich sein soll.

M.E. ist zu *differenzieren:* 69
- Falls *nur Aktionäre* Ansprüche geltend machen, müssen sie sich nach 70
der hier vertretenen Ansicht[179] ausschliesslich auf ihre eigenen Ansprüche aus mittelbarer Schädigung, die ihnen zur selbständigen Geltendmachung gemäss OR 756 II «abgetreten» wurden, stützen. Damit steht
jedem Ansprecher ein *eigener Anspruch* zu, über den er *selbständig
verfügen* kann, allenfalls auch durch Abschluss eines gerichtlichen oder
aussergerichtlichen Vergleichs. Doch hat ein solcher *Vergleich ausschliesslich Wirkungen hinsichtlich des eigenen Anspruchs des
abschliessenden Aktionärs* und können die übrigen Ansprecher ihre
Rechte weiterhin gerichtlich wie aussergerichtlich geltend machen[180].
- Falls dagegen *(auch) Gläubiger* Ansprüche geltend machen, können sich 71
diese neben OR 756 II auch auf eine «Abtretung» nach SchKG 260 I
berufen. In diesem Falle werden sie (auch) die der Gesellschaft
zustehenden Rechte geltend machen[181]. Insofern bilden sie eine Einheit
und – im Falle der prozessualen Durchsetzung – wohl regelmässig eine
Streitgenossenschaft[182]. Auch wenn nach der neuen Praxis des Bundesge-

---

[179] Vgl. vorn N 61.
[180] Die Verfügungsfähigkeit besteht eben nur hinsichtlich des *eigenen* Anspruchs aus mittelbarer Schädigung; vgl. in diesem Zusammenhang KELLER/SCHÖBI: Das Schweizerische Schuldrecht Bd. IV (Basel/Frankfurt a.M. 1984) 193; EUGEN BUCHER: Schweiz. Obligationenrecht Allgemeiner Teil (Zürich 1979) 361; OSER/SCHÖNENBERGER: Zürcher Kommentar zum OR, Art. 1–183 (2. A. Zürich 1929) Art. 115 N 6.
[181] Vgl. dazu hinten N 106 und 229.
[182] Von Bundesrechts wegen ist dagegen nach der Auffassung des BGer keine notwendige Streitgenossenschaft verlangt, vgl. BGE 107 III 91ff., insb. 94f. und die Ausführungen vorn N 68.

richts eine vergleichsweise Erledigung mit einzelnen Ansprechern trotzdem möglich sein dürfte[183], wird eine solche von beschränktem Nutzen sein, da die nicht zustimmenden Gläubiger nach wie vor den der Gesellschaft erwachsenen Schaden geltend machen können.

72 ff) Der *Prozess- oder Vergleichserlös* ist – falls nur Aktionäre gestützt auf eine «Abtretung» vorgegangen sind – unter diesen analog SchKG 260 II *entsprechend der Höhe ihrer Schädigung* zu verteilen. Haben dagegen neben Aktionären auch *Gläubiger* geklagt, so sind *vorab diese entsprechend ihrem Rang zu befriedigen* und kann nur ein allfällig nach voller Befriedigung[184] der beteiligten Gläubiger verbleibender Überschuss den Aktionären in analoger Anwendung von SchKG 260 II zugewiesen werden[185]. Dagegen ist die Ansicht abzulehnen, wonach das Prozessergebnis vorrangig auch noch den übrigen, nicht klagenden Gläubigern zugute kommen müsste. Vielmehr ist entsprechend SchKG 260 II der Erlös nach Abzug der Kosten vollumfänglich zur Befriedigung der klagenden Streitgenossen zu verwenden[186], weshalb den beteiligten Aktionären gegebenenfalls nicht nur der Nominalwert der Aktien zurückzuzahlen ist[187]. Ein Überschuss, der nach SchKG 260 II «an die Masse abzuliefern» wäre, kann nicht entstehen, da die «Abtretung» nur Ansprüche von Aktionären und Gläubigern erfasst und da solche Ansprüche nur so weit gehen wie ihre (mittelbare) Schädigung[188].

73 Aufgrund des Vorrangs der an der Prozessführung beteiligten Gläubiger ist die *Klage für Aktionäre kaum attraktiv, solange Gläubiger ihr Prozessführungsrecht geltend machen*[189]. Dazu kommt, dass die *Bestimmung der*

---

[183] Vgl. BGE 107 III 95, wonach jeder Kläger seine Rechte unabhängig von den übrigen geltend machen können muss.

[184] Mehr als voller Schadenersatz kommt dem Kläger nicht zu, und es ist daher ein überschiessender Betrag der Masse abzuliefern, vgl. BGE 93 III 63.

[185] BÜRGI/NORDMANN, Kommentar zu Art. 756 N 22; SCHOOP 127; W. v. STEIGER: Die Gesellschaft mit beschränkter Haftung, Zürcher Kommentar Bd. V/5c (Zürich 1965) Art. 827 N 22; FUNK Art. 756 N 2; FEHR 154; LUSTENBERGER 188.

[186] Ebenso MEIER-WEHRLI 105f.; FEHR 153; BÄTTIG, Verantwortlichkeit 26; SCHIESS 123ff. (vgl. aber vorn Anm. 172 zu deren abweichenden Ansicht betreffend das Klagerecht der Aktionäre. – A.M. VON GREYERZ, Aktiengesellschaft 300, wonach die klagenden Aktionäre erst zum Zuge kommen sollen, wenn auch die klagenden Gläubiger befriedigt sind. A.M. auch SCHOOP 127, wonach «eine Vorausbefriedigung» des mittelbaren Aktionärschadens «nur dann in Frage kommen [soll], wenn keine Gläubiger mehr vorhanden sind». (Der von SCHOOP erwähnte BGE 59 II 457 ist nicht einschlägig.)

[187] Gl.M. BÜRGI/NORDMANN, Kommentar zu Art. 756 N 22; a.M. SCHUCANY Art. 756 III und W. v. STEIGER (zit. Anm. 185), Kommentar Art. 827 N 22, wonach die Zahlungen auf den Nominalwert der Einlage beschränkt sein sollen.

[188] Vgl. vorn N 57.

[189] Praktisch führt daher die abweichende Ansicht von SCHIESS (vgl. Anm. 172) kaum zu anderen Resultaten.

Höhe des Schadens des Aktionärs[190] *ausserordentlich schwierig* ist: Abgesehen davon, dass schon die Ermittlung des der Gesellschaft entstandenen Schadens erhebliche Probleme aufgibt, ist für die Berechnung des Quotenanteils des klagenden Aktionärs insbesondere die Frage offen, ob die Gesamtschadensumme um den Betrag *aller* Gläubigeransprüche zu reduzieren ist oder aber nur um die Forderungen der Gläubiger, die ebenfalls Klage erhoben haben[191].

Praktisch dürfte der Aktionär daher seine Interessen kaum je auf diesem Weg zu verfolgen trachten.

gg) Zur gleichzeitigen Stellung als *Aktionär und Gläubiger* vgl. nachstehend N 91, 114.

hh) Die zu wenig durchdachte Ordnung von OR 756 II ist verschiedentlich zu Recht *kritisiert* worden[192].

c) Beim *Nachlassvertrag mit Vermögensabtretung* ist davon auszugehen, dass die Verantwortlichkeitsansprüche im Zweifel zum abgetretenen Vermögen gehören[193], und zwar selbst dann, wenn sie im Inventar der abgetretenen Vermögenswerte nicht aufgeführt sind[194]. Für deren Geltendmachung gilt die für den Konkurs aufgestellte Ordnung von OR 756 analog[195]:

Grundsätzlich bleibt das Klagerecht der Aktionäre erhalten. Doch ist die Geltendmachung analog zum Konkurs zunächst sistiert bzw. den Liquidatoren vorbehalten[196]. Verzichten die Liquidatoren im Einverständnis mit dem Gläubigerausschuss auf die Geltendmachung von Verantwortlichkeitsansprüchen, dann kann der Aktionär wiederum die «Abtretung» seines Klagerechts aus eigenem mittelbarem Schaden beanspruchen, nicht dagegen die Prozessführungsvollmacht der Masse[197].

---

[190] Der ja eben nicht als Massevertreter klagt, sondern einen selbständigen Anspruch geltend macht, vgl. vorn N 61.
[191] Vgl. FEHR 154, der von einem «juristischen Irrgarten» spricht, aus dem die Praxis kaum bald einen Weg finden werde; ferner MEIER-WEHRLI 106.
[192] Vgl. etwa MEIER-WEHRLI 104 ff.; FEHR 153.
[193] Vgl. SchKG 316 I; BGE 67 II 170 ff. und PETER LUDWIG: Der Nachlassvertrag mit Vermögensabtretung (Liquidationsvergleich) (Diss. Bern 1970 = ASR 403) 71f.; ANTOINE FAVRE: Droit des poursuites (3. A. Fribourg 1974) 411.
[194] BGE 67 II 167.
[195] Vgl. BGE 86 II 185, ferner 93 II 24.
[196] Vgl. SchKG 316d III und dazu LUDWIG (zit. Anm. 193) 77.
[197] Ebenso MEIER-WEHRLI 111; vgl. auch HIRSCH, Responsabilité 252; vgl. aber die Hinweise auf abweichende Ansichten vorn Anm. 164; vgl. ferner LUDWIG (zit. Anm. 193) 76f.; FRITZSCHE (zit. Anm. 147) 358; FAVRE (zit. Anm. 193) 414.

IV. Ansprüche und Klagerechte der Gläubiger

79   Auch bei den Ansprüchen und Klagerechten, die den *Gläubigern der Gesellschaft*[198] zustehen, ist zwischen mittelbarer und unmittelbarer Schädigung zu unterscheiden.

1. Bei unmittelbarem Schaden

80   a) Wie bei den Aktionären, so stellt auch bei den Gläubigern die Geltendmachung des unmittelbaren, direkten Schadens keinerlei Probleme: Die Gläubiger können *individuell direkt* gegen die verantwortlichen Personen *vorgehen* und von diesen Schadenersatz verlangen[199]. Auch im übrigen gilt das vorn N 27 ff. für das Klagerecht der Aktionäre aus unmittelbarem Schaden Ausgeführte. So ist nicht erforderlich, dass der Kläger im Zeitpunkt der Klageerhebung seine Gläubigerstellung noch innehat; vielmehr genügt es, dass er in dieser Eigenschaft unmittelbar geschädigt worden ist[200].

81   b) Die Beschränkungen des Klagerechts gemäss OR 755–758 kommen ebensowenig zur Anwendung wie beim Klagerecht der Aktionäre aus direktem Schaden[201].

82   Besonders im Hinblick auf die Gläubiger ist zu betonen, dass entgegen der nur für den mittelbaren Schaden aufgestellten Regel von OR 758 der *Anspruch auch ausserhalb des Konkurses selbständig geltend gemacht* werden kann. Dies ist heute völlig unbestritten[202], obwohl das Bundesgericht[203] in einem älteren Entscheid zum BankG den gegenteiligen Standpunkt einzunehmen schien[204]. Praktisch dürfte allerdings eine Klage des Gläubigers vor Konkurseröffnung oder Abschluss eines Nachlassvertrages

---

[198] Nur ihre Klagerechte regeln OR 754 ff., nicht dagegen diejenigen persönlicher Gläubiger der verantwortlichen Personen, vgl. MEIER-WEHRLI 49.
[199] Vgl. BGE 106 II 260 f.; ZR 80 (1981) Nr. 33 S. 101 E VIII./2. sowie etwa SENN 146; GUHL/MERZ/KUMMER 692; MEIER-WEHRLI 81; SCHOOP 126; LUSTENBERGER 190; HIRSCH, Responsabilité civile 35; LEHNER 16; DESSEMONTET, action sociale 59 sowie als Beispiel BGE 106 II 257 ff.
[200] BGE 106 II 232 ff., 234 f.
[201] Vgl. dazu BGE 106 II 260 f., BGE 112 II 262 E 4a (keine «Abtretung» nach OR 756 II bzw. SchKG 260 erforderlich, ebenso SCHUBARTH 486) und vorn N 29; ferner BÜRGI/NORDMANN, Kommentar zu Art. 758 N 2.
[202] Vgl. etwa AGVE 1976, 51 = SJZ 74 (1978) 26 Nr. 5; E. FRICK 115 f.; SENN 125 f.; MEIER-WEHRLI 92.
[203] Allerdings ohne Begründung.
[204] Vgl. BGE 62 III 188 ff. und dazu die Kritik in der vorn Anm. 192 aufgeführten Literatur sowie bei BRÜHLMANN in SJZ 34 (1937/38) 53 ff.

kaum je angestrengt werden, da dem Gläubiger aufgrund von OR 718 III[205] in der Regel die Gesellschaft einzustehen hat[206].

c) Die Klage geht auf *Leistung an den Kläger selbst.* 83

d) Die *Gläubigereigenschaft* bestimmt sich nach den allgemeinen 84 Bestimmungen des OR. Dabei sind als Gläubiger im Sinne der Verantwortlichkeitsbestimmungen des Aktienrechts nur diejenigen Personen zu verstehen, die einen vermögensrechtlichen *Forderungsanspruch gegen die AG erlangt* haben[207]. Vorausgesetzt ist weiter ein gegenüber der *Gesellschaft*[208] pflichtwidriges Verhalten des Organs. Daraus ergibt sich eine doppelte *Schranke:*

– *Nicht Gläubiger* im Sinne der Verantwortlichkeitsbestimmungen sind 85 Personen, die lediglich Ansprüche gegen *Organpersonen persönlich,* nicht aber gegen die AG erlangt haben, was dann der Fall ist, wenn das Organ ausschliesslich in privater Eigenschaft gehandelt hat[209]. Die Ansprüche solcher Privatgläubiger von Organpersonen richten sich ausschliesslich nach OR 41 ff., und es kommen daher die besonderen Verjährungs- und Gerichtsstandsbestimmungen von OR 760 f. nicht zum Zuge.

– Ebensowenig ist ein Gläubiger aus OR 754 klageberechtigt, wenn das 86 *Organ in Ausübung seiner Organpflichten,* namens und auf Rechnung der Gesellschaft gehandelt hat, wenn also keine eigentliche Pflichtwidrigkeit gegenüber der Gesellschaft, sondern höchstens ein rechtswidriges Verhalten gegenüber dem Gläubiger vorliegt. In diesem Fall kann der Gläubiger nur die Gesellschaft auf Schadenersatz einklagen[210].

e) Eine weitere Schranke für das Klagerecht von *Gläubigern* aus 87 unmittelbarer Schädigung ergibt sich daraus, dass das Bundesgericht eine solche Klage *nicht bei jeder Verletzung aktienrechtlicher Pflichten* und

---

[205] Aufgrund der dem schweizerischen Verbandsrecht zugrunde liegenden Realitätstheorie sind die für eine juristische Person handelnden Organe Teil der juristischen Person selbst, weshalb diese auch für ihre unerlaubten Handlungen einzustehen hat; vgl. statt vieler FORSTMOSER/MEIER-HAYOZ § 15 N 7.

[206] Vgl. FEHR 156 und BURCKHARDT 134. Näheres hinten N 611 ff.

[207] Vgl. SENN 145; BIGGEL 95; BÄTTIG, Verantwortlichkeit 23.

[208] Und nicht etwa nur gegenüber dem geschädigten Gläubiger.

[209] Es können die Kriterien für die Abgrenzung der Ausübung geschäftlicher Verrichtungen im Sinne von OR 718 III analog beigezogen werden, ebenso die Kriterien für die Abgrenzung der Verpflichtung der juristischen Person durch sonstiges Verhalten von Organen im Sinne von ZGB 55 II. Keine Anwendbarkeit der besonderen Verantwortlichkeitsbestimmungen somit, wenn die in Frage stehende Handlung nicht innerhalb des Zweckbereiches der Gesellschaft liegen konnte oder wenn das Organ erkennbar nicht in seiner Organeigenschaft (BGE 96 II 443), als Träger von Organfunktionen, sondern als Privatperson gehandelt hat (vgl. BGE 68 II 98 f., 55 II 27; PORTMANN 34; SCHOOP 124).

[210] Vgl. nicht amtlich publizierter BGE in SAG 25 (1952/53) 141 f.; im Hinblick auf die sehr restriktive Formulierung dieses Entscheides ist freilich festzuhalten, dass eine rechtswidrige Handlung gegenüber einem Gläubiger oft auch eine Pflichtverletzung im Sinne von OR 754 darstellt.

insbesondere nicht einfach bei einer Verletzung der allgemeinen Sorgfaltspflicht gemäss OR 722 zulässt. Verlangt wird vielmehr, dass die Schadenszufügung «auf einen Verstoss gegen aktienrechtliche *Gläubigerschutzbestimmungen* zurückgeführt werden»[211] kann. Gläubigerschützende Vorschriften finden sich nach der Ansicht des Bundesgerichts «vor allem in den Bestimmungen über die Publizität, namentlich in den Bilanzierungsvorschriften, oder in den Bestimmungen über die Erhaltung des Grundkapitals»[212]. Verneint wurde eine Verletzung solcher Bestimmungen in einem Fall, in welchem es die einzige Verwaltungsrätin unterliess, bei der Übertragung einer Liegenschaft einen (günstigen) Mietvertrag zu überbinden[213]. – Vgl. im übrigen die Ausführungen hinten bei N 258 ff.

88   f) Der dem Gläubiger zustehende Anspruch muss *nicht notwendig* auf einen *Geldbetrag* lauten, sondern kann auch eine *Sache* zum Gegenstand haben[214].

89   Der Anspruch des Gläubigers ist *abtretbar* und kann vom Zessionar geltend gemacht werden[215].

90   g) Zum Verhältnis der Verantwortlichkeit aus unmittelbarer Schädigung einerseits und der Haftung der Gesellschaft für ihre Organe gemäss OR 718 III anderseits vgl. nachstehend N 611 ff., insb. N 615.

91   h) *Aktionär- und Gläubigerstellung* können zusammenfallen. Dem Geschädigten steht dann das Recht zu, den in jeder dieser beiden Rechtspositionen erlittenen unmittelbaren Schaden wahlweise oder kumulativ geltend zu machen, vgl. N 114.

92   i) Von der Klage aus unmittelbarer Schädigung ist zu unterscheiden die Klage, welche ein Gläubiger aufgrund einer *Zession von Ansprüchen der Gesellschaft* geltend macht. Eine solche Abtretung ist zulässig, vgl. vorn N 49 und die dort Anm. 131 zitierte Judikatur.

2. Bei mittelbarem Schaden

93   Wie das Klagerecht des Aktionärs, so ist auch das Klagerecht des Gläubigers aus mittelbarer Schädigung unterschiedlich geregelt, je nachdem, ob sich die Gesellschaft *im Konkurs* befindet[216] *oder nicht*[217]. Im

---

[211] BGE 110 II 395, Hervorhebung durch mich.
[212] Ebenda.
[213] BGE 110 II 391 ff.
[214] Vgl. SENN 145.
[215] Vgl. die Ausführungen zur Geltendmachung mittelbaren Schadens nachstehend N 105. Das dort Ausgeführte gilt a fortiori für den unmittelbaren Schaden.
[216] Dazu N 100 ff.
[217] Dazu N 94 ff.

einzelnen ist aber die Ordnung von der für den Aktionär aufgestellten verschieden, wobei ausserhalb des Konkurses der Hauptunterschied darin liegt, dass die Gläubiger ihr Klagerecht nicht selber geltend machen können[218], während im Konkurs der wesentlichste Unterschied darin besteht, dass dem Gläubiger Masseansprüche zur selbständigen Geltendmachung im eigenen Namen und auf eigene Gefahr zugewiesen werden können.

2.1. Geltendmachung ausser Konkurs

Ausser Konkurs und allgemein gilt das Folgende: 94

a) Obwohl dem Gläubiger in OR 755 scheinbar ein gleiches *Klagerecht* 95 eingeräumt wird wie dem Aktionär, ergibt sich aus OR 758 eindeutig, dass ihm ein solches Recht *nicht zustehen* soll. Der Widerspruch zwischen den beiden Bestimmungen ergibt sich aus der Gesetzesentstehung: OR 755 war von allem Anfang an in den Gesetzesentwürfen enthalten. Eine OR 758 entsprechende Norm fand sich zwar im altOR, wurde dann aber im Laufe der Vorarbeiten zur Revision des Aktienrechts eliminiert und kam erst anlässlich der Beratungen der ständerätlichen Kommission wieder in den Entwurf[219]. Eindeutig ist aber der Wille des Gesetzgebers, dem *Gläubiger die Klage zu versagen, solange die Gesellschaft aufrecht steht*. Vielmehr soll er sich «an seinen eigentlichen Schuldner, an die AG»[220], halten müssen[221].

b) Man muss sich freilich fragen, ob es überhaupt richtig ist, ausserhalb 96 des Konkurses von einer mittelbaren Schädigung der Gläubiger zu sprechen: Während der Aktionär bei Substanzverlusten der AG indirekt Verluste erleidet, werden die *Ansprüche der Gläubiger* gegen die Gesellschaft *durch einen solchen Substanzverlust nicht tangiert*. Die Gläubiger werden damit gar nicht geschädigt, auch nicht mittelbar, solange die Gesellschaft ihren Verpflichtungen nachkommen kann[222]. Damit erscheint es überhaupt als *verfehlt, ausserhalb des Konkurses von einer mittelbaren Schädigung und einem Klagerecht des Gläubigers zu sprechen*, und es

---

[218] Bei näherem Zusehen zeigt sich freilich, dass – solange die Gesellschaft aufrechtsteht – eine mittelbare Schädigung von Gläubigern gar nicht nachweisbar ist und sich deshalb die Frage ihres Klagerechts gar nicht stellt, vgl. N 96f.
[219] Vgl. MEIER-WEHRLI 90ff.; BÜRGI/NORDMANN, Kommentar zu Art. 758 N 1; BÄTTIG, Verantwortlichkeit 24f.
[220] MEIER-WEHRLI 91.
[221] Dies ist völlig unbestritten, vgl. neben MEIER-WEHRLI und BÄTTIG, Verantwortlichkeit, etwa auch LEHNER 16; BÜRGI/NORDMANN, Kommentar zu Art. 758 N 2, und SCHUCANY Art. 758 Ziff. 1.
[222] Ebenso BGE 87 II 300, vgl. auch FORSTMOSER, Schaden 70; GLASSON 150; ferner PATRY, Précis II 110 und VON GREYERZ, Aktiengesellschaft 294.

gehen m.E. die Art. 755 – soweit von den Gläubigern die Rede ist – und 758 von falschen Voraussetzungen aus[223].

97 Dass die Konstruktion einer mittelbaren Schädigung der Gläubiger bei aufrechtstehender Gesellschaft nicht durchdacht ist, zeigt sich auch, wenn der in OR 755 und 758 vorgesehene Anspruch *rechtlich zu qualifizieren* versucht wird: Die Literatur geht überwiegend davon aus, dass es sich beim Klagerecht des Gläubigers wie bei dem des Aktionärs um einen *selbständigen Anspruch* handelt[224]. Diese Konsequenz zeigt sich *im Konkurs*[225], indem die Konkursverwaltung gemäss OR 756 I aufgrund des Anspruchs der Gläubiger allenfalls auch dann Klage erheben kann, wenn das Klagerecht der Gesellschaft und der Aktionäre infolge Entlastung untergegangen ist[226]. Dagegen ist die Bezeichnung als selbständiger Anspruch für das Vorgehen *ausser Konkurs* irreführend: Die Gesellschaft kann nämlich – wenn den potentiell verantwortlichen Organpersonen wirksam Entlastung erteilt worden ist[227] – nicht mehr klageweise gegen diese vorgehen, auch nicht gestützt auf Ersatzansprüche von Gläubigern aus mittelbarer Schädigung[228]. Dies, obwohl die Erteilung der Decharge gegenüber den Gläubigern keine Wirkung hat[229].

98 c) Gläubiger im Sinne des Verantwortlichkeitsrechts sind wie bei unmittelbarem Schaden[230] nur *Gläubiger der Gesellschaft,* nicht dagegen Personen, die ausschliesslich Gläubiger von Organpersonen sind.

99 d) Denkbar und vom Klagerecht aus mittelbarer Schädigung zu unterscheiden ist die Klage des Gläubigers aufgrund einer *zivilrechtlichen Abtretung der Ersatzansprüche der Gesellschaft im Sinne von OR 164ff.*[231]. Unterschiede ergeben sich namentlich hinsichtlich der Einreden.

2.2. Geltendmachung im Konkurs und im Falle eines Nachlassvertrages mit Vermögensabtretung

100 Ist die Gesellschaft im *Konkurs* oder wurde ein *Nachlassvertrag mit Vermögensabtretung* abgeschlossen, dann ist *auch der Gläubiger* durch die schuldhafte Verminderung des Vermögens der Gesellschaft *mittelbar geschädigt.* Es steht ihm in diesem Zeitpunkt ein Klagerecht zu, das aber

---

[223] Vgl. auch N 204.
[224] Vgl. die vorn Anm. 102 zitierte Literatur, die – mit Ausnahme von WIELAND – durchwegs vom Aktionär und vom Gläubiger im gleichen Atemzug spricht; sodann explizit SCHOOP 124.
[225] Dazu N 102.
[226] Vgl. N 463.
[227] Dazu N 410ff.
[228] Eine andere Lösung würde die Wirkung der Decharge illusorisch machen.
[229] Dazu N 473f.
[230] Dazu vorn N 84.
[231] Vgl. dazu die Ausführungen vorn N 49 und die dort Anm. 131 zitierte Judikatur und Literatur.

in ähnlicher Weise eingeschränkt ist wie das des Aktionärs, vgl. daher allgemein vorn N 51 ff. Im einzelnen ergeben sich aber *Abweichungen zur Rechtsstellung des Aktionärs:*

a) Wie der Aktionär, so kann auch der Gläubiger gemäss OR 756 I seinen mittelbaren Schaden nach Konkursausbruch nicht selbständig geltend machen, sondern das *Klagerecht wird durch die Konkursverwaltung ausgeübt.* Immerhin kommt ihm insofern eine *stärkere Stellung* zu, als er aufgrund von SchKG 252 ff. in der Gläubigerversammlung direkten Einfluss auf den Entscheid über die Anstrengung von Verantwortlichkeitsklagen nehmen kann. 101

Geht man von einem selbständigen Forderungsrecht der Gläubiger aus[232], dann ist die Geltendmachung von Ansprüchen der Gläubiger seitens der Konkursverwaltung vor allem dann *bedeutsam, wenn dem Masseanspruch Einreden entgegenstehen, die für die Gläubigeransprüche nicht gelten.* Insbesondere kann allenfalls trotz Erteilung der Decharge geklagt werden[233]. 102

Der Schadenersatz ist *an die Konkursmasse* zu leisten. Der Gläubiger ist an dieser Leistung stärker interessiert als der Aktionär, da er aus der Masse vorab entschädigt wird, während den Aktionären nur ein allfälliger Überschuss verbleibt[234]. 103

b) Auch der Gläubiger kann die «*Abtretung*» verlangen, wenn die Konkursverwaltung auf die Geltendmachung des Anspruchs verzichtet[235]. 104

Als *Gläubiger* ist dabei derjenige zu betrachten, der zur Zeit der Konkurseröffnung einen Anspruch gegen die Gesellschaft hat[236] oder der sich den Anspruch eines Gläubigers rechtmässig hat abtreten lassen[237]. Gläubiger ist damit namentlich auch derjenige, der gutgläubig erst Gesellschaftsgläubiger geworden ist, nachdem die schädigende Handlung bereits eingetreten war[238]. 105

---

[232] Zur Problematik vgl. vorn N 41; das dort für das Klagerecht der Aktionäre Ausgeführte gilt auch für die Gläubiger. Ausführlich zur Rechtsnatur hinten N 207 ff.
[233] Vgl. die Ausführungen vorn N 53 betreffend den Anspruch des Aktionärs, ferner hinten N 238; besonders im Hinblick auf die Gläubigeransprüche HIRSCH, Responsabilité 251, der die Klage der Gläubiger als «la plus efficace» bezeichnet, «car le défendeur ne peut lui opposer certaines exceptions qui pourraient paralyser les deux premières», d.h. die von der Konkursverwaltung auszuübenden Klagen der Gesellschaft und der Aktionäre. Vgl. ferner nachstehend N 473 f.
[234] Vgl. vorn N 55, 72.
[235] Vgl. OR 756 II, BankG 43 III sowie zusätzlich SchKG 260 I und dazu FRITZSCHE (zit. Anm. 147) 168 ff.; FAVRE (zit. Anm. 193) 343 ff.; SCHMID (zit. Anm. 59) 74. Ausführlich zu dieser «Abtretung» SCHIESS 192 f.; vgl. auch LUSTENBERGER 192 f. und LEHNER 16 f.
[236] SENN 153; SCHIESS 174; FAVRE (zit. Anm. 193) 344; vgl. auch vorn N 84 f.
[237] Vgl. ST 50 (1976), Heft 1 S. 7 Ziff. 3.
[238] Vgl. BÜRGI/NORDMANN, Kommentar zu Art. 753 f. N 103.

106	Während der Umfang der «Abtretung» an den Aktionär umstritten ist[239], sind sich Lehre und Praxis darin einig, dass dem Gläubiger *nicht nur das Recht zur selbständigen Geltendmachung des eigenen Anspruchs* aus mittelbarem Schaden zugewiesen werden kann, sondern auch das *Prozessführungsrecht für die der Gesellschaft zustehenden Ansprüche*[240]. Es wird daher zu Recht von einer *Doppelnatur der Gläubigerklage* gesprochen, d.h. es machen die Gläubiger – in den Worten des Bundesgerichts – einerseits «gestützt auf Art. 260 SchKG Ansprüche geltend, die der konkursiten Gesellschaft gegenüber den Mitgliedern der Verwaltung aus deren Verantwortlichkeit zugestanden haben (Klage aus dem Recht der Gesellschaft); anderseits handeln sie gestützt auf Art. 756 Abs. 2 OR aus eigenem Recht»[241]. Dabei ist ohne weiteres davon auszugehen, dass dann, wenn Gläubigern von der Konkursverwaltung Verantwortlichkeitsansprüche ohne nähere Präzisierung «abgetreten» werden, diese «Abtretung» *beides umfasst:* gestützt auf SchKG 260 I die Ansprüche der konkursiten Gesellschaft und gestützt auf OR 756 II die eigenen Ansprüche aus mittelbarer Schädigung[242].

107	Der Abtretungsgläubiger klagt daher aufgrund einer «doppelten Klagelegitimation»[243], nicht nur aus *eigenem Recht,* sondern auch als *Prozessbevollmächtigter der Masse*[244].

108	Die *unterschiedlichen Klagegrundlagen,* die dem Gläubiger zur Verfügung stehen, sind *sauber auseinanderzuhalten,* da sie mit durchaus *verschiedenen Rechtsfolgen* verbunden sind[245]:
– Soweit die Gläubiger ihre *eigenen Ansprüche* geltend machen, tangiert eine allfällige Erteilung der *Decharge* ihr Klagerecht in keiner Weise[246].

---

[239] Dazu vorn N 60.
[240] Vgl. BGE 111 II 82ff. (und hiezu ausführlich FORSTMOSER, Schaden passim); BGE 86 III 163 sowie ausführlich MEIER-WEHRLI 99ff. und die dort Anm. 82 zitierte Literatur; ferner FRITZSCHE (zit. Anm. 147) 168; MAX GULDENER: Schweiz. Zivilprozessrecht (2. A. Zürich 1958) II. Supplement 1964, 43; FAVRE (zit. Anm. 193) 343f.; SCHOOP 126f.; LUSTENBERGER 192; LEHNER 17.
[241] BGE 111 II 182 (Ingress), ebenso nicht publizierte E 2 von BGE 112 II 461ff. Dies – es sei nochmals betont – im Gegensatz zur Stellung des Aktionärs, der im Konkurs nur seine eigenen Ansprüche aus mittelbarem Schaden geltend machen kann.
[242] So etwa der in ST 59 (1985) 222f. wiedergegebene Entscheid des Zürcher Obergerichts, ebenso BGE 93 II 63f. und implizit BGE 111 II 182ff.
[243] MEIER-WEHRLI 101; ebenso BGE 111 II 274.
[244] BGE 111 II 83; vgl. auch BGE 109 III 29, mit weiteren Hinweisen.
[245] Vgl. hinten N 232ff. Unrichtig diesbezüglich BGE 111 II 182ff., vgl. dazu nachstehend Anm. 253 und hinten N 243.
[246] Vgl. BÜRGI/NORDMANN, Kommentar zu Art. 757 N 2 und 758 N 5; BÄTTIG, Verantwortlichkeit 30; HOTZ 210; SCHENK 21; E. FRICK 117; ZELLWEGER 31; PICENONI 201; HIRSCH, Responsabilité 252; SCHOOP 127; WEHRLI 314f.; SAG 17 (1944/45) 199, 229. Dieser Umstand spricht ebenfalls dafür, dass das Klagerecht des Gläubigers aus mittelbarem Schaden ein eigenes Forderungsrecht darstellt und nicht lediglich eine «Aktivlegitimation auf Ersatz des Gesellschaftsschadens»; zur Kontroverse vgl. hinten N 207ff.

Dagegen ist der Entlastung und allfälligen weiteren Einreden und Einwendungen, die ein Beklagter gegenüber der Gesellschaft geltend machen kann, Rechnung zu tragen insoweit, als der *Gesellschaft als solcher* zustehende Ansprüche geltend gemacht werden[247,248]. Dafür können den Gläubigern, soweit sie im Sinne von SchKG 260 I «abgetretene» Gesellschaftsansprüche geltend machen, keinerlei Einreden entgegenhalten werden, die nur ihnen persönlich gegenüber bestehen.

– Unterschiedlich ist sodann der *Umfang* des Schadens, der geltend gemacht werden kann: Gestützt auf OR 756 II kann nur derjenige Schaden eingeklagt werden, den die *Kläger* erlitten haben[249]. Gestützt auf SchKG 260 I dagegen kann der *gesamte der Gesellschaft zugefügte Schaden* eingeklagt werden[250].

– Relevant ist der Unterschied endlich im Hinblick auf die *Pflichtwidrigkeiten*, die gerügt werden können: Soweit sich die Klage auf OR 756 II stützt, kann nur die Verletzung aktienrechtlicher *Gläubigerschutzbestimmungen* geltend gemacht werden[251], gestützt auf SchKG 260 I dagegen jede Pflichtverletzung eines Organs[252].

In der Praxis werden diese Unterschiede in den Rechtsgrundlagen und -folgen nicht selten missachtet[253].

c) Umstritten ist, ob das belangte Gesellschaftsorgan dem *rechtskräftig kollozierten* Gesellschaftsgläubiger, der aufgrund einer «Abtretung» im Sinne von SchKG 260 I klagt, entgegenhalten kann, die *Kollokation sei zu Unrecht erfolgt*. Die Gerichtspraxis zu dieser Frage ist nicht einheitlich[254]: In einem Entscheid des BGer vom 7.7.1982[255] wird die Auffassung vertreten, der Kläger könne seine angeblichen Forderungen nicht mit dem Hinweis auf den Kollokationsplan begründen, sondern er müsse – falls strittig – seine Gläubigerstellung beweisen. Die gleiche Auffassung liegt einzelnen kantonalen Entscheiden zugrunde[256]. In einem nicht amtlich publizierten früheren Urteil[257] und neuestens mit ausführlicher Begründung in BGE 111 II 81ff. hält das Bundesgericht dagegen dafür, das belangte Gesellschaftsorgan könne dem rechtskräftig kollozierten Gesellschaftsgläubiger «nicht

---

[247] Vgl. BGE 111 II 183f. (dazu FORSTMOSER, Schaden 71); BJM 1954, 253.
[248] Vgl. auch hinten N 233ff.
[249] Vgl. auch hinten N 235.
[250] Vgl. auch hinten N 234.
[251] Vgl. dazu hinten N 258ff.
[252] Vgl. dazu hinten N 240.
[253] Inkonsequent und m.E. unrichtig etwa BGE 111 II 182f., vgl. dazu hinten N 243.
[254] Vgl. die Übersicht bei HÜTTE, Zu Unrecht kolloziert 101f. sowie in BGE 111 II 84f.
[255] Auszugsweise wiedergegeben bei HÜTTE, Zu Unrecht kolloziert 102; vgl. auch den Hinweis in BGE 111 II 84.
[256] Vgl. ZR 80 (1981) Nr. 33 S. 97f. und die Hinweise bei HÜTTE (zit. Anm. 254) 102.
[257] Auszugsweise wiedergegeben bei HÜTTE, Zu Unrecht kolloziert 101.

entgegenhalten, die Kollokation sei zu Unrecht erfolgt»[258], und es seien deshalb Einreden und Einwendungen aus dem Verhältnis zwischen Gesellschaft und Gläubiger unbeachtlich, falls die Kollokation rechtskräftig sei[258a, 258b]. Das Recht, den Kollokationsplan anzufechten, sei den Konkursgläubigern vorbehalten, und es stehe einem Drittschuldner, der nicht zugleich als Gläubiger im Konkurs auftrete, nicht zu. Diese Auffassung vermag zwar in der Begründung, nicht aber im Ergebnis zu befriedigen. Insbesondere ist in Rechnung zu stellen, dass die Konkursverwaltung oft nur summarisch prüft und dass sie allenfalls aus praktischen Erwägungen und Kostengründen auch zweifelhafte Forderungen kolloziert[259].

111   Im übrigen gilt das vorn N 65 ff. zum Klagerecht des Aktionärs Ausgeführte; vgl. zur Bezeichnung des Klägers N 66; zur Möglichkeit der aussergerichtlichen Geltendmachung und des Vergleichs N 67 f.[260]; zur Verwendung des Erlöses N 72.

112   Zum Verhältnis der *Klagerechte von Aktionären und Gläubigern* vgl. N 65.

113   Da den klagenden *Gläubigern* im Verhältnis zu klagenden Aktionären bei der Verteilung des Erlöses der *Vorrang* zukommt[261], ist die Ausübung des Klagerechts für den Gläubiger erheblich attraktiver als für den Aktionär.

114   Ist der Gläubiger *gleichzeitig Aktionär,* steht es ihm frei zu entscheiden, in welcher Eigenschaft er klagen will[262], sofern sein Verhalten nicht rechtsmissbräuchlich ist[263] wie etwa die Klage, die ein unlautere Machenschaften billigender Gründer und Aktionär in seiner Eigenschaft als Gesellschaftsgläubiger anstrengt[264].

115   Von der «*Abtretung*» des Klagerechts der Masse[265] gemäss OR 756 II ist die *Zession* im Sinne von OR 164 ff. zu unterscheiden[266]. Diese erschöpft

---

[258] So der Ingress, S. 81. Teilweise Wiedergabe des Entscheides auch in SAG 58 (1986) 92 ff., mit Bemerkungen von KONRAD FISCHER. – Zum Urteil und seiner Tragweite vgl. auch SCHUBARTH 488, nach welchem Autor der Entscheid von HÜTTE (zit. Anm. 259) und FISCHER «teilweise missverstanden worden» ist.

[258a] An dieser Auffassung wird auch in einem Urteil des Bundesgerichts vom 8.6.1986 (beim Abschluss dieser Publikation nicht amtlich veröffentlicht) trotz der zwischenzeitlichen Kritik festgehalten.

[258b] Durch die Kollokation *nicht* präjudiziert soll dagegen die *Höhe* der Forderung sein.

[259] Vgl. die berechtigte Kritik von HÜTTE, Zu Unrecht kolloziert 102, und von FISCHER (zit. Anm. 258) 93 ff.

[260] Vgl. insb. die Hinweise auf die unterschiedlichen Möglichkeiten und Wirkungen vergleichsweiser Regelung in Fällen, in denen ausschliesslich Aktionäre Ansprüche geltend machen, und in solchen, in welchen (auch) Gläubiger vorgehen, vgl. vorn N 69 ff.

[261] Vgl. vorn N 60, 72.

[262] Vgl. BGE 87 II 293 ff.; MEIER-WEHRLI 50. Auch eine Kumulierung ist möglich.

[263] Vgl. BÜRGI/NORDMANN, Kommentar zu Art. 758 N 3 und zu Art. 753 f. N 102.

[264] Genau besehen, fehlt es wegen des Grundsatzes «volenti non fit iniuria» schon an der Rechtswidrigkeit, vgl. BGE 86 III 159; ferner ZR 60 (1961) Nr. 98 S. 221.

[265] Vgl. Anm. 147.

[266] Ebenso BGE 111 II 83; HÜTTE, Zu Unrecht kolloziert 102.

sich nicht in einem blossen Prozessführungsrecht, und sie berechtigt gegebenenfalls zur Klage auch vor der Konkurseröffnung[266a].

d) Im *Nachlassvertrag mit Vermögensabtretung* kommen die für den Konkurs aufgestellten Regeln analog zur Anwendung[267].

V. Exkurs: Ansprüche und Klagerechte von Genussscheinberechtigten und Partizipanten

a) Die Rechtsnatur von *Genussscheinen* und den daraus entwickelten[268] *Partizipationsscheinen* ist hier nicht näher zu erläutern[269]. Festgehalten sei nur, dass Genuss- und Partizipationsscheine keine Mitwirkungsrechte verkörpern[270], dass sie aber auch nicht Gläubigerrechte beinhalten, da sie risikotragendes Kapital verbriefen und ein Recht auf Rückzahlung einer Forderung oder auf feste Verzinsung nicht besteht. «Richtigerweise sind sie als *Beteiligungsrechte besonderer Art* zu betrachten, die sich sowohl von Aktien (durch das Fehlen der Mitgliedschaft) wie auch von Obligationen (durch das Fehlen einer rückzahlbaren Forderung) unterscheiden»[271].

b) Die Frage, *ob Partizipanten und Genussscheinberechtigte Verantwortlichkeitsansprüche im Sinne von OR 752ff. geltend machen können*, ist in der schweizerischen *Judikatur*, wenn man von einem bejahenden obiter

---

[266a] Ebenso DESSEMONTET, action sociale 53f.
[267] Vgl. vorn N 77 sowie speziell für die Rechte der Gläubiger MORANT 69f.; E. FRICK 117; FEHR 155; HENGGELER 55f.; vgl. auch BGE 65 II 4f. sowie nicht publizierter BGE vom 22.4.1985 in Sachen P. gegen G. E 3.
[268] Vgl. Botschaft 1983 795; BAUER (zit. Anm. 269) 174f.
[269] Vgl. etwa ROLF BÄR: Der Kapitalbeschaffungsgenussschein («Partizipationsschein»), ZBJV 101 (1965) 201ff.; ders.: Aktuelle Fragen des Aktienrechts, ZSR 85 (1966) II 321ff., 405ff.; AXEL BAUER: Partizipationsscheine im Schweizer Aktienrecht – im Vergleich zum deutschen Aktienrecht (Diss. Genf = Schweizer Schriften Bd. 15, Zürich 1976); TASSILO ERNST: Der Genussschein im deutschen und schweizerischen Aktienrecht (Diss. Zürich 1963 = Zürcher Beiträge Bd. 241); PIERRE HENGGELER: Le bon de participation (Genf 1971); CHRISTOPH HOFFMANN: Der Partizipationsschein oder die stimmrechtslose Aktie ... (Diss. Zürich 1976); CARLO POSTIZZI: I titoli di partecipazione... (Diss. Bern 1983).
[270] Vgl. den ausdrücklichen Ausschluss in OR 657 III.
[271] FORSTMOSER/MEIER-HAYOZ § 33 N 11. Anders die ältere Lehre, welche Genussrechte als «bedingte Gläubigerrechte» qualifizierte; vgl. die Hinweise bei BÄR in ZSR (zit. Anm. 269) 411f., der selber eine solche Einstufung als fragwürdig erachtet. Als vertraglich eingeräumte Beteiligungsrechte bezeichnet ERNST (zit. Anm. 269) 117ff. die Genussrechte, während HENGGELER (zit. Anm. 269) 48ff. ein partiarisches Verhältnis annimmt. Zu den Lehrmeinungen vgl. im übrigen BAUER (zit. Anm. 269) 168ff., HENGGELER (zit. Anm. 269) 33ff. und POSTIZZI (zit. Anm. 269) 19ff., insb. 25ff.

dictum hinsichtlich der Genussberechtigten unter dem altOR absieht[272], nicht zur Sprache gekommen.

119 In der *Literatur* werden solche Verantwortlichkeitsansprüche durchwegs bejaht[273]. Unklar bleibt dabei, ob der Genussberechtigte und der Partizipant entsprechend den für Aktionäre oder den für Gläubiger geltenden Regeln zu behandeln ist. Überwiegend wird – falls die Frage überhaupt angesprochen wird – auf die für Gläubiger geltende Ordnung verwiesen, wobei Begründungen regelmässig fehlen[274]. Dagegen ist BAUER[275] – ebenfalls ohne Begründung – der Auffassung, es dürften PS-Inhaber «wenigstens in dieser Beziehung, auch unter dem geltenden Recht bei den Aktionären einzureihen sein.»

120 c) Die Frage ist irrelevant, soweit Genussberechtigte oder Partizipanten *unmittelbaren* Schaden geltend machen, da solcher Schaden von Aktionären wie Gläubigern in gleicher Weise selbständig und direkt eingeklagt werden kann[276].

121 Wesentlich ist dagegen die Zuordnung im Hinblick auf die Geltendmachung *mittelbaren* Schadens, da diesbezüglich die Stellung des Aktionärs und die des Gläubigers differieren[277]. Hiezu ist folgendes festzuhalten:

122 Wie der Aktionär und im Gegensatz zum Gläubiger sind der Genussberechtigte und der Partizipant *an Gewinn und Substanz beteiligt*[278]. Wie die Aktionäre und im Gegensatz zu den Gläubigern[279] erleiden sie daher schon dann einen (mittelbaren) Schaden, wenn die Gesellschaft trotz Verlusten ihren Verpflichtungen nachkommen kann. Für die Bedürfnisse des Verantwortlichkeitsrechts stehen daher Partizipanten und Genussberechtigte den Aktionären sehr viel näher als den Gläubigern. Ihre Stellung sollte *derjenigen der Aktionäre entsprechen,* und es muss ihnen insbesondere das Klagerecht im Gegensatz zu OR 758 auch dann zustehen, wenn die Gesellschaft aufrechtsteht.

123 Konsequenterweise ist damit auch die *Klagebeschränkung von OR 757 analog anzuwenden,* obwohl Genussberechtigte und Partizipanten am Entlastungsbeschluss nicht mitwirken. Zwar kommt eine Verwirkung des

---

[272] BGE 31 II 441ff., 503.
[273] So etwa BÄR in ZSR (zit. Anm. 269) 415 und in ZBJV (zit. Anm. 269) 220f.; BAUER (zit. Anm. 269) 238; HENGGELER (zit. Anm. 269) 157 Anm. 187 (mit weiteren Hinweisen); HOFFMANN (zit. Anm. 269) 101; SIEGWART Art. 657 N 38.
[274] So HENGGELER (zit. Anm. 269) 157 Anm. 187, mit weiteren Hinweisen; HOFFMANN (zit. Anm. 269) 101; BÄR in ZSR (zit. Anm. 269) 415 und in ZBJV (zit. Anm. 269) 220f., dort mit der Begründung, es könne der Genussberechtigte bei der Decharge nicht mitwirken.
[275] Zit. Anm. 269, 238.
[276] Vgl. vorn N 27ff., 80ff.
[277] Vgl. vorn N 34ff. mit N 93. Insbesondere steht dem Gläubiger im Gegensatz zum Aktionär kein Klagerecht zu, solange die Gesellschaft aufrechtsteht.
[278] Vgl. etwa BAUER (zit. Anm. 269) 167, 193f.; ERNST (zit. Anm. 269) 92ff.
[279] Vgl. dazu vorn N 96.

Klagerechts infolge Zustimmung zur Beschlussfassung nicht in Betracht, wohl aber eine solche infolge Erwerbs der Titel in Kenntnis der Entlastung sowie durch Ablauf der Sechsmonatsfrist seit gültiger Entlastung[280].

Zusammenfassend ist damit festzuhalten, dass dem Genussberechtigten und Partizipanten gleich wie dem Aktionär ein Klagerecht zufolge mittelbarer Schädigung auch dann zukommt, wenn die Gesellschaft aufrechtsteht, wobei dieses Klagerecht innerhalb von sechs Monaten seit einem gültigen Entlastungsbeschluss sowie dann, wenn die Titel in Kenntnis erfolgter Decharge erworben werden, verwirkt wird. 124

VI. Mehrheit von Klageberechtigten und von Klagerechten

1. Mehrheit von Klageberechtigten

a) *Unmittelbar Geschädigte* können je ihren eigenen Schaden unabhängig voneinander geltend machen, vgl. vorn N 27. 125

b) Zwischen der Klage von *Aktionären und Gläubigern* aus mittelbarem Schaden und der Klage der *Gesellschaft* aus ihrer eigenen Schädigung besteht grundsätzlich Konkurrenz[281]. Diese ist aber durch die erwähnten[282] Schranken der selbständigen Ausübung des Klagerechts von Aktionären und Gläubigern stark gemildert, für den Gläubiger sowohl ausser[283] wie im[284] Konkurs, für den Aktionär nur im Konkurs[285]. 126

c) *Mehrere* aus mittelbarem Schaden klagende *Aktionäre und Gläubiger* stehen gleichberechtigt nebeneinander[286], wobei jedoch ihrer unterschiedlichen Stellung bei der Verwendung des Prozessergebnisses Rechnung getragen wird[287]. 127

Verzichten einzelne der Gläubiger (oder Aktionäre), welche die Abtretung verlangt haben, auf die Klageerhebung, so steht dies der Klagelegitimation der übrigen nicht entgegen[287a]. 127a

---

[280] Dazu hinten N 467ff.
[281] SCHOOP 126.
[282] Vgl. N 51ff., 93ff.
[283] Dazu N 95.
[284] Dazu N 100f.
[285] Dazu N 52, ausser Konkurs steht dagegen sein Klagerecht gleichberechtigt neben dem der Gesellschaft, vgl. N 38.
[286] Vgl. N 64ff.; dort in Anm. 172 auch Hinweise auf a.M.
[287] Dazu vorn N 72.
[287a] Nicht publizierte E 1 von BGE 112 II 461ff. mit Hinweis auf BGE 107 III 95 und 109 II 142 E 3.

128 d) Mehrere auf die gleiche Leistung gehende Klagen sind nach Möglichkeit zu *vereinigen*[288].

2. Mehrheit von Klagerechten

129 a) Ist ein Aktionär oder Gläubiger zugleich *unmittelbar und mittelbar geschädigt*, so kann er – falls im übrigen die Klagevoraussetzungen erfüllt sind – beide Ansprüche nebeneinander geltend machen[289].

130 b) Wer zugleich *Aktionär und Gläubiger* ist, kann wahlweise oder gleichzeitig aus beiden Rechtsstellungen klagen[290].

D. Die Rechtsnatur der Verantwortlichkeitsansprüche

I. Allgemeines

1. Unterschiede in der Rechtsnatur der verschiedenen Verantwortlichkeitsansprüche

131 Bei der rechtlichen Beurteilung der Verantwortlichkeitsansprüche ist zu differenzieren nach den anspruchsberechtigten Personen und ihren Ansprüchen im einzelnen. Die Qualifizierung ist dabei zum Teil umstritten.

2. Praktische Bedeutung der Qualifizierung

132 Wesentlich ist vor allem die Frage, ob Ansprüche auf vertraglicher bzw. vertragsähnlicher oder ausservertraglicher Grundlage beruhen:

133 a) Da das Gesetz die Frage der *Beweislast*[291] offenlässt, ist – falls ein Anspruch auf vertraglicher oder vertragsähnlicher Grundlage beruht – entsprechend OR 97 ein Verschulden zu vermuten, während bei einer

---

[288] Vgl. BGE 93 III 64, 63 III 70ff.; SCHMID (zit. Anm. 59) 70 sowie vorn N 44.
[289] Vgl. BGer in SAG 25 (1952/53) 141f.
[290] Vgl. N 114.
[291] Auf eine Regelung wurde bewusst verzichtet, vgl. Botschaft 62. – Zur Beweislast allgemein vgl. GEORGES HUGUENIN-DUMITTAN: Behauptungslast, Substantiierungspflicht und Beweislast (Diss. Zürich 1980 = ZStV 53) insb. 52ff.

ausservertraglichen Haftung der Kläger das Verschulden nachzuweisen hat[292].

Immerhin hat die Qualifizierung in der Praxis insofern an Bedeutung verloren, als weitgehend von einem objektivierten Verschuldensmassstab ausgegangen wird[293], bei dem die Beweislastverteilung oft keine entscheidende Rolle mehr spielt.

b) Anderseits ist – im Gegensatz zur Situation unter dem altOR – die Qualifizierung nicht mehr wesentlich für die Bestimmung der Verjährungsfrist, des Gerichtsstandes und des Verhältnisses zwischen einer Mehrheit haftender Personen, da dafür in OR 759–761 eine spezifisch aktienrechtliche Regelung getroffen worden ist[294].

II. Ansprüche gegen die mit der Verwaltung, Geschäftsführung, Kontrolle und Liquidation betrauten Personen (OR 754)

1. Ansprüche der Gesellschaft

Lehre und Praxis gehen praktisch einhellig davon aus, dass die Ansprüche der Gesellschaft gegen ihre Organpersonen auf *vertraglicher Grundlage* beruhen[295], wobei ein auftrags- oder arbeitsvertragsähnliches Verhältnis oder ein Vertrag sui generis angenommen wird[296].

Ein allfälliges ausservertragliches Verhältnis ist nur dann anzunehmen, wenn Organpersonen die Gesellschaft ohne Bezug zu ihrer Funktion schädigten[297]. Eine solche Schädigung bewirkt keine Haftung nach OR 754 ff.

---

[292] Vgl. MEIER-WEHRLI 67; BÜRGI/NORDMANN, Kommentar zu Art. 753f. N 8.
[293] Vgl. N 292.
[294] Vgl. MEIER-WEHRLI 67; BÜRGI/NORDMANN, Kommentar zu Art. 753f. N 8; ferner BÄTTIG, Verantwortlichkeit 31; PATRY, Précis II 252.
[295] Vgl. etwa ZR 57 (1958) Nr. 53 S. 145; SAG 35 (1962/63) 288ff.; MEIER-WEHRLI 68ff. mit weiteren Literaturangaben; BÜRGI/NORDMANN, Kommentar zu Art. 753f. N 11; SENN 74, 102; WYLER 41; FEHR 148; SCHLUEP, Wohlerworbene Rechte 90, LEHNER 14. – Nach KARL SPIRO (Zur Haftung für Doppelorgane, in: Festschrift Vischer [Zürich 1983], 639ff., 646) ist freilich die Verantwortlichkeit nach OR 754 «möglicherweise nicht einmal gegenüber der Gesellschaft selbst» rein vertraglicher Natur.
[296] Vgl. die Übersicht bei MEIER-WEHRLI 68ff.; ferner SCHIESS 31 und SCHLUEP, Wohlerworbene Rechte 90f.
[297] Vgl. BÜRGI/NORDMANN, Kommentar zu Art. 753f. N 12.

2. Ansprüche der Gesellschafter

138 a) Die Ansprüche der Aktionäre aus *unmittelbarem Schaden* werden in der Bundesgerichtspraxis[298] und von der weit überwiegenden Lehre[299] als *vertraglicher Natur* bezeichnet. Vereinzelt wird eine *Haftung ex lege*[300] bzw. *sui generis*[301] angenommen, wobei sich die Beweislastverteilung nach den Regeln des Vertragsrechts beurteilen soll[302]. Für eine Haftung deliktischer Natur spricht sich nur MEIER-WEHRLI aus[303], während nach SCHIESS[304] je nach Art der schädigenden Handlung zu differenzieren ist.

139 b) Auch die Klage aus *mittelbarer Schädigung* wird in aller Regel als vertragliche oder vertragsähnliche betrachtet[305].

3. Ansprüche der Gläubiger

140 Stark *umstritten* ist die Rechtsnatur der Ansprüche der Gläubiger[306].

141 Verschiedene Autoren stellen die Ansprüche der Gläubiger denen der Aktionäre ausdrücklich gleich[307], was dem in den Materialien zum

---

[298] Es handelt sich allerdings durchwegs um ältere Entscheide, vgl. BGE 46 II 455 E 4; 28 II 100 E 6; 24 II 816 f. E 3; 23 II 1071; 14, 692 f. E 4.
[299] Vgl. etwa BÄTTIG, Verantwortlichkeit 3 ff.; DÜGGELIN 86; BIGGEL 34, 43; SENN 123, 132; WYLER 28 f., 38; E. FRICK 25; GUHL in SJK Nr. 405, 3; GUHL/MERZ/KUMMER 695; FEHR 148.
[300] So BÜRGI/NORDMANN, Kommentar zu Art. 753 f. N 15; LEHNER 14 und SCHIESS 34.
[301] So WILHELM 125, 128 ff.
[302] Vgl. auch JOHN NENNINGER: Der Schutz der Minderheit in der Aktiengesellschaft nach schweizerischem Recht (Diss. Basel 1969 = Basler Studien zur Rechtswissenschaft 105, Basel/Stuttgart 1974) 130, der die Frage der Qualifizierung offenlässt, aber der Ansicht ist, der Aktionär brauche das Verschulden nicht zu beweisen.
[303] S. 72 ff. MEIER-WEHRLI 75 f. bedauert zwar, dass als Konsequenz seiner Auffassung die Beweislast zuungunsten des Klägers geregelt wird. Er hält aber dafür, dass eine gegenteilige Lösung nur auf gesetzgeberischem Weg gefunden werden könnte.
[304] S. 130.
[305] Vgl. etwa WILHELM 141; ferner die vorn Anm. 269 genannten Autoren, die in der Regel zwischen der Klage aus unmittelbarer und der aus mittelbarer Schädigung nicht differenzieren. Ausdrücklich für Gleichstellung E. FRICK 96 ff. – SCHIESS 130 tritt für eine Haftung ex lege ein, bei der das Verschulden zu vermuten ist, während SPIRO (zit. Anm. 295) 646 die Ansicht vertritt, es sei die Verantwortung der Verwaltungsräte gemäss OR 754 den Aktionären gegenüber «kaum» rein vertraglicher Natur.
[306] Unentschieden BJM 1954, 253.
[307] So BÜRGI/NORDMANN, Kommentar zu Art. 753 f. N 15, 17; DÜGGELIN 86; WYLER 28 f.; SENN 123, 135. Vgl. auch BÄTTIG, Verantwortlichkeit 4, der bezüglich der Kontrollstelle von einem (mit der Gesellschaft bestehenden) «Auftrag mit Schutzwirkung für Dritte» (d.h. Aktionäre und Gläubiger) spricht. Kritisch hiezu BLICKENSTORFER Nr. 209.

Ausdruck kommenden Willen des Gesetzgebers entspricht[308]. Die Ansprüche der Gläubiger werden damit als *vertragliche* verstanden, oder es werden zumindest die *vertraglichen Rechtsfolgen* hinsichtlich der Beweislastverteilung anwendbar erklärt[309].

Andere Autoren betrachten dagegen die Ansprüche der Gläubiger als solche *deliktischer Natur*[310]. 142

Von dritter Seite wird schliesslich *differenziert*[311]. 143

In der Tat dürfte es schwerfallen, die Beziehungen zwischen den Gläubigern und den Verantwortlichen als vertraglich oder auch nur vertragsähnlich zu qualifizieren. Soweit Gläubiger aus unmittelbarer Schädigung klagen oder soweit sie ihren eigenen Anspruch auf Geltendmachung mittelbaren Schadens ausüben, ist daher m.E. von der *deliktischen Natur* auszugehen[312]. Falls und soweit dagegen der Gläubiger die ihm gemäss OR 756 II abgetretenen Ansprüche der Gesellschaft als deren Prozessführungsbevollmächtigter geltend macht, wäre die Klage als *vertraglich oder vertragsähnlich* zu qualifizieren[313]. 144

Für die Praxis ist diese Differenzierung freilich wenig befriedigend, da ein Gläubiger in aller Regel aufgrund doppelter Legitimation – aus eigenem 145

---

[308] Vgl. Botschaft 60, wo – im Hinblick auf den Haftungsumfang – ausdrücklich von einer Gleichstellung der Haftung gegenüber Aktionären und Gesellschaftsgläubigern gesprochen wird; in ähnlichem Sinne StenBull. StR 1931, 613f. A.M. BLICKENSTORFER Nr. 209: Danach soll die Aussage in der Botschaft lediglich den *Haftungsumfang,* nicht dagegen die Rechtsnatur der Haftungsansprüche betreffen.

[309] Vgl. auch GLASSON 67ff., der ausdrücklich für eine vertragliche Qualifizierung eintritt; ferner WILHELM 133, der zwar von Ansprüchen sui generis spricht, die Beweislastverteilung aber vertraglichen Ansprüchen gleichstellen will; sowie SCHIESS 37, die eine Haftung ex lege annimmt.

[310] So FEHR 148; FORSTMOSER/MEIER-HAYOZ § 25 N 18; PATRY, Précis II 252; LEHNER 14 und MEIER-WEHRLI 76, wonach «ein Gesellschaftsgläubiger zu den letzteren (den verantwortlichen Personen) noch viel weniger in einem vertraglichen Verhältnis» stehen kann als der Aktionär. Nach SPIRO (zit. Anm. 295) 646 ist die Verantwortung gegenüber Gläubigern «sicher nicht» rein vertraglicher Natur, was sich darin zeige, dass «weder Statuten noch Abmachungen der Gesellschaft sie (die Verantwortung) beeinflussen» können.

[311] Vgl. BIGGEL 39, der eine Deliktshaftung bei mittelbarem Schaden, eine Vertragshaftung bei unmittelbarem Schaden annimmt, während E. FRICK (94, 96, 99) den Anspruch auf Ersatz unmittelbaren Schadens und den der Gesamtgläubigerschaft zustehenden Anspruch auf Ersatz mittelbaren Schadens als vertraglich bzw. vertragsähnlich betrachtet, den dem Einzelgläubiger zustehenden Anspruch aus mittelbarem Schaden dagegen nicht. – Nach SCHIESS 109ff. ist die Haftung bei unmittelbarem Schaden je nach den Umständen vertraglich (womit OR 97 zur Anwendung kommen soll) oder deliktisch (womit OR 41 gilt), während bei der mittelbaren Schädigung eine Haftung ex lege Platz greifen soll, bei der das Verschulden zu vermuten ist. Ebenso DRUEY in SAG 53 (1981) 81f.

[312] Von einer anderen Auffassung scheint BGE 106 II 235 auszugehen, wo erklärt wird, bei einer Klage aufgrund von OR 754 sei im Vergleich zu OR 41 «die Stellung des Geschädigten insbesondere in der Beweislast verbessert». Es handelt sich um ein nicht begründetes dictum.

[313] Ebenso mit Bezug auf die an Gläubiger abgetretenen Ansprüche der Gesellschaft ZR 57 (1958) Nr. 53 S. 145.

Recht wie auch als Prozessführungsbevollmächtigter der Masse – klagt[314]. Sie zeigt, dass es wohl richtiger gewesen wäre, auch die Beweislastverteilung aktienrechtlich explizit zu ordnen, was der Gesetzgeber bewusst unterlassen hat[315] und was auch für das künftige Recht nicht vorgesehen ist[315a].

III. Ansprüche aus Gründerhaftung

146   Das Bundesgericht hat die Gründerhaftung durchwegs – unabhängig von den anspruchsberechtigten Personen – als «eine Form der Deliktshaftung»[316] bezeichnet. Dieser Ansicht hat sich die Literatur überwiegend angeschlossen[317].

IV. Ansprüche aus Prospekthaftung

147   Auch bei der Prospekthaftung handelt es sich nach heute unbestrittener Ansicht um *Ansprüche aus Delikt*[318].

---

[314] Vgl. vorn N 106.
[315] Vgl. Botschaft 62.
[315a] Vgl. hinten N 1217.
[316] BGE 76 II 320; ebenso 66 II 162, 45 II 532, 34 II 27, 33 II 257 und 32 II 277.
[317] Vgl. BÜRGI/NORDMANN, Kommentar zu Art. 753f. N 9f.; SCHUCANY Art. 753 N 1, 754 N 1; FUNK Art. 753 N 1; E. FRICK 21, 24, 26; MORANT 47f.; SCHIESS 30f.; SCHLUEP, Wohlworbene Rechte 90; SECRÉTAN 13. Differenzierend STOKAR 115f., wonach in jedem Falle eine besondere Würdigung der Umstände erforderlich sein soll, und wohl auch HOTZ 177f. Differenzierend sodann PETER JÄGGI: Die Scheineinzahlung von Aktien, SJZ 48 (1952) 297ff. (auch in Privatrecht und Staat, Zürich 1976, 387ff.), wonach die Ersatzpflicht für mittelbaren Schaden einen rechtsgeschäftlichen Einschlag hat. Kritisch hiezu BÜRGI/NORDMANN, Kommentar zu Art. 753f. N 10. Vgl. ferner ALFRED SIEGWART: Die Aktiengesellschaft, Zürcher Kommentar Bd. V/5a, Allgemeine Bestimmungen (OR 620–659) (Zürich 1945), Vorb. zu Art. 629–639 N 15, wonach die Verantwortlichkeit der Gründer im engeren Sinn vertragsähnlich, die der Gründer im weiteren Sinn deliktisch sein soll.
[318] Vgl. etwa BÜRGI/NORDMANN, Kommentar zu Art. 752 N 1, 7; SCHUCANY Art. 752 N 1; SCHRAFL 57; E. FRICK 57; unentschieden HOTZ 205f.

E. Schaden, Schadensnachweis und Schadensberechnung

I. Der Schaden als Voraussetzung von Verantwortlichkeitsansprüchen

a) «Unerlässliche Voraussetzung jeder Verantwortlichkeit ist das Vorliegen eines Schadens»[319]. 148

«Schaden ist eine Vermögensverminderung»[320], er entspricht «der Differenz ... zwischen dem gegenwärtigen Stand des Vermögens des Geschädigten und dem Stand, den das Vermögen ohne das schädigende Ereignis hätte»[321]. 149

In der Regel handelt es sich um eine *unfreiwillige* Vermögensverminderung[322]. «Ausnahmen können sich jedoch daraus ergeben, dass der Betroffene durch das (ungewollte) schädigende Ereignis in eine Zwangslage gerät und zu Aufwendungen oder Massnahmen veranlasst wird, die er sonst unterlassen hätte...»[323]. 150

Von einem besonderen Schadensbegriff ist bei der aktienrechtlichen *Gründerhaftung* auszugehen[324]: Als Schaden ist hier die «wertmässige Differenz zwischen dem von den Gründern gegebenen und dem wirklichen Zustand bei der Gründung»[325] anzunehmen, er entspricht damit «dem gezeichneten, aber nicht liberierten Aktienkapital»[326] plus Zins. 151

b) Aktienrechtlich relevant ist *aller Schaden,* nicht nur der sogenannte positive Schaden, das damnum emergens, sondern auch der entgangene Gewinn, das lucrum cessans[327]. 152

---

[319] MEIER-WEHRLI 77; ebenso BGE 95 II 324 E 2; ferner BÄTTIG, Verantwortlichkeit 16; BIGGEL 69; E. FRICK 43; WYLER 35; SCHOOP 21; LUSTENBERGER 165; LEHNER 13.

[320] OFTINGER 53; DESCHENAUX/TERCIER § 3 N 3ff.; SCHOOP 21. Ausführlich zum Schadensbegriff BREHM, Art. 41 N 66ff. mit weiteren Literaturangaben.

[321] OFTINGER 54; DESCHENAUX/TERCIER § 3 N 9; SCHOOP 21; weitere Hinweise bei OFTINGER/STARK § 16 N 17 Anm. 19. Vgl. auch etwa BGE 97 II 176.

[322] Vgl. etwa VON TUHR/PETER 84.

[323] Nicht publizierte E 3a von BGE 106 II 232ff.; vgl. auch die Hinweise bei VON TUHR/PETER 84. – Von einem Schaden trotz Freiwilligkeit der Vermögensverminderung geht auch die *Gründerhaftung* aus (der Verzicht auf die Liberierung bzw. die Kapitalrückzahlung seitens der Gesellschaft erfolgen mit deren Wissen und Willen); zu deren besonderem Schadensbegriff vgl. N 151.

[324] Dazu ausführlich JÄGGI (zit. Anm. 317) 303f.; zustimmend ZR 80 (1981) Nr. 33 S. 100 E VII/1.

[325] JÄGGI (zit. Anm. 317) 304.

[326] ZR 80 (1981) Nr. 33 S. 100 E VII/1.

[327] Vgl. MEIER-WEHRLI 77; GLASSON 140; SCHOOP 22; LUSTENBERGER 165f.; BÄTTIG, Bundesgerichtspraxis 47; zur Unterscheidung statt vieler OFTINGER 55.

153 c) Im Verantwortlichkeitsrecht der AG spielt grundsätzlich nur der vorstehend umschriebene, mit einer Beeinträchtigung wirtschaftlicher Art verbundene Schaden im eigentlichen Sinn, der *Vermögensschaden,* eine Rolle. *Immaterielle Unbill,* die durch schuldhaftes Verhalten der Organe allenfalls auch entstehen kann, ist in der Regel nicht zu beachten. Immerhin wird man die Berücksichtigung immaterieller Unbill und damit die Zusprechung von Genugtuung nicht absolut ausschliessen[328].

154 d) Ist ein Schaden *nicht feststellbar,* dann sind Verantwortlichkeitsansprüche schlechthin *ausgeschlossen,* auch wenn Organpersonen rechtswidrig gehandelt haben[329]. Ebensowenig können Ersatzansprüche gestellt werden für Schaden, der *bereits gedeckt* ist durch die Verwertung von Sicherheiten, die von einzelnen Aktionären aufgrund einer Vereinbarung mit der Gesellschaft gestellt worden sind[330] oder durch Leistungen seitens Dritter[331].

155 e) *Unwesentlich* ist dagegen, ob der Verantwortliche durch die Schädigung einen *eigenen Vorteil* erlangt hat oder auch nur erlangen wollte[332].

156 f) Welcher Schaden erlitten wurde, ist eine *Tatfrage,* die im Berufungsverfahren vor Bundesgericht grundsätzlich nicht zu überprüfen ist. *Rechtsfrage* ist dagegen, «ob der kantonale Richter den Rechtsbegriff des Schadens verkannt, auf unzulässige Berechnungsgrundsätze abgestellt oder das ihm zustehende Ermessen überschritten hat»[333].

---

[328] Dies entgegen MORANT 55. Vgl. in diesem Zusammenhang BGE 95 II 488f., wo die Genugtuungsfähigkeit der juristischen Person bejaht wird. Befürwortend auch OFTINGER 293; ELIAS WOLF: Zu den Meinungsverschiedenheiten betreffend allgemeines Persönlichkeitsrecht und Genugtuungsfähigkeit der AG, SAG 43 (1971) 39ff., 44ff.; FRANÇOISE TRÜMPY-WARIDEL: Le droit de la personnalité des personnes morales ... (Diss. Lausanne 1986) 254ff., insb. 263f.; verneinend FRANZ RIKLIN: Der Schutz der Persönlichkeit gegenüber Eingriffen durch Radio und Fernsehen (Diss. Freiburg 1968) 298. Dort und im zitierten BGE auch Hinweise auf weitere Literatur und Judikatur.

[329] MEIER-WEHRLI 78; HENGGELER 36 unter Hinweis auf an sich rechtswidrige Aktienstützungsaktionen (Erwerb eigener Aktien zur Kursstützung), welche weder die Gesellschaft noch Aktionäre oder Gläubiger schädigen; ferner ZELLWEGER 26, der darauf hinweist, dass die Gesellschaft mangels eines bei ihr eingetretenen Vermögensschadens bei der Prospekthaftung nicht zur Klage legitimiert ist, vgl. OR 752.

[330] BGE 95 II 320ff., 323ff. E III.

[331] Nicht amtlich publizierter BGE, wiedergegeben in Sem 101 (1979) 675; BGE 95 II 323ff.

[332] Vgl. BGE 99 II 182; BÜRGI/NORDMANN, Kommentar zu Art. 753f. N 109 a.E.; FUNK Art. 753 N 2; unklar SCHUCANY Art. 754 N 2.

[333] BGE 107 II 225, 104 II 199, mit weiteren Hinweisen.

II. Schadensnachweis und Schadensberechnung

a) Der eingetretene Schaden ist *nachzuweisen,* und zwar nicht nur dessen Existenz, «sondern auch dessen Umfang, und zwar zahlenmässig, gestützt auf eine Schadensberechnung»[334]. Die *Beweislast* obliegt dabei dem *Geschädigten*[335].

b) Grundsätzlich ist der Schaden im einzelnen zu substantiieren, d.h. es ist der Schadensnachweis *ziffernmässig zu erbringen*[336]. Diese Substantiierung kann bei Verantwortlichkeitsklagen ausserordentliche Schwierigkeiten mit sich bringen. Insbesondere werden bei mittelbarer, indirekter Schädigung der Aktionär und der Gläubiger oft nicht in der Lage sein, Existenz und Höhe eines Schadens klar zu beweisen und ziffernmässig anzugeben[337], fehlen ihnen doch dafür die nötigen Kontroll- und Einsichtsrechte[338].

c) Ist ein Schaden oder dessen Höhe nicht beweisbar, dann kann dessen *Festsetzung durch den Richter* «mit Rücksicht auf den gewöhnlichen Lauf der Dinge und auf die vom Geschädigten getroffenen Massnahmen» verlangt werden[339]. Doch ist hervorzuheben, dass OR 42 II dem Kläger die Pflicht zur Beweisführung und namentlich zur Substantiierung des Schadens nicht einfach abnimmt[340]. Zu large daher BURCKHARDT[341], wonach es «als genügend angesehen werden [muss], wenn die auf Ersatzleistung klagende Partei dartut, dass ein Verhalten der Verwaltung vorliegt, das darauf schliessen lässt, dass ein Schaden entstanden ist», wobei dessen Höhe dann vom Richter abzuklären sei. Soweit möglich und zumutbar[342] muss daher der Beweis durch eine genaue Berechnung angetreten werden[343].

---

[334] Dazu ausführlich BREHM zu Art. 42, sodann etwa BLICKENSDORFER Nr. 193ff.; LEHNER 14 und OFTINGER 175.

[335] OR 42 I, vgl. etwa ZR 57 (1958) Nr. 53 S. 145 sowie BREHM Art. 42 N 9.

[336] Vgl. für das Verantwortlichkeitsrecht etwa BGE 79 II 79; ferner OFTINGER 175ff.

[337] E. FRICK 51f.; DÜGGELIN 91f.; SCHOOP 22; SCHLUEP, Wohlerworbene Rechte 92. – Ähnlich im Hinblick auf Schaden aufgrund eines betrügerischen oder leichtsinnigen Konkurses (StGB 163 und 165) das Bundesgericht in einem Entscheid vom 8.6.1986 (beim Abschluss dieser Publikation nicht amtlich veröffentlicht).

[338] Die Rechte des Aktionärs auf Auskunft und Einsicht sind sehr beschränkt; vgl. OR 696f. und speziell im Zusammenhang mit der Geltendmachung von Verantwortlichkeitsansprüchen die kritischen Ausführungen bei DÜGGELIN 92f. Zum Auskunftsrecht allgemein vgl. die hinten Anm. 860 zitierte Literatur.

[339] Dazu ausführlich BREHM Art. 42 N 46ff. und OFTINGER 175ff.; vgl. auch SCHOOP 22.

[340] Vgl. BGE 79 II 179 und etwa Rep 107 (1974) 330ff.

[341] S. 136f.

[342] Zur Nichtzumutbarkeit wegen eines offenbaren Missverhältnisses der Kosten der Beweisführung zum Schaden vgl. OFTINGER 176.

[343] Vgl. etwa BGE 79 II 179 sowie Rechenschaftsbericht des Obergerichts, der Rekurskommission, des Versicherungsgerichts, des Kriminalgerichts und der Kriminalkammer des Kantons Thurgau 1978 Nr. 15, S. 77f.

Im übrigen sind zumindest Tatsachen darzulegen, die mit einer «gewissen Überzeugungskraft» den Schadenseintritt belegen[344]. Auch hat der Kläger glaubhaft zu machen, dass die Voraussetzungen für die Anwendung von OR 42 II gegeben sind[345].

160 Anderseits ist festzuhalten, dass gemäss OR 42 II nicht nur der Schaden*umfang,* sondern allenfalls auch der *Eintritt* eines Schadens *als solcher* durch richterliches Ermessen bestimmt werden kann[346].

161 Fehlt es an der Glaubhaftmachung oder an einer zumutbaren Substantiierung, ist die Klage in der Regel abzuweisen[347].

162 d) Anzurechnen ist, was von anderer Seite erhältlich ist. So ist etwa an die Schadenersatzforderung gegen Organe die im Konkurs der AG erzielte *Konkursdividende anzurechnen*[348]. Steht die Konkursdividende noch nicht fest, so kann der Richter gestützt auf OR 42 II einen geschätzten Betrag einsetzen[349]. Möglich (und nach Ansicht des Bundesgerichts vorzuziehen[350]) ist es aber auch, dass der Kläger im Verantwortlichkeitsprozess den ganzen Schaden geltend macht «gegen Abtretung der Ansprüche des Klägers aus seiner angemeldeten und kollozierten Forderung im Konkurs der AG»[351].

163 e) Durch den gleichen Vorgang, der eine Schädigung bewirkt, kann dem Geschädigten auch ein *Vorteil* entstehen. Dieser ist im Verantwortlichkeitsrecht wie im allgemeinen Haftpflichtrecht *anzurechnen,* bewirkt also eine Verminderung des Schadens[352].

164 Der Umstand, dass eine Organperson *im allgemeinen pflichtgemäss gehandelt* hat, ist aber nicht etwa als «Vorteil» zu betrachten, der zu einer Reduktion des Schadens führen würde, ist doch die Organperson verpflich-

---

[344] Vgl. BGE 98 II 37, 95 II 501. So wurde eine Schadensfestsetzung nach freiem Ermessen wegen der «absoluten Ungewissheit eines auch nur teilweisen Schadens» abgelehnt in einem Fall, in welchem gutachtlich ein Schaden zwischen Null bis 85'000 «ohne eine gesteigerte Wahrscheinlichkeit für eine bestimmte Schadenshöhe» festgestellt wurde, vgl. Rechenschaftsbericht des Obergerichts des Kantons Thurgau 1978 (zit. Anm. 343) Nr. 15 S. 77f. E 3. – In einem Entscheid des Bundesgerichts vom 8.6.1986 (beim Abschluss dieser Publikation nicht amtlich publiziert) wurde es als ausreichend erachtet, dass sich der Kläger auf den im Strafurteil wiedergegebenen Tatbestand berief.
[345] Vgl. OFTINGER 177 und BGE 98 II 37, 39.
[346] Vgl. BGE 95 II 501.
[347] Präzisierend STRÄULI/MESSMER (zit. Anm. 930) § 113 N 13; vgl. auch Rechenschaftsbericht des Obergerichts des Kantons Thurgau 1978 (zit. Anm. 343) Nr. 15, S. 77f.
[348] Zur anderweitigen Schadensdeckung vgl. auch BGE 95 II 323ff. und dazu hinten N 179.
[349] BGE 111 II 167 E 1a; ZR 78 (1979) Nr. 134 S. 312.
[350] Vgl. BGE 111 II 127f. E 1b.
[351] AGVE 1979/80 Nr. 3 S. 23ff., 30f. Der Kläger stellt sich damit insofern besser, als er gegenüber dem Beklagten auf der gesamten Schadenersatzforderung – auch auf dem der Konkursdividende entsprechenden Teil – Zinsen verlangen kann, während bei der Konkursdividende Zinsen seit Konkurseröffnung entfallen.
[352] Allgemein zur Vorteilsanrechnung BREHM Art. 42 N 27ff., KELLER/GABI 69ff. sowie OFTINGER 178ff.; vgl. ferner BURKI 147.

tet, «nicht nur in der Regel, sondern stets pflichtgemäss zu handeln», und kann das Organ daher «einen durch pflichtgemässe Geschäftsführung erzielten Gewinn nicht gegen von ihm zu vertretende Verluste aufrechnen»[353].

Keine Vorteile sind sodann allfällige Ersatzansprüche gegen weitere Verantwortliche[354] oder andere Personen, gegenüber denen *konkurrierende Ansprüche* entstehen[355], wie etwa die Ansprüche gegen den Versicherer[356]. 165

f) Im übrigen ist das Vorgehen bei der Schadensberechnung am besten durch *Kasuistik* zu veranschaulichen: 166

Bezüglich der *Gründerhaftung*[357] wurde etwa erklärt: 167

– Der geschuldete Schadenersatz bei Gründerverantwortlichkeit infolge Scheineinzahlung von Aktien entspreche dem Betrag der gezeichneten Aktien plus Zins[358]. 168

– Bei vorgetäuschter Barliberierung bzw. verschleierter Apportgründung bestehe infolge Unwirksamkeit der Sacheinlage die Einzahlungsverpflichtung der Zeichner weiter, während jeder Verantwortliche für die Zahlungen der Mitgründer hafte. Die Gesellschaft sei demgegenüber um den Liquidationswert der Sacheinlage bzw. deren Erlös bereichert[359]. Diesen Bereicherungsanspruch könne der Beklagte mit seiner Zahlungsverpflichtung verrechnen[360]. 169

– Bei einer verschleierten Sachgründung bestehe der Schaden nicht in der Höhe des zu liberierenden Betrages, sondern in der wertmässigen Differenz zwischen geleisteter Sacheinlage und angerechnetem Betrag[361]. 170

– Der Schaden bei teilweiser Scheinliberierung durch kurzfristige Darlehensgewährung sei identisch mit dem der Gesellschaft unmittelbar nach der Gründung wieder entzogenen Darlehensbetrag nebst Zins[362]. 171

– Bei einer verschleierten Apportgründung daure infolge der Unwirksamkeit der Sacheinlage die Liberierungsverpflichtung der Zeichner an[363], während höchstens dem Einbringenden eine Bereicherungsklage bzw. eine Verrechnungsmöglichkeit aus Bereicherung gegenüber der Gesellschaft 172

---

[353] CHARLES VICTOR STUTTERHEIM: Die Verstärkung des Persönlichkeitsmomentes in der AG (Diss Bern 1949) 49.
[354] Vielmehr kann nach den Grundsätzen der Solidarität jeder Ersatzpflichtige für den ganzen Schaden belangt werden, vgl. N 369.
[355] Vgl. KELLER/GABI 71.
[356] Vgl. OFTINGER 378f.; KELLER/GABI 71.
[357] Zum besonderen Schadensbegriff der Gründerhaftung vgl. vorn N 151.
[358] BGE 102 II 361f.; ferner ZR 80 (1981) Nr. 33 S. 100 E VII/1 und Sem 91 (1969) 155.
[359] A.M. BJM 1958, 33f., wonach die Bereicherung weitergehen kann.
[360] SJZ 47 (1951) 178.
[361] BGE 79 II 179.
[362] BGE 76 II 318ff.; vgl. auch 86 III 159.
[363] BGE 64 II 281ff.

zustehe, nicht aber den übrigen Zeichnern, aus deren Vermögen der Gesellschaft kein Aktivum zugeflossen ist[364].

173 – Ein Schaden liege dann nicht vor, wenn bei einer verschleierten Sachübernahme die übernommene Sache für die AG ursprünglich vorteilhaft gewesen sei, auch wenn nach Konkursausbruch die Bewertung zu einem anderen Resultat führe[365].

174 Mit Bezug auf die *Verwaltung* wurde ausgeführt:

175 – Der eingetretene Schaden bei Missachtung der Pflicht zur zinstragenden Anlage des einbezahlten Aktienkapitals durch die Verwaltung entspreche dem entgangenen Zins[366].

176 – Beim Erwerb hochspekulativer Aktientitel durch den Verwaltungsrat entspreche der geschuldete Schadenersatz der Differenz zwischen dem dafür bezahlten Betrag und dem Wert der Aktien, berechnet nach dem Kurs im Zeitpunkt der Urteilsfällung[367], wobei der Beklagte zur Bezahlung des Ankaufspreises nebst entgangenem Zins gegen Übergabe der Aktientitel verpflichtet werden könne[368].

177 – Der durch Verletzung der Pflicht zur Benachrichtigung des Richters im Falle der Überschuldung eingetretene Schaden entspreche der durch die Hinauszögerung der Konkursliquidation bewirkten Verminderung der Aktiven[369].

178 – Wenn ein Aktivum der AG mit einem Pfandrecht zugunsten eines Dritten belastet werde, liege die Schädigung schon in der *Belastung* dieses Aktivums, nicht erst in dessen Inanspruchnahme[370]. Entscheidend sei dabei die Wahrscheinlichkeit des Verlustes.

179 – Für einen Schaden, der bereits gedeckt sei durch die Verwertung von Sicherheiten, die von einzelnen Aktionären aufgrund einer mit der Gesellschaft getroffenen Vereinbarung bestellt wurden, sei der Verwaltungsrat gegenüber der Gesellschaft nicht mehr ersatzpflichtig[371].

180 Endlich wurde für eine *Kontrollstelle* festgehalten:

181 – Der Schaden aus einer Pflichtverletzung der Kontrollstelle bestehe im Verlust, der eingetreten ist zwischen dem Zeitpunkt, da die Kontrollstelle bei Erfüllung ihrer Pflichten den Verwaltungsrat zur Benachrichtigung des Richters hätte veranlassen können, und der Nachlassstundung[372].

---

[364] BGE 79 II 179f.
[365] BJM 1958, 33f.
[366] BGE 99 II 184.
[367] ZR 72 (1973) Nr. 58 S. 147.
[368] BGE 99 II 183f. = ZR 72 (1973) Nr. 58 S. 147; vgl. aber die Kritik durch VON GREYERZ in SAG 46 (1974) 169.
[369] ZR 75 (1976) Nr. 21 S. 72; der Entscheid betrifft die Haftung einer Kontrollstelle.
[370] ZR 78 (1979) Nr. 79 S. 193.
[371] BGE 95 II 323ff.
[372] BGE 86 II 186f.

Vgl. ferner zwei Entscheide aus der *deutschen* Rechtsprechung: 182
- Bei vorzeitiger Ausgabe von Aktien entspreche der eingetretene Schaden 183
dem für die nichtigen Aktien gezahlten Kaufpreis[373].
- Da der Gründer, dessen Sacheinlage überbewertet worden ist, die 184
entsprechende Differenz zum Nennbetrag der ihm ausgehändigten Aktien
in bar nachzahlen muss, entfalle ein Schaden, soweit der Nachzahlungsanspruch liquid ist[374].

g) Massgebender *Zeitpunkt* für die Schadensberechnung ist nach der 185
bundesgerichtlichen Praxis «der Tag des Urteils derjenigen kantonalen
Instanz, bei welcher prozessual zulässig noch neue Tatsachen vorgebracht
oder berücksichtigt werden können...»[375], während das Zürcher Obergericht[376] im Anschluss an VON TUHR/PETER[377] dem Geschädigten die Wahl
zwischen dem Zeitpunkt der schädigenden Handlung oder einem späteren
Zeitpunkt, z.B. dem Tag der Urteilsfällung, belässt.

III. Unmittelbarer und mittelbarer Schaden

1. Die Bedeutung der Unterscheidung

Aktionären und Gläubigern kann Schaden auf zweierlei Art entstehen: 186
«entweder indirekt dadurch, dass die Vermögensinteressen der Gesellschaft
geschädigt werden und infolge dieser Schädigung der Gesellschaft auch den
Aktionären ein Nachteil erwächst ... oder direkt in der Weise, dass zwar
die Gesellschaft selbst keinen Schaden erleidet, aber die Handlung des
Verwaltungsorgans unmittelbar in die Sphäre des Aktionärs eingreift»[378].
Im ersten Fall spricht man von mittelbarem, im zweiten von unmittelbarem
Schaden von Aktionären und Gläubigern.

Die Unterscheidung ist nur von Bedeutung hinsichtlich der Ansprüche 187
von *Aktionären und Gläubigern:* Während mit Bezug auf die Gesellschaft
stets nur eine unmittelbare Schädigung für das Verantwortlichkeitsrecht
relevant ist, kommen bei Aktionären und Gläubigern unmittelbarer und
mittelbarer Schaden in Betracht, wobei die Rechtsfolgen verschieden
sind[379].

---

[373] AG 21 (1976) 78.
[374] AG 20 (1975) 129.
[375] BGE 77 II 153; ebenso BGE 99 II 216.
[376] ZR 78 (1979) Nr. 79 S. 193f.
[377] S. 123.
[378] BGE 59 II 455, ähnlich auch BGer in SAG 25 (1952/53) 141 sowie BGE 110 II 393.
Ausführlich zur Unterscheidung SCHIESS 24ff.; vgl. auch SCHOOP 26f.
[379] Dazu vorn N 27ff., 80ff.

2. Unmittelbarer Schaden

188 a) Ist die Gesellschaft oder sind Aktionäre oder Gläubiger durch Handlungen von Organen *unmittelbar, direkt, individuell geschädigt* worden, so liegt ein unmittelbarer Schaden vor[380]. Der Schaden tritt somit direkt in der Vermögensmasse des Anspruchsberechtigten ein.

189 Statt von unmittelbarem Schaden wird in Lehre und Praxis synonym auch von *direktem* oder *primären* bzw. *individuellem* Schaden gesprochen[381].

190 Unmittelbar geschädigt können die Gesellschaft[382], die Gesellschafter oder auch die Gläubiger sein.

191 b) Pflichtwidriges Verhalten von Organpersonen und Gründern schädigt in der Regel *in erster Linie unmittelbar die Gesellschaft*[383]. «Für ihren Schaden kommen die vielfältigsten Ursachen in Frage wie etwa Betrug, mangelnde Sorgfalt bei der Auswahl von Untergebenen, ungenügende Beaufsichtigung der Direktion bzw. des Geschäftsführers, ferner unsorgfältige Geschäftsführung, namentlich etwa Gewährung zu grosser Kredite ohne Deckung, leichtfertige Investierung von Geldern, Entzug von Sachwerten aus dem Gesellschaftsvermögen ohne entsprechende Entschädigung, Ausserachtlassung von Bewertungsvorschriften, Unterlassung der Buchführung.»[384]

192 *Ausgeschlossen* ist eine Schädigung der Gesellschaft bei der *Prospekthaftung:* Der Schaden aus unrichtigen oder gesetzwidrigen Angaben trifft notwendig die Zeichner direkt, weshalb OR 752 auch kein Klagerecht der Gesellschaft vorsieht[385].

193 Der unmittelbare Schaden der Gesellschaft ist regelmässig mittelbarer Schaden der Aktionäre und allenfalls auch der Gläubiger[386].

194 Die Gesellschaft kann diesen Schaden selber geltend machen. Daneben steht aber – mit Einschränkungen – auch den Aktionären[387] und allenfalls den Gläubigern[388] ein Klagerecht aus ihrer (mittelbaren) Schädigung zu.

---

[380] Vgl. SCHIESS 26 ff.; ferner etwa SCHOOP 27; LUSTENBERGER 166; SCHLUEP, Wohlerworbene Rechte 91; BIGGEL 27 f.; FEHR 151; BURCKHARDT 125 f.; SENN 120; MEIER-WEHRLI 51.

[381] Vgl. zur Terminologie BÜRGI/NORDMANN, Kommentar zu Art. 753 f. N 42 f., 50 ff. und dort auch den Hinweis auf die nicht ganz einheitliche Verwendung der Begriffe.

[382] Sie kann nur unmittelbar, nie mittelbar geschädigt sein.

[383] Vgl. MEIER-WEHRLI 51; BÄTTIG, Verantwortlichkeit 16 f.; E. FRICK 74 f., 90 ff.; LUSTENBERGER 166.

[384] MEIER-WEHRLI 51 f., mit Hinweisen auf die einschlägige Judikatur. Vgl. auch die Übersichten über die Kasuistik hinten N 781 ff., 874 ff., 956 ff., 1011 ff.

[385] Ebenso SCHOOP 125.

[386] Vgl. N 200, 203.

[387] Dazu N 34 ff.

[388] Dazu N 93 ff.

c) Eine *unmittelbare Schädigung von Aktionären* tritt ein, wenn «ein individuelles Recht des Gesellschafters verletzt oder gegen das Prinzip der Gleichbehandlung der Aktionäre oder gegen eine zu deren Gunsten aufgestellte Schutzbestimmung verstossen» wird[389]. Unmittelbar geschädigt ist der Aktionär etwa, wenn ihm das Bezugsrecht zu Unrecht vorenthalten wird, wenn seine Aktien widerrechtlich kaduziert werden, wenn der ihm zustehende Dividenden- oder Liquidationsanteil nicht ausbezahlt wird[390].

Der unmittelbare Schaden tritt *nur beim betroffenen Aktionär selbst* ein; ein Ersatzanspruch steht daher nur ihm persönlich zu[391]. Daher kommen auch die Schranken von OR 755ff. nicht zum Zuge[392].

d) Wie der Aktionär, so kann auch der *Gläubiger unmittelbar geschädigt* werden, etwa dann, wenn er durch unwahre Auskünfte oder unrichtige Erklärungen gegenüber ihm selbst oder gegenüber dem Handelsregisterführer zur Gewährung von Krediten an die Gesellschaft verleitet wurde. Eine unmittelbare Schädigung von Gläubigern ist sodann anzunehmen, wenn entgegen OR 725 III trotz Überschuldung die Benachrichtigung des Richters unterblieb und in der Folge ein Dritter der Gesellschaft Kredite erteilte: Wäre die Überschuldung angemeldet worden, hätte der Dritte den Kredit gar nicht erst eingeräumt, und er wäre daher auch nicht zu Schaden gekommen.

Neben den in der *Literatur*[393] erwähnten Tatbeständen seien die folgenden Beispiele aus der *Judikatur* erwähnt:

---

[389] MEIER-WEHRLI 52; vgl. auch etwa E. FRICK 92f.; BÄTTIG, Verantwortlichkeit 17; BÜRGI/NORDMANN, Kommentar zu Art. 753f. N 46f.

[390] Vgl. die Beispiele bei SCHIESS 27f.; LUSTENBERGER 167; E. FRICK 93f.; MEIER-WEHRLI 52f.; BÜRGI/NORDMANN, Kommentar zu Art. 753f. N 46f.

[391] Vgl. BGE 106 II 260f. (Ausführungen betreffend die Stellung des Gläubigers, analog anwendbar); Sem 74 (1952) 85 sowie vorn N 27.

[392] So ZR 78 (1979) Nr. 134 S. 307 und implizit auch BGE 106 II 260f. Näheres vorn N 29ff.

[393] Vgl. E. FRICK 94f.; MEIER-WEHRLI 53; BÜRGI/NORDMANN, Kommentar zu Art. 753f. N 48f.; ferner FEHR 151; BÄTTIG, Verantwortlichkeit 17; GUHL/MERZ/KUMMER 692; SCHIESS 28; DRUEY 81.
Kritisch zur Annahme eines *aktienrechtlichen* Verantwortlichkeitsanspruchs im Falle unrichtiger Bilanzen DRUEY 81 mit dem Hinweis, die Pflicht zur Bilanzerstellung entspringe einem aktienrechtlichen Sonderverhältnis, es handle sich um eine Organpflicht [nur?] gegenüber der Gesellschaft. Dazu ist festzuhalten, dass das Bundesgericht in BGE 110 II 395 in einem dictum die Bilanzierungsvorschriften neben den Bestimmungen über die Publizität und die Erhaltung des Grundkapitals m.E. zu Recht als «Gläubigerschützende Vorschriften» einstuft, womit bei ihrer Verletzung eine Verantwortlichkeit gegenüber den Gläubigern grundsätzlich zu bejahen ist. – Eine Einschränkung der Tragweite unrichtiger bzw. unrichtig revidierter Bilanzen ergibt sich aber m.E. aus dem *Erfordernis eines adäquaten Kausalzusammenhangs* (dazu hinten N 266ff.): Die unrichtige Bilanz muss kausal für die Hingabe oder allenfalls die Belassung des Darlehens gewesen sein. Fragwürdig diesbezüglich m.E. ZR 80 (1981) Nr. 33 S. 102, wo aus OR 933 I eine unwiderlegbare Vermutung der Kenntnis einer Kapitalerhöhung hergeleitet und schon deshalb der Nachweis der adäquaten Kausalität als erfüllt erachtet wird. Vgl. im übrigen hinten N 266ff., insb. Anm. 489.

- Vorlegen falscher Bilanzen und unwahre Angaben über den Vermögensstand der Gesellschaft[394],
- unkorrekter Revisionsbericht, von welchem das Gericht annahm, dass er zur Zeichnung bzw. zum Kauf von Obligationen geführt habe[395],
- Vortäuschen einer Kapitalerhöhung[396] und Erlangen von Einzahlungen für eine in Aussicht gestellte, aber in der Folge nicht durchgeführte Kapitalerhöhung[397],
- Unterlassen des Überbindens eines (günstigen) Mietvertrages beim Verkauf der Liegenschaft[398],
- Ausstellen eines nicht privilegierten Depositenbüchleins anstelle eines privilegierten Sparheftes[399].

199 Es gilt im wesentlichen das gleiche wie für die unmittelbare Schädigung des Aktionärs, vgl. vorn N 195.

3. Mittelbarer Schaden

200 a) Die *(unmittelbar) bei der Gesellschaft* eintretende Vermögenseinbusse schädigt *mittelbar auch die Aktionäre,* und sie kann überdies mittelbar auch für die *Gläubiger* nachteilige Folgen haben[400, 401].

---

[394] BGE 106 II 257 ff.; ähnlich schon BGE 61 II 228 ff., 232 f.; vgl. ferner BGE 49 II 246.
[395] ZR 78 (1979) Nr. 134 S. 307 f., 312.
[396] ZR 80 (1981) Nr. 33 S. 96 E 4d, S. 101 f. E VIII.
[397] AGVE 1980 S. 24 ff. Nr. 5.
[398] BGE 110 II 391 ff. In diesem Entscheid wurde die aktienrechtliche Verantwortlichkeit deshalb verneint, weil nicht ein «Verstoss gegen aktienrechtliche Gläubigerschutzbestimmungen» (S. 395) vorliege. Vgl. hiezu auch N 258 ff. (Im übrigen Bestätigung der Praxis von BGE 110 II 257 ff. in einem dictum.)
[399] BGE 62 III 188 f. Nach der heutigen, in BGE 110 II 391 ff. dargelegten Praxis (vgl. Anm. 398 und nachstehend N 258 ff.) käme wiederum eine persönliche Verantwortlichkeit nicht in Betracht, da keine spezifischen Gläubigerschutzbestimmungen verletzt sind.
[400] Vgl. FORSTMOSER, Schaden 70; SCHIESS 37 ff.; LUSTENBERGER 168; SCHLUEP, Wohlerworbene Rechte 91; MEIER-WEHRLI 53 f.; BÜRGI/NORDMANN, Kommentar zu Art. 753 f. N 50 ff.; BIGGEL 28; SENN 120; LOCHER 100; FEHR 150. Der unmittelbare Schaden von Aktionären und allenfalls Gläubigern leitet sich damit «aus dem Schaden der Gesellschaft ab», BGE 110 II 393.
[401] Ausnahmsweise kann die mittelbare Schädigung von Aktionären und allenfalls Gläubigern auch durch eine *mittelbare* Schädigung bereits der Gesellschaft selbst verursacht sein: Wird in Konzernverhältnissen eine Tochtergesellschaft unmittelbar geschädigt, dann ist zunächst die *Konzernobergesellschaft* und sind erst als Folge davon die Aktionäre und allenfalls Gläubiger *mittelbar* geschädigt. Zu den Haftungsverhältnissen in solchen Fällen vgl. ALBERS-SCHÖNBERG 38 ff.

b) Die *Aktionäre* werden mittelbar dadurch geschädigt, dass durch den *Substanzverlust* des Gesellschaftsvermögens der innere Wert ihrer Beteiligung sinkt[402,403].

Das Gesetz verleiht dem mittelbar geschädigten Aktionär ein Klagerecht, das allerdings in verschiedener Weise beschränkt ist[404].

c) Auch der *Gläubiger kann* durch die unmittelbare Schädigung der Gesellschaft mittelbar *Verluste erleiden,* dann nämlich, wenn die AG wegen der erlittenen Vermögensverluste *nicht mehr in der Lage ist, ihren Verpflichtungen nachzukommen.*

Unrichtig ist es dagegen m.E., von einer mittelbaren Schädigung des Gläubigers auch dann zu sprechen, wenn die Gesellschaft zwar Substanzverluste erleidet, die Erfüllung ihrer Verpflichtungen aber nicht in Frage steht. Der in OR 758 vorgesehene Klageausschluss geht daher wohl von falschen Voraussetzungen aus: Solange über die AG der Konkurs nicht eröffnet ist, steht die (mittelbare) Schädigung der Gesellschafter noch nicht fest, und es kann daher den Gesellschaftsgläubigern auch kein Klagerecht entstehen[405].

Im Konkurs der Gesellschaft, d.h. im Zeitpunkt, in welchem die mittelbare Schädigung auch der Gläubiger feststeht, wird diesen von Gesetzes wegen ebenfalls ein Klagerecht eingeräumt, das aber im Interesse einer möglichst gleichmässigen Befriedigung aller Gläubiger starken Einschränkungen unterliegt[406].

4. Möglichkeit einer Verbindung von unmittelbarer und mittelbarer Schädigung

Denkbar – wenn auch selten – ist es, dass eine Person zugleich mittelbar und unmittelbar geschädigt ist. So kann etwa ein Lizenzgeber bei ungenügender Förderung seines Produkts durch die lizenznehmende AG sowohl infolge zu geringer Lizenzerträge direkt als auch wegen der Minderumsätze und Verluste der AG indirekt geschädigt werden[407]. Die Voraussetzungen der beiden Klagen sind dann *gesondert zu behandeln.*

---

[402] Vgl. dazu ausführlich E. FRICK 96 ff.; ferner MEIER-WEHRLI 54 f.
[403] Fraglich ist, ob eine mittelbare Schädigung der Aktionäre dann abzulehnen ist, wenn das *nominelle Kapital* schon vor Eintritt der schädigenden Handlung vollständig verloren war. In diesem Sinne HÜTTE, Einwilligung 223, gestützt auf einen Entscheid des Zürcher Obergerichts: «Der Aktionär ist folglich nicht bereits dann, wenn die Gesellschaft geschädigt wurde, zum Ersatz seines Schadens berechtigt.» Anders dagegen wohl die Praxis des Bundesgerichts, vgl. BGE 96 II 179.
[404] Vgl. vorn N 34 ff.
[405] Vgl. vorn N 96.
[406] Vgl. vorn N 93 ff.
[407] Eine Klage wäre freilich bei einer solchen Pflichtverletzung gemäss BGE 110 II 391 ff. deshalb abzuweisen, weil keine spezifische Gläubigerschutzvorschrift verletzt worden ist, vgl. hinten N 258 ff.

5. Die Rechtsnatur der Klage aus mittelbarem Schaden insbesondere[408]

207 a) Die Rechtsnatur der Klage aus mittelbarem Schaden ist umstritten: Eine Auffassung geht dahin, es handle sich nur um ein *Prozessführungsrecht* für die Geltendmachung des Gesellschaftsschadens. Nach der anderen Ansicht liegt dagegen der Klage ein *selbständiges Forderungsrecht* der Kläger aufgrund eigener materieller Ansprüche zugrunde. Im einzelnen folgendes:

208 b) In der *Literatur* wird vor allem von BÜRGI/NORDMANN[409] die Ansicht vertreten, es handle sich bei der Geltendmachung mittelbaren Schadens nicht um ein materielles Forderungsrecht, sondern um eine «Aktivlegitimation für die Geltendmachung des Gesellschaftsschadens»[410], um ein «*Prozessführungsrecht*»[411]. Diese Ansicht wird auch etwa von WILHELM[412] und HÜTTE[413] vertreten[414].

209 Begründet wird diese Lehrmeinung vor allem mit Erwägungen der *Rechtssicherheit,* besonders im Hinblick auf Urteil und Vergleich[415].

210 Verschiedene andere Autoren gehen dagegen davon aus, dass der Klage aus mittelbarer Schädigung ein *selbständiger materieller Anspruch* der Kläger zugrunde liegt. So betont MEIER-WEHRLI[416], der Abtretungsgläubiger nach OR 756 klage «aus eigenem Recht», es komme ihm ein selbständiges Klagerecht zu.

211 Ähnlich äussert sich SCHOOP[417]: «Es handelt sich um ein selbständiges Klagerecht, welches auf einer eigenen Forderung auf Leistung an die Gesellschaft beruht und nicht bloss um eine prozessuale Aktivlegitimation für die Geltendmachung des Gesellschaftsschadens.»

212 Die gleiche Auffassung findet sich sodann bei SCHIESS[418]: «Entgegen einer verbreiteten Meinung ist nicht der Gesellschaftsanspruch die materielle Grundlage des Verantwortlichkeitsrechts von Aktionären und Gläubigern; das Verantwortlichkeitsrecht ist in diesem Sinn ein selbständiger Anspruch, der seine materielle Berechtigung in sich trägt.»

---

[408] Vgl. dazu FORSTMOSER, Schaden 72ff.
[409] Kommentar zu Art. 753f. N 53ff., 755 N 7 und 756 N 3ff.
[410] BÜRGI/NORDMANN, Kommentar zu Art. 755 N 7.
[411] So explizit HÜTTE, Einwilligung 223.
[412] S. 164.
[413] Einwilligung 223.
[414] Weitere Hinweise bei BÜRGI/NORDMANN, Kommentar zu Art. 753f. N 54 und Art. 756 N 5.
[415] Von der Gesellschaft abgeschlossene Vergleiche und von ihr erstrittene Urteile sollen nach dieser Auffassung auch Aktionäre und Gläubiger binden, wodurch eine endgültige Erledigung erreicht wird.
[416] S. 101.
[417] S. 123, allerdings mit unrichtiger Berufung auf BÜRGI/NORDMANN.
[418] S. 142.

Auch TERCIER betont, es habe der Aktionär – und umso mehr der 212a
Gläubiger[418a] – «non seulement "la légitimation pour agir", mais un droit
propre dont la société ne peut disposer à ses dépens.»[418b].

Diese – heute wohl herrschende – Ansicht wird endlich auch von 212b
DESSEMONTET[418c] geteilt und ausführlich begründet.

In der ersten Auflage dieser Publikation wurde diese Auffassung 213
ebenfalls vertreten[419], und es ist ihr m.E. auch bei nochmaliger Überlegung
der Vorzug zu geben[420].

c) In der *Judikatur* ist eine Diskrepanz festzustellen zwischen Ansichten, 214
die auf kantonaler Ebene – namentlich (zumindest überwiegend) vom
Zürcher Obergericht – geäussert werden, und den Auffassungen des
Bundesgerichts[420a]:

aa) In ZR 78 (1979) Nr. 134 hält das *Obergericht des Kantons Zürich* 215
auf S. 310 beiläufig fest, bei der Klage von Gläubigern aufgrund einer
Abtretung im Sinne von OR 756 II handle es sich «grundsätzlich doch um
einen Anspruch der Gesellschaft, der von den Gläubigern im Sinne einer
Prozessstandschaft erhoben wird ...»[421]. – In ZR 84 (1985) Nr. 57 S. 138f.[422]
hält das Zürcher Obergericht dezidiert an der Auffassung fest, bei einer
Klage aus mittelbarer Schädigung stehe dem Kläger «kein eigenes Forderungsrecht, sondern nur ein Klagerecht» zu, und er könne «nicht eigene
Forderungsansprüche, sondern lediglich solche der Gesellschaft geltend»
machen. Folgerichtig wurden daher vom Gericht nur solche Einreden der
Beklagten zugelassen, welche sie der Gesellschaft entgegenzuhalten vermochten, nicht dagegen solche gegenüber den Klägern persönlich.

In einem neuesten Entscheid des Zürcher Obergerichts wird dagegen – 215a
beiläufig und ohne die beiden vorgenannten Urteile zu erwähnen – die
gegenteilige Position eingenommen und erklärt, ein aufgrund einer «Abtretung» gemäss OR 756 II Klagender sei «zur Geltendmachung seines

---

[418a] S. 23.
[418b] S. 22.
[418c] Action sociale 61ff. (hinsichtlich der Gläubigerklage).
[419] Vgl. dort N 37, 41, 378.
[420] Vgl. sogleich nachstehend N 223ff.
[420a] Dies hat neuestens auch DESSEMONTET, action sociale 50, festgestellt.
[421] Die Konsequenzen dieser Auffassung – dass nämlich die Einwilligung der Gesellschaft bzw.
ihrer Organe in schädigendes Verhalten den Klägern entgegengehalten werden kann – werden
jedoch in der Folge nicht gezogen, sondern es wird eine Ersatzpflicht dennoch bejaht mit
der Begründung, andernfalls könnte eine Kontrollstelle bei Duldung ihrer Pflichtverletzungen durch die Verwaltung «überhaupt nie für den mittelbaren Schaden zur Rechenschaft
gezogen werden», und es sehe OR 44 I lediglich vor, dass der Richter bei Einwilligung des
Verletzten von der Schadenersatzpflicht entbinden *könne*, nicht dass er dies tun *müsse*.
[422] Der Entscheid wurde durch das Bundesgericht bestätigt.

eigenen, mittelbaren Schadens legitimiert», und es stehe ihm das Klagerecht «bezüglich der eigenen Ansprüche» zu[422a].

216 bb) Die Haltung des *Bundesgerichts* war zunächst nicht ganz eindeutig:
217 Von einem *eigenen materiellen* Recht der klagenden Aktionäre und Gläubiger geht BGE 86 III 154ff. aus. Es wird dort auf S. 163 betont, es handle sich bei der Abtretung nach OR 756 II «um das Prozessführungsrecht (Klagerecht) bezüglich der *eigenen Ansprüche* des betreffenden Aktionärs oder Gläubigers»[423]. Diese *eigenen* Ansprüche werden in der Folge in Gegensatz gestellt zu den nach SchKG 260 abgetretenen Ansprüchen der konkursiten Gesellschaft.
218 BGE 87 II 300 lässt die Frage nach der Rechtsnatur der Klage aus mittelbarem Schaden ausdrücklich *offen*.
219 Einen *eigenen materiellen Anspruch* unterstellt dagegen wohl erneut BGE 93 III 63f., wenn ausgeführt wird, dass die Abtretung im Konkurs «comprend aussi bien les créances de la masse, soit l'action de la société, que celle des actionnaires créanciers en répartition du dommage qu'ils subissent indirectement...».
220 In einem nicht amtlich publizierten Entscheid vom 7. Juli 1982[424] betont das Bundesgericht, die Einwilligung der Gesellschaft in schädigende Handlungen schliesse deren Widerrechtlichkeit aus. Doch fährt es fort, es könne den Aktionären und Gesellschaftsgläubigern, «soweit diese Personen mittelbar betroffen sind, ... die Einwilligung der Gesellschaft ... nicht entgegengehalten werden.» Dieser Äusserung muss ebenfalls die Vorstellung eines *selbständigen Anspruchs* aus mittelbarem Schaden zugrunde liegen.
221 In einem weiteren nicht amtlich veröffentlichten Entscheid des Bundesgerichts vom 26. Juni 1984[425] wird erklärt, es sei hinsichtlich des Anspruchs des Aktionärs und Gläubigers «aus mittelbarem Schaden ... seine Einwilligung in die schädigende Handlung genauso zu beachten wie beim Anspruch aus Gesellschaftsschaden die Einwilligung der Gesellschaft.» Dieser Entscheid zieht – komplementär zum Urteil vom 7. Juli 1982 – wiederum die Konsequenzen aus der (stillschweigend vorausgesetzten) Qualifikation der Klage aus mittelbarem Schaden als einer *Klage aus eigenem Anspruch*: Wenn der Kläger eigene Ansprüche geltend macht, muss es dem Beklagten – im Gegensatz zur in ZR 84 (1985) Nr. 57 S. 139 geäusserten Meinung – auch offenstehen, gegenüber diesem Kläger bestehende Einwendungen und Einreden zu erheben.

[422a] Urteil des Obergerichts des Kantons Zürich vom 1.7.1986, wiedergegeben ist SJZ 83 (1987) 216ff. sowie – mit Anmerkungen von FORSTMOSER – in SAG 59 (1987) voraussichtlich Heft 3.
[423] Hervorhebung durch mich.
[424] Vgl. HÜTTE, Einwilligung 224.
[425] Auszugsweise wiedergegeben bei HÜTTE, Einwilligung 223f.

Endgültig Klarheit schafft nun BGE 111 II 182ff., wo explizit erklärt wird, der sich auf eine Abtretung gemäss OR 756 II stützende Kläger gehe aus *eigenem Recht* vor, und diese Klage sei zu unterscheiden von der Klage aus dem Recht der Gesellschaft, die der Gläubiger allenfalls auch geltend machen könne, jedoch gestützt auf eine Abtretung gemäss SchKG 260 I[426]. 222

d) Die Ansicht, wonach der Klage von Aktionären und allenfalls Gläubigern aus mittelbarer Schädigung ein *eigener materieller Anspruch* der Kläger zugrunde liegt, ist m.E. richtig. Zur *Begründung* mag etwa auf folgendes hingewiesen werden: 223

Nur aus einem eigenen materiellen Anspruch kann OR 757 erklärt werden, wonach die Verantwortlichkeitsklage des Aktionärs allenfalls auch dann angestrengt werden kann, wenn der Anspruch der Gesellschaft infolge Entlastung untergegangen ist[427]. 224

Dass auch den *Gläubigern* eigene materielle Ansprüche zukommen, zeigt sich etwa darin, dass der Klage der Konkursverwaltung – da und soweit sie sich auf Gläubigerrechte aus mittelbarem Schaden abstützt – die Erteilung der Decharge nicht entgegengehalten werden kann[428]. 225

Die hier unterstützte Auffassung entspricht auch dem Wortlaut von OR 755 und 756, die von einem (eigenen) Schaden und Anspruch der Aktionäre und Gläubiger ausgehen[429]. 226

Endlich ist ihr m.E. auch deshalb der Vorzug zu geben, weil sie verhindert, dass eine fehlbare Verwaltung die wirksame Geltendmachung der Ansprüche durch Aktionäre und Gläubiger dadurch vereiteln kann, dass sie durch Abschluss eines unangemessenen Vergleichs oder durch bewusste Erwirkung eines für die Gesellschaft ungünstigen Urteils auch 227

---

[426] Vgl. zu diesem Entscheid auch FORSTMOSER, Schaden passim. Der Entscheid wird bestätigt in der nicht veröffentlichten E 4a von BGE 111 II 373ff.

[427] Geht man dagegen von einem blossen Prozessführungsrecht aus, könnte der *Aktionär* konsequenterweise keine Klage erheben, wenn der – von ihm prozessual durchzusetzende – Anspruch der Gesellschaft infolge Decharge untergegangen ist.

[428] Vgl. etwa nicht amtlich veröffentlichter BGE, wiedergegeben in SAG 17 (1944/45) 199. Dies anerkennen – inkonsequenterweise – auch die Vertreter des Klagerechts der Gläubiger als blosse Prozessführungsbefugnis, vgl. BÜRGI/NORDMANN, Kommentar zu Art. 757 N 2.

[429] OR 755 spricht von dem «den einzelnen Aktionären oder Gesellschaftsgläubigern ... verursachten Schaden» sowie davon, «ihr Anspruch» gehe auf Leistung an die Gesellschaft. Auch OR 756 spricht explizit von einem Anspruch der Aktionäre und Gläubiger und weist nur das Recht zur «Geltendmachung» dieses (Gläubiger- oder Aktionärs-)Anspruchs der Konkursverwaltung zu. Ausgegangen wird also von einem *materiellen Recht von Aktionären und Gläubigern* und einer *Prozessführungsbefugnis der Konkursverwaltung* und nicht umgekehrt.

deren Klagerechte untergehen lässt[430]. Auch kann nur gestützt auf die hier vertretene Ansicht sichergestellt werden, dass Aktionäre und Gläubiger wegen mittelbarer Schädigung auch dann klagen können, wenn die direkt geschädigte Gesellschaft selber nicht ersatzberechtigt ist, weil sie in die Schädigung eingewilligt hat[431].

6. Das Verhältnis der Klage aus mittelbarem Schaden zu den Klagen gestützt auf eine Abtretung nach SchKG 260 I bzw. OR 164 ff.

228 a) Zunächst ist in Erinnerung zu rufen, *dass der Aktionär* nicht Gläubiger der Gesellschaft ist, dass ihm vielmehr im Konkurs der Gesellschaft lediglich ein Anspruch auf einen Anteil am allenfalls verbleibenden Liquidationsüberschuss zukommt. Daher findet *SchKG 260 I* auf den Aktionär *keine Anwendung* und können ihm die Rechtsansprüche der Masse *nicht abgetreten* werden[432].

229 b) Anders verhält es sich für die *Gläubiger:* Ihnen kann – wie das Bundesgericht im Entscheid 111 II 182 und auch schon im Entscheid 86 III 163 zurecht betont hat – nicht nur das Recht zur Geltendmachung des eigenen Anspruchs aus mittelbarem Schaden zugewiesen werden, sondern *auch das Prozessführungsrecht* für die der *Gesellschaft zustehenden Ansprüche.* Der Gläubiger kann damit unbestrittenermassen auch Prozessbevoll-

---

[430] Das Gegenargument von BÜRGI/NORDMANN, Kommentar zu Art. 755 N 13 und 16, schuldhaft schlechte Prozessführung stelle eine Verletzung der Sorgfaltspflicht dar und könne daher ihrerseits mit einer neuen Verantwortlichkeitsklage geahndet werden, wird m.E. den Realitäten v.a. in der von einem einzelnen Aktionär oder einer Aktionärsgruppe beherrschten Gesellschaft nicht gerecht. Ebensowenig vermag der Hinweis zu überzeugen, ein bewusst ungünstiger Vergleich könne mit der Schenkungs- oder Absichtspauliana angefochten werden (so BÜRGI/NORDMANN, Kommentar zu Art. 755 N 16). Dies schon deshalb nicht, weil paulianische Klagen – abgesehen von den Schwierigkeiten ihrer erfolgreichen Geltendmachung – überhaupt erst im Konkurs oder im Nachlassvertrag mit Vermögensabtretung zur Verfügung stehen, also dann nicht, wenn ein Aktionär Ansprüche geltend machen will, solange die Gesellschaft noch aufrechtsteht.
[431] Ebenso SCHIESS 143 und SCHOOP 123.
[432] Vgl. BGE 86 III 163, wo klar festgehalten wird, dass «jedem Aktionär, der es verlangt, seine eigenen Ansprüche und jedem Gläubiger, ausser den Ansprüchen der Gesellschaft, ebenfalls seine eigenen... zur Geltendmachung überlassen werden können». Unklar BGE 93 III 63f., wo ohne Differenzierung vom Recht des Gläubigers und dem des Aktionärs auf Abtretung der Ansprüche der Masse gesprochen wird. In jenem Entscheid stand jedoch nur die Klage von Gläubigern zur Diskussion, weshalb sich aus der allgemeinen Formulierung wohl – entgegen BÜRGI/NORDMANN, Kommentar zu Art. 756 N 3 – kaum eine Stellungnahme des Gerichts ableiten lässt. Dies um so weniger, als in BGE 93 III 64 ausdrücklich auf BGE 86 III 160ff. verwiesen wird, ohne dass eine Praxisänderung angezeigt würde. – Im hier vertretenen Sinn nun auch mit ausführlicher Begründung das Zürcher Obergericht in einem in SJZ 83 (1987) 216 und SAG 59 (1987) voraussichtlich Heft 3 wiedergegebenen Entscheid.

mächtigter der Masse sein[433], und es ist diese *doppelte Klagelegitimation* zu vermuten, wenn einem Gläubiger ohne nähere Präzisierung Verantwortlichkeitsansprüche «abgetreten» werden[434].

c) Eine zivilrechtliche *Zession im Sinne von OR 164 ff.* unterscheidet sich sowohl von der «Abtretung» nach OR 756 II wie auch von der nach SchKG 260 I[435]: Im Gegensatz zur «Abtretung» nach OR 756 II (und in Übereinstimmung mit der «Abtretung» nach SchKG 260 I) betrifft die Zession nach OR 164 ff. *Ansprüche der Gesellschaft.* Im Gegensatz zur Übertragung gemäss SchKG 260 I (und nach der hier vertretenen Auffassung in Übereinstimmung mit derjenigen nach OR 756 II) erschöpft sich die Abtretung nach OR 164 ff. *nicht in einem blossen Prozessführungsrecht.* Auch hängt sie nicht von einer allfälligen Konkurseröffnung ab[435a].

d) Hervorzuheben ist, dass da, wo ein Kläger sich auf mehrere Grundlagen beruft, ihre – durchaus unterschiedlichen[436] – Voraussetzungen und Konsequenzen *für jede einzelne dieser Grundlagen getrennt zu überprüfen* sind[437]. Dies wird in der Gerichtspraxis zum Teil unterlassen[438].

7. Folgerungen der unterschiedlichen Klagegrundlagen für die Höhe des einklagbaren Schadens, die möglichen Einreden und die relevanten Pflichtwidrigkeiten

Es wurde bereits bei der Behandlung der Klagerechte von Aktionären und Gläubigern[439] darauf hingewiesen, dass sich aus den verschiedenartigen Klagelegitimationen erhebliche *praktische Konsequenzen* ergeben:

a) Unterschiedlich ist zunächst die *Höhe des einklagbaren Schadens:*
– Wird die Klage – aufgrund einer Abtretung nach SchKG 260 I – aus dem *Recht der Gesellschaft* hergeleitet, dann kann der *gesamte* der Gesellschaft zugefügte Schaden eingeklagt werden.
– Wird die Klage dagegen – gestützt auf OR 756 II – mit einem eigenen Anspruch aus *mittelbarer Schädigung* begründet, dann kann *nur derjenige Schaden* eingeklagt werden, den die Kläger selber erlitten haben. Falls

---

[433] BGE 111 II 83; vgl. auch BGE 109 III 29, mit weiteren Hinweisen, sowie nicht publizierte E 4a von BGE 111 II 373 ff.
[434] Vgl. vorn N 106 und Anm. 242.
[435] Vgl. BGE 111 II 83 sowie etwa HÜTTE, Zu Unrecht kolloziert 102, und KURT AMONN: Grundriss des Schuldbetreibungs- und Konkursrechts (3.A. Bern 1983) 380.
[435a] DESSEMONTET, action sociale 53f.
[436] Vgl. dazu sogleich nachstehend N 232 ff.
[437] Vgl. BGE 111 II 183: «... des actions distinctes, soumises chacune à des règles et à des conditions propres.» Ebenso nicht veröffentlichte E 4a von BGE 111 II 373 ff.
[438] Vgl. die kritischen Hinweise zu BGE 111 II 182 ff. hinten N 243 sowie bei FORSTMOSER, Schaden passim.
[439] Vgl. vorn N 58, 108.

nicht alle mittelbar Geschädigten klagen, wird dieser Schaden kleiner sein als der Gesellschaftsschaden[440], dessen Höhe nur die obere Grenze der insgesamt einklagbaren Summe bildet.

236 b) Unterschiede ergeben sich sodann hinsichtlich der möglichen *Einreden*[440a]:

237 – Der auf eine Abtretung nach *SchKG 260 I* gestützten Klage können diejenigen Einreden entgegengehalten werden, die dem Beklagten *gegenüber der Gesellschaft* zustehen, nicht dagegen Einreden gegenüber den Klägern persönlich[441], ausgenommen allenfalls die Einrede des Rechtsmissbrauchs[442].

238 – Einer Klage aufgrund einer «Abtretung» nach *OR 756 II* können die Beklagten dagegen Einreden, die ihnen gegenüber den *Klägern persönlich* zustehen, entgegenhalten, nicht dagegen solche, die sie gegenüber der Gesellschaft hätten. Es stehen daher der Klage weder die Einwilligung der Aktionäre[443] noch die Erteilung der Decharge[444] noch auch der Abschluss eines Vergleichs mit der Gesellschaft oder die rechtskräftige Erledigung von Ansprüchen derselben durch Urteil entgegen.

239 c) Endlich ergibt sich ein Unterschied auch im Hinblick auf die *Pflichtwidrigkeiten*, die einer Klage zugrunde gelegt werden können:

240 – Da Organe der Gesellschaft gegenüber grundsätzlich für jede Sorgfaltsverpflichtung einstehen müssen, kann ihnen in einer auf *SchKG 260 I* gestützten Klage auch *irgendeine Verletzung von Organpflichten* zur Last gelegt werden.

241 – Anders dagegen bei einer Klage aufgrund einer «Abtretung» nach *OR 756 II:* Diesfalls können *Gläubiger* Ansprüche nur geltend machen, wenn

---

[440] So der Tatbestand von BGE 111 II 162 ff., wo freilich zu Unrecht trotzdem Schadenersatz in Höhe des Gesellschaftsschadens zugesprochen wurde, obwohl nach der Feststellung des Bundesgerichts die Klage insoweit *abzuweisen* war, als sie sich aus dem Recht der Gesellschaft herleitete; dies deshalb, weil die Gesellschaft bzw. weil die beherrschenden Aktionäre das pflichtwidrige Verhalten gebilligt hatten. Zur Kritik vgl. hinten N 243.

[440a] Vgl. in diesem Zusammenhang auch DESSEMONTET, action sociale 54, betreffend der Einreden gegenüber einer Klage, die auf eine Zession nach OR 164 ff. gestützt ist.

[441] Vgl. BGE 111 II 374; ferner ZR 84 (1985) 139 (hiezu aber die Kritik vorn Anm. 421).

[442] Vgl. BÜRGI/NORDMANN, Kommentar zu Art. 753 f. N 102 und Art. 758 N 3. Der bei BÜRGI/NORDMANN, Kommentar zu Art. 753 zit. BGE 86 III 159 f. betrifft keinen Rechtsmissbrauchstatbestand: Vielmehr wurde eine Haftung gegenüber dem Kläger als Gläubiger in jenem Entscheid nach dem Grundsatz «volenti non fit iniuria» deshalb verneint, weil dieser als Gründeraktionär den fehlerhaften Handlungen zugestimmt hatte und diese daher ihm gegenüber nicht rechtswidrig waren.

[443] Mit dem Vorbehalt, dass es gegenüber denjenigen Aktionären, die einer pflichtwidrigen Handlung zugestimmt hatten, an der Rechtswidrigkeit fehlt und die Klage daher ihnen gegenüber abzuweisen ist, vgl. BGE 86 III 159 sowie ZR 60 (1961) Nr. 98 S. 221.

[444] Wiederum mit dem gleichen Vorbehalt hinsichtlich der zustimmenden Aktionäre, vgl. ausdrücklich OR 757; vgl. sodann die in jenem Artikel vorgesehene Verkürzung der Frist für die Einreichung der Klage, die nur für Aktionäre, nicht auch für Gläubiger gilt, dazu nachstehend N 473.

sie eine Verletzung spezifischer *Gläubigerschutzbestimmungen* rügen können[445].

d) Die Unterschiede in der Klagegrundlage bei einer Berufung auf SchKG 260 I und auf OR 756 II sind *nur für die Klagen von Gläubigern von Bedeutung,* da Aktionären Ansprüche nicht gestützt auf SchKG 260 I «abgetreten» werden können[446]. Dagegen ist eine zivilrechtliche Abtretung nach OR 164 ff. sowohl an Aktionäre wie an Gläubiger denkbar.

e) Klagevoraussetzungen und Klageumfang sind für die unterschiedlichen Anspruchsgrundlagen je *gesondert* zu prüfen, was – wie schon vorn N 109 erwähnt – in der Praxis zum Teil versäumt wird: So unterlässt es das Bundesgericht im Entscheid 111 II 182 ff. auf S. 184 unten, die an sich richtig und explizit getroffene Differenzierung einer Klage gestützt auf das nach SchKG 260 I abgetretene Recht der Gesellschaft und einer Klage von Aktionären und Gläubigern aus eigenem Recht konsequent zu Ende zu führen: Es spricht Schadenersatz im Umfang des von der Gesellschaft erlittenen *Gesamtschadens* zu, obwohl es vorher festhält, dass der Anspruch der Gesellschaft[447] zufolge Einwilligung *untergegangen* war. Richtigerweise hätte diesfalls nur noch Ersatz im Umfang des von den *klagenden* Gläubigern erlittenen Schadens zugesprochen werden dürfen[448].

8. Kritik an der gesetzlichen Ordnung und Hinweis auf die Aktienrechtsreform

a) Die geltende gesetzliche Ordnung ist im Grunde wenig durchdacht, ja missglückt:
– Verfehlt ist es, *ausserhalb des Konkurses* von einer mittelbaren Schädigung und einem Klagerecht der *Gläubiger* zu sprechen, wie dies OR 755 tut und OR 758 voraussetzt[449].
– Missglückt ist im weiteren die *Gleichstellung von Aktionären und Gläubigern* mit Bezug auf die Geltendmachung von Ansprüchen *im Konkurs,* wie sie in OR 756 erfolgt. Missglückt ist auch die dortige *Verweisung auf das SchKG:* Es wurde übersehen, dass der anvisierte Art. 260 des SchKG von den Gläubigern handelt und dem Aktionär die Gläubigerstellung gerade nicht zukommt[450]. Auch fehlt eine Regelung der Konkurrenz zwischen Aktionären und Gläubigern[451].

---

[445] Vgl. dazu hinten N 258 ff.
[446] Vgl. dazu vorn N 228.
[447] Und damit auch derjenige von Gläubigern, *soweit* sie sich auf SchKG 260 I stützen.
[448] Vgl. FORSTMOSER, Schaden 76 f., im konkreten Fall Fr. 171'000.– statt Fr. 186'000.–. – Kritisch zum genannten Entscheid nun auch SCHUBARTH 487.
[449] Vgl. dazu schon vorn N 96.
[450] Vgl. dazu den Hinweis auf die Gesetzesentstehung vorn N 95.
[451] Vgl. dazu N 125 ff.

247 Daher ist es verständlich, dass sich Judikatur und Literatur in der Behandlung des mittelbaren Aktionärs- und Gläubigerschadens schwer tun und dass es bis heute *nicht gelungen* ist, eine *unité de doctrine zu finden*. Auch vermag keine der verschiedenen Lehrmeinungen – auch die hier vertretene nicht[452] – für *alle* Konstellationen eine befriedigende Antwort zu geben.

248 b) Die bevorstehende *Revision des Aktienrechts* vermag – wenn man auf die im Zeitpunkt des Abschlusses dieser Publikation vorgeschlagene Ordnung abstellt – diese Mängel nur zum Teil zu beheben: Richtigerweise wird mit Bezug auf das Klagerecht ausser Konkurs nur noch von den Aktionären gesprochen[453]. Dagegen bleibt das Verhältnis zwischen der Aktionärs- und der Gläubigerklage weiterhin *ungeklärt* und ist die Rechtsnatur des Klagerechts *widersprüchlich* geregelt[454].

F. Pflichtverletzung der Verantwortlichen; widerrechtliches bzw. vertragswidriges Verhalten

I. Allgemeines

249 a) Voraussetzung der Verantwortlichkeit ist stets ein *pflichtwidriges Verhalten*, ein Verstoss gegen ausservertragliche oder vertragliche bzw. vertragsähnliche Pflichten, eine Missachtung von «den Organen durch das Gesetz oder die Statuten auferlegten Pflichten»[455].

250 Die Lehre spricht im Verantwortlichkeitsrecht in der Regel von *Widerrechtlichkeit*[456]. Widerrechtlichkeit wird in Literatur und Judikatur umschrieben als ein schädigendes Verhalten, das «gegen geschriebene oder ungeschriebene Gebote oder Verbote der Rechtsordnung verstösst, die dem

---

[452] Vgl. den Hinweis bei FORSTMOSER, Schaden 74 zur Schwierigkeit, die Aktionärsklage ausser Konkurs mit der hier vertretenen – aber auch mit der gegenteiligen – Ansicht zu erklären.
[453] RevE 756, zit. hinten N 1217.
[454] Vgl. dazu die Kritik hinten N 1239, 1242, 1245.
[455] BGE 110 II 394. Der Begriff «Gesetz» ist dabei zu eng; entsprechend ZGB 1 II kommt als Grundlage auch Gewohnheits- oder Richterrecht in Betracht.
[456] Vgl. statt vieler BÜRGI/NORDMANN, Kommentar zu Art. 753f. N 64 und zu Art. 752 N 8.

Schutz des verletzten Rechtsgutes dienen»[457]. Damit ist aber der Begriff für die aktienrechtliche Verantwortlichkeit *zu eng,* bezieht er sich doch nur auf ausservertragliches Handeln[458], während die aus OR 752 ff. fliessenden Ansprüche teils auch vertraglicher oder vertragsähnlicher Natur sind[459]. Der Begriff der *Pflichtwidrigkeit,* der auch vertragswidriges Verhalten einschliesst, ist daher m.E. vorzuziehen[460].

Ein Verhalten, das *im allgemeinen* eine *Pflichtwidrigkeit* darstellt, kann im *Einzelfall gerechtfertigt* sein, vgl. N 262. 251

b) Die Pflichtwidrigkeiten sind *vom Kläger nachzuweisen*[461]. Sie sind 252 genau zu bezeichnen, und es genügen allgemeine Vorwürfe einer «nachlässigen Geschäftsführung» oder des «Unterlassens der nötigen Massnahmen zur Verhinderung von Schaden» nicht[462].

II. Die Tatbestände der Pflichtwidrigkeit (Übersicht)

a) Die der *Prospekthaftung* zugrunde liegenden Pflichtwidrigkeiten sind 253 in OR 752 umschrieben; dazu N 967 ff.

b) Auch im Hinblick auf die *Gründerhaftung* findet sich eine Umschrei- 254 bung im Verantwortlichkeitsrecht, OR 753; dazu N 902 ff.

c) Dagegen spricht OR 754 mit Bezug auf die Haftung der mit der 255 *Verwaltung, Geschäftsführung, Kontrolle und Liquidation* beauftragten Personen lediglich allgemein von Schaden, der «durch absichtliche oder fahrlässige Verletzung der ihnen obliegenden Pflichten» verursacht worden ist.

Damit wird auf andernorts gesetzlich oder statutarisch festgelegte 256 Pflichten verwiesen; vgl. für Verwaltung und Geschäftsführung OR 721 ff. und dazu die Übersicht hinten N 771 ff.; für die Mitglieder der Kontrollstelle OR 728 ff. und dazu die Übersicht hinten N 866 ff.; für die Liquidatoren OR 742 ff.

Eine Aufzählung von in der Judikatur als pflichtwidrig erkannten 257 Verhaltensweisen findet sich bezüglich der mit Verwaltung und Geschäfts-

---

[457] BGE 91 II 405, mit weiteren Judikaturhinweisen; vgl. OFTINGER 128 ff.; DESCHENAUX/TERCIER § 6 N 15 ff. und etwa ZELLWEGER 27. Ausführlich zum Begriff der Widerrechtlichkeit OFTINGER/STARK § 16 N 41 ff. und HANS GIGER: Berührungspunkte zwischen Widerrechtlichkeit und Verschulden..., in: 100 Jahre Schweiz. Obligationenrecht (Freiburg i.Ue. 1982) 369 ff., 377 ff. Dort S. 371 f. Anm. 8 auch zahlreiche Literaturhinweise.
[458] Vgl. OFTINGER 129.
[459] Vgl. N 131 ff.
[460] Kritisch zu diesem Begriff dagegen ZELLWEGER 27.
[461] Vgl. OFTINGER 48; HUGUENIN (zit. Anm. 634) 125.
[462] Rep 112 (1979) 325 ff.

führung betrauten Personen in N 781 ff., für die mit der Kontrolle beauftragten Personen in N 874 ff., für die Liquidatoren in N 1011 ff.

III. Einschränkung: Haftung für Gläubigerschaden nur bei Verletzung aktienrechtlicher Gläubigerschutzbestimmungen

258 a) Aktienrechtliche Verantwortlichkeit setzt – wie erwähnt – die Verletzung von Organpflichten voraus. Während Gesellschaft und Aktionäre – falls die übrigen Haftungsvoraussetzungen erfüllt sind – Ansprüche aus jeder Missachtung von den Organen auferlegten Pflichten herleiten können, ist mit Bezug auf die Rechte der *Gläubiger* eine *zusätzliche Schranke* zu beachten: Diese können nach der Praxis des Bundesgerichts nur dann Schadenersatzansprüche geltend machen, wenn die «Schadenzufügung durch das Organ... auf einen Verstoss gegen aktienrechtliche Gläubigerschutzbestimmungen zurückgeführt werden» kann; «ein Verstoss gegen eine aktienrechtliche Vorschrift, die nur die Gesellschaft oder den Aktionär schützen soll, nicht aber den Gläubiger, genügt nicht, damit im Sinn von Art. 754 OR von einem rechtswidrigen Verhalten gegenüber dem Gläubiger gesprochen werden kann»[463].

259 b) Das Bundesgericht hat diese Präzisierung nur im Hinblick auf eine Klage wegen *unmittelbaren* Gläubigerschadens[464] explizit ausgesprochen[464a]. Sie muss aber auch für Klagen aus *mittelbarer* Schädigung gelten, wenn man – wie hier vertreten[465] – davon ausgeht, dass solchen Klagen ein eigenes Forderungsrecht und nicht nur eine Legitimation zur Geltendmachung des Gesellschaftsschadens zugrunde liegt[466]. Doch ist die Beschränkung bei der mittelbaren Schädigung deshalb von geringerer Bedeutung, weil sich der *klagende Gläubiger regelmässig (auch) auf die der Gesellschaft zustehenden Ansprüche abstützen* kann[467].

260 c) Die Wirkung dieser Einschränkung dürfte bei Klagen gegen die *Kontrollstelle* gering sein, da die Bestimmungen über die Pflichten der

---

[463] BGE 110 II 395 (für die Haftung als Verwaltungsrat); bestätigt in BGE 112 II 261 f. (Kontrollstellenhaftung).
[464] Zur Unterscheidung zwischen unmittelbarem und mittelbarem Schaden vgl. vorn N 186 ff.
[464a] Ebenso SCHUBARTH 486.
[465] Vgl. vorn N 41, 102.
[466] A.M. ROLF BÄR in ZBJV 122 (1986) 194.
[467] Vgl. dazu vorn N 106. Wesentlich ist die Einschränkung immerhin dann, wenn ein Gesellschaftsschaden zufolge Zustimmung der Gesellschaft bzw. ihrer beherrschenden Aktionäre (dazu hinten N 544 ff.) wegen Entlastung (dazu hinten N 410 ff.) oder aus anderen Gründen nicht geltend gemacht werden kann.

Kontrollstelle insbesondere auch zum Schutze der Gläubiger erlassen worden sind[468] und so eine Pflichtverletzung regelmässig auch als «Verstoss gegen aktienrechtliche Gläubigerschutzbestimmungen»[469] zu qualifizieren ist.

Dagegen ist die Abgrenzung wesentlich für Klagen gegen Mitglieder der *Verwaltung und Geschäftsführung.* So kann etwa der Umstand, dass der Verwaltungsrat nicht dafür sorgt, dass die Gesellschaft ihre vertraglichen Verpflichtungen einhält, zwar allenfalls eine Verletzung der allgemeinen Sorgfaltspflicht gemäss OR 722 darstellen, nicht aber einen Verstoss gegen spezifische Gläubigerschutzbestimmungen, wie sie sich aus den Regeln über die Publizität, aus den Bilanzvorschriften und den Bestimmungen über die Erhaltung des Grundkapitals ergeben[470]. Dem Gläubiger bleibt damit eine Klage aus eigenem Recht[471] gestützt auf OR 754 versagt[472]. In krassen Fällen, in welchen die Vertragsverletzung zugleich eine unerlaubte Handlung darstellt, kann er allenfalls gegen die mit Verwaltung und Geschäftsführung Betrauten gestützt auf OR 41 vorgehen[473]. Im übrigen bleiben ihm nur Ansprüche gegenüber der Gesellschaft, und zwar selbst dann, wenn diese mittlerweile in Konkurs geraten und daher nicht in der Lage sein sollte, den Vertrag zu erfüllen oder Schadenersatz zu leisten[474].

---

[468] So ausdrücklich BGE 106 II 235; vgl. auch die Ausführungen vorn Anm. 393.
[469] BGE 110 II 395.
[470] Vgl. BGE 110 II 395.
[471] Nicht aber aus dem Recht der Gesellschaft, falls diese Ersatzansprüche geltend machen könnte, vgl. vorn bei Anm. 466.
[472] BGE 110 II 391ff. – Wohl aber kann er allenfalls den ihm aufgrund von SchKG 260 I «abgetretenen» Gesellschaftsschaden einklagen.
[473] Vgl. dazu hinten N 595f.
[474] So der Tatbestand von BGE 110 II 391ff. Dass aus *vertraglichen* Verpflichtungen grundsätzlich nicht die handelnden Organe ins Recht zu fassen sind, sondern die vertretene Gesellschaft, hat das Bundesgericht auch schon in früheren Entscheiden klar festgehalten. Vgl. etwa Sem 74 (1952) 86, wo ausgeführt wird, man dürfe der Klage des Gesellschaftsgläubigers nach OR 754 keine «portée trop extensive» geben: «Cette action est recevable dans la mesure seulement où l'organe en question a causé un dommage par un acte ou une intervention révélant une intention ou une volonté strictement personnelle, mais non lorsque l'organe social est intervenu spécifiquement en sa qualité de représentant de la société, qu'il s'est borné à agir au nom et pour le compte de cette dernière en tant que partie au contrat avec un tiers...».

IV. Ausschluss der Pflichtwidrigkeit

1. Einwilligung des Geschädigten[475]

262 a) Die Widerrechtlichkeit oder Vertragswidrigkeit wird grundsätzlich beseitigt durch die *Einwilligung dessen, der die Vermögensverminderung erleidet*[476]: Nach dem Grundsatz «volenti non fit iniuria» kann derjenige, der einem Verhalten zugestimmt hat, keine Schadenersatzansprüche geltend machen[477]. Daher können z.B. weder die Gesellschaft noch Aktionäre Gründern gegenüber Schadenersatz aus fiktiver Liberierung oder aus der Überbewertung einer Sacheinlage fordern, wenn diese Umstände allen an der Gesellschaft Beteiligten bekannt waren[478,479]. Ebensowenig kann etwa die Gesellschaft Schadenersatz wegen vorgetäuschter Bargründung verlangen, wenn alle Gründer und Aktionäre um diese Machenschaft gewusst haben[480]. In einem nicht amtlich zitierten Entscheid des Bundesgerichts wird sodann zwar ein pflichtwidriges Verhalten bejaht, aber die Schädigung verneint in einem Fall, in welchem die Kontrollstelle ihren Prüfungspflichten nicht nachgekommen war, jedoch die bestehenden Missstände sämtlichen Aktionären und Gläubigern aus eigener Kenntnis bekannt waren[481].

263 Da das Handeln der Organe grundsätzlich der Gesellschaft anzulasten ist[482], sind Schadenersatzansprüche der Gesellschaft auch ausgeschlossen, wenn eine Schädigung mit Wissen und Willen der Mitglieder des Verwaltungsrates erfolgte[483].

264 b) Zu beachten ist aber, dass bei Schädigung der AG die *Aktionäre* stets *und die Gläubiger* im Fall der Überschuldung *mittelbar geschädigt* sind[484].

---

[475] Dazu auch hinten N 544ff.

[476] Vgl. OFTINGER 134; DESCHENAUX/TERCIER § 6 N 32ff.; BÜRGI/NORDMANN, Kommentar zu Art. 753f. N 83; WILHELM 137f.

[477] Vgl. nicht amtlich zitierte Entscheide des BGer, auszugsweise wiedergegeben in ST 59 (1985) 85f. und 223f. sowie BGE 102 II 356 E 2 und 83 II 53.

[478] Vgl. BGE 102 II 356 E 2 sowie nicht amtlich publizierter Entscheid, referiert in ST 59 (1985) 222ff.; BGE 83 II 56f., 65 sowie nachstehend N 554.

[479] Allenfalls ist ein Einverständnis auch schon dann anzunehmen, wenn der Geschädigte nach den Umständen mit einem bestimmten Verhalten *rechnen musste* und er keine Einwände erhob, vgl. HÜTTE in ST 59 (1985) 224.

[480] BGE 86 III 159; vgl. aber BGE 90 II 496f.

[481] Vgl. nicht amtlich publizierter BGE in SAG 17 (1944/45) 228ff., 232 und hiezu HIRSCH in Schweizer Treuhänder 11.

[482] Vgl. OR 718 I und hiezu etwa BGE 107 II 155; FORSTMOSER/MEIER-HAYOZ § 15 N 7; KURT SIEGER: Das rechtlich relevante Wissen der juristischen Person des Privatrechts (Diss. Zürich 1979 = SSHW 33).

[483] Vgl. BGE 111 II 183 E 3b; vgl. aber zur Rechtslage im Konkurs nachstehend N 264.

[484] Vgl. N 200, 203.

Ihnen gegenüber bleibt die Pflichtwidrigkeit bestehen[485], es sei denn, sie hätten der in Frage stehenden Handlung ebenfalls zugestimmt. Immerhin ist die allfällige Einwilligung einzelner Geschädigter unerheblich, wenn lediglich Forderungen der Konkursmasse geltend gemacht werden[486].

2. Ausführung von Generalversammlungsbeschlüssen bzw. Handeln auf Weisung des Verwaltungsrates

Die vorstehenden Ausführungen kommen namentlich dann zur Anwendung, wenn in Ausführung von Generalversammlungsbeschlüssen gehandelt wird oder wenn ein dem Verwaltungsrat untergeordnetes Organ dessen Weisungen befolgt. Näheres hiezu nachstehend N 544 ff. sowie N 697 ff. 265

G. Adäquater Kausalzusammenhang

1. Adäquater Kausalzusammenhang als Voraussetzung der Schadenersatzpflicht

a) Zwischen dem pflichtwidrigen Verhalten und dem eingetretenen Schaden muss, damit der pflichtwidrig Handelnde haftbar gemacht werden kann, ein adäquater Kausalzusammenhang bestehen[487]. 266

---

[485] So jedenfalls, wenn man der Klage der Gläubiger aus mittelbarem Schaden ein eigenes Forderungsrecht zugrunde legt und nicht nur eine Prozessführungsbefugnis, vgl. dazu vorn N 106, 41, 207. Wie hier BGE 111 II 182 ff. und nicht publizierter BGE in Sachen M. gegen W. vom 26.6.1984. Im Ergebnis gleich hinsichtlich der Verantwortlichkeit der Kontrollstelle ZR 78 (1979) Nr. 134 S. 310 E 6, obwohl dort die Auffassung vertreten wird, die aus mittelbarem Schaden klagenden Gläubiger könnten lediglich einen Anspruch der Gesellschaft «im Sinne einer Prozessstandschaft» geltend machen. Begründet wird die Verantwortlichkeit der Kontrollstelle gegenüber Gläubigern in jenem Entscheid damit, es könnte die Kontrollstelle sonst «in derartigen Fällen [d.h. wenn sie fehlerhafte Handlungen der primären Gesellschaftsorgane duldet] überhaupt nie für den mittelbaren Schaden zur Rechenschaft gezogen werden» und OR 44 I stelle es in das Ermessen des Richters, bei Einwilligung des Verletzten von der Schadenersatzpflicht zu entbinden.
[486] ZR 75 (1976) Nr. 21 S. 68.
[487] Vgl. spezifisch für die aktienrechtliche Verantwortlichkeit etwa SCHOOP 112 ff.; MEIER-WEHRLI 79; BÜRGI/NORDMANN, Kommentar zu Art. 752 N 14 und zu Art. 753f. N 86 ff.; SCHUCANY Art. 754 N 4; FUNK Art. 754 N 7; BIGGEL 69 f.; HOTZ 186 ff.; GLASSON 145 ff.; HENGGELER 14 f. sowie etwa BGE 93 II 29 f.; ferner BGE 101 II 165.

267 b) Erforderlich ist zunächst der *natürliche Zusammenhang* zwischen pflichtwidrigem Verhalten und Schaden[488], es muss also zwischen Schaden und pflichtwidriger Handlung «die Beziehung von Ursache und Wirkung bestehen»[489].

268 c) Der natürliche Kausalzusammenhang reicht jedoch für sich allein nicht aus; vielmehr wird ein *adäquater Kausalzusammenhang*[490] verlangt. Nach der vom Bundesgericht in BGE 93 II 29 speziell für die aktienrechtliche Verantwortlichkeit wiederholten Formel gilt ein Ereignis «als adäquate Ursache eines Erfolges, wenn es nach dem gewöhnlichen Lauf der Dinge und nach der Erfahrung des Lebens geeignet war, einen Erfolg von der Art des eingetretenen herbeizuführen, so dass der Eintritt dieses Erfolges durch jenes Ereignis allgemein als begünstigt erscheint...»[491].

269 Ob ein pflichtwidriges Verhalten adäquate Ursache eines Schadens ist, kann vor allem bei einer *indirekten Verursachung* der Schädigung[492] fraglich sein. Als allgemeiner Grundsatz ist dabei festzuhalten, dass im Bereich der

---

[488] Vgl. HIRSCH, Responsabilité 262f.; MEIER-WEHRLI 79 sowie die haftpflichtrechtliche Literatur, insb. ERNST BREHM: Natürlicher und naturgesetzlicher Kausalzusammenhang im Haftpflichtrecht, ZSR 102 I (1983) 309ff.; OFTINGER 70f. (mit weiteren Literaturangaben); BREHM Art. 41 N 105ff. (mit weiteren Literaturangaben in N 102) und DESCHENAUX/TERCIER § 4 N 2; HANS LAURI: Kausalzusammenhang und Adäquanz im schweizerischen Haftpflicht- und Versicherungsrecht (Diss. Bern 1976 = ASR 443) 11 und ERNST A. KRAMER: Die Kausalität im Haftpflichtrecht, ZBJV 123 (1987) 289ff.; WALTER LANZ: Alternativen zur Lehre vom Adäquaten Kausalzusammenhang (Diss St. Gallen 1974) 6ff.

[489] OFTINGER 70. – Verneint wurde der natürliche Kausalzusammenhang etwa zwischen einer fiktiven Kapitalerhöhung und dem Verlust *vorher* gewährter Darlehen, vgl. ZR 80 (1981) Nr. 33 S. 101 E 3. Ebenfalls verneint wurde die Kausalität des Unterlassens der Mitteilungspflichten nach OR 725 für Schaden, der bereits beim Eintritt eines Umstandes nach OR 725 gegeben war, Rep 117 (1984) 362ff. Vgl. auch ZR 78 (1979) Nr. 134 S. 307: In einer Klage gegen die Kontrollstelle machten die Gläubiger geltend, sie seien zu Schaden gekommen, weil sie nach Vorliegen der Besorgnis der Überschuldung Obligationen der Gemeinschuldnerin erworben hätten. Dazu führte das Gericht aus: «Ein solcher Zusammenhang war... auch im Rahmen des unmittelbaren Schadens nur dann gegeben, wenn die Käger vor dem Kauf der Obligationen die Revisionsberichte der Beklagten lasen, was ausgeschlossen war, wenn der Kauf vor dem Zeitpunkte erfolgte, als die angefochtenen Berichte erstattet wurden.»

[490] Dazu allgemein OFTINGER 71ff.; BREHM Art. 41 N 120ff.; DESCHENAUX/TERCIER § 4 N 3 sowie LANZ, KRAMER 304ff. und LAURI (alle zit. Anm. 488).

[491] Mit Judikaturhinweisen; vgl. auch BGE 107 II 243f.; 101 II 165 sowie 96 II 396 E 2; Sem 106 (1984) 169ff., 170; ZR 80 (1981) 100 E VII/2; OFTINGER 72f.; LANZ (zit. Anm. 488) 16f. und passim; LAURI (zit. Anm. 488) 111ff. Ausführliche Zusammenstellung der Kasuistik bei BREHM Art. 41 N 129 und 144. Fraglich der Berner Appellationshof in einem in ST 59 (1985) 75ff. wiedergegebenen Entscheid: Danach sollen Pflichtverletzungen der Kontrollstelle Gläubigerschaden nur dann adäquat kausal verursachen, wenn eine Bilanz zu Veräusserungswerten eine echte Überschuldung ausgewiesen hätte (vgl. S. 78).

[492] Etwa infolge ungenügender Überwachung von pflichtwidrig handelnden Untergebenen durch den Verwaltungsrat, vgl. HIRSCH, Responsabilité 263; vgl. auch BÄTTIG, Verantwortlichkeit 103f.

aktienrechtlichen Verantwortlichkeit an die Adäquanz bisher *keine hohen Anforderungen* gestellt wurden[493]. Vgl. etwa BGE 93 II 29, wo betont wird, es komme «auf die allgemeine Eignung der fraglichen Ursachen an, Wirkungen der eingetretenen Art herbeizuführen...»[494]. Vgl. sodann den in ST 59 (1985) 75ff. wiedergegebenen Entscheid, wonach «in Fällen aktienrechtlicher Verantwortlichkeit... der Richter... nicht einen strengen, absoluten Beweis des Kausalzusammenhanges zu fordern»[495] habe.

In neuesten kantonalen und höchstrichterlichen Entscheiden zeigt sich nun aber eine erfreuliche *Differenzierung in der Beurteilung von Kausalität und Adäquanz:*
– In einem Urteil des Handelsgerichts des Kantons Zürich vom 6.11.1986 in Sachen M. und F. gegen Erbengemeinschaft G. weist das Gericht aufgrund einer sorgfältigen tatbeständlichen Analyse nach, dass zwischen einem allfälligen Fehlverhalten der Kontrollstelle und einer zu einem späteren Zeitpunkt erfolgten Darlehenshingabe (die zu einem vollständigen Verlust führte) *kein natürlicher Kausalzusammenhang* bestand[495a].
– In einem Urteil vom 18.11.1986 in Sachen Revisionsgesellschaft A. gegen B. et al.[495b] hatte das Bundesgericht die Haftung einer Kontrollstelle zu beurteilen, die in ihrem Bericht für das Geschäftsjahr 1970 angeblich zu Unrecht nicht auf den Verlust von mehr als der Hälfte des Grundkapitals hingewiesen hatte. Das Bundesgericht liess die Frage des natürlichen Kausalzusammenhanges zur Schädigung der Gläubiger[495c] offen, *verneinte*

---

[493] Zu Recht kritisch zu dieser Tendenz, im Verantwortlichkeitsrecht an den Nachweis des Kausalzusammenhangs geringere Anforderungen als anderswo zu stellen, DRUEY 86.

[494] Das Bundesgericht fährt fort: «Dass die erörterten Pflichtverletzungen der Beklagten *allgemein geeignet* waren, zur *Vergrösserung des Schadens beizutragen,* liegt auf der Hand.» (Hervorhebung durch den Verfasser.) Vgl. auch SCHUCANY Art. 754 N 4: «Ein strenger Beweis des Kausalzusammenhanges darf nicht gefordert werden.» Ähnlich HIRSCH, Responsabilité 263, mit Judikaturhinweisen; ebenso BGE 76 II 319 unter Hinweis auf BGE 59 II 451. Freilich verlangt das Bundesgericht auch im allgemeinen Haftpflichtrecht nicht, dass der Geschädigte den Kausalzusammenhang «mit wissenschaftlicher Genauigkeit» nachweist. Es könne dem Geschädigten «nicht zugemutet werden, die Kausalität stets in zwingender Weise darzutun», und es müsse genügen, «wenn der Richter in Fällen, wo der Natur der Sache nach ein direkter Beweis nicht geführt werden kann, die Überzeugung gewinnt, dass die überwiegende Wahrscheinlichkeit für einen bestimmten Kausalverlauf spricht» (BGE 107 II 273 E 1b). – Vgl. in diesem Zusammenhang auch OFTINGER/STARK § 16 N 37ff., wonach bei Verschuldenshaftungen «der Qualifikation eines Kausalzusammenhanges als adäquat eine untergeordnetere Bedeutung zukommt als im Rahmen der Kausalhaftungen».

[495] S. 78 E IV 2a. Vgl. auch Sem 106 (1984) 169ff. Nr. 19 = SAG 57 (1985) 186 Nr. 19.

[495a] Nach der Feststellung des Gerichts war es nicht der behauptete, von der Kontrollstelle nicht gerügte höhere Betriebsverlust, der zum Schaden geführt hatte, sondern die Ertragsschwäche des Unternehmens, auf welche die Kontrollstelle hingewiesen hatte. – Eine Berufung gegen dieses Urteil ist im Zeitpunkt des Abschlusses dieser Publikation hängig.

[495b] Teilweise publiziert in BGE 112 II 461ff. und in SAG 59 (1987) 75ff. (mit Bemerkungen von ALAIN HIRSCH).

[495c] Die in Frage stehende Gesellschaft geriet sechs Jahre später in Konkurs.

aber den *adäquaten Kausalzusammenhang* deshalb, weil sich die Gesellschaft in der Folge vor ihrem endgültigen Zusammenbruch nochmals erholt hatte und Ende 1973 das Grundkapital zur Hälfte gedeckt war[495d].

270   d) *Nicht erforderlich* ist, dass das Verhalten des ins Recht Gefassten die *alleinige Ursache* des Schadens bildet. Vielmehr genügt es, dass seine Pflichtwidrigkeit eine *Teilursache* darstellt, und es ist belanglos, ob noch andere Ursachen mitgewirkt haben[496].

271   Anderseits ist mit der neueren Lehre[497] zu betonen, dass der pflichtwidrig Handelnde *«nicht verantwortlich für allen Schaden [wird], sondern nur für denjenigen, der adäquat kausale Folge seines eigenen pflichtwidrigen und schuldhaften Verhaltens ist»*[498].

272   e) Ein *adäquater Kausalzusammenhang fehlt* trotz pflichtwidrigen Verhaltens dann, *wenn auch ein pflichtgemässes Verhalten den Schaden nicht hätte verhindern können*[499].

273   Doch sind *Hypothesen,* wonach ein Schaden auch bei pflichtgemässem Verhalten eingetreten wäre, *grundsätzlich unbeachtlich*[500]: So lehnten die Gerichte das Argument eines Verwaltungsrates, der einen grossen Teil des Grundkapitals für hochspekulative Aktienkäufe verwendete und sich im Prozess darauf berief, die Gesellschaft hätte auch durch eine nicht zu

---

[495d] Nach der Ansicht des Bundesgerichts «la responsabilité de l'organe de contrôle n'est pas engagée du moment que s'était rétablie entre-temps une situation conforme au but visé par les art. 729 al. 3 et 725 al. 1» vgl. dazu nicht publiziert E 4d von BGE 112 II 461ff.

[496] Vgl. nicht amtlich publizierter BGE in Sem 104 (1982) 227; REICHWEIN, Kausalzusammenhang 350ff.; HORBER 31; OFTINGER 96; MEIER-WEHRLI 79; SCHOOP 114 und etwa BGE 80 III 58 sowie spezifisch für das aktienrechtliche Verantwortlichkeitsrecht Rep 117 (1984) 362ff., 365.

[497] Vgl. insbesondere REICHWEIN, Kausalzusammenhang 349ff., FORSTMOSER, Solidarität 371f.; R. BÄR 465; SCHOOP 114 und BÜRGI 42 sowie BÜRGI/NORDMANN, Kommentar zu Art. 753f. N 88; ferner BÄTTIG, Verantwortlichkeit 107.

[498] R. BÄR 465, Hervorhebung durch den Verfasser; vgl. etwa BGE 86 II 182: Nach diesem Entscheid haftet eine Kontrollstelle, die trotz Überschuldung der Gesellschaft die Verwaltung nicht zur Benachrichtigung der Generalversammlung und des Richters veranlasst, «nicht schlechthin für den ursprünglich durch die Verwaltung verursachten Schaden, sondern nur für seine Fortdauer und Vergrösserung zufolge mangelhafter Orientierung der Generalversammlung» (mit Literaturangaben). Ebenso ZR 78 (1979) Nr. 134 S. 311 E 7. Die Bundesgerichtspraxis zu dieser Frage dürfte allgemein der herrschenden Lehre entsprechen, doch finden sich in einzelnen Entscheiden verwirrende Formulierungen, vgl. die Übersichten bei REICHWEIN, Kausalzusammenhang und FORSTMOSER, Solidarität.

[499] Z.B., wenn zwar die Verwaltung ihrer Überwachungspflicht nur ungenügend nachkam, eine deliktisch handelnde Direktion aber derart raffiniert vorging, dass ihre Transaktionen auch bei sorgfältiger Überwachung nicht hätten entdeckt werden können. Vgl. auch BGer in SAG 17 (1944/45) 232.

[500] Dazu allgemein OFTINGER 124ff.

beanstandende Vermögensanlage zu Schaden kommen können, ab[501].
Ebensowenig wurde der Einwand einer Kontrollstelle akzeptiert, der
Verwaltungsrat hätte ihren Meldungen ohnehin keine Beachtung geschenkt[502].

Uneinheitlich ist dagegen die Gerichtspraxis zur Frage, ob sich eine
Kontrollstelle, die pflichtwidrig die *Generalversammlung nicht auf Missstände* und insbesondere Falschbewertungen *aufmerksam machte,* darauf
berufen kann, ein *Vorbehalt hätte nichts genützt,* weil die Generalversammlung von einem *vollständig informierten Hauptaktionär* beherrscht gewesen
sei:

In BGE 86 II 183f. erklärte das Bundesgericht, eine Kontrollstelle, die
trotz Überschuldung «nichts unternahm und den Dingen einfach ihren Lauf
liess», könne sich «nicht entlasten mit dem Hinweis darauf, dass bei einer
Einmann-Gesellschaft eine Aufforderung an die Verwaltung, die Generalversammlung zu benachrichtigen, sinnlos sei, weil ja Verwaltung und
Generalversammlung in ein und derselben Person vereinigt seien und diese
den Stand des Unternehmens selber am besten kenne». Vielmehr sei es
gerade bei einer Einmann-Gesellschaft zum Schutze der Gläubiger wichtig,
dass die Kontrollstelle auf Einhaltung der gesetzlichen Vorschriften dringe.
In einem Entscheid des Obergerichts des Kantons Zug wurde der Einwand
zurückgewiesen, ein Hinweis auf die ungerechtfertigte Bilanzierung eines
fiktiven Hauptaktivums hätte aller Wahrscheinlichkeit nach nichts geändert, weil der die Generalversammlung beherrschende Aktionär sich über
die finanzielle Situation der Gesellschaft im klaren gewesen sei[503].

Dagegen wurde der *Kausalzusammenhang* zu Recht *verneint* in einem
Fall, in welchem zwar die Revisoren ihren Pflichten nicht nachkamen, die
Missstände aber *allen Aktionären und Gesellschaftsgläubigern aus eigener
Kenntnis bekannt* waren[504]. Sehr stark auf Hypothesen stützt sich ein
neuerer Entscheid des Berner Appellationshofes ab, in welchem angenommen wird, dass dann, wenn eine Bilanz zu Veräusserungswerten erstellt

---

[501] Vgl. BGE 99 II 181 sowie hiezu von Greyerz in SAG 46 (1974) 167ff., 169, der grundsätzlich zustimmt, jedoch zu Recht darauf hinweist, dass ein allenfalls gleichzeitig eintretender Börsenzerfall, der auch bei sorgfältiger Vermögensanlage eine Kurseinbusse bewirkt hätte, berücksichtigt werden sollte.

[502] Vgl. ZR 75 (1976) Nr. 21 S. 71f. und dessen kritische Würdigung bei von Greyerz, Kontrollstelle 58. Es besteht eben eine «Rechtsvermutung dafür ..., dass die Verwaltung ihre Pflicht erfüllt und die notwendigen Massnahmen ergriffen hätte», Bättig, Verantwortlichkeit 109, mit Literatur- und Judikaturhinweisen; vgl. auch BJM 1954, 256. Vgl. auch die Zusammenstellung von Entscheiden betreffend die Adäquanz des Kausalzusammenhangs bei Pflichtverletzungen durch die Kontrollstelle bei Hirsch in ST 50 (1976) Heft 9, 11ff.

[503] Gerichts- und Verwaltungspraxis des Kantons Zug 1983/84, 98ff. = SJZ 83 (1987) 68f., referiert auch in SAG 58 (1986) 191f., Nr. 26.

[504] Vgl. nicht amtlich publizierter BGE in SAG 17 (1944/45) 228ff., 232 und hiezu Hirsch in ST 50 (1976) Heft 9, 11.

worden wäre und diese eine Überschuldung gezeigt hätte, «nach dem gewöhnlichen Lauf der Dinge» der Hauptaktionär «entweder auf seine Forderungen verzichtet oder mit der Gesellschaft eine Rangrücktrittsvereinbarung abgeschlossen»[505] hätte. Dagegen hat das Zuger Obergericht bei ähnlicher Sachlage[505a] den adäquaten Kausalzusammenhang bejaht und Hypothesen abgelehnt[505b]. Ebenso hat das Bundesgericht in einem neuesten Entscheid[505c] die Annahme der Vorinstanz bestätigt, ein Hinweis der Kontrollstelle auf den hälftigen Kapitalverlust (OR 725 I) hätte nach der allgemeinen Lebenserfahrung «amené l'administration à une gestion moins coûteuse et plus prudente.»

277 f) *Beweispflichtig* für das Vorliegen eines adäquaten Kausalzusammenhangs ist der geschädigte Kläger[506], wobei jedoch an die Beweisführung wie erwähnt keine hohen Anforderungen gestellt werden[507].

278 g) Das Bundesgericht betrachtet den *natürlichen* Kausalzusammenhang als eine Tatfrage, die im Berufungsverfahren grundsätzlich nicht zu überprüfen ist, die *Adäquanz* dagegen als eine Rechtsfrage, die vom Bundesgericht frei überprüft werden kann[508].

2. Inadäquanz bzw. Unterbrechung des Kausalzusammenhangs

279 a) Nach dem Kriterium der Adäquanz kann trotz natürlicher Kausalität ein *rechtlich relevanter Kausalzusammenhang vorweg fehlen*[509], dann nämlich, wenn nach dem normalen Lauf der Dinge und der Erfahrung des Lebens ein Verhalten nicht geeignet ist, den eingetretenen Schaden zu begünstigen[510].

---

[505] ST 59 (1985) 75ff., 83. Der im übrigen angemessene und überzeugende Entscheid ist in diesem Punkt kaum haltbar. Das BGer hatte keine Gelegenheit, diese Feststellung über den natürlichen Kausalverlauf zu überprüfen, vgl. a.a.O. 86 sowie N 278.

[505a] Die Kontrollstelle hatte der GV eine Bilanz vorbehaltlos zur Genehmigung empfohlen, in welcher ein fiktives Hauptaktivum figurierte. Dem die GV beherrschenden Hauptaktionär war die unrichtige Finanzierung bekannt.

[505b] SJZ 83 (1987) 68f.

[505c] Nicht amtlich publizierte E 4b von BGE 112 II 461ff., wiedergegeben in der Besprechung dieses Entscheides durch ALAIN HIRSCH in SAG 59 (1987) 75ff., 77.

[506] Vgl. OFTINGER 80f.

[507] Vgl. vorn N 269. Dies gilt schon für die *natürliche* Kausalität, deren Nachweis nach der Ansicht des Bundesgerichts nicht «mit wissenschaftlicher Genauigkeit» (BGE 107 II 273) erbracht werden muss, vgl. vorn Anm. 494.

[508] Vgl. etwa BGE 108 II 53 E 3, 107 II 243, 101 II 73, mit weiteren Hinweisen; BGE vom 7.4.1987 in Sachen M. gegen F. und S. (im Zeitpunkt des Abschlusses dieser Publikation nicht amtlich veröffentlicht) E 2; ferner KRAMER (zit. Anm. 488) 291.

[509] Vgl. vorn N 268 und OFTINGER 108.

[510] Vgl. etwa BREHM Art. 41 N 130f., mit Beispielen aus dem allgemeinen Haftpflichtrecht.

b) Der Kausalzusammenhang kann «unterbrochen», *inadäquat werden*, 280
«wenn eine neue Ursache auftritt, die die ursprünglich vorhandene, an sich
adäquate Ursache in den Hintergrund drängt und aufgrund einer wertenden
Betrachtung inadäquat erscheinen lässt»[511].

In Betracht kommt insbesondere ein *Selbstverschulden* des Geschädigten[512], falls dieses nicht gemäss OR 44 I lediglich einen Herabsetzungsgrund[513] bildet[514]. 281

Dagegen wird der Kausalzusammenhang im Verantwortlichkeitsrecht 282
nur ausnahmsweise durch *grobes Drittverschulden* «unterbrochen»[515]. Zu
Recht wurde etwa in BGE 101 II 165 die Behauptung abgelehnt, der
Kausalzusammenhang zwischen ungenügender Überwachung und Schaden
sei unterbrochen worden durch das betrügerische Verhalten eines als
unbescholten und angesehen geltenden Direktors[516].

Zufall wird den Kausalzusammenhang kaum je unterbrechen, wohl aber 283
höhere Gewalt[517]. Aus dem aktienrechtlichen Verantwortlichkeitsrecht sind
– soweit ersichtlich – keine einschlägigen Entscheide bekannt.

Allgemein ist zu betonen, dass die Gerichtspraxis *hohe Anforderungen* 284
stellt, damit der Kausalzusammenhang als unterbrochen gilt. Weit überwiegend wird eine Unterbrechung verneint[518], nur selten wird sie bejaht[519].
Verlangt wird dabei, dass
– die neue Ursache eine so grosse *Intensität*[520] aufweist, dass die ursprüngliche Ursache in den Hintergrund gedrängt wird
– und dass daher die ursprüngliche Ursache aufgrund eines *Werturteils*[521] als inadäquat erscheint.

---

[511] OFTINGER 108f.; vgl. auch THOMAS MAURER: Drittverschulden und Drittverursachung im Haftpflichtrecht (Diss. Bern 1974 = ASR 434) 23 ff. sowie BREHM Art. 41 N 130 ff.
[512] Dazu ausführlich BREHM Art. 41 N 134 ff.; vgl. auch SCHOOP 118.
[513] Dazu N 345.
[514] BÜRGI/NORDMANN, Kommentar zu Art. 753 f. N 98.
[515] Dazu allgemein MAURER (zit. Anm. 511) 51 ff.; OFTINGER 111 f.; BREHM Art. 41 N 140; SCHOOP 119; ZELLWEGER 57.
[516] Vgl. ferner BJM 1954, 256 f.
[517] Vgl. BREHM Art. 41 N 141 ff. sowie OFTINGER 114.
[518] Vgl. BGE 108 II 54, 101 II 165, 99 II 182, 97 II 416, 97 II 343 f. (mit weiteren Hinweisen), 93 II 323 (mit weiteren Hinweisen).
[519] So in BGE 92 I 537, 85 II 521, 64 II 307, 59 II 43 f., 369 f. Vgl. auch BGE 106 Ib 363, wo ebenfalls von einer Unterbrechung des Kausalzusammenhangs gesprochen wird. M.E. ging es jedoch um den Ausschluss der Pflichtwidrigkeit wegen Einwilligung, dazu vorn N 262.
[520] BGE 87 II 396 f.; OFTINGER 110 f.; ZELLWEGER 57 (mit zahlreichen Hinweisen in Anm. 4).
[521] OFTINGER 108 f.; ZELLWEGER 57; THOMAS MAURER: Drittverschulden und Drittverursachung im Haftpflichtrecht (Diss. Bern 1974) 24.

H. Verschulden

I. Der Grundsatz: Haftung für jedes Verschulden, auch für die leichte Fahrlässigkeit

285   a) Eine Haftung nach den Bestimmungen von OR 752ff. kann nur dann eintreten, wenn die Verantwortlichen ein *Verschulden*[522] trifft. Die blosse Tatsache, dass eine AG Verluste erleidet, genügt zur Begründung der Verantwortlichkeit selbstverständlich nicht[523].

286   Im Gegensatz zum altOR[524] reicht nach den geltenden Bestimmungen *jedes Verschulden,* auch die *leichte Fahrlässigkeit* aus[525,526,527]. Damit steht auch fest, dass Gutgläubigkeit nicht exkulpieren kann[528].

287   Eine Haftung nur für *Absicht und Grobfahrlässigkeit* ist dagegen im Sozialversicherungsrecht, AHVG 52, vorgesehen[529]. Die Praxis des Eidg. Versicherungsgerichts hat jedoch hieraus faktisch nahezu eine *Kausalhaftung* gemacht[530], was in der Literatur zu recht kritisiert wird[531].

---

[522] Zum Verschuldensbegriff allgemein vgl. FRANZ WERRO: La capacité de discernement et la faute dans le droit suisse de la responsabilité (Diss. Fribourg 1986); BREHM Art. 41 N 164ff. (mit zahlreichen Literaturangaben); OFTINGER 138ff.; GIGER (zit. Anm. 457) 384ff. sowie etwa HEINZ REICHWEIN: Über die Schuld im Recht... (Diss. Zürich 1943).

[523] Rep 117 (1984) 365; nicht amtlich publizierter BGE in Sem 104 (1982) 221f., 225.

[524] Nach altOR 674 war eine Haftung gegenüber Aktionären und Gläubigern nur bei absichtlicher Schädigung vorgesehen, eine Haftung für jedes Verschulden lediglich gegenüber der Gesellschaft, wodurch die Klageeinleitung durch Erteilung der Decharge faktisch verunmöglicht wurde.

[525] Vgl. etwa ZR 82 (1983) Nr. 57 S. 151 E 2; nicht amtlich publizierter BGE in Sem 104 (1982) 221; BIGGEL 54f.; BURCKHARDT 185ff.; FEHR 147; GLASSON 124ff.; VON GREYERZ, Aktiengesellschaft 296; GUHL/MERZ/KUMMER 690; J. und E. HENGGELER 34; HIRSCH, Responsabilité 255; LOCHER 102f.; MEIER-WEHRLI 80; MORANT 45; PATRY, Précis II 106, 252.

[526] Eine einzige zivilrechtliche Ausnahme ist in OR 753 Ziff. 3 für die Gründerhaftung vorgesehen.

[527] Für einen Ausschluss der Haftung bei bloss leichter Fahrlässigkeit, jedenfalls im Hinblick auf mittelbaren Schaden, tritt *de lege ferenda* neuestens R. BÄR, Funktionsgerechte Ordnung passim, ein. Die Anregung dürfte aber bei der Revision des Aktienrechts nicht aufgenommen werden; der RevE sieht keine entsprechende Einschränkung vor, und es wurden auch in der seitherigen politischen Diskussion keine in diese Richtung zielende Vorschläge gemacht.

[528] MEIER-WEHRLI 80.

[529] Dazu ausführlich hinten N 1080ff.

[530] Vgl. die Hinweise auf die Judikatur hinten N 1085ff.

[531] Vgl. die Hinweise hinten Anm. 2038.

Auch im Rahmen der privatrechtlichen Verantwortlichkeit sind *Grob-* 288
fahrlässigkeit[532,533] und *Absicht* jedoch von Bedeutung, so hinsichtlich
– einer allfälligen Unterbrechung des Kausalzusammenhangs[534],
– des Rückgriffs und damit der definitiven Schadenstragung[535],
– der Schadenersatzbemessung, wenn nur ein einziger Schädiger haftpflichtig wird[536], dagegen nach der stark umstrittenen bundesgerichtlichen Praxis nicht, wenn mehrere Organe solidarisch haftpflichtig sind[537].

b) Die Frage eines schuldhaften Verhaltens ist im übrigen nicht pauschal 289
zu beurteilen, sondern *im Hinblick auf die einzelnen zur Diskussion
stehenden Verhaltensweisen und Schäden.*

c) Fahrlässigkeit setzt voraus, «dass das schädigende Ereignis für den 290
Schädiger voraussehbar gewesen sei. Das bedeutet indessen nicht, er habe
seines Eintrittes sicher sein müssen. Es genügt, wenn er sich nach der ihm
zuzumutenden Aufmerksamkeit und Überlegung hätte sagen sollen, es
bestehe eine konkrete Gefahr der Schädigung»[538]. Musste mit einer solchen
Gefahr gerechnet werden, dann ist das Verhalten der pflichtwidrig handelnden Organperson als fahrlässig zu qualifizieren.

d) Vorausgesetzt ist, dass der Handelnde *urteilsfähig* war, da dem 291
Urteilsunfähigen sein Verhalten nicht als Verschulden angerechnet werden
kann[539].

---

[532] Nach einer in Doktrin und Praxis stets wiederkehrenden Formel liegt Grobfahrlässigkeit dann vor, wenn der Verantwortliche «unter Verletzung der elementarsten Vorsichtsgebote das ausser acht gelassen hat, was jedem verständigen Menschen in der gleichen Lage und unter den gleichen Umständen hätte einleuchten müssen» (OFTINGER 153, mit Hinweisen auf die Judikatur). Beispiel einer grobfahrlässigen Organhandlung ausserhalb des Sozialversicherungsrechts: GVP 1984 Nr. 85 S. 204f., referiert in SAG 57 (1985) 186 Nr. 18.
[533] Neben schwerer und leichter Fahrlässigkeit kennt das Bundesgericht in neueren Entscheiden auch noch den – m.E. unnötigen – Begriff des mittleren Verschuldens, vgl. BGE 100 II 338 und 96 II 176f.
[534] Vgl. dazu N 281f.
[535] Vgl. dazu N 402ff.
[536] Vgl. dazu N 351f.
[537] Vgl. dazu N 389ff.
[538] BGE 99 II 180; vgl. insbesondere auch OFTINGER 142ff.
[539] OFTINGER 154f.; vgl. auch BÜRGI/NORDMANN, Kommentar zu Art. 752 N 15.

II. Anforderungen an die zu beobachtende Sorgfalt: objektivierter Verschuldensmassstab

1. Allgemeines

292 a) Zugrunde zu legen ist nach heute allgemein anerkannter Auffassung[539a] ein *objektivierter Verschuldensmassstab*[540]. Abgestellt wird auf diejenige Sorgfalt, «die ein gewissenhafter und vernünftiger Mensch desselben Verkehrskreises wie die Verantwortlichen unter den gleichen Umständen als erforderlich ansehen würde»[541], d.h. es hat der Verantwortliche «für jene Fähigkeiten einzustehen ..., die der Verkehr bei einer Person voraussetzen darf, welche in einer bestimmten Eigenschaft auftritt»[542,543].

293 b) Dadurch wird das *Risiko* der verantwortlichen Personen «*auf ein vernünftiges, mit dem praktischen Leben in Einklang stehendes Mass beschränkt*»[544]. Auszugehen ist von dem bei vergleichbaren Gesellschaften Üblichen[545], wobei selbstverständlich Missstände, auch wenn sie verbreitet

---

[539a] Kritisch und a.M. nun aber WALTER FELLMANN: Der Verschuldensbegriff im Deliktsrecht, ZSR 106 (1987) I 339ff.

[540] So ausdrücklich nicht publizierte E 2b von BGE 111 II 182ff. und SAG 57 (1985) 48, ebenso BGE 112 II 172ff., E I. 2a; ferner BN 48 (1987) 54. Ausführlich zur Objektivierung des Verschuldensmassstabes FORSTMOSER, Solidarität 372f. Im gleichen Sinne auch etwa OFTINGER 143; BREHM Art. 41 N 184ff.; DESCHENAUX/TERCIER § 7 N 24ff.; GIGER (zit. Anm. 457) 387; R. BÄR 463; BIGGEL 54f.; BURCKHARDT 184; BÜRGI/NORDMANN, Kommentar zu Art. 752 N 15; HIRSCH, Responsabilité 254; MEIER-WEHRLI 80. Unrichtig BÄTTIG, Verantwortlichkeit 34, wonach zur objektiven Unsorgfalt hinzu «zusätzlich ein subjektiver Mangel des Könnens und/oder Wollens» treten muss. Unrichtig auch Obergericht des Kantons Thurgau in SJZ 78 (1982) 380 Nr. 5, vgl. dazu die Kritik von FORSTMOSER, a.a.O. Kritisch zur Objektivierung PIERRE-A. WESSNER: Le discernement..., SJZ 79 (1983) 333ff., 335 bei Anm. 20–24.

[541] MEIER-WEHRLI 80, mit weiteren Hinweisen.

[542] R. BÄR 463. Ähnlich BREHM Art. 41 N 184. Vgl. auch den in ST 59 (1985) 75ff. wiedergegebenen Entscheid: Danach bilden Massstab für die Kontrollstelle «die Pflichten eines ordentlichen und sachkundigen Revisors» (S. 77, mit Literaturhinweisen).

[543] Genau besehen gibt der objektivierte Massstab freilich nur das *Minimum* an Sorgfalt an, das auf jeden Fall gefordert wird. Dagegen wirken sich *besondere Kenntnisse und Fähigkeiten* im Sinne einer *Verschärfung* des Verschuldensmassstabes aus und sind insofern subjektive Elemente beizuziehen, vgl. hinten N 306.

[544] MEIER-WEHRLI 80; zustimmend R. BÄR 459ff., der zu Recht darauf hinweist, dass das Risiko für die potentiell verantwortlichen Personen in einem angemessenen Rahmen bleiben muss, weil sonst die Übernahme von Verwaltungsratsmandaten, besonders bei nebenberuflicher Ausübung, kaum mehr zumutbar wäre.

[545] Für die Tätigkeit der Kontrollstelle kann dabei das *Revisionshandbuch* der Schweiz einen Anhaltspunkt bilden. Doch ist hervorzuheben, dass sich die Anforderungen an die Kontrollstelle in den letzten Jahren verschärft haben und dass das Revisionshandbuch in verschiedenen Bereichen deutlich über das als Minimum der guten Praxis Verlangte hinausgeht. Zu Recht betont daher der Berner Appellationshof im in ST 59 (1985) 75ff. wiedergegebenen Entscheid, es sei das Revisionshandbuch kein «verbindlicher Ausdruck allgemeiner Branchenübung der Treuhänder und Revisoren in der Schweiz» (S. 77).

sein sollten, nicht zu einer Herabsetzung der Verantwortlichkeit führen dürfen[546].

Dabei ist stets in Rechnung zu stellen, dass eine komplexe Aufgabe, wie sie die Führung eines Unternehmens darstellt, «einen sehr strengen Massstab an die Umsicht nicht erträgt, weil sie erschwert, die vielfältigen, von einer Unzahl von Einflüssen abhängigen Möglichkeiten des weitern Verlaufs zu erkennen bzw. zu beurteilen»[547]. Ebenso muss es namentlich den mit Verwaltung und Geschäftsführung betrauten Personen unbenommen bleiben, vernünftige *Risiken einzugehen*[548].

c) Aus der Objektivierung des Verschuldensmassstabes folgt, dass die *subjektive Entschuldbarkeit* eines schädigenden Verhaltens *belanglos* ist[549].

d) Anderseits ist – das ergibt sich aus dem vorstehend Ausgeführten – stets den *konkreten Umständen Rechnung zu tragen*[550], etwa der Tatsache, dass eine – dem Gesellschaftszweck entsprechende – Tätigkeit das Eingehen besonderer Risiken erforderlich macht[551] oder dass sich aufgrund bestimmter Anzeichen besondere Vorsicht aufdrängt[551a].

e) Der im Verantwortlichkeitsrecht der AG anzuwendende Verschuldensmassstab ist somit *objektiviert und konkretisiert*. Zu den Konsequenzen dieser Grundlage vgl. nachstehend N 298 ff.

2. Berücksichtigung des Umfangs der Geschäftstätigkeit

Der Umfang und die Komplexität der Geschäftstätigkeit einer Gesellschaft ist im Hinblick auf die Verantwortlichkeit der Organpersonen in doppelter Hinsicht zu berücksichtigen:

---

[546] HIRSCH, Responsabilité 255, der als solchen Missstand das Unterzeichnen von Briefen ohne deren Durchsicht erwähnt.

[547] R. BÄR 462; nicht amtlich publizierter BGE in Sem 104 (1982) 221 ff., 225 f. Vgl. aber BGE 103 V 125 und 108 V 203, wonach an die Sorgfaltspflicht bei der Organtätigkeit in einer Aktiengesellschaft «grundsätzlich strenge Anforderungen zu stellen» sind. Die beiden letztgenannten Entscheide sind im Ergebnis weltfremd und kaum haltbar.

[548] Sem 104 (1982) 225f.; vgl. dazu auch VON GREYERZ, Aktiengesellschaft 296. Dies schliesst jedoch ein rein spekulatives Verhalten nicht ein, vgl. BGE 99 II 178 ff. Vgl. immerhin BGE 59 II 460, wo der auch von den Klägern in Kauf genommene spekulative Charakter des in Frage stehenden Geschäftes als Herabsetzungsgrund berücksichtigt wurde.

[549] Vgl. BREHM Art. 41 N 190 sowie OFTINGER 146f.

[550] Vgl. OFTINGER 146f.

[551] Vgl. BGE 59 II 460, 61 II 236 f.

[551a] In einer nicht publizierten Erwägung von BGE 112 II 461 ff. erklärt das Bundesgericht z.B., das Verschulden der Kontrollstelle sei schwerer zu beurteilen, wenn sie den Umständen nicht Rechnung trage, dass ihre Vorgängerin vom Amt zurückgetreten sei und auf eine Wiederwahl verzichtet habe und dass die Mitglieder des Verwaltungsrates unfähig waren, die kritische Situation der Gesellschaft zu erfassen.

299 – Einerseits sind an die Sorgfalt um so höhere Anforderungen zu stellen, je verantwortungsvoller die Tätigkeit der Organperson ist[552].

300 – Auf der anderen Seite ist einer Organperson, je komplexer und umfangreicher eine Tätigkeit ist, desto weniger zuzumuten, dass sie alle Aufgaben persönlich erfüllt. Vielmehr muss sie sich in weitem Umfang auf die Mitwirkung von gut qualifizierten Dritten verlassen können, ohne dass dies als Fahrlässigkeit angelastet werden darf[553].

3. Allfälliges Ungenügen der in eigenen Angelegenheiten beachteten Sorgfalt

301 Aus der Objektivierung des Verschuldensmassstabes folgt, dass sich die Organperson[554] nicht etwa damit exkulpieren kann, dass sie nachweist, die sogenannte diligentia quam in suis angewendet zu haben, d.h. diejenige *Sorgfalt, die sie in eigenen Angelegenheiten anwendet*[555].

4. Mangelnde und besondere Kenntnisse, persönliche Interessen der Handelnden

302 a) Aus der *Objektivierung* des Verschuldensmassstabes folgt weiter, dass *Unerfahrenheit und mangelnde Kenntnisse* die mit der Verwaltung, Geschäftsführung, Kontrolle und Liquidation beauftragten Personen *nicht*

---

[552] Vgl. SAG 57 (1985) 48; OFTINGER 147; HIRSCH, Responsabilité 254; BÜRGI/NORDMANN, Kommentar zu Art. 752 N 15.

[553] Ähnlich HIRSCH, Responsabilité 254; vgl. auch SCHOOP 97, 98 und DRUEY 85. Unhaltbar im Ergebnis trotz grundsätzlicher Anerkennung der Möglichkeiten der Delegation BGE 103 V 125 und 108 III 203. Richtig ist es freilich, wenn in diesen Entscheiden hervorgehoben wird, dass die Anforderungen auf die *konkrete Gesellschaft* auszurichten sind und sie daher von Fall zu Fall divergieren. Vgl. im übrigen zu den Möglichkeiten und Konsequenzen der Kompetenzdelegation hinten N 319 ff.

[554] Anders als im Recht der Personengesellschaften, vgl. OR 538 I.

[555] Vgl. BGE 99 II 180; ZR 72 (1973) Nr. 58 S. 146: Der Verwaltungsrat, der den Grossteil des Gesellschaftsvermögens in hochspekulativen Papieren anlegt, kann sich nicht damit exkulpieren, dass er selber dreimal soviel der gleichen Aktien gekauft hat; vgl. zu diesem Entscheid auch VON GREYERZ in SAG 46 (1974) 167 ff., 169 und KUMMER in ZBJV 111 (1975) 144 ff. Dafür, dass die diligentia quam in suis allenfalls nicht ausreicht, auch explizit nicht publizierte E 2b von BGE 111 II 182 ff. sowie BGE vom 7.4.1987 in Sachen M. gegen F. und S. (im Zeitpunkt des Abschlusses dieser Publikation nicht amtlich publiziert) E 3a); vgl. sodann R. BÄR 463 Anm. 11; SCHOOP 97; vgl. ferner etwa E. FRICK 40, wonach es auf die Sorgfalt des «ordentlichen Geschäftsmannes» ankommt und – zum deutschen Recht – BGH in AG 23 (1978) 79 ff. Anderer Meinung offenbar LANZ (zit. Anm. 488) 35 f., wonach es auf die individuellen Gewohnheiten des einzelnen Verwaltungsrates ankommen soll und damit die allgemeine Leichtfertigkeit einer Organperson als haftungsmildernd in Betracht zu ziehen wäre. Diese Auffassung steht in der Literatur allein da und ist völlig unbegründet.

exkulpieren[556]. Insbesondere ist eine analoge Anwendung von OR 321e II, wo für den Arbeitnehmer aus sozialpolitischen Gründen eine Reduktion in Berücksichtigung seiner Fachkenntnisse vorgesehen ist, abzulehnen[557]. Beachtet werden könnte dagegen allenfalls – im Sinne eines Selbstverschuldens[558] – gegenüber den Ansprüchen der Gesellschaft oder eines Haupt- bzw. Alleinaktionärs, wenn durch die Generalversammlung wissentlich eine schlecht qualifizierte Person zum Verwaltungsrat oder Revisor bestellt wird[559].

Aus der erforderlichen *Konkretisierung* wiederum folgt, dass die vorauszusetzenden *Kenntnisse je nach den Umständen verschieden sind*[560].

Doch ist zu betonen, dass *besondere Fachkenntnisse* grundsätzlich *nicht vorausgesetzt* sind[561]. Verlangt ist vielmehr – entsprechend der Funktion des Verwaltungsrates –, dass dessen Mitglieder die nötigen *Fähigkeiten als Generalisten* mitbringen. Dazu gehören allgemeine Erfahrungen im Wirtschaftsleben, nicht dagegen Spezialkenntnisse in einem bestimmten Sektor. «Die *allgemein* zu verlangende Vorbildung muss mehr in geistiger Beweg-

---

[556] Vgl. BGE 93 II 27 = ZBJV 105 (1969) 54; BGer in SAG 17 (1944/45) 230; BGE 109 V 89; ZR 78 (1979) Nr. 134 S. 309; SAG 57 (1985) 48; BÜRGI/NORDMANN, Kommentar zu Art. 753f. N 95 und zu Art. 752 N 15; FEHR 150; FUNK Art. 754 N 5; HIRSCH, Responsabilité 254; SCHUCANY Art. 754 N 2; SENN 79f.; VISCHER, Delegationsmöglichkeit 367; HANS-HEINRICH WEBER: Die Kontrollstelle der Aktiengesellschaft nach geltendem Recht. Insbesondere das Problem der Unabhängigkeit im aktienrechtlichen Prüfungswesen (Diss. Zürich 1961) 40; WYLER 30; ZELLWEGER 29; BÄTTIG, Verantwortlichkeit 35; SCHOOP 97 sowie allgemein BREHM Art. 41 N 185. Anders freilich das BGer in SAG 9 (1936/37) 120, wo die «fehlende kaufmännische und technische Erfahrung» des verantwortlichen Verwaltungsrates berücksichtigt wird. Diese vermöge «zwar ein Verschulden nicht etwa auszuschliessen», könne «aber bei der Bestimmung des Masses des Schadenersatzes berücksichtigt werden». Diese Ansicht dürfte durch BGE in SAG 17 (1944/45) 230 überholt sein. Fragwürdig auch SJZ 78 (1982) 380 Nr. 5, wo die Ehefrau des Hauptverantwortlichen als «Hausfrau und Mutter» offensichtlich wegen ihrer fehlenden Erfahrung von der Verantwortung entbunden wird, vgl. dazu die Kritik bei FORSTMOSER, Solidarität 372f.
[557] Vgl. FORSTMOSER/MEIER-HAYOZ § 25 N 24; ZELLWEGER 37; SCHOOP 98; VOLLMAR 212f. A.M. R. BÄR 463f., der analog dieser Norm differenzieren will, wobei es jedoch bei den von der Generalversammlung zu wählenden Organpersonen nur auf das ankommen soll, was die Generalversammlung anlässlich der Wahl erkennen musste.
[558] Vgl. N 345.
[559] Vgl. ZELLWEGER 37; R. BÄR 463f.; HIRSCH, Responsabilité 265.
[560] Vgl. etwa HIRSCH, Responsabilité 254; ders., Avocat 11, sowie SCHOOP 97, 98. Sinnvoll ist auch für das schweizerische Recht die vom deutschen Bundesgerichtshof für Mitglieder des Aufsichtsrates gewählte Umschreibung: Danach muss ein Mitglied «diejenigen Mindestkenntnisse und -fähigkeiten besitzen oder sich aneignen..., die es braucht, um alle normalerweise anfallenden Geschäftsvorgänge auch ohne fremde Hilfe verstehen und sachgerecht beurteilen zu können...» (BGHZ 85 S. 295f.).
[561] DRUEY 86; HÜTTE, Sorgfaltspflichten 22 mit dem Hinweis auf einen nicht publizierten Entscheid des Bezirksgerichts Zürich vom 10.10.1984, worin die «Annahme des VR-Mandates... allein deshalb noch nicht als pflichtwidrig gewertet [wurde], weil die übrigen VR in Krisenzeiten (mangels Fachwissen) nicht in der Lage waren, die Geschäftsführung persönlich an sich zu ziehen und auszuüben».

lichkeit als in positivem Spezialwissen bestehen»[562]. Immerhin muss das Mitglied des Verwaltungsrates oder ein geschäftsführendes Organ zumindest in der Lage sein, Berichte von beauftragten Fachleuten richtig zu würdigen[563]. Weiter muss ein Verwaltungsrat «das *interne Informationswesen* des Unternehmens verstehen. Das heisst: die Bedeutung der zu seinem Aufgabenkreis gehörenden Texte (von der Bilanz bis zu kaufmännischen und technischen Unterlagen) soll er in ihrer Tragweite erfassen können und vor allem auch die Organisation, das Zustandekommen interner Information, strukturell und personell überblicken»[564].

305 Da die Inhaber von Verwaltungsrats- und Kontrollstellmandaten trotz allgemeiner Eignung für den Entscheid von Einzelfällen allenfalls die nötigen Kenntnisse nicht besitzen[565], ist von ihnen zu verlangen, gegebenenfalls einen *Fachmann beizuziehen*[566,567]. Das Abstellen auf die Auskunft eines kompetenten Fachmannes und deren korrekte Würdigung[568,568a]

---

[562] DRUEY 86. Vgl. ZR 78 (1979) 309.

[563] Der Verantwortliche muss immerhin in der Lage sein, Berichte von Fachleuten richtig zu würdigen: ZR 78 (1979) 309.

[564] DRUEY 86.

[565] Zutreffend diesbezüglich SCHOOP 97, wonach von den Mitgliedern des Verwaltungsrates lediglich *Fachkunde in der Führung und Verwaltung eines Unternehmens* zu verlangen ist, und zwar in dem für die zweckmässige Ausübung der Aufsichts- und Kontrollpflichten in der betreffenden Gesellschaft erforderlichen Umfang.

[566] Vgl. BGE 93 II 26f., wonach eine branchenunkundige Kontrollstelle nötigenfalls einen Textilfachmann hätte beiziehen sollen (kritisch hiezu HUNZIKER 37), ferner BGE 97 II 413, wo für das Mitglied des Verwaltungsrates verlangt wird, ein bestimmtes Geschäft «nötigenfalls durch einen Sachverständigen» prüfen zu lassen; ferner HÜTTE, Sorgfaltspflichten 22, und SJZ 38 (1941/42) 74.

[567] Der Beizug von Fachleuten stellt – soweit er für die korrekte Ausübung des Amtes erforderlich ist – *keinen Verstoss gegen die Schweigepflicht* der Organperson dar. Vielmehr ist davon auszugehen, dass die allgemeine Sorgfaltspflicht der Schweigepflicht übergeordnet ist und dass die Sorgfaltspflicht den Beizug von Beratern erfordern kann (vgl. RENATE WENNINGER: Die aktienrechtliche Schweigepflicht [Diss. Zürich 1983 = SSHW 70] 263ff. sowie zum – in dieser Frage entsprechenden – deutschen Recht MARCUS LUTTER: Information und Vertraulichkeit im Aufsichtsrat [2.A. Köln usw. 1984] 176ff.; ferner – wegen des Fehlens schweizerischer Judikatur – BGHZ 64 [1975] Nr. 46 S. 329 sowie aus dem allgemeinen Auftragsrecht GEORG GAUTSCHI: Berner Kommentar zum einfachen Auftrag [3.A. Bern 1971] Art. 398 N 15c). Doch ist durch die nötigen Weisungen sicherzustellen, dass der beigezogene Berater die erlangten Informationen seinerseits geheimhält. Auch ist nach Möglichkeit dem einem *Berufsgeheimnis* unterstehenden Fachmann der Vorzug zu geben, WENNINGER, a.a.O. 267, LUTTER, a.a.O. – Kritisch zum Beizug von Fachleuten durch die Kontrollstelle HUNZIKER 37, nach welchem Autor ein Beizug «keinesfalls ohne ausdrückliche Zustimmung der Verwaltung erfolgen» darf, weil darin eine Verletzung der Verschwiegenheitspflicht liegen könnte.

[568] Zur allfälligen Fragepflicht der Kontrollstelle vgl. HUNZIKER 37f., der eine solche Pflicht freilich nur gegenüber der Verwaltung anerkennt.

[568a] Gründer, die zu Unrecht die Erklärung abgegeben hatten, es würden keine Sachwerte übernommen, können sich jedoch nicht etwa durch den Hinweis darauf exkulpieren, der verurkundende Notar habe sie aus Nachlässigkeit nicht auf die Pflicht zu Einhaltung der Vorschriften über die qualifizierte Gründung hingewiesen, vgl. BN 48 (1987) 54f.

werden in aller Regel für die Erfüllung der Sorgfaltspflicht ausreichen[569]. Dabei muss es für den Verwaltungsrat – nicht aber für die Kontrollstelle – genügen, wenn die Fachleute dem Betrieb der AG angehören, soweit nicht ein besonderer Anlass zu Misstrauen gegeben ist.

b) Umgekehrt ist die *besondere fachliche Qualifikation* eines potentiell Haftpflichtigen als haftungsverschärfend zu berücksichtigen, kann man doch von einer besonders qualifizierten Person ein besonderes Mass an Sorgfalt verlangen[570].

c) Ein besonders strenger Massstab ist schliesslich anzulegen bei *potentiellen Interessenkonflikten,* d.h. dann, wenn die Organperson die Gesellschaft schädigt bei einer Handlung, die sie zu ihrem persönlichen Vorteil oder im Interesse von Drittpersonen beging[571].

5. Zeitmangel, Krankheit, Abwesenheit und Stillschweigen

a) Unbestritten ist, dass *Zeitmangel* – mag er auch subjektiv ein Versagen als entschuldbar erscheinen lassen – keinen Exkulpationsgrund darstellen kann[572].

Nichtausübung des Amtes zufolge vorübergehender *Krankheit* vermag zu exkulpieren[573], während umgekehrt die Unterlassung des Rücktritts trotz

---

[569] Vgl. SCHOOP 97. – Fragwürdig daher BGE 99 II 181, wo für einen Verantwortlichen – allerdings einen erfahrenen Fachmann, der zur Abwägung des möglichen Schadens nach Ansicht des Gerichtes hätte selber fähig sein sollen – kategorisch ausgeführt wird: «Dass er sich auf Fachkundige verlassen haben will, mindert sein Verschulden nicht.» Fragwürdig ebenso die Vorinstanz in ZR 72 (1973) Nr. 58 S. 146, wo von der Zeugeneinvernahme dieser Fachleute abgesehen wurde, weil der Verwaltungsrat «grundsätzlich haftbar» sei, «wie auch immer die Auskünfte der Vertrauensleute ... gelautet haben mögen». Zur Kritik vgl. VON GREYERZ in SAG 46 (1974) 169.
[570] Vgl. etwa BGE 93 II 30, wonach an die als Kontrollstelle tätige Treuhandgesellschaft ein besonders strenger Massstab anzulegen ist; ähnlich ZR 78 (1979) Nr. 134 S. 309f. Vgl. auch etwa OFTINGER 147f.; HIRSCH, Organe de contrôle 193; ders., Responsabilité 254; BÄTTIG, Verantwortlichkeit 35; KUMMER 8. Fragwürdig aber die von HÜTTE, Sorgfaltspflichten 22, registrierte Tendenz von Gerichten, bei Anwälten, die sich als Verwaltungsräte wählen lassen, generell besondere Fachkenntnisse vorauszusetzen.
[571] Vgl. nicht amtlich publizierten BGE in Sem 104 (1982) 221ff., 226 sowie nicht amtlich publizierten BGE, referiert in AG 5 (1960) 193ff., 195; ebenso BGE vom 7.4.1987 in Sachen M. gegen F. und S. (im Zeitpunkt des Abschlusses dieser Publikation nicht amtlich publiziert) E 3a).
[572] Vgl. BGE 97 II 411; SAG 57 (1985) 48; EBK Bulletin Nr. 16, S. 17; HÜTTE, Sorgfaltspflichten 23; HIRSCH, Responsabilité 256; MEIER-WEHRLI 32; ZELLWEGER 37; BÜRGI/NORDMANN, Kommentar zu Art. 753f. N 95.
[573] RJN 1983, 70ff.; vgl. auch BGE 61 II 237 (Minderung der Schadenersatzpflicht nach OR 43 I).

dauerhafter Krankheit, die eine normale Ausübung der Verwaltungsratstätigkeit verhindert, als Verschulden gewertet werden kann[574].

310 b) *Verschuldete Abwesenheit* vermag die Haftung nicht zu reduzieren[575].

311 Umstritten ist dagegen, ob die Haftung des Verwaltungsrates bei *unverschuldeter Abwesenheit*[576] entfällt oder ob er auch dann haftbar werden kann, wenn er nicht alles unternimmt, um die in seiner Abwesenheit erfolgten Beschlüsse und Handlungen rückgängig zu machen: Während HIRSCH[577], BIGGEL[578] und E. SCHUCANY[579] eine Haftung des entschuldigt abwesenden Mitgliedes eines Kollegialorgans schlechthin ausschliessen, will MEIER-WEHRLI[580] die Organperson trotzdem verantwortlich machen, wenn sie es unterlässt, «sich hinterher nach besten Kräften für die Wiederherstellung einer ordnungsgemässen Geschäftstätigkeit einzusetzen»[581,582].

312 Zu erinnern ist immerhin daran, das neben dem Verschulden auch die *Kausalität* nachzuweisen ist: Die Haftung des Abwesenden entfällt daher in jedem Falle dann, wenn seine aktive Präsenz keine Änderung herbeigeführt hätte[583].

313 c) *Stillschweigen, Stimmenthaltung* und sonstwie *passives Verhalten* schliessen die Haftung nicht aus[584]. Vielmehr ist zu verlangen, dass ein pflichtwidriger Beschluss ausdrücklich abgelehnt wird[585], dass die Organper-

---

[574] HIRSCH, Responsabilité 256.
[575] Vgl. HIRSCH, Responsabilité 256; MEIER-WEHRLI 32; FORSTMOSER/MEIER-HAYOZ § 25 N 25; ZELLWEGER 37; SCHOOP 97.
[576] Eine solche liegt – entgegen BÜRGI/NORDMANN, Kommentar zu Art. 753f. N 93 – nicht nur dann vor, wenn die Organperson «wegen höherer Gewalt» an der Teilnahme verhindert ist. Vielmehr ist auch hier ein vernünftiger, den Realitäten des Wirtschaftslebens angepasster Massstab anzuwenden.
[577] Responsabilité 256.
[578] S. 147f., etwas einschränkend.
[579] S. 229.
[580] S. 32.
[581] Ähnlich wohl BÜRGI/NORDMANN, Kommentar zu Art. 753f. N 94 und SCHOOP 98; differenzierend LUSTENBERGER 124f.
[582] Keine geeignete Massnahme ist in der Regel die blosse Niederlegung des Mandats, vgl. BÜRGI/NORDMANN, Kommentar zu Art. 753f. N 94, ferner FEHR 150, LUSTENBERGER 127f. und SCHOOP 98; ebenso in Konzernverhältnissen bei abhängigen Verwaltungsratsmitgliedern von Tochtergesellschaften, vgl. FLURIN VON PLANTA § 19.4.4. – Vgl. aber hinten Anm. 593.
[583] E. SCHUCANY 229; R. BÄR 480f., der auf die Schwierigkeiten des Nachweises fehlender Kausalität hinweist. Dazu ist zu betonen, dass der Kläger den Kausalzusammenhang nachzuweisen hat, nicht der Beklagte dessen Fehlen. – Vgl. aber auch die Hinweise vorn N 269ff., wonach die Praxis an diesen Nachweis keine hohen Anforderungen stellt, und insb. Anm. 502, wonach zu vermuten ist, dass Hinweise auf Unregelmässigkeiten nicht einfach wirkungslos bleiben.
[584] MEIER-WEHRLI 32; HIRSCH, Responsabilité 256; BÜRGI/NORDMANN, Kommentar zu Art. 753f. N 93; FEHR 150; ebenso in Konzerngesellschaften für abhängige Verwaltungsratsmitglieder von Tochtergesellschaften, vgl. FLURIN VON PLANTA § 19.4.2.
[585] So E. SCHUCANY 230.

son dagegen opponiert[586], dass sie sich allenfalls für die Wiedererwägung des Entscheides oder gegen dessen Realisierung einsetzt[587] oder dass sie ihre abweichende Auffassung zu Protokoll gibt[588]. Wiederum ist auszugehen vom objektiv unter den gegebenen Umständen Angemessenen.

Auch hier ist daran zu erinnern, dass allenfalls die Haftung trotz pflichtwidrigen Verhaltens dann entfällt, wenn dieses für den Schadenseintritt nicht kausal war[589].

6. Fiduziarische Tätigkeit und Befolgung von Weisungen übergeordneter Organe

a) Den von einem Auftraggeber abhängigen, lediglich *fiduziarisch Tätigen* («Strohmann») trifft die volle Haftung wie eine unabhängige Organperson[590], was für die Gläubiger von besonderer Bedeutung ist. Die volle Haftung auch lediglich «formell» tätiger Verwaltungsratsmitglieder ergibt sich schon daraus, dass jedes Mitglied des Rates – gleich ob es seine Funktionen aktiv wahrnimmt oder ob es seine Position nur formell ausfüllt – Dritten gegenüber den *Anschein erweckt,* für die Geschicke der Gesellschaft besorgt zu sein. Dieses bei Dritten erweckte Vertrauen ist zu schützen, um so mehr, als niemand ein Mandat als Organ einer juristischen Person annehmen muss und es jeder Organperson freisteht, jederzeit und mit sofortiger Wirkung ihr Amt niederzulegen[591].

Im internen Verhältnis zum Treugeber wird in der Regel freilich die definitive Schadenstragung vom Fiduziar auf den Fiduzianten abgewälzt werden können. Ebenso ist – nach dem Grundsatz volenti non fit iniuria – dem Fiduzianten ein Anspruch als Aktionär oder Gläubiger zu versagen,

---

[586] Vgl. HIRSCH, Responsabilité 256f., 258; R. BÄR 481.
[587] MEIER-WEHRLI 32.
[588] Vgl. BÜRGI, Kommentar zu Art. 698 N 90; nach anderen Autoren soll die Protokollierung der Distanzierung für sich allein nicht stets genügen, vgl. SENN 171; BIGGEL 149; MEIER-WEHRLI 32.
[589] Vgl. vorn N 312.
[590] Vgl. dazu N 697 sowie etwa E. FRICK 55. Fragwürdig der nicht amtlich plublizierte BGE in SAG 23 (1950/51) 182ff., 185f., wo zwei Pro-forma-Verwaltungsratsmitglieder von der Verantwortlichkeit gegenüber der Gesellschaft freigesprochen werden, wobei freilich aus den Erwägungen nicht klar hervorgeht, ob die Abweisung der Schadenersatzklage wegen der fiduziarischen Tätigkeit dieser Verwaltungsräte erfolgte oder aber deshalb, weil die Geschäftsführungskompetenzen in zulässigem Masse an eine Direktion delegiert worden waren. Fragwürdig auch SJZ 78 (1982) 380f. Nr. 5, wo ein Verschulden von gewissen nur «formell» tätig gewesenen Verwaltungsratsmitgliedern abgelehnt wird. Zur Kritik vgl. FORSTMOSER, Solidarität 372f. – Ausdrücklich gegen die Berücksichtigung der Strohmanneigenschaft als Reduktionsgrund ZR 82 (1983) Nr. 57 S. 154 und schon BGE 59 II 460.
[591] Vgl. FORSTMOSER, Solidarität 372; zur Möglichkeit des jederzeitigen Rücktritts vgl. FORSTMOSER/MEIER-HAYOZ § 22 N 22.

soweit entsprechend seinen Weisungen gehandelt wurde[592]. Ist der Treugeber zugleich Alleinaktionär, muss in einem solchen Fall auch die Klage der Gesellschaft abgewiesen werden, soweit nicht Dritte (Gläubiger) mittelbar geschädigt sind.

317 Während somit die Abhängigkeit von einem Treugeber grundsätzlich keinen Exkulpationsgrund bildet, ist diese immerhin zu berücksichtigen bei der Beurteilung der Frage, welche Massnahmen der Organperson im Hinblick auf eine rechtswidrige Handlung zumutbar waren[593].

318 b) Zur Rechtslage, wenn eine Organperson aufgrund der *Weisungen* oder zumindest mit *Billigung der Generalversammlung* bzw. des *vorgesetzten Gesamtverwaltungsrates* handelte, vgl. N 544ff.

7. Kompetenzaufteilung, Kompetenzdelegation und Übertragung von Ausführungshandlungen auf Dritte

319 Inwieweit und mit welchen Wirkungen im Aktienrecht eine *Aufgabenteilung* und *-delegation* vorgenommen werden kann und soll, ist hier nicht allgemein zu erörtern[594]. Im Zusammenhang mit der aktienrechtlichen Verantwortlichkeit ist folgendes zu erwähnen:

7.1. Kompetenzaufteilung

320 Die blosse Kompetenz*aufteilung*[595] auf einzelne Mitglieder des Verwaltungsrates bringt grundsätzlich *keine Entlastung* von der Verantwortung[596]. Doch kann in der Aufteilung und in der Beschränkung des Gesamtorgans auf Grundsatzentscheide und grundlegende Informationen eine *gerechtfertigte organisatorische Massnahme*[597] liegen, so dass den Mitgliedern des Gesamtorgans allenfalls trotz Eintritts eines Schadens keine Nachlässigkeit vorwerfbar ist und sie keine Haftung trifft.

---

[592] Vgl. in diesem Zusammenhang das BGer in SAG 23 (1950/51) 184f.

[593] Angesichts seines eingeschränkten Handlungsspielraums bleibt dem fiduziarisch Tätigen vielfach nur die Niederlegung seines Amtes als Ausdruck seines Nichteinverständnisses und können allenfalls weitere, von einer ungebundenen Organperson zu erwartende Schritte nicht verlangt werden; ebenso BURCKHARDT 167.

[594] Vgl. hiezu etwa HORBER passim; VOLLMAR, insbes. 26ff.; VISCHER, Delegationsmöglichkeit; KLEINER; KARL SPIRO, Verwaltungsrat und Aktienbuch, SAG 31 (1958/59) 1ff.

[595] Vorgesehen in OR 717 I.

[596] VISCHER, Delegationsmöglichkeit 361; VOLLMAR 46, 193ff. – Bei der Auseinandersetzung im Innenverhältnis, – dazu hinten N 401ff. – ist dagegen die interne Aufgabenteilung zu beachten, VOLLMAR 194f.

[597] Vgl. RevE 716a I Ziff. 2, wo die Festlegung einer angemessenen Organisation als unübertragbare Pflicht des Verwaltungsrats explizit genannt wird – in der Fassung des Nationalrates freilich in gegenüber dem bundesrätlichen Entwurf abgeschwächter Form.

7.2. Kompetenzdelegation

a) Dagegen entfällt im Rahmen der erlaubten Kompetenz*delegation* nach der einhelligen und richtigen Auffassung der Lehre *auch die Haftung*[598]. Die Verantwortung beschränkt sich diesfalls auf die sorgfältige Auswahl[599], Instruktion[600] und Überwachung[601,602] der Beauftragten[603].

b) Leider ist die *Judikatur* in dieser praktisch wichtigen Frage *nicht ganz konsequent*. Eindeutig und richtig wird etwa in ZR 82 (1983) Nr. 57 S. 153 E 4 ausgeführt: «Der Verwaltungsrat einer Gesellschaft ist nicht verpflichtet, die Geschäftsführung selber zu besorgen. Er kann diese Aufgabe an einen Arbeitnehmer delegieren. Eine Verantwortlichkeit im Sinne von Art. 754 OR trifft ihn dann nicht, wenn er die erforderliche Sorgfalt in der Auswahl, Instruktion und Überwachung des geschäftsführenden Mitarbeiters walten lässt»[604]. Problematisch erscheint dagegen BGE 108 V 203 f., wo das Bundesgericht erklärt, bei «einfachen und leicht überschau-

---

[598] Vgl. insb. HORBER, passim; VOLLMAR 195 ff. sowie BÜRGI/NORDMANN, Kommentar zu Art. 753 f. N 79; FORSTMOSER, Risiken 8; ders., Beschränkung des Risikos 31; FORSTMOSER/MEIER-HAYOZ § 24 N 30; VON GREYERZ, Aktiengesellschaft 207 f.; SCHOOP 99 ff.; VISCHER, Delegationsmöglichkeit 366 f. Präzisierend hiezu LUSTENBERGER 130. – Der ungültigen Delegation kommt diese Wirkung natürlich nicht zu, VOLLMAR 192.

[599] Vgl. etwa zur sorgfältigen Auswahl von Experten für die Bewertung von Sacheinlagen SCHOOP 105. Die Autorin erwähnt als Kriterien die berufliche Qualifikation, Examina staatlicher Ausbildungsstätten, bisherige Tätigkeit und den Ruf unter Fachkollegen. Vgl. zur cura in eligendo auch etwa BÜRGI/NORDMANN, Kommentar zu Art. 753 f. 79, und VOLLMAR 198 f.

[600] Dazu insbes. VOLLMAR 199 f. sowie etwa SCHOOP 106 oben.

[601] Illustrativ diesbezüglich die Umschreibung in BGE 97 II 411, 103 V 125 und 108 V 203: Danach gehört zur Überwachung etwa die kritische Lektüre der unterbreiteten Berichte, nötigenfalls die Einholung ergänzender Auskünfte und das Einschreiten bei Irrtümern oder Unregelmässigkeiten. Bei einer Grossunternehmung braucht der Verwaltungsrat «nicht jedes einzelne Geschäft, sondern nur die Tätigkeit der Geschäftsleitung und den Geschäftsgang im allgemeinen» zu überprüfen (BGE 103 V 125, ebenso BGE 97 II 411 und 108 V 203; dass das Bundesgericht davon spricht, ein solches Verhalten sei «nicht als grobfahrlässiges Verschulden» zu würdigen, erklärt sich aus den besonderen Haftungserfordernissen des Sozialversicherungsrechts: Richtigerweise ist es – zumindest bei umfangreichem Geschäftsgang – überhaupt nicht fahrlässig, wenn die Überprüfung einzelner Geschäfte unterbleibt). Aus der Literatur vgl. etwa VOLLMAR 200 ff.; BÜRGI, Kommentar zu Art. 722 N 20; HOLZACH 79; BODMER/KLEINER/LUTZ, Kommentar zu Art. 3-3ter N 17, sowie SCHOOP 107, die zu Recht annimmt, dass sich der Verwaltungsrat «im Rahmen des Geschäftsüblichen auf die ordnungsgemässe Pflichtausübung durch die Beauftragten verlassen» darf, dass aber deren Tätigkeit in ihrer Gesamtheit zu kontrollieren ist.

[602] Zwischen diesen drei Pflichten besteht ein enger Zusammenhang: Je qualifizierter der für die Geschäftsführung Ausgewählte ist, desto knapper kann die Instruktion ausfallen, je kürzer die Instruktion, desto umfangreicher muss die Überwachung sein etc.

[603] Dazu grundlegend HORBER, passim und VISCHER, Delegationsmöglichkeit 351 ff.; ferner etwa KLEINER 4 ff.

[604] Richtig auch nicht amtlich publizierter BGE, auszugsweise wiedergegeben in Sem 105 (1983) 96.

baren Verhältnissen» könne der Alleinverwaltungsrat «mit der Delegation der Geschäftsführung nicht zugleich auch seine Verantwortung als einziges Verwaltungsorgan an den Geschäftsführer delegieren», und es sei dieser Fall von dem eines Grossunternehmens[605] zu unterscheiden[606] – eine Feststellung, die in späteren Entscheiden wiederholt wird[607]. Klarheit soll dagegen der RevE schaffen, indem in einem neuen Art. 754 II präzisiert wird, dass derjenige, der die Erfüllung einer Aufgabe befugterweise einem anderen Organ überträgt, für den von diesem verursachten Schaden [nur] haftet, «sofern er nicht nachweist, dass er bei der Auswahl, Unterrichtung und Überwachung die nach den Umständen gebotene Sorgfalt angewendet hat»[608].

323 c) Umstritten sind im einzelnen die *Grenzen der Delegationsmöglichkeit* nach geltendem Recht. Fest steht heute[609] immerhin, dass eine schrankenlose Delegation nicht möglich ist[610]. Unklar bleibt jedoch, wo die Grenze im einzelnen verläuft[611].

324 – Allgemein ist m.E. davon auszugehen, dass *nicht delegierbar* letztlich nur die *grundlegenden Entscheide der Geschäftspolitik* und insbesondere die *Auswahl der leitenden Angestellten* sowie deren allfällige *Instruktion* und ihre *Überwachung*[612] sind[613].

325 – Anschaulicher und detaillierter qualifiziert HÜTTE[614] die *folgenden Aufgabenbereiche als undelegierbar:* die Vorbereitung und Einberufung der Generalversammlung einschliesslich der Erstellung von Jahresrechnung und Geschäftsbericht sowie die Durchführung der Generalversamm-

---

[605] Dazu BGE 103 V 123. In BGE 112 V 3 wird erklärt, es liege «kein Sonderfall eines Grossunternehmens... vor, was allenfalls [sic!] eine Beschränkung der Kontrollpflicht des Beschwerdeführers gerechtfertigt hätte.»

[606] Vgl. zur Kritik an der Bundesgerichtspraxis die treffende Glosse in SAG 57 (1985) 111. Dagegen spricht R. BÄR in ZBJV 120 (1984) 538 von einem zwar strengen, doch wohltuend differenzierten Entscheid.

[607] BGE 112 V 2f. Zur Kritik vgl. die in Anm. 2038 zitierte Literatur.

[608] Der Vorschlag ist materiell zu begrüssen, redaktionell aber noch zu bereinigen, vgl. FORSTMOSER, Würdigung (zit. hinten N 1214) 125 und FORSTMOSER/HIRSCH: Der Entwurf zur Revision des Aktienrechts: Einige konkrete Vorschläge, SAG 57 (1985) 29ff., 39.

[609] Im Gegensatz zu früheren Auffassungen, die von einer grenzenlosen Delegationsmöglichkeit ausgehen, vgl. etwa FRIDOLIN ALLEMANN: Das Verhältnis des Reglementes zu den Statuten der Aktiengesellschaft (Diss. Zürich 1951) 45 und ERNST J. EIGENMANN: Das Reglement der Aktiengesellschaft (Zürich 1952) 32; weitere Hinweise bei HORBER 64 und VOLLMAR 61ff.

[610] Vgl. statt vieler HORBER 66; VOLLMAR 68ff. und SPIRO (zit. Anm. 594) 4ff.

[611] Vgl. dazu etwa HORBER 67ff.; VOLLMAR 47ff. (mit ausführlicher Literaturübersicht); VISCHER, Delegationsmöglichkeit 350f.; HÜTTE, Sorgfaltspflichten 25ff.; ausführliche Übersicht über die Lehrmeinungen bei HORBER 53ff.; ferner über die neueste Bundesgerichtspraxis bei EGLI 32f.

[612] Vgl. ZR 85 (1986) Nr. 41 S. 90ff. und hiezu SUSY MOSER in SAG 59 (1987) 71f.; ferner EGLI 33.

[613] So FORSTMOSER, Risiken 8 sowie ders., Beschränkung des Risikos 31, 37f.; ferner etwa NIGGLI 4f.

[614] Sorgfaltspflichten 25f.

lungsbeschlüsse, die Festsetzung von Unternehmenspolitik und -finanzierung, die Organisation des Rechnungswesens, die Definition von Unternehmenszielen, die Ordnung der Befugnisse von Verwaltung und Geschäftsleitung durch Reglemente, die Sicherstellung einer adäquaten Berichterstattung, die Ernennung, Beaufsichtigung und Abberufung der mit der Geschäftsführung betrauten Personen und schliesslich einzelne Tätigkeiten im Verhältnis zum Aktionär. Generell hält HÜTTE zu Recht fest, dass die *Oberleitung* stets beim Verwaltungsrat bleibt.

– Differenzierte Erwägungen finden sich bei HORBER[615], wobei dessen Folgerung, es müsse «der Umfang der Restkompetenzen des Verwaltungsrates... so gross sein, dass der Verwaltungsrat seiner Verantwortung noch nachkommen kann», dass die «Quantität der Restanz der Einwirkungsmöglichkeiten... eine selbständige Erfüllung der dem Verwaltungsrat aus dem Verantwortlichkeitsrecht fliessenden Pflichten» ermöglicht[616], freilich für die Bedürfnisse des Verantwortlichkeitsrechts kaum tauglich ist.

– Differenziert äussert sich auch – aufgrund einer eingehenden Analyse der Lehrmeinungen – VOLLMAR[616a]. Von *Gesetzes wegen* sollen danach undelegierbar sein diejenigen spezifischen Befugnisse, «derentwegen der Gesetzgeber den VR überhaupt vorsieht»[616b]. Daneben können die *Statuten* die Undelegierbarkeit einer Kompetenz vorsehen, es können *praktische Gesichtspunkte* dazu führen, gewisse Aufgaben wie die Festlegung der eigentlichen Geschäftspolitik und der grundlegenden unternehmerischen Entscheide für undelegierbar zu bezeichnen, und es kann endlich die «Übertragung delegierbarer Befugnisse... unzulässig sein, wenn sich der Delegierende durch eine zu weitgehende Delegation seiner Kontroll- bzw. Aufsichtsrechte begibt»[616c].

– Auch in dieser Frage versucht der RevE eine Klärung, indem die *unübertragbaren Aufgaben* des Verwaltungsrates *im Gesetz ausdrücklich aufgeführt* werden sollen[617].

d) *Nicht haltbar* ist m.E. die in der Literatur[617a] vertretene und in den RevE[617b] aufgenommene Ansicht, eine *haftungsbefreiende Übertragung* von Aufgaben könne *nur an ein anderes Organ* erfolgen, und es bleibe bei der Übertragung von Aufgaben an Hilfspersonen die *volle Haftung* und

---

[615] Insb. 53 ff.
[616] HORBER 71.
[616a] VOLLMAR 49 ff., insb. 91 ff.
[616b] VOLLMAR 92, unter Berufung auf SPIRO und HOLZACH.
[616c] VOLLMAR 96, unter Berufung auf SPIRO, HOLZACH, MEIER-WEHRLI, VISCHER, HIRSCH und DIEZI.
[617] Vgl. RevE 716a; die vom Bundesrat vorgeschlagene Aufzählung wurde in der ersten Lesung des Nationalrates gestraft. Zur Kritik der im ganzen begrüssenswerten, in Einzelheiten aber noch zu bereinigenden Aufzählung vgl. FORSTMOSER, Beurteilung (zit. hinten N 1214) 65 f.
[617a] So von VOLLMAR 122.
[617b] RevE 754 II, vgl. dazu hinten N 1234.

nicht nur diejenige für die nötige Sorgfalt in der Auswahl, Instruktion und Aufsicht beim übertragenden Organ. Diese Ansicht ist weltfremd und trägt den Bedürfnissen grösserer Unternehmen und einer arbeitsteiligen Wirtschaft nicht Rechnung[617c]. Ganz im Gegenteil wird es allenfalls zur Sorgfaltspflicht eines Organs gehören, sich durch Übertragung von Aufgaben an hierarchisch untergeordnete Angestellte zu entlasten. – Schon gar nicht haltbar ist sodann die Auffassung[617d], eine Delegation an Prokuristen oder Handlungsbevollmächtigte könne nicht haftungsbefreiend sein.

7.3. Übertragung von Ausführungshandlungen auf Dritte

328 *Keine Delegation* im Sinne des Gesetzes ist die *Übertragung von blossen Ausführungshandlungen* an Dritte[618]. Zu deren Auswirkungen auf die Verantwortlichkeit folgendes:

329 Nach HÜTTE[619] soll für Fehler solcher beigezogener Hilfspersonen entsprechend OR 101 der *Verwaltungsrat* «stets persönlich einstehen» müssen. Ähnlich äussert sich VOLLMAR[619a], wonach bei der blossen «Aufgabenverteilung» das einsetzende Organ «immer der Verantwortlichkeit unterliegt und sich nicht ... auf die Sorgfalt in der Auswahl, Instruktion und Aufsicht beschränken darf.» Diese Auffassung, die – zumindest in grösseren Unternehmen – zu einer Kausalhaftung der Mitglieder des Verwaltungsrates führen müsste, ist abzulehnen. Vielmehr ist mit DRUEY[620], der dieser Frage – soweit ersichtlich – als einziger näher nachgegangen ist, davon auszugehen, dass der beigezogene *Dritte weder Hilfsperson des Verwaltungsrates* in Erfüllung seiner Organpflichten *im Sinne von OR 101 noch dessen Substitut gemäss OR 399* ist, sondern dass dessen Beizug *zugunsten der Gesellschaft* erfolgt. Auch beim Beizug von Hilfspersonen beschränkt sich damit die Aufgabe des Verwaltungsrates auf die sorgfältige Auswahl, Instruktion und Überwachung[621].

330 Anders verhält es sich bei der als *Kontrollstelle* eingesetzten juristischen oder natürlichen Person, bei der eine *Hilfspersonenhaftung* für die ausführenden Revisoren *zu bejahen* ist[622].

[617c] Vgl. auch die Kritik am RevE hinten N 1234.
[617d] Vertreten etwa von VOLLMAR 122f.
[618] Ebenso SCHOOP 99.
[619] Sorgfaltspflichten 25.
[619a] S. 123.
[620] S. 85f.
[621] Vgl. auch vorn N 300, wonach sich das Verwaltungsratsmitglied auf die Mitwirkung von gut qualifizierten Dritten verlassen können muss.
[622] DRUEY 85.

7.4. Formerfordernisse

Bezüglich der *Form der Kompetenzaufteilung und -delegation* verlangen OR 717 I und II eine *statutarische oder reglementarische Grundlage*[623, 623a]. 331

Doch halten MEIER-WEHRLI[624] und SCHOOP[625] m.E. zu Recht fest, dass es auch beim Fehlen statutarischer oder reglementarischer Grundlagen «erlaubt, ja sogar geboten sein [kann], eine bestimmte Tätigkeit, die auch Entscheidungen umfasst, andern Personen zu überlassen»[626]. Unter diesen Voraussetzungen wird man eine entsprechende Organisation zulassen oder sogar verlangen müssen, und es kann die formale Basis in Statuten oder Reglementen nicht als «conditio sine qua non»[627] betrachtet werden[628]. Als rechtliche Basis solcher Kompetenzaufteilung und -delegation wird man mit MEIER-WEHRLI und SCHOOP[629] die allgemeine Sorgfaltspflicht gemäss OR 722 I beiziehen, die eine entsprechende Struktur gebieten kann[630]. 332

Von selbst versteht sich, dass die *Übertragung von Ausführungshandlungen* auf Dritte auch ohne besondere formale Grundlage zulässig ist und in komplexeren Verhältnissen als Ausfluss einer sorgfältigen Geschäftsführung erforderlich sein kann. 333

---

[623] Eine statutenwidrige Delegation kann daher Grund für die Verantwortlichkeit sein, vgl. PKG 1983, 47ff. (referiert auch in SAG 58 (1986) 191 Nr. 24).

[623a] Die zweideutige gesetzliche Formulierung ist dabei nach herrschender Ansicht so zu verstehen, «dass die Statuten auf jeden Fall eine Delegationsmöglichkeit vorsehen müssen, sei es, dass sie die Delegation selber regeln oder dass sie zu diesem Zwecke ein Reglement vorsehen.» (VOLLMAR 32, mit ausführlicher Begründung). Vgl. auch SJZ 83 (1987) 317, wonach die Ernennung eines Direktors dann, wenn in den Statuten eine Delegationsbefugnis fehlt, statutenwidrig sein soll.

[624] S. 34f.

[625] S. 99f.

[626] SCHOOP 99, unter Berufung auf MEIER-WEHRLI. Ähnliche Überlegungen finden sich bei DRUEY 84.

[627] Als solche bezeichnet HORBER 68 das Vorhandensein einer statutarischen oder reglementarischen Basis: «Sind nämlich für eine bestimmte Kompetenzdelegation die erforderlichen formellen Voraussetzungen nicht erfüllt, fehlt ein Essentiale der Delegierbarkeit, womit die betreffende Kompetenz als undelegierbar erklärt wird.» Ähnlich VOLLMAR 32, wonach dann, wenn in den Statuten nichts vorgesehen ist, «keine gültige Delegation zustande kommen» kann.

[628] Unrichtig diesbezüglich wohl FORSTMOSER, Risiken 8 und ders., Beschränkung des Risikos 38; vgl. auch ders., Schweiz. Aktienrecht I/1 (Zürich 1981) § 7 N 149; unrichtig wohl auch HÜTTE, Sorgfaltspflichten 25 sowie BÜRGI, Kommentar zu Art. 717 N 20, der die Kompetenz zu entsprechenden Beschlüssen ohne statutarische oder reglementarische Grundlage der Generalversammlung, offenbar aber nicht dem Verwaltungsrat zuerkennen will.

[629] Beide a.a.O.

[630] SCHOOP 100 beruft sich ausserdem auf Auftragsrecht, insbes. OR 398, wonach es dem Beauftragten nicht nur dann gestattet ist, die Ausführungen des Auftrages einer Drittperson zu überlassen, wenn er hiezu ermächtigt ist, sondern auch dann, wenn eine Vertretung übungsgemäss als zulässig betrachtet wird oder wenn die Umstände dazu nötigen. Den letzteren Fall erachtet SCHOOP als gegeben, wenn besondere Fachkenntnisse verlangt sind.

8. Verschulden bei als Kontrollstelle amtierenden juristischen Personen

334 Ist die Kontrollstelle eine juristische Person[631], dann ist auf das Verschulden ihrer Organe und – mit der Möglichkeit der Befreiung nach OR 55 – ihrer Hilfspersonen abzustellen[632].

9. Der massgebliche Zeitpunkt für die Beurteilung des Verschuldens

335 Zu betonen ist, dass die in Frage stehenden Handlungen oder Unterlassungen aufgrund der Kenntnisse und Umstände zur *Zeit ihrer Vornahme* zu beurteilen sind[633]. Es genügt also nicht, dass sie nachträglich, ex post, im Lichte späterer Kenntnisse betrachtet, als falsch erscheinen.

10. Kasuistik

336 Vgl. dazu N 781ff., 874ff., 956ff., 995ff.; ferner die allgemeinen Übersichten zur Kasuistik bei BREHM Art. 41 N 202ff.

III. Die Beweislast[634]

337 a) Die Beweislast hängt ab von der Rechtsnatur der Verantwortlichkeitsansprüche[635] und ist zum Teil umstritten. Auch ist zu differenzieren zwischen den verschiedenen Anspruchsberechtigten und ihren Ansprüchen. Vgl. im einzelnen vorn N 131ff.

338 Zusammenfassend sei hier für die Verantwortlichkeit der mit der *Verwaltung, Geschäftsführung, Kontrolle und Liquidation betrauten Personen* festgehalten, dass die Klagen der *Gesellschaft* einhellig als vertraglich oder vertragsähnlich qualifiziert werden, so dass ein Verschulden zu vermuten ist und es den Beklagten obliegt, sich zu exkulpieren. Auch die Ansprüche der *Gesellschafter* werden weit überwiegend als vertraglich oder vertragsähnlich betrachtet, und es wird damit das Verschulden wiederum

---

[631] Vgl. OR 727 III.
[632] Vgl. OFTINGER 141 und PORTMANN 11ff.
[633] Vgl. MEIER-WEHRLI 81; FUNK Art. 754 N 6; R. BÄR 462; BURCKHARDT 187; HENGGELER 36 ebenso BÄTTIG, Bundesgerichtspraxis 45, der diese Perspektive für die Beurteilung der Prüfungstätigkeit der Kontrollstelle fordert.
[634] Vgl. hiezu allgemein GEORGES HUGUENIN-DUMITTAN: Behauptungslast, Substantiierungspflicht und Beweislast (Diss. Zürich 1980 = ZStV 53) insbes. 52ff.
[635] Dazu vorn N 131ff.

vermutet. Stark umstritten ist dagegen die Rechtsnatur der Ansprüche der *Gläubiger.* Nach der vorn N 143 f. vertretenen Auffassung haben die Gläubiger bei der Geltendmachung unmittelbaren Schadens das Verschulden nachzuweisen[636], während dann, wenn Gläubiger aufgrund einer Abtretung im Sinne von OR 756 II (auch) Ansprüche der Gesellschaft geltend machen, ein Verschulden zu vermuten ist.

Bei der *Gründerhaftung* ist nach der überwiegenden Ansicht der Lehre und der konsequenten Bundesgerichtspraxis das Verschulden von den Klägern nachzuweisen, unabhängig von den anspruchsberechtigten Personen.

Unbestritten ist endlich, dass es sich bei der *Prospekthaftung* um deliktische Ansprüche handelt, weshalb die Beweislast für ein allfälliges Verschulden dem Kläger obliegt.

b) Der Beweislastverteilung kommt wegen der Objektivierung des Verschuldensmassstabes[637] keine allzu grosse Bedeutung zu.

I. Schadenersatzbemessung

I. Der Grundsatz des vollen Schadenersatzes

a) Grundsätzlich, d.h. falls kein Reduktionsgrund[638] vorliegt, ist der *ganze Schaden* zu ersetzen[639].

b) Dagegen wird in aller Regel *keine Genugtuung* geschuldet, doch ist auch sie nicht völlig auszuschliessen[640].

---

[636] Anders offenbar das BGer, das in BGE 106 II 235 in einem unbegründeten dictum erklärt, OR 754 verbessere im Vergleich zu OR 41 «die Stellung des Geschädigten insbesondere in der Beweislast».
[637] Dazu vorn N 292 ff.
[638] Dazu nachstehend N 344 ff.
[639] Vgl. etwa BGE 99 II 176 ff. = ZR 72 (1973) Nr. 58 sowie SCHOOP 155.
[640] Vgl. vorn N 153.

II. Reduktionsgründe

1. Allgemeines

344 In OR 43 I, 44 I und II, 99 II sind Umstände aufgeführt, die zu einer Herabsetzung der Ersatzpflicht führen können. In der Folge ist zu prüfen, ob und mit welchen Konsequenzen diese Herabsetzungsgründe im Aktienrecht Anwendung finden. Dabei ist allenfalls nach den in Frage stehenden Ersatzansprüchen zu differenzieren.

2. Selbstverschulden und weitere Umstände beim Geschädigten (OR 44 I)

345 a) OR 44 I spricht von «Umständen», für die der Geschädigte einstehen muss. Als solche sind in erster Linie sein *Selbstverschulden* zu verstehen[641]. Freilich kann das Selbstverschulden nicht nur zu einer Reduktion, sondern zum *Ausschluss* der Schadenersatzpflicht führen, so etwa dann, wenn geschädigte Aktionäre oder Gläubiger die den beklagten Organen vorgeworfenen Pflichtverletzungen bewusst tolerierten[642].

346 b) Der Reduktionsgrund greift nur Platz gegenüber dem Kläger, den ein Selbstverschulden trifft, oder bei dem ein anderer Umstand im Sinne von

---

[641] Dazu allgemein OFTINGER 265 ff.; BREHM Art. 44 N 16 ff. und DESCHENAUX/TERCIER § 28 N 21 ff.; speziell zur aktienrechtlichen Verantwortlichkeit BÜRGI/NORDMANN, Kommentar zu Art. 753 f. N 97 ff.; E. FRICK 54 f.; HIRSCH, Responsabilité 265; ders. in ST 50 (1976) Heft 9 S. 11; BURKI 149; BURCKHARDT 190; Beispiele in BGE 90 II 500 f.; ZR 60 (1961) Nr. 72 S. 140; BGE 57 II 89 f.; 49 II 247 f.

[642] Vgl. etwa BGer in SAG 17 (1944/5) 231, wo eine Ersatzpflicht gegenüber den Gläubigern verneint wird, «weil auch sie, trotz des Ausbleibens jeglicher genügender Rentabilität..., die Beklagten und damit das Unternehmen ermunterten und damit auch veranlassten, den Betrieb [trotz Überschuldung] fortzusetzen». Damit trügen die Gläubiger selbst «in weitgehendem Masse die Verantwortung dafür, dass die Konkurserklärung nicht viel früher erfolgte». Ähnlich ein (beim Abschluss dieser Publikation nicht amtlich publizierter) Entscheid des Bundesgerichts vom 8.6.1986, wo erklärt wird, der Gläubiger und Aktionär, der als faktisches Organ um eine fiktive Liberierung des Aktienkapitals gewusst hatte, könne hieraus keine Schadenersatzansprüche stellen. – Vgl. auch AGVE 1980, 24 ff. sowie BGE 83 II 56 und 65: In den beiden letztgenannten Entscheiden werden Schadenersatzansprüche unter Berufung auf den Grundsatz «volenti non fit iniuria» abgelehnt. Damit wird genau gesehen die Widerrechtlichkeit bzw. Pflichtwidrigkeit als Haftungs*voraussetzung* überhaupt verneint (vgl. etwa OFTINGER 116), so dass sich die Frage der Schadenersatzbemessung gar nicht stellt. In einem anderen Entscheid qualifiziert das Bundesgericht die Klage auf Ersatz von bewusst in Kauf genommenem Schaden als rechtsmissbräuchlich (nicht publizierter Entscheid von 25.11.1983 in Sachen CdF Chimie c. Vullierat, E 3b). – Als *Herab*setzungsgrund kommt dagegen etwa die – z.B. wegen Widerrechtlichkeit oder Unsittlichkeit *ungültige Einwilligung* in Betracht, vgl. BLICKENSTORFER Nr. 187 sowie KELLER/GABI 99.

OR 44 I vorhanden ist[643], also z.B. nur gegenüber der Gesellschaft oder dem Aktionär, denen ein Mitverschulden vorzuwerfen ist, nicht dagegen gegenüber dem unbeteiligten Gläubiger.

Bei einer Klage aus mittelbarer Schädigung ist wiederum zu differenzieren: Da nach der hier vertretenen Ansicht Aktionäre und Gläubiger, die aufgrund einer «Abtretung» im Sinne von OR 756 klagen, ein eigenes materielles Recht geltend machen[644], ist ihnen auch ihr allfälliges *eigenes Selbstverschulden entgegenzuhalten,* nicht dagegen das Selbstverschulden der Gesellschaft. Klagt dagegen ein Gläubiger gestützt auf eine «Abtretung» gemäss SchKG 260, dann ist ihm ein allfälliges Selbstverschulden der Gesellschaft, nicht dagegen sein eigenes anzulasten[645]. Nimmt man dagegen – m.E. zu Unrecht – an, der Klage aus mittelbarer Schädigung aufgrund von OR 756 II liege kein eigenes Forderungsrecht, sondern nur eine Prozessführungsbefugnis zugrunde[646], dann ist konsequenterweise ein allfälliges Selbstverschulden der Gesellschaft zu berücksichtigen, das eigene des Klägers dagegen ausser acht zu lassen[647]. 347

Als den Schadenersatz reduzierendes bzw. allenfalls vollständig ausschliessendes *Selbstverschulden* kommt etwa die Mitwirkung des Klägers als *Organ* (z.B. Verwaltungsrat) der Gesellschaft in Betracht[648]. Ein Selbstverschulden von *Geldgebern* kann etwa darin liegen, dass sie allzu sorglos Einzahlungen für eine künftige Kapitalerhöhung leisteten[649], dass sie sich bewusst oder fahrlässig in spekulativen Geschäften engagierten[650] oder auch dass sie die Rechnungsstellung vernachlässigten[651]. 348

Klagt aufgrund von OR 756 I die *Konkursverwaltung* gestützt auf die Ansprüche von Gläubigern oder Aktionären[652], dann sollte das *Selbstverschulden einzelner Gläubiger oder Aktionäre* als *ersatzmindernd berück-* 349

---

[643] Vgl. HIRSCH, Responsabilité 265.
[644] Vgl. dazu ausführlich vorn N 207ff.
[645] Vgl. vorn N 237; der Klage eines Gläubigers liegt regelmässig sowohl das eigene wie auch das von der Gesellschaft aufgrund von SchKG 260 abgetretene Klagerecht zugrunde (doppelte Klagelegitimation, Doppelnatur der Klage der Gesellschaftsgläubiger, vgl. vorn N 106, 229), wobei jedoch die Anspruchsgrundlagen und namentlich auch die Frage des Selbstverschuldens je gesondert zu prüfen sind, vgl. vorn N 243.
[646] So die Zürcher Praxis, insbes. ZR 84 (1985) Nr. 57 S. 138f., vgl. vorn N 215.
[647] In diesem Sinne – m.E. zu Unrecht – ZR 84 (1985) Nr. 57 S. 139.
[648] Dazu, dass eine Organstellung das Klagerecht nicht ausschliesst, vgl. vorn N 25.
[649] So AGVE 1980 Nr. 5 S. 24ff., insbes. 26.
[650] Selbstverschulden wegen mangelnder eigener Überprüfung und wegen des spekulativen Charakters einer Unternehmenstätigkeit bejaht in BGE 61 II 235ff.; Selbstverschulden trotz gewisser spekulativer Momente dagegen verneint in ZR 78 (1979) Nr. 134 S. 312f. E 12.
[651] Selbstverschulden trotz nicht sofortiger Rechnungstellung abgelehnt in ZR 82 (1983) Nr. 57 S. 155 E 6.2.
[652] Zum Klagerecht der Konkursmasse nach OR 756 I vgl. vorn N 52f., 101 und hinten N 475. Diese Klagemöglichkeit ist dann von Bedeutung, wenn die Ansprüche der Gesellschaft – z.B. infolge Entlastung (dazu hinten N 462) – untergegangen sind.

sichtigt werden[653]. In der Praxis wird dieser Umstand nach meiner Erfahrung vernachlässigt, wodurch Aktionäre und Gläubiger, die ein Selbstverschulden trifft, indirekt zu Unrecht begünstigt werden.

350 c) Vgl. im übrigen Literatur und Judikatur zu OR 44 I.

3. Leichte Fahrlässigkeit (OR 43 I)

351 a) Nach OR 43 I hat der Richter bei der Schadenersatzbemessung «die Grösse des Verschuldens» des Schädigers zu würdigen. Bei nur *leichter Fahrlässigkeit* kann er Ersatz nur für einen *Teil des Schadens* zusprechen[654].

352 b) Unbestritten ist, dass eine Reduktion wegen leichten Verschuldens dann eintreten kann, wenn ein *einziger Schädiger* haftpflichtig wird. Ausserordentlich stark umstritten ist dagegen die Frage, ob sich einer von *mehreren solidarisch Haftpflichtigen* auf sein leichtes Verschulden als Reduktionsgrund stützen kann; dazu Näheres nachstehend N 389ff.

4. Drittverschulden und konkurrierender Zufall

353 Drittverschulden[655] und konkurrierender Zufall[656] stellen im allgemeinen Haftpflichtrecht nur ganz *ausnahmsweise* einen Reduktionsgrund dar[657]. Theoretisch ist eine Berücksichtigung auch im Rahmen der aktienrechtlichen Verantwortlichkeit denkbar[658], doch scheint in der Praxis dieser Reduktionsgrund noch nie angewendet worden zu sein[659].

354 Das *Mitverschulden eines solidarisch Haftpflichtigen* bildet daher in aller Regel keinen Reduktionsgrund[660].

---

[653] Anders dagegen, wenn der *Gesellschaftsschaden* eingeklagt wird: Der Klage stehen dann die gegenüber der Gesellschaft gegebenen Einreden – und nur sie – entgegen, vgl. vorn N 237.
[654] Vgl. allgemein OFTINGER 264; BREHM Art. 43 N 76ff.; DESCHENAUX/TERCIER § 28 N 13ff. und etwa BGE 82 II 31, mit weiteren Judikaturangaben; besonders zur aktienrechtlichen Verantwortlichkeit BÄTTIG, Verantwortlichkeit 114f.; BURKI 161; BÜRGI 30; leichtes Verschulden und damit eine Reduktion ablehnend BGE 99 II 181, wobei es sich bei diesem Entscheid um einen Grenzfall handeln dürfte, bei dem ein äusserst strenger Massstab angelegt wurde.
[655] Dazu allgemein OFTINGER 169, 281, 345 und BREHM Art. 43 N 81ff.
[656] Dazu OFTINGER 97f. und DESCHENAUX/TERCIER § 28 N 33ff.
[657] Vgl. BGE 59 II 43 und 469f. und die Umschreibung der Voraussetzungen in BGE 64 II 309f. – Anders verhält es sich mit der Dritt*verursachung*, dazu hinten N 380ff.
[658] Vgl. R. BÄR 476f.; ablehnend BÜRGI/NORDMANN, Kommentar zu Art. 759 N 12 und DRUEY 83.
[659] Vgl. dazu R. BÄR 476, wo darauf hingewiesen wird, dass – logisch nicht korrekt – einem Drittverschulden allenfalls dadurch Rechnung getragen wird, dass das Verschulden des eingeklagten Schädigers als leichter gewertet wird.
[660] Vgl. BGE 89 II 123, 93 II 322; R. BÄR 474.

5. Geringe Entschädigung und Unentgeltlichkeit als Reduktionsgründe (Anwendbarkeit von OR 99 II)?

a) Unklar ist, ob und allenfalls in welchem Umfang die in OR 99 II vorgesehene Reduktion[661] in der aktienrechtlichen Verantwortlichkeit Anwendung finden kann:

b) Der Umstand, dass der Schädiger mit seinem pflichtwidrigen Verhalten *keinen eigenen Vorteil* anstrebte, stellt jedenfalls *keinen Reduktionsgrund* dar[662].

Dagegen fragt sich, ob eine Reduktion vorgenommen werden kann, wenn eine Organperson ihre Stellung *uneigennützig* innehatte. BGE 99 II 182 scheint dies zu bejahen, während sich die Literatur hiezu eher negativ äussert[663].

Falls in Anwendung von OR 99 II eine Reduktion wegen *unangemessener Entschädigung* ins Auge gefasst werden soll[664], dann jedenfalls nur gegenüber der *Gesellschaft* und allenfalls gegenüber *Aktionären*, die um die Unentgeltlichkeit oder unangemessene Entschädigung wussten[665].

c) Im Verhältnis zu *Aktionären und Gläubigern* wurde eine Reduktion bejaht im Falle einer Aktienzeichnung oder Kreditgewährung aufgrund einer erkennbar oberflächlichen Gefälligkeitsauskunft durch ein Verwaltungsmitglied[666].

6. Besondere Umstände in der Person des Schädigers

Neben dem allenfalls leichten Verschulden können weitere Umstände in der Person des Verantwortlichen zu einer Reduktion des Schadenersatzes führen:

a) In Betracht zu ziehen ist etwa in Anwendung von OR 44 II die *Notlage,* in die der Haftpflichtige durch vollen Schadenersatz versetzt würde[667]. Anlässlich der oft ausserordentlich hohen Ersatzforderungen in

---

[661] Dazu allgemein BREHM Art. 43 N 55 ff.
[662] BGE 99 II 182.
[663] Die Anwendbarkeit von OR 99 II gegenüber der Gesellschaft – und nur ihr gegenüber – bejahend BIGGEL 56f. Kategorisch gegen die Anwendbarkeit von OR 99 II SENN 75 und WYLER 41. Unentschieden VOLLMAR 212.
[664] Ablehnend ZELLWEGER 37; dagegen grundsätzlich befürwortend BLICKENSTORFER Nr. 189.
[665] So etwa der Treugeber beim fiduziarisch tätigen Verwaltungsrat. – Vgl. HIRSCH, Responsabilité 265 f., wonach jedenfalls keine Reduktion bei einer Klage von Gläubigern stattfinden kann, eine solche bei der Klage von Aktionären sehr zweifelhaft erscheint, während allenfalls der Gesellschaft gegenüber geltend gemacht werden könne, dass «le montant de la rémunération reflète la volonté de la société de n'avoir qu'un administrateur de pure forme».
[666] BGE 57 II 90, dazu E. FRICK 55.
[667] Vgl. E. FRICK 55; HIRSCH, Responsabilité 265; BÄTTIG, Verantwortlichkeit 116 f.; REICHWEIN, Solidarhaftung 131, der jedoch auf die engen Schranken dieses Reduktionsgrundes hinweist.

Verantwortlichkeitsprozessen erstaunt, dass dieser Reduktionsgrund bisher offenbar keine Anwendung fand.

362   b) Keine Reduktion erfolgt grundsätzlich wegen der *fiduziarischen Tätigkeit* einer Organperson, vgl. vorn N 315.

363   c) Ebensowenig können *mangelnde Kenntnisse, Zeitmangel* und ähnliches als Herabsetzungsgründe angerufen werden, vgl. zur Belanglosigkeit dieser Umstände vorn N 308 ff.

364   d) Dagegen wurde in der Gerichtspraxis etwa der *Krankheit* eines verantwortlichen Verwaltungsrates, die seine Fähigkeiten reduzierte, Rechnung getragen[668].

K. Mehrheit von Ersatzpflichtigen

I. Solidarität im Aussenverhältnis

1. Der Grundsatz

365   a) Nach OR 759 I haften mehrere für denselben Schaden verantwortliche Personen *solidarisch*[669]. Es liegt somit unter ihnen *gesetzliche Solidarität* vor[670].

366   Damit sind die Bestimmungen über die solidarische Schuldnerschaft, OR 143–149, anwendbar[671]. Immerhin findet sich in OR 759 II hinsichtlich des Rückgriffs eine spezielle Bestimmung, die der allgemeinen von OR 148 I vorgeht.

367   Bei der Solidarität der aktienrechtlichen Verantwortlichkeit handelt es sich um *echte Solidarität*[672], falls man die Differenzierung zwischen echter und unechter Solidarität beibehalten will[673].

---

[668] Vgl. BGE 61 II 237, ferner RJN 1983, 70.
[669] Solidarität besteht auch in der allfälligen persönlichen Haftung für Sozialversicherungsbeiträge: BGE 109 V 90f.
[670] Vgl. OR 143 II.
[671] BÜRGI/NORDMANN, Kommentar zu Art. 759 N 1; BIGGEL 146; BÄTTIG, Verantwortlichkeit 118; SCHOOP 149; ALBERS 109; HORBER 30. – Kritisch zur Anwendbarkeit von OR 143 ff. (ohne eindeutige Stellungnahme und m.E. unrichtig) W. SCHMID 246.
[672] ZELLWEGER 49; HORBER 31; MEIER-WEHRLI 39; SCHOOP 149; BGE 97 II 414 E 7c.
[673] Zur Unterscheidung OFTINGER 338 ff.; ZAHND 30 ff.

Entgegen OR 50 I ist *nicht erforderlich*, dass die mehreren Verantwortlichen den Schaden *«gemeinsam verschuldet»* haben[674]. 368

b) Zwischen den solidarisch Haftenden besteht *Gesamtschuldnerschaft*, d.h. es muss jeder von ihnen *voll für die ganze Forderung eintreten, bis diese getilgt ist*[675]. 369

Auf der Seite der Geschädigten liegt dementsprechend *Anspruchs- oder Klagenkonkurrenz* vor[676]: Sie haben gegen jeden Solidarschuldner eine *selbständige Einzelforderung*[677], können von jedem das Ganze fordern, unter diesen beliebig einen einzigen auswählen oder aber auch zugleich gegen mehrere oder alle vorgehen[678]. 370

Aus der Selbständigkeit der Verpflichtung eines jeden Verantwortlichen folgt, dass ein *Urteil,* ein *Vergleich,* aber auch *Erlass* und *Stundung* nur für und gegen den Solidarschuldner wirken, der Partei ist[679], es sei denn, es ergebe sich aus Wortlaut oder Auslegung[680] von Vergleich, Erlass oder Stundung etwas Gegenteiliges. Immerhin werden sämtliche Verantwortli- 371

---

[674] SENN 167; ZELLWEGER 48; a.M. VON GREYERZ, Aktiengesellschaft 299 und ders., Kontrollstelle 60 sowie offenbar auch FUNK Art. 759 N 1.
[675] Vgl. OFTINGER 340f.; DESCHENAUX/TERCIER § 35 N 16; ZAHND 87; BÄTTIG, Verantwortlichkeit 119; BIGGEL 146; SCHOOP 149; ALBERS 109.
[676] OFTINGER 341.
[677] Vgl. VON TUHR/ESCHER 297 mit Literaturangaben; BÄTTIG, Verantwortlichkeit 118.
[678] Vgl. ZELLWEGER 50; BÄTTIG, Verantwortlichkeit 118. – Unhaltbar m.E. W. SCHMID 246, der mit der Begründung, ein Gläubiger sei dafür verantwortlich, dass er die rechtliche Lage des einen Solidarschuldners nicht zum Schaden der übrigen besser stelle, in Frage stellt, dass ein Gläubiger den «hauptverantwortlichen Verwaltungsrat... ungeschoren lassen und nur die minder grossen Sünder am Domizil der Konkursitin ins Recht fassen darf, um die Festlegung der Rückgriffsquote auf den Hauptschuldigen im gleichen Verfahren zu vermeiden».
[679] Vgl. VON TUHR/ESCHER 310f.; BÜRGI/NORDMANN, Kommentar zu Art. 759 N 8; ferner speziell für das Urteil etwa BGE 93 II 333; für den Vergleich nicht amtlich publizierter BGE vom 11.11.1975 in ST 50 (1976) Heft 9 S. 27.
[680] Zur Ermittlung der Tragweite eines Vergleichs durch Auslegung vgl. BGE 107 II 226ff. sowie den entsprechenden Entscheid der Vorinstanz in ZR 81 (1982) Nr. 18 S. 48ff. In diesen Entscheiden wird der Wille der Parteien, einem Vergleich befreiende Wirkung auch für alle Solidarschuldner zukommen zu lassen, relativ leichthin aus den Umständen und der Interessenlage hergeleitet sowie insbesondere daraus, dass der Kläger erklärt habe, durch den Vergleich werde ein Schlussstrich unter die Angelegenheit gezogen, und die Beklagte brauche keine Angst vor allfälligen Regressansprüchen zu haben. Vgl. auch die Hinweise in BGE 107 II 228f. E 3b auf differenzierende ältere Entscheide. Für die Ausdehnung der Wirkungen eines Vergleichs auch auf die Solidarschuldner dürfte jedenfalls (entgegen diesbezüglichen, für den zu beurteilenden Fall nicht relevanten Erwägungen in BGE 34 II 84) nicht schon der Umstand sprechen, dass dem Gläubiger das Regressverhältnis bekannt war. – Wohl aber kann ein Indiz hiefür eine hohe Vergleichssumme sein, da dann allenfalls anzunehmen ist, der Leistende solle auch von allfälligen Regressansprüchen befreit werden. Denkbar ist im übrigen auch, dass ein Vergleich für solidarisch Mithaftende keine Befreiung bewirken soll, sondern lediglich eine *Reduktion* in dem Sinne, dass diese nur noch im Umfang ihrer *anteiligen* Haftung entsprechend der internen Aufteilung belangt werden können. Auch dadurch wird der Leistende von Regressansprüchen freigestellt.

chen unabhängig vom Parteiwillen *in dem Umfang befreit,* in welchem der Gläubiger *befriedigt* wird[681].

372 Eine *Ausnahme* von der Selbständigkeit der Einzelforderung besteht lediglich darin, dass die *Unterbrechung der Verjährung* gegen einen Solidarschuldner auch gegenüber den anderen wirkt[682].

373 Anderseits folgt aus dem Wesen der Gesamtschuld, dass durch die *Befriedigung* des Geschädigten seitens eines Schuldners *alle Solidarschuldner frei* werden[683]. Dagegen ist jeweils im Einzelfall zu prüfen, ob die Befreiung eines Solidarschuldners *ohne Befriedigung* der Geschädigten auch zugunsten der übrigen wirkt[684].

374 c) Für jeden einzelnen potentiell Haftpflichtigen *gesondert zu prüfen* ist, ob die *Haftungsvoraussetzungen* – etwa Pflichtverletzung, adäquater Kausalzusammenhang und Verschulden – gegeben sind[685].

375 Unbestritten ist insbesondere, dass nur derjenige haftpflichtig wird, den ein *Verschulden* trifft[686]. Dagegen gehen die Meinungen darüber, ob dem unterschiedlichen Grad des Verschuldens Rechnung zu tragen sei, stark auseinander, dazu nachstehend N 389 ff.

376 d) Für die *Bank-AG* findet sich in BanKG 44 eine Spezialbestimmung. Trotz des etwas anderen Wortlautes ist diese inhaltlich mit der Regelung des OR identisch[687].

2. Das Verhältnis von Haftpflichtigen verschiedener Kategorien (insbesondere die Solidarhaftung zwischen Mitgliedern der Verwaltung und der Kontrollstelle)

377 Zwischen Haftpflichtigen verschiedener Kategorien, namentlich zwischen Mitgliedern der Verwaltung und der Kontrollstelle, besteht in gleicher Weise *echte Solidarität* wie zwischen den Mitgliedern des gleichen Organs[688]. In der Praxis kann dies zum wenig befriedigenden, aber dem

---

[681] Vgl. OR 147 I; BUCHER 446; VON TUHR/ESCHER 310; offen bleiben aber allfällige Regressansprüche, vgl. nachstehend N 408.
[682] OR 136 I.
[683] Vgl. OR 147 I und VON TUHR/ESCHER 309.
[684] Vgl. OR 147 II sowie etwa ZR 34 (1935) Nr. 149 S. 311.
[685] Vgl. SENN 167; R. BÄR 464 f.; FUNK Art. 759 N 1; DRUEY 83 und HIRSCH, Responsabilité civile 36, der dies besonders betont. Zu erinnern ist jedoch daran, dass es genügt, wenn ein Haftpflichtiger lediglich eine *Teilursache* gesetzt hat, vgl. vorn N 270 sowie OFTINGER 98 f.
[686] Vgl. R. BÄR 465: «Die Verantwortlichkeitslage ist ... kein Strafexerzieren im Verband Schuldiger und Unschuldiger...»
[687] Vgl. MEIER-WEHRLI 39 ff.
[688] Vgl. ZR 75 (1976) Nr. 21 S. 72, wo allerdings zu Unrecht auf OR 50 verwiesen wird; HIRSCH, Organe de contrôle 199; ders., Responsabilité civile 35; BÄTTIG, Verantwortlichkeit 120. A.M. VON GREYERZ, Aktiengesellschaft 299 und ders., Kontrollstelle 60.

Grundsatz der Solidarität entsprechenden Ergebnis führen, dass im schuldhaft herbeigeführten Konkurs mit den Verwaltungsräten wegen deren Zahlungsunfähigkeit trotz schwerer Pflichtverletzung Vergleiche über geringe Summen abgeschlossen werden, während die solvente Kontrollstelle trotz ihres kleinen Verschuldens ein Vielfaches zu zahlen hat[689].

Abzulehnen ist m.E. die von BÄTTIG[690] und von GREYERZ[691] geäusserte Ansicht, bei gleichzeitigem Verschulden von Mitgliedern des Verwaltungsrates und solchen der Kontrollstelle sei – wenn nur ein Organ eingeklagt wird – *das Verschulden des anderen Organs als Selbstverschulden der Gesellschaft anzurechnen,* wodurch die Schadenersatzforderung entsprechend reduziert würde: Dem Grundsatz der Solidarität entspricht vielmehr, dass schuldhaftes Verhalten von Mitgliedern des Verwaltungs- und Geschäftsführungsorgans den Kontrollstellmitgliedern nicht zum Vorteil gereichen soll und umgekehrt[692, 693].

Abzulehnen ist schliesslich m.E. die Auffassung, eine Reduktion könnte eintreten wegen des *Mitverschuldens staatlicher Aufsichtsbehörden*[694].

3. Haftung für den ganzen Schaden oder nur für den adäquat verursachten Teil?

a) Nach OFTINGER[695] haben die solidarisch Haftpflichtigen für den ganzen Schaden einzustehen, also *auch für den Teil*, den sie selber *nicht*

---

[689] Vgl. als Beispiel BGE vom 11.11.1975 in ST 50 (1976) Heft 9 S. 27 = ZR 75 (1976) Nr. 21 S. 78. Diese harte Konsequenz wird in Revisorenkreisen scharf kritisiert, vgl. etwa ZÜND (zit. Anm. 1577) 295f.; PEIDER MENGIARDI: Die Verantwortlichkeit der Kontrollstelle de lege ferenda, in: Aufgaben und Verantwortlichkeit der Kontrollstelle, Schriftenreihe der Schweiz. Treuhand- und Revisionskammer Bd. 36 (Zürich 1979) 133ff., 137; Revisionshandbuch Ziff. 3.1552; vgl. ferner HUNZIKER (zit. N 1214) 104 und BENZ 58.
[690] Verantwortlichkeit 130.
[691] Solidarität 14 und Kontrollstelle 62.
[692] Ähnlich wie hier BGE 65 II 11; ZELLWEGER 79; LUSTENBERGER 177 und BÜRGI/NORDMANN, Kommentar zu Art. 759 N 16. Vgl. aber BGE 90 II 500, wo das Bundesgericht grundsätzlich eine Herabsetzung des Ersatzanspruches der Gesellschaft zu bejahen scheint, weil der Gesamtverwaltungsrat ein fehlbares Mitglied in keiner Weise überwachte. Das Verhalten des Gesamtverwaltungsrates wurde damit der Gesellschaft angelastet. Doch lag diesem Entscheid insofern ein besonderer Sachverhalt zugrunde, als alle Aktionäre – mit einer Ausnahme – im Verwaltungsrat sassen und ihre Überwachungspflichten vernachlässigten. Offenbar erachtete es das Gericht als stossend, wenn unter diesen Voraussetzungen die Gesellschaft – und dadurch mittelbar die Gesamtheit der Aktionäre – den Fehlbaren ins Recht fassen könnte, ohne sich das geringste Selbstverschulden anrechnen lassen zu müssen.
[693] Vgl. aber hinten N 544ff. betreffend die Ausführung von Generalversammlungsbeschlüssen.
[694] Die Frage stellt sich für die Bank-AG, zum Problem vgl. BENNO LUTZ: Zur Problematik der Überwachung von Banken, ST 50 (1976) Nr. 9 S. 22.
[695] S. 337.

adäquat verursacht haben. Diese Konsequenz finde ihre Motivierung «in dem Bestreben, die Stellung des Geschädigten zu verbessern»[696].

381 b) Dieser Ansicht ist m.E. – jedenfalls für die aktienrechtliche Verantwortlichkeit – *nicht zu folgen:* Es geht nicht an, etwa Mitglieder der Kontrollstelle für Schaden haften zu lassen, der im Zeitpunkt der Revision bereits eingetreten war und durch die Kontrollstelle auch bei pflichtgemässem Verhalten nicht hätte verhindert werden können[697]. Ebensowenig sollen Mitglieder des Verwaltungsrates und der Geschäftsführung einstehen müssen für Schaden, der vor ihrer Amtszeit entstanden ist. Der Grundsatz der Solidarität ändert deshalb m.E. nichts daran, dass jeder *Schädiger nur für den Schaden einzustehen braucht, den er durch sein Verhalten adäquat kausal verursacht hat*[698]. Diese Ansicht dürfte auch dem Gesetzestext entsprechen, nach welchem die Solidarität nur diejenigen Personen erfasst, die «für denselben Schaden verantwortlich»[699] sind[700]. Der Umstand, dass es schwierig sein kann, den genauen Schadensteilbetrag zu bestimmen[701], kann nicht dafür ausreichen, die Haftung auszudehnen, zumal die richterliche Festsetzung gemäss OR 42 II offensteht.

382 c) Die *Praxis des Bundesgerichts* war über längere Zeit nicht eindeutig und unklar[702], dürfte aber heute der hier vertretenen Auffassung entsprechen: In BGE 86 II 171 ff. verneint das Bundesgericht die Haftbarkeit einer Kontrollstelle für den Teil des Schadens, der in einem Zeitpunkt eingetreten war, in welchem diese noch nicht wirksam hatte eingreifen können. Ausdrücklich wird dort auf S. 182 festgehalten, die Kontrollstelle hafte «nicht schlechthin für den ursprünglich durch die Verwaltung verursachten Schaden, sondern nur für seine Fortdauer und Vergrösserung zufolge mangelhafter Orientierung der Generalversammlung ...»[703]. In BGE 93 II 29 f. wird speziell die Frage des adäquaten Kausalzusammenhangs zwischen dem vorgeworfenen Verhalten und dem eingeklagten Schaden untersucht und abgegrenzt vom Schaden, der auf «andere Ursachen zurückzuführen» war.

---

[696] OFTINGER 337, mit Judikaturhinweisen. Vgl. dazu aber DRUEY 83.
[697] So nun explizit der Berner Appellationshof im in ST 59 (1985) 85 ff. referierten Entscheid (S. 78 E IV 2a).
[698] So nun mit ausführlicher und überzeugender Begründung REICHWEIN, Kausalzusammenhang 349 ff.; ebenso HORBER 31 und VOLLMAR 184 ff.; vgl. auch FORSTMOSER, Solidarität 371 und Obergericht des Kantons Thurgau in SJZ 78 (1982) 380 Nr. 5.
[699] OR 759 I.
[700] Gl.M. BURCKHARDT 198 f.; R. BÄR 465; FREY 118 f. und wohl auch VON STEIGER 265, 274. A.M. ZELLWEGER 62 und wohl auch BÄTTIG, Verantwortlichkeit 119. Unentschieden BÜRGI/NORDMANN, Kommentar zu Art. 759 N 5.
[701] So ZELLWEGER 62 und BÜRGI/NORDMANN, Kommentar zu Art. 759 N 5 a.E.
[702] Vgl. die kritische Übersicht bei REICHWEIN, Kausalzusammenhang 350 f., der zum Schluss kommt, die einschlägigen Bundesgerichtsurteile hätten «höchstens zur Verunsicherung beigetragen».
[703] Mit Literaturhinweisen.

Aus dem nicht amtlich publizierten BGE vom 11.11.1975[704] ergibt sich – 383 entgegen BÜRGI/NORDMANN, Kommentar zu Art. 759 N 5 – nichts Gegenteiliges: Es wird dort zwar die Kontrollstelle haftbar gemacht, obwohl diese nach Ansicht des Gerichts nur eine vergleichsweise unbedeutende Teilursache gesetzt hatte. In der Folge wird[705] jedoch für die verschiedenen zur Diskussion stehenden Tatbestände je einzeln nach der Vorwerfbarkeit gefragt.

In BGE 97 II 415 findet sich ein orakelhafter Satz, aus dem hervorzuge- 384 hen scheint, dass das Bundesgericht in Fällen der Solidarität die Frage der Adäquanz nicht individuell beurteilen will: In der Auseinandersetzung mit den unterschiedlichen Auffassungen zur Berücksichtigung des leichten Verschuldens bei solidarisch Haftpflichtigen begründet das Bundesgericht seine Haltung mit dem «Wesen der Solidarität». Diese lasse sich nicht logisch begründen und ergebe sich «auch nicht aus dem Wesen der Adäquanz; denn das Kausalitätsprinzip würde gegenteils verlangen, dass jeder nur für den Teil haftet, den er verursacht hat oder für dessen Verursacher er einstehen muss...». Sollte das Bundesgericht mit diesem Passus e contrario ausgedrückt haben, dass solidarisch Haftpflichtige auch für solchen Schaden haften, den sie nicht kausal verursacht haben, dann ist zu hoffen, dass diese Ansicht bei nächster Gelegenheit revoziert wird[706].

In einem Entscheid vom 18.11.1986 hat dagegen das Bundesgericht im 384a Hinblick auf eine Kontrollstelle wiederum zu Recht betont, diese hafte nicht schlechthin für den ursprünglich durch die Verwaltung verursachten Schaden, sondern nur für dessen Vergrösserung infolge ihrer eigenen Pflichtverletzung[706a].

d) Von der Begrenzung der Ersatzpflicht auf den adäquat kausal 385 verursachten Teilschaden ist zu unterscheiden der Umstand, dass *voll haftpflichtig* auch derjenige wird, der nur eine (adäquate) *Teilursache* gesetzt hat[707].

---

[704] ZR 75 (1976) Nr. 21 S. 73ff. und ST 50 (1976) Heft 9 S. 24ff.
[705] Wie schon im vorhergehenden Entscheid des Zürcher Handelsgerichts, dazu die ausführliche Wiedergabe des Entscheides in ST 50 (1976) Heft 1 S. 6ff., 25f.
[706] Kritisch hiezu auch Obergericht Thurgau in SJZ 78 (1982) 380 Nr. 5.
[706a] Nicht publizierte E 3 und 4a von BGE 112 II 461ff., vgl. hiezu die Hinweise in der Entscheidbesprechung von ALAIN HIRSCH in SAG 59 (1987) 75ff., 77. Die Kontrollstelle hatte es unterlassen, die Generalversammlung unverzüglich zu orientieren, «ce qui a accru l'endettement de la société et les pertes des créanciers».
[707] Dazu vorn N 270.

4. Die Beachtung von Herabsetzungsgründen im allgemeinen

386 a) *OR 44 I* ist grundsätzlich auch bei einer Mehrheit von Haftpflichtigen anwendbar[708].

387 Zur Frage, ob, wenn Mitglieder der Kontrollstelle und solche der Verwaltung zugleich schuldhaft gehandelt haben, das Verschulden der Mitglieder des einen Organs im Prozess gegen Mitglieder des andern als Selbstverschulden der Gesellschaft zu berücksichtigen sei, vgl. vorn N 378.

388 b) *OR 44 II* kommt nach herrschender Ansicht zum aktienrechtlichen Verantwortlichkeitsrecht bei der Solidarhaftung ebenfalls zur Anwendung[709], und zwar schon im Aussenverhältnis.

5. Zur Frage der Berücksichtigung des leichten Verschuldens insbesondere

389 a) Das *Bundesgericht*[710] hat es stets *abgelehnt, dem leichten Verschulden* des solidarisch Haftpflichtigen *im Aussenverhältnis*, d.h. gegenüber den Geschädigten, *Rechnung zu tragen*. Während ein Verantwortlicher sich auf den Reduktionsgrund geringen Verschuldens[711] berufen kann, wenn neben ihm keine anderen Personen haften, soll dieser Reduktionsgrund somit nicht zur Verfügung stehen, wenn mehrere Personen solidarisch haften.

390 In der *Lehre* ist diese Frage ausserordentlich *umstritten;* aus dem *Gesetz* lässt sich *keine klare Antwort* entnehmen[712].

391 In der ersten A. dieser Publikation wurde die Frage offengelassen. Aufgrund einer erneuten und wiederholten Auseinandersetzung mit der Problematik[713] ist nun klar *zugunsten einer Differenzierung nach dem Verschulden* schon im Aussenverhältnis Stellung zu beziehen. Das Prinzip der Solidarität verlangt eine Verschärfung der Haftung keineswegs[714], und es erscheint als unbillig, wenn «ein im Prinzip voll für den ganzen Schaden haftbarer Alleinschuldner sich auf Schadenersatzreduktion nach OR 43 wegen geringen Selbstverschuldens berufen könnte, nicht aber, wenn er

---

[708] So etwa MEIER-WEHRLI 42; REICHWEIN, Solidarhaftung 131; BÄTTIG, Verantwortlichkeit 125 f.

[709] So MEIER-WEHRLI 46 f.; ZELLWEGER 80 ff.; BÜRGI/NORDMANN, Kommentar zu Art. 759 N 18 sowie REICHWEIN, Solidarhaftung 131, der jedoch Zurückhaltung fordert. A.M. allgemein für die solidarische Haftung PIERRE ENGEL: Traité des obligations ... (Neuchâtel 1973) 378.

[710] Näheres hinten N 397 f.

[711] OR 43 I.

[712] Vgl. BÜRGI, Solidarhaftung 39 f.: Die für die vertragliche Begründung einer Solidarschuld gemäss OR 143 ff. geltenden Regeln lassen sich nicht ohne weiteres auf die gesetzliche Solidarität übertragen. Zur Schwierigkeit einer Klärung vgl. auch DRUEY 83.

[713] Vgl. insbes. Solidarität 369 f.

[714] Überzeugend diesbezüglich insbes. DRUEY 83.

neben anderen Solidarschuldnern mithaftet»[715]. Der Geschädigte ist im übrigen auch bei einer Differenzierung entsprechend dem Sinn der Solidarhaftung bessergestellt, indem ihm für seinen Anspruch – freilich in Berücksichtigung ihres geringen Verschuldens allenfalls in reduzierter Höhe – mehrere Schuldner zur Verfügung stehen, wodurch sich das Risiko der Zahlungsunfähigkeit vermindert. – Da sich zu dieser Frage jedoch in Doktrin und Praxis nach wie vor unterschiedliche Auffassungen finden, sei im folgenden eine Übersicht über die in Literatur[716] und Judikatur[717] geäusserten Auffassungen und Begründungen gegeben.

b) Die Ansicht, die solidarische Haftung lasse *keine Differenzierung nach dem Verschulden* zu, und es müsse gegenüber den Geschädigten jeder Verantwortliche, den ein (wenn auch nur leichtes) Verschulden treffe, für den ganzen Schaden vollumfänglich solidarisch einstehen, wird namentlich vertreten durch BÄTTIG[718], BIGGEL[719], DÜGGELIN[720], FUNK[721], GLASSON[722], VON GREYERZ[723], HOLZACH[724], KUMMER[725], MERZ[726], SCHUCANY[727], W. VON STEIGER[728] und ZELLWEGER[729].

Als Argumente werden etwa ins Feld geführt, die Solidarhaftung beabsichtige eine bewusste Privilegierung des Geschädigten, sie diene dessen Schutz, den sie verbessern wolle. Der solidarisch Haftpflichtige habe es in der Hand, sich intern auf dem Regresswege schadlos zu halten, wobei freilich in Kauf zu nehmen sei, dass er das Risiko der Zahlungsunfähigkeit seiner Mithaftpflichtigen zu tragen habe. Betont wird auch, ein mehrköpfiges Organ wirke vertrauenswürdiger, und es sei daher die Verstärkung der Haftung angebracht. Endlich wird darauf hingewiesen, dass eine Differenzierung nach dem Verschulden in der Praxis grosse Schwierigkeiten bringen dürfte.

---

[715] SJZ 78 (1982) 380 Nr. 5.
[716] Dazu N 392 ff.
[717] Dazu N 397 ff.
[718] Verantwortlichkeit 119 f.
[719] S. 146 f.
[720] S. 102 f., mit dem Hinweis darauf, dass eine differenzierte Schadenersatzpflicht zu befürworten wäre, wenn dem Aktionär und Gläubiger bessere Untersuchungsrechte in die Hand gegeben würden.
[721] Art. 759 N 1.
[722] S. 156.
[723] Solidarität 14. Anders – nämlich im Sinne REICHWEINS (dazu hinten N 396) – nun aber ders., Aktiengesellschaft 298 f.
[724] S. 84.
[725] S. 11 ff.
[726] HANS MERZ: Schweiz. Privatrecht Bd. VI: Obligationenrecht Allgemeiner Teil 1. Teilband (Basel/Frankfurt a.M. 1984) 107 ff.
[727] Art. 759.
[728] Kommentar zu Art. 827 N 15.
[729] S. 68 ff.

394 c) *Für die Differenzierung* der Schadenersatzpflicht, eine Berücksichtigung des geringen Verschuldens im Aussenverhältnis also, treten in erster Linie und mit ausführlicher Begründung BÜRGI[730], HORBER[731] und MEIER-WEHRLI[732] ein, sodann auch etwa BÄR[733], BURCKHARDT[734], DRUEY[735], FORSTMOSER[736], HIRSCH[737], HENGGELER[738], SCHIESS[739], VOLLMAR[739a] und W. SCHMID[740]; ferner – unter bestimmten Voraussetzungen in Konzernverhältnissen – ALBERS[741]. Vgl. sodann aus der allgemeinen haftpflichtrechtlichen Literatur OFTINGER[742], KELLER/LANDMANN[743] und KELLER/GABI[744].

395 Von dieser Seite wird argumentiert, OR 759 sehe nicht zwingend Solidarität in vollem Umfange vor, sondern lasse sich auch dahin auslegen, dass die Solidarhaftung nur im Rahmen der Herabsetzungsgründe von OR 43f. bestehe. Weiter wird erklärt, auch bei einer Beachtung von OR 43 I sei der Geschädigte bei Solidarhaftung dadurch bessergestellt, dass er sich an mehrere, nebeneinander haftende Schuldner wenden könne. Im übrigen wird betont, es sei ungerecht und inkonsequent, dem allein verantwortlichen Schädiger eine Reduktion zuzugestehen, nicht aber jenem Fehlbaren, der sich im Verband von mehreren solidarisch Verantwortlichen befindet.

396 d) Für eine *vermittelnde Lösung* treten endlich REICHWEIN[745], VON GREYERZ[746] und ALBERS[747] ein. Nach REICHWEIN und VON GREYERZ soll sich der Schadenersatz, für den jeder (auch wegen nur leichten Verschuldens) Haftpflichtige einzustehen hätte, richten «nach dem Verschulden und

---

[730] Solidarhaftung 39.
[731] S. 32ff. (mit weiteren Hinweisen).
[732] S. 45ff.
[733] S. 470f., allerdings zögernd und einschränkend.
[734] S. 195, 199f.
[735] S. 83.
[736] Solidarität 370, vgl. auch Risiken 10.
[737] Responsabilité 267 und Responsabilité civile 36f.
[738] S. 58f.
[739] S. 52ff.
[739a] S. 187ff.
[740] S. 244ff.
[741] S. 111ff.
[742] S. 345: «Man darf aus der Solidarität nicht schliessen, dass jemand allein deswegen, weil neben ihm ein Anderer haftet, mehr an Schadenersatz schulde, als er zu leisten hätte, wenn er allein haftete.»
[743] MAX KELLER / VALENTIN N.J. LANDMANN: Haftpflichtrecht. Ein Grundriss in Tafeln (2.A. Zürich 1980) Nr. 122: «Keine Person ist für einen grösseren Betrag Solidarschuldner, als sie selber zu zahlen hat (unter Berücksichtigung aller für sie persönlich geltenden Bemessungsgründe).»
[744] S. 133f. (wie KELLER/LANDMANN).
[745] Solidarhaftung, insb. 130f.
[746] Aktiengesellschaft 298f., Kontrollstelle 61.
[747] S. 111.

den Umständen desjenigen eingeklagten Verantwortlichen ..., der am meisten belastet ist»[748]. Die Grenze der Schadenersatzpflicht würde sich damit für alle Haftpflichtigen bestimmen nach dem, was vom Hauptverantwortlichen verlangt werden könnte, wenn er allein haftbar geworden wäre. ALBERS regt dagegen eine differenzierte Berücksichtigung des persönlichen Verschuldens an; leichtes Verschulden eines Verantwortlichen wäre im Aussenverhältnis zu berücksichtigen, sofern *kein bewusstes Zusammenwirken* der Haftpflichtigen zur Schädigung geführt hat[749].

e) Das *Bundesgericht* hat eine *Differenzierung* der Schadenersatzpflicht mehrerer solidarisch Verantwortlicher in konstanter Rechtsprechung *konsequent abgelehnt* und betont, die solidarische Haftung wolle «dem Geschädigten eine möglichst vollständige Befriedigung für seinen Anspruch sichern»[750]. «Nach der Rechtsprechung des Bundesgerichts wird bei echter Solidarität ... wie bei unechter Solidarität oder Anspruchskonkurrenz ... die Haftung des Schädigers gegenüber dem Geschädigten nicht dadurch vermindert, dass auch Dritte für den gleichen Schaden einzustehen haben. Der Gläubiger kann daher jeden Schuldner für die ganze Forderung belangen. Die Aufteilung der Zahlungspflicht unter die verschiedenen Schuldner berührt ihn nicht. Sie ist Gegenstand der internen Auseinandersetzung ...»[751].

Auch der vermittelnde Vorschlag REICHWEINS ist kategorisch zurückgewiesen worden, indem erklärt wird, die bundesgerichtliche Stellungnahme schliesse «die Möglichkeit aus, den solidarisch geschuldeten Betrag nach dem Verschulden und den Umständen des am stärksten belasteten Schuldners zu bestimmen»[752].

In der *kantonalen Judikatur* finden sich *unterschiedliche* Entscheide: Während das Zürcher Obergericht in einem früheren Entscheid[753] die Frage, ob sich der einzelne Solidarschuldner auf Minderungsgründe wegen geringen Verschuldens berufen könne, ausdrücklich offengelassen hat, hat es diese Frage später[754] verneint mit der Begründung, die bundesgerichtliche Auffassung gewährleiste «allein den mit der Solidarität verbundenen verstärkten Gläubigerschutz». Dagegen hat das Obergericht des Kantons Thurgau in einem diesbezüglich überzeugenden Urteil eine Differenzierung

---

[748] Solidarhaftung 131.
[749] Zur Anwendung dieser Differenzierung in Konzernverhältnissen vgl. ALBERS 111ff.
[750] BGE 93 II 322, für die aktienrechtliche Verantwortlichkeit ausdrücklich bestätigt in BGE 97 II 416. – Vgl. immerhin neuestens den Hinweis von Bundesrichter SCHUBARTH, «dass die vorgebrachte Kritik Anlass für eine Überprüfung dieser Rechtsprechung sein sollte» (488).
[751] BGE 97 II 415, erneut bestätigt im nicht amtlich publizierten BGE in ZR 75 (1976) Nr. 21 S. 78 = ST 50 (1976) Heft 9 S. 27.
[752] BGE 97 II 415, mit ausdrücklichem Hinweis auf REICHWEIN.
[753] ZR 75 (1976) Nr. 21 S. 73.
[754] ZR 78 (1979) Nr. 134 S. 313.

nach dem Verschulden auch bei Solidarität bejaht[755]. Eine Differenzierung und Schadenersatzreduktion wegen leichten Verschuldens nahm auch das Aargauer Obergericht vor in einem Fall, in welchem ein solidarisch Haftpflichtiger *allein* ins Recht gefasst wurde[756].

400 Die *Berücksichtigung des leichten Verschuldens* auch in Fällen der solidarischen Verpflichtung sieht der Revisionsvorschlag für eine Reform des Aktienrechts vor, vgl. dazu hinten N 1246.

II. Die Auseinandersetzung im Innenverhältnis: der Rückgriff

401 a) Von der Haftung gegenüber den Geschädigten ist die *definitive Schadenstragung im Innenverhältnis* zu unterscheiden: Intern ist der Schadenersatz vom Richter nach freiem, pflichtgemässem Ermessen *aufgrund der Höhe des Verschuldens der Verantwortlichen* zu verteilen[757].

402 b) Jeder Haftpflichtige, der extern mehr als den seinem Verschulden entsprechenden Anteil zu tragen hatte, kann somit intern für den seinen Anteil übersteigenden Betrag ein *Regressrecht* gegenüber den Mitverantwortlichen geltend machen. Dabei kommen die zu OR 50f. entwickelten Regeln[758] zur Anwendung[759], wobei nach herrschender Lehre auch die *subjektive Vorwerfbarkeit* der für den Schaden kausalen Handlungen beachtet werden darf[760].

403 Jeder Haftpflichtige hat intern *seinen Anteil und nur diesen* zu leisten[761], es sei denn, ein oder mehrere Mitverantwortliche seien *zahlungsunfähig*[762]. In diesem Fall ist gemäss OR 148 III der Schaden von den zahlungsfähigen Verantwortlichen «gleichmässig» zu tragen, d.h. nach den in Anwendung von OR 759 II unter Berücksichtigung der Höhe des Verschuldens festgelegten Quoten[763]. Umgekehrt kommt es allen Verantwortlichen zugut,

---

[755] SJZ 78 (1982) 380f. Nr. 5.
[756] AGVE 1980 Nr. 5 S. 25f.
[757] Dazu ausführlich und allgemein OFTINGER 348ff. und DESCHENAUX/TERCIER § 36 N 25; insbesondere für das Aktienrecht BÄTTIG, Verantwortlichkeit 120f.; BURCKHARDT 206ff.; BÜRGI/NORDMANN, Kommentar zu Art. 759 N 19; FEHR 150; FUNK Art. 759 N 2; HIRSCH Organe de contrôle 200; HOLZACH 84f.; SCHUCANY Art. 759.
[758] Vgl. dazu insbes. OFTINGER 348ff. und DESCHENAUX/TERCIER § 36 N 25.
[759] BURCKHARDT 207.
[760] BURCKHARDT 207f.; MEIER-WEHRLI 43; vgl. dagegen zur Objektivierung des Verschuldensmassstabes im allgemeinen vorn N 292.
[761] Es besteht also *keine Solidarität*, vgl. BGE 103 II 139f. sowie etwa VON TUHR/ESCHER 316.
[762] Dies ist im aktienrechtlichen Verantwortlichkeitsrecht häufig und führt dazu, dass der Schaden letztlich doch endgültig von Personen zu tragen ist, die nur ein vergleichsweise geringes Verschulden trifft.
[763] Ebenso BÜRGI/NORDMANN, Kommentar zu Art. 759 N 20.

wenn nur ein *Teilbetrag* eingeklagt wurde, indem dann auch (nur) dieser Teilbetrag in analoger Anwendung von OR 148 III von den übrigen «gleichmässig» zu tragen ist[764].

c) Ist grundsätzlich für die Aufteilung die *Schwere des Verschuldens* ausschliesslich *massgebend,* so können doch als *weitere Anhaltspunkte* dienen
- die *Funktionen,* welche die einzelnen Verantwortlichen innehatten, indem etwa vom Präsidenten oder Delegierten des Verwaltungsrates ein höheres Mass an Sorgfalt erwartet werden darf als von einem gewöhnlichen Mitglied[765],
- der Vergleich der *Höhe der Entschädigungen, die den einzelnen Mitgliedern eines Organs zuerkannt* wurden: Diese können wiederum ein Indiz für eine zusätzlich überbundene Verantwortung und damit eine erhöhte Sorgfaltspflicht sein[766],
- der Anteil des Verantwortlichen an der *Gesamtverursachung*[767].

Haften die Mitglieder *verschiedener Organe* nebeneinander – etwa Mitglieder des Verwaltungsrates neben der Kontrollstelle –, dann ist zu beachten, dass die aktienrechtliche Verantwortlichkeit eine *persönliche* Haftung begründet. Es hat daher nicht etwa zunächst eine Aufteilung auf die Organe – z.B. die Kontrollstelle einerseits, den Verwaltungsrat als Ganzes auf der andern Seite – und anschliessend eine solche innerhalb der Organe zu erfolgen, sondern es stehen die verschiedenen haftpflichtigen *Organpersonen von Anfang an auf der gleichen Stufe.* Dies kann etwa dazu

---

[764] BÜRGI/NORDMANN, Kommentar zu Art. 759 N 20.

[765] Vgl. etwa das nicht amtlich publizierte, bei MEIER-WEHRLI 43ff. referierte Urteil des Bezirksgerichts Zürich vom 16.12.1958, wo der Schaden zunächst zwischen dem Delegierten, dem Geschäftsführer und den restlichen Beklagten zusammen gedrittelt wurde, während unter diesen restlichen Beklagten – Mitgliedern des Verwaltungsrates – im Verhältnis 4 (Verwaltungsratspräsident) :3 (Vizepräsident, der zugleich Anwalt war) :1:1 (gewöhnliche Verwaltungsräte) geteilt wurde. – Als weiteres Beispiel sei die Aufteilung in einem nicht publizierten Entscheid des Zivilgerichts des Kantons Glarus vom 5.9.1985 erwähnt: Das in Frage stehende schädigende Geschäft wurde auf Weisung des Verwaltungsrats A, der dabei persönliche Interessen verfolgte, getätigt, und zwar durch den Verwaltungsrat B, den eigentlichen Geschäftsführer, der die Weisung in Kenntnis von Tatsachen, welche als problematisch erscheinen lassen mussten, ausführte. Dem Verwaltungsrat C war vorzuwerfen, dass er sich über die Aktivitäten der Gesellschaft nicht auf dem laufenden hielt und er daher nicht korrigierend eingriff. Das Gericht verteilte den Schadenersatz intern wie folgt: Beklagter A die Hälfte, Beklagter B ein Drittel, Beklagter C ein Sechstel. – Vgl. sodann die allgemeinen Ausführungen bei HÜTTE, Sorgfaltspflichten 16ff.

[766] Vgl. HOLZACH 85f. Vgl. aber vorn N 249ff., wonach Unentgeltlichkeit und unangemessene Entschädigung in der Regel keinen Reduktionsgrund bilden.

[767] So der *bundesrätliche* Entwurf zur Revision des Aktienrechts Art. 759 IV. In der Beratung im Nationalrat wurde dieser Absatz gestrichen. Zu betonen ist, dass ein Rückgriff nur insoweit in Betracht kommt, als der Verantwortliche zumindest eine *Teilursache* gesetzt hat, vgl. vorn N 385 und 380ff.

führen, dass eine Kontrollstelle neben einem vielköpfigen Verwaltungsrat nur einen verhältnismässig kleinen Schadensanteil zu tragen hat.

404b Immerhin ist den *Auswirkungen* der einzelnen Pflichtverletzungen *auf die Schadensverursachung* angemessen Rechnung zu tragen. Insofern kann etwa die Pflichtverletzung der Kontrollstelle schwerer wiegen als die des einzelnen Mitglieds eines grossen Verwaltungsrats.

405 d) Nach OR 145 II geht der Haftpflichtige seines *Rückgriffsrechts verlustig*, wenn er «diejenigen Einreden nicht geltend macht, die allen gemeinsam zustehen»[768].

406 Um sich diesem Vorwurf nicht auszusetzen, wird es sich für den ins Recht gefassten Haftpflichtigen stets empfehlen, weiteren potentiell verantwortlichen Personen den *Streit zu verkünden* und ihnen dadurch Gelegenheit zu geben, selber die ihnen wesentlich scheinenden Einreden im Prozess vorzubringen.

407 e) Nach OR 149 I gehen auf den rückgriffsberechtigten Haftpflichtigen in dem Umfang, in welchem er die Berechtigten befriedigt hat, deren *Rechte über*[769]. Der leistende Solidarschuldner erlangt damit «einen mit seinem Regress aus Art. 148 I konkurrierenden Anspruch aus dem auf ihn übergegangenen Recht des Gläubigers»[770], was insofern von Bedeutung ist, als der Leistende auch allfällige mit der Forderung des Gläubigers verbundene Nebenrechte erwirbt. Im Aktienrecht ist dies insbesondere bedeutsam im Hinblick auf die zur Sicherung von Ansprüchen der Gesellschaft, der Aktionäre und Gläubiger bei der Gesellschaft hinterlegten Pflichtaktien[771].

408 f) Das *Regressrecht entfällt in der Regel*[772] nicht dadurch, dass ein *Haftpflichtiger extern* durch einen Vergleich oder ein abweisendes Urteil *befreit wird*[773], ebensowenig durch die Erteilung der Decharge[774]. Doch ist

---

[768] Dazu VON TUHR/ESCHER 315; H. BECKER: Allgemeine Bestimmungen des OR, Berner Kommentar (Bd. VI/1, 2. A. Bern 1941) Art. 145 N 4.

[769] Sog. Subrogation. Genau besehen, gehen freilich – entgegen dem ungenauen Wortlaut von OR 149 I – die Rechte auf den leistenden Solidarschuldner nicht in dem Masse über, in welchem er den Gläubiger befriedigt hat, sondern *nur insoweit*, als er *rückgriffsberechtigt* ist, vgl. VON TUHR/ESCHER 317, mit Hinweisen in Anm. 157.

[770] VON TUHR/ESCHER 317.

[771] Vgl. OR 709f. sowie BÜRGI/NORDMANN, Kommentar zu Art. 759 N 21.

[772] Vgl. aber die Präzisierungen vorn N 371.

[773] Vgl. etwa ZELLWEGER 83, mit weiteren Angaben; unentschieden BÜRGI/NORDMANN, Kommentar zu Art. 759 N 20; VON TUHR/ESCHER 313. A.M. OFTINGER 346f., wonach ein Vergleich oder Schulderlass im Ergebnis die Regressrechte verkürzen soll, weil das Regressrecht auf Subrogation beruhe und der zahlende Schuldner in die Rechtsstellung des Gläubigers eintrete. Wie OFTINGER auch SCHOOP 154. Diese Auffassung ist m.E. abzulehnen. Doch kann sich aus Wortlaut oder Auslegung eines Vergleichs ergeben, dass die Parteien den Willen hatten, die übrigen Solidarschuldner zu befreien (vgl. VON TUHR/ESCHER 310; BUCHER 445ff.; OSER/SCHÖNENBERGER Art. 147 N 5; BECKER Art. 147 N 1).

[774] Dazu N 460.

der Untergang der externen Leistungspflicht insofern von Bedeutung, als er die *Subrogation* gemäss OR 149 I *ausschliesst*, «denn eine dem Gläubiger nicht mehr zustehende Forderung kann nicht auf den zahlenden Schuldner übergehen»[775].

g) Über die Regressansprüche ist grundsätzlich in einem *neuen Prozess* zu entscheiden, da «eine Partei nur Anträge stellen und Rechtsmittel ergreifen [kann], die ihr Prozessrechtsverhältnis zur Gegenpartei betreffen, nicht aber über ihr Verhältnis zu den übrigen Streitgenossen...»[776], es sei denn, das kantonale Prozessrecht sehe vor, dass die Aufteilung der Verpflichtung unter Streitgenossen schon im Hauptprozess festgestellt werden kann[777].

---

[775] VON TUHR/ESCHER 318.
[776] STRÄULI/MESSMER § 41 N 1.
[777] So die zürcherische ZPO § 41, vgl. dazu STRÄULI/MESSMER, a.a.O., und HORBER 38.

L. Untergang der Ersatzansprüche und Ausschluss des Klagerechts

I. Infolge Entlastung durch die Generalversammlung[778]

1. Allgemeine Voraussetzungen der Beschlussfassung und Wirkungen der Entlastung, Anwendungsbereich

1.1. Voraussetzungen der Beschlussfassung

410 a) Die Erteilung der Decharge gehört zu den *unübertragbaren Befugnissen der Generalversammlung*[779]. Nur sie ist befugt, auf allfällige Schadenersatzansprüche zu verzichten[780, 781].

411 Decharge kann nach gehöriger Ankündigung und Information an *jeder Generalversammlung* erteilt werden.

412 Umstritten ist, ob die *Genehmigung der Jahresrechnung* die Erteilung der Entlastung impliziert[782]. Die herrschende Judikatur und Literatur

---

[778] Vgl. dazu ANDRÉ E. BARBEY: La décharge en droit suisse. Etude de certains problèmes en relation avec la décharge des membres des organes de la société anonyme en droit suisse (Diss. Genf 1949), insbes. 66ff., 101ff.; BIGGEL 71ff.; BÜRGI, Kommentar zu Art. 695 N 4ff. und zu Art. 698 N 75ff.; BÜRGI/NORDMANN, Kommentar zu Art. 757; PETER HÄFLIGER: Die Durchführung der Generalversammlung einer Aktiengesellschaft (Diss. Bern 1978 = ASR 455); HOTZ 199ff., 206, 210; MEIER-WEHRLI 113ff.; PICENONI, insb. 157ff.; SENN 108ff.; HARALD SIEGERT: Die Entlastung in der Aktiengesellschaft nach deutschem Recht im Vergleich mit dem französischen und schweizerischen Recht (Diss. Genf 1966) 89f., 108ff.; GOTTHARD STEINMANN: Die Entlastung im schweizerischen Aktienrecht im Vergleich zu ausländischen Aktienrechten (Diss. Basel 1971, MaschSchr), passim; VOLLMAR 204ff.; ULRICH WEHRLI: Die Entlastung der Kontrollstelle einer Aktiengesellschaft, SJZ 40 (1944) 310ff.

[779] OR 698 II Ziff. 4. Dies gilt m.E. auch dann, wenn – über das gesetzlich Vorgesehene hinaus – der Direktion oder der Kontrollstelle Decharge erteilt wird: An die Entlastungserklärung sind gewisse Konsequenzen für die Gesellschaft gebunden (dazu hinten N 462f.), über die zu befinden der Gesetzgeber der Generalversammlung vorbehalten wollte (OR 698 II Ziff. 4). Vor allem aber schränkt die Decharge auch die Rechte der Aktionäre ein (vgl. OR 757 und hinten N 464ff.), weshalb diesen auch der Entscheid darüber verbleiben soll.

[780] BGE 95 II 327; MEIER-WEHRLI 115; BÜRGI, Kommentar zu Art. 698 N 80; PICENONI 27; Ed. GUBLER: Zum Anspruch auf Erteilung der Decharge, SAG 23 (1950/51) 71; ALFRED BACK: Der Entlastungsbeschluss der GV an die Verwaltung und die Kontrollstelle der AG (Diss. Basel 1942, Maschschr) 77; SIEGERT (zit. Anm. 778) 58; F. VON STEIGER: Der Entlastungsbeschluss der GV der AG, SAG 15 (1942/43) 2.

[781] Die herrschende schweizerische Lehre befürwortet ein Recht auf Decharge, vgl. hinten Anm. 893.

[782] Befürwortend WEHRLI (zit. Anm. 778) 313 und nicht amtlich publizierter BGE in SAG 17 (1944/45) 198. Ablehnend HÄFLIGER (zit. Anm. 778) 105; WIELAND (zit. Anm. 864) 374; BGE 78 II 156; ZR 44 (1945) Nr. 37 S. 103ff.

verneint dies grundsätzlich zu Recht: «Rechnungsabschluss und Entlastung sind ungeachtet ihres inneren Zusammenhanges zwei verschiedene Dinge»[783], und es ist «möglich, dass die von der Verwaltung vorgelegte Bilanz genehmigt, Entlastung aber verweigert wird...»[784]. Doch kann allenfalls die Auslegung ergeben, dass in der Genehmigung der Rechnung die Decharge mitenthalten sein sollte[785]. Auch soll nach der Auffassung des Bundesgerichts eine statutarische Bestimmung, wonach die Genehmigung von Jahresbericht und Jahresrechnung die Entlastungserklärung in sich schliesst, «keineswegs... von vornherein mit dem Gesetz unvereinbar» sein[786].

b) Massgebend ist – eine andere statutarische Ordnung vorbehalten – die *absolute Mehrheit der vertretenen Aktienstimmen*[787]. Nicht mitzuzählen sind die vom Stimmrecht Ausgeschlossenen[788]. 413

Statutarisch kann ein *qualifiziertes Quorum* vorgesehen[789] oder die Beschlussfassung erleichtert[790] werden. 414

Stimmrechtsprivilegien[791] kommen bei der Abstimmung über die Entlastung zum Tragen[792]. 415

Dagegen haben nach OR 695 I «Personen, die in irgendeiner Weise an der Geschäftsführung teilgenommen haben», bei der Abstimmung über die Entlastung kein Stimmrecht[793]. Dazu ist im einzelnen das Folgende festzuhalten: 416

---

[783] BGE 78 II 156.
[784] WIELAND (zit. Anm. 864) 374; ähnlich BLICKENSTORFER Nr. 300f.
[785] Im in SAG 17 (1944/45) 198 referierten BGE wird von einer «Décharge tacite» gesprochen.
[786] BGE 65 II 13.
[787] Vgl. OR 703; besonders im Hinblick auf die Decharge BÜRGI, Kommentar zu Art. 698 N 95; BARBEY (zit. Anm. 778) 38; HÄFLIGER (zit. Anm. 778) 107; PICENONI 28; E.J. EIGENMANN: Einige Fragen zur Decharge, SAG 25 (1952/53) 197. A.M. E.J. EIGENMANN: Wie wird Decharge erteilt?, SAG 27 (1954/55) 146 und BGE 51 II 69, wonach die absolute Mehrheit der abgegebenen Stimmen entscheiden soll. Zwar betrifft jener Entscheid eine Genossenschaft, wo – nach heutigem Recht – ohnehin das absolute Mehr der abgegebenen Stimmen ex lege gilt (vgl. OR 888 I im Gegensatz zu OR 703). Das Bundesgericht scheint jedoch den Grundsatz für alle Gesellschaften gelten lassen zu wollen.
[788] Dazu nachstehend N 416ff.; besonders zur Nichtzählung beim Entlastungsbeschluss BARBEY (zit. Anm. 778) 38f.; PICENONI 28; EIGENMANN in SAG 27 (zit. Anm. 787) 146; BÜRGI, Kommentar zu Art. 698 N 95; STEINMANN (zit. Anm. 778) 19ff.; HAEFLIGER (zit. Anm. 778) 91.
[789] So BARBEY (zit. Anm. 778) 38; PICENONI 28; HAEFLIGER (zit. Anm. 778) 91.
[790] Z.B. durch Abstellen auf die relative Mehrheit.
[791] Vgl. OR 693.
[792] Die Einschränkung von OR 693 III gilt nur für die Beschlussfassung über die Anhebung einer Verantwortlichkeitsklage, nicht auch für diejenige über die Erteilung der Decharge; vgl. auch N 15.
[793] Es handelt sich um das einzige Traktandum, bei welchem sich die Betroffenen von Gesetzes wegen nicht an der Abstimmung beteiligen dürfen, vgl. BGE 100 II 389.

417 aa) Die Bestimmung ist *mit Bezug auf den ausgeschlossenen Personenkreis extensiv auszulegen*[794]. Sie umfasst *alle* Personen, die an der Geschäftsführung teilgenommen haben, nicht nur die von der Abstimmung betroffenen[795]. Immerhin ist der Kreis der Ausgeschlossenen m.E. auf die Organpersonen im Sinne von OR 754 I[796] zu beschränken[797].

418 bb) Nach der ausdrücklichen Bestimmung von OR 695 II *nicht* vom Stimmrecht *ausgeschlossen* sind die *Kontrollorgane*[798]. Dazu gehören nicht nur die Mitglieder der internen Kontrollstelle, sondern auch Mitglieder anderer Kontrollorgane, insbesondere Kommissäre und Sachverständige im Sinne von OR 731 II[799].

419 *Nicht* vom Stimmrecht *ausgeschlossen* sind sodann *Spezialbevollmächtigte,* etwa Anwälte oder andere externe Beauftragte[800].

420 cc) Eine *juristische Person* ist nach freilich nicht unbestrittener Ansicht mit ihrem Aktienbesitz von der Abstimmung über die Entlastung dann ausgeschlossen, wenn sie von einem zu entlastenden Verwaltungsratsmitglied beherrscht wird[801]. Ob man einer juristischen Person oder Handelsgesellschaft das Stimmrecht entziehen will, wenn ihr *«Vertreter» im Sinne von OR 707 III* in die Verwaltung gewählt worden ist, hängt m.E. davon ab, ob man ihre Haftung nach OR 754 ff. bejaht oder verneint[802]. Feststehen dürfte, dass in einer *Holdinggesellschaft* nicht nur die eigenen Aktien[803],

---

[794] ZR 75 (1976) Nr. 22 S. 81f.; FORSTMOSER/MEIER-HAYOZ § 18 N 21; BÜRGI, Kommentar zu Art. 698 N 93; F. VON STEIGER: Entlastungsbeschluss, Stimmrecht von Direktoren und Subdirektoren, SAG 25 (1952/53) 119f.

[795] BÜRGI, Kommentar zu Art. 698 N 93; FUNK Art. 695 N 2; SIEGERT (zit. Anm. 778) 26.

[796] Dazu N 649 ff.

[797] Gl.M. SCHUCANY Art. 695 N 2; MEIER-WEHRLI 118 f.; BOTSCHAFT 44. A.M. F. VON STEIGER in SAG 25 (zit. Anm. 794) 120, wonach auch die untergeordneten Angestellten von der Abstimmung ausgeschlossen sein sollen.

[798] BARBEY (zit. Anm. 778) 52 f.; BACK (zit. Anm. 780) 76; zustimmend zur gesetzlichen Regelung BÜRGI, Kommentar zu Art. 695 N 21 f.

[799] BÜRGI, Kommentar zu Art. 695 N 23; FUNK Art. 695 N 3.

[800] FUNK Art. 695 N 2. Doch kann jemand seine Ausschliessung vom Stimmrecht nicht dadurch umgehen, dass er einen Vertreter bestellt, vgl. hinten N 422.

[801] ZR 75 (1976) Nr. 22 S. 79f., mit ausführlichen Hinweisen auf die in der Literatur vertretenen unterschiedlichen Auffassungen.

[802] Dazu ausführlich N 719 ff.; auch diese Frage ist umstritten: Nach SCHUCANY Art. 695 N 2 dürfen Kollektiv- und Kommanditgesellschaften, deren unbeschränkt haftender Teilhaber Verwaltungsrat ist, nicht stimmen, während BÜRGI, Kommentar zu Art. 695 N 12, FUNK Art. 695 N 2 und EIGENMANN in SAG 25 (zit. Anm. 787) 199 das Stimmrecht in diesem Fall belassen wollen. Nach SIEGERT (zit. Anm. 778) 35 ff. ist das Stimmrecht auszuschliessen, wenn (in abstracto) die Möglichkeit einer Einflussnahme besteht. Nach BARBEY (zit. Anm. 778) 44 ist OR 691 analog anzuwenden.

[803] Für sie ergibt sich ein Stimmrechtsverbot schon aus OR 659 V.

sondern auch die bei einer Tochtergesellschaft gelegenen vom Stimmrecht ausgeschlossen sind[804].

Nicht geklärt ist die Frage, ob ein *Gemeinwesen,* das einen Vertreter im Sinne von OR 762 in die Verwaltung abgeordnet hat, bei der Decharge mitstimmen kann[805]. M.E. ist es vom Stimmrecht auszuschliessen, weil es wegen der in OR 762 IV verankerten unmittelbaren Haftung[806] am Entlastungsbeschluss direkt interessiert ist. 421

dd) Ist eine Person vom Stimmrecht ausgeschlossen, so sind es *auch ihre Vertreter*[807]. Die Stimmrechtsbeschränkung darf auch nicht umgangen werden durch Übertragung der Aktien an Strohmänner[808]. 422

Stimmberechtigt sind dagegen *unbeteiligte Rechtsnachfolger,* etwa Aktienkäufer[809]. Doch ist der herrschenden Lehre[810], die zu dieser Kategorie auch die *Erben* zählt, m.E. nicht beizupflichten: Als Universalsukzessoren[811] haben Erben für allfällige Schadenersatzpflichten des Erblassers aufzukommen, weshalb sie in gleicher Weise wie dieser direkt an der Entlastung interessiert und daher vom Stimmrecht auszuschliessen sind. 423

Da stimmberechtigt die jeweiligen Aktionäre sind, ist das Stimmrecht nach einer *Kapitalerhöhung* m.E. auch den an den neugeschaffenen Aktien Berechtigten zu gewähren. Dies gilt selbst dann, wenn über die Entlastung in der Generalversammlung abgestimmt wird[812], welche die Kapitalerhöhung feststellt, sofern das Traktandum «Decharge» im Anschluss an den Feststellungsbeschluss behandelt wird[813]. 424

ee) Wer selbst vom Stimmrecht ausgeschlossen ist, ist auch *nicht befugt, als Vertreter* eines Aktionärs *zu stimmen*[814], was insbesondere auch im 425

---

[804] W. VON STEIGER: Die Rechtsverhältnisse der Holdinggesellschaften in der Schweiz, ZSR 62 (1943) 327a.
[805] Unentschieden F. VON STEIGER, Recht der AG 271 Anm. 344.
[806] Dazu N 731ff.
[807] SIEGERT (zit. Anm. 778) 31f.; EIGENMANN in SAG 25 (zit. Anm. 787) 199; MEIER-WEHRLI 119; BÜRGI, Kommentar zu Art. 698 N 94, zu Art. 695 N 11.
[808] BÜRGI, Kommentar zu Art. 695 N 19; SIEGERT (zit. Anm. 778) 34; GUBLER (zit. Anm. 780) 70.
[809] Im Falle eines (nicht lediglich fiduziarischen) Verkaufs liegt keine Umgehung vor, SIEGERT (zit. Anm. 778) 35, GUBLER (zit. Anm. 780) 70.
[810] BÜRGI, Kommentar zu Art. 698 N 94, zu Art. 695 N 11 a.E.; a.M. EIGENMANN in SAG 25 (zit. Anm. 787) 199 und BARBEY (zit. Anm. 778) 42f.
[811] Vgl. ZGB 560 II.
[812] Vgl. OR 694 sowie etwa FORSTMOSER, Aktienrecht § 15 N 68, 83.
[813] Immerhin dürfte es sinnvoll sein, über die Entlastung vor der Feststellung der erfolgreichen Kapitalerhöhung abzustimmen und damit den Entscheid den bisherigen Aktionären vorzubehalten.
[814] So ausdrücklich deutsches AktG 136 1. Ebenso für das schweizerische Recht GAUTSCHI (zit. Anm. 815) 139. A.M. (hinsichtlich des Depotstimmrechts) ERICH TILLMANN: Das Depotstimmrecht der Banken (Diss. Zürich 1985 = SSHW 80) 106.

Hinblick auf das Depotstimmrecht zu beachten ist[815]. Dagegen wird man es zulassen, dass der Vertreter von einer allfälligen Substitutionsbefugnis Gebrauch macht und die zur Vertretung erhaltenen Aktien *auf einen Dritten* für die Ausübung des Vertretungsrechts *weiterüberträgt*[816]. Doch dürfen dem Dritten keinerlei Weisungen erteilt werden.

426   ff) Probleme scheinen der Praxis die Fälle aufzugeben, in denen *sämtliche Aktionäre im Verwaltungsrat* tätig oder an der Geschäftsführung beteiligt sind. In vielen Gesellschaften hat es sich für solche Fälle eingebürgert, dass sich die Aktionäre gegenseitig, je unter Stimmenthaltung für sich selbst, Decharge erteilen. Ob ein solches Vorgehen Wirkungen zeitigt, ist umstritten:

427   *Für* die Möglichkeit, beim Beschluss über die Entlastung mit Bezug auf andere Mitglieder von Verwaltung und Geschäftsführung stimmen zu können, äussern sich W. VON STEIGER[817], BARBEY[818], P. SCHULER[819] und wohl auch F. VON STEIGER[820] sowie das Zürcher Obergericht in einem nicht publizierten Entscheid vom 22.11.1932[821].

428   Die herrschende Lehre nimmt jedoch *gegen* ein Stimmrecht von Verwaltungsräten bei der Dechargeerteilung an andere Verwaltungsräte Stellung. Diese Ansicht vertreten etwa PICENONI[822], E. SCHUCANY in SAG 30[823] und PETER BÖCKLI[824]. Von anderen Autoren wird betont, dass der Ausschluss nach OR 695 I *alle Mitglieder eines Organs,* nicht nur die gerade betroffenen, erfasse[825]. – Implizit nehmen auch F. VON STEIGER,

---

[815] SCHUCANY Art. 695 N 3; SIEGERT (zit. Anm. 778) 32; BARBEY (zit. Anm. 778) 43; PICENONI 72. Doch ist zu beachten, dass die Depotaktionäre ihre Vollmacht nicht dem Bankvertreter als Einzelperson, sondern der Bank als juristischer Person erteilen. Entgegen der Auffassung von GEORG GAUTSCHI (Das Depotstimmrecht der Banken, in: Probleme der Aktienrechtsrevision, Berner Tage für die juristische Praxis [Bern 1972] 123ff., 139) darf daher die Bank grundsätzlich – in den vorstehend N 420 aufgeführten und umstrittenen allgemeinen Schranken des Stimmrechts juristischer Personen – das Depotstimmrecht bei der Entlastung ausüben (ebenso TILLMANN [zit. Anm. 814] 106). Doch ist das Stimmrecht nicht durch den in den Verwaltungsrat Gewählten, sondern durch einen anderen Vertreter der Bank auszuüben.

[816] Vgl. in diesem Zusammenhang EDUARD MOSER: Die Ausübung des Aktienstimmrechts nach schweizerischem sowie nach deutschem und italienischem Recht (Diss. Zürich 1945) 99ff.

[817] Kommentar zu Art. 810 N 14.

[818] Zit. Anm. 778, S. 41f.

[819] L'assemblée générale des actionnaires.

[820] Entlastungsbeschluss, wenn alle Aktionäre Verwaltungsräte sind?, SAG 14 (1941/42) 171.

[821] Vgl. PICENONI 76.

[822] S. 75f.

[823] Stimmrechtsfragen, SAG 30 (1957/58) 261.

[824] Das Aktienstimmrecht und seine Ausübung durch Stellvertreter (Diss. Basel 1961) 35.

[825] So SIEGERT (zit. Anm. 778) 29ff.; BARBEY (zit. Anm. 778) 41f.; EIGENMANN in SAG 25 (zit. Anm. 787) 199; MEIER-WEHRLI 119; BACK (zit. Anm. 780) 76.

Recht der AG[826] und SCHUCANY[827] gegen die Zulassung zur Abstimmung Stellung, indem sie erklären, eine Dechargeerteilung sei *nicht möglich, wenn sämtliche Aktionäre in der Verwaltung mitwirkten.*

Die herrschende Lehre ist m.E. – dies ergibt sich auch aus dem vorn N 417 Ausgeführten – richtig. Sie lässt sich durch den *Wortlaut* des Gesetzes[828] wie auch durch dessen *Sinn*[829] rechtfertigen. Das Gesetz geht offensichtlich vom Normalfall aus, in welchem nicht jedem Verwaltungsrat einzeln, sondern der Verwaltung global Decharge erteilt wird. In diesen Fällen ist ohnehin selbstverständlich, dass sämtliche Verwaltungsräte von der Abstimung ausgeschlossen sind. 429

Durch die *gegenseitige Dechargeerteilung* von Aktionären, die zugleich in der Verwaltung oder Geschäftsführung tätig sind, kann daher *kein gültiger Dechargebeschluss* begründet werden[830]. Immerhin sind m.E. die *zustimmenden Verwaltungsräte persönlich gebunden* und erlöschen daher ihre Ansprüche hinsichtlich mittelbarer Schädigung trotz Ungültigkeit der Entlastung[831]. 430

gg) *Undenkbar* ist die Entlastung in einer *Einmann-AG*[832]. Eine Entlastung wäre hier auch gegenstandslos und überflüssig, da sie ja ohnehin nur Wirkung für die AG und die Aktionäre zeitigt[833]. 431

hh) Wirkten ausgeschlossene Personen an der Abstimmung mit, dann ist diese nach allgemeiner Ansicht *anfechtbar,* falls die Mitwirkung das Abstimmungsresultat beeinflusste[834]. Auch können die Aktionäre gemäss OR 691 II Einspruch erheben[835]. 432

---

[826] S. 197, 271f.
[827] Art. 695 N 3.
[828] Es wird allgemein von «Beschlüssen über die Entlastung der Verwaltung» und von «Personen, die in irgendeiner Weise an der Geschäftsführung teilgenommen haben», gesprochen und nicht etwa davon, Verwaltungsräte hätten bei ihrer eigenen Decharge kein Stimmrecht.
[829] Die Verwaltung soll sich nicht selbst Entlastung erteilen können.
[830] Ebenso SCHUCANY Art. 695 N 3; PICENONI 78; EIGENMANN in SAG 25 (zit. Anm. 787) 196; MEIER-WEHRLI 120; THEO GUHL, Aktiengesellschaft XVII: Die Verantwortlichkeit bei der Aktiengesellschaft, Schaden und Haftung, SJK Nr. 405 (1954) 3.
[831] So MEIER-WEHRLI 120; SCHOOP 135; EIGENMANN in SAG 25 (zit. Anm. 787) 196; SCHUCANY Art. 695 N 3 a.E.; FUNK Art. 695 N 2 a.E. Vgl. auch N 466ff.
[832] Vgl. BÜRGI, Kommentar zu Art. 698 N 96 und zu Art. 695 N 18; PICENONI 80.
[833] BÜRGI, Kommentar zu Art. 695 N 18; F. VON STEIGER in SAG 14 (zit. Anm. 820) 171; SCHENK 21 und GUHL in SJK 405 (zit. Anm. 830) 3.
[834] SIEGERT (zit. Anm. 778) 113; BARBEY (zit. Anm. 778) 40f., 164; PICENONI 77f.; BÜRGI, Kommentar zu Art. 695 N 13; FUNK Art. 695 N 2 II. Diese Auffassung kann sich auf die analoge Anwendung von OR 691 III stützen. Konsequenter und m.E. richtiger wäre es freilich, die Stimmen der nicht Stimmberechtigten gar nicht zu zählen, womit nicht bloss ein anfechtbarer, sondern überhaupt kein Dechargebeschluss zustande gekommen wäre.
[835] BARBEY (zit. Anm. 778) 40; FUNK Art. 695 N 2 II; allgemein zur Anfechtbarkeit mangelhaft zustande gekommener GV-Beschlüsse auch HAEFLIGER (zit. Anm. 778) 120ff.

433 ii) Eine *statutarische Abschwächung* des Stimmverbots von OR 695 I ist *nicht zulässig*[836]. *Umstritten* ist, ob der Stimmrechtsausschluss *statutarisch* auf weitere Personen *ausgedehnt* werden kann[837]. M.E. steht einer statutarischen Erweiterung etwa auf Personen, die in einem Abhängigkeitsverhältnis zu den Mitgliedern der Verwaltung und Geschäftsleitung stehen, nichts entgegen[838].

434 kk) Die in OR 695 I vorgesehene *Ausschliessung* vom Stimmrecht gilt *nur für die Beschlussfassung über die Decharge.* Dagegen sind die betroffenen Personen selbstverständlich nicht von der Teilnahme an der Generalversammlung ausgeschlossen. Ebensowenig ist es ihnen verwehrt, sich zum Traktandum «Decharge» zu äussern[839]. Auch steht ihnen das Stimmrecht in allen anderen Fragen zu, etwa bei der Abnahme von Bilanz und Geschäftsbericht[840], aber auch bei der Abstimmung darüber, ob eine Verantwortlichkeitsklage anzuheben sei[841] oder ob überhaupt über die Decharge abzustimmen oder die Abstimmung auszusetzen sei. Insofern ist OR 695 I als lex specialis zu OR 692 eng auszulegen[842].

1.2. Wirkungen der Entlastung und Anwendungsbereich im allgemeinen

435 a) In der Literatur und vor allem der Judikatur besteht eine *Tendenz, die Tragweite der Decharge einzuschränken*[843]. Wie weit sie im einzelnen geht, ist einer Auslegung des konkreten Entlastungsbeschlusses nach dem Vertrauensprinzip zu entnehmen[844]. Kaum Probleme ergeben sich dabei in der Regel dann, wenn speziell für ein *konkretes Geschäft* Entlastung erteilt wurde[845]. Wohl aber kann der Umfang unklar sein bei der üblichen *allgemeinen* Decharge[846].

---

[836] E. Moser (zit. Anm. 816) 64; Bürgi, Kommentar zu Art. 695 N 14.
[837] Befürwortend E. Moser (zit. Anm. 816) 64; Funk Art. 695 N 2 III; Schluep 140f.; verneinend Bürgi, Kommentar zu Art. 695 N 14.
[838] Dies um so eher als nach einer m.E. freilich nicht richtigen Ansicht auch untergeordnete Angestellte schon von Gesetzes wegen von der Abstimmung ausgeschlossen sind, vgl. vorn Anm. 797.
[839] Ebenso Bürgi, Kommentar zu Art. 695 N 3; Meier-Wehrli 118; Haefliger (zit. Anm. 778) 73.
[840] So Bürgi, Kommentar zu Art. 695 N 3 und Schucany Art. 695 N 1.
[841] Dazu N 11ff. A.M. für das Genossenschaftsrecht (unter Hinweis auf ZGB 68) Blickenstorfer Nr. 221.
[842] Siegert (zit. Anm. 778) 26; Picenoni 74; Eigenmann in SAG 25 (zit. Anm. 787) 197ff.; Meier-Wehrli 118; Bürgi, Kommentar zu Art. 695 N 15.
[843] Vgl. BGE 65 II 12ff., etwas weitergehend BGE 95 II 327f. mit dem Hinweis darauf, dass die Wirkungen weitergehen etwa nach deutschem Recht.
[844] BGE 95 II 328f. E 2f.; Picenoni 37f. Zur Anwendung des Vertrauensprinzips vgl. auch nachstehend N 438.
[845] Es empfiehlt sich daher, bei umstrittenen und kritisierten Geschäftsvorgängen speziell für diese über die Entlastung abstimmen zu lassen.
[846] Vgl. etwa Barbey (zit. Anm. 778) 101f.

b) Denkbar ist es, die Tragweite der Entlastung statutarisch zu präzisieren[847]. Ist dies nicht der Fall, gilt das Folgende: 436

Die Entlastung erstreckt sich nur auf *bekannte bzw. erkennbare Geschäftshandlungen*[848], sie deckt «nicht Geschehnisse, welche der Generalversammlung nicht zur Kenntnis gebracht sind»[849]. Diese Einschränkung wurde in BGE 65 II 15f. mit dem Hinweis auf Grundlagenirrtum begründet, während neuerdings auf das Vertrauensprinzip verwiesen wird[850]. Die Begründung aus Vertrauensprinzip erscheint richtiger, da mit Bezug auf nicht erkennbare Tatsachen *keine Entlastungswirkung* eintritt, während sich aus Grundlagenirrtum nur die Möglichkeit einer Anfechtung ergäbe. 437

Aus der Anwendbarkeit des Vertrauensprinzips ergibt sich, dass eine Entlastungserklärung «doit être interprétée et appréciée comme toute autre déclaration de volonté»[851]. Es ist daher zu fragen, was der Erklärungsempfänger – die Verwaltung – als vernünftiger und korrekter Adressat annehmen darf und muss[852]. Eine Entlastungserklärung hat damit die Tragweite, die ihr die Verwaltung nach vernünftiger Einschätzung und unter Berücksichtigung der konkreten Umstände[853] geben darf. 438

Keine Wirkung zeitigt die Decharge somit für der Generalversammlung verheimlichte Transaktionen[854] sowie bei unverschuldeter Unkenntnis der Versammlung[855]. 439

---

[847] BGE 65 II 12 E 4 I c.
[848] BGE 95 II 329, 330; 65 II 12, 14; BÜRGI, Kommentar zu Art. 698 N 99; BARBEY (zit. Anm. 778) 111ff.; SIEGERT (zit. Anm. 778) 52ff.; PICENONI 39; EIGENMANN in SAG 25 (zit. Anm. 787) 192; U. WEHRLI (zit. Anm. 778) 311; MEIER-WEHRLI 125; SCHOOP 135; F. VON STEIGER in SAG 15 (zit. Anm. 780) 4; STEINMANN (zit. Anm. 778) 55ff.; ALFRED WIELAND: Die Bedeutung des obligatorischen schriftlichen Geschäftsberichtes..., SJZ 38 (1941/42) 374; BACK (zit. Anm. 780) 86; VON TUHR/ESCHER 179; PATRY, Précis II 234. – In der älteren Literatur wird der Decharge vereinzelt eine weitergehende Wirkung auch für *nicht erkennbare* Umstände beigemessen, so U. WEHRLI (zit. Anm. 778) 311, wonach der Aktionär durch die Entlastung einfach «das Gesamtresultat» billigt. In ähnlichem Sinne auch der nationalrätliche Berichterstatter, SCHERRER, der nur nicht kundgegebene *dolose* Handlungen von der Entlastungswirkung ausschliessen will, vgl. StenBull NR 1934, 345.
[849] BGE 78 II 156; vgl. auch SCHOOP 135. – Der RevE bestimmt in Art. 758, dass der Entlastungsbeschluss nur für «bekanntgegebene Tatsachen» wirke, wobei zu Recht nicht verlangt wird, dass die Bekanntgabe notwendig und ausschliesslich an der Generalversammlung selbst zu erfolgen hat, vgl. dazu N 448ff.
[850] Vgl. BGE 95 II 329f.; KUMMER in ZBJV 107 (1971) 217; FORSTMOSER/MEIER-HAYOZ § 18 N 19.
[851] BGE 95 II 328.
[852] Vgl. statt vieler ARTHUR MEIER-HAYOZ: Das Vertrauensprinzip beim Vertragsabschluss (Diss. Zürich 1948 = ZBR 151) insbes. 127ff.
[853] So wird etwa in BGE 67 II 173f. hervorgehoben, dass die Wirkung des Dechargebeschlusses deshalb eingeschränkt sei, weil die Entlastung überstürzt, in einer hastig einberufenen ausserordentlichen Generalversammlung und ohne die nötigen Grundlagen erteilt wurde.
[854] BÜRGI, Kommentar zu Art. 698 N 99; ähnlich schon SCHERRER in StenBull NR 1934, 345.
[855] BÜRGI, Kommentar zu Art. 698 N 99; FORSTMOSER/MEIER-HAYOZ § 18 N 19.

440   Im einzelnen ist zu präzisieren:
441   aa) Der Verwaltung obliegt eine *Aufklärungs- und Informationspflicht*[856], sie hat den Aktionären die für die Erteilung der Decharge wesentlichen Tatsachen «d'une façon claire et complète»[857] vorzulegen. Insbesondere sind Umstände bekanntzugeben, die allenfalls Verantwortlichkeitsansprüche begründen können[858]. Immerhin muss die Erwähnung eines wichtigen Geschäftes in der Regel genügen, um es der entlastenden Wirkung des Dechargebeschlusses zu unterstellen[859]. Die Aktionäre haben dann allenfalls die Möglichkeit, von ihrem Fragerecht[860] Gebrauch zu machen[861].
442   Nicht erwähnt werden müssen notorische Tatsachen, ebensowenig die *allen* Aktionären bekannten[862].
443   Die Informationen können der Generalversammlung *schriftlich* vorgelegt oder *mündlich* erteilt[863] werden[864]. Darüber hinaus ist nicht nur auf die

---

[856] Hiezu im einzelnen BÜRGI, Kommentar zu Art. 698 N 103 ff.; PICENONI 38 ff., 58 ff.; MEIER-WEHRLI 126; F. VON STEIGER in SAG 15 (zit. Anm. 780) 4 ff.; vgl. auch SCHOOP 136.

[857] BGE 95 II 329, mit weiteren Hinweisen.

[858] BÜRGI, Kommentar zu Art. 698 N 106.

[859] BÜRGI, Kommentar zu Art. 698 N 100.

[860] Vgl. OR 697 sowie etwa CONRAD M. WALTHER: Zur Rechtsanwendung wertungsbedürftiger Minderheitsschutznormen im schweizerischen Aktienrecht (Diss. Bern 1987 = SSHW 97) insb. 80 ff.; H.P. BÜCHLER: Das Kontrollrecht des Aktionärs (Diss. Zürich 1971); HEINZ F. WYSS: Das Recht des Aktionärs auf Auskunftserteilung... (Diss. Zürich 1953); K. WIDMER: Das Recht des Aktionärs auf Auskunftserteilung (Diss. Zürich 1962); MICHAEL PERRET: Das Auskunftsrecht des Aktionärs nach deutschem und schweizerischem Recht... (Diss. München 1969); JEAN NICOLAS DRUEY: Geheimsphäre des Unternehmens... (Basel/Stuttgart 1977) 198 ff.; PETER FORSTMOSER: Die Informationsrechte des Gesellschafters im schweizerischen Recht, Rivista delle società 1982, 331 ff.; ferner BÜRGI zu Art. 696 f.

[861] Ebenso SCHOOP 135. – Verzichten die Aktionäre auf die Geltendmachung ihres Fragerechts, dann tun sie damit kund, dass ihnen eine bestimmte Frage nicht als wesentlich erscheint und dass sie damit die betreffende Situation so oder so akzeptieren. Ähnlich etwa BARBEY (zit. Anm. 778) 115 und PICENONI 64 f. Vgl. auch Literatur und Judikatur zur ungelesen unterzeichneten Urkunde, insbes. KARL OFTINGER: Die ungelesen unterzeichnete Urkunde..., Festschrift SIMONIUS (Basel 1955) 267, mit zahlreichen Judikaturhinweisen; SCHÖNENBERGER/JÄGGI, Zürcher Kommentar zu Art. 1–17 (Zürich 1973) Art. 1 N 487 und BGE 76 I 350.

[862] BGE 95 II 329 f., vgl. auch nachstehend N 450, 494 ff.

[863] Die mündliche Information an der Generalversammlung ist grundsätzlich ausreichend, und zwar selbst dann, wenn diese nicht in das Protokoll aufgenommen wird. Der Aktionär wird eben grundsätzlich an der Generalversammlung orientiert, und er kann (und muss) sein Auskunftsrecht auch an der Versammlung geltend machen (vgl. FORSTMOSER [zit. Anm. 860] 341 sowie etwa zum diesbezüglich übereinstimmenden deutschen Recht JZ 15 (1960) 413 = NJW 13 (1960) I 1150 ff.). Eine Ausnahme hiezu besteht nur insoweit, als für die Information eine *qualifizierte Form* verlangt wird wie etwa für die Jahresrechnung (vgl. OR 696) und den Kontrollstellenbericht (vgl. OR 729 I).

[864] Vgl. BGE 95 II 330; 65 II 10, 14; SCHUCANY Art. 698 N 7 III; FUNK Art. 698 N 8 IV; W. VON STEIGER (zit. Anm. 185). Kommentar zu Art. 810 N 15; MEIER-WEHRLI 122; BARBEY (zit. Anm. 778) 80 ff., 105 ff.; SIEGERT (zit. Anm. 778) 54. Unrichtig ALFRED WIELAND: Die

formelle Information der Aktionäre im Rahmen der Generalversammlung abzustellen, sondern auf sämtliche Kenntnisse, welche die Aktionäre aus *irgendeiner Quelle* schöpften[865]. Bei Publikumsgesellschaften kann so insbesondere allenfalls auch die *Berichterstattung in der Presse* zur Beurteilung des Bekannten oder Erkennbaren beigezogen werden[866].

bb) Der Entlastung unterliegt, was der Generalversammlung *bekannt*[867], 444 aber auch, was ihr *erkennbar* war[868]. Auf die Erkennbarkeit ist jedoch dann nicht abzustellen, wenn die Aktionäre arglistig getäuscht wurden[869].

Kenntnis bzw. Erkennbarkeit setzt auch das Wissen oder Wissenkönnen 445 um die *Bedeutung des Geschäfts für die Frage der Verantwortlichkeit* voraus[870], was zu einer starken Einschränkung der Dechargewirkung führen kann.

An die *Sorgfaltspflicht der Aktionäre* werden im übrigen *keine hohen* 446 *Anforderungen* gestellt. Insbesondere hat das Bundesgericht betont, dass nicht der Massstab des sorgfältigen Geschäftsmannes, sondern der des (geschäftlich nicht besonders erfahrenen) *ordentlichen Hausvaters* anzulegen sei[871]. Dies dürfte freilich nur dann gelten, wenn nicht sämtliche Aktionäre geschäftserfahren sind[872]. Doch wird man in jedem Falle den Aktionären keine weitgehenden Abklärungspflichten zumuten dürfen[873]. So dürften etwa die Aktionäre nur dann gehalten sein, sich durch Fragestellung Klarheit zu verschaffen, wenn die Umstände «manifestement suspects»[874] erscheinen. Insbesondere ist der Generalversammlung nicht zuzumuten, durch besondere Experten oder Kommissäre Klarheit zu schaffen[875]. Auch wird man nur unter besonderen Umständen der General-

---

Bedeutung des obligatorischen schriftlichen Geschäftsberichtes..., SJZ 1938 (1941/42) 373 ff., 374, wonach der schriftliche Geschäftsbericht «die einzige für die Entlastung rechtswirksame Grundlage bilden» soll.

[865] So BGE 95 II 329 f.: «Mais il est excessif de vouloir... s'en tenir toujours aux seuls documents et communications présentés à l'assemblée.» (Mit ausdrücklicher Ablehnung der früheren restriktiveren Bundesgerichtspraxis, wie sie im Entscheid 65 II 2 ff. zum Ausdruck kam).
[866] Ausdrücklicher Hinweis auf die Möglichkeit der Kenntnisnahme aus der Presse oder aus parlamentarischen Verhandlungen in BGE 95 II 330.
[867] BARBEY (zit. Anm. 778) 109.
[868] BGE 95 II 329 f.; 78 II 156; 65 II 10, 12; 34 II 502 sowie die vorzitierten Autoren.
[869] So SIEGERT (zit. Anm. 778) 57; vgl. auch BÜRGI, Kommentar zu Art. 698 N 106 und vorn N 439.
[870] BGE 65 II 14; BÜRGI, Kommentar zu Art. 698 N 101; SCHUCANY Art. 698 N 7 III; SIEGERT (zit. Anm. 778) 54.
[871] BGE 65 II 14, dazu ausführlich BARBEY (zit. Anm. 778) 107; vgl. auch MEIER-WEHRLI 126 f. und BÜRGI, Kommentar zu Art. 698 N 102.
[872] Differenzierend auch PICENONI 104 ff.
[873] Vgl. HIRSCH, Responsabilité 253; BÜRGI, Kommentar zu Art. 698 N 102; SCHUCANY Art. 698 N 7 III; SIEGERT (zit. Anm. 778) 55; EIGENMANN in SAG 25 (zit. Anm. 787) 192; MEIER-WEHRLI 127 sowie besonders ausführlich BARBEY (zit. Anm. 778) 107 ff.
[874] BARBEY (zit. Anm. 778) 115.
[875] Ebenso BARBEY (zit. Anm. 778) 116, mit Hinweisen auf abweichende Ansichten.

versammlung die Kenntnisse eines sachverständigen Vertrauensmannes anrechnen[876].

447 Keine Wirkungen zeitigt die Decharge jedenfalls dann, wenn sie überstürzt und ohne Unterlagen abgegeben wurde[877].

448 cc) Massgebend ist grundsätzlich, was die *Generalversammlung als Organ* erkannte oder erkennen konnte[878].

449 Die Kenntnis *einzelner* Aktionäre wird der Versammlung nicht angerechnet und ist daher für die Tragweite der Decharge belanglos[879]. Immerhin ist es denjenigen Aktionären, die in Kenntnis der Umstände Decharge erteilten, verwehrt, diese anzufechten[880].

450 Doch ist das *private Wissen* der Aktionäre *nicht schlechthin unbeachtlich,* wie dies noch in BGE 65 II 9f. angenommen wurde. Vielmehr gibt es nach neuerer und richtiger Bundesgerichtspraxis keine «règle absolue»[881] und wird man in aller Regel das *private Wissen sämtlicher Aktionäre* der Kenntnis der Generalversammlung gleichsetzen[882]. Auch können – wie erwähnt[883] – diejenigen Aktionäre nicht anfechten, die trotz Kenntnis Decharge erteilten.

451 dd) Die *Kenntnisse der Kontrollstelle* sind der Generalversammlung nicht anzurechnen[884].

452 BARBEY[885] und BACK[886] nehmen an, dass das *Wissen besonderer Kommissäre und Sachverständiger* der Generalversammlung als eigenes

---

[876] Vgl. BGE 95 II 330, kritisch zu den dortigen Ausführungen Kummer in ZBJV 107 (1971) 218, der betont, dass ein solcher Schluss «nur mit grösster Vorsicht und in genauester Einrechnung der konkreten Sachumstände» gezogen werden darf. Das Bundesgericht nimmt freilich bei genauerem Zusehen zu dieser Frage gar nicht Stellung.

[877] Vgl. BGE 65 II 14; 67 II 173f.

[878] Vgl. BGE 95 II 330; 67 II 174; 65 II 9f. (letzterer Entscheid ist in seiner Einschränkung heute überholt, vgl. N 450); F. VON STEIGER, Recht der AG 268f.

[879] Vgl. BGE 65 II 9f.; F. VON STEIGER, Recht der AG 269f.; BÜRGI, Kommentar zu Art. 698 N 109; SCHUCANY Art. 698 N 7 III; MEIER-WEHRLI 127; PICENONI 98ff.; FEHR 157; BARBEY (zit. Anm. 778) 113; STEINMANN (zit. Anm. 778) 59f.; kritisch SIEGERT (zit. Anm. 778) 53.

[880] MEIER-WEHRLI 127; BÜRGI, Kommentar zu Art. 698 N 109; vgl. auch SIEGERT (zit. Anm. 778) 53.

[881] BGE 95 II 329, mit weiteren Hinweisen.

[882] Vgl. BJM 1954, 253; ZR 52 (1953) Nr. 93 S. 171; F. VON STEIGER, Recht der AG 269f.; BARBEY (zit. Anm. 778) 113. Vgl. auch vorn N 443.

[883] Vgl. N 449.

[884] BGE 65 II 11f., anders noch BGE 18, 606; gegen eine Anrechnung mit ausführlicher Begründung BARBEY (zit. Anm. 778) 118ff.; vgl. auch BÜRGI, Kommentar zu Art. 698 N 110f.; SCHUCANY Art. 698 N 7 III; FUNK Art. 698 N 8 VII; SIEGERT (zit. Anm. 778) 53; PICENONI 101ff.; MEIER-WEHRLI 128f.; FEHR 157; BACK (zit. Anm. 780) 84f.; vgl. auch SCHOOP 135 und STEINMANN (zit. Anm. 778) 61; kritisch WIELAND (zit. Anm. 848) 375f.

[885] (Zit. Anm. 778) 137.

[886] (Zit. Anm. 780) 100.

Wissen anzulasten ist, auch wenn es ihr nicht kundgetan worden ist[887]. Für diese Ansicht spricht, dass Kommissäre und Sachverständige nach übereinstimmender Auffassung nicht Gesellschaftsorgane, sondern *Beauftragte* der Generalversammlung sind. Wäre demnach Auftragsrecht anwendbar, so müsste tatsächlich das Wissen des Beauftragten dem Auftraggeber (der Generalversammlung) angerechnet werden[888]. Dennoch fragt es sich, ob nicht auch das Wissen dieser Personen der Generalversammlung nicht angerechnet werden sollte, und zwar aus derselben Überlegung, die für die Kontrollstelle angestellt wurde: «Es geht nicht an, dass zufolge eines pflichtwidrigen Verhaltens ... bestehend in der Unterdrückung eines Wissens ... die Verwaltung ... in ganz ungerechtfertigter, ja stossender Weise in der Form lukrieren würde, dass nun Verantwortlichkeitsklagen ... ausgeschlossen wären»[889].

ee) Vereinzelt wird in der Literatur die Ansicht vertreten, ein aufgrund mangelnder Information zustande gekommener Entlastungsbeschluss sei anfechtbar[890]. Dies ist m.E. weder zutreffend noch erforderlich, da der Beschluss ohnehin nur im Umfang der Kenntnis bzw. des Kennenmüssens der Generalversammlung Wirkungen zeitigt und sich daher eine *Umstossung durch Anfechtung erübrigt*[891].

ff) Der Nachweis der ausreichenden Information der Generalversammlung bzw. sämtlicher Aktionäre obliegt m.E. der Organperson, die sich auf die Verbindlichkeit der Decharge beruft[892].

---

[887] Das Bundesgericht scheint in BGE 95 II 330 davon auszugehen, dass eine Anrechnung der Kenntnis eines mit einer Untersuchung beauftragten Vertrauensmannes zumindest möglich sei. Vgl. dazu die Bemerkung vorn N 446 und Anm. 876.
[888] Vgl. dazu allgemein PETER JÄGGI: Berner Kommentar, Einleitung (Bern 1962/1966) Art. 3 N 137.
[889] BGE 65 II 11; vgl. auch BARBEY (zit. Anm. 778) 119.
[890] So BACK (zit. Anm. 780) 86, mit weiteren Hinweisen; PICENONI 47f.; BGE 65 II 14.
[891] So ausdrücklich BGE 78 II 156.
[892] Gl.M. PICENONI 236. A.M. BARBEY (zit. Anm. 778) 30, wonach der Aktionär, der Nichtwissen geltend macht, dieses beweisen muss. Dies wäre m.E. nur dann richtig, wenn die Decharge bei Unkenntnis lediglich anfechtbar wäre; vgl. MAX KUMMER: Berner Kommentar, Einleitung (Bern 1962/66) Art. 8 N 292. Nach richtiger Ansicht zeitigt die Decharge aber bei Unkenntnis gar keine Wirkung, vgl. vorn N 437ff. Die Organperson, welche die entlastende Wirkung behauptet, hat daher die diese Wirkung begründenden Sachumstände zu beweisen, vgl. KUMMER, a.a.O. N 148 und N 233.

455 c) Decharge kann erteilt werden den *Mitgliedern der Verwaltung*[893] – sämtlichen oder auch nur einzelnen[893a] –, daneben auch *anderen mit der Verwaltung* und Geschäftsführung *betrauten Personen* wie Direktoren, Prokuristen und Handlungsbevollmächtigten[894]. Auch den *Mitgliedern der Kontrollstelle* kann – obwohl dies gesetzlich nicht vorgesehen ist – Entlastung erteilt werden[895]. Während hinsichtlich der Voraussetzungen für einen wirksamen Entlastungsbeschluss zwischen der Decharge der Verwaltung und der Kontrollstelle zu differenzieren ist, sind die hier zu betrachtenden Wirkungen hinsichtlich Untergang und Beschränkung der Verantwortlichkeitsansprüche gleich.

456 Ein Entlastungsbeschluss zugunsten der *Gründer* zeitigt – falls man einen solchen zulassen will[896] – hinsichtlich allfälliger Verantwortlichkeitsansprüche ebenfalls gleiche Wirkungen.

457 Von der Entlastung zu unterscheiden ist die *Ausführung von GV-Beschlüssen* und die *Einwilligung sämtlicher Gründer* in unkorrekte Handlungen anlässlich der Gründungsphase. Zur Frage, wie weit diese Umstände die Verantwortlichkeit ausschliessen, vgl. hinten N 544 ff.

458 d) Die wirksame Entlastung lässt allfällige Ansprüche der Gesellschaft und der zustimmenden[897] Aktionäre – bei diesen jedoch nur solche auf

---

[893] Die herrschende Lehre nimmt an, dass der Verwaltung ein *Anspruch* auf Entlastung zusteht, vgl. MEIER-WEHRLI 129f.; SCHUCANY Art. 698 N 7; BÜRGI, Kommentar zu Art. 698 N 86. Anders zum Recht der deutschen GmbH der BGH, der ein Recht der Verwaltung auf Erteilung der Decharge und damit einen entsprechenden klageweise durchsetzbaren Anspruch verneint, vgl. AG 31 (1986) 21f.

[893a] Keine Entlastung wird in der Regel dem verdeckten Verwaltungsratsmitglied (zu diesem hinten N 701) erteilt werden, da dessen faktische Verwaltungstätigkeit der Generalversammlung nicht bekannt sein dürfte. (Ähnlich, aber mit anderer Begründung SAUBER § 18 VI.) Dagegen ist eine Entlastung von – formell gewählten – stillen Mitgliedern des Verwaltungsrates (zu diesem vgl. hinten N 699f.) möglich und m.E. in der generellen Entlastung der Verwaltung als Gesamtheit enthalten. (Ebenso neuestens SAUBER § 18 V.)

[894] Vgl. etwa BÜRGI, Kommentar zu Art. 695 N 6 und SCHUCANY Art. 695 N 2.

[895] Vgl. BGE 68 II 12ff. sowie amtlich nicht publizierten BGE in SAG 17 (1944/45) 228ff.; BÄTTIG, Verantwortlichkeit 27f.; BARBEY (zit. Anm. 778) 189ff.; HIRSCH, Organe de contrôle 207ff.; WEHRLI in SJZ 40 (1944) 314; JT 93 (1945) I 244f. Ein Anspruch besteht aber m.E. nicht; ebenso HIRSCH, Organe de contrôle 213f. und SCHOOP 136. Für einen solchen – aus Gewohnheitsrecht fliessenden – Anspruch offenbar SAG 36 (1964) 228.

[896] Ob eine Entlastung zugunsten der Gründer beschlossen werden kann, ist nicht geklärt. HOTZ (S. 200) scheint dies zu verneinen mit dem Hinweis darauf, die Decharge stelle eine Ratifikation von Handlungen innerhalb der Gesellschaft dar. Dem ist entgegenzuhalten, dass die Entlastung als «negatives Schuldanerkenntnis» – (so BGE 65 II 15 und 95 II 327) – auch hinsichtlich der Haftung der Gründer *möglich* sein muss. Die Voraussetzungen und Wirkungen entsprechen denen einer Entlastungserklärung zugunsten der Verwaltung. Wie den Mitgliedern der Kontrollstelle steht aber auch den Gründern *kein Anspruch* auf Decharge zu. So neuerdings auch SCHOOP 136.

[897] Stimmt ein Aktionär nur mit einem Teil seiner Aktien zu, so bleibt ihm das Klagerecht erhalten.

Ersatz des mittelbaren Schadens – *untergehen*⁸⁹⁸. Sie *schränkt* das Klagerecht auch der nicht zustimmenden Aktionäre ein⁸⁹⁹, hat dagegen *keinen Einfluss* auf die Ansprüche der Gläubiger.

e) Decharge kann – ohne dass es hiezu einer besonderen Begründung bedürfte – auch nur einzelnen Mitgliedern eines Kollegialorgans erteilt werden⁹⁰⁰. Da gegen jeden Solidarschuldner eine selbständige Einzelforderung besteht⁹⁰¹, *lässt* die Erteilung der *Entlastung an einzelne Organpersonen* die *Ansprüche* und Klagerechte *gegenüber den nicht entlasteten unberührt*⁹⁰². 459

Keinerlei Wirkung hat die Erteilung der Entlastung auf allfällige *Regressrechte*⁹⁰³. Der Haftpflichtige, der extern mehr als den seinem Verschulden entsprechenden Anteil zu tragen hatte, kann daher auch auf diejenigen Mitverantwortlichen Regress nehmen, denen Entlastung erteilt worden ist⁹⁰⁴. – Zur Frage, wann Regressansprüche durch Verjährung untergehen, vgl. hinten N 517f. 460

f) Zu erwähnen ist endlich, das die Decharge auf die *Verteilung der Beweislast keinen Einfluss hat*⁹⁰⁵. 461

2. Wirkungen des gültigen Entlastungsbeschlusses auf die Ersatzansprüche der Gesellschaft

a) Die wirksame Entlastung *bringt allfällige Schadenersatzansprüche der Gesellschaft* aus Aktienrecht⁹⁰⁶ *zum Erlöschen*⁹⁰⁷. Die Gesellschaft ist 462

---

⁸⁹⁸ Dazu N 462ff., 466ff.
⁸⁹⁹ Dazu N 471f.
⁹⁰⁰ Vgl. BARBEY (zit. Anm. 778) 35; EIGENMANN in SAG 27 (zit. Anm. 787) 147; MEIER-WEHRLI 120f.; E. SCHUCANY in SAG 30 (zit. Anm. 823) 260; BACK (zit. Anm. 780) 80; BÜRGI, Kommentar zu Art. 698 N 91.
⁹⁰¹ Vgl. vorn N 370.
⁹⁰² BARBEY (zit. Anm. 778) 153.
⁹⁰³ Zu diesen vgl. vorn N 401f., insbes. N 408. Immerhin entfallen die mit dem Regressrecht in der Regel konkurrierenden Ansprüche aus Subrogation der Gläubigerrechte nach OR 149 I, vgl. vorn N 408 bei Anm. 775.
⁹⁰⁴ BARBEY (zit. Anm. 778) 153f.
⁹⁰⁵ SIEGERT (zit. Anm. 778) 89f.
⁹⁰⁶ Dagegen werden m.E. Ansprüche aus anderer Haftungsgrundlage – besonders aus Arbeitsvertrag – von der Decharge nicht berührt; vgl. auch hinten N 585ff. Noch weniger entlastet die Decharge von Verpflichtungen, die ein Verwaltungsrat in privater Eigenschaft übernommen hat, vgl. Sem 76 (1954) 326.
⁹⁰⁷ SIEGERT (zit. Anm. 778) 103f.; BIGGEL 74; ferner PATRY, Précis II 253 und BGE 51 II 70. A.M. A. WIELAND in SJZ 38 (zit. Anm. 848) 375, wonach die Entlastung nur eine Einrede gegenüber der Geltendmachung solcher Ansprüche schaffen soll.

daher nach erteilter Decharge «nicht mehr berechtigt, gegen die Verantwortlichen vorzugehen»[908].

463 b) Von der Entlastung *nicht berührt* wird das selbständige Klagerecht des *Gläubigers aus mittelbarer Schädigung*[909], lediglich eingeschränkt dasjenige des nicht zustimmenden *Aktionärs*[910]. Dies ist im Hinblick auf den *Konkurs* von Bedeutung: Der Konkursverwaltung bleibt es trotz gültig erteilter Entlastung unbenommen, Klage aufgrund der Ansprüche der Gläubiger[911] oder allenfalls auch der Aktionäre[912] zu erheben[913]. Der Tatsache, dass die Konkursverwaltung als Vertreterin der in Liquidation befindlichen Gesellschaft an die Decharge gebunden ist[914], kommt daher nur beschränkte praktische Bedeutung zu, da entsprechende Ansprüche durch Ausübung des Klagerechts der Gläubiger und allenfalls der Aktionäre geltend gemacht werden können[915].

3. Wirkungen des gültigen Entlastungsbeschlusses auf die Ersatzansprüche der Aktionäre

464 a) Mit Bezug auf die Ansprüche der Aktionäre ist zu *differenzieren* zwischen unmittelbarer und mittelbarer Schädigung[916]. Im Hinblick auf die mittelbare Schädigung ist weiter danach zu unterscheiden, ob ein Aktionär der Decharge zugestimmt bzw. die Aktien in Kenntnis der Beschlussfassung erworben hat oder nicht.

---

[908] BGE, referiert in SAG 17 (1944/45) 199; BÜRGI/NORDMANN, Kommentar zu Art. 757 N 1; vgl. auch etwa BARBEY (zit. Anm. 778) 87.
[909] Vgl. vorn N 107f. und hinten N 473f.
[910] Dazu vorn N 40ff. und hinten N 464ff.
[911] Dazu vorn N 101f.
[912] Dazu vorn N 52.
[913] Vgl. FEHR 157.
[914] BÜRGI/NORDMANN, Kommentar zu Art. 756 N 7; ferner BIGGEL 74.
[915] Vgl. auch vorstehend N 53. Diese Konsequenz sollte freilich nur von denjenigen Autoren bejaht werden, die den Gläubigern und Aktionären ein eigenes Forderungsrecht aus mittelbarer Schädigung und nicht lediglich eine blosse Aktivlegitimation zur Geltendmachung des Gesellschaftsschadens zugestehen (zu diesem Problem vgl. vorn N 40ff.). Doch räumen auch die Vertreter der Auffassung, die dem Aktionär und Gläubiger aus mittelbarer Schädigung nur eine Prozessführungsbefugnis für Rechte der Gesellschaft zuerkennen wollen, ein, dass die Entlastung die Gläubiger- und Aktionärsklage nicht einschränkt, unabhängig davon, ob sie von der Konkursverwaltung oder von Gläubigern bzw. Aktionären direkt geltend gemacht wird (vgl. BÜRGI/NORDMANN, Kommentar zu Art. 757 N 2 und 758 N 5).
[916] Zur Unterscheidung vgl. vorn N 186ff.

b) Das Recht zur Geltendmachung *unmittelbaren Schadens* wird durch 465
Erteilung der Entlastung *nicht berührt*[917]. Dies gilt selbst dann, wenn ein
Aktionär der Entlastung zugestimmt hat[918].

c) Dagegen werden die Ansprüche der Aktionäre hinsichtlich ihres 466
mittelbaren Schadens durch die Entlastungserklärung zum Erlöschen
gebracht oder zumindest eingeschränkt. Dabei ist zu differenzieren:

aa) Hat der Aktionär dem Entlastungsbeschluss *zugestimmt* oder hat er 467
die Aktien seither «*in Kenntnis der Schlussnahme erworben*», so ist sein
Klagerecht wie das der Gesellschaft *untergegangen*[919].

Bezüglich der *Zustimmung* gilt dies freilich nur, falls sich der Aktionär 468
nicht infolge *Willensmangels* auf die Unverbindlichkeit seiner Stimmabgabe berufen kann[920].

Ein nachträglicher *Erwerb «in Kenntnis der Schlussnahme»* liegt nicht 469
schon dann vor, wenn der Erwerber um den formellen Entlastungsbeschluss
weiss. Vielmehr muss er über die Tragweite des Entlastungsbeschlusses im
konkreten Fall orientiert sein[921].

Hinsichtlich der *Beweislast* ist davon auszugehen, dass nach allgemeinen 470
Beweisregeln[922] derjenige, der ein Recht behauptet, die rechtsbegründenden
und der, der es bestreitet, die aufhebenden und hindernden Tatsachen zu
beweisen hat[923]. Stehen Rechtssätze im Verhältnis von Regel und Ausnahme
zueinander, sind die den Regelfall auslösenden Tatsachen als rechtsbegründend, die den Ausnahmefall auslösenden als rechtsaufhebend oder -hindernd zu behandeln[924]. Die Zustimmung des Aktionärs zum Dechargebeschluss ist eine *rechtsaufhebende* (dem Erlass nach OR 115 ähnliche), der
Erwerb in Kenntnis der Beschlussfassung eine *rechtshindernde* Tatsache,

---

[917] BÜRGI, Kommentar zu Art. 698 N 75, 116; PICENONI 165f.; BIGGEL 89; ZELLWEGER 31; FEHR 156; SIEGERT (zit. Anm. 778) 109; ferner vorn N 29 und die dort Anm. 85 zitierte Literatur.
[918] Vgl. vorn N 29 und dort Anm. 86.
[919] Vgl. etwa SIEGERT (zit. Anm. 778) 109; FEHR 156f.; BÜRGI/NORDMANN, Kommentar zu Art. 757 N 9; MEIER-WEHRLI 94.
[920] Vgl. PICENONI 175ff.; SENN 140f.; BÜRGI/NORDMANN, Kommentar zu Art. 757 N 8. Nach der Lehre ergeben sich keine Besonderheiten für die Geltendmachung der Drohung, Täuschung und des Erklärungsirrtums. Dagegen soll ein Grundlagenirrtum nur dann geltend gemacht werden können, wenn sich auch die Generalversammlung selbst darauf berufen könnte, wenn also mit anderen Worten die Generalversammlung ungenügend orientiert wurde, vgl. dazu etwa BGE 95 II 330.
[921] Vgl. PICENONI 176f.; MEIER-WEHRLI 95; SENN 141; BÜRGI/NORDMANN, Kommentar zu Art. 757 N 9; ferner BIGGEL 91.
[922] Vgl. etwa KUMMER (zit. Anm. 892) Art. 8 N 127ff.; MAX GULDENER: Beweiswürdigung und Beweislast nach schweizerischem Zivilprozessrecht (Zürich 1955) passim; HANS ULRICH WALDER: Zivilprozessrecht... (3.A. Zürich 1983) § 28 N 6ff.; WALTHER J. HABSCHEID: Schweizerisches Zivilprozess- und Gerichtsorganisationsrecht (Basel/Frankfurt 1986) N 871.
[923] Vgl. etwa als Anwendungsfälle BGE 109 II 190ff., 233 E aa, 341 E a, 443 E c.
[924] Vgl. etwa BGE 93 II 349f., 91 II 338, 74 II 205.

die damit der zur Verantwortung Gezogene zu beweisen hat, während der klagende Aktionär keine gegenteiligen Nachweise erbringen muss.

471 bb) Liegt keiner der vorn N 467f. erwähnten Tatbestände vor, dann wird das Klagerecht des Aktionärs durch die Entlastung zwar zeitlich *beschränkt, nicht aber aufgehoben.* Die Beschlussfassung der Mehrheit bindet daher den nicht zustimmenden[925] Aktionär nicht, worin ein Element des Minderheitenschutzes zu sehen ist.

472 Das Klagerecht des Aktionärs bleibt vielmehr erhalten, doch muss die Klage *innerhalb von sechs Monaten* seit der Beschlussfassung[926,927] *angehoben* werden. Es handelt sich hiebei um eine nicht zu unterbrechende[928] und nicht erstreckbare Verwirkungsfrist[929], die nur dann eingehalten ist, wenn die Klage innert Frist rechtshängig gemacht wurde[930,931]. Schon gar nicht genügt der blosse Protest bei der Gesellschaft[932].

---

[925] Nichtzustimmung genügt, ein Einspruch ist nicht erforderlich, vgl. SCHUCANY Art. 757.

[926] Erstreckt sich eine Transaktion über mehrere Geschäftsjahre und wird die Entlastung nicht spezifisch für Teilbereiche erteilt, dann beginnt der Fristenlauf erst mit der Generalversammlung, die nach Abschluss des Geschäfts stattfindet, vgl. SJZ 43 (1947) 93 Nr. 31.

[927] Fraglich ist, ob – wie dies das St. Gallische Handelsgericht annimmt (GVP 1983 Nr. 45 S. 110f. = SAG 58 [1986] 38) – die Sechsmonatsfrist von OR 757 allenfalls analog Anwendung finden kann in Fällen, in welchen rechtswidrig keine Generalversammlung einberufen wurde und damit auch keine Decharge erteilt werden konnte. M.E. zu Recht kritisch MERZ und STICHER in SAG 58 (1986) 40.

[928] Zur Präzisierung vgl. SPIRO (zit. Anm. 929) 1030ff.

[929] Dazu KARL SPIRO: Die Begrenzung privater Rechte durch Verjährungs-, Verwirkungs- und Fatalfristen (Bern 1975) II 909ff. Zur Kritik an der Ausgestaltung als Verwirkungsfrist SPIRO, a.a.O., 964 Anm. 34.

[930] Die Einleitung eines Sühnverfahrens gilt als Klageanhebung nur, wenn dieses obligatorisch ist und wenn ausserdem nach kantonalem Prozessrecht die Streitsache von Amtes wegen oder durch den Kläger innert einer bestimmten Frist vor den Richter gebracht werden muss, vgl. etwa BGE 98 II 181, mit weiteren Entscheiden; 81 II 538; 74 II 16f.; MEIER-WEHRLI 95 Anm. 61; BÜRGI/NORDMANN, Kommentar zu Art. 757 N 11; STRÄULI/MESSMER: Kommentar zur Zürcherischen Zivilprozessordnung (2. A. Zürich 1982) § 101 N 1; GULDENER (zit. Anm. 240) 242f. Vgl. ferner SJZ 43 (1947) 93f. Nr. 31. A.M., wohl nach damals geltender Zürcher Zivilprozessordnung unrichtig, SJZ 41 (1945) 276 Nr. 127.

[931] Denkbar ist immerhin – wenn die Klage bei einem unzuständigen Gericht oder mit einem «verbesserlichen Fehler» behaftet eingebracht wurde – die Ansetzung einer Nachfrist analog OR 139, vgl. dazu allgemein BGE 100 II 284 E. 3 und 98 II 183f. sowie VON TUHR/ESCHER 162 Anm. 14, mit Judikaturhinweisen dazu, dass die Nachfrist nach Art. 139 auch bei Verwirkungsfristen gewährt wird.

[932] Unrichtig MORANT 68.

4. Wirkungen des gültigen Entlastungsbeschlusses auf die Ersatzansprüche der Gläubiger

a) Soweit Gläubiger ihre eigenen materiellen Rechte geltend machen[933], zeitigt der Entlastungsbeschluss *keinerlei Wirkungen,* weder was ihre Klage für unmittelbaren noch was diejenige für mittelbaren Schaden betrifft[934]. Die Gläubiger können somit insoweit durch den Entlastungsbeschluss der Generalversammlung in ihren Rechten in keiner Weise beeinträchtigt werden[935].

Anders verhält es sich dagegen, wenn Gläubiger gestützt auf eine Abtretung im Sinne von SchKG 260 I den *Schaden der Gesellschaft* einklagen. Dieser Klage können die Beklagten das «entgegenhalten, was sie der Gesellschaft als solcher gegenüber vorbringen könnten»[936], also auch etwa die Einwendung, die Ansprüche seien aufgrund eines wirksamen Entlastungsbeschlusses untergegangen[937].

b) Da im Konkurs die Gläubigeransprüche in erster Linie durch die *Konkursverwaltung* geltend zu machen sind[938], kann diese somit gegen fehlbare Organpersonen auch dann vorgehen, wenn ihnen Entlastung erteilt wurde[939]. Die Wirkung der Decharge ist daher – falls die Gesellschaft in Konkurs fällt – als Schutz der fehlbaren Organe gegenüber Verantwortlichkeitsansprüchen weitgehend illusorisch.

5. Wirkungen nichtiger, anfechtbarer oder unverbindlicher Entlastungsbeschlüsse

a) Der Entlastungsbeschluss kann nicht nur für den einzelnen[940], sondern auch für die *Gesellschaft* als Ganzes *unwirksam oder teilweise unwirksam*

---

[933] Vgl. dazu vorn N 80 sowie N 102 in Verbindung mit N 41.
[934] Vgl. etwa nicht amtlich publizierten BGE in Sem 104 (1982) 228; PKG 1983, S. 47ff. (referiert auch in SAG 58 [1986] 191 Nr. 24); SCHIESS 85; BARBEY (zit. Anm. 778) 138; PICENONI 201; MEIER-WEHRLI 114; FEHR 157; BÜRGI, Kommentar zu Art. 695 N 4 sowie BÜRGI/NORDMANN, Kommentar zu Art. 757 N 2f.; VON GREYERZ, Aktiengesellschaft 301. Von anderen Voraussetzungen scheint BGE 67 II 175 auszugehen; vgl. aber BGer in SAG 17 (1944/45) 199 = JT 93 (1945) I 245.
[935] Vgl. BGE 67 II 175; der dortige Hinweis auf Sittenwidrigkeit eines die Gläubigerrechte tangierenden Entlastungsbeschlusses geht m.E. fehl, da sich die Entlastung gar nicht auf die Ansprüche der Gläubiger erstrecken kann.
[936] ZR 84 (1985) 139, dort jedoch zu Unrecht im Hinblick auf die auf eine Abtretung im Sinne von OR 756 II gestützte Klage ausgeführt.
[937] Vgl. FORSTMOSER, Schaden 76 und vorn N 237.
[938] Vgl. OR 756 I und vorn N 101ff.
[939] Vgl. vorn N 463.
[940] Dazu vorn N 468.

sein. Zu unterscheiden und für das Klagerecht der Gesellschaft sowie das der Aktionäre aus mittelbarer Schädigung bedeutsam sind Nichtigkeit, Unverbindlichkeit und Anfechtbarkeit der Decharge:

477   b) Ist der Entlastungsbeschluss absolut *nichtig,* dann entfaltet er keinerlei Wirkungen, weder gegenüber der Gesellschaft noch gegenüber Aktionären[941].

478   c) Der bloss *anfechtbare*[942] Entlastungsbeschluss ist grundsätzlich wirksam[943]. Er kann aber infolge Gutheissung einer Anfechtungsklage rückwirkend aufgehoben werden[944].

479   In volle Wirksamkeit erwächst der Beschluss, wenn er nicht innert Frist angefochten oder der Klage nicht stattgegeben wurde.

480   In der Praxis dürfte es ein Aktionär vorziehen, innerhalb der Sechsmonatsfrist von OR 757 direkt eine Verantwortlichkeitsklage anzubringen, ohne zunächst den Entlastungsbeschluss anzufechten[945].

481   d) Ist der Entlastungsbeschluss wegen *Willensmangels* der Generalversammlung als solcher[946] *unverbindlich*[947], dann steht der Gesellschaft wie den Aktionären nach herrschender Lehre und Praxis ein Klagerecht so lange zu, als die Gesellschaft bzw. die Generalversammlung die unverbindliche Entlastung nicht genehmigt hat und die Frist für die Geltendmachung des Willensmangels nicht abgelaufen ist[948].

---

[941] PICENONI 173; SCHLUEP 94.

[942] OR 706; die möglichen Anfechtungsgründe nennt SCHLUEP 94. – Mangelnde Information der Generalversammlung führt m.E. nicht zur Anfechtbarkeit, sondern zur Unwirksamkeit der Decharge schlechthin, vgl. vorn N 453.

[943] PICENONI 173; SENN 140; MEIER-WEHRLI 93. Die in OR 757 vorgesehene Frist beginnt daher zu laufen.

[944] MEIER-WEHRLI 93; PICENONI 173f.

[945] Ebenso SENN 139; PICENONI 173f.; MEIER-WEHRLI 93 Anm. 54.

[946] Zu Willensmängeln des Einzelaktionärs vgl. vorn N 468.

[947] Ob es eine einseitige Unverbindlichkeit wegen Willensmangels der Generalversammlung als solcher geben kann, ist freilich zweifelhaft. Eher dürfte die Entlastung in dem Umfang, in dem die Versammlung von irrigen Voraussetzungen ausging, gar keine Wirkungen zeitigen. So jedenfalls dann, wenn die Generalversammlung nicht oder ungenügend orientiert worden ist, vgl. vorn N 453.

[948] Vgl. PICENONI 174f.; ZBJV 70 (1934) 392ff.; weitere Hinweise bei PICENONI 174 Anm. 27. Nach PICENONI 175 soll die sechsmonatige Klagefrist von OR 757 erst von der Genehmigung der unverbindlichen Entlastung durch die Generalversammlung an laufen. Dies erscheint deshalb zweifelhaft, weil die Genehmigung das unverbindliche Rechtsgeschäft rückwirkend voll wirksam macht, vgl. VON TUHR/PETER 153; HUGO OSER/WILHELM SCHÖNENBERGER: Das Obligationenrecht, Zürcher Kommentar Bd. V; 1. Teil, Art. 1–183 (2. A. Zürich 1929) Art. 31 N 26; BECKER (zit. Anm. 768) Art. 31 N 12.

II. Infolge Urteils und Vergleichs

1. Allgemeines

Die Wirkungen von Urteil und Vergleich als Untergangsgründe für Verantwortlichkeitsansprüche sind in der Doktrin stark umstritten und durch die Judikatur kaum geklärt. Weitgehend offen sind insbesondere die Auswirkungen auf die Klagerechte von Aktionären und Gläubigern aus mittelbarer Schädigung. Die Antwort hängt von der Rechtsnatur dieser Rechte ab, dazu vorn N 40 ff. und 102.

2. Wirkungen auf die Klagerechte der Gesellschaft

a) Urteil und Vergleich *erledigen* die der Gesellschaft zustehenden Ansprüche, d.h. es stehen der Gesellschaft fortan nur noch die durch Urteil oder Vergleich zuerkannten Rechte zu.

Zu den Wirkungen eines mit der Gesellschaft abgeschlossenen Nachlassvertrages mit Vermögensabtretung vgl. vorn N 77 f.

b) Doch ist zu beachten, dass im *Konkurs* die Konkursverwaltung auch die *Klagerechte der Aktionäre*[949] und *Gläubiger*[950] aus mittelbarer Schädigung geltend machen kann. Soweit solche Rechte noch bestehen – was im folgenden[951] zu prüfen ist –, kommt dieser Erledigung daher nur beschränkte praktische Wirkung zu[952].

3. Wirkungen auf die Klagerechte von Aktionären

a) Wie die Entlastung[953] haben auch diese Formen der Erledigung von der *Gesellschaft* zustehenden Ansprüchen keinerlei Wirkungen auf die Rechte der Aktionäre aus *unmittelbarer Schädigung*[954]. Diese können daher weiterhin selbständig geltend gemacht werden.

b) Mit Bezug auf die Rechte von Aktionären aus *mittelbarer Schädigung* sind die Auffassungen geteilt[955].

---

[949] Dazu vorn N 51 ff.
[950] Dazu vorn N 100 ff.
[951] N 486 ff., 494 ff.
[952] Vgl. die Ausführungen zum analogen Problem bei der Entlastung vorn N 463.
[953] Dazu vorn N 465.
[954] SCHOOP 131.
[955] Die Entscheidung hängt davon ab, ob man dem Aktionär ein eigenes Forderungsrecht oder nur eine Legitimation zur Geltendmachung von Gesellschaftsforderungen zuerkennen will, dazu vorn N 40 ff.

488 aa) Zur Wirkung eines *Urteils* vgl. vorn N 45.

489 bb) Bezüglich eines durch die Gesellschaft abgeschlossenen *Vergleichs* werden in der Doktrin verschiedene Ansichten vertreten:

490 – Eine Lehrmeinung[956] will auf den Vergleich die in OR 757 für die *Entlastung* aufgestellte Ordnung *analog* anwenden. Praktisch hätte dies zur Folge, dass die dort vorgesehene Verwirkungsfrist von sechs Monaten zum Zuge käme[957]. Diese Ansicht wird mit Hinweisen auf die Materialien begründet[958]. Sie ist m.E. deshalb nicht haltbar, weil sie dem Umstand keine Rechnung trägt, dass der Vergleich durch die zur Geschäftsführung Berechtigten, die Entlastung dagegen durch die Generalversammlung beschlossen wird[959].

491 – PICENONI[960] vertritt eine modifizierte Auffassung: OR 757 soll analog zur Anwendung kommen, wenn den Verantwortlichen durch Vergleich eine «ungenügende Leistungspflicht auferlegt worden ist»[961]. Ist dagegen die auferlegte Entschädigung im Lichte des Prozessrisikos angemessen, so soll sie dem Aktionär das Klagefundament entziehen. – Diese Ansicht ist wohl schon deshalb abzulehnen, weil sie zu einer unerträglichen Rechtsunsicherheit führt und nicht praktikabel ist[962].

492 – Mit BÜRGI/NORDMANN[963] ist m.E. davon auszugehen, dass der Vergleich dem *Urteil gleichzusetzen* ist. Entgegen BÜRGI/NORDMANN führt dies freilich nach der hier vertretenen Ansicht über die Rechtsnatur des Klagerechts[964] dazu, dass ein Vergleich die *nicht zustimmenden Aktionäre*[965] hinsichtlich ihrer Klage aus mittelbarer Schädigung nicht bindet[966]. Dies hat zur Folge, dass der Vergleich für die potentiell haftpflichtigen Organpersonen die Ungewissheit darüber, abermals ins Recht gefasst zu werden, nicht beseitigt[967]. Es dürfte sich daher rechtfertigen, den Abschluss

---

[956] Vertreten durch MEIER-WEHRLI 152f., WILHELM 136, BIGGEL 153f. und BÜRGI, Kommentar zu Art. 698 N 81; vgl. aber BÜRGI/NORDMANN, Kommentar zu Art. 755 N 21, dazu unten N 492.

[957] Ferner wären vom Klagerecht auszuschliessen die Aktionäre, die dem Abschluss des Vergleichs zustimmten, sowie diejenigen, die ihre Aktien «in Kenntnis» des Vergleichs erworben haben, dazu vorn N 467ff.

[958] So MEIER-WEHRLI 152.

[959] Zum von der Generalversammlung genehmigten Vergleich vgl. nachstehend N 492.

[960] S. 179ff., insbes. 191.

[961] S. 191; gl.M. auch SCHLUEP 95.

[962] Gl.M. BARBEY (zit. Anm. 778) 71f.

[963] Kommentar zu Art. 755 N 21; anders noch BÜRGI, Kommentar zu Art. 698 N 81.

[964] Dazu vorn N 40ff.

[965] Dass Aktionäre, die einem durch die Gesellschaft abgeschlossenen Vergleich zustimmten, ihrerseits keine Klage aus mittelbarer Schädigung erheben können, folgt aus Treu und Glauben.

[966] Gl.M. VON GREYERZ, Aktiengesellschaft 301. Vgl. auch vorn N 40ff.

[967] Eine Aktionärsklage könnte freilich nur noch den Ersatz für nicht bereits aufgrund des Vergleichs ersetzten Schaden zum Gegenstand haben, WILHELM 136.

des Vergleichs durch die Generalversammlung genehmigen zu lassen[968]. In diesem Fall – und nur in diesem[969] – ist der Vergleich der Entlastung gleichzusetzen und führt zu einer Verkürzung der Frist für die Geltendmachung des Klagerechts der Aktionäre[970]. Stimmen nicht sämtliche Aktionäre dem Vergleich zu, ist es zum Schutze der vergleichswilligen Organpersonen weiter angezeigt, «die Wirksamkeit des Vergleichs von der Bedingung abhängig zu machen, dass innerhalb der auf den Vergleichsabschluss folgenden sechs Monate keine Verantwortlichkeitsklage durch einzelne Aktionäre eingebracht wird»[971].

Umstritten ist auch die *Wirkung eines durch die Konkursverwaltung abgeschlossenen Vergleichs*. Nach FEHR[972] und HOTZ[973] soll ein solcher Vergleich «aus praktischen Gründen» auch die nicht zustimmenden Aktionäre binden[974]. Diese Ansicht wird zudem damit begründet, dass der Abschluss eines Vergleichs eine Form der «Geltendmachung» des Anspruchs im Sinne von OR 756 I darstelle[975]. Dagegen soll nach der Ansicht von MEIER-WEHRLI[976] nur das Prozessführungsrecht, nicht aber das Recht, Vergleiche abzuschliessen, auf die Konkursverwaltung übergehen, weshalb nicht zustimmende Aktionäre auch in diesem Fall durch den Vergleich nicht gebunden wären. Zutreffender und sachgerechter dürfte die von BÜRGI/NORDMANN[977], HIRSCH[978] und SCHUCANY[979] vertretene und in der Rechtspraxis befolgte[980] Lösung sein: Da die Ansprüche der Aktionäre im Rahmen des Konkursverfahrens der AG erledigt werden, *muss konsequenterweise auch der Abschluss eines Vergleichs nach den konkursrechtlichen Regeln erfolgen*. Danach hat der vergleichsunwillige Aktionär die Möglichkeit, *die Vergleichssumme in die Konkursmasse einzuwerfen*, dadurch den *Vergleichsabschluss zu verhindern* und seine *Ansprüche selbst geltend zu machen*[981]. Verzichtet er darauf, ist der Vergleich für ihn verbindlich.

---

[968] Vgl. auch HOTZ 207.
[969] Vgl. aber die vorn N 489ff. vertretenen abweichenden Ansichten.
[970] Gl.M. nun auch SCHOOP 131.
[971] FEHR 159, ebenso MEIER-WEHRLI 153.
[972] S. 159.
[973] S. 218.
[974] Vgl. auch BGE 61 III 130f. – Zu dieser Ansicht tendiert – mit Bezug auf Gläubigerforderungen – auch SCHUBARTH 487. Anders aber der von SCHUBARTH erwähnte BGE vom 7.7.1982.
[975] In diesem Sinne BIGGEL 155, vgl. ferner SENN 161; BGE 67 III 39; 61 III 131; 52 III 66f.; 24 I 389ff.
[976] S. 153f.; vgl. auch GLASSON 286.
[977] Kommentar zu Art. 756 N 7ff.
[978] Responsabilité 253.
[979] Art. 756 a.E.; ähnlich auch SENN 162; E. FRICK 111.
[980] BlSchK 31 (1967) 121.
[981] Diese Möglichkeit bildete sich in der Rechtspraxis; vgl. BGE 78 III 138; BlSchK 31 (1967) 119ff.; 24 (1960) 188ff.; unklar dagegen BGE 67 III 39; 61 III 130ff.; 52 III 66f.

4. Wirkungen auf die Klagerechte von Gläubigern

494 Das für die Klagerechte der Aktionäre Ausgeführte gilt für die Gläubiger analog[982] mit der Ausnahme, dass die allfällige *Genehmigung* eines Vergleichs durch die Generalversammlung gegenüber den Gläubigern *wirkungslos* bleibt.

495 *Unmittelbaren* Schaden kann der Gläubiger unabhängig von der Erledigung von der Gesellschaft zustehenden Ansprüchen durch Urteil oder Vergleich unbeschränkt geltend machen[983].

496 Die Geltendmachung *mittelbaren Schadens* kommt erst im Konkurs im Betracht[984]. Sie ist eingeschränkt durch das primäre Klagerecht der Konkursverwaltung[985]. Zur Möglichkeit der Konkursorgane, diesbezügliche Vergleiche abzuschliessen, und zu deren Wirkungen vgl. das vorn N 493 Gesagte.

5. Wirkungen von Urteil und Vergleich bei solidarischer Haftung

Vgl. dazu vorn N 371 und insb. Anm. 680 hinsichtlich der Wirkungen eines Vergleichs.

6. Exkurs: Wirkungen des Verzichts

497 Dem Vergleich entsprechend ist auch ein allfälliger *Verzicht* zu behandeln. Dabei ist zu betonen, dass ein solcher auch im Verantwortlichkeitsrecht *nicht leichthin anzunehmen* ist[986].

III. Infolge Verjährung und Verwirkung

1. Übersicht

498 a) OR 760 sieht *drei Verjährungsfristen* vor: Grundsätzlich sollen Verantwortlichkeitsansprüche innert fünf Jahren seit Kenntnis des Geschädigten vom Schaden und der Person des Ersatzpflichtigen verjähren.

---

[982] Vgl. auch MEIER-WEHRLI 154f.
[983] Vgl. SCHOOP 131.
[984] Vgl. OR 758 und vorn N 95ff.
[985] Vgl. OR 756 und vorn N 100ff.
[986] Vgl. ZR 84 (1985) Nr. 57 S. 142 E VI. 1.

Spätestens aber soll die Verjährung nach Ablauf von zehn Jahren, vom Tage der schädigenden Handlung an gerechnet, eintreten. Vorbehalten bleibt eine allfällige strafrechtlich vorgesehene längere Verjährung, die auch für den Zivilanspruch gelten soll.

Dieses System entspricht dem in OR 60 für die Klage aus unerlaubten Handlungen vorgesehen, mit der Ausnahme, dass an die Stelle der einjährigen eine fünfjährige ordentliche Verjährungsfrist tritt[987].

Zu erinnern ist sodann an die kurze *Verwirkungsfrist* von OR 757, dazu vorn N 472.

b) Die Verjährung ist im Verantwortlichkeitsrecht somit einheitlich geregelt, unabhängig davon, ob vertragliche, vertragsähnliche oder ausservertragliche Ansprüche zur Diskussion stehen[988], unabhängig ferner davon, ob die Klage auf Ersatz unmittelbaren oder bloss mittelbaren Schadens geht[989].

2. Die ordentliche fünfjährige Verjährungsfrist und die Verjährung im allgemeinen

a) Die ‹Verjährungsfrist beträgt *fünf Jahre* «von dem Tage an, an dem der Geschädigte Kenntnis vom Schaden und von der Person des Ersatzpflichtigen erlangt hat»[990].

b) *Kenntnis* liegt nach der Formel des Bundesgerichts vor, wenn der Geschädigte «die Beschaffenheit und die wesentlichen Merkmale, d.h. alle tatsächlichen Umstände kennt, die geeignet sind, eine Klage zu veranlassen und zu begründen»[991]. Kenntnis des *Schadens* liegt nicht schon vor, wenn dem Geschädigten «bekannt ist, dass er geschädigt wurde, sondern erst,

---

[987] Ebenso MEIER-WEHRLI 143; BÜRGI/NORDMANN, Kommentar zu Art. 760 N 3; vgl. auch SPIRO (zit. Anm. 929) 708f.
[988] Dazu vorn N 131ff.
[989] Ebenso MEIER-WEHRLI 143; BÜRGI/NORDMANN, Kommentar zu Art. 760 N 6; VON GREYERZ, Aktiengesellschaft 301 sowie SCHOOP 129.
[990] OR 760 I, ebenso OR 60 I.
[991] BGE 96 II 41; vgl. auch etwa BGE 100 II 341f.; 93 II 502f.; 92 II 4; 89 II 404; 74 II 34; ZR 66 (1967) Nr. 107 S. 210; SCHWANDER (zit. Anm. 1018) 12ff., 132f.

wenn er weiss, worin der Schaden besteht und wie hoch er ist»⁹⁹². Kenntnis der *Person* des Ersatzpflichtigen kann «nicht schon dann bejaht werden, wenn der Geschädigte vermutet, die betreffende Person könnte Ersatz schulden, sondern erst, wenn er die Tatsachen kennt, die ihre Ersatzpflicht begründen»⁹⁹³.

504 Die blosse *Möglichkeit der Kenntnis genügt nicht.* Dagegen ist in der *Lehre* umstritten, ob die Frist erst mit der *tatsächlichen* Kenntnis zu laufen beginnt⁹⁹⁴ oder ob es ausreicht, wenn der Geschädigte bei nach den Umständen zumutbarer Aufmerksamkeit und Anstrengung Kenntnis haben *musste*⁹⁹⁵. Die *bundesgerichtliche Praxis* folgt der ersten Ansicht und verlangt konkrete *Kenntnis*⁹⁹⁶.

505 *Nicht erforderlich* ist, dass der Geschädigte sich der *rechtlichen Qualifikation* des in Frage stehenden Tatbestandes bewusst ist: «Rechtsirrtum, sei er entschuldbar oder nicht, steht dem Lauf der Verjährung nicht im Wege»⁹⁹⁷.

506 c) Bezüglich der einzelnen Klageberechtigten ist im Hinblick auf den *Beginn des Fristenlaufs* festzuhalten:

507 aa) *Kenntnis der AG* ist dann anzunehmen, wenn die mit der Geschäftsführung beauftragten Organpersonen oder einzelne von ihnen Kenntnis erlangt haben⁹⁹⁸. Falls sämtliche mit der Geschäftsführung beauftragten Organpersonen rechtswidrig handelten, wird man Kenntnis erst dann annehmen dürfen, wenn die Generalversammlung die nötigen Informationen erlangt hat⁹⁹⁹ oder wenn diese sämtlichen Aktionären zur Kenntnis kamen.

---

⁹⁹² BGE 82 II 44. Vgl. auch BGE 109 II 433: Erforderlich ist, dass der Geschädigte «alle tatsächlichen Umstände kennt, die geeignet sind, eine Klage zu veranlassen und zu begründen». – Vgl. ferner BGE 112 V 158, wonach eine Ausgleichskasse Kenntnis des Schadens im Sinne von AHVV 82 I erlangt «au moment où elle aurait dû se rendre compte, en faisant preuve de l'attention raisonnable exigible, que les circonstances effectives ne permettaient plus d'exiger le paiement des cotisations, mais pouvaient entraîner l'obligation de réparer le dommage...» (mit Hinweis auf BGE 108 V 52). Dass der Geschädigte bereits den genauen Schadensbetrag kennt, ist dagegen für den Beginn des Fristenlaufs nicht erforderlich, vgl. BGE 112 V 268, mit Hinweisen. – Zum Beginn der Kenntnis vgl. neuestens auch OFTINGER/STARK § 16 N 349ff.

⁹⁹³ BGE 82 II 44f.; Näheres bei OFTINGER/STARK § 16 N 359ff.

⁹⁹⁴ So BECKER (zit. Anm. 768) Art. 60 N 6 sowie BÜRGI/NORDMANN, Kommentar zu Art. 760 N 8.

⁹⁹⁵ So SPIRO (zit. Anm. 929) I 185 und SCHOOP 129.

⁹⁹⁶ BGE 109 II 435, mit zahlreichen Hinweisen auf Literatur und Judikatur; vgl. auch HANS MERZ in ZBJV 121 (1985) 194f.

⁹⁹⁷ BGE 82 II 45.

⁹⁹⁸ Ebenso wohl auch SCHOOP 129; Näheres dazu bei HEINZ REICHWEIN: Wie weit ist der Aktiengesellschaft und anderen juristischen Personen das Wissen ihrer Organe zuzurechnen (sog. Wissensvertretung)?, SJZ 66 (1970) 1ff.

⁹⁹⁹ Ebenso BÜRGI/NORDMANN, Kommentar zu Art. 760 N 9.

bb) Der vorerwähnte Grundsatz ist zu modifizieren im *Konkurs:* Nach herrschender Lehre soll in diesem Fall die Verjährung frühestens mit der Konkurseröffnung oder – genauer – mit der Bestellung der Konkursverwaltung zu laufen beginnen, da diese vor ihrer Konstituierung die erforderlichen Kenntnisse unmöglich haben kann[1000]. Ob dies auch dann zutrifft, wenn die Konkursmasse Schadenersatzansprüche der Gesellschaft einklagt, hat das Bundesgericht ausdrücklich offengelassen[1001]. Bejaht wurde dagegen, dass die Frist zur Geltendmachung von Ansprüchen der Gesellschaftsgläubiger nach OR 756 I frühestens mit der Konkurseröffnung zu laufen beginnt[1002].

cc) Für den *Aktionär* beginnt der Fristenlauf – unabhängig davon, ob er unmittelbaren oder bloss mittelbaren Schaden geltend macht – mit seiner Kenntnis in dem vorn N 503 umschriebenen Sinn[1003]. Fraglich ist, ob die Frist *nach Konkurseröffnung* bis zur Abtretung im Sinn von OR 756 II ruht. BÜRGI/NORDMANN[1004] nehmen dies unter Berufung auf OR 134 I Ziff. 6 an. Dem ist entgegenzuhalten, dass die Forderung des Aktionärs auch im Konkurs geltend gemacht werden kann, wenn auch zunächst nur durch die Konkursverwaltung[1005].

dd) Die Frist für die Geltendmachung des Klagerechts des *Gläubigers* aus *mittelbarer Schädigung* kann erst zu laufen beginnen, wenn über die AG der Konkurs eröffnet worden ist, da vorher kein Rechtsanspruch besteht[1006]. In der Regel wird aber für den Gläubiger die Frist nicht vor Auflegung des Kollokationsplanes zu laufen beginnen, da er erst in diesem Zeitpunkt den Umfang seines Schadens kennt oder wenigstens einigermas-

---

[1000] So MEIER-WEHRLI 144f. und BÜRGI/NORDMANN, Kommentar zu Art. 760 N 12.
[1001] Vgl. BGE 97 II 410. Konsequenterweise wird man dies verneinen müssen, es sei denn, die Generalversammlung sei nicht informiert worden. Zu letzterem Tatbestand vgl. Sem 106 (1984) 483ff., 487: Für pflichtwidriges Verhalten des einzigen Verwaltungsrates, das weder der Generalversammlung aufgezeigt wurde noch in den Büchern der Gesellschaft erschien, beginnt der Fristenlauf erst mit der Kenntnis seitens der Konkursverwaltung. – Soweit Ansprüche der Gesellschaft verjährt sind, hat aber die Konkursverwaltung allenfalls die Möglichkeit, solche der Gesellschaftsgläubiger und allenfalls von Aktionären geltend zu machen, vgl. vorn N 101, 52.
[1002] BGE 102 II 357; 97 II 410; 87 II 298 E 4; ebenso SCHIESS 74.
[1003] So SCHOOP 130; a.M. BÜRGI/NORDMANN, Kommentar zu Art. 760 N 14, wonach der Lauf der Verjährung bei der Geltendmachung mittelbaren Schadens von der *Kenntnis der Gesellschaft und nicht des Aktionärs* abhängen soll. Die unterschiedlichen Stellungnahmen erklären sich aus der verschiedenen rechtlichen Qualifizierung des Klagerechts des Aktionärs, dazu vorn N 40ff.
[1004] Kommentar zu Art. 760 N 14.
[1005] Vgl. OR 756 I.
[1006] OR 758, dazu vorn N 95; BGE 97 II 410; 87 II 300; PKG 1983 S. 47ff. (referiert auch in SAG 58 [1986] 191 Nr. 24); vgl. auch BÄTTIG, Verantwortlichkeit 31.

sen abschätzen kann[1007]. Fraglich ist dagegen, ob man die Frist erst «frühestens im Zeitpunkt der Abtretung des Anspruchs durch die Konkursverwaltung» laufen lassen will[1008] oder ob – was mir richtiger scheint – der Fristenlauf bereits beginnt, wenn zwar nicht der Gläubiger, wohl aber die Konkursverwaltung für ihn[1009] klageberechtigt ist[1010].

511 Für die Klage aus *unmittelbarem Schaden* beginnt der Fristenlauf mit der Kenntnis im Sinne von vorn N 448 ff.

512 ee) Zum Zeitpunkt der Kenntnis des Schadens im Sozialversicherungsrecht vgl. BGE 108 II 50 ff.

513 d) Hat ein Ersatzpflichtiger für *mehrere zu Schadenersatz verpflichtende Handlungen* einzustehen, so beginnt für jede die Verjährung gesondert zu laufen[1011]. Dagegen ist ein fortgesetztes, auf einheitlichem Willensentschluss beruhendes Verhalten als Einheit zu betrachten, und zwar auch dann, wenn sich einzelne nacheinander auftretende Elemente der Schadenszufügung ermitteln lassen. Die Verjährung beginnt dann erst mit dem Abschluss der schädigenden Handlungen oder Unterlassungen zu laufen[1012].

514 Liegt das schuldhaft pflichtwidrige Verhalten darin, dass der Ersatzpflichtige nicht tätig geworden ist, dann beginnt die Frist erst mit dem Tage zu laufen, an welchem spätestens hätte gehandelt werden müssen[1013].

515 e) Bei *mehreren Ersatzpflichtigen* ist der Beginn des Fristenlaufs – da gegen jeden Solidarschuldner eine selbständige Einzelforderung besteht[1014] – *für jeden gesondert zu prüfen.*

516 Fraglich scheint mir, ob – wie SPIRO[1015] dies annimmt – im Falle einer Mehrheit von Ersatzpflichtigen neben den Einzelverjährungen auch noch eine *Gesamtverjährung* anzunehmen ist, «die läuft, sobald und solange ein Anspruch gegen einen Schuldner erhoben werden kann»[1016]. Bejaht man dies, so kämen die Solidarschuldner praktisch in den Genuss der kürzesten Verjährungsfrist, die für einen von ihnen gilt. Dies scheint mir in

---

[1007] Vgl. BGE 87 II 300; 97 II 410; BÄTTIG, Verantwortlichkeit 31. Abzulehnen ist es dagegen, auf den Zeitpunkt des Abschlusses des Konkursverfahrens abzustellen, obwohl erst dann der genaue Schadensumfang bekannt ist (vgl. BGE 108 V 50 ff. zur Problematik im Sozialversicherungsrecht).
[1008] So BÜRGI/NORDMANN, Kommentar zu Art. 760 N 13, und Zivilgericht des Kantons Glarus in einem nicht veröffentlichten Entscheid vom 5.9.1985.
[1009] OR 756 I.
[1010] Vgl. zur gleichen Problematik bei der Aktionärsklage vorn N 509.
[1011] SENN 173; BÄTTIG, Verantwortlichkeit 31.
[1012] Vgl. BGE 112 II 189; 109 IV 85; 102 II 357 (vgl. aber dort S. 360); 92 II 4 f.; 89 II 404, 417; 74 II 37; SJZ 43 (1947) 93 Nr. 31; BÄTTIG, Verantwortlichkeit 31; MEIER-WEHRLI 145; BÜRGI/NORDMANN, Kommentar zu Art. 760 N 10.
[1013] Sem 106 (1984) 170.
[1014] Vgl. vorn N 370.
[1015] (Zit. Anm. 929) I 129 ff., 255 f.
[1016] S. 255.

theoretischer Hinsicht problematisch im Hinblick auf die Selbständigkeit der Forderungen gegen die einzelnen Solidarschuldner, in praktischer Hinsicht deswegen, weil damit auch der wegen einer strafbaren Handlung Verantwortliche und gemäss OR 760 II grundsätzlich einer längeren Verjährungsfrist Unterstehende unangemessen begünstigt würde[1017].

f) Für *Regressansprüche* ist ebenfalls eine *fünfjährige Frist* entsprechend OR 760 I anzunehmen, die *mit der Befriedigung des Gläubigers zu laufen beginnt*[1018].

Nach SPIRO[1019] können Regressrechte dann nicht mehr geltend gemacht werden, wenn der *Regressverpflichtete gegenüber dem Hauptgläubiger infolge Verjährung nicht mehr leisten müsste*. Diese Konsequenz erscheint zwar angemessen im Verhältnis des aus einer strafbaren Handlung Ersatzpflichtigen zu den übrigen Haftpflichtigen, da diesen gegenüber sonst die kürzere fünfjährige Verjährungsfrist illusorisch werden könnte[1020]. Sie erscheint aber ungerechtfertigt in Fällen, in denen mehrere Haftpflichtige im wesentlichen für dasselbe Verhalten einzustehen haben, die Verjährungsfristen aber zu verschiedenen Zeitpunkten zu laufen beginnen[1020a]. Immerhin dürfte dieser Fall deshalb selten eintreten, weil die Unterbrechung der Verjährung gegenüber einem Solidarschuldner auch gegen die anderen wirkt[1021] und jede Gerichtshandlung bzw. jeder Betreibungsakt die Verjährung erneut unterbricht[1022].

g) Zur *Unterbrechung* der Verjährung vgl. OR 135 ff. und dazu VON TUHR/ESCHER 224 ff., OFTINGER/STARK § 16 N 369 ff. sowie SPIRO[1023] Bd. I 289 ff.

Zum *Verzicht auf die Einrede* der Verjährung vgl. OR 141, insbes. Abs. 2, und dazu OFTINGER/STARK § 16 N 389a ff., VON TUHR/ESCHER 231 f., SPIRO[1024] Bd. I 544 ff., 847 ff. und SCHWANDER[1025] 3.

[1017] Ähnlich BÜRGI/NORDMANN, Kommentar zu Art. 760 N 16.
[1018] Vgl. VON TUHR/ESCHER 314 Anm. 128; OFTINGER 355; WERNER SCHWANDER: Die Verjährung ausservertraglicher und vertraglicher Schadenersatzforderungen (Diss. Freiburg i.Ue. 1963) 40 f.; ferner OFTINGER/STARK § 16 N 387 ff.
[1019] (Zit. Anm. 929) I 492 ff.
[1020] Ebenso BÜRGI/NORDMANN, Kommentar zu Art. 760 N 17.
[1020a] Überzeugend OFTINGER/STARK § 16 N 388, wo differenziert wird zwischen dem Regressrecht nach OR 148 (das mit der Zahlung des Regressberechtigten zu verjähren beginnt) und den Ansprüchen auf Subrogation aufgrund von OR 149 I (die mit laufender Verjährung auf den zahlenden Solidarschuldner übergehen und daher früher verjähren können als die Regressforderungen).
[1021] OR 136 I.
[1022] OR 138.
[1023] Zit. Anm. 929.
[1024] Zit. Anm. 929.
[1025] Zit. Anm. 1018.

3. Die absolute zehnjährige Verjährungsfrist

521   Subsidiär ist in OR 760 I eine Verjährungsfrist von zehn Jahren, vom Tage der schädigenden Handlung[1026] an gerechnet, vorgesehen. Diese Frist gilt *absolut, ohne Rücksicht auf das Wissen der Geschädigten*[1027] und auch ohne Rücksicht darauf, ob die Klage vor Ablauf der Frist überhaupt angehoben werden konnte[1028].

4. Längere Verjährungsfristen bei strafbaren Handlungen[1029]

522   a) Leitet sich die Klage aus einer strafbaren Handlung her, so soll nach OR 760 II die zivilrechtliche Forderung nicht vor dem Strafanspruch verjähren[1030]. Dieser Vorbehalt beruht auf der Überlegung, es sei nicht gerechtfertigt, die zivilrechtlichen Ansprüche zu versagen, solange die den Täter in der Regel härter treffende strafrechtliche Verfolgung noch möglich ist[1031]. Massgebend ist dabei nicht die im konkreten Fall (allenfalls) ausgesprochene Strafe, sondern die gesetzliche *Strafandrohung*, und zwar die für den betreffenden Tatbestand vorgesehene höchste Strafandrohung[1032].

523   Nach herrschender Lehre und feststehender Praxis bezieht sich die *Verlängerung auf beide in Abs. 1 genannten Verjährungsfristen,* nicht nur auf die zehnjährige[1033].

524   Da die ordentliche Verjährungsfrist im Rahmen von OR 760 fünf Jahre beträgt, ist die Ausnahmebestimmung hier weniger wichtig als bei OR 60 I und der dort vorgesehenen einjährigen Frist[1034].

[1026] Zum Beginn des Fristenlaufs bei einer Mehrheit von Handlungen vgl. vorn N 513.

[1027] MEIER-WEHRLI 142f.; OFTINGER/STARK § 16 N 366.

[1028] BGE 102 II 357; SCHOOP 130; insbesondere kann es Gläubigern wegen OR 758 allenfalls vor Ablauf der zehnjährigen Frist gar nicht möglich gewesen sein, von ihrem Klagerecht Gebrauch zu machen.

[1029] Vgl. hierzu auch SCHWANDER (zit. Anm. 1018) 25ff. sowie OFTINGER/STARK § 16 N 373ff.

[1030] Ebenso OR 60 II, vgl. daher auch die Literatur und Judikatur zu jener Bestimmung.

[1031] Vgl. BGE 91 II 432f.; 77 II 319; 62 II 283; FEHR 160; MEIER-WEHRLI 146; BÄTTIG, Verantwortlichkeit 31f.

[1032] Vgl. Rep 118 (1985) 369: Zehnjährige Verjährungsfrist bei Erfüllung des mit Zuchthaus bedrohten Betrugstatbestandes (vgl. Anm. 1034), obschon im konkreten Fall nur eine Gefängnisstrafe ausgesprochen wurde.

[1033] So BGE 107 II 155; 106 II 215; 60 II 35; 49 II 357ff.; GUHL/MERZ/KUMMER 178; FUNK Art. 760 N 2; VON TUHR/PETER 439; THOMAS BÄR: Gedanken zur praktischen Anwendung der strafrechtlichen Verjährungsfristen im Zivilprozess (Art. 60 Abs. 2 OR), SJZ 61 (1965) 74; a.M. SPIRO (zit. Anm. 929) I 204, 206, wonach sich die Verlängerung nur auf die absolute, zehnjährige Verjährungsfrist beziehen soll.

[1034] Vgl. StGB 70, wonach die Strafverfolgung in zwanzig Jahren verjährt, wenn die Strafverfolgung mit lebenslänglichem Zuchthaus bedroht ist, in zehn Jahren, wenn sie mit Zuchthaus bedroht ist, in *fünf* Jahren, wenn sie mit einer anderen Strafe bedroht ist.

b) Voraussetzung ist das *Vorliegen einer strafbaren Handlung,* wobei 525
alle bundes- oder kantonalrechtlichen Straftatbestände in Betracht kommen[1035]. Erfüllt sein müssen nach neuer Bundesgerichtspraxis sowohl der
objektive wie auch der *subjektive* Teil des Tatbestandes[1036]. Nicht vorausgesetzt ist die Verurteilung des Verantwortlichen oder auch nur die Anhebung
einer Strafverfolgung[1037].

Der Zivilrichter ist an die Beurteilung durch den *Strafrichter* gebunden[1038]. Dies gilt nicht nur für die Verurteilung, sondern auch für den 526
Freispruch, und zwar nach neuer Bundesgerichtspraxis unabhängig davon,
ob die Strafbarkeit des Täters im Strafverfahren wegen Fehlens des
objektiven oder des subjektiven Tatbestandes verneint worden ist[1039]. Liegt
kein strafrichterlicher Entscheid vor, hat der Zivilrichter vorfrageweise zu
entscheiden, ob eine strafbare Handlung gegeben ist[1040].

c) Die Frist nach OR 760 II *beginnt mit der Straftat*[1041]. Ihre Dauer 527
richtet sich nach StGB 70[1042]. Massgebend ist dabei die für ein Delikt
angedrohte Höchststrafe[1043].

Während der Dauer der strafrechtlichen Verjährungsfrist kann der 528
Geschädigte die *zivilrechtliche Frist unterbrechen* mit der Wirkung, dass
die ordentliche zivilrechtliche Frist neu zu laufen beginnt[1044]. Die absolute

---

[1035] BGE 71 II 156.
[1036] Vgl. BGE 106 II 213 ff., 217 ff. und nachstehend Anm. 1039.
[1037] BGE 100 II 335, mit Hinweisen auf Literatur und Judikatur.
[1038] BGE 97 II 138; 96 II 43; 93 II 501. Die Bindung betrifft aber nur das Vorliegen eines – verjährungsverlängernden – Straftatbestandes an sich. Dagegen ist der *Zivilrichter* von Bundesrechts wegen (OR 53 II) verpflichtet, über die *Schuldfrage* und die *Schadensfeststellung* ohne Rücksicht auf ein vorausgegangenes Strafurteil *frei zu entscheiden,* während es im übrigen dem kantonalen Recht frei steht, die Verbindlichkeit des Strafurteils für den Zivilrichter vorzusehen, vgl. BGE 107 II 157 ff. – Auch der *Sozialversicherungsrichter* ist an die Beurteilung des Verschuldens durch den Strafrichter nicht gebunden, vgl. BGE 110 V 177.
[1039] So BGE 106 II 213 ff., 217 ff., mit ausführlicher Begründung. Die Praxis war mehrmals schwankend, vgl. die Hinweise in BGE 106 II 217 f.
[1040] BGE 112 II 188 f.; FEHR 160; BÜRGI/NORDMANN, Kommentar zu Art. 760 N 29; FUNK Art. 760 N 2; nach BGE 62 II 283 soll der Zivilrichter auch dann entscheiden können, wenn ein Strafverfahren zwar im Gange, zum Zeitpunkt der Klageerhebung aber noch nicht entschieden ist.
[1041] Vgl. StGB 71 I; HANS SCHULTZ: Einführung in den Allgemeinen Teil des Strafrechts I (4.A. Bern 1982) 248; ROBERT HAUSER/JÖRG REHBERG: Strafrecht I Verbrechenslehre (3.A. Zürich 1983) 206; BGE 96 II 44 f.
[1042] Und nicht etwa nach der absoluten Verjährungsfrist von StGB 72 Ziff. 2 II, vgl. BGE 100 II 321 und 112 V 163.
[1043] Rep 117 (1984) 369 und vorn N 522 a.E. .
[1044] Vgl. SPIRO (zit. Anm. 929) I 199. Dagegen wird in BGE 97 II 141 angenommen, es beginne die Frist «jeweils mit der ursprünglichen Dauer von neuem», was dazu führt, dass nicht die zivilrechtliche, sondern die (längere) strafrechtliche Frist neu zu laufen beginnt. Diese Folgerung widerspricht m.E. dem Sinn des Vorbehalts von OR 760 II und 60 II, vgl. dazu vorn N 522.

Verjährungsfrist des Strafrechts[1045] findet daher auf den Zivilanspruch keine Anwendung[1046].

529   d) Die *längere strafrechtliche Frist gilt* zunächst für den *Täter* selbst, nach wohl herrschender Lehre auch für seine *Erben*[1047]. Stark *umstritten* war, ob die längere strafrechtliche Verjährungsfrist auch gegenüber *juristischen Personen* Anwendung finden soll, die für strafbare Handlungen von Organpersonen einzustehen haben[1048]. In einem neuen Entscheid hat das Bundesgericht diese Frage nun unter Berufung auf BÄR und SPIRO *bejaht*[1048a]. *Keine Anwendung* findet die Verlängerung auf *solidarisch Ersatzpflichtige,* die nur zivilrechtlich haften[1049].

[1045] StGB 72 Ziff. 2 II.

[1046] So ausdrücklich BGE 97 II 140; ebenso mit überzeugender Begründung SPIRO (zit. Anm. 929) I 199.

[1047] So SPIRO (zit. Anm. 929) I 208; SCHUMACHER 242 Anm. 48, mit weiteren Hinweisen; A. VOLKEN: Studie zur längeren strafrechtlichen Verjährung bei der Haftung juristischer Personen, RVJ 1981, 394ff., 396f., mit weiteren Hinweisen; vgl. auch BÄR (zit. Anm. 1033) 75 und die dort erwähnten kantonalen Entscheide. A.M. FUNK Art. 760 N 2 a.E.; OSER/SCHÖNENBERGER (zit. Anm. 948) zu Art. 60 N 15; VON TUHR/PETER 439; differenzierend ENGEL (zit. Anm. 709) 389.

[1048] Verneinend BGE 55 II 28, wo zwar die längere Frist auf eine juristische Person angewendet wurde, aber nur deshalb, weil es sich um eine Einmann-Gesellschaft handelte; verneinend auch BÜRGI, Kommentar zu Art. 718 N 24, und BECKER (zit. Anm. 768) Art. 60 N 4; befürwortend dagegen BÄR (zit. Anm. 1033) 75 und SPIRO (zit. Anm. 929) I 209; offen BÜRGI/NORDMANN, Kommentar zu Art. 760 N 27. In BGE 107 II 155f. rückte das Bundesgericht etwas von seiner früheren Praxis ab und anerkannte es, dass die Anwendung der längeren strafrechtlichen Verjährungsfrist auch gegenüber der juristischen Person «in der Tat mit dem Organbegriff des schweizerischen Rechts in Einklang [stünde], nach welchem die Organe Teil der juristischen Person selbst sind und ihr Handeln deshalb nicht als Handeln für eine andere Person aufzufassen ist. Es verzichtete aber auf eine definitive Stellungnahme, weil im konkreten Fall der bisherige Vorbehalt der wirtschaftlichen Identität zwischen fehlbarem Organ und Gesellschaft ausreiche, um die längere strafrechtliche Verjährungsfrist zur Anwendung zu bringen.

[1048a] BGE 112 II 189.

[1049] FUNK Art. 760 N 2 a.E.; MEIER-WEHRLI 146 Anm. 35; BÜRGI/NORDMANN, Kommentar zu Art. 760 N 28. – Zur Frage, ob sich eine Verlängerung der Möglichkeit der Inanspruchnahme indirekt aus den Regressansprüchen des aus strafbarer Handlung Haftpflichtigen ergibt, vgl. vorn N 518.

5. Die Verwirkungsfrist von OR 757

Vgl. dazu vorn N 466 ff.

6. Exkurs: Rechtsmissbräuchliche Verzögerung der gerichtlichen Geltendmachung

Nur ganz ausnahmsweise wird man einem zur Klage Legitimierten die Einrede des Rechtsmissbrauchs entgegenhalten können[1050, 1051]. Nach der Auffassung des Bundesgerichts[1052] ist die «Verzögerung in der Geltendmachung eines Rechtsanspruches... nur dann rechtsmissbräuchlich, wenn aus dem Stillschweigen entweder mit Sicherheit auf einen Verzicht geschlossen werden darf oder aber wenn aus der Verzögerung dem Partner Nachteile erwachsen»[1053]. Dazu ist festzuhalten, dass dann, wenn auf einen Verzicht geschlossen werden darf, eine Berufung auf Rechtsmissbrauch weder nötig noch möglich ist: Der Anspruch ist dann eben infolge Verzichts untergegangen[1054], für die Einrede des Rechtsmissbrauchs bleibt kein Raum.

Damit kommt eine Berufung auf Rechtsmissbrauch wohl nur dann in Betracht, wenn dem Beklagten *aus der Verzögerung Nachteile erwachsen,* d.h. insbesondere dann, wenn der Berechtigte «mit der Geltendmachung des Anspruchs in der Absicht zuwartet, eine für den Schuldner nachteilige Beweisverdunkelung herbeizuführen»[1055].

IV. Infolge Verrechnung

Sind die Voraussetzungen von OR 120[1056] gegeben, kann ein Verantwortlichkeitsanspruch grundsätzlich auch durch Verrechnung getilgt werden.

[1050] Das Rechtsmissbrauchsverbot stellt stets «eine *ultima ratio,* einen allerletzten Ausweg» dar, ERNST ZELLER: Treu und Glauben und Rechtsmissbrauchsverbot (Zürich 1981) 363.
[1051] Vgl. hiezu BLICKENSTORFER Nr. 319 ff.
[1052] Vgl. BGE 106 II 324; 95 II 116; 94 II 42.
[1053] BGE 106 II 324, mit Hinweisen auf Judikatur und Literatur.
[1054] Vgl. dazu vorn N 497.
[1055] BGE 95 II 116, ähnlich BGE 94 II 42.
[1056] In der Regel werden die positiven Verrechnungsvoraussetzungen von OR 120 erfüllt sein: Verantwortlichkeitsansprüche und Gegenforderungen sind – zumindest im Konkursfall (SchKG 211 I) – Geldschulden und damit *gleichartig.* Ebenso wird auch die Gegenforderung, sofern vor dem Konkurs der AG begründet, spätestens mit der Konkurseröffnung *fällig* (SchKG 208 I, OR 123. Zur Fälligkeit der Verantwortlichkeitsansprüche als Schadenersatzforderungen vgl. Anm. 1057).

534   Unproblematisch erscheint dies zunächst, soweit *Aktionäre* und *Gläubiger* ihren direkten Schaden einklagen.

535   Dagegen ist im Hinblick auf die Klage der *Gesellschaft* von JAEGER die Auffassung vertreten worden, es sei die Verrechnung ausgeschlossen[1057]. Bei richtiger Betrachtung schliessen jedoch weder konkursrechtliche noch obligationenrechtliche Bestimmungen die Verrechnungsmöglichkeit aus: Einerseits ist der Verantwortlichkeitsanspruch keine nach Konkurseröffnung entstandene Forderung, wie JAEGER annimmt[1058], andererseits auch keine Leistung im Sinne von OR 125 Ziff. 2, «deren besondere Natur die tatsächliche Erfüllung an den Gläubiger verlangt». Da auch keiner der übrigen Fälle der Ausschliessung der Verrechnung gegeben ist, wird man diese auch im Hinblick auf Verantwortlichkeitsklagen der Gesellschaft zulassen, obwohl dadurch der Verantwortliche, der Gegenforderungen stellen kann, allenfalls erheblich begünstigt wird[1059].

536   Schwierig zu beantworten ist die Frage, ob ein Verantwortlicher die Einrede der Verrechnung mit Forderungen, die ihm gegenüber der Gesellschaft zustehen, auch dann erheben kann, wenn ein *Aktionär* oder *Gläubiger mittelbaren Schaden* einklagt. Da dem Aktionär bzw. Gläubiger nach der hier vertretenen und herrschenden Ansicht ein eigenes Forderungsrecht zukommt, müsste eine solche Verrechnung ausgeschlossen sein, da sich nicht zwei Personen gegenüberstehen, die «einander Geldsummen... schulden»[1060]. Trotzdem befürwortet BLICKENSTORFER die Verrechnungsmöglichkeit, da sie «den Verantwortlichen... vor der Zufälligkeit des Ansprechers» schütze[1061].

[1057] C. JAEGER: Das BG betreffend Schuldbetreibung und Konkurs (3.A. Zürich 1911) Bd. II Art. 213 N 12 a.E.

[1058] Wie Schadenersatzansprüche allgemein (dazu statt vieler ROLF H. WEBER: Berner Kommentar zu OR 68–96 [Bern 1983] Art. 75 N 96 und MAX KELLER/CHRISTIAN SCHÖBI: Das Schweiz. Schuldrecht IV [Basel/Frankfurt] 106 sowie etwa BGE 100 II 343; 106 II 138; 107 II 343) werden auch Ansprüche aus aktienrechtlicher Verantwortlichkeit unmittelbar mit dem Eintritt des schädigenden Ereignisses fällig.

[1059] Die Gegenforderung kann in voller Höhe zur Verrechnung gestellt werden, obwohl im Konkurs allenfalls nur eine minimale oder gar keine Dividende erlangt werden könnte.

[1060] OR 120 I.

[1061] BLICKENSTORFER Nr. 330. Vgl. auch ebenda: «Es wäre doch stossend, wenn dem Verantwortlichen die Verrechnung versagt bleibt, weil ein Genossenschafter bzw. ein Gläubiger den Ersatz des direkten Genossenschaftsschadens verlangt, während der Verrechnung nichts im Wege steht, wenn die Genossenschaft selbst ihren Schaden einfordert.»

V. Infolge Löschung der Gesellschaft?

Die Löschung der Gesellschaft[1062] hat Auswirkungen auf die Geltendmachung von Verantwortlichkeitsansprüchen der Gesellschaft, nicht aber auf die selbständigen Ansprüche von Aktionären und Gläubigern. Im einzelnen ist zu differenzieren: 537

1. Das Klagerecht von Aktionären und Gläubigern

a) Die Klage aus *unmittelbarer Schädigung* steht individuell jedem einzelnen geschädigten Aktionär und Gläubiger zu[1063]. Das Klagerecht wird von einer allfälligen *Löschung* der Gesellschaft *nicht tangiert*. 538

b) Die Rechtsnatur der Klage von Aktionären und Gläubigern aus *mittelbarer Schädigung* im Sinne von OR 755 ist bekanntlich umstritten[1064]. Nach der hier und vom Bundesgericht vertretenen Auffassung liegt ihr ein *eigenes Forderungsrecht* des Klägers zugrunde[1065]. Damit wird auch dieses Klagerecht durch die *Löschung* der Gesellschaft *nicht beeinträchtigt* (für den Fall des Konkurses gilt dies freilich nur, falls das Klagerecht bereits gemäss OR 756 II «abgetreten» – dazu vorn N 56 ff. – worden ist). 539

Gläubiger können sich zusätzlich das *Prozessführungsrecht für die der Gesellschaft zustehenden Ansprüche* im Sinne von SchKG 260 I «abtreten» lassen. Eine solche Übertragung ist nur möglich, solange die Gesellschaft nicht gelöscht ist. Dagegen bleibt die Prozessführungsbefugnis des Abtretungsgläubigers trotz nachfolgender Löschung der Gesellschaft bestehen[1066]. 540

[1062] Zu deren rechtlicher Bedeutung vgl. BÜRGI/NORDMANN, Kommentar zu Art. 746 N 6; MARC-ANTOINE SCHAUB: Les effets de la radiation et de la réinscription d'une société anonyme au registre de commerce, SAG 32 (1959/60) 185 ff., 186 f.; HANS-RUDOLF KUNZ: Löschung und Wiedereintragung von Handelsgesellschaften im Handelsregister (Diss. Bern 1942).
[1063] Vgl. vorn N 27, 80.
[1064] Vgl. vorn N 207 ff.
[1065] Vgl. vorn N 223 ff., 217 ff.
[1066] Da die Löschung ohne Einfluss auf die Rechtspersönlichkeit der AG bleibt, gehen ihre Rechte und Pflichten durch die Löschung nicht unter. Damit bleibt auch die Prozessführungsbefugnis als Reflexwirkung der materiellen Anspruchsberechtigung erhalten.

2. Das Klagerecht der Gesellschaft

541   Die AG selbst muss – um ihre Verantwortlichkeitsansprüche geltend machen zu können – im Handelsregister eingetragen sein. Mit der Löschung *entfällt die Prozessfähigkeit und damit auch die Klagemöglichkeit*[1067].

3. Wiedereintragung der gelöschten Gesellschaft

542   a) Die Löschung einer AG hat nur *deklaratorische Bedeutung*[1068]. Die Gesellschaft verliert ihre Rechtspersönlichkeit mit der *tatsächlichen Beendigung der Liquidation*[1069]; erfolgt die Löschung, solange der Gesellschaft noch Rechte zustehen, behält diese ihre Rechtspersönlichkeit und bleiben die Ansprüche erhalten[1070]. Die gelöschte Gesellschaft ist dagegen *nicht mehr prozessfähig* und kann daher ihre Rechte nicht mehr geltend machen.

543   b) Doch kann die AG *wieder eingetragen* werden[1071] und alsdann ihre Verantwortlichkeitsansprüche *selbst geltend machen* oder sie *nach OR 756 II bzw. SchKG 260 I «abtreten»*.

[1067] BÜRGI/NORDMANN, Kommentar zu Art. 746 N 6; SCHAUB (zit. Anm. 1062) 187; SAG 34 (1961/62) 25f., 26.

[1068] BÜRGI/NORDMANN, Kommentar zu Art. 746 N 7; SCHAUB (zit. Anm. 1062) 186. A.M. das Bundesgericht in BGE 42 II 36ff. und 64 II 150ff. Wie hier dagegen wohl implizit BGE 110 II 397.

[1069] BÜRGI/NORDMANN, Kommentar zu Art. 746 N 7; SCHAUB (zit. Anm. 1062) 186.

[1070] BÜRGI/NORDMANN, Kommentar zu Art. 746 N 7; SCHAUB (zit. Anm. 1062) 186.

[1071] Zu Voraussetzungen und Verfahren vgl. BÜRGI/NORDMANN, Kommentar zu Art. 746 N 10ff.; KUNZ (zit. Anm. 1062) 53ff.; BGE 110 II 396ff.; Sem 105 (1983) 383.

VI. Exkurs I: Handeln in Ausführung von Generalversammlungsbeschlüssen oder in Kenntnis aller Aktionäre[1072] oder Gründer; Handeln in Kenntnis des gesamten Verwaltungsrates und in Kenntnis von Gläubigern

1. Handeln aufgrund eines Generalversammlungsbeschlusses bzw. mit Zustimmung aller Aktionäre

a) Die *Gesellschaft* kann grundsätzlich keinen Ersatz verlangen, wenn Organpersonen in Ausführung von Generalversammlungsbeschlüssen Schaden verursachen[1073]. Im einzelnen ist zu präzisieren:
– Die Regel gilt unbeschränkt, soweit die Generalversammlung im Rahmen ihrer Kompetenzen *rechtmässige Weisungen* erteilt[1074].
– Die Regel muss m.E. auch dann voll zur Anwendung kommen, wenn aufgrund eines zwar *anfechtbaren,* aber nicht angefochtenen[1075] Generalversammlungsbeschlusses gehandelt wird[1076]. Auch ein solcher Beschluss

---

[1072] Vgl. auch vorn N 262ff.; VOLLMAR 208ff. sowie etwa zum deutschen Recht WOLFGANG HEFERMEHL: Zur Haftung der Vorstandsmitglieder bei Ausführung von Hauptversammlungsbeschlüssen, Festschrift SCHILLING (Berlin/New York 1973) 159ff.

[1073] Dies folgt aus dem Grundsatz «volenti non fit iniuria», vgl. MEIER-WEHRLI 140; SCHIESS 56ff.; SCHOOP 141; HÜTTE, Sorgfaltspflichten 29; VOLLMAR 210f. und allgemein die Ausführungen zur Einwilligung als Rechtfertigungsgrund bei OFTINGER/STARK § 16 N 238ff.; ferner BGE 83 II 56 und 65: «Wer einer schädigenden Handlung in Kenntnis des Sachverhaltes zustimmt, erlangt nach bewährter Lehre keinen Ersatzanspruch.» Ebenso nicht publizierte E 2 des in ST 59 (1985) 75 wiedergegebenen Berufungsentscheides des BGer vom 26.9.1984 sowie BGE 86 III 159 und ZR 60 (1961) Nr. 98 S. 221. – Unhaltbar ist die in der Literatur vereinzelt vertretene Auffassung (vgl. KLAUS TAPPOLET: Schranken konzernmässiger Abhängigkeit im schweizerischen Aktienrecht [Diss. Zürich 1963] 30), die Verwaltung habe Beschlüsse der Generalversammlung, soweit sie die Geschäftsführung betreffen, auf ihre Zweckmässigkeit hin zu überprüfen und den Vollzug nötigenfalls zu verweigern (in ähnlichem Sinn, aber nur in Frageform, WERNER VON STEIGER: Aktienrechtliche Entwicklungen, ZBJV 113 [1977] 244). Zur Kritik an dieser Ansicht vgl. auch VON PLANTA 14f.

[1074] Vgl. BÜRGI/NORDMANN, Kommentar zu Art. 753f. N 84; MEIER-WEHRLI 140; SCHOOP 141 sowie etwa BGE 83 II 56.

[1075] In der Literatur wird die Auffassung vertreten, es gehöre zu den Sorgfaltspflichten der Verwaltung, gesetzes- und statutenwidrige Beschlüsse gestützt auf OR 706 I gerichtlich anzufechten, und es werde daher die Verwaltung verantwortlich, wenn sie die Anfechtung unterlasse; so durch VON PLANTA 14, mit weiteren Hinweisen in Anm. 28. Diese Auffassung ist m.E. – abgesehen von Fällen, in welchen die Schädigung der Gesellschaft durch einen gesetzes- oder statutenwidrigen Beschluss klar voraussehbar ist – nicht haltbar: Grundsätzlich kann es nicht Pflicht der Verwaltung sein, die Anfechtungsklage anzustrengen, wenn sämtliche Aktionäre darauf verzichten.

[1076] Gl.M. SCHOOP 141. – Vgl. aber die hinten N 621 wiedergegebene Auffassung des BGer, wonach die Anfechtungsklage unzulässig sein soll, wenn die Verantwortlichkeitsklage erhoben werden kann. Folgte man jener Ansicht, so müsste man konsequenterweise die Verantwortlichkeitsklage in solchen Fällen unbeschränkt zulassen. Zur Kritik vgl. N 622ff.

erwächst in volle Gültigkeit, auch in diesem Fall ist der Grundsatz «volenti non fit iniuria» anzuwenden[1077].

547 – Ungewiss ist, welche Bedeutung *nichtigen* Beschlüssen der Generalversammlung im Hinblick auf die Ersatzansprüche zukommt[1078]. Nach BÜRGI/NORDMANN[1079] bleiben die handelnden Organpersonen in einem solchen Fall der Gesellschaft gegenüber voll verantwortlich, und der nichtige Beschluss kann nicht als Selbstverschulden der Gesellschaft berücksichtigt werden. Dies erscheint fraglich: Jedenfalls dürfte das Verhalten der Gesellschaft als ein die Ersatzpflicht herabminderndes *Selbstverschulden* zu werten sein[1080]. Ein Ausschluss der Haftung gegenüber der Gesellschaft muss sodann Platz greifen, wenn *sämtliche* Aktionäre dem Beschluss zugestimmt hatten[1081].

548 Bei *umstrittenen Geschäften von grosser Tragweite* kann die Verwaltung ihre Verantwortung allenfalls dadurch einschränken, dass sie die Frage der Generalversammlung zum Entscheid vorlegt[1082]. Dagegen wird man – folgt man der in der Schweiz wohl herrschenden Paritätstheorie[1083] – der Verwaltung kein Recht einräumen, *beliebige* Traktanden der Generalversammlung zum Entscheid zu unterbreiten, um sich so ihrer eigenen Verantwortung zu entziehen[1084].

549 Die vorerwähnten Regeln sind auch dann analog anzuwenden, wenn Organpersonen nicht aufgrund eines formellen Generalversammlungsbe-

---

[1077] So wohl auch das Bundesgericht, vgl. BGE 102 II 356; 83 II 56 und 65. Nach BÜRGI/NORDMANN, Kommentar zu Art. 753f. N 98f. soll dagegen offenbar nur eine Herabsetzung des Ersatzanspruchs in Betracht zu ziehen sein. Ebenfalls für einen Ausschluss von Verantwortlichkeitsansprüchen der Gesellschaft SCHIESS 61; vgl. auch SCHOOP 148.
[1078] Vgl. SCHOOP 142ff.
[1079] Kommentar zu Art. 753f. N 97; ebenso wohl SCHIESS 58f.
[1080] Vgl. in diesem Zusammenhang BGE 90 II 494ff. E 2–4. Die Rechtslage ist m.E. anders als bei gleichzeitigem Verschulden von Mitgliedern des Verwaltungsrates und solchen der Kontrollstelle; zu jenem vgl. vorn N 378 und Anm. 692.
[1081] Vgl. BGE 86 III 159; ZR 60 (1961) Nr. 98 S. 221; BGE 83 II 56, 65.
[1082] So insbes. BGE 100 II 388; zustimmend hiezu VON GREYERZ in SAG 48 (1976) 172.
[1083] Vgl. etwa FORSTMOSER/MEIER-HAYOZ § 16 N 6 und BÜRGI, Vorb. zu OR 698–731 N 38ff., der von einer «eingeschränkten» Omnipotenz der Generalversammlung spricht, im wesentlichen aber zu ähnlichen Resultaten kommt.
[1084] In Literatur und Judikatur wird in der Regel nur die Frage behandelt, inwieweit die *Generalversammlung berechtigt* sei, an sich der Verwaltung zustehende *Kompetenzen an sich zu ziehen*. Es wird hiezu zu Recht betont, dass dies nur in Ausnahmefällen und bei besonders wichtigen Fragen zulässig ist, vgl. BGE 78 II 332, 72 II 218; VON GREYERZ (zit. Anm. 1082) und etwa E. SCHUCANY: Die Abgrenzung der Befugnisse der Generalversammlung und des Verwaltungsrates, SAG 26 (1953/54) 108ff., 113. Ob aus BGE 100 II 388, wonach die Verwaltung der Generalversammlung ein «wichtiges Geschäft zur Beschlussfassung unterbreiten» dürfe, e contrario zu schliessen ist, dass ein solches Recht zur Präsentation bei weniger wichtigen Geschäften nicht besteht, ist unklar.

schlusses, aber mit *Zustimmung aller Aktionäre*[1085] bzw. des *Alleinaktionärs*[1086] handelten.

Zu beachten ist auch hier, dass die *Konkursverwaltung* nicht nur Ansprüche der Gesellschaft, sondern auch solche der Gesellschaftsgläubiger geltend machen kann[1087]. Selbst wenn der Gesellschaft als solcher infolge Zustimmung keine Ersatzansprüche zustehen, kann daher die Konkursverwaltung allenfalls gegen Organpersonen vorgehen[1088].

b) Dem in Kenntnis des Sachverhaltes einer widerrechtlichen Handlung *zustimmenden Aktionär* entstehen grundsätzlich *keine Schadenersatzansprüche*[1089]. Hat ein Aktionär seine Aktien erst nach erfolgter widerrechtlicher Handlung erworben, wird man ihm Schadenersatzansprüche in analoger Anwendung von OR 757 nur dann verweigern, wenn er seine Aktien in Kenntnis der Zustimmung des Vorgängers erworben hat[1090].

Fraglich ist, ob ein Aktionär, der einem anfechtbaren Generalversammlungsbeschluss nicht zustimmte, diesen anzufechten oder Schadenersatzklage anzustrengen hat, oder ob ihm beide Möglichkeiten wahlweise zustehen; vgl. dazu hinten N 620 ff.

c) Gegenüber den Ansprüchen von *Gläubigern,* die gestützt auf eine Abtretung im Sinne von OR 756 II klagen[1091], können sich die verantwortlichen Personen nicht darauf berufen, Weisungen ausgeführt oder mit

---

[1085] So ausdrücklich BGE 111 II 183; vgl. auch ZR 52 (1953) Nr. 93 S. 171, ST 59 (1985) 85f. und SCHOOP 141 oben. – Kritisch hiezu neuerdings SCHUBARTH 489. – A.M. SIEGER 128 ff., 138 ff., 141, der einen Untergang der Ansprüche der Gesellschaft nur anerkennt, wenn «die Gesellschaft im dazu vorgesehenen Organ, der Generalversammlung..., auf... Verantwortlichkeitsansprüche... verzichtet» (S. 141). Zwar führt SIEGER seine Ansicht nur hinsichtlich der Gründer aus, doch müsste für die Aktionäre der entstandenen Gesellschaft – folgte man der Ansicht SIEGERS – dasselbe gelten.

[1086] BGE 111 II 183 E 3b; vgl. auch BJM 1954 253, wo das «deutliche Einverständnis des Alleinaktionärs» einem «Entlastungsbeschluss gleichgestellt» wird.

[1087] OR 756, dazu vorn N 100 ff.

[1088] Vgl. BGE 102 II 356 sowie SCHOOP 148. Vgl. aber die Präzisierung nachstehend Anm. 1092.

[1089] Nicht amtlich publizierter BGE vom 26.6.1984, auszugsweise wiedergegeben bei HÜTTE, Einwilligung 224; ebenso MEIER-WEHRLI 141, mit weiteren Hinweisen; BÜRGI/NORDMANN, Kommentar zu Art. 753f. N 84; SCHOOP 141.

[1090] Weitergehend das Handelsgericht St. Gallen in St. Gallische Gerichts- und Verwaltungspraxis 1983 Nr. 45 S. 111, wonach auch die Sechsmonatsfrist von OR 757 analog anzuwenden ist, wobei die Frist spätestens mit dem Übergang der Aktien auf den Erwerber zu laufen beginne.

[1091] Anders dagegen, wenn und soweit Gläubiger gestützt auf SchKG 260 vorgehen und damit Ansprüche der Gesellschaft geltend machen, vgl. vorn N 237.

Zustimmung sämtlicher Aktionäre gehandelt zu haben[1092]. Dies gilt auch dann, wenn die Konkursverwaltung nach OR 756 I Ansprüche der Gesellschaftsgläubiger geltend macht[1093].

2. Handeln in Kenntnis und mit Zustimmung sämtlicher Gründer

554   Die vorstehend entwickelten Grundsätze kommen auf die *Gründerhaftung analog zur Anwendung:* Soweit sämtliche Mitgründer eine fehlbare Handlung – insbesondere die Überbewertung von Sacheinlagen oder eine Schwindelgründung mit geborgtem Kapital – gekannt haben oder hätten kennen sollen, kann die *Gesellschaft* keine Ansprüche geltend machen[1094]. Ebensowenig stehen den *Mitgründern* Ansprüche zu. Dagegen wird man Ersatzansprüche von *späteren Aktienerwerbern* in Anlehnung an OR 757 nur dann ausschliessen, wenn diese die Aktien in Kenntnis der Gründungsmängel erworben haben[1095]. *Gläubigern* (und der Gläubigerrechte geltend machenden *Konkursverwaltung*)[1096] gegenüber werden die Fehlbaren dagegen voll haftbar[1097].

[1092] Vgl. BGE 111 II 183 E 3b; ZR 80 (1981) Nr. 33 S. 97 E 5; MEIER-WEHRLI 142, mit weiteren Angaben; ferner SCHOOP 141; VOLLMAR 211 und HÜTTE, Sorgfaltspflichten 29. – Einmal mehr ist jedoch zu betonen, dass dies nur dann gilt, wenn man – wie hier und vom Bundesgericht vertreten (vgl. vorn N 223ff., 216ff.) – davon ausgeht, dass den Gläubigern aus mittelbarer Schädigung ein eigenes materielles Recht zusteht und nicht lediglich eine Prozessführungsbefugnis für Ansprüche der Gesellschaft. Trotzdem kommt ZR 78 (1979) Nr. 134 S. 310 E 6 zum gleichen Ergebnis, obwohl in jenem Entscheid von einem blossen Prozessführungsrecht ausgegangen wird; vgl. vorn Anm. 421.

[1093] Vgl. oben N 550.

[1094] Vgl. BGE 102 II 356; 90 II 496; 86 III 159; ZR 80 (1981) Nr. 33 S. 97 E 5; 60 (1961) Nr. 98 S. 221; BN 48 (1987) 51f.; BGE 83 II 56f. Dies gilt auch dann, wenn die Aktien inzwischen die Hand änderten, vgl. BGE 83 II 57. – A.M. SIEGER 134ff., 138ff.: Danach sind Gründer in gleicher Weise wie Organe in einem Verantwortlichkeitsprozess als Dritte zu betrachten, die mit der AG nicht identisch sind, und es «kann das Wissen und Wollen der Gründer in einer Auseinandersetzung mit der Gesellschaft nicht als deren Wissen und Wollen direkt zugerechnet werden» (S. 140). Die Gesellschaft verliere daher ihren Anspruch gegen die Gründer nur dann, «wenn sie analog zum Dechargebeschluss der Generalversammlung bei der eingetragenen Gesellschaft, durch Genehmigung der Statuten in der Gründerversammlung... bzw. durch Entlastung in der konstituierenden Generalversammlung... auf ihre Schadenersatzansprüche ausdrücklich oder stillschweigend verzichtet». Im Ergebnis dürfte diese Auffassung von der des Bundesgerichts kaum abweichen.

[1095] Gl.M. SCHOOP 142.

[1096] Dazu vorn N 100ff.

[1097] Vgl. BGE 102 II 356.

3. Handeln in Kenntnis und mit Zustimmung sämtlicher Mitglieder des Verwaltungsrates

Vereinzelt wird die Auffassung vertreten, es sei das Verschulden der «durch die AG gedeckten Personen» – der Organpersonen also – dieser zuzurechnen[1098]. Dies hätte zur Folge, dass die Gesellschaft auch dann keine Ansprüche geltend machen könnte, wenn pflichtwidrige Handlungen in Kenntnis und mit Zustimmung aller Mitglieder des Verwaltungsrates erfolgt sind.

Eine solche Auffassung müsste nicht nur zu völlig unhaltbaren Konsequenzen führen[1099], sie ist auch logisch nicht haltbar: «Mit der Verantwortlichkeitsklage soll ja gerade die Gesellschaft vor Schädigungen durch die Organmitglieder... geschützt werden»[1100]. Der Grundsatz, dass das Handeln eines Organs zugleich auch Handeln der juristischen Person selbst ist[1101], kann daher im Hinblick auf aktienrechtliche Verantwortlichkeitsansprüche der Gesellschaft keine Anwendung finden[1102].

4. Handeln in Kenntnis und mit Zustimmung von Gläubigern

Sind *Gläubiger* mit einer schädigenden Handlung einverstanden, dann kommen ihnen *keine Schadenersatzansprüche* zu[1103]. Auch ihnen gegenüber ist somit die Einwilligung nicht bloss als ersatzminderndes Selbstverschulden[1104] zu berücksichtigen, sondern als ein nach dem Grundsatz «volenti non fit iniuria» das Entstehen von Ersatzansprüchen schlechthin ausschliessendes Verhalten[1105].

Auf die Ansprüche *nicht zustimmender* Gläubiger hat die Einwilligung der zustimmenden keinen Einfluss[1106].

[1098] So BÄTTIG, Verantwortlichkeit 130.
[1099] Das Selbstverschulden der klagenden Gesellschaft wäre dann zwangshäufig stets gleich gross wie das Verschulden des beklagten Organs.
[1100] SIEGER 135.
[1101] Vgl. ZGB 55 II und OR 718 III.
[1102] Ebenso SIEGER 136.
[1103] Vgl. vorn N 262 sowie BGE, wiedergegeben bei HÜTTE, Einwilligung 224.
[1104] Dazu vorn N 345ff.
[1105] Ebenso HÜTTE, Einwilligung 224.
[1106] Doch muss die Einwilligung einzelner Gläubiger gleich wie deren Selbstverschulden dann als ersatzmindernd berücksichtigt werden, wenn die Konkursverwaltung gestützt auf OR 756 I klagt, vgl. dazu vorn N 349.

VII. Exkurs II: Unzulässigkeit von Rückerstattungsvereinbarungen mit der Gesellschaft, Zulässigkeit der Zahlung von Versicherungsprämien durch die Gesellschaft

559 In der Praxis finden sich gelegentlich Verträge, in welchen die Gesellschaft ihren Organen, insbes. den Mitgliedern des Verwaltungsrates, verspricht, sie im Falle von Verantwortlichkeitsansprüchen *schadlos zu halten*. Solche Vereinbarungen sind m.E. *ungültig*[1107], stellen sie doch nichts anderes dar als eine unzulässige Abschwächung der Verantwortlichkeit[1108].

560 Zulässig und bei treuhänderisch tätigen Mitgliedern des Verwaltungsrates die Regel sind dagegen Verpflichtungen zur Schadloshaltung, die von Dritten[1109] abgegeben werden.

561 Zulässig ist sodann auch die *Versicherung* der Risiken der aktienrechtlichen Verantwortlichkeit[1110], und es steht m.E. auch nichts entgegen, dass die *Gesellschaft die Versicherungsprämien* für ihre Organe *übernimmt*[1111].

[1107] Gl.M. BLICKENSTORFER Nr. 274; vgl. dazu auch hinten N 593.
[1108] Vgl. dazu hinten N 593.
[1109] Insbes. durch den Treugeber.
[1110] Dazu hinten N 1160ff.
[1111] Vgl. hinten N 1181 und BLICKENSTORFER Nr. 279: «Der Grundsatz, nach dem jegliche Einschränkung der... Verantwortlichkeit... verboten ist, will primär den *Schadensausgleich* aufrechterhalten... Es ist zwar nicht zu leugnen, dass die Gesellschaft mit der Prämienzahlung dem Verantwortlichen gegen hohe Schadenersatzzahlungen *vorbeugen* hilft, doch kann diese Massnahme nicht einer Schadenstragung gleichgesetzt werden... In welchem Umfang und für welche Fälle die Gesellschaft die Prämienzahlung übernehmen darf, hat sie alleine mit ihrem *Interesse* zu rechtfertigen.» Für die Zulässigkeit auch DIEZI 113.

M. Ergänzende prozessuale und vollstreckungsrechtliche Ausführungen

I. Gerichtsstand und sachliche Zuständigkeit für Verantwortlichkeitsklagen

1. Der einheitliche Gerichtsstand am Sitz der Gesellschaft nach OR 761[1111a]

a) Nach OR 761 kann die Klage gegen alle verantwortlichen Personen beim Richter am *Sitz der Gesellschaft* angebracht werden[1112]. Es ist daher nicht erforderlich, jeden Verantwortlichen an seinem Wohnsitz einzuklagen.

Der Gerichtsstandsbestimmung von OR 761 sind *alle Personen unterworfen,* auf welche die besondere *aktienrechtliche Verantwortlichkeit zur Anwendung kommt,* also die mit der Verwaltung, Geschäftsführung und Kontrolle Betrauten, wie auch die Liquidatoren, die Gründer und die an der Ausgabe von Prospekten Beteiligten[1113], und zwar auch dann, wenn sie im Ausland wohnhaft sind[1114].

Entscheidend für die Begründung der Zuständigkeit ist dabei lediglich, dass *Verantwortlichkeitsansprüche* gestützt auf OR 754 ff. *erhoben* werden. Ob die beklagte Partei zum Kreis der Verantwortlichen gehört, ob sie insbesondere Organ im Sinne von OR 754 war, ist eine Frage der Passivlegitimation und für die Frage der Zuständigkeit nicht von Bedeutung[1115].

Der Gerichtsstand besteht *zugunsten aller Berechtigten* – der Gesellschaft, der Aktionäre und Gläubiger – und unabhängig davon, ob aufgrund unmittelbarer oder mittelbarer Schädigung geklagt wird[1116].

OR 761 schafft nur ein *Recht* zugunsten des Klägers, keine Pflicht. Die Geschädigten sind daher frei, die Klage gegenüber einzelnen oder allen Verantwortlichen an deren Wohnsitz geltend zu machen[1117].

[1111a] Zur Entwicklung dieser in den Räten stark umstrittenen Bestimmung vgl. HANS ULRICH WALDER-BOHNER: Zur Geschichte der Zuständigkeitsbestimmungen im OR, in: 100 Jahre Schweiz. OR (Freiburg i. Ue. 1982) 179 ff., 180 ff.
[1112] Auch bloss faktische Organe sind der Gerichtsstandsbestimmung unterstellt.
[1113] MEIER-WEHRLI 157; SCHUCANY Art. 761; LOCHER 104 f.; KAESLIN 69.
[1114] Vgl. BÜRGI/NORDMANN, Kommentar zu Art. 761 N 2, sowie MEIER-WEHRLI 157 und SCHOOP 128. Dagegen ist nach ausländischem Recht oder allfälligen Staatsverträgen zu prüfen, ob das schweizerische Urteil vollstreckt wird; vgl. auch KAESLIN 69.
[1115] ZR 84 (1985) Nr. 70 S. 169 f.; referiert auch in SAG 57 (1985) S. 190 Nr. 32.
[1116] BÜRGI/NORDMANN, Kommentar zu Art. 761 N 3.
[1117] Vgl. MEIER-WEHRLI 158; BÄTTIG, Verantwortlichkeit 26 f.; SENN 175; SCHUCANY Art. 761; HENGGELER 60; BÜRGI/NORDMANN, Kommentar zu Art. 761 N 2; MORANT 76; LOCHER 105; KAESLIN 69; SCHOOP 128.

567 b) Gerichtlich nicht geklärt ist die Frage, ob der Gerichtsstand von OR 761 auch für die Geltendmachung von *Regressansprüchen* offensteht. Mit BÜRGI/NORDMANN[1118] und der einschlägigen Literatur zur analogen Bestimmung in Art. 84 Strassenverkehrsgesetz[1119] ist dies zu bejahen. In der Regel wird der Gerichtsstand gemäss OR 761 schon deshalb gegeben sein, weil auf den leistenden Haftpflichtigen die Rechte des Geschädigten einschliesslich allfälliger Nebenrechte infolge *Subrogation* übergehen[1120]. Doch steht m.E. der einheitliche Gerichtsstand auch dann zur Verfügung, wenn die Ansprüche des Geschädigten infolge von Erlass, Vergleich, abweisendem Urteil oder Decharge untergegangen sind[1121] und sich der Regressberechtigte daher nicht auf Ansprüche aus Subrogation stützen kann: OR 761 will sicherstellen, dass «für die aktienrechtliche Verantwortlichkeit ein einheitlicher Gerichtsstand am Sitz der Gesellschaft»[1122] besteht. Diese ratio verlangt, dass *auch Regressansprüche am gleichen Ort* geltend gemacht werden können, um so mehr, als andernfalls die Rechtsstellung des zahlenden Beklagten durch nicht von ihm zu verantwortende Umstände erheblich verschlechtert werden könnte.

568 c) OR 761 regelt nur die *örtliche, nicht auch die sachliche Zuständigkeit*. In Kantonen mit besonderen Handelsgerichten[1122a] kann es daher trotz OR 761 erforderlich sein, die Verantwortlichen vor verschiedenen Gerichten einzuklagen[1123].

569 d) Obwohl sich im BankG keine analoge Bestimmung findet, gilt der einheitliche Gerichtsstand von OR 761 auch für Klagen gegen die Organe einer *Bankaktiengesellschaft*[1124].

[1118] Kommentar zu Art. 761 N 4 a.E.

[1119] Vgl. die Hinweise bei BÜRGI/NORDMANN, Kommentar zu Art. 761 N 4 sowie etwa HANS GIGER: SVG, Strassenverkehrsgesetz (4.A. Zürich 1985) Art. 84 Ziff. 1 Abs. II.

[1120] Vgl. dazu vorn N 407.

[1121] Vgl. dazu vorn N 408.

[1122] BGE 97 II 408.

[1122a] Streitgegenstand bei Verantwortlichkeitsklagen bilden Sachverhalte, die ihrer Natur nach als «Handelsverhältnisse überhaupt» im Sinne von § 62 I des Zürcher Gerichtsverfassungsgesetzes betrachtet werden müssen, weshalb – wenn auch die persönlichen Voraussetzungen erfüllt sind – die Zuständigkeit des Handelsgerichts gegeben ist, ZR 85 (1986) Nr. 127 S. 317f.

[1123] So die frühere Zürcher Praxis, vgl. ZR 61 (1962) Nr. 71 und 72. Anders nun § 65 des Zürcher Gerichtsverfassungsgesetzes vom 13.6.1976: Danach hat in Fällen, in denen für einzelne Streitgenossen das Handelsgericht, für andere das Bezirksgericht zuständig ist, das Obergericht das einheitlich zuständige Gericht zu bestimmen. Bei dieser amtlichen Anweisung handelt es sich um einen Akt der Justizverwaltung (vgl. ZR 78 [1979] Nr. 13 S. 24), und sie erfolgt nach freiem Ermessen unter Würdigung des Charakters der in Frage stehenden Gesellschaft und der Beklagten. Für Verantwortlichkeitsprozesse besteht denn auch keine einheitliche Praxis der Zuordnung.

[1124] Vgl. BGE 97 II 408f. = SAG 44 (1972) 225 = ZBJV 109 (1973) 139; HENGGELER 61; KAESLIN 70; KARL SPIRO: Zur Haftung für Doppelorgane, Festschrift Vischer (Zürich 1983) 639ff., 651; unklar, allenfalls anderer Meinung MEIER-WEHRLI 159ff.

e) Umstritten war anlässlich der Gesetzgebungsarbeiten, ob der besondere Gerichtsstand vor dem verfassungsmässigen Recht des aufrechtstehenden Schuldners auf seinen Wohnsitzrichter[1125] standhält[1126]. Diese Frage wird heute in der Lehre bejaht[1127]. Sie ist im übrigen schon deshalb nicht zu prüfen, weil die Gerichte OR 761 auch dann anzuwenden hätten, wenn diese Norm verfassungswidrig wäre[1128].

f) Der Sondergerichtsstand der *Zweigniederlassung*[1129] steht im Verantwortlichkeitsrecht nicht zur Verfügung[1130].

Für Schadenersatzansprüche aufgrund des *Sozialversicherungsrechts* besteht ebenfalls ein einheitlicher Gerichtsstand, und zwar bei der Rekursbehörde jenes Kantons, in welchem die juristische Person ihren Sitz hat oder vor dem Konkurs hatte[1131].

2. Abweichende statutarische Bestimmungen zum Gerichtsstand und Schiedsgerichtsklauseln

a) OR 761 ist, soweit die Ansprüche der *Gesellschaft* und der *Aktionäre* in Frage stehen, *dispositiver Natur*. Es kann daher – insbesondere durch statutarische Bestimmung – auch ein vom Gesetz abweichender Gerichtsstand vorgesehen werden.

Falls dieser Gerichtsstandsklausel nach den Statuten Ausschliesslichkeit zukommt, bindet sie die Gesellschaft und die Aktionäre, letztere unabhängig davon, ob unmittelbarer oder mittelbarer Schaden geltend gemacht wird[1132]. Sie schafft damit – entgegen der Regel von OR 761[1133] – nicht nur ein Recht, sondern auch eine *Pflicht* zur Klage am vorgesehenen Ort[1134].

Die *Gläubiger* werden dagegen durch eine statutarische Gerichtsstandsklausel *nicht gebunden*[1135], und zwar selbst dann nicht, wenn sie die Verantwortlichen für bloss mittelbaren Schaden belangen[1136]. An eine

---

[1125] Bundesverfassung Art. 59.
[1126] Dazu WALDER-BOHNER (zit. Anm. 1111a) 181ff.; BÜRGI/NORDMANN, Kommentar zu Art. 761 N 2; MEIER-WEHRLI 158ff.; SENN 174f.; SCHUCANY Art. 761; MORANT 76; KAESLIN 69f.
[1127] Vgl. URS HESS: Die Gerichtsstandsgarantie des Art. 59 BV... (Diss. Zürich 1979) 119: Es handelt sich um eine gerechtfertigte Abweichung.
[1128] Vgl. Bundesverfassung Art. 113 III.
[1129] Vgl. OR 642 III.
[1130] Vgl. FORSTMOSER, Aktienrecht § 14 N 58, und GAUCH Nr. 175ff.
[1131] Vgl. AHVV 81 III, welche Norm gemäss BGE 109 V 97ff. auch für Schadenersatzansprüche gegenüber Organen anwendbar ist.
[1132] Vgl. BÜRGI/NORDMANN, Kommentar zu Art. 755 N 3 für den mittelbaren Schaden.
[1133] Dazu vorn N 566.
[1134] So implizit MEIER-WEHRLI 159 und JT 90 (1942) III 88ff. = SJZ 40 (1944) 124 Nr. 78.
[1135] SCHOOP 128; ungenau MEIER-WEHRLI 159.
[1136] JT 90 (1942) III 88ff. = SJZ 40 (1944) 124 Nr. 78; E. STEINER: AG und Schiedsgericht, SAG 16 (1943/44) 58f.; MEIER-WEHRLI 159; SENN 176; FUNK Art. 754 N 3.

statutarische Gerichtsstandsbestimmung gebunden sind die Gläubiger dagegen dann, wenn sie sich gemäss SchKG 260 I das Prozessführungsrecht für die der *Gesellschaft* zustehenden Ansprüche[1137] haben abtreten lassen[1138]. Klagt ein Gläubiger aufgrund einer Abtretung *sowohl des eigenen Anspruchs aus mittelbarem Schaden wie auch des Prozessführungsrechts für die der Gesellschaft zustehenden Ansprüche*[1139], dann dürfte eine statutarische Gerichtsstandsklausel in der Regel keine Anwendung finden[1140].

576   Denkbar ist freilich, dass auch mit den Gläubigern ein besonderer Gerichtsstands*vertrag* abgeschlossen wird.

577   In Lehre und Praxis m.W. bisher nicht erörtert wurde die Frage, ob sich ein Gläubiger *freiwillig einer Gerichtsstandsklausel unterwerfen* kann. Dies dürfte zumindest dann zu bejahen sein, wenn der Gläubiger zugleich Ansprüche der Gesellschaft wie auch seine eigenen geltend macht[1141].

578   Für die *Konkursverwaltung* ist eine statutarische Gerichtsstandsbestimmung verbindlich. Dies jedenfalls insoweit, als Ansprüche der Gesellschaft und solche von Aktionären[1142] geltend gemacht werden. Aber auch wenn die Konkursverwaltung zugleich Gläubigeransprüche einklagt[1143], wird man eine Gerichtsstandsbestimmung anwenden[1144]. Nur wenn die Konkursver-

---

[1137] Dazu vorn N 104 ff.
[1138] Vgl. SENN 176.
[1139] Vgl. vorn N 104 ff.
[1140] Ebenso JT 90 (1942) III 88 ff. = SJZ 40 (1944) 124 Nr. 78; STEINER (zit. Anm. 1136) 59 f. Zu verhindern ist in solchen Fällen jedenfalls, dass ein Kläger den gleichen Schaden vor zwei Gerichten geltend machen muss.
[1141] Vgl. hierzu auch STRÄULI/MESSMER (zit. Anm. 930) § 58 N 3 und § 13 N 1 ff.; GULDENER (zit. Anm. 240) 260 f.
[1142] Vgl. OR 756 I und vorn N 52 ff.
[1143] Vgl. OR 756 I und vorn N 100 ff.
[1144] Jedenfalls muss es der Konkursverwaltung *erlaubt* sein, alle Ansprüche vor diesem Gericht geltend zu machen, da ihr nicht zuzumuten ist, vor zwei Gerichten zugleich zu klagen; vgl. die Ausführungen zum analogen Problem bei der Klage von Gläubigern vorn N 575 ff. Das Bundesgericht hat in einem nicht amtlich publizierten Entscheid vom 22.4.1985 in Sachen P. gegen G. (referiert in SAG 58 [1986] 42) eine statutarische Schiedsklausel auch für die Geltendmachung mittelbarer Gläubiger- und Aktionärsansprüche durch den *Nachlassliquidator* für verbindlich erachtet. In Analogie hiezu muss daher auch eine Gerichtsstandsbestimmung vollumfänglich zum Zuge kommen, auch dann und in dem Umfang, in welchem mittelbare Gläubiger- und Aktionärsansprüche eingeklagt werden.

waltung *ausschliesslich* Gläubigerrechte geltend macht[1145], kommt die Gerichtsstandsbestimmung nicht zum Zug[1146].

b) Verbreitet sind insbesondere statutarische *Schiedsgerichtsklauseln.* 579 Falls nach der Schiedsklausel Streitigkeiten über Gesellschaftsangelegenheiten zwischen der Gesellschaft und ihren Organen oder Aktionären schiedsgerichtlich zu entscheiden sind, fällt auch die *Verantwortlichkeitsklage* unter die Schiedsgerichtsbarkeit[1147,1148,1149], und zwar allenfalls auch dann, wenn erst nach Beendigung der Organstellung geklagt wird[1150]. Es gelten dann die vorn N 573 ff. zu den statutarischen Gerichtsstandsbestimmungen im allgemeinen ausgeführten Regeln.

Zu beachten ist, dass nach Art. 6 des Schweizerischen Konkordats über 580 die Schiedsgerichtsbarkeit[1151] die Schiedsabrede der *Schriftform* bedarf.

[1145] Etwa deshalb, weil die Ansprüche der Gesellschaft und der Aktionäre infolge Entlastung untergegangen sind, vgl. vorn N 462 ff.

[1146] Das Bundesgericht würde wohl freilich auch in diesem Fall die Gerichtsstandsbestimmung für verbindlich erachten: Im soeben Anm. 1144 erwähnten Entscheid wurde erklärt, es sei die Zuständigkeit «weder von der Rechtsnatur noch von der Grundlage des zu verfolgenden Anspruchs, sondern davon abhängig, wer sich im Prozess als Partei gegenübersteht». Diese für eine Schiedsklausel geäusserte Auffassung müsste analog auch für Gerichtsstandsbestimmungen gelten.

[1147] Vgl. MEIER-WEHRLI 159; FUNK Art. 754 N 3; SENN 176; DÜGGELIN 101.

[1148] Gelegentlich werden nur Streitigkeiten zwischen der Gesellschaft, den Aktionären und dem Verwaltungsrat der Schiedsgerichtsbarkeit unterstellt. Für Klagen gegen Mitglieder der Kontrollstelle kommt dann OR 761 zur Anwendung.

[1149] Das Schiedsgericht ist dabei nach dem in Anm. 1144 erwähnten BGE zuständig auch für die Geltendmachung des mittelbaren Gläubiger- und Aktionärsschadens, soweit dieser durch die *Konkursverwaltung* oder den *Nachlassliquidator* geltend gemacht wird. Dagegen könnten *Gläubiger* gestützt auf eine Abtretung nach OR 756 II vor den ordentlichen Gerichten klagen. Die Verbindlichkeit der Schiedsklausel hängt damit nicht von der Art des Anspruchs, sondern von der *klagenden Partei* ab. (Anders das Kassationsgericht des Kantons Zürich als Vorinstanz, das bei der Klage des Nachlassliquidators zwischen eigenen Ansprüchen der Gesellschaft und originären Ansprüchen der Gläubiger unterscheiden wollte.)

[1150] Vgl. etwa BGE 87 I 77 f., wonach eine Gerichtsstandsvereinbarung (und damit analog eine Schiedsgerichtsklausel), die sich «auf ein materielles Rechtsverhältnis bezieht, solange [gilt], als dieses Wirkungen zeitigt...»; vgl. auch die einhellige Literatur zur Weitergeltung statutarischer Schiedsgerichtsklauseln bei Streitigkeiten aus der Mitgliedschaft, solange diese noch Nachwirkungen hat; etwa PETER FORSTMOSER: Berner Kommentar zum Genossenschaftsrecht Lieferung 2 (Bern 1974) Vorb. zu OR 839–878 N 17; THOMAS RÜEDE/REIMER HADENFELDT: Schweizerisches Schiedsgerichtsrecht (Zürich 1980) 37; MAX BRUNNER: Streifzug durch die Statuten schweizerischer Publikumsgesellschaften (Bern 1976) = ASR 444) 145; GULDENER in ZSR 71 (1952) II 234a f. sowie SIEGWART Einleitung N 320; ferner SUTER in ZSR 47 (1928) 41 f. Überholt BGE 19 (1893) 732.

[1151] Dem Konkordat sind alle Kantone mit Ausnahme von Luzern, Glarus, Aargau und Thurgau beigetreten. Während die beiden erstgenannten Kantone einen Beitritt nicht in Betracht zu ziehen scheinen, sind im Kanton Aargau entsprechende Bestrebungen im Gang. Dagegen werden sie im Kanton Thurgau offenbar nicht mehr weiterverfolgt.

Diese ist gewahrt, wenn in einer schriftlichen Beitrittserklärung zu einer juristischen Person ausdrücklich auf die in den Statuten enthaltene Schiedsklausel Bezug genommen wird. Diese Bestimmung ist m.E. analog auch für die Unterwerfung von Organen anzuwenden[1152], und es ist daher eine statutarische Schiedsklausel für Organe unter dem Konkordat nur dann als verbindlich anzuerkennen, wenn sich das Organ schriftlich (z.B. im Arbeitsvertrag oder in einer Auftragsbestätigung) der Schiedsklausel durch Bezugnahme auf diese unterworfen hat[1153].

II. Der Streitwert

581 Der Streitwert und damit die Gerichtsgebühren sowie allfällige Prozessentschädigungen bestimmen sich nach dem eingeklagten *Gesamtschaden*[1154]. Diese Regelung kann sich für die Klage des Aktionärs aus mittelbarer Schädigung prohibitiv auswirken: Da seine Klage auf Leistung des Ersatzes an die Gesellschaft geht[1155], der klagende Aktionär daher am Prozesserlös nur entsprechend seinem Aktienbesitz partizipiert, besteht oft ein Missverhältnis zwischen seinem Kostenrisiko und dem bestenfalls zu erwartenden Erlös[1156].

582 Der RevE will diesem Umstand durch eine besondere Kostenregelung Rechnung tragen[1157]. Ob die vorgesehene Ordnung ausreicht, um das Klagerecht des Aktionärs attraktiver zu machen, ist fraglich.

[1152] Zur Kasuistik vgl. PIERRE JOLIDON: Commentaire du concordat suisse sur l'arbitrage (Bern 1984) zu Art. 6 insbes. Ziff. 3; DANIEL WEHRLI: Rechtsprechung zum schweizerischen Konkordat über die Schiedsgerichtsbarkeit (Zürich 1985) zu Art. 6.

[1153] Statutarische Schiedsgerichtsklauseln dürften aus diesem Grund heute in einer Vielzahl von Fällen unverbindlich sein; und sie sind wohl in der Regel unwirksam bei faktischen Organen (eine Ausnahme bildet allenfalls der in faktischer Organstellung tätige Hauptaktionär). Zum Umstand, das aufgrund von Art. 6 II des Konkordats statutarische Schiedsklauseln häufig unverbindlich sind, vgl. auch BRUNNER (zit. Anm. 1150) 144ff., 149f.

[1154] BÜRGI/NORDMANN, Kommentar zu Art. 753f. N 52; FUNK Art. 755f. N 1.

[1155] Vgl. vorn N 36.

[1156] Vgl. dazu die Kritik bei DÜGGELIN 96f. Nach diesem Autor handelt der mittelbaren Schaden einklagende Aktionär im Interesse der Gesellschaft, weshalb es sich generell rechtfertige, «die Parteikosten von der Gesellschaft tragen zu lassen» (S. 97). Diese Auffassung kann nur de lege ferenda, nicht unter geltendem Recht zur Diskussion stehen.

[1157] Vgl. RevE Art. 756 II, zit. hinten N 1217.

III. Zur Vollstreckung der Ersatzansprüche

1. Bei der Klage aus unmittelbarem Schaden

Keine Probleme stellt die Vollstreckung von Urteilen auf Ersatz direkten 583
Schadens: Diesfalls ist der Kläger mit dem Anspruchsberechtigten identisch, und er kann seine Geldforderung nach den Regeln des SchKG durchsetzen.

2. Bei der Klage aus mittelbarem Schaden

Bei der dem Aktionär zustehenden Klage aus mittelbarem Schaden 584
ausserhalb des Konkurses geht dagegen der Anspruch nicht auf Leistung an den Kläger, sondern an die Gesellschaft[1158], also an einen *Dritten*. Nach FRITZSCHE/WALDER[1159] sollen Geldzahlungen an Dritte «auf dem Weg über die kantonalrechtliche Zwangsvollstreckung als Verpflichtung zu einem Tun erzwungen werden». Dagegen erachtet die Zürcher Praxis das bundesrechtliche Betreibungsverfahren auch bei der Pflicht zu Geldzahlungen an Dritte für anwendbar[1160].

N. Das Verhältnis zu anderen Haftungsgrundlagen

I. Haftung aus Vertrag

1. Haftung aus Arbeitsvertrags- und Auftragsrecht

a) Soweit die Organfunktion nicht mit besonderen vertraglichen Bindungen zur Gesellschaft verbunden ist, «bildet Art. 754 OR für die vertraglichen 585

[1158] Vgl. vorn N 36.
[1159] HANS FRITZSCHE/HANS ULRICH WALDER-BOHNER: Schuldbetreibung und Konkurs nach schweizerischem Recht Bd I (3.A. Zürich 1984) § 10 N 1 S. 91.
[1160] Vgl. ZR 82 (1983) Nr. 58 S. 155 ff. Ebenso BLICKENSTORFER Nr. 345 mit der Begründung, die «Zwangsvollstreckung einer *Geldleistung* an einen Dritten» liege «viel *näher beim SchKG* als bei der Realvollstreckung...».

Pflichtverletzungen die alleinige Haftungsgrundlage»[1161]. *Es ginge also nicht an,* etwa gleichzeitig *auftragsrechtliche Normen anzuwenden*[1162].

586 b) Mit der Verwaltung und Geschäftsführung betraute Personen stehen zur Gesellschaft häufig in einem *arbeitsvertraglichen Verhältnis.* Verletzt eine solche Organperson arbeitsvertragliche Pflichten – sei es ausschliesslich, sei es in Kombination mit einer Verletzung von spezifischen Organpflichten –, dann stehen der Gesellschaft als dem Vertragspartner (und nur ihr) die entsprechenden Ansprüche aus Arbeitsvertrag zu[1163]. Diese werden m.E. von einer allfälligen Entlastung durch die Generalversammlung nicht berührt[1164], und es sind auch im übrigen die schuldvertraglichen und die organschaftlichen Pflichten und Ansprüche klar auseinanderzuhalten[1165].

587 c) Mitgliedern der Verwaltung und Kontrollstelle werden ferner oft Aufgaben zugewiesen, die ausserhalb des Bereichs ihrer Organpflichten liegen. So wird etwa die Kontrollstelle gelegentlich auch mit der Buchführung[1166,1167], der Erstattung von Spezialberichten an den Verwaltungsrat oder der Unternehmensbewertung beauftragt. Dem als Verwaltungsrat amtierenden Juristen obliegt vielfach die Rechtsberatung[1168,1169].

588 Im Rahmen solcher zusätzlicher – ausserhalb der gesetzlichen und statutarischen Pflichten liegender – Aufgaben erfolgende Pflichtverletzungen sind m.E. nach dem Recht des *einschlägigen Vertrages,* also insbesondere nach *Auftragsrecht,* zu beurteilen[1170].

[1161] DÜGGELIN 89; LUSTENBERGER 184.

[1162] Immerhin können allenfalls im Auftragsrecht entwickelte Regeln analoge Anwendung finden, so etwa hinsichtlich des Umfangs der Sorgfaltspflicht, vgl. OR 398 I.

[1163] FORSTMOSER/MEIER-HAYOZ § 25 N 35.

[1164] Vgl. auch Sem 76 (1954) 324ff., wonach ein Verwaltungsratsmitglied durch die Entlastung nicht von besonderen, in persönlicher Eigenschaft übernommenen Pflichten befreit wird.

[1165] Dass organschaftliche und schuldvertragliche Beziehungen ein unterschiedliches Schicksal haben können, zeigt sich etwa bei der Beendigung: Ein Verwaltungsratsmandat kann durch Abberufung oder Rücktritt jederzeit mit unmittelbarer Wirkung beendet werden, während allfällige arbeitsvertragliche Wirkungen weiterlaufen; vgl. FORSTMOSER/MEIER-HAYOZ § 23 N 2 a.E.

[1166] Solche Aufträge sind freilich angesichts des Prüfungsauftrages der Kontrollstelle sehr problematisch.

[1167] Vgl. SCHOOP 19 Anm. 78.

[1168] Vgl. auch den – nicht die Verantwortlichkeit betreffenden – Entscheid in SAG 35 (1962/63) 288ff. Zur Abgrenzung zusätzlicher Aufgaben von den Organpflichten beim als Verwaltungsrat amtierenden Juristen vgl. LUSTENBERGER 184, welcher die Art und Weise der Honorierung als Indiz aufführt.

[1169] Vgl. SCHOOP 19 Anm. 78.

[1170] Gl.M. ERICH FREY: Haftung der Kontrollstelle für Sonderaufträge, ST 61 (1987) 310ff.; SCHOOP 19 und Revisionshandbuch Ziff. 3.152. Wie hier wohl auch HÜTTE, Sorgfaltspflichten 8f., der im Hinblick auf «gesondert abzurechnende Tätigkeiten eines Rechtsanwaltes, der zugleich VR ist», betont, jene Tätigkeiten lägen «ausserhalb des VR-Mandates», und die allfällige Verantwortlichkeit richte sich nicht nach OR 754ff., «sondern nach gemeinem Recht bzw. Auftrag». – In diesem Sinn nun auch ausdrücklich BGE 112 II 262: Danach gehörte das Erstellen einer Bilanzdokumentation als Grundlage für eine Sanierungsbeteili-

Dagegen finden die aktienrechtlichen Verantwortlichkeitsbestimmungen dann Anwendung, wenn die Befugnisse und Pflichten der ordentlichen Kontrollstelle nach OR 731 I erweitert werden, handelt es sich doch auch dabei um Aufgaben im Rahmen der spezifischen Organfunktion[1171]. 589

d) Nach *Auftragsrecht* und nicht nach OR 754 ff. bestimmt sich sodann die allfällige Haftung der *besonderen Sachverständigen* im Sinne von OR 723[1172], der besonderen *Kommissäre und Sachverständigen* nach OR 731 II[1173] sowie der *Revisionsstelle* nach OR 732 II, da diese *keine Organe* der Gesellschaft sind[1174]. Eine Ausnahme ist nur dann zu machen, wenn zwischen der ordentlichen Kontrollstelle und den Prüfern bzw. Sachverständigen im Sinne von OR 723 I, 731 II und 732 II Personalunion besteht[1175]. In diesen Fällen sind OR 754 ff., daneben aber allenfalls auch Mandatsrecht[1176], anwendbar. 590

Die *bankengesetzliche Revisionsstelle* ist nach herrschender Lehre – entgegen der in der ersten Auflage dieser Publikation geäusserten Auffassung – den analogen Verantwortlichkeitsbestimmungen von BankG 41 ff. *nicht* unterworfen[1177]. 591

---

gung nicht zur Kontrollstelltätigkeit, sondern erfolgte «im Rahmen eines Sonderauftrages, der klar darüber hinausging», womit OR 754 ff. nicht zur Anwendung kam. – A.M. für die Kontrollstelle HIRSCH, Organe de contrôle 197, der betont, dass die Verwaltung nicht zufällig die Kontrollstelle mit solchen Aufgaben beauftrage. Dem ist entgegenzuhalten, dass diese zusätzlichen Funktionen mit der spezifischen Organfunktion in keinem Zusammenhang stehen und deshalb auch nicht der Organverantwortlichkeit unterstellt werden sollten. Analoges gilt für die Mitglieder des Verwaltungsrates.

[1171] Gl.M. HIRSCH, Organe de contrôle 196.

[1172] Vgl. BURKI 129 f.; SCHOOP 107; BÄTTIG, Verantwortlichkeit 98 f.; FORSTMOSER/MEIER-HAYOZ § 27 N 35 und BÜRGI/NORDMANN, Kommentar zu Art. 753 f. N 120, mit Hinweisen auf abweichende Meinungen. A.M. insbes. HIRSCH, Organe de contrôle 196 Anm. 10. Ausdrücklich offen das Bundesgericht in einem nicht publizierten Entscheid, vgl. HIRSCH a.a.O.

[1173] BÜRGI/NORDMANN, Kommentar zu Art. 753 f. N 120; E. FRICK 78; a.M. HIRSCH, Organe de contrôle 196 Anm. 10.

[1174] So für OR 732 II BÜRGI, Kommentar zu Art. 732 N 25; FORSTMOSER, Aktienrecht § 16 N 381 mit weiteren Hinweisen in Anm. 717. – Eine Haftung der externen Kontrollstelle nach OR 754 ff. wird durch das BGer in SAG 23 (1950/51) 184 ausdrücklich abgelehnt.

[1175] Gl.M. BURKI 129; HIRSCH, Organe de contrôle 197 und SCHIESS 13; SCHOOP 107; ähnlich BÜRGI/NORDMANN, Kommentar zu Art. 753 f. N 121, wonach OR 754 ff. jedenfalls dann zum Zuge kommen soll, wenn nicht klar feststellbar ist, welche Tätigkeit den Schaden verursacht hat.

[1176] Vgl. BGE in SAG 23 (1950/51) 184, wo die Haftung aus dem Vertragsverhältnis ohne weiteres vorausgesetzt wird.

[1177] So etwa LUTZ 31; HIRSCH, Responsabilité des contrôleurs 11 und BODMER/KLEINER/LUTZ Art. 18–22 N 53, während diese Autoren in Art. 41 N 16 ff. stillschweigend von einer Unterstellung der bankengesetzlichen Revisionsstelle unter BankG 41 ff. auszugehen scheinen. Amtet die bankengesetzliche Revisionsstelle auch als aktienrechtliche Kontrollstelle, so haftet sie jedoch in dieser Eigenschaft nach OR 754 ff., BODMER/KLEINER/LUTZ Art. 41 N 17. – Vgl. auch hinten N 863.

592 e) Endlich kann sich die Errichtung und Führung einer AG als *Mittel für die Ausführung eines Auftrages* erweisen[1178], womit – unabhängig von einer allfälligen Organhaftung – der Beauftragte wiederum aus Auftragsrecht verantwortlich wird.

593 f) Erwähnt sei noch, dass die *aktien*rechtlichen Verantwortlichkeitsbestimmungen nach herrschender Lehre *weder statutarisch noch vertraglich abgeschwächt werden können,* und zwar auch nicht gegenüber der Gesellschaft selbst[1179, 1180], dass sie also insofern *zwingender Natur sind*[1181]. Auch indirekt – etwa dadurch, dass die Beschlussfassung über die Anhebung einer Verantwortlichkeitsklage einem qualifizierten Quorum unterstellt wird – ist eine Abschwächung der gesetzlichen Ordnung nicht zulässig[1182]. Ebenso wäre eine statutarische Bestimmung oder vertragliche Vereinbarung *nichtig,* wonach die Gesellschaft für den Fall, dass ein Organ schadenersatzpflichtig werden sollte, diesem volle oder teilweise *Rückerstattung* zusagen würde[1183].

[1178] Vgl. dazu KUMMER in ZBJV 111 (1975) 148f.

[1179] Vgl. GEORG GAUTSCHI: Berner Kommentar zum Recht des einfachen Auftrages (3.A. Bern 1971) Art. 395 N 72b; BURKI 148f.; HIRSCH, Responsabilité 255; SENN 72; BÜRGI/NORDMANN, Kommentar zu Art. 753f. N 89; MEIER-WEHRLI 29; a.M. offenbar BGE 65 II 12f. Vgl. aber die Ausführungen zur befreienden Wirkung der Entlastung (vorn N 410ff.) und zum allfälligen Ausschluss der Verantwortlichkeit, falls in Ausführung eines Generalversammlungsbeschlusses oder mit Zustimmung aller Aktionäre bzw. Gründer gehandelt wurde (dazu vorn N 544ff.). – Ausführlich und differenzierend zu den Möglichkeiten einer vertraglichen Haftungsmilderung für Organe unter deutschem Recht UWE H. SCHNEIDER: Haftungsmilderung für Vorstandsmitglieder und Geschäftsführer bei fehlerhafter Unternehmensleitung?, in: Festschrift WERNER (Berlin/New York 1984) 795ff.: Nach SCHNEIDER ist eine Haftungsmilderung in bestimmten Grenzen bei der GmbH (nicht dagegen bei der AG) möglich.

[1180] Das BGer hat jedoch in einem nicht amtlich publizierten Entscheid (SAG 23 [1950/51] 184ff.) eine Vereinbarung, wonach sich die Mitglieder des Verwaltungsrates «nur mit der formellen Verwaltung und nicht mit der materiellen Geschäftsführung zu befassen» hätten, stillschweigend als gültig anerkannt. Dies kann jedenfalls nur gegenüber den Aktionären als Vertragspartnern zutreffen.

[1181] Gl.M. mit ausführlicher Begründung BLICKENSTORFER N 262ff., der aber eine Möglichkeit der vertraglichen Beschränkung einer allfälligen Haftung nach OR 41 (nicht aber einer solchen nach den spezifischen gesellschaftsrechtlichen Verantwortlichkeitsbestimmungen) bejaht. Für die AG dürfte diese von BLICKENSTORFER für die Genossenschaft vertretene Möglichkeit kaum eine Rolle spielen. – In den USA sind dagegen einzelne Gliedstaaten (darunter insbes. Delaware) angesichts der strengen Gerichtspraxis und der zunehmenden Schwierigkeiten, angemessenen Versicherungsschutz zu erhalten (dazu hinten Anm. 2115), dazu übergegangen, die Haftung der Organe durch entsprechende statutarische Bestimmungen einschränken bzw. weitgehend eliminieren zu lassen, vgl. hiezu etwa The Corporation Journal 30 (1986) 123ff. und hinten Anm. 2182a.

[1182] Vgl. dazu vorn bei Anm. 53. – Vgl. dagegen für die Beschlussfassung über die Entlastung vorn N 414.

[1183] BLICKENSTORFER N 274; vgl. auch vorn N 559.

Zulässig ist es dagegen m.E., dass eine Gesellschaft die Kosten für den Versicherungsschutz ihrer Organe übernimmt[1184].

Möglich ist eine *Haftungsverschärfung*[1185]. 593a

2. Haftung aus Kaufvertrag

Wird eine Aktienmehrheit verkauft und dabei die *Haftung für* allfällige 594 nicht aus der Bilanz ersichtliche *Gesellschaftsverpflichtungen übernommen*, so ist der Verkäufer aus Vertrag zugunsten Dritter zur Schadloshaltung gegenüber der Gesellschaft verpflichtet, und zwar unabhängig von einer aktienrechtlichen Verantwortlichkeit und deshalb auch dann, wenn kein Verschulden vorliegt oder wenn die neue Mehrheit dem Verkäufer als früherem Organ Decharge erteilt hat[1186].

II. Haftung aus unerlaubter Handlung

a) Falls Organpersonen ausserhalb ihrer Organfunktionen – in *aus-* 595 *schliesslicher Verletzung eines Gebots der allgemeinen Rechtsordnung* also – widerrechtliche[1187] Handlungen begehen, kommen die Bestimmungen von *OR 41ff.* und nicht die der aktienrechtlichen Verantwortlichkeit zur Anwendung[1188,1189].

In diesen Fällen kann ein *Anspruch aus mittelbarer Schädigung* nicht 596 entstehen, da ein solcher nur aufgrund der Spezialbestimmung im aktienrechtlichen Verantwortlichkeitsrecht möglich ist[1190].

Selbst wenn eine Verletzung aktienrechtlicher Pflichten vorliegt, können 597 allenfalls *Gläubiger* – im Gegensatz zur Gesellschaft und den Aktionären –

[1184] Vgl. dazu hinten N 1181 und vorn N 561.
[1185] Vgl. BGE 65 II 20 sowie ST 59 (1985) 76f. E III. 3a, wonach sich die «Pflichten der aus Art. 754 OR haftenden Personen... aus Gesetz, Statuten und Reglementen ergeben»; FUNK Art. 754 N 6 a.E.; MEIER-WEHRLI 29.
[1186] BÜRGI, Kommentar zu Art. 698 N 77; Sem 76 (1954) 326f.
[1187] Zum Begriff der Widerrechtlichkeit vgl. statt vieler BREHM, Art. 41 N 32ff., mit zahlreichen Literaturangaben. Differenzierend zwischen den Begriffen der «widerrechtlichen» und der «unerlaubten» Handlung (die hier synonym gebraucht werden) OFTINGER 137.
[1188] Vgl. etwa MEIER-WEHRLI 57, 62; FEHR 150; SENN 102, 124f. sowie als Beispiel ZBJV 95 (1959) 116f.
[1189] Denkbar ist natürlich auch eine *Anspruchskonkurrenz* mit einer vertraglichen Haftung, dazu OFTINGER 484ff.
[1190] BURKI 140f.; BÜRGI/NORDMANN, Kommentar zu Art. 753f. N 32; ebenso Obergericht des Kantons Zürich, referiert bei HÜTTE, Einwilligung 222.

nur gestützt auf OR 41 ff. klagen, dann nämlich, wenn die Verletzung keine spezifischen Gläubigerschutzbestimmungen betrifft, vgl. vorn N 258 ff.

598 b) Umstritten ist die Rechtslage, wenn die Verletzung einer Organpflicht *zugleich eine unerlaubte Handlung* darstellt[1191].

599 Das *Bundesgericht* hatte unter dem altOR die gleichzeitige Berufung auf die aktienrechtliche Verantwortlichkeit und auf OR 41 ff. zugelassen[1192]. Unter dem geltenden Recht vertritt es neuerdings die Auffassung, OR 41 ff. komme subsidiär zu den aktienrechtlichen Verantwortlichkeitsbestimmungen zur Anwendung[1193]. Die *Lehre* spricht sich zum Teil für[1194], zum Teil gegen[1195] die alternative Anwendbarkeit von OR 41 ff. und OR 752 ff. aus. M.E. steht einer alternativen oder auch *kumulativen* Berufung auf die allgemeinen Regeln für unerlaubte Handlungen einerseits und die aktienrechtlichen Verantwortlichkeitsbestimmungen andererseits nichts entgegen, falls die beidseitigen Voraussetzungen erfüllt sind[1196]. Die Anwendbarkeit (auch) der Normen von OR 41 ff. entspricht m.E. auch der Bestimmung von ZGB 55 III. Die Frage ist freilich praktisch *bedeutungslos*[1197], da die aktienrechtlichen Bestimmungen für den Kläger regelmässig günstiger[1198] sind.

600 Eine *ausschliessliche* Haftung aus *aktienrechtlicher Verantwortlichkeit* tritt ein im Fall der *Annahme von Zeichnungen zahlungsunfähiger*

[1191] Dies ist nach der Auffassung des Bundesgerichts bei Pflichtverletzungen der Kontrollstelle regelmässig der Fall, da die «Bestimmungen über die Pflichten der Kontrollstelle... auch zum Schutze Dritter erlassen worden [sind], die der Gesellschaft insbesondere ein Darlehen gewähren oder sich beteiligen wollen.» (BGE 106 II 235). Nach der Ansicht des Bundesgerichts, a.a.O. gilt dies selbst für zusätzliche Aufgaben, die der Kontrollstelle im Sinne von OR 731 I übertragen werden.

[1192] Vgl. BGE 61 II 233; 46 II 455.

[1193] So BGE 106 II 235 hinsichtlich der Verantwortlichkeit der Kontrollstelle. Dagegen wurde in BGE 76 II 320 die Frage im Hinblick auf OR 753 ausdrücklich offengelassen.

[1194] So ZELLWEGER 25; MEIER-WEHRLI 58; A. WIELAND in SJZ 43 (1947) 122f.

[1195] So DÜGGELIN 89; SENN 71; BÜRGI/NORDMANN, Kommentar zu Art. 753f. N 32.

[1196] In diesem Sinne wohl auch DRUEY 81, der jedoch zu Recht betont, dass «eine unerlaubte Handlung nicht jedesmal ein gesellschaftsrechtlicher Pflichtenverstoss» und «umgekehrt... nicht jedes Fehlverhalten nach Art. 754 zugleich eine unerlaubte Handlung» darstellt. Für die alternative Anwendbarkeit von OR 41 ff. neben den körperschaftsrechtlichen Verantwortlichkeitsbestimmungen nun auch mit überzeugender Begründung BLICKENSTORFER Nr. 59 ff. (für die Genossenschaft, wo die Anwendbarkeit von OR 41 ff. wegen der engeren Fassung der spezifisch körperschaftsrechtlichen Verantwortlichkeitsbestimmungen von grosser Bedeutung ist).

[1197] Gl.M. ZELLWEGER 25; MEIER-WEHRLI 58, 62; BÜRGI/NORDMANN, Kommentar zu Art. 753f. N 32.

[1198] So hinsichtlich der Verjährung, vgl. N 498 ff., des Gerichtsstandes, vgl. N 562 ff., des Klagerechts von Aktionären und Gläubigern aus mittelbarer Schädigung, vgl. N 34 ff., 93 ff.

Personen, da sonst die in OR 753 Ziff. 3 vorgesehene Einschränkung auf *wissentliche* Mitwirkung illusorisch würde[1199].

c) Zum Verhältnis der Verantwortlichkeit von Organpersonen zur Haftung der Gesellschaft für unerlaubte Handlungen der Organe nachstehend N 611 ff. 601

d) Ausschliesslich nach *allgemeinem Haftpflichtrecht* richtet sich die Haftung von Personen, die *nicht zum in OR 752–754 umschriebenen Kreis gehören,* so etwa der Mitglieder der externen Kontrollstelle[1200]. 602

III. Haftung bei Gründungsmängeln und für Rechtshandlungen vor der Inkorporierung

a) Sind *Sacheinlagen* überbewertet worden, dann ist das Grundkapital nicht voll liberiert, und die *Liberierungspflicht* besteht weiter[1201]. Kommt die Gesellschaft zu Schaden[1202], dann greift die *Gründerhaftung* gemäss OR 753 ff. Platz. 603

Dasselbe gilt, wenn der Pflicht zur *Barliberierung* nicht oder nur scheinbar nachgekommen worden ist. 604

Falls die Liberierung gar nicht erfolgt ist oder bei schwersten Gründungsmängeln anderer Art kann allenfalls ausnahmsweise angenommen werden, dass die Gesellschaft *gar nicht als AG entstanden* ist[1202a]. Dies gilt insbesondere dann, wenn der Handelsregistereintrag unterblieb, da dieser für die AG Entstehungsvoraussetzung ist[1202b]. Neben der Gründerhaftung[1202c] kommt in diesen Fällen eine primäre, persönliche und solidarische Haftung der Handelnden in Betracht, sei es gestützt auf OR 645 I[1202d], sei es gestützt auf das Recht der einfachen Gesellschaft[1202e]. Der 605

[1199] Ebenso BÜRGI/NORDMANN, Kommentar zu Art. 753 f. N 32.
[1200] Vgl. vorn N 590 und BURKI 130, 136 ff.
[1201] Vgl. FUNK Art. 628 N 2 und BLICKENSTORFER Nr. 86.
[1202] Etwa weil die volle Liberierung nicht mehr erlangt werden kann.
[1202a] Vgl. dazu FORSTMOSER, Aktienrecht § 12 N 65 ff., sowie etwa ROGER GIROUD: Die Konkurseröffnung und ihr Aufschub bei der AG (Diss. Zürich 1981 = SSHW 50) 13 f. Die bundesgerichtliche Praxis geht jedoch in der Annahme einer heilenden Wirkung des Registereintrages weiter als die vorzitierte Literatur, vgl. BGE 107 Ib 15, 189 f. sowie 110 Ib 115.
[1202b] Vgl. etwa FORSTMOSER, Aktienrecht § 11 N 113, mit weiteren Hinweisen.
[1202c] Die Gründerhaftung kann auch Platz greifen, wenn die Gründung nicht abgeschlossen wird, vgl. hinten N 906.
[1202d] Dazu sogleich nachstehend N 606.
[1202e] Vgl. MEIER-HAYOZ/FORSTMOSER § 8 N 27, 55 ff. Vorbehalten bleiben andere Vereinbarungen, vgl. OR 543 I.

Umfang dieser Haftung geht weiter als nach den Regeln über die Gründerhaftung: Soweit vertragliche Bindungen in Frage stehen, geht die Verpflichtung der Handelnden auf Erfüllung bzw. auf das Erfüllungsinteresse[1202f]. Zudem ist die Haftung *unabhängig von einem Verschulden*[1202g].

606 b) Für Rechtshandlungen vor der Inkorporierung sieht OR 645 I eine persönliche Haftung der Handelnden[1202h] vor, die – wie soeben gezeigt – weiter geht als eine allfällige Gründerhaftung.

IV. Haftung wegen Unterlassens von Handelsregisteranmeldungen

607 a) Werden Handelsregisteranmeldungen absichtlich oder fahrlässig[1202i] unterlassen, dann entsteht nach OR 942 eine Schadenersatzpflicht[1202j].

608 Es fragt sich, ob diese Ersatzpflicht die pflichtwidrig handelnden *natürlichen Personen* oder die *AG* als solche trifft: Nach HIS[1202k] kann die juristische Person «als solche zum Schadenersatz verurteilt werden; der Richter braucht... nicht festzustellen, welcher Einzelne unter den anmeldungspflichtigen Vertretern... der eigentliche Schuldige war». Dagegen nehmen BÜRGI[1202l] und FUNK[1202m] offenbar an, dass die Ersatzpflicht direkt die anmeldepflichtigen Mitglieder der Verwaltung trifft. – M.E. ist der Ansicht, die *Schadenersatzpflicht treffe direkt die verantwortlichen natürlichen Personen,* der Vorzug zu geben. Diese Lösung entspricht HRV 22 II, wo die bei juristischen Personen Anmeldungspflichtigen genau bezeichnet werden. Ein Indiz lässt sich sodann aus OR 943 II herleiten, wonach die Registerbehörde eine Ordnungsbusse «gegen die Mitglieder der Verwaltung einer Aktiengesellschaft» aussprechen kann[1202n].

609 b) Da die Unterlassung als ein Verstoss gegen die Sorgfaltspflicht von OR 722 I zu werten ist, kann sich eine Ersatzpflicht gleichzeitig auch auf OR 754 ff. stützen.

[1202f] Vgl. FORSTMOSER, Aktienrecht § 13 N 17, mit weiteren Hinweisen.
[1202g] Vgl. FORSTMOSER, Aktienrecht § 13 N 17, mit weiteren Hinweisen.
[1202h] Vgl. FORSTMOSER, Aktienrecht § 13 N 16 ff.
[1202i] Unrichtig m.E. BÜRGI, Kommentar zu Art. 737 N 10, der nur von *absichtlicher* Unterlassung der Anmeldepflicht spricht.
[1202j] Dazu ausführlich EDUARD HIS: Handelsregister, Geschäftsfirmen und kaufmännische Buchführung, Berner Kommentar Bd VII/4 (Bern 1940) zu Art. 942.
[1202k] Art. 942 N 5.
[1202l] Kommentar zu Art. 737 N 10.
[1202m] Art. 737 N 1 a.E.
[1202n] Vgl. auch BGE 91 I 438 ff., wonach die Aufforderung zur Eintragung nicht der juristischen Person als solcher, sondern den Mitgliedern der Verwaltung zugestellt wurde.

c) Wird eine Anmeldung pflichtwidrig unterlassen, kann überdies 610 gemäss OR 943 und HRV 2 eine *Ordnungsbusse* ausgesprochen werden[1202o]. Wiederum trifft die Sanktion m.E. direkt die verantwortlichen natürlichen Personen[1202p].

O. Das Verhältnis zu anderen Rechtsbehelfen von Aktionären und Gläubigern

I. Das Verhältnis zur Haftung der Gesellschaft für unerlaubte Handlungen ihrer Organe

a) Nach OR 718 III und 743 VI haftet die Gesellschaft für den Schaden 611 aus unerlaubter Handlung, die Organpersonen in Ausübung ihrer geschäftlichen Verrichtungen begehen[1203]. Es fragt sich, in welchem Verhältnis diese Haftung zur Verantwortlichkeit der Organpersonen selbst steht.

Das Problem stellt sich nur bei der *unmittelbaren Schädigung von* 612 *Aktionären und Gläubigern,* nicht auch bei mittelbarer Schädigung und schon gar nicht im Hinblick auf die Ersatzklage der Gesellschaft[1204].

b) Die *Gläubiger* können – wenn sowohl die Voraussetzungen der 613 Verantwortlichkeit nach OR 752ff. wie auch die der Organhaftung nach OR 718 III bzw. 743 VI gegeben sind – *wahlweise oder auch kumulativ* gegen die Verantwortlichen persönlich und gegen die Gesellschaft vorgehen[1205]. Diese Ordnung entspricht der allgemeinen von ZGB 55 II und III, wonach für unerlaubte Handlungen die juristische Person und ausserdem die handelnde natürliche Person verantwortlich sind.

[1202o] Dazu ausführlich HIS (zit. Anm. 1202j) zu Art. 943.
[1202p] Ebenso wohl HIS (zit. Anm. 1202j) Art. 943 N 7, jedoch mit dem Hinweis auf einen nicht amtlich publizierten BGE, bei dem eine Haftung der juristischen Person selbst angenommen wurde. Dieser Entscheid dürfte im Lichte der neueren Theorie und Praxis zur Deliktsfähigkeit der juristischen Person (dazu FORSTMOSER, Aktienrecht § 1 N 45ff.) kaum mehr haltbar sein.
[1203] Vgl. auch ZGB 55 II.
[1204] Vgl. ZELLWEGER 47 sowie BÜRGI/NORDMANN, Kommentar zu Art. 753f. N 34.
[1205] So etwa BURCKHARDT 127f.; SCHIESS 35; ZELLWEGER 47f.; BÜRGI/NORDMANN, Kommentar zu Art. 752 N 6. Unklar dagegen BÜRGI/NORDMANN, Kommentar zu Art. 753f. N 36, wonach es sich empfehlen soll, zuerst die Gesellschaft zu belangen, da die verantwortliche Organperson allenfalls erklären könnte, nicht sie, sondern die Gesellschaft sei passivlegitimiert. Passivlegitimiert sind sowohl die Gesellschaft wie auch die Organperson, je aus verschiedenen Rechtsbestimmungen.

614 Werden beide Klagen zugleich angestrengt, dann versteht sich von selbst, dass – wie beim Vorgehen gegen mehrere solidarisch Haftpflichtige – die gesamthaft zu erbringenden *Ersatzleistungen den erlittenen Schaden nicht übersteigen* dürfen[1206].

615 Lehre und Praxis betonen in diesem Zusammenhang, dass *OR 752ff. nicht extensiv anzuwenden* sind: Die Verantwortlichkeitsbestimmungen sollen bei primärer Schädigung nur dann zur Anwendung kommen, wenn das Organ aus «persönlicher Absicht oder Willen gehandelt» hat[1207]. OR 752ff. sollen daher nur anwendbar sein, wenn das Organ «a causé le dommage par un acte ou une intervention relevant une intention ou une volonté qui lui est strictement personnelle, par ex. en déterminant le créancier, par des assertions inexactes, à consentir des crédits à la société, – en lui fournissant de faux renseignements sur la situation financière de celle-ci, – en violant les règles sur l'établissement du bilan, etc. En revanche, lorsque l'administrateur est intervenu exclusivement en sa qualité de représentant de la société, qu'il s'est borné à agir au nom et pour le compte de cette dernière en tant que partie au contrat avec un tiers, alors l'action en dommages-intérêts ne peut être dirigée que contre la société»[1208]. Ist die persönliche Absicht des Organs nicht nachweisbar, kann somit nur die *Gesellschaft* ins Recht gefasst werden.

616 Eine weitere Schranke für die persönliche Verantwortung der Handelnden gegenüber Dritten ergibt sich aus der bundesgerichtlichen Praxis, wonach eine Haftung für Gläubigerschaden nur bei Verletzung aktienrechtlicher Gläubigerschutzbestimmungen in Betracht kommt[1209]. Allenfalls kann jedoch der Handelnde – wenn keine spezifischen Vorschriften des Gläubigerschutzes verletzt sind – gestützt auf OR 41 ins Recht gefasst werden[1210].

617 c) Die herrschende Lehre anerkennt, dass grundsätzlich auch ein geschädigter *Aktionär* Klage gegen die Gesellschaft aus OR 718 III bzw. 743 VI anheben kann[1211]. Doch wird durchwegs betont, dass die Gutheissung einer solchen Klage nicht zur Rückerstattung von Grundkapital füh-

---

[1206] Vgl. BÜRGI/NORDMANN, Kommentar zu Art. 752 N 6.
[1207] SCHUCANY Art. 754 N 2b; vgl. auch RVJ 1 (1967) 35.
[1208] BGer in SAG 25 (1952/53) 141f. und in Sem 74 (1952) 86; ebenso RVJ 1 (1967) 35f. Die Ausführungen des BGer sind insofern fragwürdig, als ein Verhalten, das «strictement personnelle» ist, ein Handeln in ausschliesslich *persönlicher Eigenschaft* also, ausserhalb des Handelns in Organfunktion liegt und deshalb von OR 752ff. gerade nicht erfasst wird, vgl. vorn N 595f.
[1209] Vgl. vorn N 258ff.
[1210] Vgl. vorn N 261.
[1211] Dazu ausführlich HARRY ZIMMERMANN: Zur Frage der Möglichkeit der Schadenersatzklage des Aktionärs gegen die Gesellschaft, SAG 18 (1945/46) 117ff., 143ff.; ferner etwa BÜRGI/NORDMANN, Kommentar zu Art. 752 N 5 und zu Art. 753f. N 35 sowie MEIER-WEHRLI 59, dort in Anm. 47 Hinweise auf abweichende Ansichten.

ren und dass der als Reserven gebundene Teil des Reinvermögens ebenfalls nicht tangiert werden darf[1212]. Die Klage des Aktionärs aus OR 718 III dürfte praktisch *bedeutungslos* sein[1213].

II. Das Verhältnis zur Haftung der Gesellschaft aus Vertrag

Von selbst versteht sich, dass der Vertragsgläubiger – solange die Gesellschaft *aufrechtsteht* – diese und nur diese zu belangen hat: Nach ZGB 55 und OR 718 I verpflichtet die Verwaltung durch den Abschluss von Rechtsgeschäften namens der AG die Gesellschaft und nicht sich selbst[1214], und es treten daher die Gläubiger «in Rechtsbeziehungen nur zur Gesellschaft selbst, nicht dagegen unmittelbar zu den einzelnen Mitgliedern der Verwaltung bzw. Geschäftsführung»[1215].

Auch im *Konkurs* der AG bleibt grundsätzlich aus Vertrag *nur die Gesellschaft* haftbar. Eine persönliche Haftung der geschäftsführenden Organe kommt ausschliesslich dann in Betracht, wenn sich diese *pflichtwidrig* verhalten haben. Als *zusätzliche Schranke* ist sodann zu beachten, dass *nicht jede Pflichtwidrigkeit* eine persönliche Verantwortung gegenüber Gesellschaftsgläubigern bewirkt, sondern nur ein Verstoss gegen aktienrechtliche Gläubigerschutzbestimmungen[1216]. Vorbehalten bleiben im übrigen in Fällen, in denen zugleich eine Widerrechtlichkeit im Sinne von OR 41ff. vorliegt, Ansprüche aus unerlaubter Handlung gestützt auf OR 41[1217].

[1212] Vgl. etwa ZIMMERMANN (zit. Anm. 1211) 153f. und MEIER-WEHRLI 59, mit weiteren Hinweisen; ebenso SCHLUEP, Wohlerworbene Rechte 89.
[1213] So auch BÜRGI/NORDMANN, Kommentar zu Art. 753f. N 35, und ähnlich ZIMMERMANN (zit. Anm. 1211) 153f.
[1214] Vgl. etwa FORSTMOSER/MEIER-HAYOZ § 17 N 1ff.
[1215] FORSTMOSER/MEIER-HAYOZ § 25 N 11.
[1216] Dazu ausführlich vorn N 258ff. und N 87.
[1217] Vgl. ZGB 55 III und vorn N 595f., 613ff.

III. Das Verhältnis zur Anfechtungsklage des Aktionärs[1218] sowie zur Klage des Aktionärs oder Gläubigers auf Feststellung der Nichtigkeit von Gesellschaftsbeschlüssen

620   a) Der *Anfechtung*[1219] von Gesellschaftsbeschlüssen sind Schranken auferlegt:
– Anfechtbar sind nur Generalversammlungs-, nicht aber Verwaltungsratsbeschlüsse[1220].
– Anfechtungsberechtigt ist nur der Aktionär, nicht auch der Gläubiger[1221].

621   Das Bundesgericht[1222] hat kategorisch erklärt, die *Anfechtungsklage* gegenüber Beschlüssen der Generalversammlung sei *unzulässig,* wenn sie sich auf einen Sachverhalt stütze, der Gegenstand einer Verantwortlichkeitsklage gegen Gesellschaftsorgane bilden könne. In der kantonalen Rechtsprechung finden sich ähnliche Äusserungen[1223].

622   Demgegenüber hält JOLIDON[1224] m.E. zu Recht fest, dass zwischen dem Anfechtungsrecht nach OR 706 und Verantwortlichkeitsansprüchen nach OR 752 ff. *keine Subsidiarität* besteht, dass vielmehr die beiden Klagemöglichkeiten in *Konkurrenz zueinander* stehen und – falls die Voraussetzungen hiefür gegeben sind – allenfalls die beiden Klagen auch gleichzeitig geltend gemacht werden können[1225]. Die Anwendung dieses allgemeinen Grundsatzes auf Einzelfälle führt freilich zu komplexen Problemen[1226]. Ähnlich äussern sich BÜRGI/NORDMANN[1227], BLICKENSTORFER[1228], ROHRER[1229] und KUMMER[1230].

[1218] Zu dieser vgl. KUNO WALTER ROHRER: Aktienrechtliche Anfechtungsklage (Diss. Bern, Zürich 1979).
[1219] Nicht dagegen der Geltendmachung der Nichtigkeit.
[1220] Vgl. BGE 76 II 60 ff.; ferner etwa FORSTMOSER/MEIER-HAYOZ § 24 N 11. – A.M. freilich mit ausführlicher Begründung ERIC F. STAUBER: Das Recht des Aktionärs auf gesetz- und statutenmässige Verwaltung... (Diss. Zürich 1985 = SSHW 79) 165 ff.
[1221] Vgl. OR 706 I.
[1222] BGE 92 II 243 ff., insbes. 246 f.; vgl. ferner 81 II 465 und 100 II 389.
[1223] Vgl. SJZ 37 (1940/41) 158 f.; ZR 62 (1963) Nr. 91 S. 278 ff.; BJM 1963, 163 ff.; Rep. 112 (1979) 318.
[1224] Insbes. S. 216.
[1225] Im gleichen Sinne auch MAX KUMMER in ZBJV 112 (1976) 155.
[1226] Dazu ausführlich JOLIDON 218 ff.
[1227] Kommentar zu Art. 753 f. N 31; fraglich erscheint aber die dortige Qualifikation der Anfechtungsklage als einer Feststellungsklage, dient diese doch nicht nur der Feststellung, sondern der Beseitigung eines in der Schwebe befindlichen und allenfalls in volle Rechtskraft erwachsenden Zustandes.
[1228] Nr. 82.
[1229] Zit. Anm. 1218, 11 ff.
[1230] Die Rechtsprechung des Bundesgerichts im Jahre 1974, ZBJV 112 (1976) 155 f.

Nach MEIER-WEHRLI[1231] soll sogar der Anfechtungsklage Priorität 623 zukommen, da dem einem Generalversammlungsbeschluss nicht zustimmenden Aktionär die Anfechtung zuzumuten[1232] sei. Ob dies zutrifft, mag offenbleiben: Erforderlich ist die Anfechtungsklage jedenfalls insofern, als ein anfechtbarer Beschluss nach unbenutztem Ablauf der Anfechtungsfrist in volle Rechtskraft erwachsen[1233] und daraufhin der Verwaltung, die diesen Beschluss ausführt, kein pflichtwidriges Verhalten vorgeworfen werden kann[1234].

b) Die allenfalls auch Gläubigern zustehende *Nichtigkeitsklage*[1235] steht 624 grundsätzlich ebenfalls in *Konkurrenz* zur Verantwortlichkeitsklage. Doch ist zu beachten, dass die Klage auf Feststellung der Nichtigkeit mangels eines Feststellungsinteresses dann nicht zugelassen wird, wenn durch sie nur die Grundlage für einen späteren Verantwortlichkeitsprozess geschaffen werden soll[1236].

IV. Das Verhältnis zur Auflösungsklage

a) OR 643 III sieht zugunsten von Aktionären und Gläubigern eine 625 Auflösungsklage wegen Gründungsmängeln vor, OR 736 Ziff. 4 zugunsten einer Aktionärsminderheit ausserdem eine solche aus wichtigen Gründen.

b) Auch diese Auflösungsklagen stehen zur Verantwortlichkeitsklage in 626 *Konkurrenz,* d.h. es können sowohl die Klage auf Schadenersatz gegenüber Organpersonen wie auch die Auflösungsklage angestrengt werden, wenn die Voraussetzungen für beide Klagerechte erfüllt sind[1237]. Doch ist daran zu erinnern, dass die *Klage auf Auflösung* nur dann geschützt wird, wenn *schwerwiegende Mängel* vorliegen, die auf andere Weise nicht beseitigt

---

[1231] S. 141; ebenso RICHARD FELBER: Die Direktion der Aktiengesellschaft (Diss. Zürich 1949) 69 lit. a.
[1232] Gegenteilig ROHRER (zit. Anm. 1218) 126f.
[1233] Vgl. etwa F. VON STEIGER, Recht der AG 210.
[1234] Ebenso LUSTENBERGER 189; a.M. ROHRER (zit. Anm. 1218) 125, mit unrichtiger Berufung auf N 414ff. der Vorauflage dieses Bandes.
[1235] Dazu BÜRGI, Kommentar zu Art. 706 N 8ff.
[1236] Vgl. BÜRGI/NORDMANN, Kommentar zu Art. 753f. N 37 sowie hinten N 628.
[1237] Vgl. PIERRE TERCIER: La dissolution de la société anonyme pour justes motifs..., SAG 46 (1974) 67ff., 72f.; BÜRGI/NORDMANN, Kommentar zu Art. 753f. N 30; PATRY, Précis II 108; WALTHER (zit. Anm. 860) 141f.

werden können[1238]. Nach der Rechtsprechung des Bundesgerichts ist daher die Auflösungsklage dann nicht zuzulassen, wenn die Missstände, auf die sie sich stützt, auch durch eine Schadenersatzklage nach OR 752 ff. beseitigt werden können[1239]. Die Auflösungsklage ist damit ultima ratio[1240], und es kann ihr insofern – aber nur insofern – subsidiärer Charakter zugesprochen werden[1241].

V. Das Verhältnis zum Rückerstattungsanspruch gemäss OR 678 f.

627   Auch der Rückerstattungsanspruch für ungerechtfertigte Bezüge gemäss OR 678 f. steht in *Konkurrenz* zu Verantwortlichkeitsansprüchen. Rückerstattung gemäss OR 678 f. und Schadenersatz gemäss OR 754 ff. können

---

[1238] Vgl. etwa SIEGWART (zit. Anm. 317) Art. 643 N 28; FUNK Art. 643 N 3. Anzulegen ist nach unbestrittener Lehre und Praxis ein *strenger Massstab* (vgl. BGE 105 II 124; 67 II 166; ZR 39 [1940] 213 Nr. 96), es muss ein krasser Fall (F. VON STEIGER, Recht der AG 336; SCHUCANY Art. 736 N 5), eine objektiv und subjektiv schwerwiegende Interessenverletzung (TERCIER [zit. Anm. 1237] 71) vorliegen. So genügt es für eine Auflösung nicht, dass «Streitigkeiten zwischen der Mehrheit und Minderheit entstanden und weitere zu befürchten sind» (BGE 104 II 43) und reicht die «blosse Befürchtung eines künftigen Machtmissbrauchs» (BGE 104 II 42) nicht aus, ebensowenig einzelne Fehltritte der Mehrheit, wohl aber der systematische «mépris total» der legitimen Interessen einer Minderheit (BGE 84 II 49 f.). – Vgl. im einzelnen die ausführliche Übersicht über die Judikatur bei WALTHER (zit. Anm. 860) 147 ff.

[1239] Vgl. BGE 84 II 47 f. Wenn aber damit gerechnet werden muss, dass trotz erfolgreicher Verantwortlichkeitsklage die Mehrheit ihr *missbräuchliches Verhalten weiterführt,* dann ist die Auflösung auszusprechen, auch wenn im Einzelfall eine Klage aus Verantwortlichkeit gegen einzelne Organe zum Ziel führen könnte, vgl. neben BGE 84 II 48 auch WILFRIED BERTSCH: Die Auflösung der AG aus wichtigen Gründen (Diss. Zürich 1947 = ZBR 129) 57 ff. und BÜRGI, Kommentar zu Art. 736 N 43.

[1240] MEIER-WEHRLI 61, vgl. aber immerhin BGE 84 II 48.

[1241] Vgl. TERCIER (zit. Anm. 1237) 72 f. Zustimmend BGE 105 II 125 und WALTHER (zit. Anm. 860) 141 f. – Von einer absoluten Subsidiarität der Auflösungsklage scheinen zwei ältere Zürcher Entscheide auszugehen (vgl. ZR 36 [1937] 168 ff. Nr. 87 und ZR 39 [1940] 205 ff. Nr. 96). Weniger einschränkend war offenbar schon damals die Auffassung des Bundesgerichts, vgl. BGE 97 II 166. In BGE 84 II 47 wird die beschränkte Subsidiarität der Auflösungsklage ausdrücklich bestätigt. Eher restriktiv ist die Argumentation des Bundesgerichts dagegen in BGE 104 II 32 ff. Im Entscheid 105 II 114 ff., insbes. 126 f., betont nun aber das Bundesgericht – unter Hinweis auf die Kritik der Lehre am Ungenügen des Minderheitenschutzes –, dass eine Auflösungsklage geschützt werden muss, wenn die Mehrheit «durch eine langjährige Rechtsverweigerung eine missbräuchliche Haltung an den Tag» (S. 126) legt, und zwar auch dann, wenn der Kläger durch die Anrufung des Richters sein Recht jeweils hat durchsetzen können. – Nach LUSTENBERGER 189 ist es praktisch undenkbar, dass eine Auflösungsklage allein durch Sorgfaltspflichtverletzungen gerechtfertigt werden kann.

daher – wenn je die besonderen Voraussetzungen erfüllt sind – nebeneinander geltend gemacht werden. Zu beachten ist, dass durch die Rückerstattung allenfalls der Schaden vermindert wird, was bei der Verantwortlichkeitsklage zu berücksichtigen ist.

VI. Exkurs: Zur Möglichkeit von Feststellungsklagen

a) Nach bundesgerichtlicher Rechtsprechung ist eine Feststellungsklage dann zuzulassen, «wenn der Kläger an der sofortigen Feststellung ein erhebliches Interesse hat»[1242]. An einem erheblichen Interesse fehlt es in der Regel dann, wenn auch eine Leistungsklage angestrengt werden könnte[1243].

b) Für eine Klage auf *Feststellung des rechtswidrigen Verhaltens* der Verwaltung *fehlt in der Regel das erforderliche Interesse*. Insbesondere geht es nicht an, durch eine Feststellungsklage die Voraussetzungen für eine allfällige spätere Verantwortlichkeitsklage gerichtlich festhalten zu lassen[1244]. Die gerichtliche Feststellung kann auch nicht auf dem Umweg über eine Anfechtungsklage nach OR 706 erlangt werden[1245].

c) Dagegen kommt eine Feststellungsklage dann in Betracht, wenn *künftiger Schaden* noch *illiquid* ist, jedoch wohl nur zusammen mit einer Leistungsklage für gegenwärtigen, bereits liquiden Schaden[1246].

P. Internationales Privatrecht

a) Soweit die Haftung aus einer *Verletzung gesellschaftsrechtlicher Pflichten* hergeleitet wird (z.B. Nachlässigkeit in der Geschäftsführung, Nichtbeachtung besonderer Gründungsvorschriften), «ist es natürlicherweise Sache des Personalstatuts der Gesellschaft, über die Fundierung des Anspruches zu entscheiden, wie auch darüber, welches die Folgen dieser

---

[1242] BGE 96 II 131, mit Verweisungen auf frühere Entscheide.
[1243] Immerhin ist die Feststellungsklage «nicht schlechthin als der Leistungsklage nachgehend zu betrachten», BGE 84 II 692.
[1244] Vgl. BGE 92 II 246f. = SAG 40 (1968) 80 = ZBJV 104 (1968) 89f.; BGE 81 II 464f. = SAG 28 (1955/56) 22; PKG 1955, 53f. Nr. 12.
[1245] BGE 81 II 465.
[1246] Vgl. OFTINGER 172 sowie BLICKENSTORFER Nr. 172.

Verletzung sind» insbesondere, «ob auch die Organe selbst haftbar sind, allein oder gemeinsam mit der Aktiengesellschaft»[1247]. Die aktienrechtliche Verantwortlichkeit ist daher dem *Personalstatut* zu unterstellen.

632 Nach dem Personalstatut richten sich damit die Bestimmung des Verantwortlichkeitsgrundes, der weiteren Klagevoraussetzungen (z.B. Überschuldung der Gesellschaft), der verantwortlichen Personen, der Aktivlegitimierten, der Verjährung und in der Regel des Gerichtsstands[1248], und zwar unabhängig davon, ob die Verantwortlichkeitsansprüche von der Gesellschaft, von Aktionären oder von Gläubigern geltend gemacht werden.

633 Für die *Bestimmung des Personalstatuts* zeichnet sich in der Schweiz in neuerer Zeit immer deutlicher eine Tendenz zugunsten der *Inkorporationstheorie* und damit des *statutarischen Sitzes* ab[1249].

[1247] FRANK VISCHER: Bemerkungen zur Aktiengesellschaft im Internationalen Privatrecht, in: Schweiz. Jahrbuch für internationales Recht 17 (1960) 60; ebenso FRANK VISCHER/ANDREAS VON PLANTA: Internationales Privatrecht (2. A. Basel/Frankfurt a.M. 1982) 66f.; ferner ADOLF F. SCHNITZER: Handbuch des Internationalen Handels-, Wechsel- und Checkrechts (Zürich/Leipzig 1938) 119; GOTTFRIED WEISS: Zum schweizerischen Aktienrecht (Bern 1956, Nachdruck 1968 = ASR 385) N 468; JEAN-FRANÇOIS PERRIN: La reconnaissance des sociétés étrangères et ses effets (Diss. Genf 1969 = Mémoires publiés par la Faculté de Droit de Genève 28) 166f.; ZR 55 (1956) S. 299. Für die Massgeblichkeit des Rechts des Gastlandes dagegen offenbar MAX RUDOLF STAEHELIN: Zu Fragen der Aktiengesellschaft im schweizerischen IPR (Diss. Basel 1972, Maschschr) 68; vgl. auch die Hinweise auf die in dieser Richtung gehenden Tendenzen im Ausland bei BERNHARD GROSSFELD: Praxis des Internationalen Privat- und Wirtschaftsrechts (Hamburg 1975) 58f. Anm. 86, und bei LEHNER 193ff., 215ff.
RONCA 80, 85, 137 erklärt grundsätzlich wie die herrschende Lehre das Gesellschaftsstatut für anwendbar, doch soll nach ihm das Recht am effektiven Sitz der Gesellschaft dann zum Zuge kommen, wenn es die schärferen Verantwortlichkeitsbestimmungen aufstellt. SPIRO (zit. Anm. 1124) 648ff. will das Recht an dem Orte angewendet wissen, wo die mit der Verwaltung und Geschäftsführung betrauten Personen «handeln oder handeln sollen», d.h. das Recht des Ortes, an welchem die Verwaltung geführt wird, das Recht des (tatsächlichen) Sitzes der Gesellschaft.
Die *Gerichtspraxis* geht – soweit ersichtlich – ebenfalls vom *Personalstatut* aus; vgl. BGE 85 I 66 (wonach eine Gesellschaft, die ihren Sitz gültig ins Ausland verlegt hat, den [schweizerischen] «Vorschriften über die Haftung aus Geschäftsführung, Kontrolle und Liquidation nicht mehr untersteht»); ZR 55 (1956) Nr. 148 S. 299; BJM 1954, 253; ferner BGE 80 II 59 = ZR 53 (1954) Nr. 35 S. 101f. Zustimmend für die Kommanditgesellschaft sodann BGE 107 II 484ff. Weitere Hinweise bei LEHNER 182f.

[1248] RONCA 87; PERRIN (zit. Anm. 1247) 167; vgl. auch ALEXANDER MANN: Bemerkungen zum Internationalen Privatrecht der Aktiengesellschaft und des Konzerns, in: Wirtschaftsfragen der Gegenwart, Festschrift für Carl Hans Barz (Berlin 1974) 230ff. – Zur Problematik bei der *Prospekthaftung* vgl. insbes. BÜRGI/NORDMANN Art. 752 N 21, die diesbezüglich die Geltung der lex loci delicti commissi postulieren.

[1249] Vgl. statt vieler MAX KELLER/KURT SIEHR: Allgemeine Lehren des internationalen Privatrechts (Zürich 1986) 330f. sowie BGE 102 Ia 410, 580; 105 III 110f.; 108 II 125, 402. Ebenso der Entwurf zu einem BG über das internationale Privatrecht Art. 149 (vgl. BBl 1983 I 472ff., 508).

Gemäss den Entscheiden 102 Ia 406 und 108 II 398, 402f. will das 634
Bundesgericht aber dann eine *Ausnahme* machen, wenn der statutarische
Sitz *fiktiv* ist. Dies sei dann der Fall, wenn der Sitz «sans rapport avec la
réalité des choses» ist und «a été choisi uniquement pour échapper aux
lois du pays où la personne morale, en fait, exerce son activité et a le centre
de son administration»[1250]. Die Konsequenz einer solchen Konstellation
soll darin liegen, dass der Sitz der tatsächlichen Verwaltung – der *siège réel*
– massgebend wird. Diese Einschränkung ist m.E. nicht angebracht;
zutreffend daher m.E. die Kritik von ANTON HEINI[1251] und von KELLER/
SIEHR[1252]. Zunächst zeigt das Beispiel der – erlaubten – Familienstiftung,
dass die Ausnahmeregel «sans rapport...» kein taugliches Kriterium
darstellt. Dazu kommt, dass man bei Anerkennung der Inkorporationstheorie ja gerade damit rechnet, dass die Erfüllung der Gründungsformalitäten
die einzige Beziehung der Gesellschaft zum Gründungsstaat bleibt. Endlich
ist der Vorbehalt einer missbräuchlichen Pro-forma-Gründung zwar richtig,
doch liegt ein Missbrauch wohl in der Regel erst dann vor, wenn
eine Gründung im Ausland zum Zweck der Schädigung inländischer
Gläubiger erfolgt[1253].

Die Nichtbeachtung der Inkorporationstheorie führt zur gänzlichen 635
Vernichtung der ausländischen juristischen Person. Um diese Sanktion zu
rechtfertigen, bedarf es mehr als eines bloss fiktiven Sitzes. Eine adäquatere
Lösung wäre wohl die Annahme einer *Zweigniederlassung* am Ort der
tatsächlichen Verwaltungshandlungen[1254].

b) Dagegen ist allenfalls die Haftung für Pflichtverletzungen bezüglich 636
einer *Zweigniederlassung* nach dem Gesellschaftsrecht am Ort dieser
Niederlassung zu beurteilen[1255].

c) Die *Haftung aus unerlaubter Handlung,* wegen Verletzung allgemein 637
deliktsrechtlicher Vorschriften also, ist dagegen dem allgemeinen Delikts-

---

[1250] BGE 108 II 402.
[1251] Zu einem Urteil des Schweiz. Bundesgerichts über das Personalstatut ausländischer juristischer Personen..., IPRax 1984, 166ff.
[1252] Zit. Anm. 1249, 510.
[1253] Vgl. FORSTMOSER, Aktienrecht § 5 N 5 a.E.
[1254] Vgl. dazu sogleich nachstehend N 636. In diese Richtung scheint BGE 108 II 122ff. zu gehen. Der Entscheid ist aber m.E. aus anderen Gründen nicht haltbar, vgl. meine Kritik in SAG 54 (1982) 164f.
[1255] So RONCA 81, 137. – *Anders* wohl die Ansicht des *Bundesgerichts;* vgl. die Ausführungen von LEHNER 184f. zu BGE 98 Ib 100ff., 103 und zu einem älteren, nicht publizierten Entscheid. Gemäss LEHNER 82 herrscht sodann heute die Ansicht vor, dass bei schweizerischen Zweigniederlassungen ausländischer Gesellschaften schweizerisches Recht lediglich mit Bezug auf die Eintragung im Handelsregister, die Firmenbildung und die Vertragsbefugnis zur Anwendung kommen soll. – Für die Anwendung des Personalstatuts auch auf die Verantwortlichkeit im Rahmen der Tätigkeit von Zweigniederlassungen sodann ZR 55 (1956) Nr. 148 S. 302f.

statut zu unterstellen und damit am Deliktsort anzuknüpfen[1256]. Ebenso ist eine allenfalls *vertraglich* übernommene persönliche Haftung von Organpersonen nach dem Vertragsstatut zu beurteilen[1257].

[1256] VISCHER, Bemerkungen (zit. Anm. 1247) 60; VISCHER/VON PLANTA (zit. Anm. 1247) 66f.; RONCA 81; LEHNER 169, 187, 266.
[1257] RONCA 81, 137; für Tatumstände, bei denen das Vertragsstatut bezüglich der Verantwortlichkeit von Bedeutung sein kann, vgl. LEHNER 164ff.

§ 2 Die Haftung der mit der Verwaltung und Geschäftsführung betrauten Personen insbesondere

I. Der Anwendungsbereich der Haftungsnormen im allgemeinen

1. Organstellung als Voraussetzung für die Unterstellung

a) OR 754 unterstellt der aktienrechtlichen Verantwortlichkeit alle mit der Verwaltung und Geschäftsführung betrauten Personen[1258]. Diese sollen als *Organe* den besonderen Haftungsnormen unterworfen sein[1259]. Dabei *fehlt eine Legaldefinition* oder auch nur eine nähere gesetzliche Umschreibung der Organstellung[1260].

b) In der Literatur und Judikatur zum Körperschaftsrecht wird der *Organbegriff* – mehr oder weniger unbewusst – in *drei verschiedenen Bedeutungen* verwendet[1261]:

– «Organ» bedeutet zunächst *Funktionsträger*. So wird der Organbegriff etwa bei der Aussage verstanden, die AG verfüge von Gesetzes wegen zwingend über drei Organe: Generalversammlung, Verwaltung und Kontrollstelle[1262].

– Zugleich wird der Organbegriff auch in einem engeren Sinne zur Bezeichnung des *nach aussen auftretenden* Funktionsträgers verwendet. «Organ» ist in diesem Sinne gleichbedeutend mit *Exekutivorgan* oder *Verwaltung*. Dieser engere Begriff ist vor allem bedeutsam im Hinblick

---

[1258] Nach MEIER-WEHRLI 27f. deckt sich der nach BankG 41 den Verantwortlichkeitsbestimmungen unterstellte Personenkreis trotz etwas anderer Umschreibung mit dem des OR. Dies ist für Verwaltung und Geschäftsführung richtig. Für Kontrolle und Revision vgl. dagegen N 591.
[1259] Vgl. HORBER 3.
[1260] Vgl. GEHRIGER 11, mit weiteren Hinweisen.
[1261] Vgl. FORSTMOSER, Organbegriff 126f.; ferner VOLLMAR 7f.
[1262] Vgl. FORSTMOSER/MEIER-HAYOZ § 15 N 2; ähnlich das Gesetz, das in einem einzigen Abschnitt über die «Organisation der Aktiengesellschaft» die Generalversammlung, die Verwaltung und die Kontrollstelle behandelt.

auf die Haftung einer Körperschaft für Handlungen – besonders auch unerlaubte Handlungen – von für sie tätigen Personen[1263].

642 – Endlich wird der Organbegriff benutzt für die Abgrenzung desjenigen Personenkreises, welcher der besonderen aktienrechtlichen *Verantwortlichkeit* für Verwaltung, Geschäftsführung und Kontrolle unterliegt.

643 In Lehre und Praxis ist bisher von der Identität des *Organbegriffs* im zweiten und dritten Sinne ausgegangen worden.

644 Illustrativ ist etwa BGE 65 II 6, wo der anhand der Praxis zu ZGB 55 gewonnene Organbegriff ohne ein Wort der Begründung auf OR 754 angewendet wird.

645 Die *Literatur* zur aktienrechtlichen Verantwortlichkeit stützt sich für die Umschreibung der nach OR 754ff. verantwortlichen Organpersonen ebenfalls auf Entscheidungen und Lehrmeinungen zu ZGB 55 und OR 718. Überwiegend geschieht dies *stillschweigend,* so etwa bei BÜRGI/NORDMANN[1264], REICHWEIN[1265] und SCHUMACHER[1266]. Vereinzelt wird die Frage der Einheitlichkeit des Organbegriffs gemäss ZGB 55/OR 718 einerseits und OR 754ff. anderseits *ausdrücklich* aufgeworfen und bejaht, so von MEIER-WEHRLI[1267] und ALBERS[1268].

646 Dagegen hat DRUEY[1269] zu Recht darauf hingewiesen, dass die Anwendung identischer Abgrenzungskriterien für die Haftung der AG gegenüber Dritten einerseits und die persönliche Verantwortlichkeit von im Rahmen einer AG handelnden Personen anderseits «keineswegs selbstverständlich» ist. Ausführlicher befasst sich mit dieser Frage WATTER[1270], der zum Schluss kommt, «dass die Unterschiede zwischen den beiden Organbegriffen gering sind, sich ein Teilbereich von Art. 754 OR, nämlich der Fall des unmittelbaren Drittschadens, sogar mit Art. 718 III OR deckt. Die Unterschiede liegen im übrigen einzig im Blickwinkel, unter dem nach der organähnlichen Stellung gefragt wird: Bei Art. 718 III OR und beim

---

[1263] Vgl. OR 718, wo freilich nicht von «Organ», sondern von einer «zur Geschäftsführung oder zur Vertretung befugte[n] Person» gesprochen wird. Dagegen verwendet die entsprechende allgemeine körperschaftsrechtliche Bestimmung von ZGB 55 den Ausdruck «Organ». Der von OR 718 und ZGB 55 umfasste Personenkreis ist – entgegen einer anderen Lehrmeinung – identisch, vgl. SCHUMACHER 59.

[1264] Vgl. etwa Art. 753f. N 119, wo zwar der Organbegriff nicht erwähnt, jedoch auf Literatur und Judikatur zu ZGB 55 und OR 718 verwiesen wird.

[1265] Solidarhaftung 133.

[1266] S. 59.

[1267] S. 20f., mit Hinweisen auf weitere, ältere Literatur. Unrichtig die Behauptung von MEIER-WEHRLI, OR 754 I stelle eine lex specialis zu ZGB 55 (und damit wohl auch zu OR 718 III) dar: Während im einen Falle (OR 754) die persönliche Verantwortung von Organpersonen in Frage steht, geht es im andern (ZGB 55/OR 718) um das Einstehenmüssen der Körperschaften für Handlungen ihrer Organe.

[1268] S. 49.

[1269] S. 77f.

[1270] N 139ff.

unmittelbaren Schaden nach Art. 754 ist er ein äusserer, bei mittelbarem Schaden nach Art. 754 primär ein innerer»[1271].

Gemeinsam ist den Organen im Sinne von ZGB 55/OR 718 einerseits und OR 754ff. anderseits jedenfalls die Basis: die (zumindest relative) *Selbständigkeit und Entscheidungsfreiheit* der in Frage stehenden Personen oder der *Anschein solcher Selbständigkeit und Freiheit.* Diese Grundlage ist sowohl Erklärung dafür, dass das Verhalten dieser Personen – entsprechend der Realitätstheorie[1272] – der juristischen Person als eigene Willensäusserung zugerechnet wird, als auch Rechtfertigung für eine persönliche Haftung der Handelnden. In aller Regel dürfte daher die traditionelle Gleichsetzung der Organbegriffe im Aussen- und im Innenverhältnis der Körperschaft gerechtfertigt sein, und sie wird in der Folge auch zugrunde gelegt[1273].

c) Den gleichen Organbegriff wie im Zivilrecht scheint das Bundesgericht in *strafrechtlichen Entscheiden* zugrunde zu legen[1274], während im *Sozialversicherungsrecht* möglicherweise ein *engerer* Organbegriff gilt[1275].

d) Organe sind nach einer in Literatur und Judikatur häufig aufgenommenen Formel «diejenigen Funktionäre einer juristischen Person..., die nach Gesetz, nach Statuten oder gemäss einem von diesen abgeleiteten Reglement zur Erfüllung korporativer... Aufgaben berufen sind, oder die auch bloss tatsächlich solche Aufgaben in erkennbarer Weise selbständig erfüllen»[1276]. Zu dieser Umschreibung ist zu ergänzen, dass auch derjenige

---

[1271] N 145.
[1272] Vgl. dazu MEIER-HAYOZ/FORSTMOSER § 2 N 13ff. sowie etwa MAX GUTZWILLER: Verbandspersonen, Grundsätzliches, in: Schweiz. Privatrecht Bd. II (Basel/Stuttgart 1967) 425ff., 438ff.
[1273] Vgl. im übrigen auch die Differenzierung und Unterteilung des Organbegriffs bei SCHÄRER 26ff.
[1274] Vgl. etwa BGE 97 IV 10ff., 78 IV 30.
[1275] Vgl. Bundesgericht in ZAK 1983, 485: «Eine Person, die weder als VR noch als leitendes Organ mit Zeichnungsbefugnis für die juristische Person im Handelsregister eingetragen ist (als Direktor oder Prokurist), ist in der Regel nicht haftbar i.S. von AHVG 52. Der Begriff des 'faktischen Organs' ist zu ungenau und könnte zu Missbräuchen führen oder zumindest durch eine extensive Auslegung die Rechtssicherheit gefährden.» In BGE 111 V 178f. wird zudem die Organstellung eines für das Lohnwesen zuständigen Prokuristen verneint. Die publizierten Entscheide zum Sozialversicherungsrecht betreffen im übrigen Personen, deren Organstellung nicht zu bezweifeln war, insb. Mitglieder des Verwaltungsrates, vgl. BGE 103 V 120ff., 108 V 199ff., 109 V 86ff.
[1276] OFTINGER/STARK § 20 N 15, mit Judikaturhinweisen; vgl. auch etwa BGE 104 II 197, mit Judikaturhinweisen; illustrativ die Umschreibung in BGE 61 II 342, wonach Organ (im Sinne von ZGB 55) diejenigen Personen sind, «qui tiennent les leviers de commande de l'entreprise». Vgl. sodann auch die Übersicht bei PORTMANN 27ff., der selber als Organ nur anerkennen will, wer oberste Funktionen ausübt und entscheidend an der Willensbildung der juristischen Person teilhat.

als Organ im Sinne des Verantwortlichkeitsrechts behandelt werden kann, der nach aussen den *Anschein* einer solchen Stellung erweckt[1277].

650 Eine Organstellung im Sinne von OR 754 ff. kann daher auf drei Arten begründet werden:
– als Organstellung im *formellen Sinn* aufgrund einer Wahl und des damit regelmässig verbundenen Handelsregistereintrages[1278] und unabhängig vom tatsächlichen Einfluss auf die Geschicke der Gesellschaft[1279],
– als Organstellung im *materiellen Sinn* infolge einer entscheidenden effektiven Teilnahme an der Willensbildung der Gesellschaft[1280],
– endlich als eine Organstellung aufgrund einer Kundgabe oder eines durch konkludentes Verhalten bewirkten *Anscheins* von Organkompetenzen[1281].

651 Diese unterschiedlichen Organstellungen sind im folgenden, N 654 ff., zu unterscheiden, da die Differenzierung durchaus praktische Konsequenzen zeitigt[1282].

652 e) In OR 754 findet sich nicht diese Unterteilung, sondern eine Unterscheidung in «*Verwaltung*» und «*Geschäftsführung*». Unter «Verwaltung» ist dabei primär die oberste, nicht oder zumindest nicht vollumfänglich delegierbare Exekutivtätigkeit zu verstehen[1283]. Die *Geschäftsführung* kann umschrieben werden als «jene in vollem Umfang delegierbare Tätigkeit, welche selbständige Entscheidungsbefugnisse sowie die Möglichkeit einer wenigstens indirekten Beeinflussung von Verwaltungsratsbeschlüssen umfasst und geeignet ist, unmittelbar zur Realisierung des Gesellschaftszweckes beizutragen»[1284].

653 Die Begriffe brauchen im folgenden nicht auseinandergehalten zu werden, da sowohl den mit der Verwaltung wie auch den mit der Geschäftsführung im Sinne von OR 754 I betrauten Personen stets *Organfunktion* zukommt[1285].

[1277] Dazu FORSTMOSER, Organbegriff 134 f. und nachstehend N 676 ff.
[1278] Der Registereintrag ist für die Bestellung nicht konstitutiv, vgl. hinten N 699.
[1279] Vgl. dazu N 654 ff.
[1280] Vgl. dazu N 657 ff. Zum Widerspruch zwischen materieller und formeller Verantwortlichkeit vgl. DRUEY in SAG 53 (1981) 80.
[1281] Vgl. dazu N 676 ff.
[1282] Zu diesen nachstehend N 680 ff.
[1283] Vgl. MEIER-WEHRLI 6 ff., insbes. 9 f.; HEINZ F. WYSS: Das Recht des Aktionärs auf Auskunftserteilung... (Diss. 1953) 68; RICHARD FELBER: Die Direktion der Aktiengesellschaft (Diss. Zürich 1949) 8 f.; HORBER 55 sowie allgemein zur Terminologie 4 ff.; NIGGLI 4 f.
[1284] MEIER-WEHRLI 12; vgl. auch HORBER 55; HÜTTE, Sorgfaltspflichten 15; VOLLMAR 10; NIGGLI 4 f.
[1285] Vgl. MEIER-WEHRLI 20; SCHUCANY Art. 717 N 3; E. FRICK 32 f.

2. Formelle Organstellung

Organpersonen im Sinne der Verantwortlichkeitsbestimmungen sind 654
alle Mitglieder des Verwaltungsrates, unabhängig davon, welche Aufgaben
sie tatsächlich erfüllen[1286]. Insofern wird auf die *formelle Organeigenschaft*[1287] abgestellt.

Dagegen ist *nicht jede im Handelsregister eingetragene Person* ohne 655
weiteres als Organ im formellen Sinne zu betrachten[1288]. Wohl aber kann
der Eintrag in bestimmter Funktion – etwa als Direktor – eine Organstellung
durch Kundgabe bewirken[1289] und wird der in gehobener Position Eingetragene in aller Regel auch Organ im materiellen Sinne[1290] sein.

Schon gar nicht ist m.E. – entgegen SCHUMACHER[1291] und RUDOLF 656
HARTMANN[1292] – *jeder Zeichnungsberechtigte* ohne weiteres und damit im
formellen Sinne Organ[1293]. Wiederum aber kann die Erteilung der Unterschriftsberechtigung zur Organstellung infolge Kundgabe[1294] führen und
wird sie häufig mit materieller Organstellung[1295] verbunden sein.

3. Materielle oder faktische Organstellung[1296]

a) Dem aktienrechtlichen Verantwortlichkeitsrecht sind darüber hinaus 657
auch alle jene Personen unterstellt[1297], die «in massgebender Weise an der
Willensbildung der AG teilnehmen und korporative Aufgaben selbständig

---

[1286] MEIER-WEHRLI 21; BURCKHARDT 118; BÜRGI/NORDMANN, Kommentar zu Art. 753f. N 119.
– Zur Haftung sog. stiller und verdeckter – nicht im Handelsregister eingetragener –
Verwaltungsratsmitglieder vgl. hinten N 699ff.

[1287] Dazu ausführlich SCHÄRER 27ff.

[1288] A.M. BÜRGI, Kommentar, Vorb. vor Art. 698 N 20.

[1289] Dazu nachstehend N 679.

[1290] Dazu nachstehend N 671.

[1291] S. 62.

[1292] Der Organbegriff bei der AG (Diss. Bern 1944) 47.

[1293] Wie hier PORTMANN 29. – Schon gar nicht führt es zu einer Organstellung, wenn
untergeordnete Angestellte in den Statuten als «Organe» bezeichnet werden.

[1294] Dazu nachstehend N 676ff.

[1295] Dazu nachstehend N 657ff.

[1296] Vgl. hiezu insbes. GEHRIGER, passim; ferner die in Anm. 1298 hienach zitierte Literatur.

[1297] Kritisch zu dieser «sowohl-als-auch formell *und* materiell begründeten Organverantwortlichkeit» DRUEY in ZSR 99 (1980) II 311 Anm. 94. Es handle sich um eine «Alternative,
die der Entscheidung bedarf». Vgl. auch die Kritik bei DRUEY in SAG 53 (1981) 78.

ausüben»[1298], Personen also, «die tatsächlich Organen vorbehaltene Entscheide treffen oder die eigentliche Geschäftsführung besorgen und so die Willensbildung der Gesellschaft massgebend mitbestimmen»[1299]. Insofern geht das Verantwortlichkeitsrecht von einem *materiellen, funktionellen Organbegriff* aus und erfasst es auch denjenigen, der «– ohne dass ihm durch eine formelle Wahl... Organqualität zukommt – dank seiner Möglichkeiten zur Einflussnahme in der Gesellschaft Funktionen aus[übt], die idealtypischerweise den ordentlichen Organen zustehen»[1300].

658   b) Die allgemein übliche Umschreibung ist nun freilich in zweierlei Hinsicht zu *präzisieren* und *einzuschränken:*

659   aa) Zum einen ist darauf hinzuweisen, dass in einem Unternehmen nicht selten *Fachleute,* die auf einer *hierarchisch verhältnismässig untergeordneten Stufe* stehen, *Entscheide von weittragender Bedeutung fassen,* sei es formell[1301], sei es auch nur rein faktisch[1302]. Diesen Personen kann keineswegs Organqualität zugeschrieben werden. Vielmehr ist als materielles Organ nur zu betrachten, wer *unternehmenspolitische* und *-leitende Entscheide* trifft oder mittrifft.

660   In diesem Zusammenhang ist auch darauf hinzuweisen, dass erkennbare Weisungsgebundenheit gegen eine Organstellung spricht[1303].

661   bb) Zu verlangen ist sodann, dass die Einflussnahme aus einer *organtypischen Stellung* heraus erfolgt[1304].

662   Dazu ist negativ festzuhalten, dass *Vertragspartner* einer AG intensiv auf deren Verwaltungs- und Geschäftsführungsentscheide einwirken kön-

---

[1298] FORSTMOSER/MEIER-HAYOZ § 10 N 2; MEIER-HAYOZ/FORSTMOSER § 2 N 21; ähnlich ALBERS 45 ff., 50; BALLY 12 ff.; BIGGEL 12; BURCKHARDT 118 f.; BÜRGI/NORDMANN, Kommentar zu Art. 753 f. N 119; FEHR 148 f.; VON GREYERZ, Aktiengesellschaft 291; HORBER 20 f.; HÜTTE, Sorgfaltspflichten 18; MEIER-WEHRLI 19; PORTMANN 25 f.; SCHUMACHER 62; WATTER N 144. – Das Bundesgericht verwendet ebenfalls ähnliche Formulierungen, vgl. BGE 107 II 353 f.; 104 II 197 (mit weiteren Judikaturhinweisen); 102 Ib 436 (zu OR 781 III); 78 II 187; 81 II 227; 78 IV 30; 72 II 65 f.; 68 II 301; 65 II 6; 48 II 7 ff. Vgl. auch ZBJV 106 (1970) 282 f. = SAG 43 (1971) 30 ff.; Sem 103 (1981) 217, 220; Rep 114 (1981) 191 ff.; GVP 1983 Nr. 45 S. 110 f. = SAG 58 (1986) 38; Rechenschaftsbericht des Obergerichts des Kantons Thurgau 1983, Nr. 14 S. 75 f. Kritisch zu dieser seines Erachtens für die grosse AG zu wenig konkreten Umschreibungen, aber in Ergebnis ähnlich KLEINER 9.
[1299] BGE 107 II 349 f.
[1300] GEHRIGER 15; ähnlich HÜTTE, Risiken 48 f.
[1301] Wie etwa der im Aussendienst tätige Ingenieur, der «sur place» zu entscheiden hat.
[1302] Vgl. dazu die treffenden Hinweise bei DRUEY 78, wonach es oft *untergeordnete* Stellen sind, «welche durch die Vorbereitung und Antragstellung einen auf höherer Ebene zu fassenden Entscheid weitgehend präjudizieren und damit materiell Entscheidungsträger werden».
[1303] Vgl. HÜTTE, Risiken 49.
[1304] Dazu ausführlich FORSTMOSER, Organbegriff 144 f., 146 ff.; vgl. ferner DRUEY 79 und die vorn bei Anm. 1300 zitierte Definition von GEHRIGER. Kritisch zur Funktionalität dieses Kriteriums, aber im Ergebnis ähnlich VON PLANTA, Doppelorganschaft 605.

nen[1305]. Auch die Vertreter von *Arbeitnehmern* können massgebenden Einfluss auf die Geschäftsführung nehmen, ebenso der Kreis der Kunden und selbst derjenige der Konkurrenten. – In all diesen Fällen nehmen Dritte *eigene legitime Interessen* wahr, geht es also nicht darum, die Gesellschaft und ihre Entscheidungen in einer Art zu beeinflussen, wie sie für Organe typisch ist. Die Ausdehnung der Organhaftung auf solche Fälle wäre verfehlt, und es sind die genannten Einflüsse als solche *von aussen* zu betrachten, nicht als Entscheidungen, die von Organen als einem *Teil der Gesellschaft selbst* gefällt werden[1306].

Materielle Organeigenschaft ist somit dann und nur dann anzunehmen, wenn jemand auf die Gesellschaftsentscheide so einwirkt, *wie dies üblicher- und typischerweise durch Organe im formellen Sinn geschieht*. Dazu gehört nicht nur, dass es sich – wie soeben in N 659 erwähnt – um eine Einflussnahme auf Bereiche handeln muss, die zur Verwaltung oder Geschäftsführung gehören und die üblicherweise dem Verwaltungsrat oder der Geschäftsleitung vorbehalten sind. Vielmehr muss auch die *Art der Einwirkung organtypisch* sein. Es genügt nicht, dass jemand den Verbandswillen wesentlich beeinflusst; er muss dies vielmehr *so tun, wie wenn er Organ wäre*.

Ob die Voraussetzungen für eine materielle Organstellung gegeben sind, bestimmt sich dabei nach *objektiven Gesichtspunkten.* Nicht entscheidend sind daher die persönlichen Motive des Handelnden, ebensowenig dessen eigene Ansicht über seine Stellung. Anzulegen ist vielmehr der Massstab, den ein vernünftiger und korrekter, «neutraler» Dritter anlegen würde, wobei Rücksicht zu nehmen ist auf die Verhältnisse der *individuellen Gesellschaft*[1307].

Aus diesen Kriterien ergibt sich, dass die materielle Organeigenschaft jedenfalls dann zu bejahen ist, wenn eine Person *formell Verwaltungshandlungen* vornimmt. Materielles Organ ist damit insbesondere, wer an den

---

[1305] Etwa durch die an die Kreditgewährung und -belassung geknüpften Bedingungen. Unhaltbar daher m.E. ein bei FORSTMOSER, Organbegriff 141 und 145 erwähnter Entscheid des Appellationshofs des Kantons Bern vom 23.3.1981, wo eine materielle Organstellung daraus abgeleitet wird, dass ein Dritter «den (formell) einzigen Verwaltungsrat in wesentlichen finanziellen und administrativen Fragen beriet, sich über den Geschäftsgang informieren und in Geschäftsbücher Einblick geben liess und durch Entscheid betreffend Kreditgewährung oder -nichtgewährung sogar aktiv auf die Unternehmenspolitik und damit auf die unternehmerische Willensbildung... Einfluss nahm». Solche Tätigkeiten werden typischerweise von einem aussenstehenden Dritten – Berater oder Kreditgeber – aus einer normalen schuldvertraglichen Position heraus gewährt. Die Einwirkung auf die Gesellschaft erscheint lediglich als Reflexwirkung.

[1306] Damit kommen auch hier die für das Vertrauensprinzip entwickelten Regeln zur Anwendung, vgl. dazu insbes. ARTHUR MEIER-HAYOZ: Das Vertrauensprinzip beim Vertragsabschluss (Diss. Zürich 1948) 21 ff.

[1307] Vgl. die Ausführungen zum stillen Verwaltungsrat, nachstehend N 699 ff.

Verwaltungsratsitzungen oder denen der Geschäftsleitung mit vollem Stimmrecht teilnimmt[1308].

666 Schwieriger ist die Abgrenzung, wenn einer Person Mitwirkungsrechte *nicht formell* eingeräumt worden sind. Man wird sich dann auf Indizien abstützen müssen: *Für* materielle Organeigenschaft kann etwa die (wenn auch unrichtige) Bezeichnung einer Person als «stiller Verwaltungsrat» und seine Einladung zu allen Sitzungen des Verwaltungsrates sprechen. Indessen spricht es *gegen* die Organstellung, wenn jemand jeweils als «Gast» begrüsst wird, ebenso, wenn er nur zu einzelnen Sitzungen (etwa der Budgetsitzung) oder nur zu bestimmten Traktanden eingeladen wird.

667 *Verneinen* wird man die Organstellung desjenigen, der nur insoweit auf die Geschicke einer Gesellschaft Einfluss nimmt, als dies nach objektiver Betrachtung zur Wahrung seiner *eigenen Interessen* nötig ist. Nicht Organ, sondern schuldvertraglicher Partner ist daher, wer in Verhandlungen über die Gewährung oder Fortführung von Krediten einer Gesellschaft Auflagen macht. Schon gar nicht kann es – entgegen einer Äusserung des Bundesgerichts – eine Rolle spielen, dass jemand wegen seiner «persönlichen Überzeugungskraft»[1309] auf die Willensbildung der Verwaltung Einfluss nimmt.

668 Ansätze zur hier vertretenen Einschränkung finden sich in BGE 107 II 349ff.[1310], wo eingeräumt wird, dass «auch gesellschaftsfremde Personen die Willensbildung einer Gesellschaft entscheidend beeinflussen [können], z.B. wenn Finanzinstitute ihre Kredite von einer bestimmten Finanz- und Geschäftspolitik, Berater oder andere Beauftragte der Gesellschaft ihre Leistungen von ähnlichen Voraussetzungen abhängig machen»[1311]. Solches Verhalten lässt sich nach der Aussage des Bundesgerichts «nicht mit der gesellschaftsinternen Tätigkeit von Personen vergleichen, denen rechtlich oder faktisch Organstellung zukommt; es vermag daher auch keine Verantwortlichkeit im Sinne von Art. 754 Abs. 1 OR zu begründen»[1312].

669 cc) *Nicht erforderlich* ist m.E.[1313] eine *regelmässige* Einflussnahme. Wohl wird es als Indiz gegen eine materielle Organstellung zu werten sein, wenn jemand nur bei Einzelentscheiden mitwirkt. Doch kann auch das Treffen solcher wichtiger Einzelentscheide – besonders wenn es systematisch erfolgt – Organstellung bewirken.

670 dd) In der bundesgerichtlichen Praxis zum *aktienrechtlichen Verantwortlichkeitsrecht* zeigt sich eine *Tendenz, den Organbegriff* in m.E. ungerecht-

---

[1308] BGE 107 II 354, E 5, a.E.
[1309] Neben anderen, m.E. unhaltbaren Passagen.
[1310] S. 355.
[1311] S. 355.
[1312] S. 355; vgl. im übrigen FORSTMOSER, Organbegriff 146ff.; GEHRIGER 15; DRUEY 78f.; zur nicht selten schwierigen Abgrenzung HÜTTE, Risiken 48f.
[1313] Entgegen HÜTTE, Risiken 49.

fertigter Weise *ausufern zu lassen*[1314]. Dagegen wurde in der Praxis zum *Sozialversicherungsrecht* der Kreis der verantwortlichen Organe zu Recht enger gefasst[1315].

c) Die Verantwortlichkeitsvorschriften finden damit nicht nur auf die Mitglieder der Verwaltung im engeren Sinn Anwendung, sondern insbesondere auch auf *Direktoren*[1316]. 671

Je nach ihrem Kompetenzbereich kommt sodann *weiteren Personen* Organstellung zu, etwa Prokuristen[1317], Handlungsbevollmächtigten[1318], Geschäftsführern, ja selbst Kassierern und Buchhaltern[1319], Redaktoren[1320], aussenstehenden Anwälten[1321] sowie «grauen Eminenzen»[1322]. 672

Auch Personen *ohne Zeichnungsberechtigung*[1323] und *ohne formelle Stellung* in der Gesellschaft können damit OR 754 ff. unterstehen, sofern sie materiell Organfunktionen ausüben[1324]. So kann insbesondere der Hauptaktionär, wenn er entsprechenden Einfluss nimmt, als Organ zu behandeln sein[1325]. 673

[1314] Vgl. insbes. BGE 107 II 349 ff. und dazu die Kritik bei FORSTMOSER, Organbegriff passim.

[1315] So in BGE 111 V 178 mit Bezug auf einen Prokuristen; die dortige Einschränkung, es sei bei Verantwortlichkeitsklagen entscheidend «nicht der Umfang der Handlungsvollmacht einer bestimmten Person im Aussenverhältnis, sondern deren konkrete Obliegenheiten in Form von Rechten und Pflichten im Innenverhältnis» (S. 178), ist freilich für das Zivilrecht nicht verwendbar, vgl. etwa den Hinweis zum fiduziarischen Verwaltungsrat hinten N 697. Einschränkend auch das BGer in Zeitschrift für die Ausgleichskassen 1983, 485, vgl. vorn Anm. 1275. – Eher extensiv ist der Organbegriff, den das Bundesgericht in *Steuerverfahren* zugrunde legt, vgl. BGE in ASA 47 (1979) 541 ff., 552 f. (hinsichtlich eines nicht als Verwaltungsrat bzw. Liquidator tätig gewesenen Anwalts) und hiezu ausführlich BÖCKLI insbes. 522 f.

[1316] Vgl. BGE 104 II 197; Sem 103 (1981) 217, 220 (im Hinblick auf eine prozessuale Frage). Der im Handelsregister *eingetragene* Direktor dürfte immer als Organ im Sinne des Verantwortlichkeitsrechts zu betrachten sein, selbst dann, wenn ihm *keine* tatsächliche Entscheidungskompetenz zukommt. Dies aufgrund einer Organstellung infolge Kundgabe, vgl. nachstehend N 679.

[1317] Vgl. BGE 102 II 359; 68 II 301. Ein Indiz kann dabei die Einräumung der Einzelunterschrift sein, vgl. BGE 102 II 359. Sem 103 (1981) 271, 220 scheint – hinsichtlich der Stellung im Prozess – den Prokuristen stets Organstellung zuzuerkennen, was jedenfalls für das Verantwortlichkeitsrecht zu weit geht.

[1318] Vgl. HORBER 22.

[1319] Vgl. BGE 44 II 136 f.

[1320] Vgl. BGE 72 II 65 f.

[1321] Vgl. ZR 83 (1984) 309 f. (mit Bezug auf die Wissensvertretung); ASA 47 (1979) 552 f. Mit Bezug auf solche professionellen Berater ist von besonderer Tragweite, dass es für faktische Organschaft keinen Versicherungsschutz gibt, vgl. HÜTTE, Risiken 50 und hinten N 1177.

[1322] Vgl. REICHWEIN, Solidarhaftung 133; HÜTTE, Risiken 49; BGE 107 II 349 ff., welcher Entscheid m.E. freilich zu weit geht, vgl. vorn N 667.

[1323] Vgl. Rechenschaftsbericht des Obergerichts des Kantons Thurgau 1983, Nr. 14 S. 75 f.; umgekehrt kann aber die Unterschriftsberechtigung und insbes. das Erteilen einer Einzelunterschrift ein Indiz für die Organstellung sein, vgl. vorn N 656.

[1324] Keine Organe sind dagegen die an der Generalversammlung Beteiligten, vgl. § 1 N 5.

[1325] Dazu nachstehend N 705 ff.

674 Das *formelle Kriterium* der Mitgliedschaft im Verwaltungsrat umschreibt damit nur den *engsten Kreis* der stets potentiell Verantwortlichen. Im übrigen bestimmen sich die allenfalls Haftpflichtigen nach einem *materiellen* Kriterium: danach, ob *tatsächlich* Verwaltungs- oder Geschäftsführungsfunktionen unmittelbar oder auch bloss mittelbar ausgeübt werden[1326].

675 d) Der RevE bringt die Ausweitung des Organbegriffs auch auf die materielle Organstellung dadurch zum Ausdruck, dass in OR 754 I nicht mehr von den mit der Verwaltung, Geschäftsführung usw. *«betrauten»*, sondern von damit *«befassten»* Personen gesprochen werden soll.

4. Organstellung durch Kundgabe

676 Hingewiesen wird neuerdings[1327] darauf, dass die Organeigenschaft auch dann angenommen werden darf, wenn ein Dritter als vernünftiger und korrekter Partner in guten Treuen vom Vorliegen einer Organstellung ausgehen durfte. Dabei ist entsprechend der einem Dritten kundgegebenen Vollmacht[1328] das *Vertrauensprinzip* zugrunde zu legen[1329].

677 Die bisherige Lehre und Praxis haben zwar im Zusammenhang mit der Begründung der Organstellung nicht auf das Vertrauensprinzip verwiesen[1329a]. Immerhin wird – zu OR 718 III – hervorgehoben, diese Norm diene der Sicherheit des Rechtsverkehrs[1330], dem Schutz des gutgläubigen Dritten[1331]. Es wurde also schon bisher auch darauf abgestellt, ob nach einer *objektiven Betrachtungsweise*[1332], dem äusseren Anschein nach, in Ausübung von Organfunktion gehandelt worden ist[1333].

678 Die Kundgabe muss *sowohl der Gesellschaft wie auch dem potentiellen Organ anzurechnen sein*[1333a]. Erfolgt sie ohne Wissen des Betroffenen, so können höchstens Verpflichtungen der Gesellschaft entstehen. Masst sich ein Dritter eine Organstellung an, ohne dass die Gesellschaft dies unterstützt

---

[1326] Immerhin ist vor einer Überdehnung des Organbegriffs zu warnen, vgl. vorn N 670 sowie auch etwa DRUEY 79 und PORTMANN 28.
[1327] Vgl. FORSTMOSER, Organbegriff 134f., und HORBER 19 sowie neuestens SAUBER § 7.
[1328] Vgl. dazu etwa BUCHER 553.
[1329] Vgl. hiezu etwa MEIER-HAYOZ (zit. Anm. 1306) 112 und VON TUHR/PETER 287, mit Hinweisen auf Literatur und Judikatur.
[1329a] In diesem Sinn nun aber SAUBER § 7 IV.
[1330] HANS MERZ: Vertretungsmacht und ihre Beschränkungen im Recht der juristischen Personen..., Festschrift WESTERMANN (Karlsruhe 1974) 400, 402; abgedruckt auch in: Ausgewählte Abhandlungen (Bern 1977) 343ff.
[1331] BÜRGI, Kommentar zu Art. 718 N 3, 9; BGE 96 II 445.
[1332] MERZ (zit. Anm. 1330) 403.
[1333] Vgl. BGE 101 Ib 436f.; 96 II 445; 48 II 9; BÜRGI, Kommentar zu Art. 718 N 3, 4.
[1333a] So nun auch SAUBER § 7 IV.

oder zumindest duldet, dürfte es am berechtigten Vertrauen des Geschäftspartners fehlen[1334].

Eine Organstellung infolge Kundgabe dürfte stets mit der Eintragung einer Person im Handelsregister als *Direktor* verbunden sein, da in guten Treuen davon auszugehen ist, dass mit dieser Funktion Kompetenzen verbunden sind, die eine materielle Organstellung begründen[1334a].

679

5. Unterschiedlicher Umfang der Verantwortung je nach Art der Begründung der Organstellung

Der Umfang der Verantwortlichkeit ist in sachlicher wie in personeller Hinsicht je nach der Grundlage der Organstellung verschieden:

680

a) Organ im *formellen Sinn* ist, wie erwähnt[1335], wer als solches, insb. als *Mitglied der Verwaltung* einer Gesellschaft *bestellt* und regelmässig auch im Handelsregister eingetragen[1336] worden ist.

681

Die Pflichten der Verwaltung sind in OR 721 ff. aufgezählt[1337]. Neben einer Reihe spezifisch genannter Pflichten besteht die allgemeine Pflicht, «die Geschäfte der Gesellschaft mit aller Sorgfalt zu leiten»[1338].

682

Verantwortlich wird ein Organ im formellen Sinne somit *für jedes Tun oder Unterlassen, das diese allgemeinen oder spezifisch genannte Pflichten verletzt,* sofern auch die übrigen Voraussetzungen aktienrechtlicher Verantwortlichkeit erfüllt sind.

683

Klage- und anspruchsberechtigt sind gemäss OR 754 I die Gesellschaft selbst, die einzelnen Aktionäre und die Gesellschaftsgläubiger[1339].

684

b) Während bei der formellen Organstellung am Anfang die Bestellung zum Organ steht und aus dieser organschaftliche Handlungs- und Unterlassungspflichten fliessen, verhält es sich bei *materieller Organschaft* genau umgekehrt: Ausgangspunkt ist ein bestimmtes *Verhalten* – die wesentliche Einflussnahme auf Angelegenheiten der Gesellschaft –, und durch dieses wird die *Organstellung begründet*. Werden aber die Organstellung und

685

[1334] Der Dritte wird aber allenfalls nach den Regeln über die vollmachtlose Stellvertretung (OR 39) verpflichtet.

[1334a] Vgl. in diesem Zusammenhang ZR 86 (1987) Nr. 52 S. 126, wonach «Direktoren ganz allgemein zu den Personen gezählt werden, welche nach dem Bürgschaftsrecht Mitglieder der Geschäftsführung einer Aktiengesellschaft sind. Dabei spielt es keine Rolle, was für eine besondere Funktion sie in der AG ausüben.»

[1335] Vorn N 654.

[1336] Der Registereintrag ist jedoch nicht konstitutiv, vgl. BGE 111 II 480 ff. und BGE in JT 117 (1969) 377 ff., 379 f.; Obergericht des Kantons Zug in SJZ 82 (1986) 300 f.; ZR 60 (1961) Nr. 147 S. 380 f. Auch der (gewählte, aber nicht eingetragene) stille Verwaltungsrat ist daher Organ im formellen Sinn, vgl. hinten N 700.

[1337] Vgl. dazu hinten N 772.

[1338] OR 722 I.

[1339] Vgl. vorn N 8 f.

damit auch die Organhaftung durch ein bestimmtes – organschaftliches – Verhalten bewirkt, dann können sie auch *nicht weitergehen als dieses Verhalten:* Der Pflichtenkreis eines Organs im materiellen Sinn kann sich mithin nur auf die Bereiche erstrecken, in denen es *tatsächlich tätig* wurde. Für Aufgaben, in die sich das Organ im materiellen Sinn nicht einmischte, kann es m.E. auch nicht verantwortlich gemacht werden[1340].

686 Damit stellt sich die Frage, ob es bei materieller Organschaft auch eine *Haftung für Unterlassen* geben kann oder ob Organe im materiellen Sinn nur für aktives Einwirken verantwortlich gemacht werden können. Unklar ist diesbezüglich die Ansicht des Bundesgerichts: In BGE 107 II 349 ff. wird zwar zunächst ausgeführt, es sei richtig, dass die Verantwortung von faktischen Organen «gemäss Art. 754 OR auf Handlungen zu beschränken ist, an denen sie persönlich teilgenommen haben»[1341]. Das Bundesgericht fährt dann aber fort: «Wie es sich damit verhält, hängt von den Fehlern *oder Unterlassungen* ab, die ihnen vorgeworfen werden...»[1342].

687 M.E. ist zu differenzieren mit Rücksicht darauf, dass die geschäftsführende Tätigkeit in Teilfunktionen, Bereiche aufgegliedert werden kann. Während das Organ im formellen Sinn für die Geschäftsführung in ihrer Gesamtheit[1343] verantwortlich ist, *erstreckt sich die Verantwortung von Organen im materiellen Sinn immer nur auf diejenigen Funktionen oder Bereiche, in die sie sich eingemischt haben.* In diesem Umfang wird das Organ im materiellen Sinn dann aber voll verantwortlich, nicht nur für sein Tun, sondern *auch für Unterlassungen*[1344]. Dagegen trifft es keine Pflicht, in Bereichen tätig zu werden, in die es nicht eingewirkt hat[1345].

688 Mit Bezug auf die *Klage- und Anspruchsberechtigung* ergeben sich gegenüber der formellen Organstellung keine Unterschiede.

689 c) Der Umfang der Bereiche, für die eine *Organhaftung infolge Kundgabe* bewirkt werden kann, richtet sich konsequenterweise nach dieser Kundgabe, nach dem *Anschein* also, der gegenüber Dritten erweckt wurde:

690 Im allgemeinen wird wohl der Eindruck geschaffen, dem Betreffenden komme in der Gesellschaft eine *ähnliche Funktion* zu *wie einem formellen Organ.* Die Verantwortlichkeit erstreckt sich dann – entsprechend der bei

---

[1340] Vgl. FORSTMOSER, Organbegriff 136 f.; HÜTTE, Sorgfaltspflichten 14, wonach sich das Ausmass der Sorgfaltspflicht eines faktischen Organs «nach dem Grade der Einmischung in die Geschäftsleitung» bestimme; HORBER 131.
[1341] S. 355.
[1342] S. 355, Hervorhebung durch mich.
[1343] Soweit diese nicht rechtmässig delegiert worden ist, dazu vorn N 319 ff.
[1344] Ebenso nun auch SAUBER § 13 V. – Es besteht eine Art Garantenstellung; vgl. in diesem Zusammenhang DRUEY 81 und die dort Anm. 28 zitierte Literatur.
[1345] Im einzelnen dürften sich freilich schwierige *Abgrenzungsprobleme* stellen, da zwischen den verschiedenen unternehmerischen Funktionen zahlreiche und stete Wechselbeziehungen bestehen.

formeller Organeigenschaft – auf alles, was zur sorgfältigen Geschäftsführung gehört.

Denkbar ist aber auch, dass einem Dritten gegenüber die *Zuständigkeitsbereiche klar abgegrenzt* werden. Entsprechend der Verantwortlichkeit aus materieller Organstellung ist die Haftung in diesen Fällen auf die genannten Bereiche zu beschränken. 691

Aus der Kundgabe können m.E. *nur diejenigen Personen Rechte ableiten, denen diese Kundgabe zukam:* Der Vertrauensschutz begründet sich eben aus den konkreten Umständen im Einzelfall[1346]. 692

Entgegen OR 754 I wird daher der *Gesellschaft* in der Regel *kein eigener Anspruch* zukommen, da sie um den tatsächlichen Kompetenzumfang weiss und ihr gegenüber somit kein (falscher) Anschein erweckt wird[1347]. Das Klage- und Anspruchsrecht beschränkt sich damit m.E. auf *Aktionäre* und vor allem *Gläubiger,* die nach Vertrauensprinzip auf das Vorliegen einer Organstellung schliessen durften. 693

Eine Besonderheit ergibt sich dann, wenn die Organstellung infolge Kundgabe darin begründet ist, dass jemand *in gehobener Funktion*[1348] *im Handelsregister eingetragen* ist[1349]. Entsprechend dem positiven Publizitätsprinzip wird jedermann, der nicht konkret von einer gegenteiligen Ordnung weiss, das Vorliegen einer Organstellung annehmen dürfen und damit klageberechtigt sein. 694

II. Die verantwortlichen Personen im einzelnen

1. Die Mitglieder des Verwaltungsrates im allgemeinen

Alle Mitglieder des Verwaltungsrates sind stets der aktienrechtlichen Verantwortlichkeit unterworfen[1350]. Dabei versteht sich von selbst, dass die Verantwortlichkeit mit Bezug auf alle in funktionellem Zusammenhang mit ihrem Tätigkeitsbereich stehenden Handlungen[1351] Platz greift. Entsprechend wurden Mitglieder des Verwaltungsrates auch in einem Fall für Schaden verantwortlich gemacht, in welchem die entscheidenden 695

[1346] Die Differenzierung entspricht der zwischen der gewillkürten Stellvertretung gemäss OR 32 ff. und den institutionalisierten Vertretungsbefugnissen des – regelmässig – im Handelsregister eingetragenen Prokuristen; dazu statt vieler BUCHER 568 ff.
[1347] Vorbehalten bleiben allfällige Regressansprüche, wenn die Gesellschaft für Handlungen solcher «Organe» einstehen muss.
[1348] Insbes. als Direktor.
[1349] Dazu, dass dann entsprechende Kompetenzen angenommen werden dürfen, vgl. vorn N 655.
[1350] Vgl. vorn N 654.
[1351] Vgl. dazu PORTMANN 34f.

Beschlüsse nicht in einer Verwaltungsratssitzung, sondern in der durch die Verwaltungsräte gebildeten Generalversammlung gefasst wurden[1352].

696 Unter den Mitgliedern des Verwaltungsrates besteht – wie allgemein unter den verantwortlichen Personen – Solidarität[1353]. Doch ist zu beachten, dass die Pflichten der einzelnen Mitglieder des Verwaltungsrates je nach ihrer Funktion differieren[1354] und damit Pflichtwidrigkeit und Verschulden je individuell zu prüfen sind. So wird sich etwa ein *Delegierter* mit der laufenden Geschäftstätigkeit zu befassen haben[1355], sind den Mitgliedern des *Ausschusses* erweiterte Kenntnisse anzulasten[1356] und trifft unter den nicht geschäftsführenden Mitgliedern «eine allfällige Verantwortung in erster Linie den VR-*Präsidenten*»[1357].

2. Der fiduziarische Verwaltungsrat

697 Der fiduziarische Verwaltungsrat untersteht der aktienrechtlichen Verantwortlichkeit vollumfänglich[1358]. Diese Haftung kann nach herrschender Lehre nicht wegbedungen werden[1359].

[1352] ZR 59 (1960) Nr. 130 S. 333. Vgl. dagegen N 7, wonach die an der Generalversammlung Beteiligten grundsätzlich nicht erfasst sind.

[1353] Dazu vorn N 365 ff.

[1354] Vgl. dazu HÜTTE, Sorgfaltspflichten 16 ff.

[1355] HÜTTE, Sorgfaltspflichten 16. Ausführlich zur Person des Delegierten im Hinblick auf die Verantwortlichkeit VOLLMAR 97 ff., mit zahlreichen Literaturhinweisen.

[1356] HÜTTE, Sorgfaltspflichten 16. Den Mitgliedern eines *geschäftsführenden* – im Gegensatz zum bloss *vorbereitenden* – *Ausschusses* wird die gleiche erhöhte Verantwortung für die laufende Geschäftstätigkeit anzulasten sein wie einem Delegierten, vgl. VOLLMAR 104, welcher den geschäftsführenden Ausschuss als «ein Gremium von Delegierten» bezeichnet. Mehrere Delegierte brauchen aber keinen Ausschuss zu bilden, sondern können auch unabhängig voneinander je eigene Funktionen ausüben.

[1357] HÜTTE, Sorgfaltspflichten 17. Zur Stellung des *Präsidenten* des Verwaltungsrates im Hinblick auf die Verantwortlichkeit ausführlich VOLLMAR 132 ff. Von Gesetzes wegen sind dem Präsidenten eine Reihe von besonderen Aufgaben weitgehend formeller Art zugewiesen, nämlich die Einberufung der Sitzungen (OR 713 II), die Unterzeichnung der Protokolle (OR 715 I), die Entgegennahme von besonderen Mitteilungen der Revisoren (OR 729 III) und die Unterzeichnung der Handelsregisteranmeldungen (HRV 22 II). In der Praxis kommt dem Präsidenten jedoch oft – allenfalls neben dem Delegierten – eine hervorragende Position zu, was im Verantwortlichkeitsrecht insbes. dazu führen kann, dass ihm bei der internen Aufteilung des Schadenersatzes unter mehrere Verantwortliche ein erhöhter Anteil zugewiesen wird (vgl. vorn N 404 und dort das Beispiel in Anm. 765).

[1358] Vgl. vorn N 315 sowie etwa MEIER-WEHRLI 22; BIGGEL 12; BURCKHARDT 166; BÜRGI/NORDMANN, Kommentar zu Art. 753 f. N 119; SCHOOP 98; VOLLMAR 163; WOERNLE 23; ferner etwa BGE 59 II 453, 460 und ZR 58 (1959) Nr. 70 S. 190 = SAG 32 (1959/60) 137 f.

[1359] Vgl. allgemein zur Unmöglichkeit der statutarischen oder vertraglichen Abschwächung der Verantwortlichkeit N 593 und dort Anm. 1179; besonders im Hinblick auf den fiduziarischen Verwaltungsrat MEIER-WEHRLI 22 und BURCKHARDT 166; sodann ZR 58 (1959) Nr. 70 S. 190 = SAG 32 (1959/60) 137 f. Fragwürdig nicht amtlich publizierter BGE in SAG 23

Umstritten und hier nicht näher zu prüfen ist die Frage, inwieweit der 698
treuhänderisch tätige Verwaltungsrat *Weisungen seines Auftraggebers
befolgen* darf, ohne dabei eine Pflichtwidrigkeit zu begehen. Herrschend
dürfte in der Schweiz die Theorie des «doppelten Pflichtnexus» sein:
Danach gehen zwar die Pflichten des Verwaltungsratsmitgliedes gegenüber
der Gesellschaft vor. Doch soll dieses Drittweisungen insoweit befolgen
dürfen, als dies im Rahmen des oft weiten *freien Ermessensbereiches* eines
Verwaltungsrates möglich ist[1360]. Eine Pflichtverletzung liegt damit nur
dann vor, wenn bei Interessenkollisionen nicht dem Gesellschaftsinteresse
der Vorrang gegeben wird[1361]. Kritisch wird zu dieser Auffassung immerhin
darauf hingewiesen, dass auch im Rahmen des Ermessens Entscheide im
besten Gesellschaftsinteresse zu treffen sind, womit Drittinteressen eigentlich nur so weit befolgt werden können, «als das Gesellschaftsinteresse selbst
den gleichen Entscheid fordert, als Dritt- und Gesellschaftsinteressen
gleichgerichtet sind»[1362]. In der Praxis verpflichten sich treuhänderisch
tätige Verwaltungsratsmitglieder zumeist, Weisungen zu befolgen, soweit
diese weder gesetzlichen Vorschriften noch Standesregeln noch auch
persönlichen moralischen Überzeugungen zuwiderlaufen[1363].

(1950/51) 184 ff., wo als haftungsmildernd berücksichtigt wurde, dass Verwaltungsräte nur pro forma tätig waren. Eine entsprechende Reduktion kann jedenfalls nur gegenüber den beherrschenden und weisungsbefugten Aktionären zur Diskussion stehen.

[1360] Vgl. insbes. GEORG GAUTSCHI: Fiduziarische Rechtsverhältnisse besonderer Art, SJZ 45 (1949) 301 ff.; ferner E.I. EIGENMANN: Publizität und Gesellschaftsgeheimnisse bei der AG, SAG 26 (1953/54) 40; PETER JÄGGI: Ein Gerichtsurteil über den «abhängigen» (fiduziarischen) Verwaltungsrat, SJZ 56 (1960) 1 ff. Für die Einmann-AG erklärt das Zürcher Obergericht in ZR 58 (1959) Nr. 70 S. 179 ff., es sei ein Auftragsverhältnis, wonach die Mitglieder des Verwaltungsrates unter Vorbehalt zwingender gesetzlicher und statutarischer Vorschriften verpflichtet sind, in ihrer Verwaltungstätigkeit den Willen und die Weisungen des rechtlichen oder tatsächlichen Alleinaktionärs zu befolgen, weder rechts- noch sittenwidrig; vgl. auch die Zusammenfassung dieses Entscheides in SAG 32 (1959/60) 135 ff.

[1361] GAUTSCHI (zit. Anm. 1360) 303; vgl. auch ELIAS WOLF: Konzernrechtliche Bemerkungen..., SAG 7 (1934/35) 50.

[1362] SILVIO CAFLISCH: Die Bedeutung und die Grenzen der rechtlichen Selbständigkeit der abhängigen Gesellschaft im Recht der Aktiengesellschaft (Diss. Zürich 1961) 145.

[1363] Zumindest bei der durch einen Hauptaktionär beherrschten Gesellschaft dürfte eine solche Vereinbarung nicht zu beanstanden sein, vgl. den vorn Anm. 1360 zitierten Entscheid.

3. Die Haftung des stillen und des verdeckten Verwaltungsrates[1364] sowie des Beirates

699 a) Da der Eintrag im Handelsregister für die Bestellung eines Verwaltungsrates nicht konstitutiv ist[1365], kann eine Person zwar als Verwaltungsrat gewählt, aber nicht als solcher eingetragen und publiziert worden sein.

700 Auch dieser *stille Verwaltungsrat* ist eine mit der Verwaltung betraute Person im Sinne von OR 754 I. Unbeschränkte Verantwortlichkeit ist jedenfalls anzunehmen gegenüber der Gesellschaft und den Aktionären. Dagegen ist es vertretbar, eine Haftung gegenüber Gläubigern aus Verantwortlichkeitsrecht nur dann anzunehmen, wenn der stille Verwaltungsrat auch Organfunktionen im materiellen Sinne ausübt[1366], wenn er also massgebend an der Willensbildung der AG teilnimmt, wenn ihm insbesondere das Stimmrecht im Verwaltungsrat zukommt[1367], ferner auch dann, wenn seine Stellungnahme nach aussen kundgetan worden ist[1368]. – Überzeugender ist freilich eine strengere Auffassung: Als gewähltes Mitglied ist der stille Verwaltungsrat Organ im formellen Sinn, womit er auch der uneingeschränkten Haftung[1368a] unterworfen werden kann[1368b].

701 b) Der Haftung nach OR 754ff. unterworfen sind sodann sogenannte *«verdeckte» Verwaltungsräte,* Personen, die sich nicht formell wählen lassen, die aber effektiv die Verwaltung ausüben oder daran teilhaben[1369].

[1364] Zur *Terminologie:* Als *stiller* Verwaltungsrat wird hier der zwar gewählte, aber nicht eingetragene verstanden, als *verdeckter* derjenige, der ohne formelle Wahl effektiv an der Verwaltung teilhat. Wie hier WATTER N 144 bei Anm. 419f. sowie SAUBER § 6 III. und § 8 II. Anders BGE 107 II 349ff., wo der Begriff des «stillen» Verwaltungsrates verwendet wird für den hier mit der Umschreibung «verdeckter» Verwaltungsrat bezeichneten Tatbestand.

[1365] Vgl. vorn Anm. 1336.

[1366] Dazu ausführlich vorn N 657ff.; vgl. insbes. BGE 107 II 349ff. und nicht publizierte E 1 von BGE 111 II 182ff. In diesen Sinne VOLLMAR 164f.

[1367] Dass dem stillen Verwaltungsrat das formelle Stimmrecht zukommt, ist aber nach der Bundesgerichtspraxis nicht erforderlich, vgl. BGE 107 II 355 E 5b; 65 II 6f. Zustimmend hiezu ERIC HOMBURGER in SAG 54 (1982) 161; a.M. VON GREYERZ, Verwaltung 67. – Nach SAUBER § 6 IV. 4. ist der stille Verwaltungsrat – weil formell gewählt – stets stimmberechtigt.

[1368] Vgl. dazu vorn N 676ff. VON GREYERZ, Verwaltung 67 will offenbar ausschliesslich auf die Kundgabe abstellen: Nach diesem Autor unterstehen zwar solche «Geheimräte» den aktienrechtlichen Verantwortungsvorschriften, doch können sie sich «vor den Verantwortlichkeitsklagen der Gläubiger verbergen und schützen».

[1368a] Vgl. vorn N 681ff.

[1368b] In diesem Sinn nun mit ausführlicher und überzeugender Begründung SAUBER § 10 III. 2., VI. sowie § 11 V. und VI.

[1369] Vgl. BGE 107 II 349ff. (zur Kritik an der m.E. zu weit gehenden Ausdehnung des Organbegriffs in diesem Entscheid vgl. FORSTMOSER, Organbegriff passim – ferner vorn N 670); 102 II 359 («administrateurs camouflés»); MEIER-WEHRLI 21f.; BÜRGI, Kommentar zu Art. 712 N 10, und BÜRGI/NORDMANN, Kommentar zu Art. 753f. N 119; ERIC HOMBURGER in SAG 54 (1982) 161; HÜTTE, Risiken 48ff.; VOLLMAR 164; sowie ausführlich GEHRIGER 91ff. und SAUBER § 6.

Doch sind verdeckte Verwaltungsräte Organe *im materiellen Sinn,* weshalb ihre Verantwortung und Haftung m.E. auf die Bereiche beschränkt ist, in denen sie tatsächlich tätig wurden[1369a]. Vgl. auch die Ausführungen zur Haftung des Hintermannes nachstehend N 703.

c) Wird eine Person als *«Beirat»* bestellt und nimmt sie als solche an 702 den Sitzungen des Verwaltungsrates teil, dann wird man sie wie einen verdeckten Verwaltungsrat behandeln, sofern sie effektiv an der Verwaltung teilhat. Erfolgt eine Wahl in gleicher Weise wie bei den Verwaltungsratsmitgliedern, rechtfertigt sich allenfalls auch eine Gleichstellung mit dem stillen Verwaltungsrat.

4. Die Haftung des Hintermannes und des Hauptaktionärs sowie in Konzernverhältnissen

a) Haftbar ist entsprechend dem funktionellen Organbegriff auch der 703 *Hintermann,* der – ohne formell eine Organposition innezuhaben – massgebend an der Willensbildung der Gesellschaft teilnimmt und korporative Aufgaben selbständig ausübt[1370]. Vereinzelt wird freilich in der Literatur eine weniger weitgehende Haftung des Hintermannes postuliert, etwa eine Haftung nur aus OR 41[1371] oder gar eine Haftung nur in Fällen, in denen die Berufung auf das Fehlen einer formellen Organstellung rechtsmissbräuchlich wäre[1372, 1373]. Diese Einschränkungen erscheinen im Hinblick auf den funktionellen Organbegriff nicht als gerechtfertigt. Ebensowenig ist es m.E. angebracht, den Hintermann einer strengeren Haftung auch für Zufall zu unterstellen[1374].

[1369a] Vgl. dazu Näheres vorn N 685 ff.

[1370] Vgl. BGE 104 II 197; 102 II 359 (die beiden Alleinaktionäre werden hier als «administrateurs camouflés» bezeichnet); ZR 58 (1959) Nr. 70 S. 190 (obiter dictum); MEIER-WEHRLI 22 f.; SCHUCANY Art. 717 N 3; JÄGGI in SJZ 56 (1960) 2; BÜRGI, Kommentar zu Art. 707 N 26 und zu Art. 712 N 10; BÜRGI/NORDMANN, Kommentar zu Art. 753 f. N 119; VOLLMAR 163; HERBERT WOHLMANN: Die Treuepflicht des Aktionärs. Die Anwendung eines allgemeinen Rechtsgrundsatzes auf den Aktionär (Diss. Zürich 1968 = ZBR 286) 129. Vgl. auch BGE 78 IV 28 ff., wo der Hintermann strafrechtlich zur Rechenschaft gezogen wird (dazu GEHRIGER 140 ff., dort 142 Hinweise auf die Kritik von Schultz und Stratenwerth); ferner BGE 76 II 166 bezüglich der Gründerhaftung.

[1371] So WERNER VON STEIGER: Über die Verantwortung des Hauptaktionärs, in: Festschrift MAX GUTZWILLER (Basel 1959) 699 ff., 702 f.

[1372] Vgl. BURCKHARDT 171.

[1373] Zurückhaltend auch SILVIO CAFLISCH: Die Bedeutung und die Grenzen der rechtlichen Selbständigkeit der abhängigen Gesellschaft im Recht der Aktiengesellschaft (Diss. Zürich 1961) 257 f., der insbesondere auch die Interessen der Gläubiger des Hintermannes berücksichtigen will.

[1374] So WOHLMANN (zit. Anm. 1370) 129, der eine Haftung aus OR 754 ablehnt und statt dessen eine solche aus Geschäftsführung ohne Auftrag postuliert.

704 Wie der Hintermann, so haftet auch die juristische Person für den von ihr entsandten verdeckten Vertreter[1375], soweit eine Haftung der juristischen Person überhaupt in Frage steht[1376].

705 b) Im Gegensatz zu ausländischen Rechten[1377] kennt das schweizerische Recht keine generelle Haftung des *Hauptaktionärs*[1378].

706 Doch ist der Haupt- oder Alleinaktionär dann – aber auch nur dann – als Organ der Gesellschaft zu betrachten und dem Verantwortlichkeitsrecht zu unterstellen, wenn er Verwaltungs- oder Geschäftsführungsfunktionen im vorn N 703 umschriebenen Sinne ausübt[1379]. Der Hauptaktionär haftet somit in gleicher Weise wie der Hintermann.

707 Unabhängig von einer allfälligen materiellen Organfunktion kann der Haupt- oder Alleinaktionär aufgrund der allgemeinen Normen von OR 41 haftbar werden, wenn ein Durchgriffstatbestand[1380] vorliegt.

708 c) Unter Zugrundelegung des funktionellen Organbegriffs ist m.E. auch die Frage zu beurteilen, ob der Verwaltungsrat bzw. die Geschäftsleitung einer *Muttergesellschaft* oder ob diese *Muttergesellschaft selbst* für Verwaltungs- und Geschäftsführungshandlungen im Rahmen von *Tochtergesellschaften* zur Verantwortung gezogen werden kann[1381]:

[1375] Dazu G. SCHUCANY 96ff. und nachstehend N 729f.

[1376] Dazu nachstehend N 716ff.

[1377] Vgl. deutsches Aktiengesetz § 117 und liechtensteinisches Personen- und Gesellschaftsrecht 221, ferner die Hinweise bei TOBLER (zit. Anm. 1403) 89ff. und ALBERS 92ff. – Zum liechtensteinischen Recht vgl. insb. SEEGER, Verantwortlichkeit gemäss Art. 218 bis 228 S. 103ff.

[1378] Vgl. dazu ALBERS 152ff., 168ff.; LOUIS DALLÈVES: Problème de droit privé relatifs à la coopération et à la concentration des entreprises, ZSR 92 (1973) II 559ff., 674ff.; VON PLANTA 81ff., 100ff. sowie die nachstehend Anm. 1379 zitierten Autoren.

[1379] Vgl. ZR 58 (1959) Nr. 70 S. 190 (obiter dictum); 52 (1953) Nr. 93 S. 171; Rep 114 (1981) 191ff.; AG 22 (1977) 78ff.; VON PLANTA 81ff.; ALBERS 168ff.; DALLÈVES (zit. Anm. 1378) 674ff.; HÜTTE, Sorgfaltspflichten 19; MEIER-WEHRLI 22f.; ANNE PETITPIERRE-SAUVAIN: Droit de sociétés et groupes de sociétés, Responsabilité de l'actionnaire dominant, Retrait des actionnaires minoritaires (Genf 1972) 133f.; HIRSCH, Organe de contrôle 183; VOLLMAR 164; WOERNLE 24f., 58ff., 74; YAMULKI 169ff.; ferner SJZ 60 (1964) 123f. Nr. 66. Nach W. VON STEIGER: Die Rechtsverhältnisse der Holdinggesellschaften in der Schweiz, ZSR 62 (1943) 315a und – ihm folgend – WILHELM 168ff. soll nur eine Haftung aus OR 41 in Betracht kommen. Vgl. auch W. VON STEIGER, Verantwortung (zit. Anm. 1371) 703.

[1380] Dazu statt vieler ERIC HOMBURGER: Zum Durchgriff nach schweiz. Recht, SJZ 67 (1971) 249ff.; FORSTMOSER, Aktienrecht § 1 N 84ff. und die dort zitierten Entscheide.

[1381] Ebenso DRUEY in SAG 53 (1981) 78; vgl. dazu insbes. VON PLANTA und ALBERS, passim; GEHRIGER 62f.; BRUNO SLONGO: Der Begriff der einheitlichen Leitung als Bestandteil des Konzernbegriffs (Diss. Zürich 1980) 164ff.; ferner die knappe rechtsvergleichende Untersuchung der OECD: Die Verantwortlichkeit von Muttergesellschaften für ihre Tochtergesellschaften (Frankfurt a.M. 1981). – Zu den besonderen Problemen im Hinblick auf ausländische *Staatsbetriebe* vgl. PASCAL SIMONIUS: Der ausländische Staatsbetrieb als schweizerisches Rechtssubjekt, Festschrift VISCHER (Zürich 1983) 321ff., 329ff.

Solange sich die Organe der Obergesellschaft darauf beschränken, die 709
Aktionärsrechte dieser Gesellschaft auszuüben[1382], werden sie nur der
eigenen Gesellschaft[1383] sowie den Aktionären und Gläubigern[1384] derselben
verantwortlich für die korrekte Ausübung dieser Aktionärsrechte.

Eine Haftung gegenüber der Tochtergesellschaft und den Aktionären 710
sowie allenfalls Gläubigern derselben kann erst dann eintreten, wenn sich
Organpersonen, Vertreter oder Hilfspersonen der Obergesellschaft *direkt
oder indirekt in Verwaltung und Geschäftsführung der Tochtergesellschaft
einmischen*[1385]. In diesem Fall ergibt sich aus allgemeinen Grundsätzen das
Folgende:
– *Persönlich verantwortlich* werden zunächst die Mitglieder der Konzernleitung und weitere Personen, die bei der Tochtergesellschaft Verwaltungs- oder Geschäftsführungsfunktionen tatsächlich direkt oder indirekt ausüben[1386].
– Verantwortlich kann aber auch die *Obergesellschaft selber* werden, wenn sie über delegierte Personen Einfluss auf Verwaltung und Geschäftsführung der Tochtergesellschaft nimmt[1387].

d) Erwähnt sei, dass neben den spezifischen aktienrechtlichen Verant- 711
wortlichkeitsbestimmungen allenfalls auch *andere Rechtsgrundlagen* bestehen, um die *Obergesellschaft für Schaden bei der Tochtergesellschaft direkt
verantwortlich zu machen:*

[1382] Insbesondere durch Ausübung des Stimm- und Wahlrechts in der Generalversammlung der Tochtergesellschaft.
[1383] Vgl. ALBERS 79.
[1384] Vgl. dazu ALBERS 73.
[1385] ALBERS 79. Zu wenig differenziert m.E. GVP 1983 Nr. 45 S. 110ff. (referiert auch in SAG 57 [1985] S. 188 Nr. 26), wo erklärt wird, es sei die Haftpflicht der Einmann-AG für delegierte Organe grundsätzlich zu bejahen, weil ein Handeln des Vertreters in völliger Selbständigkeit nicht denkbar sei.
[1386] Vgl. vorn N 657ff. zum materiellen Organbegriff und nachstehend N 718 zur Haftung des Vertreters einer juristischen Person im Sinne von OR 707 III, ferner etwa ALBERS 79; PETITPIERRE-SAUVAIN (zit. Anm. 1379) 133ff. und GEHRIGER 105. In diesem Sinn spezifisch für Konzernverhältnisse BÜRGI/NORDMANN, Kommentar zu Art. 753f. N 124, wobei es aber m.E. zu weit geht, wenn dort generell festgehalten wird, es seien die Mitglieder der Konzernleitung als «verdeckte Verwaltung der Tochtergesellschaft» zu betrachten. Dies ist nur dann angebracht, wenn die Konzernleitung *tatsächlich* Verwaltungs- und Geschäftsführungsfunktionen wahrnimmt. Zu eng dagegen W. VON STEIGER (zit. Anm. 1379) 309af., nach welchem Autor eine Haftung nur in Frage kommen soll, «wenn und soweit sie [die Mitglieder der Verwaltung der Holdinggesellschaft] gleichzeitig auch die Verwaltung der Tochtergesellschaft bilden».
[1387] Vgl. dazu nachstehend N 719ff. betreffend die Haftung juristischer Personen für im Sinne von OR 707 III delegierte Verwaltungsräte, ferner PETITPIERRE-SAUVAIN (zit. Anm. 1379) 133ff., die auf S. 138 zu Recht darauf hinweist, dass Präjudizien bis heute völlig fehlen. Die hier vertretene Auffassung ist nicht unbestritten; ablehnend GEHRIGER 105ff.; kritisch auch ALBERS 171.

712 So kommt etwa eine Haftung nach OR 55, der Haftung für *Hilfspersonen,* in Betracht, wenn «der in die Verwaltung der Konzerngesellschaft entsandte Vertreter eine blosse Strohmannfunktion erfüllt»[1388].

713 Sodann weisen G. SCHUCANY[1389], ALBERS[1390], SPIRO[1391] und weitere Autoren[1392] zu Recht darauf hin, dass eine Haftung der Obergesellschaft für ihre Vertreter aus doppelter Organschaft allenfalls auf die *Haftung juristischer Personen* (auch) für *unerlaubte Handlungen ihrer Organe* gemäss ZGB 55 II und OR 718 III abgestützt werden kann. Nach diesen Bestimmungen hat die delegierende juristische Person dann einzustehen, wenn das delegierte Organ «in Ausübung geschäftlicher Verrichtungen» gehandelt hat. Zu Recht weist etwa SPIRO darauf hin, dass die juristische Person auch für «sonstiges Verhalten» ihrer Organe und namentlich für unerlaubte Handlungen einzustehen hat. Daher sei es nur folgerichtig, dass sie auch haftbar werde für Handlungen solcher Organe in ihrer Tätigkeit als Verwaltungsratsmitglieder anderer Gesellschaften[1393].

714 Dies führt einerseits zu einer *Erweiterung* der Haftung der abordnenden juristischen Person, da – im Gegensatz zur Haftung nach OR 754 ff. – eine Einflussnahme seitens der Obergesellschaft nicht nötig ist[1394]. Vielmehr genügt es, dass die Tätigkeit der abgeordneten natürlichen Person als eine solche «in Ausübung geschäftlicher Verrichtungen» verstanden wird, was die Regel sein dürfte.

715 Anderseits ist die Haftung gestützt auf ZGB 55 II und OR 781 III insofern *eingeschränkt,* als eine unerlaubte Handlung vorliegen muss[1395], was keineswegs bei allen Verletzungen im Sinne von OR 754 ff. der Fall ist[1396].

715a e) Die Begründungen gemäss lit. c) (N 708 ff.) und lit. d) (N 711 ff.) hievor schliessen sich nicht aus, sondern ergänzen sich: Beim Vorliegen einer

---

[1388] ALBERS 167, vgl. auch 164 ff.; vgl. sodann auch VON PLANTA 70 ff. und ders., Doppelorganschaft 606, der jedoch die Möglichkeit einer solchen Haftung nur bei Einmanngesellschaften und solchen Gesellschaften, deren Zweck die Verfolgung von Interessen der Obergesellschaft ist, bejaht.

[1389] S. 82 ff.

[1390] S. 152 ff.

[1391] KARL SPIRO: Zur Haftung für Doppelorgane, in: Festschrift VISCHER (Zürich 1983) 639 ff.; vgl. sodann auch VON PLANTA 87, wonach das Mitglied der Konzernleitung als Organ der Konzernmuttergesellschaft und gleichzeitig als faktisches Organ der Tochtergesellschaft wirkt, wenn es sich bei der Tochtergesellschaft mit den Weisungen der Muttergesellschaft durchsetzt. Daraus ergebe sich eine Verpflichtung der Obergesellschaft nach ZGB 55 II und OR 718 III. Insofern sei ein doppeltes Organhandeln (dem VON PLANTA im übrigen kritisch gegenübersteht, vgl. etwa S. 64 ff., 69) zu bejahen.

[1392] Vgl. hinten Anm. 1406, dort auch Hinweis auf die durch VON PLANTA postulierte Einschränkung.

[1393] Vgl. SPIRO (zit. Anm. 1391) insbes. 643 f.

[1394] Vgl. SPIRO (zit. Anm. 1391) 644.

[1395] Vgl. VON PLANTA 75 (zur analogen Situation bei der Haftung nach OR 55).

[1396] Vgl. vorn N 595 ff.

unerlaubten Handlung wird man eine Haftung gestützt auf ZGB 55 II und OR 718 III allgemein bejahen, bei deren Fehlen eine solche aufgrund von OR 754ff. immerhin für die Fälle, in welchen die Obergesellschaft über den von ihr Delegierten Einfluss nimmt[1396a].

5. Die Haftung von juristischen Personen oder Handelsgesellschaften sowie des Gemeinwesens für von ihnen entsandte Mitglieder der Verwaltung

Nach OR 707 III kann eine juristische Person oder Handelsgesellschaft als solche nicht als Mitglied der Verwaltung gewählt werden, wohl aber ihr Vertreter. Gemäss OR 762 I kann sodann Körperschaften des öffentlichen Rechts statutarisch das Recht eingeräumt werden, Vertreter in die Verwaltung abzuordnen. Es fragt sich, wie in diesen Fällen die Verantwortlichkeit geregelt ist. 716

5.1. Die Haftung von juristischen Personen oder Handelsgesellschaften bei offener Delegation

Nicht endgültig geklärt sind die Haftungsverhältnisse in Fällen, in denen im Sinne von OR 707 III anstelle einer *juristischen Person oder Handelsgesellschaft* ihr Vertreter gewählt worden ist: 717

a) Fest steht, dass der gewählte Vertreter *persönlich* den Bestimmungen von OR 754ff. unterstellt ist[1397]. Er wird Mitglied des Verwaltungsrates und gehört als solcher in jedem Fall zu den «mit der Verwaltung ... betrauten Personen». 718

b) Umstritten ist dagegen, ob in den Fällen von OR 707 III neben dem delegierten Verwaltungsrat auch die *delegierende juristische Person oder Handelsgesellschaft* haftbar werden kann. 719

Für eine solche Haftung treten G. SCHUCANY[1398], WOHLMANN[1399], E. SCHUCANY[1400], WOERNLE[1401], PETITPIERRE-SAUVAIN[1402] und TOBLER[1403] 720

[1396a] Vgl. im übrigen die Ausführungen nachstehend N 717ff., 729f.
[1397] So auch VON PLANTA 87; WOERNLE 23; WOHLMANN (zit. Anm. 1370) 126 und implizit G. SCHUCANY 95.
[1398] S. 82ff.
[1399] Zit. Anm. 1370, 126f.
[1400] Art. 707 N 5.
[1401] S. 23.
[1402] Zit. Anm. 1379, 135, 141.
[1403] ERNST TOBLER: Die Haftungsverhältnisse in verbundenen Unternehmen (Diss. Bern 1948) 83ff.

ein¹⁴⁰⁴. Die Haftung der delegierenden Gesellschaft wird im wesentlichen damit begründet, der physische Vertreter werde im Vertrauen auf die dahinterstehende juristische Person gewählt¹⁴⁰⁵. Primär wird die Haftung freilich aus ZGB 55 II und OR 718 III und nicht aus OR 754ff. abgeleitet¹⁴⁰⁶, was zu etwas anderen Resultaten führt¹⁴⁰⁷.

721 *Gegen* eine Haftung der delegierenden juristischen Person oder Handelsgesellschaft treten unter anderen FUNK¹⁴⁰⁸, GEHRIGER¹⁴⁰⁹, W. VON STEIGER¹⁴¹⁰, ZWEIFEL¹⁴¹¹, CAFLISCH¹⁴¹² und FALKEISEN¹⁴¹³ ein, insbesondere mit dem Hinweis darauf, dass der «Vertreter» nicht durch die delegierende Gesellschaft, sondern durch die Generalversammlung gewählt wird¹⁴¹⁴.

722 Nach BÜRGI¹⁴¹⁵ ist zu *differenzieren* und die Frage der Haftbarkeit von Fall zu Fall zu prüfen. Die Haftung soll gerechtfertigt sein «z.B. beim Vorliegen einer fahrlässigen Auswahl und Bestimmung des Vertreters oder offensichtlicher oder arglistiger Einmischung in die Geschäftsführung der andern AG bzw. Einflussnahme durch ihren Vertreter ... Wenn keine derartigen, von der delegierenden Stelle zu verantwortenden Unterlassungen oder Weisungen vorliegen, dürfte eine Haftung derselben rechtlich kaum zu verantworten sein.

723 Für eine *differenzierte Betrachtungsweise* treten auch die Monographien von VON PLANTA und ALBERS zur Haftung des Hauptaktionärs bzw. in Konzernverhältnissen ein:

724 Nach VON PLANTA¹⁴¹⁶ kann der *Minderheitsvertreter* die Interessen der Delegantin nicht in einer Weise vertreten, die zur Behauptung führen

---

¹⁴⁰⁴ Von diesen Autoren leitet aber nur PETITPIERRE-SAUVAIN (zit. Anm. 1379) die Haftung aus OR 754 her, während sich die übrigen Autoren auf ZGB 55 II stützen oder sich über die gesetzliche Grundlage ausschweigen. – Für eine Haftungsmöglichkeit zumindest der Einmann-AG nach OR 754 GVP 1983, Nr. 45 S. 111 (obiter dictum).
¹⁴⁰⁵ So etwa G. SCHUCANY 95.
¹⁴⁰⁶ So etwa G. SCHUCANY 82ff.; SPIRO (zit. Anm. 1391) 643f.; ALBERS 162f. (in engen Schranken, vgl. nachstehend N 725); WOHLMANN (zit. Anm. 1370) 126; TOBLER (zit. Anm. 1403) 83ff. und WOERNLE 23. – Vgl. sodann VON PLANTA 69 sowie ders., Doppelorganschaft 606, der eine solche Haftung aufgrund einer Doppelorganschaft freilich nur bei einer hundertprozentigen Beteiligung sowie dann bejaht, wenn eine Gesellschaft nach ihrem Zweck die Interessen der delegierenden Gesellschaft verfolgen soll.
¹⁴⁰⁷ Vgl. dazu vorn N 714f.
¹⁴⁰⁸ OR 707 N 3.
¹⁴⁰⁹ § 18 II.
¹⁴¹⁰ Zit. Anm. 1379, 313a.
¹⁴¹¹ MARTIN ZWEIFEL: Holdinggesellschaft und Konzern (Diss. Zürich 1973 = SSHW 1) 96f.
¹⁴¹² Zit. Anm. 1373, 269f.
¹⁴¹³ EMANUEL FALKEISEN: Die Vertretung juristischer Personen im Verwaltungsrat, insbesondere ihre rechtliche Natur (Diss. Zürich 1947) 263f.
¹⁴¹⁴ So W. VON STEIGER (zit. Anm. 1379) 313a.
¹⁴¹⁵ Kommentar zu Art. 707 N 34.
¹⁴¹⁶ S. 68.

könne, es geschehe nichts anderes, als wenn die Gesellschaft selbst im Verwaltungsrat Einsitz hätte. Damit bestehe für den Minderheitsvertreter *kein Verhältnis der Doppelorganschaft.* Ein solches lehnt VON PLANTA[1417] aber grundsätzlich auch bei einer *Mehrheitsvertretung* ab. Doppeltes Organhandeln kommt nach diesem Autor nur dann in Betracht, wenn eine hundertprozentige Beteiligung besteht. Ergänzend führt VON PLANTA an anderer Stelle[1418] aus, Ausgangspunkt für eine Haftung der entsendenden juristischen Person könne die *tatsächliche Einflussnahme* sein.

ALBERS ist der Ansicht, es sprächen «konzeptionelle Erwägungen gegen die Konstruktion einer unmittelbaren Organhaftung der Obergesellschaft aus OR 754»[1419], da diese Vorschrift «in ihrem Grundgedanken eine persönliche Verantwortlichkeit der Gesellschaftsorgane für die Verletzung der ihnen nach OR 722 obliegenden Sorgfaltspflichten»[1420] beinhalte. Die Anwendung von OR 754 auf juristische Personen würde diesen eine über ZGB 55 II und OR 718 III hinausgehende *Haftung für fremdes Verschulden* auferlegen, die *abzulehnen* sei. Dagegen bejaht ALBERS die Möglichkeit einer Hilfspersonenhaftung[1421], sodann in gewissen Schranken eine Haftung nach ZGB 55 II und OR 718 III: Die Obergesellschaft soll danach für alle unerlaubten Handlungen der Vertreter aus doppelter Organschaft haftbar werden, die nach der konkreten Konzernorganisation objektiv in den sachlichen Bereich der einheitlichen Leitung fallen. Verlangt wird also «das Vorliegen eines funktionellen Zusammenhanges zwischen der konkreten Handlung des abhängigen Verwaltungsrates und der materiellen Konzernleitung»[1422].

Differenzierend zur Verantwortlichkeit des abhängigen Verwaltungsrats von Konzerngesellschaften äussert sich endlich neuestens auch FLURIN VON PLANTA[1422a]:
– Grundsätzlich gehe die *Treuepflicht* des Mitglieds der Verwaltung einer konzernabhängigen Tochtergesellschaft *dieser Gesellschaft gegenüber* seinen Pflichten aus der zusätzlichen individuellen Bindung an die Konzernmuttergesellschaft vor[1422b]. Auch bei Doppelgesellschaften – das Mitglied der Verwaltung der Tochtergesellschaft gehört auch dem Verwaltungsrat der Obergesellschaft an – gelte das Primat der aktienrechtlichen Gesellschafts- und nicht der Konzerninteressen[1422c].

[1417] S. 69.
[1418] Doppelorganschaft 603 ff., 607.
[1419] S. 171.
[1420] S. 171; ähnlich GEHRIGER 106 ff.
[1421] Zur Hilfspersonenhaftung vgl. vorn N 712 und sogleich nachstehend N 728.
[1422] Vgl. S. 162, 162 ff.
[1422a] FLURIN VON PLANTA § 12.
[1422b] A.a.O. § 12.2.1. und 12.2.2.
[1422c] A.a.O. § 13.4.

- Der - als *offen kundgegebener Vertreter* - im Sinne von OR 707 III Gewählte hafte nach Massgabe von OR 754, ohne dass seine besondere Stellung von Belang sei[1422d].
- Falls die Muttergesellschaft durch einen *fiduziarisch* Tätigen im Verwaltungsrat vertreten sei, hafte dieser nach OR 754 für den Fall, «in dem er in einer nicht vollständig beherrschten Gesellschaft Weisungen befolgt, die diese schädigen»[1422e]. Im Falle einer zu hundert Prozent beherrschten Tochtergesellschaft hafte das fiduziarische Verwaltungsratsmitglied dagegen nur den Gläubigern nach Massgabe von OR 754[1422f], nicht dagegen der Konzernmuttergesellschaft[1422g]. Dieser und der Tochtergesellschaft stünden aber Verantwortlichkeitsansprüche zu, wenn der Fiduziar nicht nach den Weisungen der Konzernleitung gehandelt und die Tochtergesellschaft dadurch schuldhaft geschädigt habe[1422h].

726 In der *Gerichtspraxis* wird die Notwendigkeit einer Differenzierung bejaht in einem Urteil des St. Gallischen Handelsgerichts vom 25.3.1983[1423]. Befürwortet wird die Haftung der delegierenden juristischen Person in jenem Entscheid dann, «wenn sie eine Einmann-Aktiengesellschaft darstelle und daher ein Handeln ihres Vertreters in völliger Selbständigkeit undenkbar sei»[1424].

727 Der Ansicht, es sei zu *differenzieren,* ist zuzustimmen, wobei als Grundlage der vorn N 657ff. skizzierte materielle oder *funktionelle Organbegriff* dient: Danach wird die delegierende Gesellschaft dann haftbar, wenn sie über ihren Vertreter tatsächlich an der Willensbildung der AG teilnimmt und korporative Aufgaben erfüllt[1425]. Falls dagegen der Gewählte sein Amt frei und ohne Instruktionen seitens der delegierenden Gesellschaft ausüben kann, ist eine Haftung jener Gesellschaft m.E. abzulehnen[1426, 1427].

[1422d] A.a.O. § 12.2.1.
[1422e] A.a.O. § 12.2.2.
[1422f] A.a.O. § 12.2.2.
[1422g] A.a.O. § 12.2.2.
[1422h] A.a.O. § 12.2.2. a.E.
[1423] Vgl. GVP 1983 Nr. 45 S. 110f. = SAG 58 (1986) 38.
[1424] SAG 58 (1986) 38 Ziff. 2c; vgl. dazu immerhin die Kritik von MERZ und STICHER auf S. 39.
[1425] Ähnlich WOERNLE 23f. und VON PLANTA, Doppelorganschaft 603ff., 607; ferner im Ergebnis auch HÜTTE, Sorgfaltspflichten 15. Zustimmend zur hier vertretenen Ansicht auch BEAT RAUSS: Der Haftungsdurchgriff bei Aktiengesellschaften, ST 61 (1987) 307ff., 308.
[1426] Nichts abzuleiten ist m.E. aus der unterschiedlichen Formulierung von OR 762 IV und 707 III (ebenso SPIRO [zit. Anm. 1391] 647f.): OR 762 IV rechtfertigt sich, weil besonders darauf hinzuweisen ist, dass Körperschaften des öffentlichen Rechts der aktienrechtlichen Verantwortlichkeit unterstellt werden und weil die Unterstellung im Zusammenhang mit der Haftungsbefreiung zugunsten der Abgeordneten zu sehen ist, vgl. dazu nachstehend N 733f.
[1427] Keine Haftung besteht jedenfalls dann, wenn nicht Pflichten der Verwaltung verletzt, sondern Aktionärsrechte nicht ausgeübt werden, GVP 1983 Nr. 45 insbes. S. 112.

Daneben kommt – wie in der Literatur betont[1428] – allenfalls eine Haftung aufgrund von ZGB 55 II und OR 718 III in Betracht[1429]. Eine solche kann freilich nur zum Zuge kommen, wenn als «Vertreter» ein *Organ* der entsendenden juristischen Person bestellt wird. Eine *Hilfspersonenhaftung* nach OR 55 I anderseits ist nur denkbar, wenn ein Vertreter entsandt wird, der keinerlei eigene Entscheidungsbefugnisse hat[1430]. Wird ein *Dritter* als Vertreter bestimmt, so kann eine Haftung über diese Normen überhaupt nicht begründet werden, soweit dieser Dritte nicht unter einen weitgefassten Begriff der Hilfsperson subsumiert werden kann[1431].

5.2. Die Haftung von juristischen Personen oder Handelsgesellschaften bei verdeckter Delegation

Die Ausführungen vorstehend N 719 ff. betreffen die *offene Delegation*. Für den *verdeckten Vertreter* kann m.E. die delegierende Gesellschaft ohnehin nicht haftbar gemacht werden, wenn sie nicht indirekt Einfluss auf die Verwaltung oder Geschäftsführung nimmt[1432]. Das Argument, die Generalversammlung habe das betreffende Mitglied der Verwaltung im Vertrauen auf die dahinterstehende juristische Person oder Handelsgesellschaft gewählt, kann hier ohnehin nicht vorgebracht werden.

Wirkt die delegierende Gesellschaft dagegen auf Verwaltung und Geschäftsführung ein, so haftet sie als Hintermann[1433].

5.3. Die Haftung des Gemeinwesens

Unklar ist auch die gesetzliche Ordnung betreffend die Haftung für Pflichtverletzungen von Mitgliedern des Verwaltungsrates, die von einer *Körperschaft des öffentlichen Rechts* abgeordnet worden sind:

a) Aus OR 762 IV folgt zunächst nur, dass die *Körperschaft des öffentlichen Rechts unmittelbar haftbar* wird. Dabei kommen die Bestim-

---

[1428] Vgl. vorn Anm. 1406.
[1429] Dazu vorn N 713 ff.
[1430] Vgl. hiezu vorn N 712.
[1431] Zu diesen Problemen nun grundlegend KARL SPIRO: Die Haftung für Erfüllungsgehilfen (Bern 1984); vgl. auch ders.: Die Haftung für Abschluss- und Verhandlungsgehilfen, ZSR 105 (1986) I 619 ff.
[1432] A.M. G. SCHUCANY 97 f., wonach die delegierende Gesellschaft für den verdeckten Vertreter «genau wie für ihren ausdrücklich als solchen gekennzeichneten» haften soll. Im Ergebnis wie hier VON PLANTA 79, dessen Kritik an der ersten Auflage dieser Publikation, ich würde auf «das bei der Wahl bestimmende Vertrauen auf die ökonomische Potenz des Aktionärs, der seinen Vertreter zur Wahl vorschlägt», abstellen, nicht zutrifft: Vielmehr bin ich mit VON PLANTA der Auffassung, dass die *tatsächliche Einflussnahme* entscheidet (vgl. vorn N 727) und referiere ich lediglich ein weiteres, auch geltend gemachtes Argument, das jedenfalls mit Bezug auf verdeckte Verwaltungsräte nicht in Betracht kommen kann.
[1433] Vgl. vorn N 703 f.

mungen von OR 754 ff. zur Anwendung und nicht etwa öffentlich-rechtliche Haftungsgrundlagen des Bundes und der Kantone[1434].

733   b) Nach herrschender Lehre handelt es sich «um eine direkte (primäre), ausschliessliche Haftung des Gemeinwesens»[1435], die eine *persönliche Haftung des Abgeordneten ausschliesst*[1436]. Der herrschenden Ansicht ist – obwohl der Gesetzestext auch eine andere Auslegung zulassen würde – zuzustimmen, da sie der besonderen Interessenlage[1437] und den Funktionen des Vertreters der öffentlich-rechtlichen Körperschaft Rechnung trägt[1438].

734   Der Abgeordnete unterliegt jedoch einem *Rückgriffsrecht* «nach dem Recht des Bundes und der Kantone»[1439]. «Beruht die Vertretung auf einem privatrechtlichen Dienstverhältnis oder einem Auftrag, so kommen die Vorschriften des OR zur Anwendung. Bezeichnet aber das Gemeinwesen als Vertreter ein Mitglied einer Behörde oder einen Beamten, so findet der Rückgriff gemäss den Vorschriften des öffentlichen Rechts über das Beamtenverhältnis statt»[1440].

[1434] Ebenso explizit VON PLANTA 53 und (für die gleichlautende Ordnung im Genossenschaftsrecht) BLICKENSTORFER Nr. 513. Implizit ARMIN STOFFEL: Beamte und Magistraten als Verwaltungsräte von gemischt-wirtschaftlichen Aktiengesellschaften (Diss. St. Gallen 1975) 277; E. STEINER: Die Vertretung öffentlich-rechtlicher Korporationen im Verwaltungsrat von Aktiengesellschaften, SAG 11 (1938/39) 180ff., 181, sowie KARL ERB: Rechtsstellung und Organisation der gemischtwirtschaftlichen Bankunternehmen in der Schweiz (Diss. Zürich 1938) 186ff. Diese Regelung entspricht der Konstruktion, die in anderen bundesrechtlichen Normen zum Ausdruck kommt, so in OR 61, wo davon ausgegangen wird, dass Bund und Kantone nur über die Haftung aus hoheitlichen Verrichtungen vom OR abweichende Bestimmungen aufstellen dürfen, und auch in Verantwortlichkeitsgesetz (SR 170.32; AS 1958, 1413) 11, wo festgehalten wird, dass der Bund – soweit er als Subjekt des Zivilrechts auftritt – nach dessen Bestimmungen haftet.

[1435] STOFFEL (zit. Anm. 1434) 277; ebenso STEINER (zit. Anm. 1434) 182 und implizit WOHLMANN (zit. Anm. 1370) 125.

[1436] Gl. M. VON PLANTA 53f., der zu Recht darauf hinweist, dass passivlegitimiert (nur) das Gemeinwesen ist, sowie BLICKENSTORFER Nr. 512. A.M. G. SCHUCANY 101 und SCHOOP 98 (letztere unter unrichtiger Berufung auf FORSTMOSER/MEIER-HAYOZ § 25 N 26).

[1437] Dazu ausführlich STOFFEL (zit. Anm. 1434) 134ff.

[1438] Insbesondere besteht allenfalls ein *Weisungsrecht des Gemeinwesens* gegenüber dem delegierten Verwaltungsratsmitglied, das freilich beschränkt sein dürfte durch die legitimen Interessen der Privataktionäre und das keine direkte Wirkungen gegenüber der Gesellschaft zeitigt. Ähnlich VON PLANTA 50f., mit weiteren Hinweisen; für eine Weisungsbefugnis des Gemeinwesens allgemein STOFFEL (zit. Anm. 1434) 239. – Eine Haftung des Gemeinwesens für das Verhalten des delegierten Vertreters entsprechend OR 762 IV besteht aber auch dann, wenn das Gemeinwesen kein Weisungsrecht besitzt oder wenn es dieses nicht ausübt, ebenso BLICKENSTORFER Nr. 513 und STEINER (zit. Anm. 1434) 181.

[1439] Dies jedoch nur, wenn ihm eine Pflichtverletzung vorzuwerfen ist. Eine solche liegt nach WOHLMANN (zit. Anm. 1370) 124f. dann nicht vor, wenn der Abgeordnete private Interessen deshalb schädigt, weil er «pflichtgemäss und rechtmässig die öffentlichen Interessen wahrnimmt».

[1440] STEINER (zit. Anm. 1434) 181, ebenso VON PLANTA 54 und BLICKENSTORFER Nr. 515. Ausführlich zur Ordnung des Rückgriffrechts STOFFEL (zit. Anm. 1434) 279ff.; ferner

c) Die besonderen Bestimmungen von OR 762 kommen nur dann zur Anwendung, wenn die Abordnung auf einer statutarischen oder gesetzlichen Ernennungsbefugnis im Sinne von OR 762 I beruht. Wird dagegen ein Vertreter des Gemeinwesens *durch die Generalversammlung bestellt,* kommen die allgemeinen Regeln zur Anwendung[1441]. Die allfällige Haftung des Gemeinwesens richtet sich dann nach den vorn N 717f. entwickelten Regeln, d.h. nach den Regeln, die gelten, wenn ein privatrechtliches Unternehmen einen Verwaltungsrat stellt. 735

6. In den Verwaltungsrat gewählte und weitere Berater

Werden *Berater,* insbesondere Rechtsberater, *in den Verwaltungsrat gewählt,* so unterstehen sie mit Bezug auf ihre Organpflichten uneingeschränkt dem aktienrechtlichen Verantwortlichkeitsrecht, während die Erfüllung zusätzlicher Aufgaben nach dem Recht des einschlägigen Vertrages, insbesondere nach Auftragsrecht, zu beurteilen ist. Näheres in N 585 ff. 736

Zur Haftung des als Verwaltungsrat tätigen *Anwalts* vgl. insbesondere die Referate von HIRSCH[1442] und KUMMER[1443] sowie den Sammelband «Die Haftung des Verwaltungsrates»[1444]. 737

Berater, die *nicht als Organe bestellt* werden, unterstehen den aktienrechtlichen Verantwortlichkeitsbestimmungen nicht, es sei denn, es komme ihnen materiell Organstellung zu[1445] oder eine solche sei infolge Kundgabe anzunehmen[1446]. Die Gerichte tendieren freilich dazu, den Anwendungsbereich der Organhaftung auf Berater (übermässig) auszudehnen[1447]. 738

7. Suppleanten

Suppleanten sind – wenn man sie zulassen will[1448] – der aktienrechtlichen Verantwortlichkeit für die Zeiträume zu unterstellen, in denen sie ihre 739

REINHOLD HOTZ: Die Haftpflicht des Beamten gegenüber dem Staat (Diss. Zürich 1973 = ZBR 428).
[1441] Ebenso VON PLANTA 54f.
[1442] Avocat.
[1443] S. 7ff.
[1444] SSHW 87 (Zürich 1986), mit Beiträgen von BÖCKLI, FORSTMOSER, HESS, HÜTTE, RITTER und STAEHELIN.
[1445] Dazu vorn N 657ff.
[1446] Dazu vorn N 676ff.
[1447] Vgl. BGE 107 II 349ff. und die Kritik bei FORSTMOSER, Organbegriff 140ff. sowie vorn bei Anm. 1306.
[1448] So BÜRGI, Kommentar zu Art. 708 N 43ff., sowie F. VON STEIGER, Recht der AG 228f. und dort zitierte Autoren; vgl. auch VON GREYERZ, Aktiengesellschaft 202; STAUBER § 2 N 84; BLICKENSTORFER Nr. 385; VOLLMAR 123ff.

Funktion ausüben[1449]. Insbesondere sind sie demnach verantwortlich für Beschlussfassungen sowie unterbliebene Beschlüsse des Verwaltungsrates, wenn sie an den entsprechenden Sitzungen teilgenommen haben[1450].

740 Im einzelnen stellen sich schwierige Abgrenzungsprobleme, insbesondere hinsichtlich der Frage, wie weit sich der Suppleant auch über Vorgänge zu informieren hat, die nicht während seiner aktiven Tätigkeit geschehen.

8. Direktoren, Prokuristen, Handlungsbevollmächtigte sowie der Sekretär des Verwaltungsrates

741 a) Die Frage der Unterstellung von *Direktoren, Prokuristen, Handlungsbevollmächtigten* sowie weiteren Angestellten richtet sich konsequent nach dem vorn N 657 ff. skizzierten materiellen oder funktionellen Organbegriff. Direktoren wird man nach diesem Begriff in aller Regel als Organe im Sinne von OR 754 ff. qualifizieren[1451]. Bei weiteren Angestellten ist darauf abzustellen, ob sie tatsächlich selbständig massgebende Entscheide fällen[1452].

742 b) Der selbst nicht dem Verwaltungsrat angehörende *Sekretär des Verwaltungsrates* ist – sofern er rein administrativ tätig ist und keine geschäftspolitischen Entscheide fällt – nicht als Organ im Sinne von OR 754 ff. zu betrachten[1453].

743 c) *Nicht massgebend* für die Einstufung ist die *Unterschriftsberechtigung:* Auch der Zeichnungsberechtigte untersteht OR 754 ff. dann nicht, wenn ihm keine selbständigen Entscheidungsbefugnisse zustehen[1454] und auch keine Organstellung aufgrund einer Kundgabe[1455] vorliegt. Anderseits kann auch ein Angestellter ohne Zeichnungsrecht intern oder extern

---

[1449] Gl.M. HORBER 22, VOLLMAR 124 und BLICKENSTORFER Nr. 385, dieser mit dem Hinweis, dass sich der Suppleant immerhin über diejenigen Vorgänge und Beratungen zu informieren hat, «die dem bei seiner Mitwirkung zu beschliessenden Entscheid als Grundlage dienen».
[1450] So VON GREYERZ, Verwaltung 67.
[1451] Vgl. FEHR 149; ferner BGE 65 II 5f.; einschränkend GLASSON 218ff. – Überdies ist m.E. bei Direktoren auch eine *Organstellung durch Kundgabe* anzunehmen (dazu vorn N 676ff.), da in objektiver Betrachtungsweise darauf abgestellt werden darf, dass einer als «Direktor» bezeichneten Person Organfunktionen zukommen. Es ist daher wohl vertretbar, wenn in der Literatur erklärt wird, es sei «der Direktor stets Organ» (VOLLMAR 113, mit Verweisung auf SCHULTHESS 115).
[1452] In diesem Sinne für den Prokuristen VOLLMAR 121. Vgl. auch BGE 72 II 65f., wonach die verantwortliche Zeitungsredaktion Organ der Zeitungsunternehmung ist.
[1453] Vgl. VON GREYERZ, Verwaltung 66; ebenso VOLLMAR 167.
[1454] Vgl. dazu vorn N 657ff. A.M. SCHUMACHER und HARTMANN, die alle Zeichnungsberechtigten als Organe im formellen Sinn betrachten, vgl. dazu vorn N 656.
[1455] Dazu vorn N 676ff. Die Erteilung der Zeichnungsberechtigung bewirkt m.E. für sich allein keine Kundgabe, die eine Organstellung begründen würde, wohl aber die Ernennung als Direktor (vgl. N 679).

massgebende korporative Funktionen selbständig erfüllen und damit der aktienrechtlichen Verantwortlichkeit unterstellt sein.

9. Exkurs I: Die Haftung des Beistandes[1456]

In der Literatur zur Frage der Haftung des für eine juristische Person bestellten Beistandes wird durchwegs die Ansicht vertreten, diese richte sich nicht nach OR 752 ff., sondern nach den vormundschaftlichen Bestimmungen von ZGB 426 ff., 454 ff.[1457]. Ob dies richtig ist oder ob nicht eher die aktien- und die vormundschaftsrechtlichen Haftungsnormen kumulativ anzuwenden sind, erscheint fraglich. Auch auf aktienrechtliche Normen ist jedenfalls abzustellen für den Entscheid darüber, ob eine Pflichtverletzung vorliegt[1458].

Nicht nach aktienrechtlichem Verantwortlichkeitsrecht richtet sich jedenfalls die allfällige Haftung der *Aufsichtsbehörden*[1459].

10. Exkurs II: Die Haftung von Diplomaten

Diplomaten und hohe Funktionäre internationaler Organisationen, die in den Verwaltungsrat einer AG gewählt werden, geniessen in dieser Funktion grundsätzlich diplomatische *Immunität*. Gemäss einem Kreisschreiben des EJPD[1460] besteht jedoch «ein öffentliches Interesse, dass alle Personen, die ein solches Mandat innehaben, gegebenenfalls verantwortlich gemacht werden können». Zwischen dem Diplomatenstatus und dem Verwaltungsratsmandat in einer AG bestehe «eine Unvereinbarkeit»[1461].

[1456] Dazu ausführlich SCHUMACHER-BAUER (zit. Anm. 1457) 220 ff.; vgl. auch RENATE WENNINGER: Die aktienrechtliche Schweigepflicht (Diss. Zürich 1983 = SSHW 70) 215 ff. und die nachstehend Anm. 1457 zitierte Literatur.

[1457] So ausdrücklich ISO SCHUMACHER-BAUER: Beistandschaft in der AG (Diss. Zürich 1981 = ZStP 18) 221 (mit ausführlicher Darstellung der Verantwortlichkeit der vormundschaftlichen Organe auf S. 220 ff.); RUDOLF SCHROFF: Die Beistandschaft für eine juristische Person (Diss. Freiburg 1953) 108; BLICKENSTORFER Nr. 389; vgl. ferner JOSEPH KAUFMANN: Die Beistandschaft für juristische Personen, ZVW 8 (1953) 49, wonach der Beistand nur gegenüber der juristischen Person haftet, jedoch für jedes Verschulden. Vgl. auch BGE 57 II 3, wonach sich die Verantwortlichkeit der Mitglieder der Vormundschaftsbehörde für die ihr durch Bundesrecht zugewiesenen Obliegenheiten gemäss ZGB 426 ff. beurteilt.

[1458] Gl.M. SCHUMACHER-BAUER (zit. Anm. 1457) 221 und WENNINGER (zit. Anm. 1456) 215/6.

[1459] Dazu SCHUMACHER-BAUER (zit. Anm. 1457) 222 f.

[1460] Kreisschreiben des Eidg. Justiz- und Polizeidepartementes an die kantonalen Aufsichtsbehörden für das Handelsregister betreffend die Eintragung von Personen mit diplomatischer Immunität als Verwaltungsräte von Aktiengesellschaften, vom 1.10.1977, BBl 1978 I 477 f.

[1461] Kreisschreiben 477.

Die Handelsregisterführer sind daher durch das erwähnte Kreisschreiben angewiesen, in solchen Fällen «zusätzlich zu den übrigen Eintragungsbelegen eine offizielle Erklärung der Botschaft, der ständigen Mission, des Konsulates oder der internationalen Organisation zu verlangen, mit der die Immunitäten für alles, was das Verwaltungsratsmandat betrifft, aufgehoben werden»[1462]. Wird eine solche Erklärung *nicht abgegeben,* so wird die Eintragung jedoch trotzdem vorgenommen mit dem Hinweis, es handle sich um einen Verwaltungsrat «mit diplomatischer Immunität». Diesfalls besteht keine Möglichkeit, den Betreffenden aktienrechtlich zur Verantwortung zu ziehen.

11. Beginn und Ende der Verantwortlichkeit

11.1. Beginn

747   a) Der neu in ein Amt *Eintretende* ist für pflichtwidrige Handlungen, die vor seinem Eintritt erfolgten, nicht verantwortlich. Dagegen kann er allenfalls nach OR 754ff. ins Recht gefasst werden, wenn er vor seiner Amtszeit getroffene fehlerhafte oder rechtswidrige Beschlüsse ausführt oder bestätigt[1463]. Doch wird man eine Haftung nicht schon daraus herleiten, dass sich der neu Eingetretene nicht darum bemüht, bereits abgeschlossene rechtswidrige Handlungen rückgängig zu machen[1464].

748   b) Bezüglich des *genauen Zeitpunkts des Beginns* der Verantwortlichkeit ist zu differenzieren:

749   aa) Wer *formell* als Organ bestellt worden ist[1465], wird verantwortlich mit dem Zeitpunkt der Bestellung bzw. dem im Bestellungsakt vorgesehenen Zeitpunkt des Amtsantrittes. Der Registereintrag ist für den Haftungsbeginn so wenig konstitutiv wie für die Bestellung als solche[1466], doch kann er bedeutsam sein für den Kreis der Personen, gegenüber denen eine Verantwortung besteht[1467]. Dem Mitglied des Verwaltungsrates bzw. der Geschäftsleitung ist jedoch eine *angemessene Einarbeitungszeit* einzuräumen. Während dieser untersteht das Organ zwar den Verantwortlichkeitsbestimmungen, doch kann es sich allenfalls wegen seiner besonderen Situation exkulpieren.

[1462] Kreisschreiben 477.
[1463] GLASSON 165; HIRSCH, Responsabilité 263.
[1464] Vgl. zum analogen Problem der Haftung eines unverschuldet abwesenden Verwaltungsratsmitgliedes vorn N 311; für Rechtswidrigkeiten, die vor der eigenen Amtsdauer erfolgten, ist eine Haftung noch weniger anzunehmen als für solche, die im Zeitraum der eigenen Organstellung bei unverschuldeter Abwesenheit erfolgten.
[1465] Vgl. dazu vorn N 654 ff.
[1466] Vgl. vorn N 699 und Anm. 1336.
[1467] Vgl. dazu vorn N 700 bezüglich des *stillen* Verwaltungsrates.

bb) Die Haftung aus *materieller* Organstellung[1468] beginnt mit der Einflussnahme in Organstellung.

cc) Bei einer Organstellung infolge *Kundgabe*[1469] ist auf das abzustellen, was ein Dritter nach Vertrauensprinzip annehmen durfte.

11.2. Ende

a) Mit dem *Ausscheiden* aus der Organstellung und insbesondere mit der Beendigung des Verwaltungsratsmandates hören die Geschäftsführungs- und Verwaltungspflichten grundsätzlich auf und entfällt damit für die Zukunft auch eine Haftung nach OR 754 ff.[1470].

Immerhin kann eine Organperson verantwortlich gemacht werden für nach ihrem Ausscheiden entstehenden Schaden, wenn Grundlagen der Schädigung schon vorher gelegt wurden, etwa durch entsprechende Beschlüsse[1471].

Sodann ist daran zu erinnern, dass die *blosse Niederlegung* des Mandats dann *nicht haftungsbefreiend* wirkt, wenn dem Betreffenden ein *aktives Verhalten* zuzumuten gewesen wäre[1472].

b) Hinsichtlich des *genauen Zeitpunkts der Beendigung* ist wiederum zu differenzieren:

aa) Mit Bezug auf die Beendigung einer *formellen* Organstellung[1473] fragt es sich, ob auf den Zeitpunkt der *Abberufung* bzw. des *Rücktritts* oder auf den der *Löschung im Handelsregister* abzustellen ist.

Das Bundesgericht hat bis vor kurzem grundsätzlich auf den Zeitpunkt der *Löschung* im Handelsregister abgestellt, soweit eine Verantwortung gegenüber *Dritten* in Frage stand. So wurde in BGE 103 V 123 f. mit Bezug auf Sozialversicherungsansprüche auf OR 932 II verwiesen und der massgebende Stichtag nach jener Norm bestimmt. In BGE 104 Ib 321 ff. hat das Bundesgericht diese Auffassung bestätigt: Hinsichtlich der internen Beziehungen sei zwar der Zeitpunkt der Abberufung oder des Empfangs der Rücktrittserklärung durch die Gesellschaft massgebend. Gutgläubigen Dritten gegenüber entfalte «dagegen die Demission ihre Wirkungen erst

---

[1468] Vgl. dazu vorn N 657 ff.
[1469] Vgl. dazu vorn N 676 ff.
[1470] Vgl. HOLZACH 29.
[1471] Vgl. HIRSCH, Responsabilité 264. – In BGE vom 7.4.1987 in Sachen M. gegen F. und S. (im Zeitpunkt des Abschlusses dieser Publikation nicht amtlich publiziert) hat das Bundesgericht die grundsätzliche Haftbarkeit von Mitgliedern des Verwaltungsrates für ein Klumpenrisiko bejaht, obwohl im Zeitpunkt ihres Rücktritts noch kein Schaden entstanden war und die Bonität des Hauptschuldners damals ausser Frage stand (vgl. auch N 811a).
[1472] Vgl. HIRSCH, Avocat 9; BÜRGI/NORDMANN, Kommentar zu Art. 753 f. N 94; SCHOOP 98; ferner ZR 59 (1960) Nr. 130 S. 333 ff. und vorn N 313 f.
[1473] Dazu vorn N 654 ff.

nach der Eintragung im HReg, genauer mit dem auf ihre Veröffentlichung im SHAB folgenden Werktag (OR 932/33)»[1474].

758 In neuen Urteilen zum *Sozialversicherungsrecht* wird dagegen erklärt, eine Organhaftung komme nur so lange in Betracht, als jemand die Möglichkeit habe, «durch Handlungen oder Unterlassungen die Geschäftsführung massgeblich zu beeinflussen. Das ist faktisch längstens bis zum *effektiven* Ausscheiden aus dem Verwaltungsrat der Fall»[1475]. Als massgebend für das Ende der Verantwortung wurde damit insbes. das Datum der *Demissionserklärung*[1476] bestimmt.

759 In einem neuesten Entscheid[1477] werden diese Überlegungen für das *Zivilrecht* bestätigt: Abberufung und Demission würden sofort und nicht erst mit dem Registereintrag wirksam[1478], und eine Haftung aus OR 754 ff. lasse sich «nicht allein mit der Begründung annehmen», es sei jemand «zum Zeitpunkt der schädigenden Handlung oder Unterlassung... im Handelsregister eingetragen gewesen. Vielmehr [sei] vorausgesetzt, dass er tatsächlich die Möglichkeit gehabt hat, den Schaden zu verursachen oder zu verhindern...»[1479]. Als massgebend wird damit grundsätzlich der Zeitpunkt der Demission bzw. Abberufung erachtet, wobei freilich erklärt wird, es seien «Ausnahmen von diesem Grundsatz... nicht von vornherein auszuschliessen»[1480].

760 Auf den Zeitpunkt des Rücktritts bzw. der Abberufung stellt – unter Berufung auf die bloss deklaratorische Bedeutung des Registereintrages – auch die kantonale Praxis ab[1481].

761 In der *Literatur* erklärt HÜTTE[1482] kategorisch, es ende die Verantwortlichkeit aus Organstellung «mit dem Zugang der Demisisonserklärung» oder dann, «wenn das dem VR-Mandat zugrunde liegende Innenverhältnis von der Gesellschaft aufgehoben wird».

[1474] BGE 104 Ib 323, zitiert nach Praxis 68 (1979) 319.
[1475] BGE 109 V 94f.; vgl. auch hinten N 1111.
[1476] Vgl. BGE 112 V 5 und 109 V 94, wobei immerhin in BGE 109 V 94f. präzisiert wird, dass an sich eine Organhaftung bis zur Publikation der Löschung im Handelsregister in Betracht komme, dass aber ein Verschulden von dem Zeitpunkt an zu verneinen sei, in welchem der potentiell Verantwortliche *effektiv* aus dem Verwaltungsrat ausgeschieden sei.
[1477] BGE 111 II 480ff.; referiert auch in SAG 59 (1987) 25ff., mit kritischen Bemerkungen von HOMBURGER. Zustimmend dagegen BÄR in ZBJV 123 (1987) 259f.
[1478] BGE 111 II 482f.
[1479] BGE 111 II 484.
[1480] BGE 111 II 485, mit dem Hinweis, man könne sich fragen, ob ein Verantwortlicher, der *wisse* [!], «dass er weiterhin im Handelsregister eingetragen ist und dass Dritte gestützt auf diesen Eintrag die Bonität der Gesellschaft falsch einschätzen, verpflichtet ist, die unverzügliche Löschung des Eintrags zu veranlassen».
[1481] Vgl. SJZ 82 (1986) 300ff. Nr. 47; kantonales Urteil zum vorerwähnten BGE 111 II 480ff.
[1482] Sorgfaltspflichten 21.

Diese Ausführungen in Judikatur und Literatur nehmen m.E. zu wenig 762
Rücksicht auf die unterschiedlichen Möglichkeiten, die zur Begründung
einer Organstellung führen können[1483]:
- Richtig ist, dass der *Registereintrag* und damit auch die Löschung im 763
  Handelsregister hinsichtlich der Organstellung lediglich *deklaratorisch*
  sind[1484]. Sowenig wie die Organstellung mit dem Eintrag im Handelsregister *formell* beginnt, sowenig endet sie formell (erst) mit der Löschung.
- Richtig ist weiter, dass ein Mitglied des Verwaltungsrates bzw. der 764
  Geschäftsleitung nach seiner Abberufung bzw. Demission wohl kaum
  eine Möglichkeit haben wird, weiterhin auf die Geschicke der Gesellschaft
  Einfluss zu nehmen. Eine Haftung infolge *materieller* Organstellung[1485]
  entfällt damit von diesem Zeitpunkt an.
- Dagegen bleibt bis zur Löschung im Handelsregister die *Kundgabe* einer 765
  Organstellung erhalten, und es ist m.E. bis zur Löschung auch eine
  Organhaftung zu bejahen, soweit sie sich aus der Kundgabe einer
  Organstellung herleitet[1486].

Daraus ergibt sich differenzierend folgendes: 766

Gegenüber der *Gesellschaft* enden Verantwortung und Haftung mit der 767
Demission bzw. Abberufung. Dasselbe gilt für die *Aktionäre*, die von der
Beendigung der Organfunktion *wissen* oder wissen müssen bzw. gegenüber
allen Aktionären dann, wenn die Abberufung durch die Generalversammlung erfolgte oder die Demission der Generalversammlung zuging.

Gegenüber *gutgläubigen Dritten* (und allenfalls auch *Aktionären*) 768
besteht dagegen die Haftung für die Dauer des Registereintrages grundsätzlich weiter. Ob ein zurückgetretenes bzw. abberufenes Organ für diesen
Zeitraum zur Verantwortung gezogen werden kann oder nicht, bestimmt
sich dann nach den weiteren Haftungsvoraussetzungen, insbes. dem
Verschulden. Zu diesem ist festzuhalten, dass bis vor kurzem das ausscheidende Mitglied des Verwaltungsrates keine Möglichkeit hatte, selber seine
Löschung im Handelsregister zu veranlassen[1487]. Seit der Einfügung von
Art. 25a HRV[1488] kann jedoch das ausscheidende Verwaltungsratsmitglied
seine Löschung selber beantragen[1489]. Damit aber dürfte sich das Risiko des

---

[1483] Vgl. dazu vorn 654 ff.
[1484] Vgl. vorn N 699 und Anm. 1336.
[1485] Vgl. dazu vorn N 657 ff.
[1486] Vgl. dazu vorn N 676 ff.
[1487] Vgl. BGE 104 Ib 321 ff.
[1488] Am 21.4.1982.
[1489] Vgl. zu dieser neuen Norm MARC-ANTOINE SCHAUB: La radiation des «administrateurs» au registre du commerce, ST 56 (1982) Heft 10 S. 20. Eine entsprechende Regelung soll auch in das neue Aktienrecht Eingang finden, vgl. RevE 711. Kritisch hiezu freilich MARC-ANTOINE SCHAUB: Pour la radiation des administrateurs: une disposition superflue, SJZ 83 (1987) 116 f.

tatsächlich ausgeschiedenen, aber im Handelsregister nicht gelöschten Organmitglieds verschärft haben, kann es doch unter diesen Umständen als Verschulden gewertet werden, wenn jemand nicht für seine Löschung besorgt ist[1489a].

769 bb) Eine Haftung aus *materieller Organstellung*[1490] endet m.E. mit dem Ende der tatsächlichen Einwirkung[1491].

770 cc) Beruht die Organstellung endlich auf *Kundgabe*[1492], dann endet sie mit einer entsprechenden Äusserung bzw. dann, wenn der Geschädigte nicht mehr in guten Treuen von einer Organstellung ausgehen darf.

III. Die Pflichten der mit der Verwaltung und Geschäftsführung befassten Personen (Übersicht)

771 Die den mit der Verwaltung und Geschäftsführung befassten Personen auferlegten Pflichten sind von vielerlei Umständen abhängig – etwa von der Stellung einer Person im Rahmen der Organisation der Gesellschaft, vom Charakter der AG, von ihrer derzeitigen Verfassung. Ein allgemeines Pflichtenheft lässt sich daher nicht aufstellen, schon gar nicht ein solches, das Vollständigkeit beansprucht. Auch ist im Hinblick auf die unterschiedliche Begründung der Organstellung zu differenzieren:

1. Pflichten der Verwaltung im formellen Sinn[1493]

772 a) Grundlegend ist die *Generalklausel von OR 722 I*, wonach die Verwaltung «die Geschäfte der Gesellschaft mit aller Sorgfalt zu leiten» hat.

773 Etwas konkretisiert wird diese allgemeine Sorgfaltsplicht durch die nicht abschliessende *Aufzählung von OR 722 II,* wonach die Verwaltung verpflichtet ist,
– die Generalversammlung vorzubereiten und ihre Beschlüsse auszuführen,
– die nötigen Reglemente und Weisungen zu erlassen,

[1489a] Ähnlich die Hinweise bei HOMBURGER in SAG 59 (1987) 26f. A.M. dagegen BÄR in ZBJV 123 (1987) 260, der eine Rechtspflicht des Ausgeschiedenen, sich um seine Löschung zu kümmern, ablehnt.
[1490] Vgl. dazu vorn N 657ff.
[1491] Vgl. aber präzisierend die Ausführungen vorn N 685ff. zur Haftung des materiellen Organs für passives Verhalten.
[1492] Vgl. dazu vorn N 676ff.
[1493] Zum formellen Organbegriff vgl. vorn N 654ff.

– die Geschäftsleitung zu überwachen und sich über den Geschäftsgang unterrichten zu lassen.

Im weiteren werden im Aktienrecht noch die folgenden Aufgaben *explizit genannt*[1494]:
– die Protokollführung (OR 715 und 722 III),
– die Führung der Geschäftsbücher (OR 722 III) und die Erstellung von Erfolgsrechnung und Bilanz (OR 722 III), deren Unterzeichnung (OR 961) und die Veranlassung ihrer Prüfung durch die Kontrollstelle (OR 722 III),
– die Erstellung des Geschäftsberichts (OR 724),
– die Entgegennahme von Mitteilungen der Kontrollstelle (OR 729 III),
– die Vornahme von Anmeldungen beim Handelsregisteramt (OR 640, 642, 647),
– falls Namenaktien ausstehend sind die Führung des Aktienbuches (OR 685),
– bei Kapitalverlust die Einberufung einer ausserordentlichen GV (OR 725 I), bei drohender Überschuldung die Erstellung einer Bilanz zu Veräusserungswerten (OR 725 II) und im Falle der Überschuldung die Benachrichtigung des Richters (OR 725 III),
– bei der Kapitalherabsetzung und bei der Auflösung der Gesellschaft gewisse spezifisch genannte Pflichten (OR 733, 737, 742–47),
– bei volkswirtschaftlich bedeutsamen Gesellschaften die Einholung des Berichts besonderer Sachverständiger (OR 723).

Darüber hinaus sind ganz allgemein die *gesetzlichen Vorschriften einzuhalten,* insbesondere die aus allfälligen *Spezialgesetzen* (etwa dem Bankengesetz) und aus öffentlich-rechtlichen Vorschriften[1495].

Weitere Pflichten können sich aus *Statuten* und *Reglementen* ergeben.

b) Zu den Fragen, inwieweit diese Kompetenzen unter mehreren Mitgliedern der Verwaltung *aufgeteilt* werden dürfen, in welchem Umfang eine *Delegation* von Kompetenzen zulässig ist und inwieweit *Dritte* für Ausführungshandlungen beigezogen werden dürfen, vgl. vorn N 319 ff.

c) Im Gegensatz zum geltenden Recht will der *RevE* die unübertragbaren Aufgaben des Verwaltungsrates im Gesetz ausdrücklich und abschliessend aufzählen[1496].

[1494] Die Übersicht stützt sich auf HÜTTE, Sorgfaltspflichten 6f. Vgl. auch etwa VOLLMAR 19ff. und EGLI 32ff.
[1495] Zu Pflichten aus dem Steuer- und dem Sozialversicherungsrecht vgl. hinten N 1028ff. und 1067ff.
[1496] Vgl. RevE 716a, wiedergegeben hinten N 1223, und dazu die Bemerkung vorn Anm. 617.

2. Pflichten bei materieller Organstellung

779 Bei materieller Organstellung erstreckt sich der Pflichtenkreis nur auf die Bereiche, in welchen das Organ *tatsächlich tätig* wurde, vgl. dazu im einzelnen vorn N 685 ff.

3. Pflichten bei Organstellung infolge Kundgabe

780 Wird gegenüber Dritten der *Anschein* von Organkompetenzen erwirkt, dann richtet sich die Verantwortung nach dem, was dem Dritten gegenüber kundgetan wurde, vgl. im einzelnen vorn N 689 ff.

IV. Pflichtverletzungen der mit der Verwaltung und Geschäftsführung betrauten Personen (Kasuistik)

781 Im Zusammenhang mit Verantwortlichkeitsansprüchen wurde in der Gerichtspraxis zu den Rechten und Pflichten der mit der Verwaltung und Geschäftsführung betrauten Personen das Folgende ausgeführt[1496a]:

1. Entzug von Vermögen ohne entsprechende Gegenleistung, insbesondere zugunsten von einzelnen Aktionären oder Organpersonen

782 Eine Pflichtverletzung liegt vor, wenn die Verwaltung der Gesellschaft Vermögen entzieht, ohne dafür zu sorgen, dass diese eine entsprechende Gegenleistung erhält[1497], mindestens auf indirektem Wege[1498]. Sie liegt insbesondere vor, wenn einem Aktionär ausserhalb des Gesellschaftszwecks ein Darlehen gewährt wird und damit der Gesellschaft (im konkreten Fall im Umfang von 70%) die Verfügbarkeit über das Aktienkapital entzogen wird[1499]. Oder auch in dem Falle, in welchem sich ein ausscheidender Verwaltungsrat zu Unrecht Werte von der Gesellschaft übertragen lässt, ohne sich um einen Ersatz für diese Werte zu kümmern[1500].

[1496a] Eine Übersicht über die neueste Bundesgerichtspraxis findet sich bei EGLI 32 ff.
[1497] ZR 59 (1960) Nr. 130 S. 333, 337.
[1498] Sem 106 (1984) 483 ff., 486.
[1499] Rep 114 (1981) 195.
[1500] SAG 34 (1961/62) 79 ff.

Der Verwaltungsrat begeht hingegen keine Pflichtverletzung, wenn 783
solche Geschäfte nachweisbar geschäftspolitisch motiviert waren[1501].

Offenkundig ist die Pflichtverletzung, wenn ein Mitglied der Verwaltung 784
Gelder der Gesellschaft veruntreut, indem es das Geld bar behändigt[1502].

Eine Pflichtverletzung liegt vor, wenn die Verwaltung mit den Mehr- 785
heitsaktionären Geschäfte tätigt, die für die Gesellschaft und die Minderheit
nachteilig sind bzw. wenn sie zugunsten der Mehrheitsaktionäre bewusst
zweifelhafte Schulden in die Bilanz aufnimmt[1503].

Pflichtverletzungen begehen diejenigen Verwaltungsratsmitglieder, die 786
persönlich mit von der Gesellschaft erteilten Krediten spekulieren und den
Kreditkonten der Gesellschaft nicht die nötige Aufmerksamkeit widmen[1504].

Anlass zu einer Verantwortlichkeitsklage, nicht aber zu einem Feststel- 787
lungsbegehren, kann der Abschluss von Verträgen der Verwaltung mit
einzelnen ihrer Mitglieder in Überschreitung ihrer Befugnisse und zum
Nachteil der Gesellschaft sowie einzelner Aktionäre bilden[1505].

Pflichtverletzungen sind häufig im Zusammenhang mit dem Selbstkon- 788
trahieren der Verwaltung. Die Vielzahl der diesbezüglichen Entscheide
zeigt, dass solche Rechtsgeschäfte regelmässig mit dem Risiko der Nichtigkeit wie auch der persönlichen Verantwortung behaftet sind[1506].

Eine Pflichtverletzung liegt vor, wenn es der Verwaltungsrat einer Bank 789
zulässt, dass der Verwaltungsratspräsident und Generaldirektor eigene
Aktien der Bank erwirbt, diese der Bank als Sicherung für die Gewährung
erheblicher Kredite an ihn überlässt und ferner aus Mitteln der Bank
Lebensversicherungen zu seinen Gunsten abschliesst sowie endlich aus
Gesellschaftsmitteln leichtfertige Investitionen von erheblichen Ausmass
vornimmt[1507].

Das Mitglied des Verwaltungsrates begeht eine Verletzung der Sorgfalts- 790
pflicht, wenn es im Namen der Gesellschaft Wechselverpflichtungen zur
Sicherung von Schulden Dritter eingeht[1508].

Der Verwaltungsrat, welcher der AG einen Eigentümerschuldbrief 791
entzieht, um ihn zur Sicherung einer privaten Schuld zu verwenden,
schädigt die Gesellschaft. Schon die Entziehung stellt eine Schädigung dar,

---

[1501] Sem 106 (1984) 483ff.; ZR 59 (1960) Nr. 130 S. 320ff.; Rep 114 (1981) 191, 196. Vgl. auch HÜTTE, Sorgfaltspflichten 36 zur Ausrichtung sittlich verwerflicher Schmiergelder.
[1502] Entscheid des BezGer Zürich vom 10.10.1984, nicht publiziert.
[1503] BGE 92 II 246.
[1504] SJZ 38 (1941/42) 74.
[1505] BGE 81 II 465; PKG 1955, 53f.
[1506] Vgl. HÜTTE, Sorgfaltspflichten 39 und dort zitierte Entscheide.
[1507] ZR 29 (1930) Nr. 93 S. 230ff.
[1508] AG 5 (1960) 195, betrifft Schweizer Recht.

nicht erst die Belangung der Gesellschaft. Die Schuld entspricht der Höhe des Risikos[1509].

792 Das Mitglied der Verwaltung begeht eine Pflichtverletzung, wenn es mit Gesellschaftsgeldern in seinem eigenen Interesse spekuliert, und zwar auch dann, wenn es den Willen hat, das gegebenenfalls verlorene Vermögen der Gesellschaft bei Gelegenheit zurückzuzahlen[1510].

2. Ungenügende Sorgfalt in der Auswahl, Überwachung und Instruktion von Mitarbeitern und Organen

793 Eine Pflichtverletzung liegt darin, dass das Mitglied des Verwaltungsrates – im konkreten Fall der Vizepräsident – es unterlässt, die Geschäftsführung und ordnungsmässige Bilanzierung in Intervallen zu überwachen[1511].

794 Dagegen genügt es grundsätzlich, wenn sich der Verwaltungsrat regelmässig orientieren lässt. Besondere Kontrollen sind erst erforderlich, wenn Zweifel an der Geschäftsführung aufkommen müssen[1512].

795 Der Verwaltungsrat begeht eine Pflichtverletzung, wenn er die ihm unterbreiteten Berichte nicht kritisch liest, wenn er nicht – wenn nötig – ergänzende Auskünfte anfordert und wenn er bei Irrtümern oder Unregelmässigkeiten nicht entsprechend reagiert[1513].

796 In der Regel fahrlässig handelt ein Verwaltungsrat, der nicht dafür sorgt, dass er über die geplante Investition von 90% des neu zugeflossenen Aktienkapitals zwecks Beteiligung an einer einzigen Gesellschaft orientiert wird[1514].

797 Der Präsident des Verwaltungsrates haftet für Schaden, den ein geschäftsführender Verwaltungsrat verursacht hat, welchem statutenwidrig umfassende Befugnisse eingeräumt wurden und dessen Tätigkeit nicht überwacht worden war[1515].

798 Die Mitglieder des Verwaltungsrates und insbesondere dessen Präsident begehen eine Verletzung ihrer Überwachungspflichten, wenn trotz Unregelmässigkeiten in der Geschäftsführung einzelner Verwaltungsräte, die den übrigen bekannt sein mussten, keine Untersuchungen und weiteren Massnahmen veranlasst werden[1516].

[1509] ZR 78 (1979) Nr. 79 S. 192f.
[1510] BGE 95 II 454.
[1511] RJN 1983 71f.
[1512] Rep 117 (1984) 363, 366.
[1513] BGE 108 V 199; 103 V 125.
[1514] SAG 58 (1986) S. 191 Nr. 25.
[1515] PKG 1983, 47ff., referiert auch in SAG 58 (1986) 191 Nr. 24.
[1516] BGE 97 II 411ff.

Dagegen braucht ein Verwaltungsratsmitglied keine weiteren Nachforschungen zu unternehmen, wenn ihm vom (bisherigen) Alleinaktionär eine Person als besonders erfahren im Geschäftszweig der Gesellschaft vorgestellt wird und diese Person sich zudem mit einer starken Beteiligung in der Gesellschaft engagiert[1517].

Die Verwaltung begeht eine Pflichtverletzung, wenn sie es unterlässt, sich um die Wiedergutmachung eines Schadens, der durch den Geschäftsführer verursacht wurde, zu kümmern[1518].

Eine Pflichtverletzung begeht der einzige Verwaltungsrat, wenn er sich nicht vergewissert, dass die Direktion eine ausreichende Finanzplanung aufgestellt hat[1519].

Es ist grobfahrlässig, wenn der einzige Verwaltungsrat einer kleinen Gesellschaft mit einfacher Verwaltungsstruktur nicht für die Zahlung der Sozialversicherungsbeiträge sorgt[1520]. Gleiches gilt für einen Verwaltungsratspräsidenten in einem Kleinunternehmen, der faktisch das einzige ausführende Organ darstellt[1521,1522].

Eine Pflichtverletzung liegt vor, wenn es der Verwaltungsrat versäumt, eine VR-Sitzung einzuberufen, obwohl – anhand der Buchhaltung bereits erkennbar – hohe, zinslose Kassen- oder Postcheckbestände ausgewiesen oder Geschäfte verbucht wurden, die nur durch das eigenmächtige Handeln des Delegierten zum Abschluss kommen konnten[1523].

Die Verwaltung eines überschaubaren Betriebes verletzt ihre Überwachungspflicht, wenn sie auf die Weiterbelieferung von Kunden in einem für die Gesellschaft gefährlichen Ausmass – ohne Sicherheiten trotz schlechter Liquidität des Käufers – nicht reagiert[1524].

Dagegen begeht keine Pflichtverletzung, wer, nachdem er sich über die hinreichende Bonität von grossen Debitoren vergewissert hat, keine VR-Sitzung einberuft, aber erhöhte Vorsicht walten lässt[1525].

Der einzige Verwaltungsrat einer in prekärer Lage befindlichen Möbelfabrik begeht eine Verletzung seiner Überwachungspflicht, wenn er dem Geschäftsführer, der nicht über einwandfreie Zeugnisse verfügt, nicht eine strenge Überwachung zuteil werden lässt und es namentlich unterlässt, ein

---

[1517] Rep 117 (1984) 362ff., 366; referiert in SAG 57 (1985) S. 189 Nr. 30.
[1518] BGE vom 9.11.1971 E6, nicht publiziert.
[1519] ZR 82 (1983) Nr. 57 S. 152.
[1520] BGE 109 V 89; 108 V 199ff.; ZAK 1985 50ff.
[1521] BGE 103 V 125.
[1522] Die Entscheide betreffen AHVG 52, sie sind m.E. fragwürdig und jedenfalls nicht auf die zivilrechtliche Verantwortlichkeit übertragbar; vgl. Kritik und Hinweise in N 287 bzw. Anm. 529; R. BÄR in ZBJV 120 (1984) 538 hält BGE 108 V 199ff. hingegen auch für OR 754 von gewissem Interesse. Vgl. in übrigen hinten N 1085ff.
[1523] Entscheid des BezGer Zürich vom 10.10.1984, nicht publiziert.
[1524] Entscheid des OGer Zürich vom 16.12.1966, nicht publiziert.
[1525] Entscheid des BezGer Zürich vom 10.10.1984, nicht publiziert.

genaues Inventar über das Warenlager aufzunehmen und zu kontrollieren, ob der Geschäftsführer die vertraglichen Pflichten einhalte[1526].

807 Dem Verwaltungsrat, der von den Aktionären lediglich mit der formellen Verwaltung, nicht aber mit der materiellen Geschäftsführung betraut worden ist, kann wegen schlechten Geschäftsganges bzw. Veruntreuungen eines auf Weisung der Aktionäre gewählten Direktors keine Pflichtverletzung zur Last gelegt werden[1527].

808 Ihre Sorgfaltspflicht verletzt die Verwaltung einer Holdinggesellschaft, wenn sie nicht darauf achtet, dass die Geschäftsführung von Tochtergesellschaften sorgfältig ausgewählt, instruiert und überwacht wird und wenn sie nicht dazu Sorge trägt, dass die Tochtergesellschaft keine Geschäfte tätigt, die ihre Verhältnisse übersteigen[1528].

3. Ungenügende Sorgfalt in der Vermögensverwaltung

809 Der Verwaltung ist eine Pflichtverletzung anzulasten, wenn sie aus Gesellschaftsmitteln leichtfertige Investitionen von erheblichem Ausmass vornimmt[1529].

810 Eine Pflichtverletzung liegt darin, dass der Verwaltungsrat überaus spekulative Aktien erwirbt und dabei der wirtschaftlichen Lage des Unternehmens nicht Rechnung trägt und wenn er insbes. keine Risikoverteilung vornimmt[1530].

811 Die Verwaltung begeht eine Pflichtverletzung, wenn sie beim Fehlen weiteren Gesellschaftsvermögens 80% des Grundkapitals ohne Zustimmung der Aktionäre[1531] in eine hochspekulative Anlage investiert; dies auch dann, wenn sie sich auf den Rat von Fachleuten verliess[1532] und wenn sie selber eigenes Vermögen in grösserer Höhe in gleichen Anlagen investiert (diligentia quam in suis genügt nicht).

811a Seine Pflicht verletzt der Verwaltungsrat, der nicht auf eine angemessene Risikoverteilung achtet. Klumpenrisiken sind selbst dann nicht zu rechtfertigen, wenn die Bonität des Schuldners nicht in Frage steht. Es ist ihnen

---

[1526] SAG 9 (1936/37) 119f.

[1527] BGE in SAG 23 (1950/51) 184ff. Diese Argumentation kommt selbstverständlich nur gegenüber der Klage von Aktionären, nicht gegenüber einer solchen von Gläubigern in Betracht.

[1528] Entscheid des BezGer Zürich vom 21.12.1982, nicht publiziert.

[1529] ZR 29 (1930) Nr. 93 S. 332ff.; BGE vom 17.2.1978 und 25.1.1974; sodann Entscheid des BezGer. Zürich vom 10.10.1984; letztere nicht publiziert.

[1530] Entscheid des Zivilgerichts des Kantons St. Gallen vom 5.9.1985 nicht publiziert; bezüglich schwer belasteter Liegenschaft BGE vom 18.9.1984, nicht publiziert.

[1531] Gegenüber Gläubigern wäre auch eine Zustimmung der Aktionäre belanglos.

[1532] BGE 99 II 179f. = ZR 72 (1973) Nr. 58 S. 144ff. = SAG 46 (1974) 166f. Ähnlich für das deutsche Recht BGH in AG 23 (1978) 79ff.

nicht durch Wertberichtigungen, sondern durch Kündigung des Kredittotals und Reduktion auf das verantwortbare Mass zu begegnen[1532a].

Eine konjunkturbedingte Spekulationshausse kann als Haftungsreduktionsgrund gewertet werden[1533]. 812

Einem Verwaltungsrat, der Geschäfte tätigt, die nur Risiken und keine Chancen beinhalten, ist eine Pflichtverletzung anzulasten[1534]. 813

Dagegen liegt keine schuldhafte Pflichtverletzung vor, wenn die Verwaltung Transaktionen durchführt, die sich im nachhinein als unvorteilhaft erweisen, ohne dass der Verlust voraussehbar und das Risiko übermässig gewesen wäre[1535]. Normale Risiken dürfen eingegangen werden[1536]. 814

Die Verwaltung der schweizerischen Tochtergesellschaft eines ausländischen Unternehmens handelt pflichtwidrig, wenn sie Überweisungen an eine – die Muttergesellschaft beherrschende – ausländische Gesellschaft ohne entsprechenden Rechtsgrund und lediglich aufgrund einer Weisung der Konzernleitung ausführt[1537]. 815

Der Geschäftsführer einer Tochtergesellschaft handelt aber auch pflichtwidrig, wenn seine schädigenden Dispositionen – im konkreten Fall ungetreue Geschäftsführung – direkt und einzig die Vermögensinteressen der Muttergesellschaft verletzen[1538]. 816

Der Verwaltungsrat begeht eine Pflichtverletzung, wenn er nicht nur freie Aktiven, sondern auch zur Erfüllung von im Inland fälligen Verbindlichkeiten benötigte Mittel der Gesellschaft ins Ausland abschiebt, wobei eine weitere Pflichtwidrigkeit darin zu sehen ist, dass die Überweisung nicht an eine einwandfreie Bank erfolgte und ausserdem im Interesse eines Aktionärs geschah[1539]. 817

Keine Pflichtverletzung liegt vor, wenn eine Verwaltung die der Gesellschaft obliegenden Verbindlichkeiten richtig erfüllt, selbst wenn der Gesellschaft daraus ein Schaden erwächst[1540]. 818

Die Verwaltung begeht eine Pflichtverletzung, wenn sie das Aktienkapital – soweit es nicht zum Abschluss erlaubter anderer Rechtsgeschäfte benötigt wird – nicht zinstragend anlegt[1541]. 819

[1532a] BGE vom 7.4.1987 in Sachen M. gegen F. und S. (im Zeitpunkt des Abschlusses dieser Publikation nicht amtlich veröffentlicht) E 3b; in dieser Absolutheit m.E. fraglich.
[1533] SJZ 38 (1941/42) 74ff.
[1534] Entscheid des Zivilgerichts des Kantons St. Gallen vom 5.9.1985, nicht publiziert.
[1535] Sem 104 (1982) 221ff., 225f.
[1536] Vgl. BGE 101 II 124.
[1537] BGE 110 Ib 133; Entscheid zum Verrechnungssteuergesetz, vgl. dazu auch nachstehend N 1047ff.
[1538] BGE 109 IV 112f. (Entscheid zu StGB 159); kritisch dazu und insbes. zur zivilrechtlichen Relevanz dieses Entscheides HÜTTE, Sorgfaltspflichten 35.
[1539] BJM 1954, 253ff.
[1540] BGE 100 II 223, 101 II 124.
[1541] BGE 99 II 184.

820 Dagegen begeht die Verwaltung keine Verletzung der Pflicht zur Schadensminderung, wenn spekulative Titel bei einem Kursrückgang nicht sofort abgestossen werden, sofern die Möglichkeit einer Erholung der Kurse besteht[1542].

4. Ungenügende Sorgfalt bei der Durchsetzung der Liberierungsforderung

821 Eine Pflichtverletzung begeht das Verwaltungsratsmitglied, das von ihm gezeichnete Aktien nicht zu dem Zeitpunkt und in der Höhe, wie es in Prospekt und Statuten vorgesehen ist, liberiert und es zulässt, dass weitere Aktionäre, namentlich die Direktoren, ebenso verfahren, so dass der Gesellschaft von Anfang an nur die Hälfte der vorgesehenen Mittel zur Verfügung steht[1543].

822 Eine Pflichtwidrigkeit liegt darin, dass die Verwaltung es versäumt, für die Einzahlung des restlichen Grundkapitals zu sorgen, wenn die Bilanz den Verlust des einbezahlten Teils des Grundkapitals zutage bringt[1544].

823 Dagegen ist eine Pflichtverletzung zu verneinen, wenn die Verwaltung die Übertragung nicht voll einbezahlter Aktien ohne Sicherstellung der nicht einbezahlten Hälfte zugelassen hat und die Aktionäre diesem Übergang zustimmten[1545].

824 Die Verwaltung begeht eine Pflichtverletzung, wenn sie überbewertete Sacheinlagen im Rahmen einer Apportgründung oder Kapitalerhöhung toleriert[1546].

825 Der Verwaltungsrat handelt pflichtwidrig, wenn er eine Rückzahlung des Aktienkapitals nicht verhindert[1547].

826 Eine Pflichtverletzung liegt vor, wenn die Verwaltung ein zu fingierter Liberierung benötigtes Darlehen zurückbezahlt[1548].

[1542] BGE 99 II 182f. = ZR 72 (1973) Nr. 58 S. 146.
[1543] SJZ 38 (1941/42) 74.
[1544] BGE 83 II 57ff.
[1545] BGE 83 II 63ff.; wiederum nur zutreffend bei einer Klage von Aktionären, nicht dagegen von Gläubigern.
[1546] BGE 61 II 233ff.
[1547] SAG 29 (1956/57) 168; Rep 113 (1980) 191, 194.
[1548] BGE 102 II 359; hätte gemäss HÜTTE, Sorgfaltspflichten 30 auch im Falle von BGE 109 II 128ff. = Pra 72 (1983) 239ff. zugetroffen (die Haftung wurde hier nicht in Anspruch genommen, da die Klage auf Liberierung erfolgreich war); ähnlicher Tatbestand in ST 59 (1985) 222ff.

5. Ungenügende Kenntnisse, kein Beizug von Fachleuten

Das Verwaltungsratsmitglied begeht eine Pflichtverletzung, wenn es 827 trotz Fehlens der notwendigen Kenntnisse sein Mandat angenommen hat[1549].

Mit der Argumentation, er verstehe nichts von Buchhaltung, kann sich 828 kein Verwaltungsrat entlasten[1550].

Eine Pflichtverletzung liegt vor, wenn der Verwaltungsrat nicht nötigen- 829 falls ein Mass an Sorgfalt anwendet, das über die diligentia quam in suis – die Sorgfalt, die er in eigenen Angelegenheiten zu beachten pflegt – hinausreicht[1551].

Die Verwaltung, welche nicht dafür sorgt, dass sie über – zumindest 830 wichtige – Vorgänge in der Gesellschaft informiert wird, begeht eine Pflichtverletzung[1552].

Die Verwaltung begeht eine Pflichtverletzung, wenn sie sich trotz 831 Unerfahrenheit nicht von Spezialisten beraten lässt[1553]. Tut sie dies, so kann der Verlass auf einen Fachmann von der Verantwortung entbinden[1554].

6. Ungenügende Sorgfalt im Zusammenhang mit der Generalversammlung

Nicht ersatzpflichtig gegenüber der Gesellschaft (!) und allenfalls den 832 Aktionären wird ein Verwaltungsrat, welcher bei der Ausführung von anfechtbaren GV-Beschlüssen gegen Gesetz oder Statuten verstösst (volenti non fit iniuria)[1555].

Ein Verstoss gegen die zwingende Vorschrift von OR 699 II kann dem 833 Verwaltungsrat nicht als Pflichtverletzung angelastet werden, solange die Gesellschaft gesund ist[1556].

[1549] SAG 17 (1944/45) 199, 230 = JT 93 (1945) I 245.
[1550] BGE 109 V 86ff.; SJZ 78 (1982) 380ff.; Entscheid des OGer Zürich vom 16.12.1966, nicht publiziert.
[1551] Ausdrücklich BGE 111 II 182ff., nicht veröffentlichte E 2b; vgl. auch vorn N 811 a.E.
[1552] Entscheid des Zivilgerichtes des Kantons St. Gallen vom 5.9.1985, nicht publiziert.
[1553] SJZ 38 (1941/42) 74.
[1554] Rechenschaftsbericht des OGer des Kantons Thurgau 1978 Nr. 15 S. 78; als Gegenstück vgl. aber BGE 99 II 179f.
[1555] BGE 90 II 490ff.; 86 II 185ff.; 83 II 57ff.; vgl. auch Tatbestand in ST 59 (1985) 222ff. Gegenüber der Klage von Gläubigern hilft dieser Einwand nicht, vgl. vorn N 544ff., 553.
[1556] BGE 107 II 246ff.; vgl. Bemerkungen dazu bei HÜTTE, Sorgfaltspflichten 29. Anders bei einer überschuldeten Gesellschaft, vgl. Sem 106 (1984) 169ff. = SAG 57 (1985) S. 186 Nr. 19.

834   Keine Pflichtverletzung eines faktischen (!) Verwaltungsrates liegt darin, dass er beim Fehlen formeller Organe keine Generalversammlung einberuft, um solche bestellen zu lassen[1557].

7. Missachtung der Buchführungspflichten

835   Durch das Unterlassen der Buchführungspflicht überhaupt[1558] oder durch die Vernachlässigung der Buchhaltung[1559] begeht die Verwaltung eine Pflichtverletzung.

836   Eine Pflichtverletzung begeht der Verwaltungsrat, der die notwendigen Abschreibungen nicht vornimmt, so dass die gesetzlich zulässige Höchstbewertung weit überschritten wird[1560].

837   In der Praxis richten sich die Vorwürfe unter diesem Aspekt in erster Linie gegen die Kontrollstelle. Pflichtverletzungen in der Buchführung fallen aber immer auch auf den Verwaltungsrat zurück[1561].

8. Missachtung der Vorschriften bei Unterdeckung und Überschuldung

838   Eine Pflichtverletzung liegt darin, dass die Verwaltung die Vorschrift von OR 725 missachtet, obwohl sie über die bestehende Überschuldung im Bild ist[1562] oder hätte sein müssen[1563].

839   Schuldhaft fahrlässig ist ebenso ganz allgemein das Unterlassen ernsthafter Anstrengungen, um eine Gesellschaft in einer gesunden Situation zu erhalten[1564].

840   Pfichtwidrigkeit kann auch in einem Überschreiten des zulässigen Tuns liegen, nämlich dann, wenn ein Direktor – im Wissen der konkursreifen Situation der AG – mit gefälschten Bilanzen weitere Kredite besorgt[1565].

[1557] St. Gallisches Handelsgericht in GVP 1983 Nr. 45 S. 110f. = SAG 58 (1986) 38f., m.E. fragwürdig. Vgl. auch die Kritik von MERZ und STICHER in SAG, a.a.O. 41.
[1558] BGE 77 IV 165.
[1559] BGE 111 II 182ff., nicht publizierte E 2a.
[1560] BGE 104 IV 80ff.; 61 II 233ff.; SAG 17 (1944/45) 199f., 230f. = JT 93 (1945) I 246.
[1561] Vgl. u.a. die folgenden Entscheide, die sich gegen die Kontrollstelle richten: BGE 106 II 232ff.; 93 II 27ff.; 86 II 171ff.; ZR 78 (1979) Nr. 134 S. 306ff.; 75 (1976) Nr. 21 S. 73ff.; ST 59 (1985) 75ff.; vgl. auch hinten N 874ff. So dürfte auch eine vorbehaltlos unterzeichnete Bilanzerklärung als Indiz für Täuschungsabsicht und damit für zivilrechtliche – evtl. sogar strafrechtliche – Verantwortlichkeit der Verwaltung gelten, vgl. ST 50 (1976) 29.
[1562] BGE 86 II 171ff.; RJN 1983 71f.; Entscheid des Zivilgerichts des Kantons St. Gallen vom 5.9.1985, nicht publiziert; Rep 117 (1984) 363ff., 367f.; SAG 17 (1944/45) 200, 231 = JT 93 (1945) I 246. Ferner Sem 106 (1984) 169ff. = SAG 57 (1985) S. 186 Nr. 19.
[1563] ZR 82 (1983) Nr. 57 S. 152 E 3.2.
[1564] BGE 111 II 182ff., nicht veröffentlichte E 2b.
[1565] BGE 106 II 257ff.; ähnlich auch AGVE 1979, 23ff.; RVJ 1967, 34ff.

Eine Pflichtverletzung liegt vor, wenn die Mitglieder des Verwaltungsrates die durch OR 725 III vorgeschriebene Überschuldungsanzeige an den Richter unterlassen[1566]. 841

Die Verwaltung begeht jedoch keine Pflichtverletzung, wenn sie unverzüglich saniert anstatt die Bilanz beim Richter zu deponieren[1567]. 842

Nicht schuldhaft handelt die Verwaltung jedenfalls, wenn sie in einer schwierigen Situation tut, was vernünftigerweise von einem Unternehmer erwartet werden darf[1568]. 843

Eine Pflichtverletzung liegt aber immer dann vor, wenn der Verwaltungsrat es unterlässt, bei drohender Überschuldung eine Zwischenbilanz gemäss OR 725 II zu erstellen, auch dann, wenn er sich bei der stillen Sanierung auf einen unsicheren Zufluss weiterer Mittel beruft[1569]. 844

9. Verschiedenes

Der Verwaltungsrat begeht eine Pflichtverletzung, wenn er Gelder, die zum Zwecke einer in Aussicht gestellten Kapitalerhöhung eingezahlt wurden, nicht zweckgebunden verwendet[1570]. 845

Eine Pflichtverletzung liegt darin, dass die Verwaltung in irgendeiner Form bevorzugt und damit das Gleichbehandlungsgebot missachtet wird[1571]. 846

Das Mitglied eines Verwaltungsrates verletzt seine Sorgfaltspflicht, wenn es als Strohmann unter Umgehung der lex Friedrich über die Gesellschaft Liegenschaften erwirbt[1572]. 847

Fehlende Protokollführung wird wohl kaum zu Verantwortlichkeitsprozessen führen. Doch kann das Protokoll u.U. für den Nachweis der Erfüllung der nötigen Sorgfalt ausschlaggebend sein[1573]. 848

Grobfahrlässig handelt ein Verwaltungsrat, der eine gerichtliche Aufforderung zur Zahlung eines Kostenvorschusses an den Geschäftsführer weiterleitet, ohne sich zu vergewissern, ob dieser den Brief auch tatsächlich erhielt, womit die Frist zur Leistung des Kostenvorschusses verpasst wurde[1574]. 849

[1566] AGVE 1979 Nr. 3 S. 29.
[1567] AGVE 1979 Nr. 3 S. 28f.; vgl. dazu die Bemerkungen bei HÜTTE, Sorgfaltspflichten 32f.
[1568] BGE 108 V 183ff., zu diesen Entscheid vgl. auch ZBJV 120 (1984) 517ff.
[1569] ZR 82 (1983) Nr. 57 S. 153.
[1570] AGVE 1980 Nr. 5 S. 24ff.
[1571] BGE 92 II 246; 81 II 465; ein ähnlicher Tatbestand dürfte in BGE 107 Ib 325ff. vorgelegen haben.
[1572] Zur strengen Praxis in solchen Fällen vgl. ROBERT PATRY: Les fondements de la nouvelle loi fédérale sur l'acquisition d'immeubles par des personnes à l'étranger, in: ZBGR 65 (1984) 329ff.
[1573] Vgl. HÜTTE, Sorgfaltspflichten 41f.
[1574] GVP 1984 Nr. 85 S. 204f., referiert auch in SAG 57 (1985) S. 186 Nr. 18.

850 Ferner zwei Entscheide aus der *deutschen* Rechtsprechung: Das Vorstandsmitglied begeht eine Pflichtverletzung, wenn es ungenügend für die sichere Verwahrung von neuen, noch ungültigen Aktienurkunden sorgt und dadurch deren verfrühte Ausgabe mitverursacht[1575].

851 Mitglieder des Aufsichtsrates verletzen ihre Pflichten, wenn sie unzulässige Ausschüttungen dulden oder sogar dabei mitwirken, falls bei Anwendung pflichtgemässer Sorgfalt erkennbar war, dass die Voraussetzungen für solche Ausschüttungen nicht gegeben waren[1576].

[1575] BGH in AG 22 (1977) 295 f.
[1576] BGH in AG 23 (1978) 106 ff., 108.

§ 3 Die Haftung der Mitglieder der Kontrollstelle insbesondere[1577]

I. Der Anwendungsbereich der aktienrechtlichen Verantwortlichkeitsbestimmungen

1. Haftung für spezifische Kontrollstellaufgaben

a) Die aktienrechtliche Kontrollstelle im Sinne von OR 727ff. untersteht mit Bezug auf die Ausübung ihrer *aktienrechtlichen Funktionen* der Haftung gemäss OR 754ff. Im Rahmen von Kapitalerhöhungen kann sodann auch eine Haftung nach OR 752 Platz greifen[1578]. Nach HIRSCH[1579] ist auch eine Haftung der Kontrollstelle nach OR 753 denkbar, wenn diese ihr Amt im Wissen um eine fehlerhafte Gründung annimmt[1580]. Im übrigen dürfte aber eine Haftung nach OR 753 nicht aktuell werden, für das Gründungsstadium deshalb nicht, weil der Kontrollstelle noch keine Prüfungspflichten obliegen[1581], nach erfolgter Gründung und namentlich im Rahmen von Kapitalerhöhungen nicht, weil die in OR 753 genannten Tatbestände regelmässig auch Pflichtwidrigkeiten im Sinne von OR 754 darstellen[1582] und daher nach dieser Norm beurteilt werden.

[1577] Vgl. neben der allgemeinen Literatur insbes. BÄTTIG, Verantwortlichkeit sowie Bundesgerichtspraxis; GÉRALD BOURQUIN: La responsabilité de l'organe de contrôle, ST 53 (1979) Heft 1 S. 2f.; JEAN-NICOLAS DRUEY: Rechtsstellung und Aufgaben des Abschlussprüfers, in: Rechtsgrundlagen und Verantwortlichkeit des Abschlussprüfers (Zürich 1980 = Schriftenreihe der Schweiz. Treuhand- und Revisionskammer 45) 9ff.; FREY, Verantwortlichkeit; VON GREYERZ, Kontrollstelle; HIRSCH, Organe de contrôle, contrôleurs, responsabilité civile; HUNZIKER; Revisionshandbuch Ziff. 3.15; SCHOOP 107ff.; WYLER; ANDRÉ ZÜND: Revisionslehre (Zürich 1982) 293ff. sowie allgemein auch die hier nicht eigens erwähnten Beiträge aus den folgenden beiden Bänden der Schriftenreihe der Schweiz. Treuhand- und Revisionskammer: Bd. 36 «Aufgaben und Verantwortlichkeit der Kontrollstelle» (1979), Bd. 45 «Rechtsgrundlagen und Verantwortlichkeit des Abschlussprüfers» (1980). Vgl. sodann die Entscheidbesprechungen von FREY, Art. 725; WILLY RUPPERT in SJZ 76 (1980) 299f. und HANS ZOGG in SAG 50 (1978) 27ff., insbes. 36ff.
[1578] HIRSCH, Organe de contrôle 197f.; vgl. OR 651 II Ziff. 6, wonach der Befund der Kontrollstelle in den allfälligen Prospekt aufzunehmen ist. Vgl. auch N 907ff.
[1579] Organe de contrôle 198.
[1580] Gl.M. BÜRGI/NORDMANN, Kommentar zu Art. 753f. N 109.
[1581] Gl.M. SCHOOP 110; HIRSCH, Organe de contrôle 198. Der RevE sieht dagegen für qualifizierte Gründungen die Prüfung des Gründungsberichts durch einen ausgewiesenen Revisor vor (vgl. N 1220a), was auch eine Unterwerfung unter die Gründungshaftung bewirken dürfte.
[1582] Vgl. N 908.

853 Nach der zutreffenden Feststellung des Bundesgerichts sind die «Bestimmungen über die Pflichten der Kontrollstelle... auch zum Schutze Dritter erlassen worden, die der Gesellschaft insbesondere ein Darlehen gewähren oder sich beteiligen wollen»[1583]. Die Pflichtverletzung einer Kontrollstelle stellt damit auch eine *widerrechtliche Handlung* im Sinne von OR 41 I dar, weshalb die Bestimmungen des ausservertraglichen Haftpflichtrechts – OR 41ff. – ebenfalls zur Anwendung kommen können[1584].

854 b) Wird die Kontrollstelle mit Aufgaben *ausserhalb ihrer spezifisch aktienrechtlichen Funktionen* betraut, untersteht sie nach der m.E. richtigen Ansicht des Bundesgerichts[1584a] der aktienrechtlichen Verantwortlichkeit nicht, vgl. N 587f.

855 c) Im Rahmen ihrer Organfunktionen untersteht die Kontrollstelle vollumfänglich den Verantwortlichkeitsbestimmungen, also auch dann, wenn ihre Aufgaben im Sinne von OR 731 I *erweitert* worden sind, vgl. N 589.

856 d) Die pendente *Aktienrechtsreform* belässt die Haftung der Kontroll- bzw. – in neuer Terminologie – Revisionsstelle im wesentlichen im bisherigen Rahmen. Eine gewisse Verschärfung erfolgt durch die Erweiterung der Revisionsaufgaben und insbesondere die in RevE 729b II vorgesehene Pflicht, bei offensichtlicher Überschuldung den Richter zu benachrichtigen, wenn der Verwaltungsrat die Anzeige unterlässt. Eine Milderung gegenüber der heutigen Bundesgerichtspraxis tritt dagegen dadurch ein, dass die Berücksichtigung des bloss leichten Verschuldens auch bei solidarischer Haftung gesetzlich verankert wird[1585].

2. Insbesondere bei der Bestellung einer juristischen Person als Kontrollstelle

857 Während die Mitglieder des Verwaltungsrates natürliche Personen sein müssen[1586], können als Kontrollstelle auch juristische Personen bestellt werden[1587].

[1583] BGE 106 II 235.
[1584] Subsidiär gemäss BGE 106 II 235, kumulativ gemäss der hier vertretenen Auffassung (vgl. vorn N 599).
[1584a] BGE 112 II 258ff.
[1585] Näheres hinten N 1217ff.
[1586] Vgl. OR 707 III.
[1587] Vgl. OR 727 III.

Verantwortlich im Sinne von OR 752 ff. ist in diesem Fall die als 858
Kontrollstelle bestellte *juristische Person,* nicht dagegen die Organ- oder
Hilfsperson, die die Kontrollaufgaben tatsächlich durchführt[1588].

3. Haftung aufgrund einer faktischen Ausübung des Kontrollstellmandats?

Es fragt sich, ob nur die *gewählte* Kontrollstelle der Organhaftung nach 859
OR 754 ff. untersteht oder ob – entsprechend der Ordnung bei der Haftung
für Verwaltung und Geschäftsführung[1589] – eine Haftung auch aufgrund
einer bloss *tatsächlichen Ausübung* der Kontrollstellfunktion gegeben sein
kann.

Die faktische Ausübung des Kontrollstellmandats ohne Wahl durch die 860
Generalversammlung dürfte *selten* sein. Doch ist in solchen Fällen – wenn
also Kontrollaufgaben wahrgenommen werden und ein Kontrollstellbericht
abgegeben wird – m.E. eine Unterstellung unter die aktienrechtlichen
Verantwortlichkeitsnormen *zu bejahen*[1590]. Das Zivilgericht Glarus – m.W.
bisher das einzige Gericht, das diese Frage zu entscheiden hatte – hat aber
die Möglichkeit einer solchen Haftung verneint mit der Begründung, es
bleibe im Funktionsbereich der Kontrollstelle «kein Raum für die Annahme
einer sog. faktischen Organschaft»[1591]. Dagegen hat das Bundesgericht die
Frage, ob Personen, die «tatsächlich als Kontrollstelle amten, ohne mit
dieser Aufgabe ausdrücklich betraut worden zu sein», der spezifischen
Kontrollstellhaftung zu unterstellen seien, ausdrücklich offengelassen[1592].

4. Haftung besonderer Sachverständiger und Kommissäre im Sinne von OR 723 I, 731 II und 732 II; Haftung der bankengesetzlichen Revisionsstelle

Die in OR 723 I, 731 II und 732 II vorgesehenen qualifizierten 861
Revisionsstellen, Sachverständigen und Kommissäre sind keine Organe der
Gesellschaft und unterstehen daher m.E. der aktienrechtlichen Verantwortlichkeit nach OR 754 nicht[1592], ausser bei Personalunion mit der Kontrollstelle im Sinne von OR 727 ff. Vgl. dazu N 590 f.

[1588] Ebenso VON GREYERZ, Aktiengesellschaft 291; SCHOOP 111. Soweit Organe der als Kontrollstelle eingesetzten juristischen Person tätig sind, können sie freilich ihrerseits gegenüber ihrer eigenen Gesellschaft nach OR 754 ff. haftbar werden.
[1589] Vgl. vorn N 638 ff., insbes. 657 ff.
[1590] Die Abgabe eines Kontrollstellberichts kann m.E. als «Kundgabe» einer Organstellung verstanden werden, vgl. zu dieser vorn N 676 ff.
[1591] Urteil vom 21.10.1982/29.4.1983 i.S. V. gegen Diverse.
[1592] BGE 112 II 176 E 5a.
[1593] So für die externe Kontrollstelle das BGer in SAG 23 (1950/51) 184; ferner VON GREYERZ, Aktiengesellschaft 291 sowie SCHLUEP, Wohlerworbene Rechte 88 und SCHIESS 16.

862 Denkbar ist dagegen eine Haftung nach OR 752 und allenfalls auch 753, da die *Prospekt- und die Gründerhaftung keine Organstellung* voraussetzen.

863 Der externen Revisionsstelle im Sinne von OR 723 I ist die *bankengesetzliche Revisionsstelle* gleichgestellt: Auch sie haftet nach Mandatsrecht und nicht nach den Bestimmungen von OR 754 bzw. BankG 41[1594]. Vorbehalten bleibt wiederum der Fall der Personalunion mit der Kontrollstelle.

5. Zeitlicher Geltungsbereich

864 Vgl. dazu die Ausführungen zu N 747ff.

865 Erinnert sei daran, dass sich die Amtszeit der Kontrollstelle bis zur nächsten ordentlichen Generalversammlung erstreckt[1595].

II. Die Pflichten der Kontrollstelle (Übersicht)

866 a) Auf die Aufgaben der Kontrollstelle kann hier nicht materiell eingetreten werden. Vielmehr seien lediglich die *gesetzlich* ausdrücklich *genannten Pflichten* aufgezählt[1596]:

867 Im Vordergrund stehen die *Prüfungspflichten*[1597], nämlich die Prüfung, ob
– Jahresrechnung und Bücher übereinstimmen (OR 728 I),
– die Bücher ordnungsgemäss geführt[1598] sind (OR 728 I),
– die Darstellung des Geschäftsergebnisses und der Vermögenslage der Gesellschaft den gesetzlichen und statutarischen Bewertungsgrundsätzen entspricht[1599] (OR 728 I),

---

[1594] LUTZ 131 (mit weiteren Hinweisen); SCHIESS 16 und die vorn Anm. 1177 zitierten Autoren.
[1595] BGE 86 II 177f.; vgl. auch BÄTTIG, Bundesgerichtspraxis 42.
[1596] Die Aufzählung folgt der in Ziff. 3.125 des Revisionshandbuchs.
[1597] Diese sind nicht nur formell, sondern auch materiell zu erfüllen, vgl. N 1149f.
[1598] Die Ordnungsmässigkeit bezieht sich dabei auf die Buchhaltung als Instrument, HUNZIKER 33. Davon ist zu trennen die Korrektheit der Darstellung der Vermögenslage, zu dieser sogleich nachstehend.
[1599] Übereinstimmung mit den gesetzlichen und statutarischen Bewertungsgrundsätzen bedeutet dabei *nicht notwendig objektive Richtigkeit*. Vielmehr lässt es das Gesetz zu, die Präsentation von Jahresergebnis und Vermögenslage durch die Bildung und Auflösung stiller Reserven zu beeinflussen. Verlangt wird von der Kontrollstelle daher nicht eine Bestätigung der

– die Vorschläge der Verwaltung über die Gewinnverwendung den gesetzlichen und statutarischen Vorschriften entsprechen (OR 729 I).

Die Kontrollstelle hat im weiteren eine Reihe von *Informationspflichten*. 868
Sie hat
– der Generalversammlung schriftlich *Bericht* zu erstatten und einen *Antrag* hinsichtlich der Beschlussfassung über die Bilanz zu stellen (OR 729 I),
– der ordentlichen *Generalversammlung beizuwohnen* (OR 729 IV) und gegebenenfalls *Auskünfte* zu erteilen (vgl. OR 697 I),
– über Mängel der Geschäftsführung oder die Verletzung gesetzlicher oder statutarischer Vorschriften zu *orientieren* (OR 729 III).
– Nach der Praxis des Bundesgerichts hat die Kontrollstelle sodann ausdrücklich auf die Tatbestände von OR 725 I (hälftiger Kapitalverlust) und OR 725 III (Überschuldung) hinzuweisen[1599a].

Nötigenfalls hat die Kontrollstelle die *Generalversammlung einzuberu-* 869 *fen* (OR 699 I).

Ausdrücklich im Gesetz erwähnt ist sodann die *Schweigepflicht* der 870 Kontrollstelle (OR 730).

Weitergehende Pflichten kommen der Kontrollstelle von Gesetzes wegen 871 nicht zu. Insbesondere kann sie «aus Art. 728 OR heraus niemals verpflichtet werden zur Prüfung und Berichterstattung über Ertragslage, Liquidität, Finanzpolitik, über den inneren finanziellen Aufbau, die wirtschaftliche Lebens- und Tragfähigkeit, alles Fragen, welche zwar die am dauernden Gedeihen der Unternehmung orientierten Aktionäre für ihre Willensbildung in der Generalversammlung vorrangig interessieren, auf welche sie aber von der Kontrollstelle keine Antwort zu erwarten haben»[1600].

Die Aufgaben der Kontrollstelle können dagegen nach OR 731 durch 872 die *Statuten* oder durch *Generalversammlungsbeschluss erweitert* werden. Doch kommen hinsichtlich solcher zusätzlicher Funktionen die aktienrechtlichen Verantwortlichkeitsbestimmungen nur insoweit zum Zug, als es sich um Aufgaben im Rahmen der spezifischen Organfunktion handelt,

---

Richtigkeit der Darstellung, sondern lediglich einer «Darstellung in Befolgung der einzelnen gesetzlichen Bewertungsgrundsätze. Dass in einem oder auch in mehreren Geschäftsjahren ein unerkennbar zu günstiger Ausweis durchaus gesetzmässig sein kann, ist ausserhalb der Fachkreise schwer verständlich, aber trotzdem richtig» (HUNZIKER 36). Aus diesem Grund eignet sich ein Kontrollstellbericht nur sehr beschränkt als Grundlage für den Entscheid, in einer AG zu investieren, und es berufen sich Gläubiger in Verantwortlichkeitsprozessen oft zu Unrecht darauf, sie hätten im Vertrauen auf den Kontrollstellbericht gehandelt.

[1599a] Nicht amtlich publizierte E 3d von BGE 112 II 461ff., auszugsweise wiedergegeben in der Entscheidbesprechung von ALAIN HIRSCH in SAG 59 (1987) 75ff., 76f.; Zusammenfassung in CEDIDAC, Bulletin d'information N° 5 (juin 1987) p. 5f.

[1600] HUNZIKER 41. Auch Gläubiger berufen sich – durchaus zu Unrecht – nicht selten darauf, sie hätten auf einen vorbehaltlosen Kontrollstellbericht vertraut und es werde daher ihnen gegenüber die Kontrollstelle ersatzpflichtig.

nicht aber dann, wenn die Kontrollstelle mit Aufgaben ausserhalb ihrer eigentlichen aktienrechtlichen Funktionen betraut wird[1601].

873 b) Im übrigen sei verwiesen auf die einschlägige *Literatur,* vgl. insbes. das Revisionshandbuch Ziff. 3.–7.; ANDRÉ ZÜND: Revisionslehre (Zürich 1982); Sammelband «Rechtsgrundlagen und Verantwortlichkeit des Abschlussprüfers», Schriftenreihe der Schweiz. Treuhand- und Revisionskammer Bd. 45 (Zürich 1980); Sammelband «Aufgaben und Verantwortlichkeit der Kontrollstelle», Schriftenreihe der Schweiz. Treuhand- und Revisionskammer Bd. 36 (Zürich 1979) sowie etwa BERWEGER, insb. 153 ff.

III. Die Pflichtverletzungen insbesondere (Kasuistik)

874 Wie die Mitglieder der Verwaltung und Geschäftsführung, so haften auch die Mitglieder der Kontrollstelle für alle schuldhaft begangenen Pflichtverletzungen, vgl. Näheres in N 249 ff. In der Gerichtspraxis finden sich folgende Beispiele:

1. Verletzung der Prüfungspflichten

875 Die Kontrollstelle begeht eine Pflichtverletzung, wenn sie in einem Konzern angesichts der starken Verflechtung und spezifischer Umstände ihrer Prüfungspflicht nur aufgrund einer konsolidierten Bilanz nachkommen könnte und sie es unterlässt, eine solche zu erstellen[1602]. Liegt eine Konzernbilanz vor, geht die Prüfungspflicht über die rechnerische Richtigkeit insofern hinaus, als von der Kontrollstelle eine selbständige Beurteilung verlangt wird[1603].

[1601] Vgl. N 854, 587f.
[1602] ZR 75 (1976) Nr. 21 S. 75 = ST 50 (1976) 10. Anders dürfte es sich allgemein hinsichtlich des Bilanzvermerkes verhalten. Die Kontrollstelle ist zu einer solchen Erläuterung weder berechtigt noch verpflichtet, vgl. ST 52 (1978) 3. Zur Frage der Überforderung der Kontrollstelle HUNZIKER 24 ff., zu deren Folgen ZÜND (zit. Anm. 1577) 298.
[1603] ZR 75 (1976) Nr. 21 S. 75 = ST 50 (1976) 10; vgl. BERWEGER 173, der dazu bemerkt, dass dies der Pflicht zur Prüfung eines Aspektes der Geschäftsführung gleichkommt; Näheres zur Konzernabschlussprüfung bei ZÜND in: Schriftenreihe der Schweizerischen Treuhand- und Revisionskammer Bd. 36 (zit. Anm. 1577) 63 ff. sowie ders. in: Schriftenreihe der Schweizerischen Treuhand- und Revisionskammer Bd. 45 (zit. Anm. 1577) 101 ff.

Eine Pflichtverletzung liegt vor, wenn die Kontrollstelle in einer 876
unsicheren Lage (Einmann-AG, Klumpenrisiko) nicht äusserste Wachsamkeit walten lässt[1604].

Ihre Pflicht verletzt die Kontrollstelle, wenn sie Hinweise in der 877
Jahresrechnung auf vorhandene Deckungen für ausstehende Guthaben
nicht in ihre Prüfung miteinbezieht[1605].

Die Kontrollstelle verletzt ihre Pflicht, wenn sie Risiken aus Eventual- 878
verpflichtungen nicht auf die Notwendigkeit von Rückstellungen hin
überprüft[1606].

Pflichtwidrig handelt die Kontrollstelle, wenn sie im Falle der Erwartung 879
negativer Konsequenzen für das Unternehmen die wirtschaftliche Tragweite
des Gewinnverteilungsvorschlages der Verwaltung nicht überprüft[1607].

Die Kontrollstelle begeht eine Pflichtverletzung, wenn sie sich nicht 880
vergewissert, ob die gesetzlich vorgeschriebene Höchstbewertung bei der
Bilanzierung der ständigen Anlagen eingehalten und die erforderlichen
Abschreibungen vorgenommen worden sind[1608].

Ein leichtes Verschulden einer als Kontrollstelle und bankengesetzliche 881
Revisionsstelle tätigen Treuhandgesellschaft liegt darin, dass sie – nachdem
erste Gutachten zur Bewertung von Liegenschaften nicht überzeugend
waren – zwar neue Gutachten verlangt, jedoch die Experten durch die
kontrollierende Gesellschaft auslesen lässt und diese Experten überdies
nicht selber instruiert; leichtes Verschulden selbst dann, wenn es sich bei
den beauftragten Gutachtern um verlässliche Personen handelt, diese aber
in Beziehung zur Gesellschaft standen[1609].

Dagegen darf die Kontrollstelle bei der Bemessung des Prüfungsumfangs 882
die Qualität der internen Kontrolle mitberücksichtigen[1610].

Eine Pflichtverletzung der Kontrollstelle kann auch in der unrichtigen 883
Würdigung eingeholter Gutachten liegen[1611].

[1604] BGE 86 II 184; Entscheid des BGer vom 25.1.1974, nicht veröffentlicht.
[1605] ZR 75 (1976) Nr. 21 S. 73 = ST 50 (1976) 8ff., 25; zustimmend BERWEGER 170f.
[1606] ZR 75 (1976) Nr. 21 S. 76f. = ST 50 (1976) 10. Hinsichtlich der *Existenz* solcher Eventualverbindlichkeiten dürfte eine entsprechende Bilanzerklärung als Beweis für genügende Sorgfalt ausreichen. Lässt sich das Risiko bei sachkundiger Prüfung mit genügender Zuverlässigkeit abklären, entbindet eine Bilanzerklärung die Kontrollstelle aber wohl kaum von einer eigenen Prüfung, vgl. ST 50 (1976) 26ff.
[1607] ST 50 (1976) 10; vgl. dazu die Bemerkungen bei BERWEGER 175f.
[1608] SAG 17 (1944/45) 200f., 232 = JT 93 (1945) I 247.
[1609] ZR 78 (1979) Nr. 134 S. 308ff. = SJZ 76 (1980) 299; m.E. zu streng, allenfalls daraus zu erklären, dass es sich um eine bankengesetzliche Revisionsstelle handelt. Der Entscheid nimmt aber nur auf das OR Bezug, nicht auf das Bankengesetz.
[1610] EBK Bulletin Nr. 16 S. 10ff.
[1611] ZR 78 (1979) Nr. 134 S. 309 = SJZ 76 (1980) 300; Entscheid des BGer vom 25.1.1974, nicht publiziert; zustimmend HUNZIKER 40f.

884 Ihre Pflicht verletzt die Kontrollstelle, wenn sie sich nicht vergewissert, «ob nicht die ständigen Anlagen zu Ansätzen in der Bilanz stehen, welche die Anschaffungs- und Herstellungskosten übersteigen, und ob die den Umständen angemessenen Abschreibungen vorgenommen worden sind», ob ferner «das Warenlager» (als im konkreten Fall wichtigster Aktivposten) «nach dem in Art. 666 OR niedergelegten Niedrigstwertprinzip bilanziert» ist[1612].

885 Es besteht aber keine Pflicht der Kontrollstelle zur selbständigen betriebswirtschaftlichen Bewertung oder zu einer Bewertung der Vermögenslage, ausgenommen die Fälle von Art. 725, 729 Abs. 3, 731 (offenkundige Mängel)[1613].

886 Die Kontrollstelle begeht keine Pflichtverletzung, wenn sie es unterlässt, eine Bewertung der Aktiven vorzunehmen, insbesondere die Bonität der Forderungen der Gesellschaft zu überprüfen, und wenn sie ganz allgemein keine Überwachung der Geschäftsführung der Verwaltung vornimmt[1614].

887 Die Kontrollstelle begeht eine Pflichtverletzung, wenn sie in ihrem Bericht an die Generalversammlung lediglich auf «unterlassene Abschreibungen» hinweist, ohne sich zu vergewissern, ob bei Berücksichtigung eines «angemessenen» Nachholbedarfs an Abschreibungen der buchmässige Aktivenüberschuss auch wirklich besteht[1615].

888 Die obligationenrechtliche Kontrollstelle und bankengesetzliche Revisionsstelle verletzt ihre Pflicht, wenn sie die Erfolgsrechnung nicht aufgrund von Verkehrsprüfungen revidiert, sondern sich mit blosen Plausibilitätsrechnungen begnügt[1616].

889 Vgl. auch EBK Bulletin Nr. 16 S. 10ff., 24ff. hinsichtlich der bankengesetzlichen Revisionsstelle.

889a Das Bundesgericht bezweifelt mit einem Teil der Lehre, dass eine Pflicht zur Erstellung einer Zwischenbilanz aufgrund von Veräusserungswerten im Sinne von OR 725 II dann besteht, wenn aufgrund einer Fortführungsbilanz keine Überschuldung besteht, es sei denn, aufgrund von erheblichen Verlusten müsse mit einer baldigen Einstellung der Geschäftstätigkeit

---

[1612] BGE 93 II 25f.; kritisch zur Auffassung über das Wesen eines Schätzungswertes HUNZIKER 39, vorwerfbar wäre demnach nur «die nicht hinreichend kritische Überprüfung des von der Verwaltung bei der Festlegung der Bilanzwerte gehandhabten Ermessens».

[1613] ST 59 (1985) 77. Zu weitgehend m.E. BGE 112 II 462 E 3c, wonach die Kontrollstelle die «sincérité du bilan» zu überprüfen und sich zu versichern habe, «que les actifs portés au bilan existent réellement et que les passifs de la société sont entièrement comptabilisés...».

[1614] BGE 65 II 19f. in dieser generellen Fassung überholt durch die vorerwähnten Entscheide; dazu vgl. auch DRUEY (zit. Anm. 1577) 16. – Zur Geschäftsführungsprüfung vgl. auch BGE 103 Ib 357 und hinten N 893.

[1615] BGE 93 II 25.

[1616] EBK Bulletin Nr. 16 S. 10ff., 16.

gerechnet werden[1616a]. Wohl aber bestehe eine solche Pflicht allenfalls dann, wenn der Aktivenüberschuss nur noch gering ist und das vergangene Geschäftsjahr eine erhebliche Verschlechterung mit sich gebracht hatte[1616b].

Eine Pflicht, systematisch nach Unregelmässigkeiten in der Geschäftsführung zu suchen, obliegt der Kontrollstelle nicht[1616c]. 889b

Eine besonders sorgfältige Kontrolle ist angebracht bei besonderen Umständen, etwa der Unfähigkeit der Verwaltung, die Situation der Gesellschaft zu erfassen oder beim Rücktritt und Verzicht auf Wiederwahl seitens der Vorgängerin[1616d]. 889c

2. Missachtung von Meldepflichten

Eine Pflichtverletzung liegt vor, wenn die Kontrollstelle trotz festgestellter oder vermuteter Bewertungsmängel in der Bilanz der Generalversammlung Antrag auf deren vorbehaltlose Genehmigung stellt[1617] oder auch nur darauf verzichtet, die Rückweisung zu beantragen[1618]. 890

Ebenso handelt eine Kontrollstelle pflichtwidrig, wenn sie eine Bilanz vorbehaltlos zur Genehmigung empfiehlt, in welcher ein fiktives Hauptaktivum figuriert[1619]. Sie haftet auch dann, wenn dem Aktionär – der die Generalversammlung beherrscht – die unrichtige Bilanzierung bekannt ist[1620]. 891

Die Kontrollstelle verletzt ihre Pflicht, wenn sie trotz erkennbarer Überschuldung ihren Bericht vorbehaltlos abgibt und nicht auf die Überschuldung und die Pflicht zur Benachrichtigung des Richters hinweist[1621]. Voraussetzung für eine solche Pflichtverletzung ist jedoch eine echte Überschuldung, die noch nicht vorliegt, wenn die Gesellschaft noch über stille Reserven verfügt. Auch blosse Zahlungsunfähigkeit genügt nicht[1622]. 892

[1616a] Nicht publizierte E 3d von BGE 112 II 461ff., unter Berufung auf HIRSCH, Responsabilité civile 32; vgl. Anm. 1599a.

[1616b] Nicht publizierte E 5c von BGE 112 II 461ff.; vgl. Anm. 1599a.

[1616c] BGE 112 II 462 E 3c; vgl. Anm. 1599a.

[1616d] Nicht publizierte E 3d von BGE 112 II 461ff.; vgl. Anm. 1599a.

[1617] BGE 93 II 27f.; Bemerkungen zur Frage der Erkennbarkeit dieses Zustandes bei HUNZIKER 39f.

[1618] Sem 106 (1984) 174.

[1619] SAG 58 (1986) 191f. Nr. 26; ausführlicher in SJZ 83 (1987) 68f.

[1620] GVP 1983/84, 98 = SJZ 83 (1987) 68; vgl. auch die Bemerkungen in Anm. 1625.

[1621] ZR 75 (1976) Nr. 21 S. 69f., 74f., 77 = ST 50 (1976) 8, 29, 31; vgl. ferner SAG 50 (1978) 26ff. und die dortigen kritischen Ausführungen von ZOGG (zit. Anm. 1577); ebenso BÄTTIG (zit. Anm. 1577) 45; sodann kritisch zur Formulierung «Antrag auf vorbehaltlose Genehmigung» HUNZIKER 41f.

[1622] ST 59 (1985) 76.

893 Die Kontrollstelle verletzt ihre Pflicht, wenn sie bei der Ausführung ihres Auftrages wahrgenommene Mängel nicht den zuständigen Instanzen meldet[1623] und in ihren Berichten an Generalversammlung und Verwaltung keinen Vorbehalt wegen fragwürdiger Geschäftsführung der Verwaltung anbringt[1624].

894 Missachtet die Verwaltung bei Überschuldung ihre Pflicht zur Benachrichtigung des Richters, so begeht die Kontrollstelle eine Pflichtverletzung, wenn sie es unterlässt, diese Gesetzesverletzung der Generalversammlung mitzuteilen und ihr einen Beschluss auf Benachrichtigung des Richters zu beantragen; dies auch dann, wenn es sich um eine Einmann-AG handelt[1625].

895 Eine Pflichtverletzung liegt vor, wenn die Kontrollstelle einen Vorbehalt erst in der Generalversammlung anmeldet[1626] und dem Aktionär damit die Gelegenheit nimmt, zu beurteilen, ob seine Teilnahme an der GV überhaupt wichtig ist[1627], und allenfalls entsprechenden Rat einzuholen.

895a Die Kontrollstelle hat nicht nur im Falle einer Überschuldung ausdrücklich auf die Pflicht zur Benachrichtigung des Richters nach OR 725 III hinzuweisen, sondern sie hat auch die Pflicht, den Verlust der Hälfte des Grundkapitals (OR 725 I) ausdrücklich zu erwähnen[1627a].

896 Hat die Kontrollstelle zuwenig Zeit für notwendige Prüfungshandlungen, so darf sie nicht einen vorbehaltlosen Prüfungsbericht abgeben und sich damit begnügen, das Versäumte später nachzuholen[1628].

[1623] ZAK 1983, 535f., in casu verneint, jedoch mit einer Begründung, die eher auf fehlende Kausalität schliessen lässt (der zu orientierende Präsident des Verwaltungsrates war ohnehin im Bild).

[1624] ZR 75 (1976) Nr. 21 S. 76 = ST 50 (1976) 26; BGE 109 V 96, wobei in casu die Haftung aber aus anderen Gründen abgelehnt wurde. Zu einer systematischen Prüfung der Geschäftsführung ist sie hingegen nicht verpflichtet, vgl. BGE 103 Ib 357 und ferner vorn N 886.

[1625] BGE 86 II 182ff.; vgl. dazu die Bemerkungen bei HUNZIKER 29, 42f., 47; sodann Sem 106 (1984) 174. Anders im Ergebnis BGE vom 26.9.1984, nicht veröffentlichter Teil des in ST 59 (1985) 75ff. publizierten Entscheides. Danach liegt dann, wenn alle Aktionäre orientiert sind, keine Täuschung infolge ungenügender Orientierung durch die Kontrollstelle vor. Dies ist aber wohl eher eine Frage der fehlenden Kausalität als der Verletzung der Sorgfaltspflicht.

[1626] Vgl. in diesem Zusammenhang ZR 74 (1975) Nr. 28 S. 58 zum Erfordernis eines *schriftlichen* Geschäftsberichts. Unrichtig wohl die Behauptung in ZR 75 (1976) Nr. 21 S. 75, es müsse «die Meldung von Mängeln in der Regel nicht im Bericht als solchem enthalten sein», sondern es sei «allein wesentlich, dass sie an den Verwaltungsrat, eventuell an die Generalversammlung gelangt»; kritisch hiezu auch HUNZIKER 42 und Anm. 53.

[1627] Vgl. in diesem Zusammenhang BGE 103 II 143 betreffend die erforderliche Aussagekraft von Traktandenlisten.

[1627a] BGE 112 II 462f. E 3c a.E., mit Hinweis auf die abweichenden Ansichten von VON GREYERZ, Prüfung 21, und BERWEGER 84. – Vgl. auch die Hinweise in der Entscheidbesprechung von ALAIN HIRSCH in SAG 59 (1987) 75ff., 76f.

[1628] EBK Bulletin Nr. 16 S. 10ff., 16f.

3. Unterlassen der Einberufung

Die Kontrollstelle begeht eine Pflichtverletzung, wenn sie die Einberufung der Generalversammlung nicht selbst vornimmt, falls die Verwaltung dies ohne stichhaltigen Grund unterlässt[1629]. 897

Unabhängig davon liegt eine Pflichtverletzung vor, wenn es die Kontrollstelle versäumt, in den Fällen von Art. 725 Abs. 1 und Art. 729 Abs. 3 OR eine Generalversammlung einzuberufen[1630]. 898

Die Kontrollstelle begeht eine Pflichtverletzung, wenn sie es unterlässt, rechtzeitig eine ausserordentliche Generalversammlung einzuberufen, nachdem der einzige Verwaltungsrat verstorben war[1631]. 899

4. Ungenügende Kenntnisse, kein Beizug von Fachleuten

Die Kontrollstelle verletzt ihre Pflicht, wenn sie trotz mangelnder Fachkenntnisse ihr Mandat nicht niederlegt und sie ausserdem keinen Fachmann beizieht[1632]. 900

Vgl. auch den vorn N 881 referierten Entscheid. 901

[1629] BGE 86 II 179f.; Sem 106 (1984) 174.

[1630] SJZ 47 (1951) 278; BERWEGER 163; kritisch A. WIELAND: Kann nach Art. 699 OR ausser der Verwaltung auch die Kontrollstelle die Generalversammlung der AG einberufen, wenn Aktionäre, welche den zehnten Teil des Grundkapitals vertreten, die Einberufen verlangen? SAG 24 (1951/52) 105ff.; ebenso kritisch E. SCHUCANY: Die Einberufung der Generalversammlung durch die Kontrollstelle, SAG 24 (1951/52) 65ff.

[1631] BGE 93 II 28; zustimmend HUNZIKER 47.

[1632] BGE 93 II 26f., bestätigt in BGE 112 II 462 E 3c; kritisch dazu DRUEY (zit. Anm. 1577) 17f.; ebenso kritisch im Hinblick auf das Kriterium der Branchenkenntnisse BÄTTIG, Verantwortlichkeit 68; G. SCHULTZ in ST 41 (1967) 289ff. und vor allem HUNZIKER 37: «Es ist aus dem Gesetz kein Anzeichen dafür zu entnehmen, dass eine Kontrollstelle selbst über spezifische Branchenkenntnisse zu verfügen habe... Noch weniger kann es richtig sein, die Kontrollstelle gegebenenfalls zu verpflichten, selbst einen branchenkundigen Fachmann beizuziehen, wie es das Bundesgericht gefordert hat. Das dürfte keinesfalls ohne ausdrückliche Zustimmung der Verwaltung erfolgen.» Vgl. ferner ZR 78 (1979) Nr. 134 S. 309f. = SJZ 76 (1980) 300.

§ 4 Die Gründerhaftung insbesondere

I. Der Anwendungsbereich der Gründerhaftung im allgemeinen

1. Das Gründungsstadium im Sinne von OR 753

a) Die Gründerhaftung nach OR 753 ist beschränkt auf Handlungen und Unterlassungen «*bei der Gründung*»[1633]. Haftungen vor und nach dem Gründungsstadium fallen somit nicht darunter[1634].

Umstritten ist der *Beginn* des Gründungsstadiums im Sinne der Gründerhaftung. Für eine engere Fassung treten J. und E. HENGGELER[1635] ein, wonach bei der Sukzessivgründung die Gründertätigkeit mit der Aufstellung des Statutenentwurfs[1636], bei der Simultangründung mit dem Beginn des Gründungsaktes[1637] anfängt. Dagegen weisen E. FRICK[1638], SCHOOP[1639] und SCHUCANY[1640] m.E. zu Recht darauf hin, dass der Gründerhaftung auch die vor der eigentlichen Gründung im Hinblick auf diese erfolgenden Vorbereitungshandlungen zu unterstellen sind[1641]. Nach BÜRGI/NORDMANN[1642] ist darauf abzustellen, ob eine der in OR 629–637 bzw. 639–642 genannten Massnahmen in Frage steht oder nicht.

[1633] Vgl. aber immerhin nachstehend N 907ff.
[1634] HENGGELER 18; MORANT 52; BN 48 (1987) 55f.
[1635] S. 18.
[1636] Vgl. OR 629.
[1637] Vgl. OR 638.
[1638] S. 64.
[1639] S. 17.
[1640] Art. 753 N 1.
[1641] In diesem Sinne auch BGE 76 II 314 sowie REMIGIUS KÜCHLER: Die Aktiengesellschaft im Gründungsstadium, in: Lebendiges Aktienrecht, Festgabe zum 70. Geburtstag von WOLFHART FRIEDRICH BÜRGI (Zürich 1971) 230, der sich allerdings nicht speziell zur Frage der Haftung äussert.
[1642] Kommentar zu Art. 753f. N 18.

904 Das Gründungsstadium wird *abgeschlossen* durch die Eintragung der Gesellschaft im Handelsregister[1643].

905 *Vor Beginn* des Gründungsstadiums richtet sich eine allfällige Haftung nach den allgemeinen Normen des Vertrags- oder Deliktsrechts bzw. nach den Regeln über die einfache Gesellschaft[1644]. *Nach dessen Abschluss* greift die Haftung für Verwaltung und Geschäftsführung nach OR 754 ein[1645]. Vgl. aber die Präzisierung nachstehend N 909 f.

906 Die allfällige Gründerhaftung ist unabhängig davon, ob die *Gründung abgeschlossen* und die Gesellschaft in das Handelsregister eingetragen wird *oder nicht*[1646]. Selbstverständlich kann die Gründerhaftung auch nicht mit dem Hinweis darauf ausgeschlossen werden, die Gesellschaft wäre bei fehlender Pflichtwidrigkeit gar nicht entstanden[1647].

907 b) Umstritten ist, ob die Gründerhaftung auch bei der *Kapitalerhöhung* Anwendung findet. BALASTÈR[1648], FUNK[1649], E. FRICK[1650], HENGGELER[1651], SCHLUEP[1652], SCHUCANY[1653], F. VON STEIGER[1654] und STOKAR[1655] bejahen dies, teils unter Hinweis auf die gleichartige Interessenlage, teils unter Berufung auf OR 650 I, wonach bei der Neuausgabe von Aktien die für die Gründung geltenden Vorschriften zu beachten sind. Von der Anwend-

---

[1643] E. FRICK 64; KÜCHLER (zit. Anm. 1641) 230; BÜRGI/NORDMANN, Kommentar zu Art. 753 f. N 20. – A.M. ROLF BÄR: Gründergesellschaft und Vorgesellschaft zur AG, in: Festschrift Kummer (Bern 1980) 77 ff., 95 f., für den das *Datum der Konstituierung* – also des öffentlich beurkundeten Gründungsaktes – massgebend ist und der daher folgerichtig von diesem Stichtag an eine Verantwortlichkeit nach OR 754 annimmt. Unklar BGE 90 II 500: Zwar wird in jenem Entscheid als massgeblich für die Abgrenzung zwischen Gründer- und Geschäftsführungshaftung der «jour de la constitution» genannt, doch bleibt aufgrund des Tatbestandes (vgl. S. 491) unklar, ob damit das Datum der Beurkundung oder aber der Eintragung gemeint ist («fondèrent»).

[1644] BÜRGI/NORDMANN, Kommentar zu Art. 753 f. N 19.

[1645] Vgl. § 2; zur Abgrenzung auch nachstehend N 908 ff. sowie BGE 102 II 353 ff., insbes. 359, wo die Scheinliberierung mittels eines kurzfristigen Bankdarlehens anlässlich der Gründung zu Recht als Verletzung von OR 754 beurteilt wird: Der gesetzeswidrige Vorgang – die Rücküberweisung der Eintragung – erfolgte nach der Gründung der Gesellschaft.

[1646] SCHOOP 17; E. FRICK 64; HENGGELER 18; BÜRGI/NORDMANN, Kommentar zu Art. 753 f. N 21, 46; FUNK Art. 753 N 2; SCHUCANY Art. 753 N 1; a.M. und m.E. unrichtig MORANT 45.

[1647] Vgl. AG 20 (1975) 127 f. = NJW 28 (1975) I 974.

[1648] PETER BALASTÈR: Die qualifizierte Kapitalerhöhung bei Aktiengesellschaften (Diss. Zürich 1953) 133 f.

[1649] Art. 753 N 1.

[1650] S. 65 f.

[1651] S. 18.

[1652] Wohlerworbene Rechte 87.

[1653] Art. 753 N 1.

[1654] Recht der AG 274.

[1655] S. 113.

barkeit von OR 753 auf Kapitalerhöhungen geht auch BJM 1958, 33 aus[1656].

Dagegen weisen BÜRGI/NORDMANN[1657] darauf hin, dass die in OR 753 aufgezählten widerrechtlichen Handlungen «zugleich einen Verstoss gegen die der Verwaltung und Geschäftsführung auferlegte Sorgfaltspflicht» darstellen, dasss sie daher «von Art. 754 erfasst und... ihm zu subsumieren» sind. BÜRGI/NORDMANN[1658] und bereits SIEGWART[1659] gehen daher davon aus, dass sich die Verantwortlichkeit der mit der Verwaltung und Geschäftsführung betrauten Personen bei der Kapitalerhöhung nur nach OR 754 richtet. 908

Die erste Auflage dieser Publikation hat sich grundsätzlich der Ansicht von BÜRGI/NORDMANN angeschlossen, jedoch mit dem Hinweis, dass OR 753 I einen *weiteren Personenkreis*[1660] der Verantwortlichkeit unterstellt als OR 754 I. Diese weiteren, von der Geschäftsführungshaftung nicht erfassten Personen seien – entgegen BÜRGI/NORDMANN[1661] – bei der Kapitalerhöhung der Haftung nach OR 753 unterworfen[1662]. OR 753 und 754 seien daher bei der Kapitalerhöhung *alternativ* in dem Sinne anzuwenden, dass 909

– die mit der Verwaltung, Geschäftsführung oder Kontrolle betrauten Personen OR 754 zu unterstellen seien[1663],
– der Kreis der weiteren bei der Kapitalerhöhung tätigen Personen allenfalls nach OR 753[1664] haftbar werde.

Diese Auffassung ist insofern zu *modifizieren,* als die Annahme von BÜRGI/NORDMANN, wonach *alle* in OR 753 aufgezählten widerrechtlichen Handlungen zugleich auch Verstösse gegen die Sorgfaltspflicht der Verwaltung und Geschäftsführung darstellen, bisher nicht näher überprüft wurde. Sollte eine solche Überprüfung ergeben, dass einzelne der in OR 753 genannten Tatbestände nicht zugleich auch von OR 754 erfasst sind, dann 910

[1656] Ebenso stillschweigend Sem 91 (1969) 154. Dagegen hatte das Bundesgericht in einem Entscheid zum altOR (BGE 59 II 434, 451) erklärt, die Gründerverantwortlichkeit finde bei der Kapitalerhöhung keine Anwendung.
[1657] Kommentar zu Art. 753f. N 22ff.; ebenso VON GREYERZ, Aktiengesellschaft 292.
[1658] Kommentar zu Art. 753f. N 22ff.
[1659] Art. 650 N 46.
[1660] Ebenso BALASTÈR (zit. Anm. 1648) 134.
[1661] Kommentar zu Art. 753f. N 25.
[1662] Unrichtig aber m.E. BALASTÈR (zit. Anm. 1648) 133f., der davon ausgeht, dass nur die Gründerhaftung die Belangung von Hintermännern ermögliche. Diese Ansicht verkennt, dass OR 754 ein materieller Organbegriff (dazu N 657ff.) zugrunde liegt, der es ebenfalls ermöglicht, auf Hintermänner zu greifen. Der Unterschied liegt vielmehr darin, dass OR 754 stets – materielle – Organeigenschaft (dazu N 657) voraussetzt, während OR 753 auch Personen erfasst, denen die vom materiellen Organbegriff verlangte selbständige Entscheidungsfähigkeit nicht zukommt.
[1663] Es erfolgt daher keine Einschränkung der Haftung auf die in OR 753 Ziff. 1–3 genannten Tatbestände.
[1664] Und mit den dortigen Einschränkungen.

wären zumindest in diesem Umfang die Bestimmungen über die Gründerhaftung und diejenigen über die Haftung aus Geschäftsführung und Verwaltung nicht nur alternativ, sondern *kumulativ* anwendbar[1665]. Darüber hinaus fragt es sich, ob es dem Kläger nicht ganz allgemein unbenommen bleiben muss, sich sowohl auf OR 753 und OR 754 zu berufen, soweit mit der Verwaltung und Geschäftsführung betraute Personen Handlungen oder Unterlassungen begehen, die nach beiden Bestimmungen Pflichtwidrigkeiten darstellen[1666]. In diese Richtung tendiert auch ein neuerer Zürcher Entscheid[1667].

911 Der *Revisionsentwurf* stellt die Anwendbarkeit von OR 753 auch beim Kapitalerhöhungsverfahren insofern klar, als künftig in OR 753 I Ziff. 1 neben dem «Gründungsbericht» ausdrücklich gleichgestellt auch der «Kapitalerhöhungsbericht» genannt werden soll[1668].

912 c) Der Gründerverantwortlichkeit unterstehen ferner auch die bei einer Fusion in der Form der Kombination mitwirkenden Personen[1669] jedenfalls dann, wenn für sie nicht die Geschäftsführungshaftung Anwendung findet.

2. Abgrenzung zur Prospekthaftung und zur Haftung aus Geschäftsführung

913 a) Die *Prospekthaftung*[1670] betrifft andere Tatbestände als die Gründerhaftung. Die beiden Haftungsnormen bestehen daher nebeneinander, und es kann gegebenenfalls kumulativ aus beiden geklagt werden.

914 Dazu ist jedoch zu präzisieren:
– Bei der Prospekthaftung kommen nur Aktionäre und Obligationäre sowie
– über den Wortlaut des Gesetzes hinaus – Partizipanten und aus Genussscheinen Berechtigte[1670a] als Geschädigte und Kläger in Betracht[1671], und es ist daher namentlich die Gesellschaft nicht klageberechtigt[1672].

[1665] In diesem Sinne nun FORSTMOSER, Aktienrecht § 15 N 345.
[1666] Vgl. in diesem Zusammenhang auch OR 650 I, wonach die Vorschriften über die Gründung auch auf die Kapitalerhöhung Anwendung finden sollen, soweit «das Gesetz nichts anderes bestimmt».
[1667] Vgl. ZR 80 (1981) Nr. 33 S. 95 E 2, referiert auch in SAG 54 (1982) 32 Nr. 30: Das Zürcher Obergericht erklärt zunächst, es seien «die Verantwortlichkeitsbestimmungen für die Gründer auch in diesem Fall [d.h. bei der Kapitalerhöhung] anzuwenden». Etwas einschränkend wird in der Folge erklärt, es seien die Grundsätze von OR 753 «zum mindesten... auf die Personen anwendbar, die als Gründer zu betrachten sind, aber nicht von Art. 754 OR... erfasst werden...».
[1668] Vgl. hinten N 1217, 1227.
[1669] STOKAR 113.
[1670] OR 752, dazu N 967ff.
[1670a] Vgl. dazu hinten N 972 sowie vorn N 117ff.
[1671] OR 752 a.E., vgl. N 987 und die dortige Präzisierung.
[1672] STOKAR 113f.; FUNK Art. 753 N 3; BÜRGI/NORDMANN, Kommentar zu Art. 753f. N 33.

– Die Prospekthaftung setzt stets eine unmittelbare, direkte Schädigung des Aktionärs oder Obligationärs voraus[1673], so dass Aktionäre und Gläubiger bei mittelbarem Schaden nur unter Berufung auf OR 753 aktivlegitimiert sind[1674].

b) Während vor der Eintragung der Gesellschaft im Handelsregister nur die Gründerhaftung in Betracht kommt[1675], sind Pflichtwidrigkeiten nach erfolgter Eintragung nach den Regeln über die *Geschäftsführungs- und Verwaltungshaftung*[1676] zu beurteilen. Immerhin können die Bestimmungen der Gründerhaftung allenfalls bei der Kapitalerhöhung anwendbar sein, dazu vorn N 908 f.

II. Der der Gründerhaftung unterworfene Personenkreis

1. Allgemeines

Der Kreis der nach OR 753 Verantwortlichen ist *weit zu ziehen*[1677]. Es gehören dazu «alle, die in irgendwelcher Weise schöpferisch bei der Gründung mitwirken»[1678], somit «nicht nur die Personen, welche die Initiative zur Gründung ergreifen und die dafür erforderlichen Handlungen vornehmen oder leiten (Gründer im engern Sinne), sondern auch der viel weitere Kreis von Personen, die in schöpferischer Weise bei der Gründung mitwirken, die Tätigkeit der Gründer im engern Sinn fördern und durch ihr Zutun auf die Entstehung der Gesellschaft hinwirken»[1679].

Das Marginale «Gründerhaftung» ist damit irreführend, und es sollte richtigerweise von «Gründ*ungs*haftung» gesprochen werden[1680].

[1673] Zur Unterscheidung von unmittelbarem und mittelbarem Schaden vgl. N 186 ff.
[1674] MORANT 50; BÜRGI/NORDMANN, Kommentar zu Art. 753 f. N 33; vgl. N 994.
[1675] BGE 90 II 500.
[1676] OR 754. Zur Abgrenzung vgl. etwa BN 48 (1987) 55 f.
[1677] Ebenso ZR 80 (1981) Nr. 33 S. 95 E 2 a.E.; vgl. auch die von HÜTTE in ST 59 (1985) 222 ff. referierten Entscheide des Zürcher Obergerichts und des Bundesgerichts, wonach eine Bank, die durch Gewährung eines kurzfristigen Darlehens bei einer Scheinliberierung mitwirkt, der Gründerhaftung untersteht.
[1678] BGE 76 II 312.
[1679] BGE 76 II 167; ähnlich BÜRGI/NORDMANN, Kommentar zu Art. 753 f. N 109 ff.; E. FRICK 62 f.; FUNK Art. 753 N 1 f.; HENGGELER 17; HIRSCH, Organe de contrôle 198; HOTZ 77 ff., 81; LOCHER 94; MORANT 53; PATRY, Précis II 107 f.; RÜEGG 21 ff., 106 ff.; SCHLUEP, Wohlerworbene Rechte 86; SCHUCANY Art. 753 N 1; SIEGWART (zit. Anm. 317) Vorb. zu Art. 629–639 N 11; STOKAR 104 f.; U. WEHRLI 114; vgl. auch BGE 102 II 355 ff.
[1680] Ebenso BGE 76 II 312, mit Hinweisen auf die Materialien. So nun richtig der RevE, vgl. hinten N 1217, 1227.

918 Der Begriff der bei *der Gründung Tätigen* ist damit weiter als der der «*Handelnden*» im Sinne von OR 645 I[1681] und auch weiter als der Gründerbegriff von OR 629 II[1682].

919 Im einzelnen ist zu präzisieren:

2. Der Kreis der Verantwortlichen im einzelnen

920 a) Der Gründerhaftung von OR 753 unterstehen zunächst die eigentlichen Initianten, die «*Gründer*» im Sinne von OR 629 II[1683].

921 b) Ebenso sind wohl der Haftung nach OR 753 die «*Handelnden*» im Sinne von OR 645 I[1684] unterstellt. Doch sind die Haftung nach 645 I für Rechtshandlungen vor der Inkorporierung einerseits und die Haftung nach OR 753 anderseits klar auseinanderzuhalten: Dort handelt es sich um rechtsgeschäftliche Bindungen, hier um das Einstehenmüssen für pflichtwidriges Verhalten[1685].

922 c) Die *künftigen Aktionäre* werden als solche nicht aus OR 753 verantwortlich. Vielmehr muss eine über die blosse Zeichnung bzw. Übernahme von Aktien hinausgehende Tätigkeit hinzukommen, eine aktive Mitwirkung bei den Gründungsarbeiten[1686].

[1681] Dazu nachstehend Anm. 1684.

[1682] Dazu SIEGWART (zit. Anm. 317) Vorb. zu Art. 629–639 N 9 sowie nachstehend Anm. 1683.

[1683] Ebenso SIEGWART (zit. Anm. 317) Vorb. zu Art. 629–639 N 12. Als Gründer im Sinne dieser Norm werden nicht sämtliche Übernehmer von Aktien bezeichnet, sondern nur die eigentlichen Initianten der Gründung, diejenigen, welche «die zur Gründung erforderlichen Handlungen vornehmen und leiten, also den Statutenentwurf, Gründerbericht und Prospekt ausarbeiten und unterzeichnen, die Zeichnungen vorbereiten und entgegennehmen, die Einzahlungen in Empfang nehmen und das Depot bei der kantonalen Depositenstelle schaffen, die Einberufung zur konstituierenden GV veranlassen ...» (SIEGWART [zit. Anm. 317] Vorb. zu Art. 629–639 N 9). Vgl. auch SCHOOP 79ff., die von Promotoren spricht. – Formell ergibt sich der Kreis der Gründer aus der Unterzeichnung der dem Zeichnungsverfahren zugrunde liegenden Dokumente (vgl. SCHUCANY Art. 629 N 2 und FUNK Art. 629 N 3).

[1684] «Handelnder» ist nach Lehre und Praxis nicht nur, «wer für die zu gründende Gesellschaft in deren Namen nach aussen auftritt, sondern auch, wer zwar äusserlich nicht hervortritt, tatsächlich aber den Abschluss des Geschäftes im Namen der Gesellschaft veranlasst hat» (BGE 76 II 165), es werden «zu den Handelnden im Sinne dieser Vorschrift ausser den unmittelbar am Vertragsschluss beteiligten Personen auch diejenigen gerechnet ..., mit deren Wissen und Willen jene das Geschäft namens der Gesellschaft abgeschlossen haben» (BGE 63 II 299; vgl. auch die beiden in SAG 30 [1957/58] 225 und SAG 23 [1950/51] 146ff. zitierten BGE).

[1685] BGE 79 II 177; 59 II 447; ferner BGE 83 II 294.

[1686] Ähnlich SIEGWART (zit. Anm. 317) Vorb. zu Art. 629–639 N 14; HOTZ 81; RÜEGG 137f.; ungenau LOCHER 94. – A.M. SCHOOP 95f., die «alle Zeichner, die an der Gründerversammlung... teilnehmen», der Gründerhaftung unterstellen will, unter Berufung auf FRITZ VON STEIGER: Le droit des sociétés anonymes en Suisse (Lausanne 1973) 105.

d) Selbstverständlich wird auch der nur fiduziarisch, als *Strohmann* bei 923
der Gründung Tätige der Gründerhaftung unterworfen[1687].

Neben ihm wird in gleicher Weise auch der *Hintermann* haftbar[1688]. 924

Dagegen wird man – entgegen MORANT[1689] – den *Vollmachtgeber* als 925
solchen OR 753 nicht unterstellen, sondern – entsprechend der grundsätzlich deliktischen Natur der Gründerhaftung[1690] – eben nur dann, wenn er durch Instruktionen aktiv (wenn auch indirekt) an den Gründungsvorbereitungen teilnimmt.

e) Bis zur Eintragung der Gesellschaft in das Handelsregister sind auch 926
die *bestellten Organe* der Gründungshaftung unterstellt, so insbesondere
die neugewählte *Verwaltung*[1691].

f) Zur allfälligen Verantwortlichkeit der *Kontrollstelle* nach OR 753 vgl. 927
N 852.

g) Verantwortlich wird sodann der *Geldgeber*, der einem Gründer ein 928
kurzfristiges Darlehen gewährt, das unmittelbar nach der Gründung
zurückzuerstatten ist[1692].

Verantwortlich werden auch die *Begünstigten* aus solchen Transaktionen oder aus verschleierten qualifizierten Gründungen[1693]. 929

h) Im Sinne von OR 753 bei der Gründung «tätig» ist der *Berater*, 930
insbesondere der *Anwalt*[1694].

i) Bei der Verantwortlichkeit von *Depositenstellen*[1695] ist zu differenzieren[1696]: 931

[1687] Vgl. R. BÄR 477; BÜRGI/NORDMANN, Kommentar zu Art. 753f. N 109; E. FRICK 62; HENGGELER 17; HOTZ 79; MORANT 51f.; RÜEGG 24; SCHOOP 83ff.; SIEGWART (zit. Anm. 317) Vorb. zu Art. 629–639 N 12; vgl. auch N 697f.
[1688] Vgl. STOKAR 105; SIEGWART (zit. Anm. 317) Vorb. zu Art. 629–639 N 13 sowie N 699ff. und dortige Verweisungen.
[1689] S. 51.
[1690] Dazu N 146.
[1691] Diese etwa hinsichtlich der Anmeldung der Gesellschaft beim Handelsregisteramt, vgl. BÜRGI/NORDMANN, Kommentar zu Art. 753f. N 109 und BGE 59 II 443; vgl. auch SIEGWART (zit. Anm. 317) Vorb. zu Art. 629–639 N 13; RÜEGG 23f.; Sem 91 (1969) 154f. und BGE 76 II 166. Anschliessend greift die besondere Organhaftung gemäss OR 754 Platz (zur Abgrenzung vgl. vorn N 910).
[1692] BGE 76 II 317 = SAG 23 (1950/51) 77 = ZBJV 88 (1952) 386; BÜRGI/NORDMANN, Kommentar zu Art. 753f. N 109; GUHL/MERZ/KUMMER 691; SIEGWART (zit. Anm. 317) Vorb. zu Art. 629–639 N 13.
[1693] RÜEGG 107.
[1694] Vgl. BGE 76 II 167 = ZBJV 88 (1952) 386f.; HENGGELER 17; SIEGWART (zit. Anm. 317) Vorb. zu Art. 629–639 N 13; STOKAR 105.
[1695] Vgl. OR 633 III, 638 II Ziff. 2 sowie SCHOOP 83ff.
[1696] Dazu ausführlich BÜRGI/NORDMANN, Kommentar zu Art. 753f. N 115ff.

932 – Kantonalbanken[1696a] werden wegen OR 763 und BankG 38 I nicht nach OR 753, sondern allenfalls nach kantonalem Recht[1696b] verantwortlich.
– Privatbankiers[1696c] unterstehen der Gründerhaftung von OR 753; vgl. die Verweisung in BankG 38 II.
– Auf die übrigen Banken kommen sowohl BankG 41 wie auch OR 753 zur Anwendung[1697].

933 k) Umstritten ist, ob auch die *Urkundsperson* der Verantwortlichkeit nach OR 753 unterstellt ist oder ob auf sie ausschliesslich kantonales Recht zur Anwendung kommt.

934 Für die ausschliessliche Anwendbarkeit kantonalen Rechts sprechen sich HOTZ[1698] und SECRÉTAN[1699] aus. CARLEN[1700] erklärt allgemein, die Ersatzpflicht des Notars (auch des freiberuflich tätigen) beurteile sich ausschliesslich nach kantonalem Recht, soweit die Kantone legiferiert hätten. Zur spezifischen Frage einer Verantwortlichkeit nach OR 753 nimmt er nicht Stellung. – Dagegen bejaht eine Reihe von Autoren die Anwendung von OR 753, wobei nicht immer klar wird, ob diese Norm ausschliesslich oder neben allfälligen kantonalrechtlichen Bestimmungen Anwendung finden soll[1701]. Andere Darstellungen der Verantwortlichkeit des Notars nehmen zur Frage nicht Stellung[1702].

[1696a] Zum Begriff vgl. MARC RUSSENBERGER: Die Sonderstellung der schweiz. Kantonalbanken... (Diss. Zürich, erscheint voraussichtlich 1988).

[1696b] Wie weit Bundesprivatrecht subsidiär Anwendung findet mag hier offen bleiben (vgl. BODMER/KLEINER/LUTZ Art. 38 N 1, mit Hinweisen).

[1696c] Zum Begriff vgl. CHRISTIAN RAHN: Die rechtliche Stellung des Privatbankiers (Diss. Zürich 1984).

[1697] Nach BÜRGI/NORDMANN, Kommentar zu Art. 753f. N 118 ist OR 753 lex specialis zu BankG 41.

[1698] S. 86ff.

[1699] S. 7ff., 16, mit der Präzisierung, dass OR 753 anwendbar ist, wenn kantonalrechtlich nicht legiferiert wurde oder wenn das kantonale Recht auf Bundesrecht verweist.

[1700] LOUIS CARLEN: Notariatsrecht der Schweiz (Zürich 1976) 134. In ähnlichem Sinne äussert sich auch WALTER FELLMANN: Die Vermögensrechtliche Verantwortlichkeit des Notars, ZBGR 67 (1986) 129ff., 130.

[1701] Für die Anwendbarkeit von OR 753 neben allfälligem kantonalem Recht BÜRGI/NORDMANN, Kommentar zu Art. 753f. N 112; GUHL/MERZ/KUMMER 691; STOKAR 113; KURT SIDLER: Kurzkommentar zum luzernischen Beurkundungsgesetz (Luzern 1975) Art. 55 N 5; DENIS PIOTET: La responsabilité patrimoniale des notaires et autres officiers publics (Diss. Lausanne 1981) 92f.; ZBJV 95 (1959) 116. Für die Anwendbarkeit von OR 753 ohne Stellungnahme zur Frage, ob daneben auch kantonales Recht Anwendung finden könne, FUNK Art. 753 N 1; SCHUCANY Art. 753 N 1; SIEGWART (zit. Anm. 317) Vorb. zu Art. 629–639 N 13; RUDOLF STOKAR: Ist Art. 753 OR auf die Urkundsperson anwendbar?, ZBGR 27 (1946) 299ff., 303f.; ROBERT PATRY: Le contrôle de la constitution des sociétés anonymes en Suisse, ZSR 81 (1962) I 257; HEINRICH NUSSBAUM: Beispiele mit Anmerkungen und Erläuterungen über öffentliche Beurkundung (2.A. Aarau 1949) 372 N 9; PAUL REICHLIN: Von der Schadenersatzpflicht der Beamten und des Staates, ZBl 36 (1935) 108.

[1702] So etwa HANS MARTI: Bernisches Notariatsrecht (Bern 1983) insbes. 105ff.

Auszugehen ist davon, dass aufgrund von OR 61 I Bundesrecht jedenfalls 935
dann zur Anwendung kommt, wenn die Kantone nicht legiferiert haben[1703].
Darüber hinaus ist aber m.E. mit BÜRGI/NORDMANN[1703a], SCHOOP[1704] und
STOKAR[1705] anzunehmen, dass *OR 753 eine lex specialis zu OR 61 bildet*
und daher auch dann zum Zuge kommt, wenn die Kantone Haftungsbestimmungen aufgestellt haben. Falls die Urkundsperson einen der in OR 753
Ziff. 1–3 genannten Tatbestände erfüllt hat, ist dies somit nach den
aktienrechtlichen Verantwortlichkeitsbestimmungen zu beurteilen[1706]. Ausserhalb dieser Tatbestände kommt bei pflichtwidrigem Verhalten eine
Haftung nach kantonalem Recht in Betracht.

Zu betonen ist freilich, dass der Urkundsperson nur eine sehr *eingeschränkte Prüfungspflicht und -befugnis* zukommt[1707]. Für Umstände, die 936
ihr nicht im Rahmen dieser beschränkten Kognitionspflicht bekannt
werden mussten, kann die Urkundsperson nicht zur Verantwortung gezogen
werden[1708].

l) Für die *Handelsregisterführer* enthält OR 928 eine besondere 937
Haftungsnorm[1709]. Das Verhältnis dieser Bestimmung zu OR 753 ist m.E.
gleich zu beurteilen wie das zwischen der kantonalrechtlichen Haftung von
Urkundspersonen und der aktienrechtlichen Gründerhaftung: OR 753 geht
– soweit anwendbar – vor, doch ist auch eine Haftung nach OR 928 denkbar,
soweit ein pflichtwidriges Verhalten im Gründungsstadium zur Diskussion
steht, das durch OR 753 Ziff. 1–3 nicht erfasst wird. Diese Ansicht entspricht

---

[1703] Vgl. spezifisch für die Haftung von Notaren BGE 90 II 278; ebenso CARLEN (zit. Anm. 1700) 134.
[1703a] Kommentar zu Art. 753 f. N 112.
[1704] S. 16.
[1705] Zitiert in Anm. 1701.
[1706] Ebenso stillschweigend SCHOOP 85 ff. Kritisch dagegen PIOTET (zit. Anm. 1701) 89 ff., der für eine *kumulative* Anwendung von OR 753 und kantonalem Recht eintritt, ja sogar auf S. 93 f. für eine Dreifachkonkurrenz von OR 753, OR 928 und kantonalem Recht, wenn der Notar zugleich die Funktion des Handelsregisterführers ausübt.
[1707] Die Prüfung ist in erster Linie formeller Natur. Dagegen hat die Urkundsperson die materielle Richtigkeit nicht abzuklären und nur bei notorischer Unwahrheit einzuschreiten, vgl. ZBGR 23 (1942) 258; ZBl 26 (1925) 227; SCHOOP 85 ff. Zur Sorgfaltspflicht des Notars vgl. insbes. CARLEN (zit. Anm. 1700) 120 ff.; PIOTET (zit. Anm. 1701) 120 ff. und SYLVIE d'AUMERIES: La responsabilité civile du notaire et son assurance (Diss. Lausanne 1980) 69 ff.
[1708] Ebenso STOKAR 108 und BÜRGI/NORDMANN, Kommentar zu Art. 753 f. N 111; a.M. SCHOOP 89, die auf die Bedeutung auch des privaten Wissens der Urkundsperson hinweist; vgl. sodann BGE 86 III 154.
[1709] Dazu HENRI NOËL: La responsabilité civile des organes du Registre du Commerce (Diss. Fribourg 1936) sowie EDUARD HIS: Handelsregister, Geschäftsfirmen und kaufmännische Buchführung, Berner Kommentar Bd. VII/4 (Bern 1940) zu Art. 928.

der in der Literatur weitaus herrschenden, wonach auch der Handelsregisterführer OR 753 unterstellt ist[1710].

III. Die Tatbestände der Gründerhaftung

1. Allgemeines

938 a) Im Gegensatz zur Organhaftung nach OR 754[1711] ist die Gründerhaftung eine Haftung nicht für jede Pflichtwidrigkeit, sondern nur für *ganz bestimmte, gesetzlich abschliessend aufgezählte*[1712] *Handlungen und Unterlassungen.*

939 Der Gründerhaftung unterliegen Pflichtwidrigkeiten
– im Zusammenhang mit *qualifizierten Gründungen*[1713],
– im Zusammenhang mit der *Eintragung* der Gesellschaft in das Handelsregister[1714],
– im Hinblick auf die *Annahme von Zeichnungen*[1715].

940 b) Zum *Verhältnis* der verschiedenen gesetzlich genannten Tatbestände zueinander ist festzuhalten, dass Verstösse nach Ziff. 1 und Ziff. 2 häufig zugleich vorkommen, indem durch beide Ziffern die gleiche Rechtsverletzung, jedoch zu verschiedenen Zeitpunkten, erfasst wird[1716]. Beide Ziffern können dann gleichzeitig angerufen werden[1717].

941 c) OR 753 Ziff. 1–3 ist nur insofern abschliessend, als die Tatbestände der *spezifischen Gründerhaftung* aufgezählt werden. Eine Haftung für pflichtwidriges Verhalten anlässlich der Gründung kann aber auch auf *anderen Normen* beruhen:
– auf OR 644 II bzw. 653 III in Fällen vorzeitiger Aktienausgabe,
– auf Vertragsrecht oder dem Recht der einfachen Gesellschaft, falls die Initianten die Gründung vereiteln oder die Anmeldung der errichteten Gesellschaft beim Handelsregister nicht vornehmen,
– schliesslich auf den allgemeinen Bestimmungen von OR 41ff.[1718].

[1710] In diesem Sinne BÜRGI/NORDMANN, Kommentar zu Art. 753f. N 114; E. FRICK 84f.; FUNK Art. 753 N 2; LOCHER 94; a.M. m.W. nur HOTZ 91f., wonach OR 753ff. die allgemeinen Bestimmungen sein sollen, denen die Spezialnorm von OR 928 derogiert. Weitergehend PIOTET (zit. Anm. 1701) 93f., der für eine *kumulative* Anwendung von OR 753 und 928 eintritt.

[1711] Dazu N 255ff.

[1712] BÜRGI/NORDMANN, Kommentar zu Art. 753f. N 2; MORANT 62; HOTZ 173.

[1713] OR 753 Ziff. 1, dazu nachstehend N 942ff.

[1714] OR 753 Ziff. 2, dazu nachstehend N 945ff.

[1715] OR 753 Ziff. 3, dazu nachstehend N 951ff.

[1716] BGE 90 II 493; HOTZ 132f. Immerhin ist festzuhalten, dass die Verletzung von Ziff. 2 wohl häufig, aber durchaus nicht notwendig im Zusammenhang mit einer qualifizierten Gründung steht.

[1717] BGE 90 II 493.

[1718] BÜRGI/NORDMANN, Kommentar zu Art. 753f. N 2.

2. Verletzung von Vorschriften über die qualifizierte Gründung (OR 753 Ziff. 1)

a) Der Gründerhaftung unterliegt, wer absichtlich oder fahrlässig
- bei der Verheimlichung[1719] oder Verschleierung, bei der unrichtigen[1720] oder unvollständigen Angabe von qualifizierenden Tatbeständen mitgewirkt hat. Haftungsbegründend ist somit die Verletzung der für die qualifizierte Gründung aufgestellten Publizitätsvorschriften[1721];
- bei der Genehmigung eines qualifizierenden Tatbestandes in anderer Weise dem Gesetz zuwidergehandelt hat, etwa durch Verletzung von Quorums- oder Präsenzvorschriften[1722], durch Nichtvorlage von Übernahmeverträgen[1723], durch Nichterteilung erforderlicher Auskünfte[1724].

Zu erinnern ist in diesem Zusammenhang daran, dass der Begriff der Sachübernahme durch Lehre und Praxis weit gefasst wird[1725], so dass ein Verstoss gegen OR 753 Ziff. 1 auch dann vorliegen kann, wenn keine formellen Verträge abgeschlossen, diese aber fest in Aussicht genommen worden sind.

b) Ausgeschlossen sind Ansprüche der Gesellschaft und der Gründeraktionäre dann, wenn sämtliche Mitgründer um die fehlbare Handlung wussten[1726].

3. Erwirken des Handelsregistereintrages durch eine unrichtige Angaben enthaltende Bescheinigung oder Urkunde (OR 753 Ziff. 2)

a) Der Gründerhaftung unterliegt weiter, wer absichtlich oder fahrlässig[1727] dazu beiträgt, dass die Eintragung der Gesellschaft aufgrund einer Bescheinigung oder Urkunde erwirkt wird, die unrichtige Angaben enthält.

Dieser Tatbestand ist zunächst in den *Fällen von OR 753 Ziff. 1* erfüllt; insofern werden die dort aufgezählten Pflichtwidrigkeiten ein zweites Mal zu einem späteren Zeitpunkt gesetzlich erfasst[1728], wobei der Kreis der verantwortlichen Personen verschieden sein kann.

[1719] Vgl. BGE 79 II 177ff.; SJZ 47 (1951) 177f. Nr. 56; BN 48 (1987) 53f. (die Klage wurde in jenem Fall aber wegen fehlender Kausalität abgewiesen).
[1720] Vgl. BGE 90 II 495; sodann SCHOOP 46f.
[1721] So auch SCHOOP 44.
[1722] Z.B. durch Mitstimmen von Zeichnern, die die erforderlichen Einzahlungen nicht geleistet haben, vgl. SCHUCANY Art. 753 N 7.
[1723] BÜRGI/NORDMANN, Kommentar zu Art. 753f. N 73.
[1724] FUNK Art. 753 N 8.
[1725] Vgl. etwa BGE 83 II 288f.; ferner 101 IV 60ff.
[1726] Vgl. N 554 und die dort Anm. 1094 zitierten Entscheide.
[1727] *Bewusste* Unrichtigkeit ist daher nicht verlangt, BGE 76 II 315.
[1728] BGE 90 II 493, vgl. vorn N 940 und BN 48 (1987) 54.

947   Hauptfall dürfte daneben die *Scheineinzahlung* des Aktienkapitals sein, die in der Regel in der Weise erfolgt, dass zwar der erforderliche Betrag der Depositenstelle einbezahlt wird, dass es sich dabei aber um ein kurzfristiges Darlehen seitens Dritter handelt, das unmittelbar nach der Gründung zurückzuzahlen ist. Zu beachten ist, dass in diesen Fällen nicht nur die Gründer- oder Organhaftung in Betracht kommt, sondern dass zugleich auch die nachträgliche Liberierung verlangt werden kann[1729].

948   Seltener dürften *andere unrichtige Angaben,* etwa solche über die angebliche Bestellung von Gesellschaftsorganen[1730], sein.

949   b) *Urkunde* oder *Bescheinigung* im Sinne von OR 753 Ziff. 2 sind nicht nur die Beilagen zur Anmeldung[1731], sondern auch weitere Schriftstücke, die diesen Beilagen als Unterlage gedient haben, wie Zeichnungsscheine und ähnliches[1732].

950   c) Ob eine Bescheinigung oder Urkunde richtig oder unrichtig ist, «beurteilt sich nicht nach formellen, sondern nach materiellen Gesichtspunkten»[1733].

4. Wissentliche Annahme von Zeichnungen zahlungsunfähiger Personen (OR 753 Ziff. 3)

951   a) Haftbar aus diesem letzten haftungsbegründenden Tatbestand wird nur, wer *wissentlich* gehandelt hat[1734]. Diese Einschränkung auf absichtlich schuldhaftes Verhalten stellt eine *Ausnahme* im aktienrechtlichen Verantwortlichkeitsrecht dar[1735], da im übrigen jedes Verschulden, auch die leichte Fahrlässigkeit, haftungsbegründend wirkt. Die Ausnahme gilt nur für die *Gründerhaftung.* Die Verwaltung, die im Rahmen eines Kapitalerhöhungsverfahrens zahlungsunfähige Zeichner zulässt, kann sich daher auf diese Einschränkung nicht berufen[1736], da ihr Verhalten nach OR 754 zu beurteilen ist[1737].

[1729] Vgl. BGE 102 II 361f. Die infolge Rückzahlung der Kapitaleinlage entstandenen Verantwortlichkeitsansprüche gegen den Verwaltungsrat waren verjährt. Das Bundesgericht schützte jedoch die Klage auf Liberierung, die der Zehnjahresfrist untersteht.
[1730] BÜRGI/NORDMANN, Kommentar zu Art. 753f. N 77.
[1731] Zu diesen vgl. BGE 32 II 278.
[1732] HOTZ 124f.; STOKAR 110f.; SCHUCANY Art. 753 N 8.
[1733] BGE 76 II 307; dies ist insbesondere wichtig bei der Scheineinzahlung, vgl. vorn N 947, da bei dieser die Bestätigung der Depositenstelle formell korrekt ist. Für weitere Fälle vgl. die Zusammenstellung bei SCHOOP 46.
[1734] E. FRICK 64; BÜRGI/NORDMANN, Kommentar zu Art. 753f. N 24; FUNK Art. 753 N 5.
[1735] E. FRICK 64.
[1736] BÜRGI/NORDMANN, Kommentar zu Art. 753f. N 24.
[1737] Vgl. vorn N 907ff.

Wissen um die Zahlungsunfähigkeit genügt, nicht erforderlich ist, «dass 952
der Haftende den zahlungsunfähigen Aktionär selber präsentiert hat»[1738].

Hinzuweisen ist jedoch darauf, dass keine Pflicht, die Zahlungsfähigkeit 953
zu überprüfen, besteht[1739].

b) Selbstverständlich muss die Zahlungsunfähigkeit schon *im Zeitpunkt* 954
der Annahme der Zeichnung bestanden haben[1740]. Dies kann durch das
Vorliegen von Verlustscheinen bewiesen werden[1741]. Doch ist mit HENGGE-
LER[1742] und STOKAR[1743] und entgegen HOTZ[1744] davon auszugehen, dass die
Zahlungsunfähigkeit auch aus anderen Gründen offenkundig sein kann, so
wenn «sehr grosse Beträge von einem Subskribenten gezeichnet werden,
bei dem allgemein bekannt ist, dass er über derartige Mittel nicht
verfügt»[1745, 1746].

c) Der wissentlichen Annahme der Zeichnung eines Zahlungsunfähigen 955
ist die der Zeichnung eines *Handlungsunfähigen* gleichzustellen, da auch
in diesem Fall die AG über den gezeichneten Betrag nicht verfügen kann[1747].

5. Kasuistik

Die Gründer werden haftbar, wenn sie eine Bargründung vortäuschen, 956
in Wirklichkeit der Gesellschaft aber lediglich Sachwerte zuführen[1748], wenn
eine reine Barliberierung vorgetäuscht wird und Sacheinlagen und -über-
nahmen verschwiegen werden[1749].

Insbesondere werden die Gründer verantwortlich, wenn in Wirklichkeit 957
keine Barliberierung, sondern die Übernahme eines Grundstücks gegen
Übergabe der scheinbar liberierten Aktien geplant war[1750].

Das Verschweigen einer Sachübernahme zieht die Gründerhaftung nach 958
sich[1751].

[1738] FUNK Art. 753 N 10.
[1739] FORSTMOSER, Aktienrecht § 9 N 236; SCHUCANY Art. 753 N 9; FRITZ DICK: Die Liberierung der Aktien... (Diss. Bern 1934) 46; M. FAWZI SAMI: La souscription d'actions dans la société anonyme... (Diss. Genf 1968) 134.
[1740] BÜRGI/NORDMANN, Kommentar zu Art. 753f. N 78.
[1741] HOTZ 137; BÜRGI/NORDMANN, Kommentar zu Art. 753f. N 78.
[1742] S. 30.
[1743] S. 112.
[1744] S. 137.
[1745] HENGGELER 30.
[1746] Vgl. auch die Literatur und Judikatur zu OR 83 I.
[1747] Ebenso HOTZ 139 und STOKAR 112f.
[1748] BGE 64 II 279f.
[1749] BGE 79 II 177ff.; SJZ 47 (1951) 177f. Nr. 56; BN 48 (1987) 54 (die Klage wurde jedoch wegen fehlender Kausalität abgewiesen).
[1750] BGE 59 II 444ff.
[1751] BGE 83 II 287ff.; vgl. ferner BJM 1958, 31ff.

959 Grundsätzlich sind die Gründer wegen Überbewertung von Sacheinlagen verantwortlich; der Gesellschaft stehen gegenüber den fehlbaren Gründern jedoch dann keine Ansprüche zu, wenn alle Gründer die Überbewertung gekannt haben oder hätten kennen sollen[1752].

960 Die Gründer werden aus Gründerhaftung verantwortlich, wenn sie aus Nachlässigkeit eine Überbewertung von mehr als Fr. 50'000.-- – in casu mehr als 70% des Gesellschaftsvermögens – toleriert haben[1753].

961 Der Gründungsprüfer, der eine Sacheinlage fahrlässig überbewertet hat, wird dem Geschädigten hiefür verantwortlich[1754].

962 Die Gründer werden haftbar, wenn sie an der Veranlassung einer Scheineinzahlung von Aktien mitwirken[1755].

963 Der Darlehensgeber, der in Kenntnis der Verhältnisse ein kurzfristiges Darlehen zu Gründungszwecken gewährt, wird gemäss OR 753 als Gründer haftbar[1756]. Insbesondere untersteht der Gründerhaftung auch eine Bank, die durch Gewährung eines kurzfristigen Darlehens bei einer Scheinliberierung mitwirkt[1757].

964 Grundsätzlich wird die Urkundsperson als Gründer verantwortlich, wenn sie eine Liberierung durch Verrechnung nicht als solche verurkundet und zu Unrecht vollständige Liberierung vermerkt[1758].

965 Der Verwaltungsrat, der eine Kapitalerhöhung eintragen lässt, obwohl er von einer Scheinliberierung Kenntnis hat, wird gemäss OR 753 als Gründer verantwortlich[1759].

966 Die Haftung der Gründer gegenüber der Gesellschaft wegen unrichtiger Bewertung einer Sacheinlage entfällt, wenn die fehlbare Handlung von allen Gründern gebilligt wurde[1760].

[1752] BGE 90 II 496f.; vgl. auch BGE 83 II 56.
[1753] BGE 90 II 497.
[1754] AG 20 (1975) 127, deutsches Recht.
[1755] BGE 102 II 356, 360.
[1756] BGE 76 II 311ff.
[1757] Vgl. die von HÜTTE in ST 59 (1985) 222ff. referierten Entscheide des Zürcher Obergerichts und des Bundesgerichts.
[1758] ZBJV 95 (1959) 115f.; in casu wird die Haftung deshalb verneint, weil das Gründungsstadium längst abgeschlossen war. – Vgl. im übrigen vorn N 933ff.
[1759] Sem 91 (1969) 154f.; vgl. auch vorn N 908ff.
[1760] BGE 83 II 56; 90 II 496ff.

§ 5 Die Prospekthaftung insbesondere[1761]

I. Der Anwendungsbereich der Prospekthaftung im allgemeinen

1. Anwendung auf die Aktienausgabe bei Gründung und Kapitalerhöhung sowie auf die Ausgabe von Obligationen

a) Die besondere Prospekthaftung nach OR 752 greift Platz, wenn «*bei der Gründung*»[1762] unrichtige oder mangelhafte Angaben in Prospekten, Zirkularen oder ähnlichen Kundgebungen[1762a] gemacht werden.

Eine Prospektpflicht besteht bekanntlich nur bei der öffentlichen Aktienzeichnung im Sukzessivverfahren[1763]. Doch ist die Prospekthaftung nicht auf dieses Verfahren zu beschränken, sondern auch dann anzuwenden, wenn freiwillig Angaben in Dokumenten, wie sie in OR 752 genannt sind[1764], gemacht werden, so insbesondere bei der formellen Simultangründung mit anschliessender Offerte an das Publikum. Dies rechtfertigt sich wegen des allgemeinen Wortlauts von OR 752[1765] und auch deswegen, weil das Gesetz nicht nur von Angaben in einem Prospekt, sondern auch von solchen in anderen, gesetzlich in keinem Gründungsverfahren vorgeschriebenen Dokumenten spricht[1766].

b) OR 752 statuiert sodann eine besondere Haftung für entsprechende Dokumente, die anlässlich einer *Kapitalerhöhung* ausgegeben werden[1767]. Auch diese Haftung ist unabhängig davon, ob die Ausgabe eines Prospekts gesetzlich verlangt ist oder nicht. Insbesondere findet die Prospekthaftung auch Anwendung beim «Simultanverfahren» mit anschliessender Offerte

---

[1761] Vgl. neben der allgemeinen Literatur auch A. ZIEGLER: Anleihensobligationen Art. 1156–1186 OR, Berner Kommentar zum Obligationenrecht Bd. VII/6 (Bern 1950) Art. 1156 N 24ff.; SCHRAFL 56ff. sowie SCHOOP 15ff., 41ff. und 75ff.

[1762] Zu Beginn und Ende des Gründungsstadiums vgl. N 903ff.

[1762a] Kein Prospekt im Sinne der Prospekthaftung ist aber eine Bilanzdokumentation, die «nicht im Hinblick auf eine Aktienemission..., sondern als Grundlage für eine Sanierung» erstellt worden ist, BGE 112 II 261.

[1763] Vgl. OR 631 I.

[1764] Zu diesen im einzelnen nachstehend N 975.

[1765] «Bei der Gründung»; ebenso SCHOOP 42.

[1766] Ebenso BÜRGI/NORDMANN, Kommentar zu Art. 752 N 10; vgl. auch Art. 752 N 16, wonach in solchen Fällen allenfalls eine verdeckte Sukzessivgründung anzunehmen und auf diesem Wege die Anwendbarkeit von OR 752 herbeizuführen ist. Dies ist m.E. wegen der weiten Fassung des Artikels nicht erforderlich.

[1767] Dafür, dass OR 752 auch bei Kapitalerhöhungen zur Anwendung gelangt, vgl. BGE 112 II 261.

an die bisherigen Aktionäre oder das Publikum, wie es heute bei Publikumsgesellschaften die Regel bildet. Der Passus «bei der Ausgabe von Aktien» ist daher nicht allzu eng zu verstehen, sondern er umfasst das Emissionsverfahren auch in solchen Fällen, in denen vorerst eine Mittelsperson die neugeschaffenen Aktien übernimmt[1768].

970 Zum Verhältnis zur Haftung aus Verwaltung und Geschäftsführung vgl. nachstehend N 982.

971 c) Die aktienrechtliche Prospekthaftung findet auch bei der Ausgabe von *Obligationen*[1769] Anwendung. OR 752 und allgemein das aktienrechtliche Verantwortlichkeitsrecht sind damit – falls Anleihensobligationen von einer AG ausgegeben werden – neben der Haftungsnorm von OR 1156 III und den Bestimmungen von OR 1157ff. ebenfalls anwendbar[1770]. Dies ist bedeutsam insofern, als die aktienrechtlichen Haftungsnormen für den Kläger etwas günstiger sind als die allgemeinen deliktischen[1771]. Was den Kreis der Passivlegitimierten betrifft, dürften sich die beiden Verantwortungsgrundlagen decken[1772]. Auch der Kreis der Aktivlegitimierten dürfte sich zunächst nach den gleichen Regeln richten[1773]. Dagegen besteht im Rahmen von OR 1156ff. eine Erweiterung insofern, als gestützt auf OR 1164 I auch die Gläubigergemeinschaft der Anleihensobligationäre aktivlegiti-

---

[1768] Ebenso SCHRAFL 59ff. unter Hinweis darauf, dass im altOR richtigerweise von «Emission» statt von «Ausgabe» gesprochen wurde.

[1769] Dazu OR 1156 sowie VON GREYERZ, Aktiengesellschaft 292 und SCHLUEP 85.

[1770] In der ersten Auflage dieser Publikation wurde die Auffassung vertreten, die aktienrechtliche Verantwortlichkeit *gehe der Haftungsnorm von OR 1156 III vor*. Diese Auffassung wird in der Judikatur vertreten in einem nicht veröffentlichten Entscheid des Kantonsgerichts St. Gallen vom 6.11.1986 in Sachen Gläubigergemeinschaft R. gegen St. G. (das Urteil wurde am 23.6.1987 vom Bundesgericht aufgehoben, wobei jedoch im Zeitpunkt des Abschlusses dieser Publikation die Begründung noch nicht vorlag); in der Literatur durch VON GREYERZ, Aktiengesellschaft 292; FRANZ HUBER: Der Schutz der Obligationäre nach den Entwürfen zum OR (Diss. Bern 1936) 71f., und implizit von ZIEGLER (zit. Anm. 1761) Art. 1156 N 28. Es kann daran m.E. nicht festgehalten werden: Zwar kann OR 752 allenfalls als lex specialis gegenüber OR 1156 III verstanden werden. Dies führt aber m.E. nicht zwangsläufig zur *ausschliesslichen* Anwendbarkeit von OR 752, soweit die Voraussetzungen von OR 1156 III erfüllt sind. Der Kläger kann sich vielmehr grundsätzlich auf beide Bestimmungen berufen.

[1771] So bezüglich der Verjährung: fünfjährige ordentliche Verjährungsfrist gemäss OR 760 in Fällen aktienrechtlicher Verantwortlichkeit, einjährige gemäss OR 60 bei Anwendung von OR 1156 III, in diesem Sinne ausdrücklich ZIEGLER (zit. Anm. 1761) Art. 1156 N 28; ebenso HUBER (zit. Anm. 1770) 71f. und der vorn Anm. 1770 referierte Entscheid.

[1772] Unrichtig wohl die 1.A. dieses Buches, wo erklärt wird, es sei der Kreis der Passivlegitimierten nach OR 1156 III weiter gefasst.

[1773] Vgl. daher auch für OR 772 ZIEGLER (zit. Anm. 1761) Art. 1156 N 24: Klageberechtigt ist, «wer immer, gleichgültig wann, eine Anleihensobligation gezeichnet oder sonstwie rechtsgeschäftlich... erworben hat, nachdem ein Prospekt mit unrichtigen oder unvollständigen Angaben erlassen worden ist... sowie sein Universalrechtsnachfolger».

miert sein muss[1774,1775]. Mit dieser Erweiterung ist zugleich eine Einschränkung verbunden, indem der einzelne Anleger seine Rechte diesfalls nicht mehr selbständig geltend machen kann[1776]. – Im übrigen dürfte OR 1176 I bei Aktiengesellschaften namentlich auch dann von Bedeutung sein, wenn bei einer Anleihensobligation überhaupt kein Prospekt ausgegeben wurde[1777].

Über seinen Wortlaut hinaus ist OR 752 m.E. auch anwendbar bei der Ausgabe anderer Titel, etwa von Genuss- und Partizipationsscheinen[1778]. Der RevE Art. 752 hält dies nun ausdrücklich fest[1779]. 972

d) Einschränkend ist darauf hinzuweisen, dass OR 752 der spezifischen aktienrechtlichen Verantwortlichkeit nur Kundgebungen «bei der Ausgabe» von Aktien oder Obligationen unterwirft. Prospekte oder ähnliche Kundgebungen müssen daher im Zusammenhang mit der *Emission* erlassen worden sein, in der Absicht also, «die Aktien in den Verkehr einzuführen»[1780]. Angaben über Papiere, die bereits gehandelt werden, fallen nicht unter diese Norm[1781]. Nicht anwendbar ist daher OR 752 auf den Börsenprospekt, es sei denn, dieser sei in unmittelbarem Zusammenhang mit einer Emission verbreitet worden[1782]. 973

[1774] Nach OR 1164 I ist die Gläubigergemeinschaft befugt, «die geeigneten Massnahmen zur Wahrung der gemeinsamen Interessen der Anleihensgläubiger» zu treffen. In der Anhebung einer Klage durch einen gemeinsamen Vertreter ist m.E. eine solche geeignete Massnahme zu erblicken. – Die Materialien sind zu dieser Frage nicht einschlägig, dürften aber eher für die hier vertretene Auffassung sprechen. In der Literatur zu OR 1164 wird auf die Kompetenz der Anleihensgläubigergemeinschaft hingewiesen, alle geeigneten Massnahmen zur Wahrung gemeinsamer Interessen zu treffen (vgl. etwa E. BECK: Die Gläubigergemeinschaft bei Anleihensobligationen [Bern 1918] 54), und es wird auch explizit auf die Prozessfähigkeit der Gläubigergemeinschaft hingewiesen (BECK, a.a.O. 51; F.T. GUBLER: Vertretung und Treuhand bei Anleihen nach schweizerischem Recht [Diss. Zürich 1940] 51; J. HÜPPI: Die Beschlüsse der Anleihensgläubigerversammlung [Diss. Fribourg 1950/53] 32; ZIEGLER [zit. Anm. 1761] Art. 1159 N 11; HUBER [zit. Anm. 1770] 127). Vereinzelt wird auch explizit die Möglichkeit von Verantwortlichkeitsprozessen durch die Gläubigergemeinschaft bzw. deren Vertreter erwähnt (so etwa von BECK, a.a.O. Art. 24 N 14; GUBLER, a.a.O. 43, 50; HUBER, a.a.O. 127; ZIEGLER [zit. Anm. 1761] Art. 1181 N 4). Bejaht wurde die Aktivlegitimation in einem Entscheid des Bezirksgerichts St. Gallen i.S. Gläubigergemeinschaft R. gegen St. G. vom 21.6.1985. Das Urteil wurde vom Kantonsgericht St. Gallen am 6.11.1986 bestätigt. Eine Berufung an das Bundesgericht wurde jedoch am 23.6.1987 gutgeheissen. Die Begründung des aufhebenden Entscheides stand im Zeitpunkt des Abschlusses dieser Publikation noch aus.
[1775] Der Entscheid kann m.E. gemäss OR 1181 mit der absoluten Mehrheit der vertretenen Stimmen gefasst werden.
[1776] Vgl. OR 1164 III.
[1777] Vgl. dazu hinten N 976.
[1778] Vgl. dazu die Ausführungen vorn N 117 ff. sowie hinten N 987.
[1779] Vgl. dazu dessen Wiedergabe hinten N 1217.
[1780] BGE 112 II 261, ebenso SCHRAFL 61.
[1781] SCHOOP 42. – Zur Eingrenzung vgl. auch vorn Anm. 1762a.
[1782] SCHRAFL 61; ebenso, aber ohne Präzisierung FUNK Art. 752 N 2.

973a e) Die Bestimmungen über die Prospekthaftung finden auch dann Anwendung, wenn – wie heute bei Emissionen von Publikumsgesellschaften allgemein üblich – die neugeschaffenen Papiere zunächst von Banken oder einem anderen Dritten *fest übernommen* und sie erst anschliessend an die materiell Bezugsberechtigten abgegeben werden[1783].

2. Die Kundgebungen im Sinne von OR 752

974 a) Von OR 752 werden zunächst erfasst unrichtige oder den gesetzlichen Erfordernissen nicht entsprechende Angaben in *Prospekten,* und zwar unabhängig davon, ob der Prospekt gesetzlich vorgeschrieben ist oder ob er freiwillig publiziert wird[1784], jedoch nur so weit, als er im Zusammenhang mit der Emission steht[1785].

975 b) Die Prospekthaftung ist aber auch anzuwenden auf Angaben in *«Zirkularen oder ähnlichen Kundgebungen».* Darunter sind alle Mittel der Werbung und Information zu verstehen, die bezwecken, einem weiteren Personenkreis zu ermöglichen, sich ein Urteil über die rechtlichen und wirtschaftlichen Grundlagen des Unternehmens zu verschaffen und die in dieser Absicht formuliert worden sind[1786]. Erfasst sind etwa «Zeitungsinserate, Zeichnungsscheine, Referate an Versammlungen, Werbebriefe usw.»[1787], ebenso Mitteilungen von Emissionshäusern an ihre Kunden[1788]. Stets aber muss es sich um Informationen im Rahmen der *Ausgabe* der Papiere handeln[1789].

976 c) Unklar ist, ob eine unrichtige Kundgabe im Sinne von OR 752 auch dann vorliegt, wenn trotz einer entsprechenden gesetzlichen Vorschrift *überhaupt kein Prospekt ausgegeben* worden ist. Lehre und Praxis bejahen dies[1790] obschon die Unterlassung angesichts des klaren Wortlauts der Norm von OR 752 *nicht gedeckt erscheint.* Jedenfalls kommen andere Verantwortlichkeitsbestimmungen in Betracht:

[1783] Die Anwendbarkeit ergibt sich schon daraus, dass nicht nur der ursprüngliche Zeichner, sondern auch der spätere Erwerber anspruchsberechtigt sind, falls sie infolge eines unkorrekten Prospekts Schaden erlitten haben, vgl. dazu nachstehend N 987 ff.
[1784] Vgl. vorn N 968.
[1785] Dazu präzisierend vorn N 973 sowie SCHOOP 42.
[1786] BGE 47 II 286 f.; ebenso FUNK Art. 752 N 3; SCHUCANY Art. 752 N 2; BÜRGI/NORDMANN, Kommentar zu Art. 752 N 9; SCHOOP 41.
[1787] BÜRGI/NORDMANN, Kommentar zu Art. 752 N 9.
[1788] MORANT 51.
[1789] HENGGELER 13, dazu vorn N 973. – Zur Abgrenzung vgl. auch vorn Anm. 1762a.
[1790] Vgl. hinten Anm. 1838.

– Erfolgte die Unterlassung im Zusammenhang mit der Ausgabe einer *Anleihensobligation,* so greift OR 1156 III Platz, welche Bestimmung das Fehlen eines Prospekts als Haftungsgrund ausdrücklich erwähnt[1791].
– Im übrigen – d.h. insbesondere bei *Kapitalerhöhungen* – kann die Missachtung der Prospektpflicht allenfalls den Tatbestand von OR 754 erfüllen, womit der dort genannte – engere[1792] – Personenkreis ins Recht gefasst werden kann.

d) Eindeutig ist die Rechtslage, wenn zwar ein Prospekt ausgegeben wird, dieser aber wesentliche Tatsachen *verschweigt:* Ein solches Verhalten ist der Prospekthaftung unterstellt, und es können Angaben «auch aus Unterlassung falsch oder unrichtig sein»[1793].

3. Aktien- und Obligationenausgabe durch ausländische Gesellschaften

a) Bei der Ausgabe von *Aktien* kommt die schweizerische Prospekthaftung nur zum Zug, wenn es sich um die Emission einer *schweizerischen AG,* d.h. einer in der Schweiz inkorporierten Gesellschaft[1794] handelt, da sich die Haftung infolge einer Verletzung gesellschaftsrechtlicher Pflichten nach dem Personalstatut bestimmt[1795].

Bei der Ausgabe von Aktien *ausländischer Gesellschaften* in der Schweiz kommt immerhin eine Haftung der verantwortlichen Personen aufgrund des allgemeinen Deliktsrechts[1796] in Betracht, da die Haftung aus unerlaubter Handlung grundsätzlich am Deliktsort anzuknüpfen ist[1797].

b) Anders ist die Sachlage bei der Ausgabe von *Obligationen* durch eine *ausländische Gesellschaft* in der Schweiz: OR 1156 sieht den *Prospektzwang*

[1791] Bei einem fehlerhaften Prospekt ist dagegen bei Aktiengesellschaften nicht OR 1156 III, sondern OR 752 zugrunde zu legen, vgl. vorn N 971.
[1792] Vgl. vorn N 657ff. und allenfalls 852ff.
[1793] BGE 112 II 176.
[1794] So nach der in der Schweiz praktisch ausschliesslich vertretenen Inkorporationstheorie, vgl. VISCHER, Bemerkungen (zit. Anm. 1247) 56; ders., Internationales Privatrecht (zit. Anm. 1247) 571; WEISS (zit. Anm. 1247) N 449f.; KELLER/SIEHR (zit. Anm. 1249) 330f.
[1795] Vgl. besonders zur Prospekthaftung BÜRGI/NORDMANN, Kommentar zu Art. 752 N 21. Nach BÜRGI/NORDMANN, soll immerhin dann, wenn «ein äusserst krasser und finanziell schwerwiegender Fall» vorliegt und die ausländische Rechtsordnung keine entsprechende Haftung kennt, die Anwendung schweizerischen Rechts unter Berufung auf den schweizerischen Ordre public in Betracht kommen. Dies erscheint fraglich und dürfte in der Praxis wegen der sich stellenden Vollstreckungsprobleme kaum zum Ziel führen.
[1796] OR 41ff.
[1797] Vgl. BÜRGI/NORDMANN, Kommentar zu Art. 752 N 23; FORSTMOSER, Aktienrecht § 5 N 51 sowie grundsätzlich und ausführlich KELLER/SIEHR (zit. Anm. 1249) 356ff.

für jede öffentliche Emission von Obligationen vor[1798], und es kommt dementsprechend auch die Prospekthaftung des schweizerischen Rechts unbeachtlich des Emittenten zum Zug[1799]. Doch richtet sich diese Haftung – auch wenn es sich bei der ausgebenden Gesellschaft um eine ausländische *AG* handelt – nach OR 1156 III und nicht etwa nach Aktienrecht[1800].

4. Abgrenzung zur Gründer- und zur Geschäftsführungshaftung

981 a) Betreffend die Abgrenzung zur *Gründerhaftung* vgl. N 913 f.

982 b) Während vor der Eintragung der Gesellschaft in das Handelsregister nur die Prospekthaftung in Betracht kommt[1801], können Pflichtwidrigkeiten anlässlich einer *Kapitalerhöhung* oder der *Ausgabe einer Obligationenanleihe* die Voraussetzungen sowohl von OR 752 wie auch von OR 754 erfüllen. Dabei ist zu beachten, dass der in OR 752 erfasste Personenkreis weiter ist als jener der Organhaftung[1802], während anderseits OR 754 betreffend der erfassten Tatbestände weitergeht. Insbesondere kann nach OR 754 auch eine Schädigung der Gesellschaft geltend gemacht werden, sei es durch diese selbst, sei es als mittelbarer Schaden von Aktionären und Gläubigern[1803]. Ferner kann die Norm Anwendung finden, wenn rechtswidrig gar kein Prospekt ausgegeben worden ist[1804].

5. Exkurs: Die Prospekthaftung nach dem Revisionsentwurf[1805]

983 Der RevE behält die Prospekthaftung im wesentlichen unverändert bei. Der Entwurf sieht aber nützliche Klärungen vor:
– Gesprochen wird nicht mehr nur von «Aktien oder Obligationen», sondern von «Aktien, Obligationen oder anderen Titeln», was materiell

---

[1798] Während der Prospektzwang bei der Ausgabe von Aktien nur für schweizerische Gesellschaften besteht, da sich OR 631 und 651 nur mit Aktiengesellschaften befassen, die ihren Sitz in der Schweiz haben (vgl. ARNOLD B. ROLF: Der Börsenprospekt [Diss. Zürich 1969] 21).

[1799] Ebenso VISCHER, Internationales Privatrecht (zit. Anm. 1247) 575; BÜRGI/NORDMANN, Kommentar zu Art. 752 N 20.

[1800] Ebenso BÜRGI/NORDMANN, Kommentar zu Art. 752 N 20; vgl. auch ZIEGLER (zit. Anm. 1761) Art. 1156 N 30.

[1801] Vgl. N 915.

[1802] Vgl. nachstehend N 984 ff. mit N 657 ff.

[1803] Vgl. dagegen die Einschränkung der Prospekthaftung auf unmittelbaren Schaden von Aktionären und Obligationären, dazu nachstehend N 994.

[1804] Vgl. vorn N 976.

[1805] Vgl. dazu den Wortlaut hinten N 1217, ferner N 1225.

m.E. keine Änderung gegenüber dem heutigen Rechtszustand bringt[1806].
- Statt von «Prospekten oder Zirkularen» ist von «Prospekten oder ähnlichen Mitteilungen» die Rede, wiederum eine erwünschte Klärung der m.E. bereits heute bestehenden Rechtslage[1807].
- Endlich wird nicht mehr von den «einzelnen Aktionären oder Obligationären» gesprochen, sondern von den «Erwerbern der Titel», womit klargestellt sein dürfte, dass auch spätere Erwerber klageberechtigt sind[1808].

II. Der der Prospekthaftung unterworfene Personenkreis

a) Haftpflichtig wird, wer absichtlich oder fahrlässig an einer mangelhaften Kundgebung im Sinne von OR 752 mitgewirkt hat. Dies sind in erster Linie diejenigen, die an der *Redaktion* von Prospekten, Zirkularen usw. mitgewirkt haben, dann aber auch die an der *Verbreitung* Beteiligten[1809].

b) Im einzelnen[1810] kommen als Haftpflichtige etwa in Betracht
- die *Gründer* im Sinne von OR 629 II[1811],
- die *Unterzeichner*[1812] *von Prospekten* und Zirkularen, und zwar auch dann, wenn sie nur fiduziarisch tätig geworden sind[1813], was aber eine Haftung des Hintermannes nicht ausschliesst[1814],
- die *bestellten Organe,* insbesondere die – allenfalls künftigen – Mitglieder der *Verwaltung*[1815],
- die *Kontrollstelle*[1816],

[1806] Vgl. hinten N 987.
[1807] Vgl. dazu vorn N 975.
[1808] Auch dies ist m.E. bereits unter geltendem Recht der Fall, doch ist die Frage umstritten, vgl. hinten N 988.
[1809] BÜRGI/NORDMANN, Kommentar zu Art. 752 N 9; FUNK Art. 752 N 5; MORANT 50f.; SCHOOP 75; VON GREYERZ, Aktiengesellschaft 292. Vgl. auch BGE 112 II 179, E 2b: Haftpflichtig ist danach «jede Person, die im Rahmen der Werbung falsche Angaben macht» (Entscheid zu AFG 25 II).
[1810] Vgl. die Aufzählungen bei BÜRGI/NORDMANN, Kommentar zu Art. 752 N 18; FUNK Art. 752 N 5; E. FRICK 56; SCHOOP 76.
[1811] Vgl. N 920.
[1812] RÜEGG 80; SCHLUEP 86; SCHOOP 76.
[1813] Vgl. N 923 sowie SCHOOP 76 und SCHUCANY Art. 752 N 6.
[1814] Vgl. N 924.
[1815] Vgl. N 926; SCHOOP 76 und 97ff. sowie RÜEGG 80.
[1816] Vgl. N 927 sowie SCHLUEP 86 und SCHOOP 76.

– *Banken* und ähnliche Institutionen, die sich mit der Plazierung befassen[1817],
– *Berater* und Sachverständige, insbesondere Anwälte[1818],
– ferner nach freilich umstrittener Ansicht auch *Urkundspersonen*[1819].

986 Umstritten ist die allfällige Haftung einer *Zeichnungsstelle*, die sich auf die blosse Entgegennahme von unterschriebenen Zeichnungsscheinen beschränkt, ohne sich in irgendeiner Form an der Verbreitung der Information zu beteiligen. Nach ZIEGLER[1820] wird derjenige, der sich auf die blosse Entgegennahme von Zeichnungsscheinen beschränkt, nicht haftbar, während nach RÜEGG[1821] eine Rechtspflicht der Zeichnungsstelle besteht, «für eine legale und loyale Durchführung der Emission zu sorgen»[1822].

III. Die Anspruchsberechtigten

987 a) Anspruchsberechtigt und aktivlegitimiert sind *Aktionäre und Obligationäre*[1823, 1824] einschliesslich der Wandel- und Optionsobligationäre sowie m.E. – über den Wortlaut des Gesetzes und die Aufzählungen in der Literatur hinaus – die Erwerber von Genuss- und Partizipationsscheinen[1825].

988 Umstritten ist, ob nur die Zeichner oder auch *spätere Erwerber* von Aktien und Obligationen klageberechtigt sind: GUHL/MERZ/KUMMER[1826] gehen davon aus, dass nur die Zeichner aktivlegitimiert sind, während nach SCHRAFL[1827], «auch jeder spätere Erwerber die Klage erheben» kann. In

---

[1817] RÜEGG 75, 78 ff.; ferner BÜRGI/NORDMANN, Kommentar zu Art. 752 N 9, sowie SCHLUEP 86 und SCHOOP 76. – Haftbar wird dabei die *juristische Person als solche*, nicht das Organ oder die Hilfsperson, welche für diese gehandelt haben (vgl. die Ausführungen zum analogen Problem bei der Kontrollstellhaftung vorn N 857 f.).
[1818] Vgl. N 930 sowie SCHOOP 76.
[1819] Vgl. N 933 ff. sowie SCHLUEP 86 und SCHOOP 76.
[1820] (Zit. Anm. 1761) Art. 1156 N 20.
[1821] S. 82 f.
[1822] Von einer Haftung der Zeichnungsstelle gehen auch E. FRICK 56 und SCHOOP 76 aus, während nach BÜRGI/NORDMANN, Kommentar zu Art. 752 N 18 die «Einzelumstände des Falls» massgebend sind. – Vgl. auch nachstehend N 993 betreffend die Haftung für die Verbreitung mangelhafter Kundgebungen.
[1823] E. FRICK 56; HENGGELER 14; MORANT 69; FUNK Art. 752 N 7; SCHUCANY Art. 752 N 7.
[1824] Zur Klage legitimiert ist auch der *Vertreter* der Anleihensgläubiger, vgl. vorn N 971.
[1825] Dazu ausführlich vorn N 117 ff., ferner N 972.
[1826] S. 691.
[1827] S. 61.

ähnlichem Sinn äussern sich ZIEGLER[1828] und BÜRGI/NORDMANN[1829], während FUNK[1830] und SCHUCANY[1831] die Frage nicht anschneiden.

Angesichts des allgemeinen Wortlauts des Gesetzes ist eine *Einschränkung auf die Zeichner m.E. abzulehnen*[1832]. Doch ist stets zu beachten, dass die Prospekthaftung nur in Betracht kommt, wenn zwischen der Redaktion oder Verbreitung unrichtiger oder unvollständiger Kundgebungen und dem Eintritt des Schadens ein Kausalzusammenhang besteht. Voraussetzung ist daher, dass der spätere Erwerber glaubhaft machen kann[1833], dass er die Papiere aufgrund der unkorrekten Informationen erworben hat[1834].

b) *Negativ* ist festzuhalten: Nicht zur Klage legitimiert ist die *Gesellschaft*[1835]. Ebensowenig legitimiert sind *andere Gläubiger* als die Obligationäre[1836].

IV. Die Tatbestände der Prospekthaftung

1. Aufstellen oder Verbreitung von unrichtigen oder den gesetzlichen Erfordernissen nicht entsprechenden Angaben

a) Haftungsbegründender Tatbestand ist das *Aufstellen von unrichtigen oder den gesetzlichen Erfordernissen nicht entsprechenden Angaben* in einer «Kundgebung» im Sinne von OR 752[1837].

Dieser Tatbestand ist etwa erfüllt
– nach herrschender Lehre und Praxis[1837a] beim Unterlassen der Prospektausgabe in Fällen, in denen ein Prospektzwang besteht[1838],

---

[1828] (Zit. Anm. 1761) Art. 1156 N 24.
[1829] Kommentar zu Art. 752 N 17.
[1830] Art. 752 N 7.
[1831] Art. 752 N 7.
[1832] Klärend nun der RevE, der von «den Erwerbern der Titel» spricht, womit wohl auch spätere Erwerber gemeint sind, vgl. hinten N 1217 und N 1225.
[1833] Ein strenger Nachweis an den Kausalzusammenhang wird nicht verlangt, vgl. N 269.
[1834] Unrichtig daher SCHRAFL 61, der davon ausgeht, dass die objektive Unrichtigkeit des Prospektes genügt, auch wenn sie vom Erwerber erst später festgestellt wird. – Diese Voraussetzung ist dagegen m.E. dann nicht verlangt, wenn gestützt auf OR 1156ff. ein gemeinsamer Vertreter für die Gläubigergemeinschaft der Anleihensobligationäre klagt (dazu vorn N 971): Diesfalls ist vom Gesamtschaden aller Gläubiger auszugehen.
[1835] Vgl. Botschaft 61; BÜRGI/NORDMANN, Kommentar zu Art. 752 N 13; GUHL/MERZ/KUMMER 691.
[1836] E. FRICK 56; HENGGELER 14; FUNK Art. 752 N 7.
[1837] Dazu vorn N 974f. sowie SCHOOP 41.
[1837a] Vgl. vorn N 976.
[1838] SCHOOP 41; BGE 47 II 286; OR 631, 651 und 1156.

- bei der Ausgabe eines unvollständigen Prospektes in denselben Fällen[1839],
- dann, wenn ein Prospekt, Zirkular oder eine andere Kundgebung unrichtige Angaben enthält oder wenn wesentliche Angaben verschwiegen[1839a] werden, wie etwa ein Apport oder eine Sachübernahme[1840],
- sodann allenfalls auch dann, wenn ein Prospekt zwar die erforderlichen Angaben mit richtigem Inhalt enthält, wenn er aber in täuschender Weise unübersichtlich ist[1841],
- dann, wenn zwar die Informationen über die Gesellschaft richtig und vollständig sind, jedoch der Prospekt übertriebene, leichtfertig aufgestellte Erfolgsaussichten darstellt[1842].

993 b) Einen Haftungsfall stellt auch die *Verbreitung* mangelhafter Kundgebungen dar. Damit setzt OR 752 eine gewisse Prüfungspflicht derjenigen voraus, die Prospekte und ähnliche Dokumente an die Öffentlichkeit abgeben[1843].

2. Beschränkung auf die unmittelbare Schädigung von Aktionären und Obligationären

994 Ergänzend sei darauf hingewiesen, dass OR 752 nur die *direkte Schädigung* von Aktionären und Obligationären erfasst. Damit ist nicht nur eine Klage der Gesellschaft ausgeschlossen, sondern auch eine solche von Aktionären oder Obligationären aus mittelbarem Schaden[1844].

3. Kasuistik

995 Der Verwaltungsrat wird aus Prospekthaftung verantwortlich, wenn er an der Erstellung wahrheitswidriger Prospekte und Zirkulare mitwirkt und dadurch die Obligationäre schädigt[1845].

[1839] Vgl. vorn N 977.
[1839a] Vgl. auch den zur entsprechenden Norm im AFG ergangenen BGE 112 II 172ff., 177, wonach «die Werbung weder offensichtlich unrichtige Angaben enthalten noch wichtige Einzelheiten, die den Entschluss der Anleger entscheidend beeinflussen können, verschweigen darf. Angaben können deshalb auch aus Unterlassung falsch oder unrichtig sein». Verlangt wird, dass «über alle wesentlichen Tatsachen des Vorhabens sachlich und zutreffend» orientiert wird, BGE 112 II 176, mit Hinweisen.
[1840] FUNK Art. 752 N 4; SCHOOP 43.
[1841] ZIEGLER (zit. Anm. 1761) Art. 1156 N 22 und BÜRGI/NORDMANN, Kommentar zu Art. 752 N 10.
[1842] Vgl. SCHRAFL 63; ferner BÜRGI/NORDMANN, Kommentar zu Art. 752 N 10 und SCHOOP 43.
[1843] Ähnlich SCHUCANY Art. 752 N 4 und – besonders im Hinblick auf Banken – SCHRAFL 65.
[1844] Ebenso Botschaft 61; BÜRGI/NORDMANN, Kommentar zu Art. 752 N 13; SCHUCANY Art. 752 N 9. Vgl. jedoch vorn N 982 zur allfälligen Klage aus OR 754 bei Kapitalerhöhungen.
[1845] BGE 47 II 286ff.

Ungenaue, unvollständige und zweideutige Angaben des Verwaltungsrates über die finanzielle Situation der Gesellschaft und die den Gläubigern gewährten Sicherheiten sind geeignet, bei Dritten eine falsche Vorstellung über das betreffende Unternehmen hervorzurufen und ihren Entscheid hinsichtlich der Zeichnung von Anleihensobligationen zu beeinflussen[1846]. 996

Unwahr ist ein Prospekt auch, wenn er wichtige Einzelheiten verschweigt und wenn er ungenau ist[1847]. 997

Der Kausalzusammenhang ist gegeben, wenn die geschädigten Gläubiger beim Fehlen der täuschenden Angaben keine Obligationen gezeichnet hätten[1848]. 998

Bei der Vortäuschung einer Bargründung tritt gegenüber den unbeteiligten Aktienzeichnern die Haftung nach OR 752/53 ein[1849]. 999

Die beim Aufstellen von unwahren Angaben im Emissionsprospekt beteiligten Personen sind gegenüber den getäuschten Aktionären aus Prospekthaftung schadenersatzpflichtig. Hingegen kann der getäuschte Aktionär nicht auf Unverbindlichkeit der Aktienzeichnung und auf Rückzahlung des einbezahlten Betrages klagen[1850]. 1000

Trotz täuschender Angaben über die zu gründende Aktiengesellschaft entfällt die Prospekthaftung gegenüber einem Aktienzeichner, der von den wahren Umständen Kenntnis hatte[1851]. 1001

[1846] BGE 47 II 289f.
[1847] Vgl. BGE 112 II 176 (zur entsprechenden Bestimmung im Recht des Anlagefonds) und die Angaben vorn Anm. 1839a.
[1848] BGE 47 II 293f.
[1849] SJZ 47 (1951) 178.
[1850] SJZ 34 (1937/38) 105 Nr. 65.
[1851] Vgl. BGE 33 II 257ff.

§ 6 Die Haftung der Liquidatoren insbesondere[1852]

I. Der Anwendungsbereich der aktienrechtlichen Haftung aus Liquidation im allgemeinen und ihr Verhältnis zur Haftung nach SchKG 5

a) Die Haftung aus Liquidation kommt *nach Auflösung der Gesellschaft* im Liquidationsstadium zur Anwendung. Dabei ist zu beachten, dass in diesem Stadium gleichzeitig auch die Haftung aus Geschäftsführung weiterbesteht, soweit die bisherigen Organe der Gesellschaft noch Funktionen auszuüben haben. Wird die Liquidation – was die Regel ist[1853] – durch die Verwaltung durchgeführt, so fallen insoweit die Haftung aus Geschäftsführung und aus Liquidation zusammen[1854]. Eine Abgrenzung der Funktionen kann entfallen, da die beiden Haftungsfälle gleich geregelt sind.

b) Über den Wortlaut von OR 754 hinaus findet nach nahezu einhelliger Lehre die Haftung aus Liquidation auch Anwendung in Fällen des *Konkursaufschubes* gemäss OR 725 IV, dazu nachstehend N 1008.

c) Zum *Verhältnis der aktienrechtlichen Verantwortlichkeit* der Liquidatoren *zur Haftung nach SchKG 5* ist das Folgende auszuführen:

Die Haftung nach *SchKG 5* kann nur auf Liquidatoren *im Konkurs* angewendet werden. Demgegenüber ist *OR 754 II* grundsätzlich bei der Liquidation *in und ausser Konkurs* anwendbar[1855]. *Im Konkurs* geht freilich SchKG 5 als lex specialis der Bestimmung von OR 754 II vor[1856], dies jedoch nur insofern, als die gleichen Sachverhalte abgedeckt werden[1857]. Soweit der Liquidator im Konkurs nicht seine Pflichten nach SchKG,

---

[1852] Vgl. neben der allgemeinen Literatur etwa WETTENSCHWILER 69ff. (besonders zur Haftung bei der sog. stillen Liquidation); HEBERLEIN 62ff. und BÉGUELIN 535ff.
[1853] Vgl. OR 740 I.
[1854] Die Haftung des Verwaltungsrates und nicht die des Liquidators steht in Frage bei der sogenannten stillen Liquidation, da bei dieser keine eigentlichen Liquidationsorgane gewählt werden, vgl. WETTENSCHWILER 69ff.
[1855] So der Wortlaut des Gesetzes, der keine Einschränkungen enthält.
[1856] Vgl. auch WALTER KRELL: Die Haftung des Betreibungs- und Konkursbeamten... (Diss. Zürich 1929) 11.
[1857] Vgl. die Parallele bei der Haftung der Urkundsperson (N 935) sowie nach BankG 41, dazu BÜRGI/NORDMANN, Kommentar zu Art. 753f. N 118. – Wie hier BLICKENSTORFER Nr. 424.

sondern spezifisch aktienrechtliche Pflichten verletzt, findet OR 754 II auch im Konkurs Anwendung und ist für SchKG 5 kein Raum[1858].

II. Der der Haftung aus Liquidation unterworfene Personenkreis

1006　a) Der Haftung aus Liquidation unterworfen sind zunächst vor allem die *Liquidatoren,* und zwar unabhängig davon, ob sie gewählt, statutarisch bestimmt oder vom Richter ernannt[1859] worden sind[1860] und einschliesslich des mit der Liquidation betrauten Verwaltungsrates[1861].

1007　Als Liquidator kann auch eine *juristische Person* ernannt werden[1862]. Verantwortlich ist dann die bestellte juristische Person, nicht die tatsächlich handelnde Organ- oder Hilfsperson[1863].

1008　b) Nach weit überwiegender und richtiger Lehre untersteht auch der *Sachwalter* im Sinne von OR 725 IV der Liquidatorenhaftung von OR 754[1864].

[1858] In diesem Sinne auch BLICKENSTORFER Nr. 424 sowie KRELL (zit. Anm. 1856) 12, wonach im übrigen SchKG 5 nur den Zweck hat, allfällige mildere kantonale Regelungen auszuschliessen und die allgemeinen zivilrechtlichen Haftungsgrundsätze zum Zug kommen zu lassen (S. 11); ähnlich auch C. JÄGER: Das BG betreffend Schuldbetreibung und Konkurs (3.A. Zürich 1911) Art. 5 N 3.
[1859] Zur Bestellung vgl. OR 740f. – Die Amtsdauer beginnt mit der *Ernennung,* nicht erst mit dem Eintrag der Liquidatoren im Handelsregister, ZR 43 (1944) Nr. 38 S. 85f.; BLICKENSTORFER Nr. 425, mit weiteren Angaben.
[1860] Vgl. BÜRGI/NORDMANN, Kommentar zu Art. 753f. N 122; HENGGELER 43; BLICKENSTORFER Nr. 425.
[1861] Ebenso BLICKENSTORFER Nr. 425.
[1862] Vgl. BÜRGI/NORDMANN, Kommentar zu Art. 749 N 11 sowie HRV 41.
[1863] Vgl. vorn N 858 zur analogen Problematik bei der Kontrollstelle.
[1864] SCHLUEP 90 Anm. 31; BLICKENSTORFER Nr. 426; HENGGELER 48; FUNK Art. 754 N 8; E. FRICK 35, 82; BÜRGI/NORDMANN, Kommentar zu Art. 753f. N 122; a.M. LOCHER 98, wonach sich die Haftung des Sachwalters nach den Bestimmungen von SchKG 5ff. regelt.

III. Die Tatbestände der Haftung aus Liquidation

1. Allgemeines

a) Wie die Haftung aus Verwaltung und Geschäftsführung und im Gegensatz zur Gründerhaftung[1865] begründet die Haftung aus Liquidation eine *Haftung für jede Pflichtwidrigkeit* und nicht etwa nur für gesetzlich besonders aufgezählte Tatbestände. Es kann verwiesen werden auf die Ausführungen in N 249 ff.

b) In der Literatur wird darauf hingewiesen, dass dem Liquidator ein grosser Ermessensspielraum zukommt[1866]. Daraus folgert E. FRICK[1867] m.E. zu Unrecht, dass dem Liquidator «ein grobes Verschulden nachgewiesen werden» müsse. Vielmehr entspricht auch hierin die Haftung der Liquidatoren der Geschäftsführungshaftung: Auch den mit Verwaltung und Geschäftsführung betrauten Personen kommt ein erheblicher Ermessensspielraum zu, und auch sie trifft keine Pflichtwidrigkeit, solange ihre Entscheidungen im Rahmen des freien, pflichtgemässen Ermessens liegen.

2. Kasuistik

Der Angestellte eines Betreibungsamtes (und damit auch der Liquidator) ist verantwortlich für die versehentliche Nichtaufnahme eines Gläubigers in die Verteilungsliste[1868].

Der Betreibungsbeamte (und damit auch der Liquidator) begeht eine Pflichtverletzung, falls er die Vornahme von Verwertungshandlungen verzögert[1869].

Die Liquidatoren sind nach OR 754 II für während des Liquidationsstadiums begründete Schulden verantwortlich, soweit diese nicht getilgt werden können[1870].

Der Liquidator ist verantwortlich für Schaden infolge der Verteilung von Liquidationsanteilen vor Ablauf des Sperrjahres bzw. vor der vollständigen Befriedigung der Gläubiger[1871].

[1865] Zu dieser vgl. N 938.
[1866] So SCHLUEP 89; HENGGELER 44 und E. FRICK 35.
[1867] S. 35.
[1868] Vgl. SJZ 38 (1941/42) 118 Nr. 49 = Sem 62 (1940) 558.
[1869] BGE 52 III 135 ff.
[1870] SJZ 54 (1958) 41.
[1871] ZR 30 (1931) 5 (altOR).

1015   Vgl. ferner – da einschlägige publizierte Entscheide weitgehend fehlen – die Beispiele möglicher Schädigungen bei BÜRGI/NORDMANN[1872], FUNK[1873] und E. FRICK[1874], sodann – speziell für die stille Liquidation – WETTENSCHWILER[1875], ausserdem BUDLIGER[1876] und HEBERLEIN[1877].

1016   Hinsichtlich der Haftung des Liquidators für Steuern und Sozialabgaben vgl. hinten N 1035ff., 1071ff.

[1872] Kommentar zu Art. 745 N 13: Auszahlungen vor Ablauf des Sperrjahres.
[1873] Kommentar zu Art. 745 N 4: Nichteinhaltung des Sperrjahres.
[1874] S. 83: Verletzung des Gleichbehandlungsgrundsatzes der Aktionäre und Gläubiger, insbes. durch folgende Tatbestände: Entgegen dem Einlagerückzahlungsverbot erhalten einzelne Aktionäre bevorzugt Vermögensteile aus dem Liquidationsergebnis; zwar profitieren alle Aktionäre von einer Liquidationsausschüttung, doch sind noch nicht sämtliche Gläubiger befriedigt; einzelne interessierte Gläubiger erhalten lediglich schwer zu verwertende Aktiven.
[1875] Insbes. S. 76f., wobei die Verletzungen die Verwaltung, welche in diesem Fall zwangsläufig die Liquidation durchzuführen hat, betreffen: Unterlassung der Anmeldung der Auflösung und der Liquidatoren, Liquidation ohne entsprechenden Generalversammlungsbeschluss und damit in Verletzung des werbenden Gesellschaftszwecks, Auszahlung des Liquidationsüberschusses (was ausserhalb der beschlossenen Liquidation eine unerlaubte Kapitalrückzahlung darstellt, vgl. OR 680 II), Unterlassung des Schuldenrufs und Nichteinhaltung des Sperrjahres.
[1876] Auf S. 107 werden zusätzlich zu den bereits erwähnten Pflichtverletzungen genannt: Ungerechtfertigte Zuwendungen an Dritte; unrichtiges Verteilen des Liquidationsergebnisses; Verzögerung der Durchführung der Liquidation, um einen nahestehenden Gläubiger zu schonen; Veräusserung von Aktiven zu Schleuderpreisen, insbes. an nahestehende Personen; Abschluss neuer, mit der Liquidation nicht zu vereinbarender Geschäfte.
[1877] S. 45, wo im Zusammenhang mit dem Erstellen der Liquidationsbilanz im Sinne von OR 725 IV erwähnt werden: die zu hohe Bewertung der Aktiven durch den Liquidator, wodurch die Konkurseröffnung hinausgezögert wird und die Gläubiger zu Schaden kommen; aber auch die zu tiefe Bewertung der Aktiven, wodurch die Gesellschaft zu Unrecht in Konkurs gerät und die Aktionäre zu Schaden kommen können.

§ 7 Exkurs: Verantwortlichkeit im Strafrecht, im Steuerrecht und im Sozialversicherungsrecht

Ein Blick auf die Praxis zeigt, dass das vielleicht grösste Haftungsrisiko für Verwaltungsratsmitglieder und allenfalls auch für weitere Organe heute nicht aus der privatrechtlichen Verantwortlichkeit nach Aktienrecht fliesst, sondern aus der *öffentlich-rechtlichen Ordnung,* besonders aus der Haftung für Steuern und Sozialabgaben[1878]. Auch zeichnet sich eine Tendenz ab, nicht nur fehlbare Leitungsorgane, sondern auch Kontrollstellmitglieder strafrechtlich zu verfolgen.

Es ist daher geboten, auch auf diese öffentlich-rechtlichen Aspekte des Risikos von Organpersonen hinzuweisen. Für das *Strafrecht* beschränkt sich die Darstellung auf eine Aufstellung der wichtigeren Straftatbestände und eine Auswahl von Judikatur- und Literaturhinweisen. Die Verantwortlichkeit für *Steuern* und *Sozialabgaben* wird kurz materiell behandelt.

I. Strafrechtliche Verantwortlichkeit

1. Gesetzesbestimmungen

a) StGB 148 Betrug[1879]
  152 Unwahre Angaben über Handelsgesellschaften und Genossenschaften[1880]
  159 Ungetreue Geschäftsführung[1881]
  162 Verletzung des Fabrikations- oder Geschäftsgeheimnisses[1882]
  163 Betrügerischer Konkurs[1883]

[1878] Vgl. dazu allgemein die Hinweise bei FORSTMOSER, Beschränkung des Risikos 33 und HÜTTE, Risiken 42ff.
[1879] Vgl. z.B. BGE 76 IV 102ff., ferner 100 IV 273ff., 98 IV 252ff., 96 IV 185ff.
[1880] Vgl. etwa BGE 109 IV 111ff., 104 IV 84; ST 61 (1987) 78 Ziff. 2; ZR 56 (1957) Nr. 63; ZR 60 (1961) Nr. 21; SAG 34 (1961/62) 104ff.
[1881] Vgl. etwa BGE 109 IV 111ff., 105 IV 106ff., 97 IV 10ff. (dazu kritisch BUCHER [zit. N 1027] 171ff.) und 102 IV 90ff., 100 IV 172f.; Sem 97 (1975) 24ff.; SAG 44 (1972) 219ff.
[1882] BGE 101 IV 204f., 80 IV 22f.; ZR 68 (1969) Nr. 38.
[1883] Vgl. etwa BGE 93 IV 16ff., 97 IV 18ff., 78 IV 28ff.; Sem 106 (1984) 169f.

165 Leichtsinniger Konkurs und Vermögensverfall[1884]
166 Unterlassung der Buchführung[1885]
251 Urkundenfälschung[1886]
253 Erschleichung einer falschen Beurkundung[1887]
254 Unterdrückung von Urkunden[1888]
317 Urkundenfälschung (durch Beamte oder Personen öffentlichen Glaubens)[1889]
325 Ordnungswidrige Führung der Geschäftsbücher[1890].

1020 Zu erwähnen sind auch StGB 172 I und 326 I, wonach bei der Begehung von strafbaren Handlungen nach StGB 147, 163–170 und 323–325 im *Geschäftsbetrieb einer AG* die Strafbestimmungen «auf die Direktoren, Bevollmächtigten, die Mitglieder der Verwaltungs- und Kontrollorgane und die Liquidatoren Anwendung [finden], die diese Handlung begangen haben»[1891]. Eine strafrechtliche Verantwortlichkeit von Organpersonen kann sich daher aus der Verletzung *irgendeiner* Strafnorm im Rahmen der Tätigkeit einer AG ergeben[1892].

1021 Im Hinblick auf Organpersonen, die vorwiegend mit Überwachungsaufgaben betraut sind[1893], ist besonders auf die Strafbarkeit von *unechten*

[1884] Vgl. BGE 102 IV 21 ff., 77 IV 164 ff.; ZR 59 (1960) Nr. 52; Sem 106 (1984) 169 ff. = SAG 57 (1985) S. 186 Nr. 19.
[1885] Vgl. BGE 77 IV 164 ff., 72 IV 17 ff.
[1886] Vgl. BGE 107 IV 128 f., 105 IV 189 ff. (dazu kritisch LEBEDKIN [zit. N 1027] 81), 102 IV 191 ff., 101 IV 53 ff., 100 IV 277 ff., 96 IV 163 ff., 81 IV 240 ff., 76 IV 106 f.; ZBGR 61 (1980) 30 ff.; ferner die bei HÜTTE (zit. N 1027) Ziff. 1 und 3 referierten Entscheide.
[1887] Vgl. BGE 107 IV 128 f., 101 IV 60 ff., 147 ff.; SAG 23 (1950/51) 215 f. und BGE 81 IV 244 ff., 74 IV 161 ff.
[1888] Vgl. BGE 100 IV 25 f., 96 IV 168 f., 173.
[1889] Vgl. etwa BGE 93 IV 49 ff., 99 IV 194 ff.
[1890] Vgl. BGE 96 IV 78 ff.
[1891] Auch hier gilt der in N 657 ff. entwickelte funktionale Organbegriff, womit namentlich der Hintermann erfasst werden kann, vgl. BGE 105 IV 106 ff., 78 IV 30 f. und zum analogen Problem im Rahmen von StGB 159 BGE 97 IV 10 ff. – Nach der Feststellung des Bundesgerichts im Entscheid 100 IV 38 ff. soll der strafrechtliche Organbegriff «weiter gefasst sein» als der zivilrechtliche. Die vom Bundesgericht verwendete Beschreibung, wonach der Organbegriff «alle Personen [ein]schliesst, die im Rahmen der Gesellschaftstätigkeit eine selbständige Entscheidungsbefugnis haben», deutet aber darauf hin, dass das Bundesgericht wohl lediglich ausdrücken wollte, dass eine Organfunktion im formellen Sinn nicht verlangt wird, sondern materielle Organstellung – diese im gleichen Sinne verstanden wie im Zivilrecht (vgl. dazu vorn N 657 ff.) – genügt.
[1892] Vgl. etwa BGE 112 IV 4 ff.: Verantwortung des Verwaltungsratspräsidenten und Direktors für fahrlässige schwere Körperverletzung, StGB 125 II.
[1893] Wie die Mitglieder des Verwaltungsrates oder der obersten Geschäftsleitung von grösseren Gesellschaften.

Unterlassungsdelikten hinzuweisen[1894], da solchen Organpersonen allenfalls eine Garantenstellung im Sinne des Strafrechts zukommen kann[1895].

Endlich ist daran zu erinnern, dass die *Einmann-AG* grundsätzlich auch im Strafrecht als eigene Rechtsperson betrachtet wird[1896].

b) Vgl. sodann etwa
- OR 943 I Unterlassung der Anmeldung einer Eintragung[1897], vgl. auch HRV 57 IV.
- OR 943 II Nichtbefolgung der Aufforderung zur Auflegung der Gewinn- und Verlustrechnung und Bilanz beim Handelsregisteramt[1898].
- BG betreffend Strafbestimmungen zum Handelsregister und Firmenrecht vom 6.10.1923[1899] Art. 1[1900] und 2[1901].
- BG über den Erwerb von Grundstücken durch Personen im Ausland vom 16.12.1983[1902] Art. 28 ff.[1903]
- BG über das Verwaltungsstrafrecht vom 22.3.1974[1904] Art. 6 und 7 betreffend die Anwendung der Strafbestimmungen in Fällen, in denen eine Widerhandlung «beim Besorgen der Angelegenheiten einer juristischen Person» erfolgt.

c) Aus dem *Steuerstrafrecht* sind als Beispiele zu erwähnen:
- BRB über die Erhebung einer direkten Bundessteuer (BdBSt) vom 9.12.1940[1905] Art. 130 IV in Verbindung mit Art. 129 III,

---

[1894] Hiezu besonders im Hinblick auf die oberste Geschäftsleitung BGE 105 IV 175ff., 96 IV 155ff., insbes. 174 und dort zitierte Entscheide, vgl. sodann SCHWANDER (zit. N 1027) Nr. 156; HANS SCHULTZ: Einführung in den Allgemeinen Teil des Strafrechts (Bd. I, 4.A. Bern 1982) 127f., 140f.; MEYER (zit. N 1027).

[1895] Nach der bundesgerichtlichen Rechtsprechung – vgl. BGE 105 IV 176f. E 4 – genügt die bloss formelle Organeigenschaft für die Begründung einer Garantenstellung jedoch nicht, sondern bedarf es einer *tatsächlichen* Einflussnahme, also einer Organeigenschaft (auch) im materiellen Sinn. – Zum Problem vgl. MARTIN SCHUBARTH: Zur strafrechtlichen Haftung des Geschäftsherrn, ZStR 92 (1976) 370ff.

[1896] Vgl. BGE 85 IV 231, 97 IV 16; hiezu allerdings kritisch BUCHER (zit. N 1027).

[1897] Es handelt sich nicht um eine Strafe im Sinne des StGB, sondern um eine Ordnungsbusse, vgl. BGE 72 I 252ff.

[1898] Vgl. OR 704.

[1899] SR 221.414.

[1900] Vorsätzliche Veranlassung des Handelsregisterführers zu einer Registereintragung, die geeignet ist, eine Täuschung zu bewirken, dazu etwa BGE 81 IV 247f. betreffend das Verhältnis zum StGB.

[1901] Verwendung einer Firma, die mit der im Handelsregister eingetragenen nicht übereinstimmt, dazu etwa BGE vom 9.9.1977, zitiert in NZZ vom 7./8.1.1978 S. 32.

[1902] SR 211.412.41.

[1903] Strafbar sind – wenn vorsätzlich begangen – die Umgehung der Bewilligungspflicht, unrichtige Angaben, die Missachtung von Auflagen und die Verweigerung von Auskunft und Edition.

[1904] SR 313.0.

[1905] SR 642.11: Fassung gemäss Ziff. I des BRB vom 13.1.1982, in Kraft seit 1.1.1983.

- BG über die Verrechnungssteuer vom 13.10.1965[1906] Art. 67 I; BG über die Stempelabgaben vom 27.6.1973[1907] Art. 50 I; BRB über die Warenumsatzsteuer vom 29.7.1941[1908] Art. 41 I; BG über die Tabakbesteuerung vom 21.3.1969[1909] Art. 43 I; alle in Verbindung mit BG über das Verwaltungsstrafrecht vom 22.3.1974[1910] Art. 6f.
- Sodann etwa Zürcher Gesetz über die direkten Steuern vom 8.7.1951 § 192 II[1911].

1025 Aus der Literatur seien – neben den nachstehend N 1030ff. aufgeführten Standardwerken – erwähnt: MARTIN STEINER: Steuerstrafrechtliche Probleme bei der Aktiengesellschaft, ST 61 (1987) 15ff. sowie OBERSON 96ff.

1026 d) Vgl. ausserdem die strafrechtlichen Bestimmungen im Bereich des *Sozialversicherungsrechts:*
- BG über die berufliche Alters-, Hinterlassenen- und Invalidenversicherung (BVG) vom 25. Juni 1982[1912]: Art. 75–79,
- BG über die Alters- und Hinterlassenenversicherung (AHVG) vom 20. Dezember 1946[1913]: Art. 87–89.

2. Literatur (Auswahl)

1027 OSWALD AEPPLI: Unwahre Angaben über Handelsgesellschaften und Genossenschaften (Art. 152 StGB) (Diss. Zürich 1941); ALFRED VON ARX: Das Buchdelikt, die Verletzungen der Buchführungspflicht (Diss. Zürich 1942); G. ASCHWANDEN: Bargründung – Sachübernahmen, SJZ 56 (1960) 101ff.; G. BEELER: Unwahre und falsche Bilanzen – Bilanzfälschungen, SJZ 48 (1952) 217ff.; PIERRE DEL BOCA: Le faux bilan de la société anonyme, Etude de droit pénal et de droit fiscal (Diss. Lausanne 1974); EUGEN BUCHER: Für eine strafrechtliche Durchgriffslehre bei Delikten der Verwaltung zum Nachteil juristischer Personen, in: Festgabe HANS SCHULTZ (Bern 1977) 165ff.; LUKAS H. BURCKHARDT: Probleme des Urkundenstrafrechts im Lichte der Rechtsprechung, ZStR 76 (1960) 81ff.; LORENZ CASPAR: Betrügerischer Konkurs..., ZStR 87 (1971) 12ff.; FRANÇOIS DESSEMONTET: L'émission frauduleuse d'actions, ST 51 (1977) Heft 3 S. 24ff. (zivilrechtlich,

---

[1906] SR 642.21.
[1907] SR 641.10.
[1908] Verschiedentlich revidiert, SR 641.20.
[1909] SR 641.31.
[1910] SR 313.0.
[1911] Zum Verhältnis zwischen StGB 251 und kantonalem Steuerstrafrecht vgl. BGE 101 IV 53ff.
[1912] SR 831.40.
[1913] SR 831.10.

jedoch mit strafrechtlichen Literaturhinweisen); FEDER; WILLY GERSBACH: Le délit de gestion déloyale (Diss. Lausanne 1949); GEHRIGER 131 ff.; O. GLOOR: Die für die AG wichtigen Bestimmungen des neuen Schweiz. Strafrechtes, SAG 11 (1938/39) 77 ff.; JEAN GRAVEN: Le délit de gestion déloyale en droit suisse..., SJZ 44 (1948) 81 ff.; PHILIPPE GRAVEN: La responsabilité pénale du chef d'entreprise et de l'entreprise elle-même, Sem 107 (1985) 497 ff.; PETER GROSSENBACHER: Entwicklungen im strafrechtlichen Schutz der Urkunde, ZBJV 103 (1967) 377 ff.; ders.: Urkundenfälschung gemäss Art. 251 StGB, Zeitschrift für die Gesamte Kriminalistische Wissenschaft und Praxis 1969, 203 ff., 263 ff., 321 ff.; HAAB 36 ff., 102 ff.; ARTHUR HAEFLIGER: Der Begriff der Urkunde im Schweiz. Strafrecht (Basel 1952); ders.: Probleme der Falschbeurkundung, ZStR 73 (1958) 401 ff.; FRIEDRICH HASLER: Die Erschleichung eines Nachlassvertrages (StGB Art. 170) (Diss. Zürich 1948); KLAUS HÜTTE: Zur Strafbarkeit der Kontrollstelle, ST 61 (1987) 77 ff.; OTTO KAUFMANN: Buchführungsdelikte, SAG 19 (1946/47) 125 ff., 145 ff.; MAX LEBEDKIN: Bilanzerklärung als Urkunde?, SJZ 77 (1981) 73 ff.; PETER LOTTNER: Der Begriff der Urkunde ... (Diss. Basel 1969, Maschschr); RENÉ MEYER: Die Garantenstellung beim unechten Unterlassungsdelikt (Diss. Zürich 1972 = ZBR 393); BERNHARD RIMANN: Wirtschaftskriminalität (Diss. Zürich 1973); SCHENK 26 f.; NIKLAUS SCHMID: Fragen der strafrechtlichen Verantwortlichkeit bei Schwindel- und Strohmanngesellschaften, ZStR 87 (1971) 247 ff.; ders.: Fragen der Falschbeurkundung, ZStR 95 (1978) 274 ff.; ders.: Einige Aspekte der strafrechtlichen Verantwortlichkeit von Gesellschaftsorganen, erscheint in ZStR 105 (1988); ders.: Aktuelle Fragen und Tendenzen bei der strafrechtlichen Ahndung von Buchführungs- und Bilanzmanipulationen, SAG 52 (1980) 142 ff.; ders.: Die strafrechtliche Verantwortlichkeit für Wirtschaftsdelikte im Tätigkeitsbereiche der Aktiengesellschaft, SAG 46 (1974) 101 ff.; WALTER SCHMIDLIN: Typische Wirtschaftsdelikte auf dem Gebiet des Aktienrechts, ZStR 85 (1969) 370 ff.; VITAL SCHWANDER: Das Schweiz. StGB (2.A. Zürich 1964); ERICH STIEGER: Buchführungsdelikte (Diss. Zürich 1975); STOKAR 123 f.; GÜNTHER STRATENWERTH: Schweiz. Strafrecht, Besonderer Teil (2 Bde. 3.A. Bern 1983/84); ders.: Urkundendelikte unter dem Aspekt der Wirtschaftskriminalität, SJZ 76 (1980) 1 ff.; ALEX VOLLMAR: Die ungetreue Geschäftsführung (Art. 159 StGB) (Diss. Zürich 1978); HANS WALDER: Falsche schriftliche Erklärungen im Strafrecht, insbes. die sogenannte «Falschbeurkundung» nach StrGB (Art. 251, ZStR 99 (1982) 70 ff.; ERWIN ZIMMERLI: Wirtschaftskriminalität mit Kleinaktiengesellschaften..., Schriftenreihe der Schweiz. Treuhand- und Revisionskammer Bd. 30 (Zürich 1978); ders.: Plädoyer für die Mitberücksichtigung wirtschaftskriminologischer Gesichtspunkte bei der Aktienrechtsreform, ST 51 (1977) Heft 3 S. 32 ff.; STEPHAN ZIMMERMANN: Betrugsähnliche Tatbestände ... (Diss. Zürich 1973); SAG 25 (1952/53) 221 ff. – Vgl. ferner die in N 1030 ff. hienach zitierte steuerrechtliche Literatur.

II. Persönliche Haftung von Organpersonen für Steuern

1. Allgemeines und Literaturhinweise

1028 a) Verschiedene Bundessteuern und die Steuergesetze einzelner Kantone kennen eine *solidarische Mithaftung*[1914] von Organpersonen für Steuerschulden der juristischen Person, vgl. dazu nachstehend im einzelnen N 1035 ff. Eine Haftung von Organpersonen für Steuerforderungen kann sodann auch aus dem *Zivilrecht* folgen[1915].

1029 Organpersonen unterstehen auch den Bestimmungen des *Steuerstrafrechts,* vgl. dazu vorn N 1024.

1030 b) *Aus der Literatur* seien die folgenden Werke erwähnt:

1031 aa) *Allgemeine Ausführungen:* BÉGUELIN; BÖCKLI; OBERSON (jeweils mit Judikaturübersichten); ferner ERNST BLUMENSTEIN: System des Steuerrechts (3.A. Zürich 1971) 62, 66f., 326ff., und JEAN-MARC RIVIER: Droit fiscal suisse, l'imposition du revenu et de la fortune (Neuchâtel 1980) 353; EDUARD GYGAX: Schweiz. Steuer-Lexikon (9./10.A. Zürich 1975/79) Bd. I S. 212.

1032 bb) *Verrechnungssteuer:*
W.R. PFUND: Die eidgenössische Verrechnungssteuer I. Teil (Basel 1971) Art. 15 N 1ff.; BÉGUELIN 535ff.; BÖCKLI 520ff.; RIVIER (zit. N 1031) 353.

1033 cc) *Direkte Bundessteuer:* HEINZ MASSHARDT: Kommentar zur direkten Bundessteuer (2.A. Zürich 1985) Art. 121 N 1; ERNST KÄNZIG: Die eidgenössische Wehrsteuer (2.A. Basel 1982) Art. 12 N 11; ders.: Die eidgenössische Wehrsteuer (Basel 1962) Art. 121 N 1; BÖCKLI 529.

1034 dd) Zu den *kantonalen Steuergesetzen:* vgl. etwa REIMANN/ZUPPINGER/SCHÄRRER: Kommentar zum Zürcher Steuergesetz Bd. I (Bern 1961) § 13 N 12, § 15 N 20f.; Bd. III (Bern 1969) § 102 N 60, § 116 N 24.

2. Verrechnungssteuer

1035 a) Art. 15 des BG über die Verrechnungssteuer[1916] statuiert eine *solidarische Mithaftung* der Liquidatoren bzw. der Organe *für Steuer-, Zins- und Kostenforderungen* für die beiden Fälle, dass eine steuerpflichtige juristische Person *aufgelöst* wird oder dass sie ihren *Sitz ins Ausland verlegt:*

1036 aa) Für die Verpflichtungen einer aufgelösten AG haften nach VStG 15 I lit. a die *Liquidatoren.* Die Auflösung umfasst namentlich auch die

---

[1914] Zum Begriff und zur Abgrenzung von der eigentlichen «Steuersolidarität» vgl. BGE 106 Ib 378 E aa.
[1915] Vgl. dazu N 1066.
[1916] VStG vom 13.10.1965, SR 642.21.

faktische oder stille Liquidation, die das BGer dann annimmt, «wenn eine Gesellschaft sich ihrer Aktiven begibt, wenn sie – mit anderen Worten – ausgehöhlt wird»[1917]. Haftungsbegründend ist dabei jener Zeitpunkt, «in dem in Würdigung der gesamten Umstände eine Vermögensdisposition nicht mehr als eine ordentliche geschäftliche Transaktion, sondern als Aushöhlung der Gesellschaft bezeichnet werden muss»[1918].

bb) Verlegt eine AG ihren Sitz ins Ausland, dann haften ihre *Organe* nach VStG 15 I lit. b. Haftungsbegründender Vorgang ist *jede Sitzverlegung* ins Ausland, mit oder ohne Auflösung der Gesellschaft[1919]. Bei einer Sitzverlegung ins Ausland *mit* Auflösung der AG ist dabei VStG 15 I lit. b lex specialis zu VStG 15 I lit. a[1920].

b) Liquidatoren und Organe haften nach VStG 15 II für jene «Steuer-, Zins- und Kostenforderungen, die während ihrer Geschäftsführung entstehen, geltend gemacht oder fällig werden»[1921]. Der massgebende *Zeitraum* ist der der Geschäftsführung, die für die Liquidatoren mit dem Eintritt des Auflösungsgrundes beginnt[1922]. Die Haftung endet mit dem Tod, der tatsächlichen, dauernden oder vorübergehenden Handlungsunfähigkeit sowie mit Abberufung und Rücktritt[1923].

Bei der Auflösung der AG ist die *Haftungssumme begrenzt* durch den Betrag des Liquidationsergebnisses[1924], bei der Sitzverlegung durch den Betrag des Reinvermögens der AG[1925] im Zeitpunkt des Sitzverlegungsbeschlusses[1926].

c) Liquidatoren und Organe haften mit der steuerpflichtigen Gesellschaft *solidarisch*[1927]. Dabei handelt es sich nach Lehre und Praxis[1928] nicht um eine eigentliche Steuersolidarität, sondern um eine solidarische Mit-[1929] und Nebenhaftung: Die Mitverpflichteten haften für die Zahlung einer fremden

---

[1917] Nicht amtlich publizierter BGE vom 17.2.1978 in ASA 47 (1978/79) 541ff., insb. 547; ebenso PFUND (zit. N 1032) Art. 15 N 4. – Zum genannten Entscheid vgl. auch OBERSON 87ff. (mit weiteren Judikaturhinweisen).
[1918] Nicht amtlich publizierter BGE vom 17.2.1978 in ASA 47 (1978/79) 547 E 8c; vgl. auch BÖCKLI 522 und die dortige Anm. 14 mit Verweisung auf zwei BGE vom 16.11.1984 und 21.1.1985; BÉGUELIN 546; PFUND (zit. N 1032) Art. 15 N 18.
[1919] PFUND (zit. N 1032) Art. 4 N 6.2. und 6.3.; Art. 15 N 9.
[1920] PFUND (zit. N 1032) Art. 15 N 9.
[1921] Für Einzelheiten vgl. PFUND (zit. N 1032) Art. 15 N 17ff.
[1922] PFUND (zit. N 1032) Art. 15 N 4 und 18; BGE 91 I 445.
[1923] PFUND (zit. N 1032) Art. 15 N 18; kritisch hiezu BÖCKLI 526f., der die Formel von VStG 15 II für überdehnt hält.
[1924] VStG 15 I lit. a; PFUND (zit. N 1032) Art. 15 N 7 und 17.
[1925] VStG 15 I lit. b.
[1926] PFUND (zit. N 1032) Art. 15 N 11.
[1927] VStG 15 I.
[1928] BGE 106 Ib 378 E aa = ASA 50 (1981/82) 440; PFUND (zit. N 1032) Art. 15 N 14.
[1929] Vgl. auch das Marginale zu VStG 15.

Steuerschuld[1930], begrenzt auf die Steuer-, Zins- und Kostenforderungen und im übrigen nach Massgabe von OR 143 ff.[1931]. Ein Mithaftender kann daher für den *ganzen Steuerbetrag* belangt werden[1932].

1041 d) Die *rechtliche Qualifikation* der Mithaftung nach VStG 15 II fällt schwer. PFUND[1933] scheint eine Verschuldenshaftung mit Schuldvermutung und der Möglichkeit eines Exkulpationsbeweises anzunehmen, wobei an diesen Beweis jedoch strengere Anforderungen als im Rahmen von OR 55 I – bekanntlich einer Kausalhaftung (!) – zu stellen seien. BÉGUELIN[1934] nimmt eine Kausalhaftung mit Befreiungsbeweis an, BÖCKLI – im Anschluss an das Bundesgericht[1935] – eine Garantenhaftung[1936]. Jedenfalls setzt die Haftung *kein Verschulden* voraus und sind die Anforderungen an den Befreiungsbeweis nach der Auffassung des Bundesgerichts[1937] *strenger* als im Rahmen von OR 55 und 56 I.

1042 Liquidatoren und Organe können sich *entlasten,* sofern «sie nachweisen, dass sie alles ihnen Zumutbare zur Feststellung und Erfüllung der Steuerforderung getan haben»[1938], was sich nach den persönlichen Verhältnissen und den gegebenen Umständen beurteilt[1939].

1043 Die Möglichkeit der *Entlastung* wird von PFUND[1940] für die folgenden hypothetischen Fälle *bejaht:*

1044 – Die Liquidatoren sind ausserstande, die Steuerforderung zu erfüllen, weil die Aktiven der AG in einem Strafverfahren beschlagnahmt oder weil sie zugunsten eines gutgläubigen Dritten verpfändet sind.

1045 – Die Liquidatoren würden durch die Erfüllung der Steuerforderung eine strafbare Handlung im Sinne von StGB 167 begehen.

1046 – Die Steuerverwaltung würde als Gläubigerin in einer nach SchKG 288 anfechtbaren Weise bevorzugt.

1047 In den bisher bekanntgewordenen Fällen ist jedoch der *Entlastungsbeweis* durchwegs aus beweisrechtlichen oder tatsächlichen Gründen *misslungen:*

1048 – Bejaht wurde die Haftung von zwei Liquidatoren einer GmbH, die es widerspruchslos und ohne Gegenmassnahmen geschehen liessen, dass das Liquidationsergebnis durch eine Bank zugunsten des einzigen Gesellschaf-

---

[1930] PFUND (zit. N 1032) Art. 15 N 14, mit weiteren Hinweisen.
[1931] Vgl. PFUND (zit. N 1032) Art. 15 N 15; BÖCKLI 527.
[1932] PFUND (zit. N 1032) Art. 15 N 15; BÖCKLI 527, mit weiteren Hinweisen.
[1933] Zitiert N 1032, Art. 15 N 20.1.
[1934] S. 549.
[1935] Nicht amtlich publizierter Entscheid vom 17.2.1978 in ASA 47 (1978/79) 541 ff., 552.
[1936] S. 523.
[1937] ASA 47 (1978/79) 554; BGE 106 Ib 379 = ASA 50 (1981/82) 441.
[1938] VStG 15 II.
[1939] PFUND (zit. N 1032) Art. 15 N 20.1.
[1940] Zitiert N 1032, Art. 15 N 20.2.

ters verwendet wurde statt zur teilweisen Deckung der Steuerschuld. Gerügt wurde auch, dass die Liquidatoren die Auflösung der Gesellschaft der Eidg. Steuerverwaltung nicht angezeigt hatten[1941].

– Bejaht wurde sodann die Haftung eines Verwaltungsrates und Liquidators, der dem ausländischen Mehrheitsaktionär eine Vollmacht ausgestellt hatte, mit welcher dieser unentgeltlich alle Aktiven der Gesellschaft an sich ziehen konnte, wobei es der Liquidator unterliess, vom Aktionär die für die Entrichtung der Verrechnungssteuer nötigen Sicherheiten zu verlangen[1942].

– Nach Ansicht des Bundesgerichts vermag auch der Umstand, dass ein Verwaltungsrat nicht im Handelsregister eingetragen ist, diesen nicht zu befreien. Auch gilt der einzige Verwaltungsrat einer AG nach OR 740 I als deren Liquidator[1943].

– Nicht zu befreien vermochte sich ein Verwaltungsrat ferner durch die Berufung darauf, dass der ausländische Mehrheitsaktionär sich auf Druck ausländischer Gesetze (italienische Repatriierungsgesetze) verleiten liess, seine schweizerische AG durch unentgeltliche Abtretung der Aktiven faktisch zu liquidieren[1944].

Besonders *strenge Anforderungen* an den Entlastungsbeweis werden bei *fachkundigen Personen* – Anwälten, Inhabern des Notariatspatentes, Treuhändern, Büchersachverständigen – gestellt[1945].

3. Direkte Bundessteuer

a) Der BRB über die Erhebung einer direkten Bundessteuer[1946] kennt *keine Bestimmung,* die eine solidarische Mithaftung von Organpersonen vorschreibt[1947].

Doch haben die mit der Liquidation betrauten Organe die ihnen gemäss BdBSt 84 II und 121 obliegenden Pflichten zu erfüllen[1948] und damit «vor der Verfügung über das Liquidationsergebnis für die Bezahlung des geschuldeten Wehrsteuerbetrages zu sorgen oder Sicherheit zu leisten»[1949]. Eine persönliche Haftung der Liquidatoren besteht jedoch selbst bei schuldhafter Pflichtverletzung nach der m.E. richtigen Ansicht von KÄN-

---

[1941] Nicht amtlich publizierter BGE in ASA 47 (1978/79) 553 E 11.
[1942] BGE 106 Ib 375ff. = ASA 50 (1981/82) 435ff.
[1943] BGE vom 31.5.1974 in ASA 44 (1975/76) 314ff.
[1944] BGE 106 Ib 375ff. = ASA 50 (1981/82) 435ff.
[1945] Vgl. BÉGUELIN 549f., BÖCKLI 525 sowie BGE 106 Ib 380 E 2 a.E. = ASA 50 (1981/82) 441.
[1946] BdBSt vom 9.12.1940, SR 642.11.
[1947] Vgl. hinsichtlich der Liquidation BÉGUELIN 538.
[1948] BdBSt 12 I.
[1949] BdBSt 121 I.

ZIG[1950] *nicht*[1951]. Doch können die Fehlbaren gemäss BdBSt 129 III mit einer *Busse* belegt werden.

1055 b) Dagegen enthält der *Entwurf für ein BG über die direkte Bundessteuer*[1952] eine Haftungsbestimmung, die sich an diejenige von VStG 15 I anlehnt und nach BÖCKLI[1953] «in ihrer Härte sogar noch über jene des Art. 15 VStG hinausgeht». Nach DBG 61 I sollen für die von der juristischen Person geschuldeten Steuern nicht bloss die mit der Liquidation, sondern auch die mit der Verwaltung betrauten Personen solidarisch haften, sobald die unbeschränkte Steuerpflicht der juristischen Person aufhört.

4. Andere bundesrechtliche Haftungsnormen

1056 a) Der BB über die *Warenumsatzsteuer*[1954] enthält eine *persönliche und solidarische Haftung der Liquidatoren* dafür, «dass aus dem Liquidationserlös die verfallenen und die während der Liquidation fällig werdenden Steuerbeträge vorweg bezahlt werden»[1955].

1057 b) Nach dem BG über die *Stempelabgaben*[1956] Art. 10 I haftet – neben der Gesellschaft – der *Veräusserer der Beteiligungsrechte* für die geschuldete Emissionsabgabe solidarisch[1957].

1058 c) Nach dem *Tabaksteuergesetz*[1958] Art. 8 I lit. a haften die Liquidatoren bis zum Betrage des Liquidationsergebnisses für die Steuer einer aufgelösten juristischen Person. Das gleiche gilt im Konkurs- oder Nachlassverfahren[1959].

1059 Verlegt die juristische Person ihren Sitz ohne Liquidation ins Ausland, haften überdies die Organe solidarisch bis zum Betrage des reinen Gesellschaftsvermögens[1960].

[1950] Wehrsteuer 1962 (zit. N 1033) Art. 121 N 1 und Wehrsteuer 2.A. 1982 (zit. N 1033) Art. 12 N 11.

[1951] Die Ansicht von MASSHARDT (zit. N 1033) Art. 121 N 1, wonach die mit der Liquidation betrauten Personen im Falle einer Verteilung des Liquidationsergebnisses vor Bezahlung oder Sicherstellung der direkten Bundessteuer «gegenüber dem Fiskus haftbar» werden, findet m.E. im Gesetz keine Stütze.

[1952] DBG vom 25.5.1983, BBl 1983 III 316ff.

[1953] S. 529.

[1954] WUST vom 29.7.1941, SR 641.20.

[1955] WUST 12 II; vgl. auch BÉGUELIN 538 sowie DIETER METZGER: Handbuch der Warenumsatzsteuer (Muri 1983) N 868.

[1956] StG vom 27.6.1973, SR 641.10.

[1957] Zu eng wohl CONRAD STOCKAR: Übersicht und Fallbeispiele zu den Stempelabgaben und zur Verrechnungssteuer (Basel 1983) 44, der diese Bestimmung offenbar lediglich auf den Fall des Mantelhandels anwenden will.

[1958] BG über die Tabakbesteuerung vom 21.3.1969, SR 641.31.

[1959] Art. 8 I lit. a.

[1960] Art. 8 I lit. b.

Eine Entlastungsmöglichkeit ist nach Art. 8 III in gleicher Art vorgesehen wie beim VStG[1961]. 1060

5. Steuerhaftungsnormen auf kantonaler Ebene

Die Ordnung der kantonalen Steuergesetze ist *nicht einheitlich:* 1061
a) Eine *solidarische Haftung von Organen und Liquidatoren* findet sich 1062
in den Steuergesetzen der Kantone Glarus[1962], St. Gallen[1963], Wallis[1964], Tessin[1965], Luzern[1966], Obwalden[1967] und Nidwalden[1968].
Nach den Steuergesetzen von Obwalden[1969], Nidwalden[1970] und Luzern[1971] haften überdies jene Personen solidarisch für die Steuern einer kraft 1063
wirtschaftlicher Zugehörigkeit steuerpflichtigen AG, welche im Kanton gelegenes Grundeigentum oder durch solches Grundeigentum gesicherte Forderungen veräussern oder verwerten oder Betriebsstätten oder geschäftliche Betriebe, die im Kanton liegen, auflösen.
b) Solidarisch haften (lediglich) die *Liquidatoren* nach den Steuergesetzen der Kantone Appenzell Innerrhoden[1972], Appenzell Ausserrhoden[1973], 1064

[1961] Vgl. dazu vorn N 1042 ff.
[1962] Gesetz über das Steuerwesen (Steuergesetz) vom 10.5.1970, Art. 14 I Ziff. 3.
[1963] Steuergesetz vom 23.6.1970, Art. 16 lit. c.
[1964] Loi fiscale du 10 mars 1976, Art. 78.
[1965] Legge tributaria del 28 settembre 1976, Art. 14 lit. d. – Zur Haftung des einzigen Verwaltungsrates für Quellensteuern vgl. Rep 118 (1985) 172 ff., referiert auch in SAG 58 (1986) 193 Nr. 30.
[1966] Steuergesetz vom 27.5.1946, Art. 18 I.
[1967] Steuergesetz vom 21.10.1979, Art. 89 I.
[1968] Gesetz über die Steuern des Kantons und der Gemeinden (Steuergesetz) vom 25.4.1982, Art. 83 I.
[1969] Art. 89 II.
[1970] Art. 83 II.
[1971] Art. 18 II.
[1972] Steuergesetz für den Kanton Appenzell Innerrhoden vom 28.4.1968, Art. 14 II.
[1973] Gesetz über die direkten Steuern für den Kanton Appenzell Ausserrhoden vom 27.4.1958, Art. 8 IV.

Basel-Landschaft[1974], Basel-Stadt[1975], Bern[1976], Aargau[1977], Freiburg[1978], Genf[1979], Jura[1980], Solothurn[1981], Uri[1982] und Waadt[1983].

1065 c) *Keine* Bestimmungen über eine *persönliche Haftung* besteht in den Kantonen Graubünden[1984], Neuenburg[1985], Schaffhausen[1986], Thurgau[1987], Schwyz[1988], Zug[1989] und Zürich[1990]. Eine Haftung von Organpersonen für Steuerforderungen besteht in diesen Kantonen nur insoweit, «als das Zivilrecht eine Haftung vorschreibt»[1991], also gestützt auf OR 754.

6. Exkurs: Haftung für Steuern aufgrund von OR 754

1066 Nicht nur da, wo eine steuerrechtliche Haftungsnorm fehlt, sondern ganz allgemein ist es möglich, dass der Fiskus Organpersonen für nicht entrichtete Steuern gestützt auf die zivilrechtlichen Haftungsnormen ins Recht fasst. Die Geltendmachung solcher Ansprüche ist aber in der Praxis sehr selten[1992].

[1974] Gesetz über die Staats- und Gemeindesteuern und den Finanzausgleich (Steuer- und Finanzgesetz) vom 7.2.1974, § 13 I.
[1975] Gesetz über die direkten Steuern vom 22.12.1949, § 5 II.
[1976] Gesetz über die direkten Staats- und Gemeindesteuern vom 29.10.1944, Art. 17 II.
[1977] Steuergesetz (Gesetz über die Steuern auf Einkommen, Vermögen, Grundstückgewinnen, Erbschaften und Schenkungen) vom 13.12.1983, § 6.
[1978] Loi sur les impôts cantonaux du 7 juillet 1972, Art. 18 II.
[1979] Loi générale sur les contributions publiques du 9 novembre 1887, Art. 72 IV.
[1980] Loi sur les impôts directs de l'Etat et des communes du 26 octobre 1978, Art. 17 II.
[1981] Gesetz über die direkte Staats- und Gemeindesteuer vom 29.1.1961, § 23 I.
[1982] Steuergesetz des Kantons Uri vom 16.5.1965, Art. 8 II.
[1983] Loi sur les impôts directs cantonaux du 26 novembre 1956, Art. 13.
[1984] Steuergesetz für den Kanton Graubünden vom 21.6.1964.
[1985] Loi sur les contributions directes du 9 juin 1964.
[1986] Gesetz über die direkten Steuern vom 17.12.1956.
[1987] Gesetz über die Staats- und Gemeindesteuern vom 9.7.1964.
[1988] Steuergesetz vom 28.10.1958.
[1989] Gesetz über die Kantons- und Gemeindesteuern vom 7.12.1946.
[1990] Gesetz über die direkten Steuern vom 8.7.1951.
[1991] REIMANN/ZUPPINGER/SCHÄRRER (zit. N 1034) § 116 N 24, § 13 N 12 und § 15 N 21; ebenso RIVIER 353; vgl. als Beispiel ZBl 31 (1930) 120ff.
[1992] BÖCKLI 530f. Als Beispiel für einen Fall, in welchem sich die Steuerbehörde als geschädigte Zivilpartei in einem Strafverfahren etablierte, vgl. Rep 118 (1985) 172ff., referiert auch in SAG 58 (1986) 193 Nr. 30.

III. Persönliche Haftung von Organpersonen für Sozialabgaben

1. Allgemeines und Literaturhinweise

a) Ein *hohes Haftungsrisiko,* das sich aus dem Wortlaut der zugrunde liegenden Rechtsnorm[1993] nicht erkennen lässt, ergibt sich aus dem Sozialversicherungsrecht. Zu Recht führt HÜTTE[1994] aus: «Wer in Zeiten der Krise nicht sein besonderes Augenmerk auf die Bezahlung der Sozialversicherungsbeiträge richtet, dem wird kaum ein Verantwortlichkeitsprozess erspart bleiben. Nicht jeder, aber doch die grosse Mehrzahl dieser Prozesse, endet mit einem die Haftung bestätigenden Urteil zum Nachteil des VR.»

Neben die Schadenersatzpflicht kann auch im Sozialversicherungsrecht eine *strafrechtliche* Verantwortlichkeit treten, vgl. dazu vorn N 1026. Zum Verhältnis der Entscheidungen des Sozialversicherungsrichters und des Strafrichters vgl. BGE 111 V 177.

b) Aus der *Literatur* seien erwähnt: ALFRED MAURER: Schweizerisches Sozialversicherungsrecht Bd. II (Bern 1981) 66 ff.; ferner HÜTTE, Risiken 42 ff. und Sorgfaltspflichten 34 f.; LANTER 57; HANS MICHAEL RIEMER: Das Recht der beruflichen Vorsorge in der Schweiz (Bern 1985) § 1 N 10, § 2 N 68, 74, 79; WOLFGANG SALZMANN in ST 60 (1986) 315 f., 515 f.; ARTHUR WINZELER: Die Haftung der Organe und der Kassenträger in der AHV (Diss. Zürich 1952).

2. BG über die Alters- und Hinterlassenenversicherung[1995]

2.1. Die Haftungsgrundlage

Nach AHVG 52 hat ein *Arbeitgeber,* der *absichtlich oder grobfahrlässig* Vorschriften des AHVG missachtet und dadurch einen Schaden verschuldet, diesen der Ausgleichskasse zu ersetzen.

Das Eidg. Versicherungsgericht hat den Anwendungsbereich dieser Bestimmung über ihren Wortlaut hinaus erweitert und bei juristischen

---

[1993] Dazu nachstehend N 1071, 1080.
[1994] Sorgfaltspflichten 34.
[1995] AHVG vom 20.12.1946, SR 831.10.

Personen eine subsidiäre Haftung der *verantwortlichen Organe* bejaht – eine Ausdehnung, die nicht unbedenklich ist[1996].

2.2. Der Kreis der Haftpflichtigen

1072 Der *Kreis der Haftpflichtigen* deckt sich nicht durchwegs mit demjenigen des Privatrechts, sondern scheint vom Eidg. Versicherungsgericht *enger* gezogen zu werden: Schon in BGE 103 V 122[1997] wird – ohne nähere Begründung – nicht von Organen schlechthin, sondern von «verantwortlichen» Organen gesprochen. Seither hat die Gerichtspraxis den Kreis der potentiell Verantwortlichen weiter *eingegrenzt:*

1073 – So wurde eine Haftung des *faktischen Organs abgelehnt:* Nicht haftbar im Sinne von AHVG 52 soll sein «eine Person, die weder als Verwaltungsrat noch als leitendes Organ mit Zeichnungsbefugnis für die juristische Person im Handelsregister eingetragen ist (als Direktor oder Prokurist) ... Der Begriff des 'faktischen Organs'... ist zu ungenau und könnte zu Missbräuchen führen oder zumindest durch eine extensive Auslegung die Rechtssicherheit gefährden»[1998].

1074 – Weiter erfolgte eine Einschränkung auf *Exekutiv*organe. So ist «ein Revisor in seiner Eigenschaft als statutarisches Organ einer Aktiengesellschaft»[1999] nach der Ansicht des Eidg. Versicherungsgerichts nicht Arbeitgeber im Sinne von AHVG 52, da er weder über Entscheidungs- noch Handlungsbefugnisse verfügt[2000].

1075 – Ferner wird betont, es seien für die Beurteilung der Verantwortlichkeit nach AHVG 52 «nicht der Umfang der Handlungsvollmacht einer bestimmten Person im Aussenverhältnis, sondern deren konkrete Obliegenheiten in Form von Rechten und Pflichten im Innenverhältnis»[2001] massgebend. Darauf gestützt wurde in concreto die Verantwortlichkeit des für das Lohnwesen zuständigen *Prokuristen verneint.*

[1996] Die *Organe* sind ja nicht «Arbeitgeber», vgl. die Kritik bei MAURER (zit. N 1069), der darauf hinweist, dass weder die Gesetzesmaterialien noch der Wortlaut von AHVG 52 eine solche Erweiterung als begründet erscheinen lassen. – Das Verwaltungsgericht des Kantons Graubünden hat über längere Zeit die Haftung der *Organe* des Arbeitgebers verneint, diese Praxis aber angesichts der konsequenten Haltung des Eidg. Versicherungsgerichts schliesslich aufgegeben, vgl. PVG 1986 Nr. 66 S. 178f. und die dort erwähnten früheren Entscheide.
[1997] = ZAK 1978, 250, mit Hinweisen.
[1998] ZAK 1983, 486.
[1999] ZAK 1983, 486.
[2000] ZAK 1983, 486.
[2001] BGE 111 V 178 = ZAK 1985, 627.

– Endlich hat das Bundesgericht präzisiert, dass ein Schaden im Sinne von AHVG 52 nur vorliegt, wenn der Arbeitgeber bzw. dessen Organ *«als gesetzliches Durchführungsorgan»* gehandelt hat[2001a]. 1075a

Es scheint, dass das Eidg. Versicherungsgericht – allenfalls unbewusst – durch eine *enge Umschreibung der potentiell Haftpflichtigen* eine gewisse *Korrektur* anbringen will zur *Überdehnung der Haftung*, die aus dem Verständnis des Begriffs der «Grobfahrlässigkeit» dieses Gerichts folgt[2001b]. 1075b

Auf das *Aussen-* und *nicht auf das Innenverhältnis* wird aber offenbar abgestellt bei Exekutivorganen im formellen Sinn[2002]: So lehnte das Gericht im Entscheid 109 V 86ff. den Einwand des Präsidenten eines mehrköpfigen Verwaltungsrates ab, bezüglich der AHV-Abrechnungspflicht seien in erster Linie der Geschäftsführer, der Buchhalter und der Verwaltungsrats-Vizepräsident zuständig gewesen. 1076

2.3. Der Schaden

Als *Schaden* im Sinne von AHVG 52 sind zu verstehen sowohl «die Beiträge, die der Arbeitgeber selbst schuldet als auch die Arbeitnehmerbeiträge, die er für sein Personal abzuliefern hat und überdies die Verwaltungskostenbeiträge»[2003]. 1077

2.4. Das Erfordernis einer Pflichtverletzung

Verlangt ist eine *Pflichtverletzung*. Dabei stehen im Vordergrund die *Beitrags- und Abrechnungspflicht* des Arbeitgebers. Die Nichterfüllung dieser öffentlich-rechtlichen Aufgaben verstösst nach der ständigen Rechtsprechung des Eidg. Versicherungsgerichts gegen AHVG 52 und zieht die Pflicht der vollen Schadensdeckung nach sich[2004]. 1078

Haftungsbegründend ist nach AHVG 52 aber auch die nach den objektiven Umständen und den persönlichen Verhältnissen gebotene Pflicht, dafür zu sorgen, dass *keine Zahlungsunfähigkeit* eintritt[2005]. Diese Pflicht verletzt jedoch nicht, wer die AHV-Beiträge deshalb nicht bezahlt, weil zwischen dem Ende der Zahlungsperiode und der Zahlungsfrist der 1079

[2001a] BGE 112 V 152ff., insbes. 155 = ZAK 1987, 207ff. Mit dieser Begründung erklärte das Bundesgericht, es könnten die Organe einer in Konkurs geratenen AG, die ein Unternehmen mit Aktiven und Passiven übernommen habe, nicht haftbar gemacht werden, wenn die Übernehmer-Gesellschaft die geschuldeten Beträge der früheren Schuldnerin nicht bezahlt habe.
[2001b] Vgl. dazu hinten N 1081ff.
[2002] Zum Begriff der formellen Organstellung vgl. N 654ff.
[2003] MAURER (zit. N 1069) 70, vgl. insbes. auch WINZELER (zit. N 1069) 69f.
[2004] BGE 111 V 173 = ZAK 1985, 622; BGE 103 V 122 = ZAK 1978, 250; BGE 98 V 29; ZAK 1983, 104.
[2005] ZAK 1985, 581f.

Konkurs über die AG eröffnet wurde und deshalb über das Gesellschaftsvermögen nicht mehr verfügt werden kann[2006].

2.5. Der Verschuldensmassstab

1080 a) Nach dem Wortlaut von AHVG 52 besteht eine Haftung nur bei *Absicht* oder *Grobfahrlässigkeit,* mithin nur bei *schwerem Verschulden.* Dabei ist nicht jedes einer juristischen Person anzulastende Verschulden gleichzeitig ein solches all seiner Organe. Vielmehr ist zu prüfen, ob und inwieweit das schuldhafte Verhalten einem bestimmten Organ bezüglich seiner rechtlichen und faktischen Stellung innerhalb der Gesellschaft zuzurechnen ist[2007]. Dies wiederum hängt entscheidend von der Kompetenz und Verantwortung ab, die der Organperson übertragen wurde[2008].

1081 b) Von dieser Einschränkung abgesehen hat die Gerichtspraxis jedoch durch eine *Überdehnung des Begriffs der Grobfahrlässigkeit* aus der Haftung nach AHVG 52 nahezu eine *Kausalhaftung* gemacht[2009]:

1082 aa) Nach der ständigen Rechtsprechung des Eidg. Versicherungsgerichts ist grobe Fahrlässigkeit immer dann gegeben, «wenn ein Arbeitgeber das ausser acht lasse, was jedem verständigen Menschen in gleicher Lage und unter gleichen Umständen als beachtlich hätte einleuchten müssen...»[2010]. Diese Umschreibung lässt – worauf MAURER[2011] zu Recht hinweist – eine Einschränkung weg, die «der 'Standarddefinition' gleichsam das Gepräge gibt: Grobfahrlässigkeit liegt nur vor, wenn eine Person *'unter Verletzung elementarster Sorgfaltspflichten* das ausser Acht lässt...'.»[2012]. Für eine solche Ausweitung des Begriffs besteht kein sachlicher Grund, sie ist Ausgangspunkt dafür, dass dem Sozialversicherungsrecht ein *völlig anderer Begriff der Grobfahrlässigkeit* zugrunde liegt als dem Zivilrecht.

1083 Hinzu kommt, dass das Bundesgericht davon ausgeht, es seien «an die Sorgfaltspflicht einer Aktiengesellschaft» – und damit offenbar auch ihrer Organe – «grundsätzlich strenge Anforderungen zu stellen»[2013].

[2006] ZAK 1985, 575, 582.
[2007] BGE 108 V 202 = ZAK 1983, 111; ZAK 1983, 392.
[2008] ZAK 1983, 535.
[2009] Ähnlich HÜTTE, Sorgfaltspflichten 34, wonach «der Sorgfaltsmassstab nach der Rechtsprechung sehr streng» ist; vgl. auch ders., Risiken 42, wonach man sich bei der Durchsicht der Rechtsprechung des Eidg. Versicherungsgerichts des Eindrucks kaum erwehren könne, «als sei der Schweizer VR zur Grobfahrlässigkeit geradezu prädestiniert». Kritisch auch SALZMANN in ST 60 (1986) 316, 515f.
[2010] BGE 108 V 202f., mit zahlreichen Hinweisen = ZAK 1983, 111; BGE 103 V 125 = ZAK 1978, 252; ZAK 1985, 51; ZAK 1983, 392.
[2011] Zitiert N 1069, 68.
[2012] MAURER (zit. N 1069) 68, vgl. auch vorn Anm. 531.
[2013] BGE 108 V 203, mit Hinweisen.

bb) Eine Durchsicht der Praxis zeigt, dass in diesem Bereich zum Teil *Massstäbe* angelegt werden, die *im Widerspruch zu den allgemeinen Vorstellungen* stehen und weltfremd sind. So wird in BGE 108 V 203 – in Übereinstimmung mit BGE 103 V 125 – ausgeführt, es werde «einem Verwaltungsratspräsidenten einer Grossfirma nicht als grobfahrlässiges [sic!] Verschulden angerechnet werden können, wenn er nicht jedes einzelne Geschäft, sondern nur die Tätigkeit der Geschäftsleitung und den Geschäftsgang im allgemeinen überprüft und daher beispielsweise nicht beachtet, dass in Einzelfällen [sic!] die Abrechnung über Lohnbeiträge nicht erfolgt ist». Im konkreten Fall wird Grobfahrlässigkeit bejaht und die Zulässigkeit einer haftungsbefreienden Delegation der Sozialversicherungsbelange an einen Geschäftsführer verneint, weil bei «derart einfachen und überschaubaren Verhältnissen» – nur drei Zeichnungsberechtigte, Aktienkapital von Fr. 50'000.– – der einzige Verwaltungsrat den «Überblick über alle wesentlichen Belange der Firma» haben müsse[2014].

cc) Zur *Kasuistik* – der man zum Teil, aber nur zum Teil, durchaus zustimmen kann – folgendes:

Grobfahrlässig handelt

– der einzige Verwaltungsrat einer kleinen Gesellschaft mit einfacher Verwaltungsstruktur, wenn er nicht für die Zahlung der Sozialversicherungsbeiträge sorgt[2015];
– ein Verwaltungsratspräsident, der nicht dafür sorgt, dass mit den Löhnen auch die AHV-Beiträge bezahlt werden, wobei das Gericht – wie vorn N 1076 erwähnt – den Einwand ablehnt, bezüglich der AHV-Abrechnungspflicht seien in erster Linie der Geschäftsführer, der Buchhalter und der Verwaltungsrats-Vizepräsident zuständig gewesen[2016];
– wer als Arbeitgeber zwar die AHV-Beiträge vom Lohn abzieht, diese aber nicht abliefert[2017];
– ein Verwaltungsrat, der zwar um die Beitragsschuld weiss, jedoch dahingestellt lässt, ob diese tatsächlich bezahlt worden ist[2018];
– der Verwalter einer überschuldeten AG, der eine gefälschte Bilanz vorweist, um damit den Anschein genügender Eigenmittel zu erwekken[2019];
– wer sich nicht über die Abrechnungspflicht vergewissert, obwohl dies nach den konkreten Umständen geboten gewesen wäre[2020];

[2014] Ähnlich auch BGE 112 V 3.
[2015] BGE 108 V 203 ff. = ZAK 1983, 112 f., vgl. auch soeben N 1084.
[2016] BGE 109 V 85.
[2017] ZAK 1985, 51, mit zahlreichen Hinweisen.
[2018] ZAK 1983, 392.
[2019] ZAK 1985, 51 f.
[2020] BGE 98 V 30; ZAK 1985, 51, mit weiteren Hinweisen.

1093 – das Mitglied eines Verwaltungsrates, das gleichzeitig die Funktion einer Verwaltungsratssekretärin innehat und «dadurch den Geschäftsgang gekannt haben und im Stande gewesen sein muss, die Rechnungen und Berichte zu beurteilen»[2021];

1094 – ein Direktor und zugleich Mitglied des Verwaltungsrates einer konkursiten AG, weil seine Stellung in einer solchen Situation «ein Minimum an Aufmerksamkeit und Wachsamkeit»[2022] erfordere;

1095 – ein ausschliesslich für kaufmännische Belange zuständiger Verwaltungsrat einer konkursiten AG, der keinerlei Massnahmen trifft, die AHV-Beiträge zu bezahlen[2023].

1096 *Nicht grobfahrlässig* handelt hingegen

1097 – der Liquidator, der AHV-Beiträge nicht abrechnet, weil für ihn keine greifbaren Anhaltspunkte vorliegen, die auf eine unvollständige oder unrichtige Buchhaltung hindeuten[2024];

1098 – das Mitglied des Verwaltungsrates einer grossen Gesellschaft, «wenn er nicht jedes einzelne Geschäft, sondern nur die Tätigkeit der Geschäftsleitung und den Geschäftsgang im allgemeinen überwacht»[2025];

1099 – der Beistand einer AG, «der über die wirkliche Situation der Unternehmung nicht auf dem laufenden war und nach den Umständen auch nicht sein konnte»[2026];

1100 – ein Verwaltungsratsmitglied, das – trotz wiederholter Aufforderung – nicht über die finanzielle Lage der AG orientiert wurde und aufgrund einer Kompetenzausscheidung (Einkauf, Produktion, Verkauf) für «buchhalterische Belange... weder zuständig noch verantwortlich war»[2027].

2.6. Rechtfertigungs-, Exkulpations- und Herabsetzungsgründe

1101 a) Nach der V über die Alters- und Hinterlassenenversicherung[2028] Art. 81 II kann der Arbeitgeber *Rechtfertigungs- und Exkulpationsgründe* geltend machen[2029]. Diese müssen jedoch für «jene Zeit vorliegen, als rechtswidrig keine Sozialversicherungsbeiträge entrichtet worden sind»[2030].

1102 *Nicht zu exkulpieren* vermag sich nach der Gerichtspraxis

---

[2021] ZAK 1983, 487f.
[2022] ZAK 1983, 488.
[2023] ZAK 1983, 488.
[2024] ZAK 1985, 52f.
[2025] BGE 103 V 125 = ZAK 1978, 252, mit Hinweisen; ZAK 1985, 52; ZAK 1983, 392. Anders der Verwaltungsrat einer Kleinaktiengesellschaft, vgl. BGE 108 V 203; ZAK 1983, 487 und vorn N 1084.
[2026] ZAK 1985, 52.
[2027] ZAK 1983, 536.
[2028] AHVV vom 31.10.1947, SR 831.101.
[2029] ZAK 1985, 620f., mit zahlreichen Hinweisen; ZAK 1983, 105.
[2030] ZAK 1986, 224.

- der einzige, einzelzeichnungsberechtigte Verwaltungsrat, der um die mit einer Nachzahlungsverfügung der Ausgleichskasse festgestellte Beitragspflicht und deren Nichterfüllung wusste[2031];
- der einzige, einzelzeichnungsberechtigte Verwaltungsrat einer Klein-AG mit einfacher Verwaltungsstruktur, der sich nicht um den Zahlungsverkehr gekümmert und sich als juristischer Laie vor allem «auf die Beratung... bezüglich Fragen der Sicherheit und der Werbung»[2032] beschränkt hatte. Delegiert dieser Verwaltungsrat Funktionen an Dritte, so kann er nach Ansicht des Eidg. Versicherungsgerichts nicht zugleich auch seine Verantwortung an diese Dritten delegieren[2033].

Entschuldbar ist dagegen jenes fehlerhafte Verhalten eines Verwaltungsratspräsidenten und Alleinaktionärs, der Sozialversicherungsbeiträge mangels finanzieller Mittel nicht ablieferte in der begründeten Meinung, durch Befriedigung lebenswichtiger Forderungen (insbes. Lohnzahlungen und Zahlungen an gewisse Lieferanten) den Betrieb retten und die geschuldeten Beiträge innert nützlicher Frist später doch noch bezahlen zu können[2034].

Fehlende finanzielle Mittel der Gesellschaft genügen im übrigen für sich allein *nie* als *Rechtfertigungsgrund*[2035]. Vielmehr muss das fehlerhafte Verhalten des Arbeitgebers zusätzlich zu rechtfertigen oder muss ein absichtliches oder grobfahrlässiges Verschulden ausgeschlossen sein[2036].

b) Trotz des Schweigens von AHVG 52 sind selbstverständlich allfällige *Herabsetzungsgründe* zu beachten. Dabei liegt es «nahe, die in OR 44 umschriebenen Herabsetzungsgründe, jedenfalls jene des Selbstverschuldens, sinngemäss zu berücksichtigen... Wenn also die Ausgleichskasse ihrerseits ahv-rechtliche Vorschriften schuldhaft verletzt, indem sie z.B. die Betreibung... für die rückständigen Beiträge nicht mit der gebotenen Beförderung einleitet und zu Ende führt, dann muss ein Selbstverschulden angenommen werden, das die Ersatzpflicht des Arbeitgebers zu reduzieren vermag»[2037].

c) Die Überdehnung des Begriffs der Grobfahrlässigkeit, die sich auch in der Gerichtspraxis zu den Exkulpationsgründen zeigt, ist in der Literatur zu Recht *kritisiert* worden[2038].

[2031] ZAK 1985, 621.
[2032] BGE 112 V 3 = ZAK 1986, 401.
[2033] BGE 112 V 3 = ZAK 1986, 401; BGE 108 V 204 = ZAK 1983, 112.
[2034] ZAK 1985, 575; ZAK 1983, 105f.
[2035] ZAK 1985, 621.
[2036] ZAK 1985 620; ZAK 1983, 105.
[2037] MAURER (zit. N 1069) 70f. In der Gerichtspraxis scheint dieser Herabsetzungsgrund bisher aus schwer verständlichen Gründen kaum eine Rolle gespielt zu haben.
[2038] Vgl. die bereits vorn Anm. 2009 zitierten Bemerkungen von HÜTTE, sodann FORSTMOSER, Beschränkung des Risikos 33, SALZMANN in ST 60 (1986) 315f., 515f. und die zutreffende Glosse in SAG 57 (1985) 111.

2.7. Der Haftungsumfang

1109 Die Haftung nach AHVG 52 ist für die Organe *subsidiär*[2039], d.h. es haften diese nur bei Zahlungsunfähigkeit der AG. Unter sich haften schuldhaft handelnde Organe *solidarisch*[2040].

2.8. Die Dauer der Verantwortlichkeit

1110 Zur *Dauer der Verantwortlichkeit* hat das Eidg. Versicherungsgericht verschiedentlich Stellung genommen[2041]. Nach der in BGE 109 V 94f.[2042] präzisierten Rechtsprechung gilt folgendes:

1111 Keine Haftung aus AHVG 52 besteht jedenfalls für Beitragsforderungen, die *nach der Publikation* der Löschung der Organstellung der betreffenden Person im Handelsregister *fällig* wurden. Für *vor dieser Publikation* fällig gewordene Beiträge haftet der Betreffende zwar grundsätzlich[2043], doch können ein Verschulden und damit eine Haftung des Organs «nur so lange in Frage kommen, als es die Möglichkeit hat, durch Handlungen oder Unterlassungen die Geschäftsführung massgeblich zu beeinflussen. Das ist faktisch längstens bis zum *effektiven* Ausscheiden aus dem Verwaltungsrat der Fall»[2044]. Wann ein Organ effektiv ausgeschieden ist, bestimmt sich nach den konkreten Umständen[2045]. – Vgl. im übrigen auch die allgemeinen Ausführungen zum Ende der Organstellung vorn N 752ff.

2.9. Die Verjährung

1112 Bezüglich der *Verjährung* bzw. nach neuer Rechtsprechung Verwirkung[2046] sieht AHVV 82 I eine einjährige Frist seit Kenntnis[2047] des Schadens, längstens aber eine Fünfjahresfrist seit dessen Eintritt vor[2047a]. Zur längeren strafrechtlichen Frist vgl. AHVV 82 II sowie BGE 112 V 161ff.

[2039] MAURER (zit. N 1069) 67; BGE 109 V 91 = ZAK 1983, 491.
[2040] So mit ausführlicher Begründung BGE 109 V 90ff., mit weiteren Hinweisen = ZAK 1983, 489ff.
[2041] Vgl. die Zusammenstellung in ZAK 1983, 492 E 13.
[2042] = ZAK 1983, 489ff.
[2043] Vgl. BGE 103 V 123f., wonach OR 932 II zur Anwendung kommt und die Löschung Dritten gegenüber erst nach deren Publikation im SHAB wirksam wird.
[2044] BGE 109 V 94f. = ZAK 1983, 492f.
[2045] In BGE 112 V 1ff. = ZAK 1986, 400ff. wurde das Datum der Demissionserklärung eines Verwaltungsrates als massgebend für das effektive Ausscheiden betrachtet, ebenso in BGE 109 II 86ff. = ZAK 1983, 489ff.
[2046] BGE 111 V 175, 112 V 7ff., 268.
[2047] Zum Begriff der Kenntnis vgl. BGE 111 V 175, 112 V 158 = ZAK 1987, 205 und 112 V 268 = ZAK 1987, 154.
[2047a] Vgl. insb. WINZELER (zit. N 1069) 75f.; BGE 112 V 168 = ZAK 1987, 154.

= ZAK 1987, 244 ff. Innerhalb dieser Frist muss die Schadenersatzforderung durch Erlass einer Schadenersatzverfügung geltend gemacht werden[2048].

2.10. Verfahren, Rückgriffsrecht und Gerichtsstand

Zum *Verfahren* vgl. AHVV 81 und dazu MAURER (zit. N 1069) 68 f. sowie WINZELER (zit. N 1069) 70 ff.; zum *Rückgriffsrecht* des Arbeitgebers vgl. WINZELER (zit. N 1069) 73 ff., ferner BGE 112 V 261 ff.[2048a]; zum *Gerichtsstand* vorn N 572.

3. BG über die berufliche Alters-, Hinterlassenen- und Invalidenvorsorge[2049]

Nach BVG 52 sind alle mit der Verwaltung, Geschäftsführung und Kontrolle betrauten Personen für den einer Vorsorgeeinrichtung absichtlich oder fahrlässig zugefügten Schaden verantwortlich. Durch diese *OR 754 I nachgebildete Haftungsnorm* sollte die bisherige Praxis gesetzlich verankert werden[2050]. Trotz der Verankerung im BVG handelt es sich hier um eine privatrechtliche Bestimmung[2051].

4. Weitere Haftungsnormen im Sozialversicherungsrecht

AHVG 52 gilt sinngemäss auch für die Invalidenversicherung[2052], die Erwerbsersatzordnung[2053], die Familienzulagen in der Landwirtschaft[2054] sowie für Beiträge zur Arbeitslosenversicherung[2055].

[2048] Vgl. im übrigen MAURER (zit. N 1069) 69 f. sowie ZAK 1987, 300.
[2048a] Keine Möglichkeit, einen Regressanspruch gegenüber einem haftpflichtigen Dritten im Rahmen des von der Ausgleichskasse eingeleiteten Verfahrens mittels Streitverkündigung geltend zu machen.
[2049] BVG vom 25.6.1982, SR 831.40.
[2050] Vgl. LANTER 57; RIEMER (zit. N 1069) § 2 N 74, beide mit Hinweis auf die Materialien.
[2051] RIEMER (zit. N 1069) § 1 N 10.
[2052] BG über die Invalidenversicherung vom 19.6.1959 (IV), SR 831.20, Art. 66 I.
[2053] BG über die Erwerbsersatzordnung für Wehr- und Zivilschutzpflichtige vom 25.9.1952 (EO), SR 834.1, Art. 21 II.
[2054] BG über die Familienzulagen in der Landwirtschaft vom 20.6.1952, SR 836.1, Art. 25.
[2055] BG über die obligatorische Arbeitslosenversicherung und die Insolvenzentschädigung vom 25.6.1982 (AlV), SR 837.0, Art. 6.

§ 8 Hinweise zur Vermeidung der Organverantwortlichkeit

Aus einer Analyse der in den Abschnitten über die Kasuistik[2056] aufgeführten und weiterer, nicht allgemein zugänglicher Entscheide sowie von Auseinandersetzungen, die durch Vergleich erledigt wurden, ergibt sich eine Reihe von *Erfahrungssätzen,* deren Einhaltung vor dem Risiko der Verantwortlichkeit weitgehend schützen dürfte. Sie seien hier für die am häufigsten ins Recht gefassten Gruppen – Verwaltungsrat und Kontrollstelle – als Thesen zusammengefasst und kurz illustriert. Auf andere Gruppen – etwa die Mitglieder der Geschäftsleitung und die Liquidatoren – lassen sie sich analog anwenden.

1116

I. Vermeidung der Haftung als Mitglied des Verwaltungsrates[2057]

Das Mitglied der Verwaltung hat m.E. vor allem die folgenden Regeln zu beachten:
- Der Verwaltungsrat muss so handeln, wie ein sorgfältiger Einzelunternehmer es auch tun würde.
- Die Mehrheit muss die Minderheit leben lassen.
- Wer das Spiel der AG spielt, muss es konsequent spielen.
- Es ist eine angemessene Organisation vorzusehen und einzuhalten.
- Der Verwaltungsrat soll sich auf die Erfüllung der obersten, nicht delegierbaren Aufgaben konzentrieren.
- Insbesondere ist auch die Erfüllung der Buchführungsvorschriften zu überprüfen.
- Eine qualifizierte Kontrollstelle ist einzusetzen.
- Vollmachten sind zurückhaltend zu erteilen, Einzelunterschriften zu vermeiden.
- Die im Gesetz statuierten formellen Pflichten müssen beachtet werden.

1117

[2056] Vgl. vorn N 781ff. und N 874ff.
[2057] Vgl. dazu die Hinweise bei BÖCKLI 531ff.; FORSTMOSER, Risiken 7f.; ders., Beschränkung des Risikos 34ff.; HESS, passim; HÜTTE, Risiken 51f.; STAEHELIN 83ff.

- Der Erfüllung öffentlich-rechtlicher Forderungen und Abgaben – Steuern und Sozialversicherungsbeiträge – ist besondere Beachtung zu schenken.
- Bei treuhänderischer Tätigkeit sind die Beziehungen zum Auftraggeber klar zu regeln.

1118 Dazu im einzelnen folgendes:

1. Handeln wie ein sorgfältiger Einzelunternehmer

1119 Auch das Mitglied des Verwaltungsrates einer AG soll so handeln, wie es einem *sorgfältigen Kaufmann* ansteht. Aus der vorn N 781 ff. zusammengestellten Judikatur seien als Beispiele für *Verletzungen* dieser Pflicht erwähnt:
- spekulative Anlagen, insbes., wenn sie ein Klumpenrisiko darstellen[2058],
- Klumpenrisiken ganz allgemein, auch wenn die Bonität des Schuldners nicht in Frage steht[2058a],
- Verzicht auf die zinsbringende Anlage des nicht anderweitig benötigten Gesellschaftskapitals[2059],
- die Verschiebung von Mitteln der Gesellschaft ins Ausland, obwohl diese für die Erfüllung von im Inland fälligen Verpflichtungen benötigt würden[2060],
- der Verzicht darauf, die Liberierung der Aktien durchzusetzen, obwohl die Gesellschaft zusätzliche Mittel benötigt[2061],
- die Übernahme eines Mandats trotz fehlender Kenntnisse[2062] und der Verzicht auf den Beizug eines Beraters trotz Unerfahrenheit[2063].

2. Die Minderheit leben lassen

1120 Sind die Aktionäre in eine Mehrheits- und eine Minderheitsgruppe gespalten, dann tun die Mehrheit und ihre Vertreter im Verwaltungsrat gut daran, *auf die Interessen der Minderheit Rücksicht zu nehmen,* diese leben zu lassen. Dies insbesondere dann, wenn die Minderheit nicht in der Verwaltung vertreten ist.

1121 Beispiele aus der Judikatur für *Pflichtverletzungen:*

[2058] Vgl. N 809 ff.
[2058a] Vgl. N 811a.
[2059] Vgl. vorn N 819.
[2060] Vgl. N 817.
[2061] Vgl. N 821 f.
[2062] Vgl. N 827.
[2063] Vgl. N 831.

– Eingehen von Geschäften mit den Mehrheitsaktionären, die für die Gesellschaft und die Minderheit nachteilig sind[2064],
– Abschluss von Verträgen durch die Verwaltung mit einzelnen ihrer Mitglieder in Überschreitung der Befugnisse[2065].

3. Das Spiel der AG spielen

Ein weiteres Erfordernis, das vor allem mit Bezug auf stark personenbezogene Gesellschaften und ganz besonders hinsichtlich von *Einmann-Gesellschaften* nicht genügend betont werden kann, ist es, das *Spiel der AG konsequent zu spielen:* Wer sein Geschäft in eine AG einbringt, ist fortan nicht mehr Einzelunternehmer, sondern Angestellter «seiner» Gesellschaft. Er darf daher nicht nur die Vorteile des Aktienrechts für sich in Anspruch nehmen, er muss auch die Nachteile und insbesondere zusätzliche Formalitäten in Kauf nehmen.

Hier darf auch der *Berater,* der eine Verwaltungsratsfunktion wahrnimmt, in keinem Falle nachgeben[2066]. AG und Einmann-Aktionär sind zwei verschiedene Personen, und der Verwaltungsrat der AG – auch wenn er vom Alleinaktionär mandatiert ist – hat im Zweifel die Interessen der Gesellschaft und nicht diejenigen des Treugebers wahrzunehmen.

Falls zwischen der Gesellschaft und einzelnen Aktionären Rechtsgeschäfte abgeschlossen werden, muss dies *«at arm's lenght»* erfolgen, so wie man es auch mit einem Dritten tun würde. So sind etwa Darlehen an Aktionäre, die in keinem vernünftigen Verhältnis zu den verfügbaren Eigenmitteln stehen, zu vermeiden[2067], ebenso solche ohne ausreichende Sicherheit.

Die Beachtung der AG als eigener Person verlangt sodann, dass auf eine für die vorgesehenen Zwecke *ausreichende Kapitalisierung* geachtet wird.

In der Gerichtspraxis wurden etwa die folgenden *Pflichtverletzungen* registriert:
– Der Gesellschaft wird ohne entsprechende Gegenleistung Vermögen entzogen[2068],

---

[2064] Vgl. N 785.
[2065] Vgl. N 787f.
[2066] Darauf, dass die Übernahme eines Verwaltungsratsmandates bei einer Einmann-AG ein erhöhtes Risiko darstellt, und dies ganz besonders dann, wenn der Aktionär nicht eine Konzerndachgesellschaft, sondern eine natürliche Person ist, weist zu Recht BÖCKLI 531 hin.
[2067] HÜTTE, Risiken 52. Vgl. als Beispiel den vorn Anm. 1532a erwähnten Entscheid (Gewährung eines zu den Eigenmitteln in einem krassen Missverhältnis stehenden Darlehens an den Hauptaktionär).
[2068] Vgl. N 782.

- ein Aktivum der Gesellschaft wird für die Sicherung einer privaten Schuld verwendet[2069],
- Wechselverpflichtungen werden im Namen der Gesellschaft, aber zur Sicherung von privaten Schulden eingegangen[2070],
- Mitglieder des Verwaltungsrates spekulieren persönlich mit von der Gesellschaft erteilten Krediten[2071].

4. Sicherstellung einer angemessenen Organisation

1127   a) Im weiteren ist eine *angemessene Organisation* einzuführen und einzuhalten. In diesem Zusammenhang ist daran zu erinnern, dass die *Delegation* von Funktionen durch den Verwaltungsrat auf Direktoren, Delegierte oder Dritte grundsätzlich und in weitem Masse erlaubt ist[2072] und dass der Verwaltungsrat durch eine *korrekte Delegation* auch *von seiner Verantwortung entbunden* wird[2073]. Hierin liegt ein sehr wesentliches, wenn auch für sich allein nicht ausreichendes Element der Risikobeschränkung: Den Mitgliedern des Verwaltungsrates bleibt dann nur noch (aber immerhin) die Pflicht zu sorgfältiger Auswahl der beauftragten Personen sowie allenfalls zu ihrer Instruktion und Überwachung.

1128   Zu den Grenzen der Delegationsmöglichkeit vgl. vorn N 323 ff.

1129   b) Zu einer angemessenen Organisation gehört auch, dass ein *Organisationsreglement* aufgestellt wird, in welchem die Kompetenzen abgegrenzt und die Arbeitsweise des Verwaltungsrates geregelt werden[2074]. Im Reglement sind etwa die *folgenden Bereiche zu ordnen:*
- Kompetenzen und Kompetenzabgrenzung hinsichtlich des Verwaltungsrates, seiner allfälligen Ausschüsse, seines Präsidenten und/oder allfälligen Delegierten, der Geschäftsleitung (falls eine solche neben dem Verwaltungsrat besteht) und gegebenenfalls der Sitzleiter von Zweigniederlassungen. Abzudecken sind insbesondere Fragen der Organisation, des Personellen und der Finanzen einschliesslich der Investitionen und wichtigeren vertraglichen Verbindlichkeiten. Dabei ist zu unterscheiden zwischen der Kompetenz zur Antragsstellung, zum Entscheid, zur Informierung bzw. Kenntnisnahme und zur Ausführung.

[2069] Vgl. N 791.
[2070] Vgl. N 790.
[2071] Vgl. N 786.
[2072] Dazu ausführlich vorn N 319 ff.
[2073] Vgl. vorn N 321 f.
[2074] Vgl. STAEHELIN 83 f.

– Einberufung und Durchführung der *Verwaltungsratssitzungen* einschliesslich ihrer Häufigkeit, Beschlussfassung im Rahmen des Verwaltungsrates, Protokollierung; allenfalls *Organisation der Geschäftsleitung.*
– Alterslimite.

c) Von selbst versteht sich, dass Verwaltungsratssitzungen auch *tatsächlich* und in der vorgesehenen Häufigkeit *durchzuführen* sind und dass das Verwaltungsratsmitglied den Sitzungen nicht unentschuldigt fernbleiben darf.

5. Konzentration auf die obersten, nicht delegierbaren Aufgaben

a) Empfiehlt es sich, die Funktionen weitgehend zu delegieren, dann ist anderseits Sorge dafür zu tragen, dass die *nicht delegierbaren Funktionen materiell ausgeübt* werden. Dazu gehören namentlich[2075]
– die grundlegenden Entscheide der *Geschäftspolitik* und ihre Planung,
– die Auswahl der *leitenden Angestellten,*
– die *Überwachung* im Rahmen der delegierten Aufgaben.

b) Nach der Judikatur sind diese Pflichten etwa in folgenden Fällen *verletzt:*
– die *Planungspflicht* dann, wenn ein Budget und eine seriöse Finanzplanung fehlen[2076],
– die Pflicht zur *Bestellung der Geschäftsleitung* dann, wenn die Mitglieder des Verwaltungsrates sich bei Anstellung eines Geschäftsführers nicht über seine Zeugnisse erkundigen und sie diesen zudem nicht überwachen[2077],
– die *Überwachungspflicht,* wenn
 – trotz Unregelmässigkeiten in der Geschäftsführung einzelner Verwaltungsratsmitglieder, die den übrigen bekannt sein mussten, keine Untersuchungen und weiteren Massnahmen veranlasst werden[2078],
 – der Verwaltungsrat eines kleinen Unternehmens mit einfacher Verwaltungsstruktur nicht überprüft, ob der Geschäftsführer die Sozialbeiträge entrichtet[2079] oder wenn der Verwaltungsrat einer grösseren Gesellschaft keine Prüfung der Erfüllung der Soziallasten vornimmt, obwohl er weiss, dass sich die Gesellschaft in Liquiditätsschwierigkeiten befindet[2080,2081].

[2075] Vgl. auch vorn N 323ff.
[2076] Vgl. N 801.
[2077] Vgl. N 806, ferner N 808.
[2078] Vgl. N 798, 803.
[2079] Vgl. N 802, 1086ff.
[2080] Vgl. N 802, 1086ff.
[2081] Diese unter dem Gesichtspunkt von AHVG 52 gefällten Entscheide sind m.E. freilich unrichtig und realitätsfern, vgl. dazu vorn N 1081ff.

1133 c) Wenn hier allgemein eine *Konzentration auf die grundlegenden Aufgaben* und Entscheide empfohlen wird, dann ist eine *Ausnahme* zu machen im Hinblick auf die Überprüfung öffentlich-rechtlicher Abgabe- und Beitragsforderungen. Diesbezüglich empfiehlt es sich, auch den Einzelheiten nachzugehen, vgl. nachstehend N 1143.

6. Erfüllung der Buchführungsvorschriften

1134 Beachtung zu schenken ist auch der Einhaltung der Buchführungs- und Bewertungsvorschriften.

1135 So *verletzt* nach der Gerichtspraxis die Verwaltung ihre *Pflicht,*
– wenn sie die Führung der erforderlichen Bücher unterlässt[2082],
– wenn sie die notwendigen Abschreibungen nicht vornimmt[2083]
– und wenn sie bei Überschuldung die nötigen Massnahmen nicht trifft[2084].

7. Wahl einer qualifizierten Kontrollstelle

1136 Zu warnen ist von der vor allem in kleineren Verhältnissen noch immer verbreiteten Unsitte[2085], das Kontrollstellmandat als Sinekure einem Bekannten oder Verwandten zu übertragen. Besonders dann, wenn das Verwaltungsratsmitglied aus fachlichen oder zeitlichen Gründen nicht in der Lage ist, die Buchführung selbst zu überprüfen, ist auf den Einsatz einer professionellen Kontrollstelle zu achten.

8. Sorgfalt und Zurückhaltung bei der Einräumung von Vollmachten

1137 a) Ganz allgemein empfiehlt es sich, Einzelunterschriften zu vermeiden und im Handelsregister nur *kollektive Zeichnungsberechtigungen* einzutragen.

1138 Etwas anderes mag aus Praktikabilitätsgründen für die *Bankunterschrift* gelten, wobei dort die Einzelunterschrift mit einer entsprechenden Kompetenzlimite verbunden sein kann.

1139 b) Besonders problematisch ist die Erteilung der Einzelunterschrift an einen *Alleinaktionär* oder eine ihm nahestehende Person, wenn diesen

---

[2082] Vgl. N 835.
[2083] Vgl. N 836.
[2084] Vgl. N 838ff.
[2085] Vgl. STAEHELIN 84.

Vertretern *keine formelle Organfunktion* zukommt oder wenn sie *im Ausland wohnhaft* sind.

c) Auch sonst ist zu *vermeiden, dass der Alleinaktionär* oder seine Vertrauensleute *allein über das Gesellschaftsvermögen verfügen* können[2086]. Besonders gefährlich ist etwa die Ausstellung einer nicht im Handelsregister eingetragenen Generalvollmacht zugunsten eines ausländischen Auftraggebers, der selber nicht als Organ der Gesellschaft in Erscheinung tritt.

9. Einhalten der Formalien

Die vom Gesetz vorgesehenen *formellen Pflichten* müssen – an sich eine Selbstverständlichkeit – beachtet werden: Beschlüsse sind von den zuständigen Organen zu fällen und ordnungsgemäss zu protokollieren[2087], die Generalversammlung ist abzuhalten, und Gewinne sind der Gesellschaft nur aufgrund entsprechender Beschlüsse zu entnehmen. Ebenso sind Verwaltungsratssitzungen durchzuführen, genügen einsame Entscheide des Allein- oder Mehrheitsaktionärs nicht, ist eine Kontrollstelle zu wählen usw.

Gerade in kleineren Verhältnissen und bei Tochtergesellschaften von Konzernen[2087a] werden diese Formalitäten oft nur zu leicht als unnötiger Ballast behandelt und vernachlässigt, und eine Durchsicht von Rechtsschriften und Entscheiden zeigt, dass *mit materiellen Pflichtwidrigkeiten nicht selten auch eine Missachtung der formellen Ordnung einhergeht.*

[2086] BÖCKLI 532.

[2087] Während das geltende Recht in OR 715 II ausdrücklich und zu Recht festhält, dass ein Protokoll auch dann zu führen ist, wenn die Verwaltung einer einzigen Person anvertraut ist, soll diese Vorschrift im künftigen Recht entfallen (vgl. RevE 713 II). Ich halte dies trotz des Hinweises in der Botschaft, eine Protokollierung der Entschlüsse des Einmann-Verwaltungsrates sei «weder sinnvoll noch durchsetzbar» (Botschaft 920) für bedauerlich: Gerade auch der Einmann-Verwaltungsrat sollte gezwungen werden, das Spiel der AG konsequent zu spielen. Im Hinblick auf die Verantwortlichkeit wird der Alleinverwaltungsrat selbst dann, wenn die Protokollierungspflicht künftig entfallen sollte, gut daran tun, seine Entscheidungen schriftlich und beweiskräftig festzuhalten.

[2087a] Besonders auch das konzernabhängige Verwaltungsratsmitglied einer Tochtergesellschaft hat ein Interesse an der strikten Einhaltung dieser Formalien, vgl. dazu FLURIN VON PLANTA § 19.3.2.

10. Überprüfung der Erfüllung öffentlich-rechtlicher Abgabe- und Beitragsforderungen

1143 Es wurde betont[2088], dass Gesetz und Gerichtspraxis im Rahmen von Steuern und Sozialabgaben eine ausserordentlich strenge Verantwortung der Mitglieder des Verwaltungsrates vorsehen. In diesen Bereichen empfiehlt es sich daher im Hinblick auf die – m.E. in ihrer Schärfe freilich kaum haltbare – Praxis, *mehr zu tun, als im Rahmen einer angemessenen Oberleitung nötig wäre.*

11. Klare Regelung bei Treuhandverhältnissen

1144 Bei fiduziarischer Tätigkeit ist ganz besonders darauf zu achten, dass das *Spiel der AG konsequent gespielt und dass die Formalien korrekt eingehalten* werden.

1145 Überdies empfiehlt es sich, die *Beziehung zum Treugeber zu formalisieren*[2089], wobei freilich zu betonen ist, dass Treuhandverträge vor Ansprüchen Dritter und der Gesellschaft selbst nicht schützen[2090] und dass sie auch im übrigen nur so gut sind wie der Treugeber.

12. Folgerung

1146 Betrachtet man die aufgeführten Regeln, dann kann man feststellen, dass vom Verwaltungsrat – abgesehen vom Bereich der öffentlich-rechtlichen Forderungen – nichts Unzumutbares verlangt wird. Gefordert ist, dass das getan wird, was auch ein sorgfältiger Einzelunternehmer tun würde. Verlangt wird weiter, dass auch der Haupt- oder Alleinaktionär und der in dessen Dienst Tätige dem Umstand Rechnung tragen, dass die AG eine juristische Person ist und dass somit das Vermögen der Gesellschaft mit dem Privatvermögen nicht vermischt werden darf. Verlangt wird sodann die Einhaltung der Formalien, das konsequente Spielen des Spiels der AG.

[2088] Vorn N 1035ff., 1080ff.
[2089] Von selbst versteht sich, dass der wirtschaftliche Treugeber dem Treuhänder bekannt sein muss.
[2090] Vgl. vorn N 697f., zur Frage, inwieweit der Treuhänder Weisungen seines Auftraggebers befolgen darf, vgl. N 698.

II. Vermeidung der Haftung als Kontrollstelle[2091]

Auch für die Kontrollstelle lassen sich einige Erfahrungsregeln aufstellen, deren Beachtung vor dem Risiko der Verantwortlichkeit weitgehend schützen dürfte:
- Die Kontrollstelle muss ihren Prüfungsaufgaben – zumindest hinsichtlich der wichtigsten Werte und Verbindlichkeiten – nicht nur formell, sondern auch materiell nachkommen.
- Sie soll ihre Tätigkeit angemessen dokumentieren.
- Die Bewertung der wichtigsten Gesellschaftsaktiven hat selbständig, wenn nötig unter Beizug unabhängiger Sachverständiger zu erfolgen.
- Ergeben sich Mängel, dann sind die zuständigen Stellen zu orientieren.
- Nötigenfalls hat die Kontrollstelle die Generalversammlung einzuberufen.
- Die Kontrollstelle soll sich ihre Partner – Gesellschaft, Verwaltungsrat und Geschäftsleitung – genau anschauen.
- Alle diese Obliegenheiten sind auch bei der Einmann-AG konsequent zu beachten.

Dazu folgendes:

1. Materielle Kontrolle und Bewertung der wichtigsten Bilanzpositionen

Die Kontrollstelle soll zunächst ihren Prüfungspflichten sorgfältig nachkommen. Dazu gehört nach neuerer Praxis eine *materielle* Kontrolle und Bewertung zumindest der wichtigsten Bilanzpositionen[2092].

Im Hinblick auf diese Pflicht ist von der *Gerichtspraxis* etwa festgehalten worden,
- dass die Kontrollstelle eine Pflichtverletzung begeht, wenn sie sich nicht vergewissert, ob die gesetzlich vorgeschriebene *Höchstbewertung* bei der Bilanzierung der ständigen Anlagen eingehalten und die erforderlichen *Abschreibungen* vorgenommen worden sind[2093], dass sie zu prüfen hat, «ob nicht die ständigen Anlagen zu Ansätzen in der Bilanz stehen, welche die Anschaffungs- und Herstellungskosten übersteigen, und ob die den Umständen angemessenen Abschreibungen vorgenommen worden sind», ob ferner «das Warenlager» (als im konkreten Fall wichtigster Aktivpo-

---

[2091] Vgl. dazu FORSTMOSER, Risiken 8f.; BENZ 58f. und etwa die Hinweise in ST 1977 Heft 12 S. 15.
[2092] Vgl. auch BENZ 58, der festhält, dass die am häufigsten geltend gemachten Haftungsgründe – neben dem Fehlen einer Rüge bei erkannten Mängeln der Geschäftsführung – Fehlbewertungen des Warenlagers, der Debitoren oder der Delcredere sind.
[2093] Vgl. N 880.

sten) «nach dem in Art. 666 OR niedergelegten Niedrigstwertprinzip bilanziert» ist[2094];
- dass die Kontrollstelle ihren Pflichten nicht nachkommt, wenn sie in ihrem Bericht an die Generalversammlung lediglich auf «unterlassene Abschreibungen» hinweist, ohne sich zu vergewissern, ob bei Berücksichtigung eines «angemessenen Nachholbedarfs an Abschreibungen der buchmässige Aktivenüberschuss auch wirklich besteht»[2095];
- dass sie dann, wenn angesichts starker Verflechtung und spezifischer Umstände die Prüfungspflicht nur aufgrund einer konsolidierten Bilanz erfüllt werden kann, eine Pflichtverletzung begeht, wenn sie es unterlässt, eine solche konsolidierte Rechnung zu erstellen[2096].

2. Erstellen einer angemessenen Dokumentation

1151 Im Hinblick auf eine allfällige künftige Auseinandersetzung ist der *Dokumentation der Kontrollstelle* die nötige Beachtung zu schenken.

1152 Umfang und Inhalt der Revisionen sollten schriftlich festgehalten sein, am besten im Revisionsbericht selbst, allenfalls auch in Auftrags- und Auftragsbestätigungsschreiben. Auch unvollständige und nicht durchgeführte Kontrollen sind zu erwähnen[2097].

3. Selbständige Prüfung und Bewertung, allenfalls unter Beizug unabhängiger Sachverständiger

1153 Die Prüfung und Bewertung ist durch die Kontrollstelle *selbständig* auszuführen, nötigenfalls unter Beizug *unabhängiger Sachverständiger,* deren Stellungnahmen sorgfältig zu würdigen sind.

1154 Diese Pflichten werden in einem neueren Entscheid des Zürcher Obergerichts hervorgehoben[2098]:
- Danach liegt ein leichtes Verschulden einer als Kontrollstelle und bankengesetzliche Revisionsstelle tätigen Treuhandgesellschaft darin, dass

---

[2094] BGE 93 II 25f.
[2095] BGE 93 II 25.
[2096] ZR 75 (1976) Nr. 21 S. 75.
[2097] BENZ 59. Dabei genügt es zur Entlastung freilich – entgegen dem, was BENZ offenbar annimmt – nicht, dass der Grund für die Unterlassung einer (erforderlichen) Kontrolle in der «Beschränkung des Auftrages durch den Klienten zur Einsparung von Kosten» liegt: Die Pflichten der Kontrollstelle bestehen (auch) im Interesse der Gläubiger (vgl. dazu N 260), und Unentgeltlichkeit oder unangemessene Entschädigung kommen höchstens sehr beschränkt als Gründe für eine Reduktion der Schadenersatzpflicht in Betracht (vgl. N 358).
[2098] ZR 78 (1979) Nr. 134 S. 308ff.

sie – nachdem erste Gutachten zur Bewertung von Liegenschaften nicht überzeugend waren – zwar neue Gutachten verlangte, jedoch die Experten durch die zu kontrollierende Gesellschaft auslesen liess, und dass sie diese Experten überdies nicht selbst instruierte. Ein leichtes Verschulden wurde selbst dann angenommen[2099], wenn es sich bei den beauftragten Gutachtern um verlässliche Personen handelte, diese aber in Beziehungen zur Gesellschaft standen.
– Eine Pflichtverletzung der Kontrollstelle kann nach diesem Entscheid sodann auch in der unrichtigen Würdigung eingeholter Gutachten liegen[2100].
– Allgemein verletzt eine Kontrollstelle ihre Pflicht, wenn sie trotz mangelnder Fachkenntnisse ihr Mandat weiterführt, ohne einen Fachmann beizuziehen[2101].

4. Pflicht zu Orientierungen und Vorbehalten

Treten anlässlich der Prüfung Mängel zutage, dann sind die zuständigen Stellen – je nach der Schwere die Verantwortlichen selbst und ihre unmittelbaren Vorgesetzten, der Präsident des Verwaltungsrates oder die Generalversammlung[2102] – frühzeitig zu *orientieren*. Dazu gehört auch, dass die Kontrollstelle im Bestätigungsbericht die nötigen *Vorbehalte* anzubringen hat[2102a].

Als *Pflichtwidrigkeiten* in diesem Bereich haben die Gerichte etwa erkannt:
– den Antrag auf vorbehaltlose Genehmigung zuhanden der Generalversammlung trotz festgestellter oder vermuteter Bewertungsmängel[2103] und die Abgabe eines vorbehaltlosen Berichtes, obwohl auf die Überschuldung und die Pflicht der Verwaltung zur Benachrichtigung des Richters hinzuweisen gewesen wäre[2104],

---

[2099] Was m.E. freilich zu weit geht.
[2100] ZR 78 (1979) Nr. 134 S. 309.
[2101] ZR 78 (1979) Nr. 134 S. 310; ebenso schon BGE 93 II 26f.
[2102] Vgl. OR 729 III.
[2102a] Eine nicht seltene Unsitte besteht darin, dass die Kontrollstelle zwar im ausführlichen *Erläuterungsbericht* zuhanden des Verwaltungsrates Mängel des Rechnungswesens detailliert aufzeigt und rügt, dass aber der summarische *Bestätigungsbericht* an die Generalversammlung trotzdem vorbehaltlos abgegeben wird. Solches Entgegenkommen ist gefährlich, riskiert doch die Kontrollstelle, dass ihr im Falle von Verantwortlichkeitsansprüchen ihre eigene ausführliche Kritik entgegengehalten wird. Wesentliche Mängel sind gemäss OR 729 IV der Generalversammlung und nicht nur der Verwaltung mitzuteilen.
[2103] BGE 93 II 27f.; vgl. auch SAG 58 (1986) 191f. Nr. 26.
[2104] ZR 75 (1976) Nr. 21 S. 69f., 74f., 77 = ST 50 (1976) Heft 1 S. 8 und Heft 9 S. 29, 31; vgl. ferner SAG 50 (1978) 26ff.

– sodann das Unterlassen der Benachrichtigung der zuständigen Instanzen und das Fehlen eines Vorbehaltes in den Berichten an Generalversammlung und Verwaltung trotz fragwürdiger Geschäftsführung der Verwaltung[2105].

5. Allfällige Pflicht zur Einberufung der Generalversammlung

1157   Endlich hat die Kontrollstelle allenfalls ihrer subsidiären Pflicht zur Einberufung der Generalversammlung[2106] nachzukommen. Sie verletzt diese Pflicht,
– wenn sie die Einberufung der Generalversammlung nicht selbst vornimmt, nachdem die Verwaltung diese ohne stichhaltigen Grund unterlassen hat[2107],
– wenn sie es unterlässt, rechtzeitig eine ausserordentliche Generalversammlung einzuberufen, nachdem der einzige Verwaltungsrat verstorben war[2108].

6. Genaue Prüfung der «Partner»

1158   Die Kontrollstelle tut gut daran, sich über ihre «Partner», d.h. die Gesellschaft und vor allem die Mitglieder des Verwaltungsrates und der Geschäftsleitung, ein klares Bild zu verschaffen. Es drängt sich dies um so mehr auf, als die Kontrollstelle wegen der Solidarhaftung in Verantwortlichkeitsprozessen nicht selten den Schaden zu tragen hat, den in erster Linie Mitglieder der Exekutive verschuldet haben[2109].

7. Beachtung der Kontrollstellpflichten auch bei der Einmann-AG

1159   Zu betonen ist endlich, dass all diesen Pflichten *auch bei der Einmann-AG konsequent nachgelebt* werden muss. Auch die Kontrollstelle muss «das Spiel der AG spielen»[2110], selbst wenn ihr wirtschaftlich gesehen keine Gesellschaft, sondern ein Einzelunternehmer mit beschränkter Haftung gegenübersteht.

[2105] ZR 75 (1976) Nr. 21 S. 76 = ST 50 (1976) Heft 9 S. 26.
[2106] Vgl. OR 699 I.
[2107] BGE 86 II 179f.
[2108] BGE 93 II 28.
[2109] Vgl. dazu vorn N 377.
[2110] Dazu vorn N 1122.

III. Exkurs: Zur Versicherbarkeit der Haftungsrisiken[2111],[2112]

1. Allgemeines

a) Im Rahmen einer *Individualversicherung* soll es bei ausländischen Versicherern möglich sein, die Haftung aus Verwaltungsratsmandaten einschliesslich der weitaus bedeutsamsten für Vermögensschäden für sich allein zu versichern[2113]. Doch ist der Abschluss solcher Versicherungen in der Schweiz nicht üblich.

Regelmässig ist die Versicherung der Haftung aus aktienrechtlicher Organstellung vielmehr als Sonderrisiko *mit einer Berufshaftpflichtversicherung* verbunden, wie sie für Rechtsanwälte, Bücherexperten, Notare und Treuhänder abgeschlossen wird[2114]. Dabei werden seitens der Versicherten gewisse fachliche Qualifikationen verlangt[2115].

Bei Verwaltungsratsmandaten wird in der Regel nur die Tätigkeit als *nicht geschäftsführendes Mitglied* des Rates versichert[2116]. Geschäftsführende Mitglieder des Verwaltungsrates und Mitglieder der Geschäftsleitung können sich nur ausnahmsweise versichern lassen, wobei der Abschluss eines Mandatsvertrages mit Enthaftungsklausel eine Voraussetzung bildet[2117].

Jedes Mandat wird *einzeln versichert,* womit sich der Versicherer die Möglichkeit offenhält, besonders risikobehaftete Mandate abzulehnen[2118]. Doch besteht nur dann ein Versicherungsschutz, wenn *sämtliche* Verwal-

---

[2111] Literatur: BENZ, passim; BLICKENSTORFER Nr. 277ff.; DIEZI, passim, insb. 67ff.; HÜTTE, Risiken 42ff.; ders., Sorgfaltspflichten 44f.; LANTER 238ff.; Schweiz. Anwaltsverband: Die Berufshaftpflicht des Rechtsanwaltes (1981, auch in französischer Fassung erschienen); SAUBER § 20; ZEENDER 69ff.; ferner RICHARD ROSENDORFF: Verwaltungsrats-Versicherung, SAG 9 (1936/37) 1ff., 27ff.

[2112] Zur rechtlichen Zulässigkeit und zu den gesetzlichen Schranken einer Überwälzung des Verantwortlichkeitsrisikos auf einen Versicherer vgl. DIEZI 90ff.; zur moralischen Rechtfertigung der Versicherung ROSENDORFF (zit. Anm. 2111) passim.

[2113] LANTER 239.

[2114] Vgl. etwa BENZ 52ff.

[2115] Vgl. BENZ 54f.; HÜTTE, Risiken 53; ders., Sorgfaltspflichten 46. – Angesichts der hohen Risiken scheint auch in den USA der Abschluss solcher Versicherungen zunehmend schwieriger zu werden, vgl. E.P. IMHOF in Schweiz. Handels-Zeitung Nr. 19 vom 7.5.1987 S. 14. Dies hat zu Reaktionen der Gesetzgeber geführt, vgl. vorn Anm. 1181 und hinten Anm. 2182a.

[2116] HÜTTE, Risiken 53; ders., Sorgfaltspflichten 46; ZEENDER 69f.; LANTER 240. Zur Umschreibung der nicht geschäftsführenden Tätigkeit vgl. die im Anhang des Aufsatzes HÜTTE, Risiken 74f. abgedruckten ergänzenden Vertragsbestimmungen, Art. 8, sowie Schweiz. Anwaltsverband (zit. Anm. 2111) 14ff.

[2117] HÜTTE, Risiken 53; ders., Sorgfaltspflichten 46.

[2118] HÜTTE, Risiken 50; ders., Sorgfaltspflichten 46.

tungsratsmandate des Versicherten angemeldet werden[2119]. Damit soll verhindert werden, dass nur die riskanten Mandate versichert werden.

1164 Vgl. im übrigen die im Anhang an den Aufsatz HÜTTE[2120] abgedruckten Vertragsbestimmungen.

1165 b) Als *Gruppenversicherung* ist seit kurzem die im angelsächsischen Raum seit längerem bekannte «Director's and Officer's Liability Insurance» im Sinne einer «globalen Haftpflichtversicherung für alle mit der Geschäftsführung betrauten Personen»[2121], mithin als «Berufshaftpflichtversicherung für die Unternehmensspitze»[2122] möglich[2123]. In der Schweiz wird diese Vertragsart jedoch nicht gefördert.

1166 «Solche Verträge werden fast ausschliesslich für die Geschäftsleitung von Holdinggesellschaften gezeichnet»[2124], und sie werden «nur mit grösster Zurückhaltung angeboten»[2125].

2. Umfang und Grenzen der Versicherungsdeckung

1167 a) Der Versicherer deckt die Schadenersatzpflicht des Versicherten ab, und er übernimmt auch die Abwehr von unberechtigten oder übersetzten Ersatzansprüchen[2126]. Dabei ist seine Leistungspflicht summenmässig begrenzt pro Schadenereignis wie auch für sämtliche während eines Versicherungsjahres bzw. der Vertragsdauer eintretenden Schäden zusammen[2127]. Als Garantiesumme dürfte bei qualifizierten Fachleuten heute der Betrag von ein bis zwei Millionen Franken üblich sein. Gelegentlich finden sich auch höhere Deckungssummen.

1168 Regelmässig wird ein *Selbstbehalt* des Versicherten in unterschiedlichster Ausgestaltung vorgesehen[2128].

1169 Aufgrund von Art. 14 II des BG über den Versicherungsvertrag[2129] ist der Versicherer berechtigt, seine Leistungen bei *Grobfahrlässigkeit* «in einem dem Grade des Verschuldens entsprechenden Verhältnisse zu kürzen»[2130]. Grobfahrlässigkeit kann etwa gegeben sein bei einem fiduzia-

---

[2119] HÜTTE, Risiken 53.
[2120] Risiken 74f.
[2121] HÜTTE, Sorgfaltspflichten 46.
[2122] DIEZI 115.
[2123] Vgl. hiezu ausführlich DIEZI 50ff.; ferner HÜTTE, Risiken 50, 53; ders., Sorgfaltspflichten 46; LANTER 240.
[2124] HÜTTE, Sorgfaltspflichten 46.
[2125] HÜTTE, Risiken 53.
[2126] HÜTTE, Sorgfaltspflichten 44; BENZ 55; LANTER 238.
[2127] BENZ 55; HÜTTE, Sorgfaltspflichten 45.
[2128] Vgl. BENZ 55; HÜTTE, Sorgfaltspflichten 45; Schweiz. Anwaltsverband (zit. Anm. 2111) 7.
[2129] VVG vom 2.4.1908, SR 221.229.1.
[2130] Vgl. in diesem Zusammenhang HÜTTE, Risiken 44 und 48.

risch tätigen Verwaltungsrat, der sich in keiner Weise um den effektiv die Geschäfte leitenden Hauptaktionär kümmert. Dagegen könnte aber m.E. entgegen HÜTTE bei einer Schadensdeckung im Rahmen von AHVG 52 nicht ohne weiteres eine Kürzung vorgenommen werden, obwohl nach AHVG 52 eine Haftung überhaupt nur für Absicht und Grobfahrlässigkeit vorgesehen ist. Dies deshalb, weil sich der vom Eidg. Versicherungsgericht zu AHVG 52 entwickelte Begriff der Grobfahrlässigkeit nicht mit dem sonst üblichen deckt[2131].

b) Die Versicherung beruht in der Regel auf der *«Claims-made»-Basis*, d.h. es «sind alle diejenigen Ansprüche versichert, die erstmals während der Versicherungsdauer erhoben werden»[2132]. Ansprüche aus Schäden, die vor Vertragsbeginn verursacht wurden, geniessen jedoch nur Versicherungsschutz, «wenn der Versicherte beweist, dass er bei Vertragsbeginn von keinem seine Haftpflicht begründenden Fehler Kenntnis hatte und nach den Umständen auch nicht hätte haben können»[2133].

Für Schadenersatzansprüche, die nach Beendigung der Versicherung geltend gemacht werden, kann eine *Nachversicherung* abgeschlossen werden[2134].

Der Versicherungsschutz *endet* in der Regel mit dem *Bekanntwerden der Überschuldung* einer Gesellschaft[2135]. Damit soll verhindert werden, dass der Versicherer das Risiko riskanter Sanierungsbemühungen tragen muss.

c) Vorn N 1035 ff. ist darauf hingewiesen worden, dass ein besonders hohes Risiko für Verwaltungsratsmitglieder heute aus einer subsidiären *Haftung für Steuern und Sozialabgaben* fliesst. Es ist daher brisant, dass nach der Auffassung von Versicherern nahestehenden Juristen gerade diese Risiken durch die Berufshaftpflichtversicherung *nicht abgedeckt* sind:

aa) Argumentiert wird im Hinblick auf Ansprüche aus *steuerrechtlicher* Verantwortlichkeit[2136], dass es sich bei der Verantwortung für Steuerschulden nicht um einen Schadenersatzanspruch, sondern um den *ursprünglichen Anspruch auf Bezahlung der Steuerschuld* handelt[2137].

bb) Mit Bezug auf ausstehende *Sozialversicherungsbeiträge* wird zum Teil trotz des Wortlauts des auf Schadenersatzpflichten hinweisenden

---

[2131] Vgl. dazu vorn N 1080 ff. Doch wird überhaupt bestritten, dass die Versicherung Ansprüche aufgrund von AHVG 52 abdeckt, vgl. dazu nachstehend N 1175.
[2132] HÜTTE, Sorgfaltspflichten 46; ausführlich dazu BENZ 56.
[2133] So statt anderer die ergänzenden Vertragsbestimmungen der «Winterthur», abgedruckt im Anhang von HÜTTE, Risiken 74.
[2134] Vgl. BENZ 57; Schweiz. Anwaltsverband (zit. Anm. 2111) 11 f.
[2135] Vgl. Schweiz. Anwaltsverband (zit. Anm. 2111) 21 ff.
[2136] Zu dieser vorn N 1035 ff.
[2137] Vgl. dazu ausführlich HÜTTE, Risiken 44 f.; ferner ders., Sorgfaltspflichten 45 und ZEENDER 73 f.

Gesetzestextes in gleicher Weise argumentiert[2138]. Es handle sich um öffentlich-rechtliche Erfüllungsansprüche, die sich nicht auf die Haftpflichtversicherung überwälzen liessen. Offen wird immerhin gelassen, ob allenfalls über OR 755 Versicherungsdeckung beansprucht werden könnte[2139]. Bejaht man dies, ist m.E. nicht ohne weiteres ein Abzug gestützt auf VVG 14 II zulässig[2140].

1176 cc) Nicht versicherbar sind schliesslich *Strafsteuern,* sofern sie in Organfunktion verursacht worden sind[2141]. Dagegen ist ein Versicherungsschutz dann gegeben, wenn «ein besonderer Auftrag für die Besorgung der Steuerangelegenheiten erteilt wurde, wo folglich der Fehler nicht in Erfüllung des VR-Mandates, sondern in Erfüllung eines Steuerberatungsmandates unterlaufen ist»[2142].

1177 d) *Faktische Organschaft*[2143] geniesst *keinen Versicherungsschutz*[2144], schon deshalb nicht, weil nur dem Haftpflichtversicherer gemeldete und in der Versicherungspolice aufgeführte Mandate versichert sind. Dagegen ist m.E. die Tätigkeit als *stilles Verwaltungsratsmitglied* versicherbar, wenn dem Versicherer die erforderlichen Mitteilungen gemacht werden[2144a].

1178 e) Mit Bezug auf *deliktisches und quasi-deliktisches Verhalten*[2145] ist zu differenzieren:

1179 – Das Organ, das sich durch ein gegenüber der Gesellschaft vorsätzlich schädigendes Verhalten strafbar macht, geniesst schon wegen VVG 14 I[2146] keinen Versicherungsschutz, ferner auch deshalb nicht, weil der Versicherungsschutz nach den allgemeinen Vertragsbestimmungen für Schäden entfällt, welche der Versicherte bei vorsätzlicher Begehung eines Verbrechens oder Vergehens verursacht hat.

1180 – Anders dagegen der nicht geschäftsführende Verwaltungsrat, «der mangels genügender Aufsicht oder zufolge zu grossen Vertrauens in die Redlichkeit des Delinquenten nicht merkt, dass Dritte oder die Gesellschaft das Opfer einer deliktischen Schädigung durch ein Organ/einen Mitarbeiter der

---

[2138] Vgl. HÜTTE, Risiken 43f. Anders nun aber ZEENDER 72, der – zögernd – (versicherbare) Schadenersatzansprüche annimmt.
[2139] Die Ausgleichskassen machen ihre Forderungen nicht im, sondern ausserhalb des Konkursverfahrens geltend, vgl. HÜTTE, Risiken 43.
[2140] Vgl. vorn N 1169. Ähnlich ZEENDER 72.
[2141] HÜTTE, Risiken 45; ders., Sorgfaltspflichten 45.
[2142] HÜTTE, Risiken 45.
[2143] Zum Begriff vgl. vorn N 657ff.
[2144] HÜTTE, Risiken 50, ebenso ZEENDER 75f. sowie für den verdeckten Verwaltungsrat SAUBER § 20 IV.
[2144a] Ebenso SAUBER § 20 III.
[2145] Dazu ausführlich HÜTTE, Risiken 45ff.
[2146] Ausschluss der Haftung des Versicherers, wenn der Versicherungsnehmer oder Anspruchsberechtigte das befürchtete Ereignis absichtlich herbeigeführt hat.

Gesellschaft werden»[2147]. In Betracht kommt diesfalls immerhin eine Reduktion der Versicherungsdeckung, wenn ein nicht geschäftsführendes Verwaltungsratsmitglied seine Überwachungspflicht grobfahrlässig verletzt hat.

3. Zulässigkeit der Prämienzahlung durch die Gesellschaft

Zulässig ist es, dass die Gesellschaft die Kosten der Versicherungsdeckung ihrer Organe trägt, und es ist hierin nicht eine verpönte Schadenstragung durch die Gesellschaft selbst[2148] zu erblicken[2149].

[2147] HÜTTE, Risiken 48, mit Hinweis auf BGE 105 II 289.
[2148] Zu dieser vgl. vorn N 593.
[2149] Vgl. BLICKENSTORFER Nr. 279; DIEZI 111ff. sowie vorn N 561 und Anm. 1111. – Zur dortigen Begründung ist nachzutragen, dass den zivilrechtlichen Verantwortlichkeitsbestimmungen nicht Straf-, sondern Ersatzfunktion zukommt und dass Massnahmen, die den Schadens*ausgleich* sicherstellen, ohne dass die Gesellschaft selber den Schaden tragen muss, nach der ratio dieser Bestimmungen nicht untersagt sein können.

§ 9 Die praktische Bedeutung der aktienrechtlichen Verantwortlichkeit

Im Hinblick auf die praktische Bedeutung und die Wirksamkeit der Regeln über die persönliche Verantwortlichkeit im Aktienrecht fällt dreierlei auf:
- Verantwortlichkeitsklagen und allgemein die Geltendmachung von Ansprüchen gestützt auf OR 752 ff. sind in den letzten Jahren *sprunghaft angestiegen*[2150].
- Dennoch bleiben auch heute noch viele Fälle selbst grober Fahrlässigkeit, ja Absicht, *ohne Sanktion*[2151].
- Diejenigen, die es trifft, haben jedoch Konsequenzen von *aussergewöhnlicher Härte* zu tragen[2152].

I. Sprunghafter Anstieg von Verantwortlichkeitsansprüchen in den letzten Jahren

a) Die letzte Auflage dieser Publikation – Ende 1978 erschienen – konnte noch feststellen, dass Verantwortlichkeitsklagen *selten* seien.

Hingewiesen wurde darauf, dass nur *relativ wenige Entscheide* zum Recht der Verantwortlichkeit *publiziert* worden waren. Sodann konnte eine Untersuchung von DÜGGELIN[2153] für die Jahre 1964–1974 referiert werden: Der Autor hatte bei 83 Gerichten erster und zum Teil zweiter Instanz und bei Handelsgerichten nach der Anzahl von Verantwortlichkeitsklagen in diesen Jahren gefragt. Die Umfrage ergab, dass bei den 62 antwortenden Gerichten total nur 33 Verantwortlichkeitsklagen gegen Mitglieder der Verwaltung und Geschäftsführung (Verwaltungsräte und Direktoren) rechtshängig gemacht worden waren. Von diesen wurde nur eine Minderheit gerichtlich entschieden, eine Mehrheit durch Vergleich oder anderweitig erledigt. Von Aktionären wurden im fraglichen Zeitraum nur drei, von

---

[2150] Vgl. dazu nachstehend N 1183 ff.
[2151] Vgl. dazu nachstehend N 1189 ff.
[2152] Vgl. dazu nachstehend N 1193 ff.
[2153] Vgl. DÜGGELIN 98 ff.

1185 Gläubigern nur dreizehn, von der aufrecht stehenden Gesellschaft bzw. vom Verwaltungsrat nur je eine Verantwortlichkeitsklage anhängig gemacht.

1185 Diese Zahlen waren freilich hinsichtlich der tatsächlichen Bedeutung der aktienrechtlichen Verantwortlichkeit insofern täuschend, als die häufige schiedsgerichtliche Erledigung[2154] nicht berücksichtigt werden konnte und als auch die aussergerichtliche, vergleichsweise Einigung schon damals zweifellos häufig war. Trotzdem bestätigten sie, dass die Geltendmachung von Verantwortlichkeitsansprüchen, absolut gesehen, selten war.

1186 b) Inzwischen hat sich die *Szene gründlich gewandelt*. Die Zahl der Verantwortlichkeitsprozesse ist in den letzten Jahren sprunghaft angestiegen, eine Entwicklung, die in der veröffentlichten Gerichtspraxis[2155] nur unvollkommen wiedergegeben wird.

1187 Bei *Zahlungsunfähigkeit* einer AG gehört es heute fast zur Routine, für den eingetretenen Schaden Ersatz bei der Verwaltung und der Kontrollstelle[2156] zu suchen. Obschon die meisten der regelmässig langwierigen Verfahren irgendwann vergleichsweise erledigt werden – sehr oft mit erheblichen finanziellen Konsequenzen für die ehemaligen Organe bzw. die zahlungsfähigen unter ihnen –, häufen sich die aktienrechtlichen Verantwortlichkeitsfälle auch bei der obersten Instanz: Durch das Bundesgericht in Lausanne soll heute pro Monat durchschnittlich ein Fall der zivilrechtlichen aktienrechtlichen Verantwortlichkeit zu entscheiden sein. Hinzu kommen zahlreiche Fälle betreffend die subsidiäre Haftung für Sozialabgaben, die durch das Eidg. Versicherungsgericht zu beurteilen sind[2157, 2158].

1188 c) Während in den ersten Jahrzehnten nach der letzten Revision des schweizerischen Gesellschaftsrechts, durch welche die Haftung der als

---

[2154] Dazu DÜGGELIN 101f.; vgl. auch vorn N 579.

[2155] Vgl. dazu die Übersichten über die Kasuistik vorn N 781ff., 874ff., 956ff. sowie die Präjudiziensammlung von DESSEMONTET. Illustrativ sind die in SAG 57 (1985) 181ff. und SAG 58 (1986) 185ff. veröffentlichten Übersichten über die gesamte publizierte Rechtsprechung kantonaler und eidgenössischer Gerichte in den Jahren 1984/85 bzw. 85/86: In beiden Jahren betraf fast ein Drittel aller Entscheide zum Aktienrecht und etwa ein Viertel aller Urteile zum Gesellschaftsrecht überhaupt die aktienrechtliche Verantwortlichkeit.

[2156] Eine massive Verschärfung des Haftungsrisikos vor allem der Revisionsgesellschaften ist auch international festzustellen, vgl. statt vieler GIORGIO BEHR: Extension of Liability, ST 61 (1987) 52ff.

[2157] Eine Auswahl aus den letzten Jahren findet sich vorn N 1085ff.

[2158] Eine ähnliche Tendenz zeigt sich offenbar auch im Ausland, vgl. für die BRD UWE H. SCHNEIDER: Haftungsmilderung für Vorstandsmitglieder und Geschäftsführer bei fehlerhafter Unternehmensleitung?, in: Festschrift WERNER (Berlin/New York 1984) 795ff.; für die USA DIEZI 52f. Vgl. ferner auch etwa RITTER. – Zu gesetzgeberischen Massnahmen in den USA vgl. vorn Anm. 1181 und hinten Anm. 2182a.

Organe von Aktiengesellschaften Tätigen erheblich verschärft wurde[2159], Gerichtsentscheide spärlich blieben und sie überdies zum Teil von viel Verständnis für Pflichtwidrigkeiten zeugten[2160], während damals nur in der Doktrin auf das erheblich angestiegene Risiko hingewiesen wurde[2161], ist heute das Haftungsrisiko von Organen *akut.*

II. Folgenlosigkeit zahlreicher Fälle auch grober Fahrlässigkeit

a) Trotzdem fällt auf, dass auch heute noch *zahlreiche Fälle auch grober Fahrlässigkeit ohne Folgen* bleiben. Verwaltungsratsmitglieder, die sich über Jahre nicht um ihre Gesellschaft kümmern und die «in schier unverständlicher Weise die mit dem Mandat übernommene cura in custodiendo»[2162] missachten, haben keine Konsequenzen zu tragen, und gegen Mitglieder der Geschäftsleitung wird auch heute noch selten gestützt auf das Aktienrecht vorgegangen.

Insofern erscheint die Verantwortlichkeitsklage noch immer als *stumpfe Waffe,* bleiben doch die theoretisch scharfen gesetzlichen Bestimmungen häufig toter Buchstabe[2163].

b) Der Grund dafür, dass Klagen von *Aktionären* und *Gläubigern* auch heute noch selten sind, liegt wohl – neben den ausdrücklichen gesetzlichen Schranken von OR 755–758[2164] – in erster Linie in zwei indirekten Hindernissen[2165]:
– im hohen und zum eigenen Interesse oft in keinem Verhältnis stehenden *Prozessrisiko* bei der Geltendmachung mittelbarer Schäden[2166],

---

[2159] Unter dem alten Obligationenrecht hafteten die Organpersonen gegenüber Aktionären und Gläubigern nur bei absichtlicher Schädigung – eine Voraussetzung, die kaum je nachzuweisen war und die dazu führte, dass diese aktienrechtlichen Haftungsbestimmungen toter Buchstabe blieben –, seit 1936 gilt dagegen auch ihnen (und nicht nur der Gesellschaft) gegenüber eine Haftung für jedes Verschulden, auch die leichte Fahrlässigkeit.
[2160] Vgl. etwa BGer in SAG 23 (1950/51) 184ff. betreffend den Verwaltungsrat und BGE 65 II 19f. betreffend die Kontrollstelle.
[2161] Vgl. etwa HENGGELER.
[2162] HÜTTE, Risiken 48.
[2163] Ebenso HIRSCH, Responsabilité 268.
[2164] Insbes. ist darauf hinzuweisen, dass dem Gläubiger so lange kein Klagerecht zusteht, als die Gesellschaft noch zahlungsfähig ist, vgl. dazu vorn N 94ff.
[2165] Zur Begründung im einzelnen vgl. DÜGGELIN 91ff., 94f., 96f., 105; ferner etwa REYMOND (zit. N 1214) 67; DIEZI 11f.
[2166] Dazu vorn N 581: Unterliegt der Aktionär, so hat er Gerichtskosten und Prozessentschädigungen entsprechend der ganzen eingeklagten Summe zu zahlen. Obsiegt er, geht der Schadenersatz an die Gesellschaft und kommt er ihm nur indirekt und nur im Umfang seiner Beteiligung zugute.

– im *Informationsnotstand,* in welchem sich die Gläubiger, aber auch die Aktionäre befinden[2167].

1192 Die *Gesellschaft* selber dürfte in der Regel deshalb nicht klagen, weil eine fehlbare Verwaltung weder gegen sich selbst noch gegen eine Kontrollstelle, die auf die Verfehlungen nicht oder nur ungenügend hingewiesen hatte[2168], vorgehen wird, ebensowenig gegen eine Geschäftsleitung, deren Verfehlungen der Verwaltung verborgen blieben.

III. Ungewöhnliche Härte für die Betroffenen

1193 a) Anderseits ist in der Judikatur eine klare Tendenz zur *Verschärfung* der Organhaftung festzustellen[2169]. Erinnert sei etwa an die folgenden Entscheide, die eine ausserordentliche *Strenge in der Beurteilung des Verhaltens von Organpersonen* dokumentieren:

1194 – In BGE 99 II 176 ff. und ZR 72 (1973) Nr. 58 S. 153 ff. wurde ein Verwaltungsrat für Verluste aus einer spekulativen Kapitalanlage[2170] zu vollem Schadenersatz ohne Reduktion verpflichtet. Über seine Behauptung, er habe sich durch einen Bankfachmann beraten lassen, wurde nicht einmal Beweis abgenommen.

1194a – Verantwortlich gemacht wurden in einem Urteil des Bundesgerichts vom 7.4.1987[2170a] zwei Verwaltungsratsmitglieder, die dem Hauptaktionär einen hohen Kredit gewährt hatten und damit ein Klumpenrisiko

---

[2167] Wie hinten N 1247 ff. zu zeigen sein wird, soll die Aktienrechtsreform in diesen beiden Bereichen Verbesserungen bringen.

[2168] HIRSCH, Responsabilité 268 ff.; ferner RONCA 8 f.

[2169] Vgl. mit Bezug auf die Verwaltung etwa BGE 61 II 228, 67 II 167, 82 II 48, 83 II 58, 86 II 171, 90 II 490, 99 II 176; mit Bezug auf die Kontrollstelle BGE 34 II 501 (altOR), 65 II 18, nicht amtlich publizierter BGE in SAG 17 (1944/45) 228, BGE 86 II 171, 93 II 22, nicht amtlich publizierter BGE in ZR 75 (1976) Nr. 21 S. 73 ff., ZR 78 (1979) Nr. 134 S. 306 ff. – In neuester Zeit ist – wohl als Folge der Kritik in Literatur und Praxis – ein gewisses Zurückschwingen des Pendels zu bemerken. Dabei werden aber nicht die Anforderungen an die Sorgfalt von Organen zurückgeschraubt, sondern es versuchen die Gerichte vielmehr, den Anwendungsbereich der persönlichen Haftung einzuschränken, vgl. etwa BGE 110 II 391 ff., wo präzisiert wurde, dass eine Haftung für Gläubigerschaden nicht schon bei irgendwelchen Pflichtverletzungen bestehe, sondern nur bei einem Verstoss gegen aktienrechtliche Gläubigerschutzbestimmungen (dazu vorn N 258 ff.), sodann – hinsichtlich der Haftung für Sozialabgaben – BGE 111 V 178 f. = ZAK 1983, 627, wo die Organeigenschaft des für das Lohnwesen zuständigen Prokuristen verneint wird.

[2170] An die er selber glaubte, was dadurch offenkundig wurde, dass er ein Mehrfaches aus seinem persönlichen Vermögen in den spekulativen Papieren angelegt hatte.

[2170a] Vgl. N 811a.

eingegangen waren. Dies, obschon im Zeitpunkt des Rücktritts der beiden Beklagten die Bonität des Schuldners ausser Frage stand.

– In einem nicht amtlich publizierten Entscheid des Bundesgerichts vom 11.11.1975[2171] wurde einer[2172] Revisionsstelle u.a. zum Vorwurf gemacht, dass keine konsolidierte Bilanz erstellt und dass verschiedene Kredite und die finanzielle Situation von Tochtergesellschaften nicht selbständig geprüft worden waren[2173].

– In einem Urteil des Zürcher Obergerichts von 1979[2174] endlich wurde einer als Kontrollstelle und bankengesetzliche Revisionsstelle tätigen Treuhandgesellschaft vorgeworfen, dass sie – nachdem erste Gutachten zur Bewertung von Liegenschaften nicht überzeugend gewesen waren – zwar neue Gutachten verlangt, jedoch die Experten durch die zu kontrollierende Gesellschaft hatte auslesen lassen. Das Gegenargument, bei den beauftragten Gutachtern habe es sich um verlässliche Personen gehandelt, liess das Gericht deshalb nicht zu, weil die Experten zu der zu kontrollierenden Gesellschaft in Beziehung gestanden hatten und sie von dieser instruiert worden waren.

b) Ein weiterer wichtiger Grund für die Härte der Organhaftung liegt in der gesetzlich vorgeschriebenen *Solidarität,* die bekanntlich[2175] in der *bundesgerichtlichen Praxis ausserordentlich scharf gehandhabt* wird. Nach dieser Praxis soll eine Reduktion der Schadenersatzpflicht gemäss OR 43 I nicht möglich sein, wenn mehrere Personen solidarisch haftpflichtig sind[2176]. Dies führt zum paradoxen Resultat, dass ein Haftpflichtiger dann allenfalls nur für einen Teil des Schadens geradestehen muss, wenn er allein verantwortlich ist. Dagegen muss er – bei gleichem Verhalten – den vollen Schaden ersetzen, wenn neben ihm noch weitere Personen verantwortlich gemacht werden können, selbst dann, wenn diese anderen Organpersonen ein viel höheres Verschulden trifft. Trotz massiver Kritik

---

[2171] Vgl. ZR 75 (1976) Nr. 21 S. 73 ff.; dort S. 67 ff. auch der Entscheid des Zürcher Handelsgerichts als Vorinstanz, Abdruck des Entscheides des Zürcher Handelsgerichts auch in ST 50 (1976) Heft 1 S. 6 ff., des Entscheides des BGer auch in ST 50 (1976) Heft 9 S. 24 ff. Auszugsweiser Abdruck und Kritik sodann in SAG 50 (1978) 26 ff.

[2172] Allerdings bankengesetzlichen und damit besonders qualifizierten.

[2173] Dabei verlangt das geltende schweizerische Recht ausserhalb des Bankbereichs – der nicht zur Diskussion stand – nirgends eine konsolidierte Bilanz. Auch kann nicht behauptet werden, dass es in den frühen sechziger Jahren – als der in Frage stehende Schaden eintrat – üblich gewesen wäre, von der Kontrollstelle aus selbständige Bewertungen durchzuführen. Vgl. auch die kritischen Bemerkungen von ERNST BOSSARD in ST 50 (1976) Heft 9 S. 2 ff. sowie die Stellungnahme der beklagten Kontrollstelle in ST 50 (1976) Heft 1 S. 5 f.

[2174] ZR 78 (1979) Nr. 134 S. 306 ff.

[2175] Vgl. die Ausführungen vorn N 389 ff.

[2176] Vgl. BGE 93 II 322 und speziell für die aktienrechtliche Verantwortlichkeit BGE 97 II 416 sowie vorn N 389, 397 f.

durch die Lehre[2177] ist eine Korrektur der Bundesgerichtspraxis wohl nicht zu erwarten[2178].

1198   Besonders stossend ist diese Konsequenz deshalb, weil in aktienrechtlichen Verantwortlichkeitsfällen oft der Hauptschuldige – etwa ein kriminell handelndes Mitglied der Geschäftsleitung – nicht zur Rechenschaft gezogen werden kann, weil er keine Aktiven besitzt, diese nicht ausweist, oder weil er sich ins Ausland abgesetzt hat. Zur Kasse gebeten werden dann aussenstehende Verwaltungsratsmitglieder und vor allem die Kontrollstelle, obwohl diese Organpersonen ihres Amtes in guten Treuen, wenn auch vielleicht nicht mit letzter Sorgfalt gewaltet haben[2179].

1199   c) Endlich sei erinnert an die ausserordentlich strenge Praxis des Eidg. Versicherungsgerichts zur *Haftung nach AHVG 52,* die – legt man zivilrechtliche und zivile Massstäbe und die allgemeine Übung zugrunde – aus einer Haftung für Grobfahrlässigkeit nahezu eine Kausalhaftung gemacht hat[2180].

1200   d) Der aufgrund aktienrechtlicher Verantwortlichkeit ins Recht Gefasste muss daher *Konsequenzen* tragen, *die man in unserer Rechtsordnung in dieser Schärfe sonst kaum kennt*[2181]. Wegen kleiner Nachlässigkeiten, wegen übertriebener Gutgläubigkeit und Largeheit, allenfalls auch aus der gutgemeinten Hoffnung heraus, ein marodes Unternehmen doch noch retten zu können, riskiert er nicht selten sein ganzes Vermögen, zumindest aber die Belastung durch jahrelange zermürbende Verfahren.

IV. Folgerungen und praktische Erwägungen zum Haftungsrisiko

1201   a) Ein Blick auf die Rechtswirklichkeit hinterlässt damit einen *zwiespältigen Eindruck:* Einerseits scheint es, dass wegen der praktischen Schwierigkeiten der Durchsetzung von Ersatzansprüchen trotz des massiven Anwachsens von Verantwortlichkeitsklagen allzu viele Verantwortliche nicht zur Rechenschaft gezogen werden. Anderseits werden diejenigen, die es trifft, mit ungewöhnlicher Härte verfolgt.

[2177] Vgl. etwa SCHIESS 52ff.; REICHWEIN, Solidarhaftung 129ff.; FORSTMOSER, Solidarität 369ff.
[2178] Vgl. nun aber immerhin den vorn Anm. 750 wiedergegebenen Hinweis von SCHUBARTH.
— Anders der Revisionsvorschlag für eine Reform des Aktienrechts, vgl. dazu N 1246, 1252.
[2179] Vgl. dazu auch schon den Hinweis vorn N 306.
[2180] Vgl. dazu vorn N 1081ff.
[2181] Kritisch etwa auch BÄR, Funktionsgerechte Ordnung, dessen Postulat, die leichte Fahrlässigkeit ohne Sanktionen zu belassen, freilich kaum realisierbar sein dürfte.

Dem Verantwortlichkeitsrecht in seiner heutigen Ausgestaltung wohnt 1202
damit ein *willkürlicher, aleatorischer Zug* inne, und es erscheinen *Korrekturen* nach zwei Richtungen hin angezeigt:
- Einerseits sollte die *Anhebung von Verantwortlichkeitsklagen* auch seitens einzelner Aktionäre und Gläubiger *erleichtert* werden,
- anderseits sollte die Ersatzpflicht auf ein *vernünftiges* und dem persönlichen Verschulden des Haftpflichtigen entsprechendes *Mass reduziert* werden[2182, 2182a].

Wie die Übersicht über die Reformvorschläge[2183] zeigen wird, enthält 1203
der *Revisionsentwurf* zum schweizerischen Aktienrecht in beiden Richtungen sinnvolle *Verbesserungen*.

b) Von einem *praktischen Gesichtspunkt* aus kann zum Risiko einer 1204
persönlichen Haftung folgendes festgehalten werden:
- Das Risiko von Organpersonen ist so lange gering, als die Gesellschaft 1205
ihren Verpflichtungen nachkommen kann und ein *geschlossener Kreis von Aktionären* besteht, die alle in der Verwaltung oder sonst in leitender Stellung innerhalb der Gesellschaft tätig sind: In solchen Fällen wird weder die Gesellschaft noch ein Aktionär klagen, und die Gläubiger haben ohnehin kein Klagerecht, da und solange ihre Forderungen erfüllt werden.
- Stark erhöht ist das Haftungsrisiko dagegen, sobald eine Gesellschaft ihren 1206
Verpflichtungen *nicht mehr nachkommen* kann. Für die Konkursverwaltung und allenfalls für dahinter stehende Aktionäre und Gläubiger ist es

---

[2182] Zu Recht weist DRUEY (zit. Anm. 1577) 20 darauf hin, dass eine allzu strenge Haftung kontraproduktiv sein kann: «Die Gefahr ist, dass zu strenge Verantwortlichkeit, verbunden mit Unbestimmtheit der Verhaltensmassstäbe, das Gegenteil von ihrem Zweck bewirkt, in dem man beginnt, *gegen* statt für den Kunden zu arbeiten.» – Bei Revisionsgesellschaften ist diese Tendenz seit einigen Jahren ausgeprägt feststellbar.

[2182a] In den *Vereinigten Staaten* ist in neuester Zeit durch einzelstaatliche Gesetze die Möglichkeit geschaffen worden, unter gewissen Voraussetzungen die persönliche Verantwortung der Organe durch eine entsprechende Statutenbestimmung zu begrenzen oder auszuschliessen. Ein erstes einschlägiges Gesetz wurde durch den Staat Delaware 1986 erlassen. Bis zum Frühjahr 1987 hatten 16 weitere Staaten – Georgia, Indiana, Kansas, Massachusetts, Michigan, Minnesota, Montana, Nevada, New Jersey, New Mexico, Oregon, Pennsylvania, South Dakota, Utah, Virginia and Wyoming – gesetzliche Bestimmungen zur Limitierung der Haftung von Mitgliedern des Verwaltungsrates und der Direktion erlassen, und noch im Laufe des Jahres 1987 wollen 17 Staaten entsprechende Gesetze einführen. Vgl. auch vorn Anm. 1181.

[2183] Nachstehend N 1215 ff.

dann naheliegend, Ersatz für den eingetretenen Schaden bei Verwaltung und Kontrollstelle zu suchen[2184].

1207 – Ein *nicht unbedeutendes Risiko* besteht sodann auch, wenn in einer Gesellschaft einem beherrschenden Aktionär ein oder mehrere *Minderheitsaktionäre* gegenüberstehen, die selber an der Geschäftsführung keinen Anteil haben. Erleidet die Gesellschaft Verluste, werden diese Minderheitsaktionäre bald einmal geneigt sein, die Verantwortung hiefür einer ungenügenden Überwachung durch Verwaltungsrat und Kontrollstelle anzulasten.

1208 – Endlich besteht ein *erhöhtes Haftungsrisiko* dann, wenn die Aktienmehrheit die Hand wechselt oder wenn ein *neuer Alleinaktionär an die Stelle des bisherigen* tritt: Der Erwerber, der sich im nachhinein in seinen Erwartungen getäuscht sieht, wird allenfalls versuchen, den seines Erachtens zu viel bezahlten Betrag auf dem Wege der Verantwortlichkeitsklage von der bisherigen Verwaltung einzutreiben oder auch die Kontrollstelle wegen ungenügender Orientierung haftbar zu machen[2185].

[2184] Vgl. dazu auch HÜTTE, Risiken 50, der feststellt, dass am häufigsten «Ansprüche als Folge missglückter Krisenbewältigung angemeldet» werden. «Steht die Gesellschaft bereits mit einem Bein im Grabe, dann ist höchste Aufmerksamkeit geboten.»

[2185] Hiezu aber zu Recht kritisch HUNZIKER (zit. N 1214) 104ff., der auf die begrenzte Aussagekraft des Kontrollstellberichts hinweist und insbesondere betont, dass dieser weder die Frage nach der Ertragskraft noch die nach der Liquidität zuverlässig beantworten kann, ohne dass darin eine Unsorgfalt zu erblicken wäre. – In diesem Sinn auch vorn Anm. 1599. Vgl. ferner auch BGE 112 II 261 und hiezu vorn Anm. 1762a.

§ 10 Die Ordnung der Verantwortlichkeit im künftigen schweizerischen Aktienrecht

Die Arbeiten zur Reform des seit 1936 praktisch unveränderten schweizerischen Aktienrechts sind zur Zeit weit vorangeschritten, und es erscheint als möglich, dass das revidierte Recht anfangs der neunziger Jahre in Kraft tritt. Es ist daher gerechtfertigt, auf die Änderungsvorschläge insoweit einzutreten, als sie die aktienrechtliche Verantwortlichkeit betreffen. Dazu ergänzend zu den laufenden Hinweisen im vorstehenden Text folgendes:

I. Allgemeines zur Reform des schweizerischen Aktienrechts, Literaturhinweise

a) Die Anstrengungen für eine Neugestaltung des schweizerischen Aktienrechts sind seit nahezu zwanzig Jahren im Gange[2186]: Im Jahre 1968 wurde – nachdem bereits 1966 ein Einzelgutachter (Dr. GEORG GAUTSCHI) einen umfangreichen Bericht und ausformulierte Revisionsvorschläge vorgelegt hatte – eine Kommission zur Überprüfung des Aktienrechts ernannt (Kommission TSCHOPP). Deren Präsident und Sekretär erstatteten 1972 einen *Zwischenbericht,* welcher der Öffentlichkeit zur Vernehmlassung zugänglich gemacht wurde. Aufgrund der Reaktionen wurde anschliessend ein *Vorentwurf* ausgearbeitet, der – zusammen mit einem kurzen Begleitbericht der Justizabteilung – im September 1975 zur Vernehmlassung freigegeben wurde. Ende 1978 wurde eine zweite Expertenkommission (Kommission VON GREYERZ) eingesetzt, die sich die Mühe nahm, das gesamte Aktienrecht durchzusehen und zahlreiche neue Vorschläge zu erarbeiten. Am 23.2.1983 wurden schliesslich die Botschaft des Bundesrates und der bundesrätliche Entwurf verabschiedet, die vier Monate später der Öffentlichkeit zugänglich gemacht wurden[2187].

[2186] Vgl. zur Entwicklung der Gesetzgebungsarbeiten von GREYERZ im Sammelband «Aktienrechtsreform» (zit. nachstehend N 1213) 10ff. sowie ders. im Sammelband «Rechtliche und betriebswirtschaftliche Aspekte der Aktienrechtsreform» (zit. nachstehend N 1213) 2ff.; VOYAME im Sammelband «Révision du droit des sociétés anonymes» (zit. nachstehend N 1213) 11ff.; Botschaft 772ff.; ferner die Übersicht bei FORSTMOSER/MEIER-HAYOZ § 48.
[2187] Vgl. BBl 1983 II 745ff.

1211 Die parlamentarische Beratung wurde zuerst vom Nationalrat an die Hand genommen, dessen Kommission den Entwurf in mehreren Sitzungen 1983–85 beriet. Anfangs Oktober 1985 erfolgte eine erste, eher oberflächliche Lesung im Nationalrat[2188]. Im Februar 1986 beschloss die ständerätliche Kommission Eintreten auf die Vorlage. Der Ständerat wird sich frühestens Mitte 1988, allenfalls aber auch erst 1990, erstmals mit der Vorlage befassen.

1212 Die folgenden Ausführungen basieren auf dem bundesrätlichen Entwurf mit den *Änderungen,* die dieser in der Beratung durch den Nationalrat erfuhr.

1213 b) Aus den zahlreichen *Stellungnahmen zum bundesrätlichen Entwurf 1983* sei die folgende *Auswahl* erwähnt: Sammelband «Rechtliche und betriebswirtschaftliche Aspekte der Aktienrechtsreform», Schweizer Schriften Bd. 74 (1984), mit Beiträgen von R. BÄR, M. BOEMLE, P. FORSTMOSER, CHR. VON GREYERZ, C. HELBLING, A. HUNZIKER, P. MENGIARDI, F. VISCHER und A. ZÜND; Sammelband «Aktienrechtsreform», Schriftenreihe der Schweiz. Treuhand- und Revisionskammer Bd. 59 (Zürich 1984), mit Beiträgen von G. BEHR, P. BÖCKLI, P. FORSTMOSER, CHR. VON GREYERZ, M. IMBACH, P. MENGIARDI, P. SCHORER, E. TILLMANN und A. ZÜND; Sammelband «Révision du droit des sociétés anonymes», Schriftenreihe der Schweiz. Treuhand- und Revisionskammer Bd. 60 (Zürich 1984), mit Beiträgen von G. BOURQUIN, F. DESSEMONTET, R. PENNONE, J. PEYROLLAZ, R. PIAGET, J.A. REYMOND, R. RUEDIN, J. VOYAME; Sondernummer der Zeitschrift Schweizerische Aktiengesellschaft (SAG 56 [1984] 50ff.), mit Beiträgen von P. FORSTMOSER, F. DESSEMONTET, H. SCHÖNLE, E. HOMBURGER, A. HIRSCH, E. SIGRIST, R. HOUIN, H. CLEMM, A. LIENAU, J. DRUEY, J.A. REYMOND, L. DALLÈVES, P. MEINHARDT. Über die Weiterentwicklung in den Beratungen der nationalrätlichen Kommission und des Nationalrates orientieren die beiden Übersichten von CHRISTOPH VON GREYERZ/PAUL SCHORER in ST 59 (1985) 260ff. und ST 60 (1986) 18.

1214 c) Spezifisch zur Ausgestaltung der *aktienrechtlichen Verantwortlichkeit de lege ferenda* vgl. PETER BÖCKLI: Reformvorschläge für die Verwaltung aus der Sicht der Arbeitsgruppe, in: Schriftenreihe der Schweiz. Treuhand- und Revisionskammer Bd. 59 (Zürich 1984) 75ff., 83f.; PETER FORSTMOSER: Kritische *Beurteilung* der Reformvorschläge für die Verwaltung, in: Schriftenreihe der Schweiz. Treuhand- und Revisionskammer Bd. 59 (Zürich 1984) 57ff., 68ff.; ders.: *Würdigung* der Aktienrechtsreform aus der Sicht der Rechtswissenschaft, in: Schweizer Schriften Bd. 74 (Zürich 1984) 109ff., 121ff.; HORBER 23, 73ff., 145ff.; ARTHUR HUNZIKER: Neuerungen in der Stellung und Verantwortlichkeit der Organe, in: Schweizer Schriften

---

[2188] Vgl. StenBull NR 1985, 1651ff.

Bd. 74 (Zürich 1984) 89ff., insbes. 102ff.; JACQUES-ANDRÉ REYMOND: Les réformes relatives à l'administration, in: Schriftenreihe der Schweiz. Treuhand- und Revisionskammer Bd. 60 (Zürich 1984) 59ff., 66ff.; FRANK VISCHER: Die Aktienrechtsreform aus der Sicht des Verwaltungsrates, in: Schweizer Schriften Bd. 74 (Zürich 1984) 155ff., 170ff.

II. Die geplante Neuordnung des Verantwortlichkeitsrechts

1. Allgemeines

a) Auf die geplanten Modifikationen des Rechts der aktienrechtlichen Verantwortlichkeit ist im Laufe dieser Arbeit an den einschlägigen Stellen hingewiesen worden. Hier geht es nur noch darum, das mögliche künftige Verantwortlichkeitsrecht als Ganzes darzustellen und kurz zu würdigen.

b) Das der Reform gesteckte Ziel, lediglich eine *Teil*revision zu realisieren, ist auch bei der Behandlung der Organe und insbesondere ihrer Verantwortlichkeit beachtet worden. Die Grundzüge des geltenden Rechts sollen daher in das künftige Verantwortlichkeitsrecht übernommen werden. Immerhin sollen an Stellen, an denen die geltende Ordnung zu Kritik Anlass gab, wesentliche Verbesserungen angebracht werden. Auch wird die Terminologie manchenorts bereinigt. Freilich ist es dabei nicht gelungen, Unstimmigkeiten materieller wie formeller Art ganz zu verhindern, worauf noch hinzuweisen sein wird[2189].

2. Der Wortlaut der Verantwortlichkeitsbestimmungen

Nach der ersten Lesung durch den Nationalrat[2190] soll dem sechsten Abschnitt der Bestimmungen über die Aktiengesellschaft folgender Wortlaut zukommen:

[2189] Vgl. dazu nachstehend N 1239, 1242, 1245.
[2190] In der laufenden und wohl erst 1988 zum Abschluss kommenden Beratung der ständerätlichen Kommission soll der Entwurf nochmals einer gründlichen Prüfung unterzogen und nicht unerheblich modifiziert werden. Offen ist, ob davon auch die Bestimmungen über die Verantwortlichkeit betroffen sind.

Verantwortlichkeit

Art. 752

A. Haftungsfälle
I. Prospekthaftung

Sind bei der Gründung einer Gesellschaft oder bei der Ausgabe von Aktien, Obligationen oder anderen Titeln in Prospekten oder ähnlichen Mitteilungen unrichtige, irreführende oder den gesetzlichen Anforderungen nicht entsprechende Angaben gemacht oder verbreitet worden, so haftet jeder, der absichtlich oder fahrlässig dabei mitgewirkt hat, den Erwerbern der Titel für den dadurch verursachten Schaden.

Art. 753

II. Gründungshaftung

Gründer, Mitglieder des Verwaltungsrates und alle Personen, die bei der Gründung mitwirken, werden sowohl der Gesellschaft als den einzelnen Aktionären und Gesellschaftsgläubigern für den Schaden verantwortlich, wenn sie
1. absichtlich oder fahrlässig Sacheinlagen, Sachübernahmen oder die Gewährung besonderer Vorteile zugunsten von Aktionären oder anderen Personen in den Statuten, einem Gründungsbericht oder einem Kapitalerhöhungsbericht unrichtig oder irreführend angeben, verschweigen oder verschleiern, oder bei der Genehmigung einer solchen Massnahme in anderer Weise dem Gesetz zuwiderhandeln;
2. absichtlich oder fahrlässig die Eintragung der Gesellschaft in das Handelsregister aufgrund einer Bescheinigung oder Urkunde veranlassen, die unrichtige Angaben enthält;
3. wissentlich dazu beitragen, dass Zeichnungen zahlungsunfähiger Personen angenommen werden.

Art. 754

III. Haftung für Verwaltung, Geschäftsführung und Liquidation

[1]Die Mitglieder des Verwaltungsrates und alle mit der Geschäftsführung oder mit der Liquidation befassten Personen sind sowohl der Gesellschaft als den einzelnen Aktionären und Gesellschaftsgläubigern für den Schaden verantwortlich, den sie durch absichtliche oder fahrlässige Verletzung ihrer Pflichten verursachen.

[2]Wer die Erfüllung einer Aufgabe befugterweise einem anderen Organ überträgt, haftet für den von diesem verursachten Schaden, sofern er nicht nachweist, dass er bei der Auswahl, Unterrichtung und Überwachung die nach den Umständen gebotene Sorgfalt angewendet hat.

[3]Der Verwaltungsrat orientiert Aktionäre und Gesellschaftsgläubiger auf Anfrage hin schriftlich über die Organisation der Geschäftsführung.

Art. 755

IV. Revisionshaftung

Alle mit der Prüfung der Jahres- und Konzernrechnung, der Gründung, der Kapitalerhöhung oder der Kapitalherabsetzung befassten Personen sind sowohl der Gesellschaft als den einzelnen Aktionären und Gesellschaftsgläubigern für den Schaden verantwortlich, den sie durch absichtliche oder fahrlässige Verletzung ihrer Pflichten verursachen.

Art. 756

B. Schaden für Gesellschaft
I. Ansprüche ausser Konkurs

¹Für den der Gesellschaft verursachten Schaden sind neben der Gesellschaft auch die einzelnen Aktionäre zur Klage berechtigt. Der Anspruch des Aktionärs geht auf Leistung an die Gesellschaft.

²Hatte der Aktionär aufgrund der Sach- und Rechtslage begründeten Anlass zur Klage, so verteilt der Richter die Kosten, soweit sie nicht vom Beklagten zu tragen sind, nach seinem Ermessen auf den Kläger und die Gesellschaft.

Art. 757

II. Ansprüche im Konkurs

¹Im Konkurs der geschädigten Gesellschaft sind auch die Gesellschaftsgläubiger berechtigt, Ersatz des Schadens an die Gesellschaft zu verlangen. Zunächst steht es jedoch der Konkursverwaltung zu, die Ansprüche von Aktionären und Gesellschaftsgläubigern geltend zu machen.

²Verzichtet die Konkursverwaltung auf die Geltendmachung dieser Ansprüche, so ist hierzu jeder Aktionär oder Gläubiger berechtigt. Das Ergebnis wird zur Deckung der Forderungen der klagenden Gläubiger nach dem unter ihnen bestehenden Range verwendet. Der Überschuss fällt in die Masse und wird nach Befriedigung aller Gläubiger auf die Aktionäre verteilt.

Art. 758

III. Wirkung des Entstungsbeschlusses

¹Der Entlastungsbeschluss der Generalversammlung wirkt nur für bekanntgegebene Tatsachen und nur gegenüber der Gesellschaft sowie gegenüber den Aktionären, die dem Beschluss zugestimmt oder die Aktien seither in Kenntnis des Beschlusses erworben haben.

²Das Klagerecht der übrigen Aktionäre erlischt sechs Monate nach dem Entlastungsbeschluss.

Art. 759

C. Solidarität und Rückgriff

¹Sind für einen Schaden mehrere Personen verantwortlich, so haftet jede von ihnen dem Geschädigten solidarisch. Der Richter bestimmt die Ersatzpflicht des Einzelnen unter Würdigung der Umstände und der Grösse des Verschuldens, wie wenn er alleine gehandelt hätte.

²Der Rückgriff unter mehreren Beteiligten wird vom Richter nach dem Anteil des Einzelnen an der Gesamtverursachung und unter Berücksichtigung des Verschuldens sowie der übrigen Umstände bestimmt.

Art. 760

Unverändert.

Art. 761

Unverändert.

3. Weitere für die Verantwortlichkeit bedeutsame Reformvorschläge

1218 a) Auswirkungen auf das Risiko der Organträger zeitigen auch andere Änderungen der aktienrechtlichen Ordnung, insbes. im Bereich der Verwaltung und der Kontrollstelle:

1219 Die Bestimmungen über die *Verwaltung* – in neuer Terminologie den *Verwaltungsrat* – sind formell gänzlich umgestaltet und neu gegliedert worden, materiell aber in den Grundzügen unverändert geblieben. Dabei wurden verschiedene Streitfragen im Sinne der herrschenden Lehre geklärt und die Terminologie bereinigt, was sich auch für die Beurteilung des Haftungsrisikos positiv auswirken dürfte.

1220 Im Bereich der *Kontroll-* bzw. nach neuer Terminologie *Revisionsstelle* wird eine Reihe von Verschärfungen vorgeschlagen. Insbesondere soll die Laienrevision ausgeschlossen werden und werden die rudimentären Vorschriften des heutigen Rechts zur Unabhängigkeit der Kontrollstelle ersetzt durch eine Bestimmung, die Unabhängigkeit vom Verwaltungsrat wie auch von einem allfälligen Mehrheitsaktionär sicherstellen sollen. In Fällen offensichtlicher Überschuldung soll die Revisionsstelle sodann verpflichtet sein, den Richter zu benachrichtigen, wenn die Verwaltung untätig bleibt. Mit dieser zusätzlichen Pflicht ist selbstverständlich auch eine entsprechende Haftung im Falle ihrer Missachtung verbunden.

1220a Erweitert wurden auch die Prüfungsaufgaben. So hat bei qualifizierten Gründungen ein ausgewiesener Revisor den Gründungsbericht zu prüfen und schriftlich zu bestätigen, «dass dieser vollständig und richtig ist.»

1221 b) Spezifisch auf die Probleme im Zusammenhang mit der Geltendmachung der Verantwortlichkeit ist das Institut des *Sonderprüfers* zugeschnitten, eine eigentliche Innovation des Entwurfs. Dieser Sonderprüfer soll als eine Art Treuhänder zwischen der Gesellschaft und Auskunft erheischenden Aktionären eingeschaltet werden, womit die Geheimhaltungsinteressen der Gesellschaft und die legitimen Interessen des Aktionärs auf Auskunft in Einklang gebracht werden können.

Begründet wird die Einführung der Sonderprüfung damit, es werde dem Aktionär, der eine haftungsbegründende Handlung oder Unterlassung vermute, «die Einleitung einer Verantwortlichkeitsklage in der Regel verunmöglicht, weil er die Klage nicht genügend substantiieren und den Nachweis für die Haftungsvoraussetzungen nicht erbringen kann»[2191]. Die Kontrollrechte würden in solchen Fällen nicht weiterhelfen, weil mit ihnen der Sachverhalt nicht genügend erhellt werden könne.

c) Direkt relevant für die Verantwortlichkeit ist sodann auch die im Entwurf vorgenommene Klärung der *unübertragbaren Aufgaben des Verwaltungsrates*. Die einschlägige Bestimmung soll in der durch den Nationalrat gestrafften Fassung wie folgt lauten[2192]:

Art. 716a (neu)

2. Unübertragbare Aufgaben

¹Der Verwaltungsrat hat folgende unübertragbare Aufgaben:

1. die Oberleitung der Gesellschaft;
2. bei Übertragung der Geschäftsführung die Festlegung der Organisation, die Ernennung und Abberufung der mit der Geschäftsführung betrauten und dem Verwaltungsrat unmittelbar unterstellten Personen sowie deren Beaufsichtigung, auch im Hinblick auf die Beobachtung der Gesetze, Statuten, Reglemente und Weisungen;
3. die Ausgestaltung des Rechnungswesens, der Finanzkontrolle sowie der Finanzplanung, sofern diese für die Führung der Gesellschaft notwendig ist;
4. die Ernennung und Abberufung der mit der Prüfung der Konzernrechnung betrauten Personen, wenn ihre Erstellung vorgeschrieben ist;
5. die Erstellung des Jahresberichtes sowie die Vorbereitung der Generalversammlung und die Ausführung ihrer Beschlüsse;
6. die Benachrichtigung des Richters im Falle der Überschuldung.

²Der Verwaltungsrat kann die Vorbereitung und die Ausführung seiner Beschlüsse oder die Überwachung von Geschäften Ausschüssen oder einzelnen Mitgliedern zuweisen. Er hat für eine angemessene Berichterstattung an seine Mitglieder zu sorgen.

[2191] Botschaft 834; vgl. auch 908.
[2192] Kritisch zur Aufzählung HORBER 75ff. Im allgemeinen ist dagegen diese Bestimmung – bei Vorbehalten in Einzelfragen – begrüsst worden, vgl. etwa HUNZIKER (zit. N 1214) 98; REYMOND (zit. N 1214) 65; FORSTMOSER, Beurteilung (zit. N 1214) 65ff.

III. Würdigung

1224 Eine fundierte Auseinandersetzung mit den Reformvorschlägen für die Verantwortlichkeit muss hier unterbleiben. Angebracht sein mag immerhin eine Beurteilung der mit dem Entwurf verfolgten Tendenzen (vgl. Ziff. 2.) und ein Hinweis auf einige besonders erwähnenswerte Modifikationen (vgl. dazu Ziff. 1.).

1. Hinweise zu den einzelnen Artikeln

1225 a) Art. *752* des RevE enthält eine Reihe von Präzisierungen, die an der bestehenden Rechtslage nichts ändern dürften[2193]:
- Neben Aktien und Obligationen wird auch die Ausgabe von «anderen Titeln» explizit genannt[2194].
- Zusätzlich zu den unrichtigen und den nicht gesetzeskonformen werden auch *irreführende* Angaben explizit genannt.
- Die Erwähnung von *Zirkularen* entfällt; sie sind im Sammelbegriff der «ähnlichen Mitteilungen» enthalten.
- Statt von «Aktionären oder Obligationären» werden als Anspruchsberechtigte die *Erwerber* der Titel aufgeführt, womit eine Streitfrage des geltenden Rechts im Sinne der m.E. richtigen Lehre entschieden wird[2195].

1226 Unklar bleibt weiterhin, was gilt, wenn in Verletzung der gesetzlichen Vorschriften *überhaupt kein Prospekt* ausgegeben wird[2196].

1227 b) Auch Art. *753* enthält Klärungen, die m.E. materiell keine Änderungen mit sich bringen:
- Richtig soll künftig von der Gründ*ungs*haftung gesprochen werden[2197], und es wird der dieser Haftung unterworfene Personenkreis etwas illustriert[2198].
- Neben dem Gründungsbericht soll in Ziff. 1. nun auch der *Kapitalerhöhungsbericht* genannt werden, womit klargestellt wird, dass OR 753 auch beim Kapitalerhöhungsverfahren Anwendung finden kann[2199].

[2193] Vgl. dazu auch vorn N 983.
[2194] Diese untersteht m.E. bereits nach geltendem Recht der Prospekthaftung, vgl. vorn N 972, 987 und ferner N 117ff.
[2195] Vgl. zum geltenden Recht vorn N 987ff.
[2196] Vgl. dazu vorn N 976.
[2197] Vgl. dazu vorn N 917.
[2198] Eine Abweichung zum geltenden Recht ergibt sich daraus m.E. nicht, vgl. vorn N 920ff.
[2199] Zu den Unklarheiten unter geltendem Recht vgl. vorn N 907ff.

c) Wesentlicher erscheinen die für OR *754* vorgesehenen Änderungen[2200]:

aa) In Abs. I wird der unbestrittenen Lehre und Praxis, wonach *faktische Organe* gleich wie formell eingesetzte verantwortlich werden[2201], dadurch Rechnung getragen, dass künftig nicht mehr von den mit der Verwaltung und Geschäftsführung *betrauten,* sondern von den damit *befassten* Personen gesprochen wird[2202].

Mangelhaft ist die Redaktion von Abs. I m.E. insofern, als neben der Gesellschaft nur die Aktionäre und Gesellschaftsgläubiger, nicht dagegen die *Partizipanten und Genussscheinberechtigten* erwähnt werden[2203].

bb) Eine Klärung im Sinne der herrschenden Lehre[2204], die jedoch angesichts der Unsicherheiten in der Praxis[2205] sehr zu begrüssen ist, bringt Abs. II von RevE 754[2206], indem ausdrücklich festgehalten wird, dass die erlaubte *Kompetenzdelegation* zu einer Beschränkung der Verantwortlichkeit führt. Die Botschaft[2207] betont zu Recht, es werde dadurch «eine grosse Rechtsunsicherheit» beseitigt.

Freilich ist der Absatz m.E. insofern formal verunglückt, als statt von der Haftungs*befreiung* bei korrekter Delegation und Beachtung der drei curae vom Grundsatz der Haftung ausgegangen wird[2208].

[2200] Vgl. insbes. dessen Abs. II, der zusammen mit RevE 756 II und 759 zu den wichtigsten Änderungen im Bereich des Verantwortlichkeitsrechts gehören dürfte.

[2201] Vgl. dazu ausführlich vorn N 657 ff.

[2202] Auf diesen Unterschied weisen FORSTMOSER, Beurteilung (zit. N 1214) 70, HORBER 23, HUNZIKER (zit. N 1214) 102 und REYMOND (zit. N 1214) 68 hin. Noch deutlicher der französische Text, wo statt von personnes «chargées» de la gestion von solchen, «qui s'occupent de la gestion» gesprochen wird.

[2203] Diese beiden Kategorien sind m.E. schon unter geltendem Recht klageberechtigt, vgl. vorn N 117 ff. Die Bestimmung von RevE 656a II, wonach alle Vorschriften «über das Aktienkapital, die Aktie und den Aktionär» «auch für das Partizipationskapital, den Partizipationsschein und den Partizipanten» gelten sollen, genügt m.E. nicht, um Klarheit bezüglich des Partizipanten zu schaffen, und schon gar nicht, um die Stellung des Genussscheininhabers zu regeln. Überzeugender ist die Formulierung zur Prospekthaftung (vgl. vorn N 1225), wo mit der Nennung von «anderen Titeln» PS und Genussschein angesprochen werden.

[2204] Vgl. vorn N 321 ff.

[2205] Vgl. vorn N 322.

[2206] Dass auch hier keine neue Ordnung geschaffen wird, bestätigen HORBER 146 («Kodifizierung der heute praktisch einhellig geäusserten Lehrmeinungen») und VISCHER (zit. N 1214) 170 («...dürfte bei richtiger Auslegung schon heute gelten»).

[2207] S. 935.

[2208] Besser wäre m.E. die Formulierung: «... haftet nicht..., wenn er nachweist, dass...», vgl. FORSTMOSER/HIRSCH: Der Entwurf zur Revision des Aktienrechts: Einige konkrete Vorschläge, SAG 57 (1985) 29 ff., 39.

1232   Verbunden mit der Feststellung der Haftungsbeschränkung ist neu eine *Umkehr der Beweislast* dafür, dass die nötige Sorgfalt in Auswahl, Instruktion und Überwachung erbracht wurde[2209].

1233   RevE 754 II ist im Zusammenhang mit RevE 716a, der eine Aufzählung der unübertragbaren Aufgaben der Verwaltung enthält[2210], zu sehen. Er entspricht im wesentlichen der erlaubten Substitution im Auftragsrecht[2211].

1234   *Unhaltbar* ist es m.E., wenn RevE 754 II einschränkend von der Übertragung auf ein anderes *Organ* spricht. Dass diese Einschränkung gewollt ist, bestätigt die Botschaft, nach welcher eine Haftungsbeschränkung nur eintreten soll, «wenn die Aufgaben an eine andere Organperson delegiert werden. Keine Haftungsbefreiung tritt ein, wenn Aufgaben Hilfspersonen zur Erledigung übergeben werden»[2212]. In solchen Fällen soll das *delegierende Organ die volle Haftung tragen,* ohne sich darauf berufen zu können, die nötige Sorgfalt in Auswahl, Instruktion und Überwachung erfüllt zu haben. Würde mit dieser Kausalhaftung ernst gemacht, dann dürften es künftig nur noch besonders Mutige wagen, höhere Funktionen in einem grossen Unternehmen zu bekleiden[2213]. Richtigerweise muss auch eine *Delegation an einen Dritten* und insbes. an eine *Hilfsperson* mit befreiender Wirkung möglich sein[2214].

1235   cc) Abs. III ist von der nationalrätlichen Kommission eingefügt worden. Dafür wurde das im bundesrätlichen Entwurf enthaltene Erfordernis gestrichen, die Delegation müsse «in Übereinstimmung mit dem Organisationsreglement» erfolgen. Diese Korrektur ist nur zu begrüssen, hätte doch das zwingend beim Handelsregister zu hinterlegende *Organisationsreglement* wohl mehr Probleme geschaffen als es gelöst hätte[2215].

1236   d) RevE 755 regelt die Revisionshaftung in einem eigenen Artikel[2216].

1237   Wohl im Gegensatz zum heutigen Recht[2217] sollen der aktienrechtlichen

---

[2209] Vgl. HORBER 147 und HUNZIKER (zit. N 1214) 103 sowie die Ausführungen vorn N 470 zu den allgemeinen Beweislastregeln.

[2210] Vgl. dazu vorn N 325 und die ausführliche Kommentierung dieser Aufzählung bei HORBER 75 ff.

[2211] VISCHER (zit. N 1214) 170.

[2212] Botschaft 850.

[2213] Vgl. auch schon die Kritik bei FORSTMOSER, Würdigung (zit. N 1214) 125. Nicht richtig ist m.E. der Lösungsvorschlag von HORBER 148 f., wonach die Übertragung einer Kompetenz an eine Hilfsperson diese automatisch zum Organ machen würde.

[2214] So der Vorschlag von FORSTMOSER/HIRSCH (zit. Anm. 2208) 39 Nr. 19.

[2215] Vgl. zur Kritik etwa FORSTMOSER, Würdigung (zit. N 1214) 125 f.; HORBER 79 f.; REYMOND (zit. N 1214) 66 f.

[2216] Dafür soll die Nennung der Kontrollstelle in OR 754 gestrichen werden. – Zur Revisionshaftung vgl. neben der vorn N 1213 und 1214 zitierten Literatur auch MARKUS ZENHÄUSERN: Gründungs- und Kapitalerhöhungsprüfung gemäss neuem Aktienrecht, ST 61 (1987) 55 ff.

[2217] Vgl. hiezu vorn N 861; gl.M. HUNZIKER (zit. N 1214) 102 f. Zur Neuordnung vgl. ZENHÄUSERN (zit. Anm. 2216) 59.

Verantwortlichkeit nach OR 754ff. künftig auch die besonders qualifizierten Revisoren unterstellt werden, die das Gesetz künftig an verschiedenen Stellen vorsieht. – Zu Recht abgelehnt wurde eine summenmässige Begrenzung der Haftung, wie sie das deutsche Recht kennt[2218].

e) In RevE *756* – dem bisherigen Art. 755 entsprechend – werden mit Bezug auf das Klagerecht ausser Konkurs zu Recht nur noch die *Aktionäre* genannt[2219]. 1238

Sodann wird in diesem Artikel vom «*Schaden der Gesellschaft*»[2220] und von der *Klageberechtigung der Aktionäre* gesprochen. Damit soll offenbar zur unter geltendem Recht bestehenden Streitfrage Stellung bezogen werden, ob dem klagenden Aktionär nur ein Prozessführungsrecht für die Geltendmachung des Gesellschaftsschadens oder aber ein eigenes Forderungsrecht aufgrund eigener materieller Ansprüche zukommt. Im Gegensatz zur heute herrschenden Meinung und der Praxis des Bundesgerichts[2221] scheint sich der Gesetzgeber für die Ansicht zu entscheiden, der Aktionär mache den Gesellschaftsschaden geltend, es stehe ihm keine eigene materielle Berechtigung, sondern nur ein Klagerecht zu. Damit würde die gesetzliche Ordnung zwar eine erwünschte Klärung erfahren, freilich m.E. in der falschen Richtung[2222]. Wie noch zu zeigen sein wird[2223], ist der Entwurf in diesem Entscheid in der Folge nicht konsequent. 1239

Neu ist die in RevE 756 II vorgesehene Möglichkeit, die *Prozesskosten* beim Unterliegen des klagenden Aktionärs nach Ermessen auch *der Gesellschaft aufzuerlegen,* wenn der Aktionär «aufgrund der Sach- und Rechtslage» Grund zur Klage hatte. Diese Ordnung erleichtert die Aktionärsklage; sie ist m.E. zu begrüssen, wobei man freilich ihre Wirksamkeit nicht allzu hoch einschätzen darf[2224]. Sinnvoll wäre es wohl, Abs. II 1240

[2218] Vgl. Botschaft 850f. Zum deutschen Recht vgl. HGB 323 II (Beschränkung bei Fahrlässigkeit auf DM 500'000.–); dazu etwa KLAUS J. HOPT: Die Haftung des Wirtschaftsprüfers..., Festschrift Pleyer (Köln usw. 1986) 341ff., dort S. 344ff. auch ein Vergleich mit dem schweizerischen Recht.

[2219] Zur missglückten Ordnung des heutigen Rechts vgl. vorn N 95.

[2220] So das Marginale.

[2221] Dazu ausführlich FORSTMOSER, Schaden sowie vorn N 216ff.

[2222] Wird den Aktionären – und im Konkurs auch den Gläubigern – nur ein Klagerecht für den Gesellschaftsschaden eingeräumt und ein eigener Anspruch abgesprochen, dann muss klagenden Aktionären und Gläubigern konsequenterweise ein durch die Verwaltung abgeschlossener – allenfalls unangemessener – Vergleich entgegengehalten werden können, ebenso die Erteilung der Decharge. Diese zweite Konsequenz zieht der Entwurf dann aber in RevE 758 gerade *nicht.*

[2223] Nachstehend N 1242, 1244.

[2224] Dem klagenden Aktionär verbleibt ein Kostenrisiko, das – jedenfalls beim Kleinaktionär – in keinem Verhältnis zu seinem wirtschaftlichen Interesse steht. Kritisch zur Wirksamkeit auch REYMOND (zit. N 1214) 67.

redaktionell mit RevE 706 IV, welcher dasselbe Problem regelt, in Übereinstimmung zu bringen[2225].

1241 f) RevE *757* übernimmt und klärt die Ordnung des geltenden OR 756.

1242 Freilich wird in Abs. I die in RevE 756 erfolgte Klarstellung zur Rechtsnatur der Klage von Aktionären (und Gläubigern) gleich wieder zunichte gemacht: Es wird hier erklärt, die Konkursverwaltung könne vorab «die Ansprüche von Aktionären und Gesellschaftsgläubigern geltend» machen. Damit wird eben doch wieder von einem *eigenen materiellen Recht* aus mittelbarer Schädigung und nicht von einer blossen Prozessführungsbefugnis von Aktionären und Gläubigern ausgegangen! Die beiden Bestimmungen sollten – m.E. im Sinne von RevE 757 – harmonisiert werden.

1243 Abs. II entspricht m.E. der heutigen Ordnung[2226].

1244 g) RevE *758* entspricht materiell dem bisherigen Art. 757. Die Präzisierung, es wirke der Entlastungsbeschluss «nur für bekanntgegebene Tatsachen», bestätigt die heutige Praxis[2227].

1245 Nicht konsequent (materiell nach meiner Ansicht freilich richtig) ist es, dem Entlastungsbeschluss die Wirkung gegenüber den nicht zustimmenden Aktionären grundsätzlich zu versagen: Es widerspricht dies der Vorstellung von RevE 756, wonach der Aktionär lediglich ein Klagerecht für den Schaden der Gesellschaft hat: Ein solches Klagerecht müsste mit dem Anspruch der Gesellschaft infolge Decharge untergehen.

1246 h) RevE *759* verankert im Gesetz die Möglichkeit, bei der Bemessung des Umfangs der Schadenersatzpflicht das Vorliegen *leichten Verschuldens* auch dann zu berücksichtigen, wenn mehrere Personen *solidarisch* haften – eine Möglichkeit, die unter geltendem Recht vom Bundesgericht (m.E. freilich zu Unrecht) abgelehnt wird[2228]. Die Formulierung stammt wesentlich vom Nationalrat, da der bundesrätliche Entwurf redaktionell verunglückt war[2229]. Die Korrektur der m.E. nicht haltbaren bundesgerichtlichen Praxis ist im Interesse vor allem der Revisionsstellen, aber auch aussenstehender Verwaltungsratsmitglieder nur zu begrüssen. Wunder wird man von ihr freilich keine erwarten dürfen[2230].

[2225] So FORSTMOSER/HIRSCH (zit. Anm. 2208) 40 Nr. 20.

[2226] Priorität der klagenden Gläubiger vor den klagenden Aktionären, vgl. N 72, 113; Differenzierung bei den Gläubigern nach ihrem Rang, vgl. SchKG 260 II.

[2227] Vgl. dazu vorn N 437; gl.M. REYMOND (zit. N 1214) 68.

[2228] Vgl. dazu vorn N 389ff.

[2229] Ganz entgegen den Intentionen (vgl. Botschaft 850f.) hätte der bundesrätliche Entwurf die Solidarität nicht bloss eingeschränkt, sondern schlicht aufgehoben; vgl. dazu FORSTMOSER, Beurteilung (zit. N 1214) 70 sowie FORSTMOSER/HIRSCH (zit. Anm. 2208) 41 Nr. 21.

[2230] Vgl. dazu die Hinweise bei HUNZIKER (zit. N 1214) 104f., wonach die «Crux der Revisionshaftung» «nicht so sehr in der Solidarität als vielmehr... in einer... Verkennung

2. Zu den Tendenzen des Reformvorschlages

a) Vorn N 1200f. wurde der aleatorische Charakter des geltenden Verantwortlichkeitsrechts kritisiert, der Umstand, dass einerseits allzu oft auch grobfahrlässiges Verhalten ohne Folgen bleibt, während auf der anderen Seite diejenigen, die rechtlich belangt werden, oft Konsequenzen von ungewöhnlicher und nicht angemessener Härte tragen müssen. Als Gründe für diese Diskrepanz wurden u.a. erwähnt
– einerseits die Schwierigkeiten der Aktionärsklage (unverhältnismässig hohes Prozessrisiko, Informationsnotstand),
– andererseits die bundesgerichtliche Praxis zur Solidarität, durch die dem solidarisch Haftpflichtigen eine Berufung auf leichtes Verschulden abgeschnitten wird.

Der Revisionsentwurf bringt in beiden Richtungen sinnvolle Verbesserungen:

b) Das *Klagerecht des Aktionärs* wird in zweierlei Hinsicht aufgewertet:
– Einmal wird seine *Informationslage verbessert*. Dies in erster Linie durch das Institut des *Sonderprüfers*, dessen Bericht es erlauben soll, en connaissance de cause zu entscheiden, ob eine Verantwortlichkeitsklage angestrengt werden soll. Daneben ist aber auch auf die allgemeine Verbesserung der Publizität und insbesondere der Aussagekraft der Rechnungslegung hinzuweisen[2231].
– Sodann soll nach RevE 756 II der Richter die *Prozesskosten* beim Unterliegen des klagenden Aktionärs allenfalls nach Ermessen auch der Gesellschaft auferlegen können.

c) Den legitimen *Interessen der Organpersonen* und der fragwürdigen derzeitigen Bundesgerichtspraxis soll dadurch Rechnung getragen werden, dass die *Berufung auf leichtes Verschulden auch im Aussenverhältnis zulässig* sein soll. Der Entwurf stellt dies in der Fassung des Nationalrates[2232] sicher, indem er den Richter anweist, die Ersatzpflicht des einzelnen so zu bemessen, «wie wenn er alleine gehandelt hätte».

d) Die Reform des Aktienrechts ist daher in diesem Bereich zu *begrüssen*, wobei freilich eine Reihe von Einzelheiten noch zu bereinigen wäre.

---

der... eingegrenzten Aussagetragweite des Kontrollstellberichts und... in einer Überdehnung des Begriffes der Adäquanz» (S. 105) liegt sowie darin, dass «bei Unternehmenszusammenbrüchen oftmals die Kontrollstelle noch der einzig Habhafte im Kreis der möglichen Verantwortlichen und deshalb auch der lohnendste Beklagte ist» (S. 104). Zu letzterem vgl. auch vorn N 377.

[2231] Der Entwurf sieht für Erfolgsrechnung und Bilanz Mindestgliederungsvorschriften vor, für Konzerne eine Konsolidierungspflicht, und er schränkt die stille Auflösung stiller Reserven ein.

[2232] Vgl. vorn Anm. 2208.

Konkordanzregister
der Randziffern der ersten zur zweiten Auflage

1. Aufl.	2. Aufl.	1. Aufl.	2. Aufl.
1	1	38	42
2	2	39	43
–	2a	40	44
3	3	41	45
–	4	42	46
–	5	43	47
4	6	44	48
5	7	45	49
6	8	46	50
7	9	47	51
8	10	48	52
–	10a	49	53
9	11	50	54
10	12	51	55
11	13	52	56
12	14	53	57
13	15	–	58
14	16	–	59
15	17	54	60
16	18	55	61
17	19	56	62
18	20	–	63
19	21	57	64
20	22	58	65
21	23	59	66
22	24	60	67
23	25	–	68–71
–	26	61	72
24	27	62	73
25	28	63	74
26	29	64	75
27	30	65	76
28	31	66	77
29	32	67	78
30	33	68	79
31	34	69	80
32	35	70	81
33	36	71	82
34	37	72	83
35	38	73	84
–	39	74	85
36	40	75	86
37	41	–	87

Konkordanzregister

1. Aufl.	2. Aufl.	1. Aufl.	2. Aufl.
76	88	120	143
77	89	121	144
78	90	122	145
79	91	123	146
80	92	124	147
81	93	125	148
82	94	126	149
83	95	–	150
84	96	–	151
85	97	127	152
86	98	128	153
87	99	129	154
88	100	130	155
89	101	–	156
90	102	131	157
91	103	132	158
92	104	133	159
93	105	134	160
94	106	135	161
95	107	–	162
–	108–110	136	163
96	111	137	164
97	112	–	165
98	113	138	166
99	114	139	167
100	115	140	168
101	116	141	169
–	117–124	142	170
102	125	143	171
103	126	144	172
104	127	145	173
–	127a	146	174
105	128	147	175
106	129	148	176
107	130	149	177
108	131	–	178
100	132	150	179
110	133	151	180
111	134	152	181
112	135	153	182
113	136	154	183
114	137	155	184
115	138	–	185
116	139	156	186
117	140	157	187
118	141	158	188
119	142	159	189

1. Aufl.	2. Aufl.	1. Aufl.	2. Aufl.
160	190	–	283
161	191	–	284
162	192	199	285
163	193	200	286
164	194	–	287
165	195	–	288
166	196	201	289
167	197	202	290
–	198	203	291
168	199	204	292
169	200	205	293
170	201	206	294
171	202	207	295
172	203	208	296
173	204	209	297
174	205	210	298
–	206–248	211	299
175	249	212	300
176	250	213	301
177	251	214	302
–	252	215	303
178	253	–	304
179	254	216	305
180	255	217	306
181	256	218	307
182	257	219	308
–	258–261	–	309
183	262	220	310
–	263	221	311
184	264	222	312
185	265	223	313
186	266	224	314
187	267	225	315
188	268	226	316
189	269	227	317
–	269a	228	318
190	270	229	319
191	271	–	320
192	272	230	321
193	273	–	322–333
–	274–276	231	334
194	277	232	335
–	278	233	336
195	279	234	337
196	280	235	338
197	281	236	339
198	282	237	340

Konkordanzregister

1. Aufl.	2. Aufl.	1. Aufl.	2. Aufl.
238	341	282	389
239	342	283	390
240	343	284	391
241	344	285	392
242	345	286	393
243	346	287	394
–	347–349	288	395
244	350	289	396
245	351	290	397
246	352	291	398
247	353	292	399
248	354	–	400
249	355	293	401
250	356	294	402
251	357	295	403
252	358	296	404
253	359	–	404a
254	360	–	404b
255	361	297	405
256	362	298	406
257	363	299	407
258	364	300	408
259	365	–	409
260	366	301	410
261	367	302	411
262	368	–	412
263	369	303	413
264	370	304	414
265	371	305	415
266	372	306	416
267	373	307	417
268	374	308	418
269	375	309	419
270	376	310	420
271	377	311	421
272	378	312	422
273	379	313	423
274	380	–	424
275	381	314	425
276	382	315	426
277	383	316	427
–	384	317	428
–	384a	318	429
278	385	319	430
279	386	320	431
280	387	321	432
281	388	322	433

Konkordanzregister

1. Aufl.	2. Aufl.	1. Aufl.	2. Aufl.
323	434	367	481
324	435	368	482
325	436	369	483
326	437	370	484
–	438	371	485
327	439	372	486
328	440	373	487
329	441	374	488
330	442	375	489
331	443	376	490
332	444	377	491
333	445	378	492
334	446	379	493
335	447	380	494
336	448	381	495
337	449	382	496
338	450	–	497
339	451	383	498
340	452	384	499
341	453	385	500
342	454	386	501
343	455	387	502
344	456	388	503
345	457	389	504
346	458	390	505
347	459	391	506
348	460	392	507
349	461	393	508
350	462	394	509
351	463	395	510
352	464	396	511
353	465	–	512
354	466	397	513
355	467	–	514
356	468	398	515
357	469	399	516
–	470	400	517
358	471	401	518
359	472	402	519
360	473	403	520
–	474	404	521
361	475	405	522
362	476	406	523
363	477	407	524
364	478	408	525
365	479	409	526
366	480	410	527

1. Aufl.	2. Aufl.	1. Aufl.	2. Aufl.
411	528	449	594
412	529	450	595
413	530	451	596
–	531–543	–	597
414	544	452	598
415	545	453	599
416	546	454	600
417	547	455	601
–	548	456	602
418	549	457	603
419	550	–	604–610
420	551	458	611
421	552	459	612
422	553	460	613
423	554	461	614
–	555–561	462	615
424	562	–	616
425	563	463	617
–	564	464	618
426	565	–	619
427	566	465	620
428	567	466	621
429	568	467	622
430	569	468	623
431	570	469	624
–	571	470	625
–	572	471	626
432	573	472	627
433	574	473	628
434	575	474	629
435	576	–	630
436	577	475	631
437	578	476	632
438	579	–	633–635
–	580	477	636
439	581	478	637
–	582–584	479	638
440	585	–	639–648
441	586	480	649
442	587	–	650
443	588	–	651
444	589	481	652
445	590	–	653
446	591	482	654
447	592	–	655
448	593	–	656
–	593a	483	657

1. Aufl.	2. Aufl.	1. Aufl.	2. Aufl.
484	658	–	745
–	659–679	–	746
485	680	522	747
–	681–694	–	748–754
486	695	523	755
–	696	–	756–768
487	697	524	769
–	698	525	770
488	699	–	771–780
489	700	526	781
490	701	527	782
–	702	–	783
491	703	–	784
492	704	528	785
493	705	–	786
494	706	529	787
495	707	–	788
496	708	530	789
497	709	531	790
498	710	–	791–797
–	711–715	532	798
499	716	–	799–805
500	717	533	806
501	718	534	807
502	719	–	808–810
503	720	535	811
504	721	–	811a
505	722	536	812
–	723–726	–	813–818
506	727	537	819
–	728	538	820
507	729	539	821
508	730	–	822
509	731	540	823
510	732	541	824
511	733	–	825
512	734	–	826
513	735	542	827
514	736	–	828–830
515	737	543	831
–	738	–	832–835
516	739	544	836
517	740	–	837
518	741	545	838
519	742	546	839
520	743	–	840–849
521	744	547	850

Konkordanzregister

1. Aufl.	2. Aufl.	1. Aufl.	2. Aufl.
548	851	579	912
549	852	580	913
–	853	581	914
550	854	582	915
551	855	583	916
–	856	584	917
552	857	585	918
553	858	586	919
–	859	587	920
–	860	588	921
554	861	589	922
–	862	590	923
–	863	591	924
555	864	592	925
556	865	593	926
–	866–873	594	927
557	874	595	928
558	875	596	929
–	876–879	597	930
559	880	598	931
–	881–883	599	932
560	884	600	933
–	885	601	934
561	886	602	935
562	887	603	936
–	888–889c	604	937
563	890	605	938
–	891	606	939
564	892	607	940
565	893	608	941
566	894	609	942
–	895–896	610	943
567	897	611	944
–	898	612	945
568	899	613	946
569	900	614	947
–	901	615	948
570	902	616	949
571	903	617	950
572	904	618	951
573	905	619	952
574	906	620	953
575	907	621	954
576	908	622	955
577	909	623	956
578	910	624	957
–	911	625	958

1. Aufl.	2. Aufl.	1. Aufl.	2. Aufl.
626	959	657	994
627	960	658	995
628	961	659	996
629	962	–	997
630	963	660	998
631	964	661	999
632	965	662	1000
633	966	663	1001
634	967	664	1002
635	968	665	1003
636	969	666	1004
637	970	667	1005
638	971	668	1006
–	972	–	1007
639	973	669	1008
–	973a	670	1009
640	974	671	1010
641	975	672	1011
–	976	673	1012
–	977	674	1013
642	978	–	1014
643	979	675	1015
644	980	–	1016
645	981	676	1017
646	982	–	1018
–	983	677	1019
647	984	678	1020
648	985	679	1021
649	986	680	1022
650	987	681	1023
651	988	682	1024
652	989	–	1025
653	990	–	1026
654	991	683	1027
655	992	684	1028
656	993	–	1029–1253

Sachregister*

Blosse Ziffern verweisen auf die durchgehenden Randnoten; Verweisungen auf die Anmerkungen sind mit «Anm.» gekennzeichnet.

* In erster Auflage bearbeitet von RENATE WENNINGER

A

Abschwächung der gesetzlichen Verantwortlichkeit 593
Abtretung
- von Gläubigeransprüchen
  - bei mittelbarem Schaden 105
  - bei unmittelbarem Schaden 89
- im Konkurs 56, 104
- gemäss OR 164ff., 49, Anm. 131, 115, 230
- der Schadenersatzforderung durch die AG 21, 33, 49, 92, 99
- gemäss SchKG 260 I, 56ff., Anm. 163, 228ff.

Abtretung nach OR 756 II
- Aktionärs- und Gläubigerrechte, Verhältnis 64ff.
- Befristung der 62
- bei mittelbarem Schaden des Aktionärs im Konkurs 52, 56f., Anm. 146ff.
- Umfang
  - der «Abtretung» an Aktionäre 58
  - der «Abtretung» an Gläubiger 106
- Verhältnis zur Abtretung nach SchKG 260 I, 57, Anm. 163
- Verwendung des Erlöses 65, 72

Abtretungsangebot an Gläubiger durch die Gläubigerversammlung 16

Abwesenheit
- Bedeutung für die Haftung 310ff.
- unverschuldete 311, Anm. 576

Adäquater Kausalzusammenhang
- bei Abwesenheit des Haftenden 312
- Begriff 268f.
- Beweislast 277
- Fehlen trotz Pflichtwidrigkeit (Beispiele) 272f., Anm. 499, Anm. 501f., 314
- und natürlicher Kausalzusammenhang 267f.
- und indirekte Schadensverursachung 269, Anm. 492
- Unterbrechung 280
  - durch Selbstverschulden 281
  - durch grobes Drittverschulden (Beispiel) 282
- als Verantwortlichkeitsvoraussetzung 1, 266, 374, Anm. 685
- als Rechtsfrage 278

AHV-Gesetz 1070ff.
Aktienrechtsreform 1209ff.
Aktienveräusserung, Einfluss auf den Klageanspruch 46
Aktivlegitimation
- allgemein 8ff.
- zur Geltendmachung des Gesellschaftsschadens 42, 46, Anm. 152, 107 in Verb. mit Anm. 245

Anfechtung
- des Entlastungsbeschlusses 432, 437, 449f., 453, 478ff., Anm. 943
- von GV-Beschlüssen
  - und Ersatzanspruch der AG 546 Anm. 1076f.
  - und Ersatzanspruch der Aktionäre 552
- Rechtsnatur der Anfechtungsklage Anm. 1227
- Schranken 620, Anm. 1219
- Verhältnis zur Verantwortlichkeitsklage 621ff.
- eines Vergleichs Anm. 430

365

Anleihensobligationen
- Ausgabe von 971f.
- Verhältnis von OR 1156 III zur Prospekthaftung Anm. 1774f.
- Verhältnis der Prospekthaftung zur Geschäftsführungs- und Gründerhaftung 981f.

Anschein als haftungsbegründender Umstand 676ff., 689ff.

Anspruch, selbständiger, von Aktionären und Gläubigern aus mittelbarem Schaden 207ff.

Anspruchskonkurrenz
- bei mittelbarem Schaden 24
- bei unmittelbarem Schaden 23

Anwalt, s. Rechtsanwalt

Arbeitslosenversicherung 1115

Arbeitsvertrag und Verantwortlichkeitsbestimmungen 586, Anm. 1164

Aufgaben, zusätzliche, ausserhalb der Organpflichten 587ff., 736, 854

Aufgabenteilung und *-delegation* s. Kompetenzaufteilung, Kompetenzdelegation

Auflösungsklage nach OR 736 Ziff. 4
- subsidiärer Charakter 626
- Verhältnis zur Verantwortlichkeitsklage 626

Aufrechtstehende AG
- und mittelbarer Schaden der Aktionäre 35f., 41
- und mittelbarer Schaden der Gläubiger 95f., Anm. 218

Aufsichtsbehörden, vormundschaftliche 745

Aufteilung von Kompetenzen 319f.
- des Schadenersatzes im Innenverhältnis 401ff.

Auftrag und Verantwortlichkeitsbestimmungen 587ff.

Ausführungshandlungen seitens Dritter 328ff.

Ausgabe von Aktien/Obligationen, s. Emission

Ausscheiden aus der Organstellung 752ff.

Ausschluss des Klagerechts
- der AG und der Gründeraktionäre bei der qualifizierten Gründung 944
- infolge Dechargeerteilung 22, 410ff.
- trotz Pflichtverletzung 22

Ausschluss der Schadenersatzpflicht bei Selbstverschulden des Geschädigten 345

Ausschluss des Stimmrechts bei Decharge 416, Anm. 793, 434
- des Gemeinwesens 421
- von Kontrollorganen 418
- in Konzernverhältnissen 420, Anm. 803
- von Organpersonen 417, Anm. 797, 428f.
- juristischer Personen 420
- von Rechtsnachfolgern 423, Anm. 809
- von Spezialbevollmächtigten 419
- von Vertretern allgemein 422, 425
- von «Vertretern» im Sinne von OR 707 III, 420, Anm. 802
- der Mitglieder des Verwaltungsrates allgemein 426ff., Anm. 828f.
- Zulässigkeit statutarischer Abänderung der gesetzlichen Ordnung 433, Anm. 838
- Geltungsbereich von OR 695 I, 434
- und Teilnahme an der Generalversammlung 434

Ausschluss von Verantwortlichkeitsansprüchen
- der AG
  - bei Ausführung von Generalversammlungsbeschlüssen 544ff., Anm. 1073
  - bei Zustimmung aller Aktionäre 544f., Anm. 1086
- des Aktionärs bei Zustimmung zu rechtswidriger Handlung 551f.
- wegen Einwilligung der Geschädigten 262
- der Gläubiger
  - bei Ausführung von Generalversammlungsbeschlüssen 553
  - bei Zustimmung aller Aktionäre 553

– trotz rechtswidriger Organhandlungen 154, Anm. 329
Ausschuss des Verwaltungsrates 696, 320ff.
Aussenverhältnis, Berücksichtigung leichten Verschuldens 383ff.

B

Bankaktiengesellschaft 2, Anm. 17, 376
– und Gerichtsstand von OR 761, 569
– Klage- und Anspruchsberechtigte 9, Anm. 39
Bankenkonkurs, Klageberechtigung der Konkursverwaltung 16
Bankgesetz, s. Bankaktiengesellschaft
Bankengesetzliche Revisionsstelle 863, Anm. 17
Befriedigung der geschädigten AG 37
Befristung der «Abtretung» nach OR 756 II, 62
Bedeutung, praktische, der Verantwortlichkeit 1182ff.
Beginn der Verantwortlichkeit
– als Organ 747ff.
– als Gründer 903
– als Liquidator 1002
Beirat 702
Beistand, Haftung 744, Anm. 1457
Berater, Rechtsberater im Verwaltungsrat, Haftung 736ff.
Bereicherung der AG bei verschleierter Apportgründung 169
Bescheinigung im Sinne von OR 753 Ziff. 2, 949
– richtige bzw. unrichtige 950, Anm. 1733
Beschlussfassung über die Anhebung einer Verantwortlichkeitsklage 12ff., 593
Beweislast
– Fehlen einer expliziten aktienrechtlichen Regelung 145
– Einfluss der Decharge 461

– bezüglich der ausreichenden Information der GV vor der Decharge 454, Anm. 892
– bezüglich des adäquaten Kausalzusammenhangs 277
– bei Verantwortlichkeitsansprüchen allgemein 133f., 157
– bezüglich des Verschuldens 337ff.
Bilanz, Genehmigung als Entlastungsgrund? 412
Bilanzdokumentation Anm. 1762a
Börsenprospekt, Anwendbarkeit der Regeln über die Prospekthaftung 973
BVG 1114

D

Dauer der Verantwortlichkeit 747ff.
– im Steuerrecht 1038
– im Sozialversicherungsrecht 1110f.
Decharge
– Abstimmung und Äusserungsrecht der Betroffenen 434
– Anfechtung des Entlastungsbeschlusses, s. dort
– und Anspruch der AG 97, 108
– und Anspruch der Aktionäre 53, 97
– Auslegung des Entlastungsbeschlusses 435, 437f.
– Bilanzgenehmigung als Erteilung der Decharge? 412
– und Ausübung des Depotstimmrechts 425
– bei der Einmann-AG 431
– Stimmrecht nach Kapitalerhöhung 424
– und Klage aufgrund einer Abtretung 108
– und Informationspflicht der Verwaltung 441ff., 454, Anm. 892
– nichtige 476f.
– analoge Anwendung auf den Vergleich? 490ff., Anm. 957
– Sorgfaltspflicht der Aktionäre bei Erteilung 446

367

- Tragweite 435 ff.
  - erkennbare Geschäftshandlungen 437, 444 f., 448 ff.
  - heimliche Geschäftshandlungen 439
  - überstürzte 447
  - ungültige 430, s. auch 477
  - Untergang von Verantwortlichkeitsansprüchen
    - der AG 458, 462, Anm. 906
    - der Aktionäre 458, Anm. 897, 463, 466 f.
    - der Gläubiger 458, 463, 473 f.
  - unwirksame 430, 476
  - und Wirkung auf arbeitsvertragliche oder auftragsrechtliche Ansprüche der AG 586 ff.
  - und kaufvertragliche Ansprüche 594
  - Wirkung für die AG 22, 97, 462 f.
  - Wirkung bei konkursiter AG 475
  - Wirkung für die Aktionäre 29, 458, 464 ff.
  - Wirkung für Gesellschaftsgläubiger 97, 108, 458, 463, 473 ff.
  - und Wissen der Aktionäre 449 f.
  - und Wissen der Kontrollstelle 451
  - und Wissen besonderer Sachverständiger 452, Anm. 887
  - Quorum 413 f., Anm. 787 ff.

Dechargeerteilung
  - wenn alle Aktionäre im Verwaltungsrat 426 ff., Anm. 828 f.
  - Ausschluss des Klagerechts der AG 22, 458, 462, Anm. 906
  - Ausschluss bzw. Einschränkung des Klagerechts der Aktionäre 29, 458, 464 ff.
  - Einschränkung des Klagerechts der Gläubiger 473 f.
  - und Klagerecht der Konkursverwaltung 53, 97, 102, 463, 475
  - als Befugnis der GV 410 f.
  - an
    - Verwaltungsräte 429, 455
    - Direktoren, Prokuristen 455
    - Gründer 456, Anm. 896
    - Handlungsbevollmächtigte 455
    - Kontrollstellmitglieder 455, Anm. 895
  - an einzelne Organpersonen 459
  - und Regressrechte 460
  - und Stimmrechtsaktien 415, Anm. 54
  - Recht auf? Anm. 893
  - Unmöglichkeit der 428
  - Willensmängel
    - des Aktionärs 468, Anm. 920
    - der GV 481, Anm. 947
  - Zeitpunkt 411
  - und Zustimmung des klagenden Aktionärs
    - bei mittelbarem Schaden 466 f.
    - bei unmittelbarem Schaden 29, Anm. 86, 465

Delegation von Kompetenzen 321
  - als Massnahme zur Risikobeschränkung 1127 ff.
  - nicht delegierbare Aufgaben 323 ff., 1131 ff., 1223
  - künftiges Recht 1223, 1217, 1230

Delegierter des Verwaltungsrates 696, s. auch 320 ff.

Deliktsstatut 637, 979

Depotstimmrecht, Ausübung bei Decharge 425

Diligentia quam in suis 301

Diplomaten 746

direkter Schaden, s. Schaden, unmittelbarer

Direktor
  - Haftung allgemein 741 ff.
  - Dechargeerteilung an, s. dort

Dokumentation der Kontrolltätigkeit 1151 f.

Doppelnatur der Klage des Gläubigers bei mittelbarer Schädigung 106, 229

Drittverschulden 353 f., 378 f., 282

E

Einarbeitungszeit 749
Einmann-AG
  - Decharge bei 431

– und strafrechtliche Verantwortlichkeit 1022
– und Haftungsrisiko 1122 ff.
Einreden
– gegen Aktionärsansprüche 53
– der Haftpflichtigen im Regress 405
– gegen Klage des Gläubigers
  – aus abgetretenem Gesellschaftsanspruch 99, 237
  – aus mittelbarem Schaden 99, 236 ff.
– gegen Masseanspruch der AG 53, 102
– der Verjährung
  – Verzicht auf 520
Einsichtsrechte
– von Aktionären und Gläubigern 158, Anm. 338
Einwilligung
– der Aktionäre 544 ff.
– der Gesellschaft 544 ff.
– der Gläubiger 557 f.
– der Gründer 554
– der Mitglieder des Verwaltungsrates 555 f.
Einzelunterschrift 1137 ff.
Emission von Aktien/Obligationen
– unrichtige Angaben in
  – Prospekten 974
  – Zirkularen oder ähnlichen Kundgebungen 975
– Bedeutung für Prospekthaftung 973
– durch ausländische Gesellschaften in der Schweiz 979 f., Anm. 1798
– durch schweizerische Gesellschaften 978, Anm. 1794 f.
Ende der Verantwortlichkeit als Organ 752 ff., 865
Ende des Gründungsstadiums 904
Entlastung, s. Decharge, Exkulpation
Entschädigung und Umfang des Schadenersatzes 342 ff.
Ermessen, richterliches, bezüglich Schadenseintritt und -umfang 160
Erteilung der Decharge, s. Dechargeerteilung
Erwerb von Aktien
– und Ansprüche gegen Gründer 554
– und Klageanspruch 46
– eigener zur Kursstützung Anm. 329
– von vinkulierten Namenaktien, s. dort
Erwerbsersatzordnung 1115
Exkulpation
– infolge Abhängigkeit vom Treugeber 315 ff., Anm. 593
– infolge Beizugs eines Fachmanns 305, Anm. 560 f.
– infolge Gutgläubigkeit 286
– durch Nachweis der Anwendung der gleichen Sorgfalt wie in eigenen Angelegenheiten? 301, Anm. 555
– infolge fehlender Fachkenntnisse? 303 f.
– aus sozialpolitischen Gründen? 302 Anm. 557
– infolge Unerfahrenheit? 302, Anm. 556
– infolge Zeitmangels, Abwesenheit, Schweigens? 308 ff.
– bei der Haftung für Steuern 1043 ff.
– bei der Haftung für Sozialabgaben 1101 ff.

F

Fachleute, Pflicht zu Beizug 305, Anm. 566 f., 1153 ff.
Fahrlässigkeit
– leichte und schwere 286, Anm. 526, 351 f., 389 ff.
– von Organpersonen 300
– Voraussetzungen 290
Faktisches Organ s. materielle Organfunktion
Fälligkeit der Verantwortlichkeitsklage 531 f., Anm. 1051
Feststellungsklage
– bei Nichtigkeit von GV-Beschlüssen 624
– Verhältnis zur Anfechtungsklage nach OR 706, 629
– Verhältnis zu späterer Verantwortlichkeitsklage 628 f., Anm. 1243

Festübernahme und Prospekthaftung 973a
Fiduziarischer Verwaltungsrat 697f., 1144f.
Finanzielle Mittel, Fehlen 1106
Forderungsrecht, eigenes
- des Aktionärs 41f.
- der Geschädigten gegen Solidarschuldner 370ff., 459, 516
- des Gläubigers 102 in Verb. mit 41ff., 107 in Verb. mit Anm. 245

Formalien, Einhaltung der 1141f.
Formelle Organfunktion 654ff., 681ff.
Fragerecht der Aktionäre und Entlastung 441
Fusion, Auswirkungen auf Ansprüche und Klagerecht 10a

G

Garantenstellung, strafrechtliche, von Organpersonen 1021, Anm. 1893f.
Gegenstandslosigkeit von Parallelprozessen 45
Gemeinwesen
- Haftung für in den Verwaltungsrat delegierten Vertreter 716, 731ff., Anm. 1434
- Haftung bei Wahl des Vertreters durch die Generalversammlung 735

Generalversammlung
- Decharge, s. dort
- Genehmigung von Vergleichen 492
- und Klageanhebung der AG 11, Anm. 46
- und Information durch die Verwaltung 441ff., 454, Anm. 892
- durch Verwaltungsräte gebildete 695, Anm. 1352
- rechtmässige Weisungen
  - und Ersatzanspruch der AG 544f.
  - und Willensmängel bei Decharge 481, Anm. 947
- Wissensanrechnung bei Decharge 449ff.

- Einberufung durch die Kontrollstelle 1157

Generalversammlungsbeschluss
- Anfechtbarkeit 546, Anm. 1076f., 552
- bei Ansprüchen gegen den Gesamtverwaltungsrat 12
- bei Ansprüchen gegen die Geschäftsführung 12
- bei Ansprüchen gegen Kontrollstellmitglieder 13
- bei Ansprüchen gegen eine Verwaltungsratsminderheit 13, Anm. 51
- Ausführung von GV-Beschlüssen durch die Verwaltung 22, 457, 544ff., Anm. 1073ff.
- nichtiger 547, Anm. 1080, 624
- und Stimmrechtsaktien 15, Anm. 54
- Quorum bei der Beschlussfassung über Verantwortlichkeitsklagen 14
- Dechargebeschluss, s. Dechargeerteilung

Genugtuung 153, 343
Genugtuungsfähigkeit der juristischen Person Anm. 328
Genussscheinberechtigte, deren Ansprüche und Klagerechte 117ff.
Gerichtsstand
- freiwilliger 566
- für Regressansprüche 567
- für Sozialversicherungsansprüche 572
- bei mittelbarem Schaden des Aktionärs 574
- bei unmittelbarem Schaden des Aktionärs 28, 574
- Schiedsgerichtsklausel 579, Anm. 1148
- am Sitz der Gesellschaft (OR 761) 562ff.
- dispositiver 573
- zwingender 574
- persönlicher Geltungsbereich 563f., Anm. 1114
- sachlicher Geltungsbereich 568, Anm. 1123
- statutarischer 573ff.

Sachregister

- Bindung von AG und Aktionären 573f.
- Bindung der Gläubiger? 575ff., Anm. 1140
- Bindung der Konkursverwaltung? 578, Anm. 1144f.
- verfassungsmässiger 570
- am Wohnsitz des Verantwortlichen 566

Gerichtsstandsklausel, s. Gerichtsstand statutarischer

Gerichtsstandsvertrag mit Gläubigern 576

Gesamtschuldnerschaft der solidarisch Haftenden 369

Gesamtverwaltungsrat, Ansprüche der AG gegen 12

Geschäftsführung
- Begriff 649ff.
- und Klageanhebung der AG 11

Geschäftsführungshaftung, Anwendungsbereich 638ff.
- Mitglieder des Verwaltungsrates 695f.
- Direktoren, Prokuristen, Handlungsbevollmächtgte 741ff.
- Sekretär des Verwaltungsrates 742
- Beistand 744
- fiduziarischer Verwaltungsrat 697f.
- stiller und verdeckter Verwaltungsrat 699ff.
- Hintermann 703f.
- Hauptaktionär 705ff.
- Haftung in Konzernverhältnissen 708ff.
- Haftung von juristischen Personen und Handelsgesellschaften 716ff.
- Berater 736ff.
- Suppleanten 739f.

Geschäftsführungshaftung, zeitlicher Geltungsbereich 747ff.

Geschäftsführung ohne Auftrag, Haftung aus Anm. 1374

Gesellschaft, deren Haftung im Verhältnis zur Haftung der Organe 611ff.

Gläubiger, private und Verantwortlichkeitsansprüche 85

Gläubigereigenschaft im Sinne der aktienrechtlichen Verantwortlichkeit 84ff., 98, 105

Gläubigerversammlung
- Abtretungsangebot an die Gläubiger 16
- Entscheid über die Geltendmachung von Verantwortlichkeitsansprüchen 16

Grobfahrlässigkeit 287, 288
- im Sozialversicherungsrecht 1080ff.

Gründer
- Begriff 918
- Dechargeerteilung an, s. dort
- Ansprüche gegen Mitgründer 554
- Einwilligung in unkorrekte Handlungen 457

Gründerhaftung (s. auch Prospekthaftung)
- Anwendungsbereich 902ff.
- Ausschluss 906
- Begriffliches 916f.
- als Delikthaftung 146, 925
- Einschränkung auf absichtlich schuldhaftes Verhalten (OR 753 Ziff. 3) 951
- bei Erschleichung des Handelsregistereintrages 945, Anm. 1727
  - Fälle von OR 753 Ziff. 1, 946
  - Scheineinzahlung 947
  - andere unrichtige Angaben 948
  - Begriff der Urkunde bzw. Bescheinigung 949
- bei Zustimmung sämtlicher Gründer 554
- bei qualifizierter Gründung 603ff., 942, Anm. 1722
- Ausschluss von Ansprüchen 944
- bei wissentlicher Annahme von Zeichnungen zahlungsunfähiger Personen 951ff., 955
- bei Kapitalerhöhung 907ff., Anm. 1662f.
- Verhältnis zu OR 754, 908ff., 915
- bei Fusionen 912
- verantwortlicher Personenkreis 909, 916ff.

371

- Gründer im Sinne von OR 629 II, 920
- Begriff der «Handelnden» gemäss OR 645 I, 921, Anm. 1684
- künftige Aktionäre als solche 922
- Anwalt, Berater 930
- Begünstigte aus Darlehenstransaktionen 929
- Depositenstellen 931 f.
- Geldgeber 928
- Handelsregisterführer 937
- Hintermann 924
- Kontrollstelle 852
- bestellte Organe 926, Anm. 1691
- Strohmann 923
- Urkundsperson 933 f., Anm. 1699 ff., Anm. 1707
- Vollmachtgeber 925
- für bestimmte Pflichtwidrigkeiten 938
  - Verhältnis von OR 753 Ziff. 1 zu Ziff. 2, 940, Anm. 1716
- Rechtsnatur der Ansprüche aus Gründerhaftung 146, Anm. 317
- Schadensberechnung, s. dort
- spezifische und allgemeine Haftungsnormen 941
- Unabhängigkeit von Gründungsabschluss und Handelsregistereintrag 906
- Verhältnis zur
  - Haftung aus Geschäftsführung 915
  - Prospekthaftung 913 f.
- Verschuldensnachweis 339
- Kasuistik 956 ff.

Gründung, fehlerhafte
- Haftung der Gründer, s. Gründerhaftung
- Haftung der aktienrechtlichen Kontrollstelle 852
- und Prospekthaftung 967

Gründungsstadium
- Beginn und Ende 903 f.
- Beschränkung der Gründerhaftung auf das Gründungsstadium 902
- Haftung für Verhalten vor und nach dem Gründungsstadium 905

Gutgläubigkeit als Exkulpationsgrund 286

H

Handelsgesellschaften
- Haftung für Vertreter im Verwaltungsrat 719 ff., Anm. 1404, Anm. 1426
- Haftung für verdeckten Vertreter 704

Handlungsbevollmächtigte, Haftung allgemein 741

Hängigkeit mehrerer Klagen 44, 45

Haftung, s. auch Verantwortlichkeit
- Voraussetzungen allgemein 1, 6
- trotz Abwesenheit
  - verschuldeter 310, 312
  - unverschuldeter 311 f., Anm. 576
- bei Stillschweigen, Stimmenthaltung 313 f., Anm. 588
- der AG
  - für unerlaubte Handlungen ihrer Organe 611 ff.
  - aus Vertrag, Verhältnis zum Verantwortlichkeitsanspruch der Gläubiger 618 f.
- für fehlende Fachkenntnis 302 ff., Anm. 566 f.
- nach allgemeinem Haftpflichtrecht 602
- bei Kompetenzaufteilung und -delegation 319 ff.
- bei Mandatsniederlegung 754 ff.
- des neueintretenden Organs 747 ff.
- von besonders qualifizierten Personen 306
- eines im Verwaltungsrat tätigen Anwaltes 737
- eines Beistandes 744, Anm. 1457
- eines Beraters im Verwaltungsrat 736
- der Kontrollstellmitglieder insbesondere 852 ff.

- besonderer Sachverständiger und Kommissäre, s. Haftung, auftragsrechtliche
- des Gemeinwesens 731 ff.
- bei Unerfahrenheit 302
- bei Zeitmangel 308
- von Suppleanten 739 f.
- des fiduziarisch Tätigen 315 ff., Anm. 590
- bei Überbewertung von Sacheinlagen 603, Anm. 1202
- für jedes Verschulden 285 ff., Anm. 524
- von mit Verwaltung und Geschäftsführung Betrauten insbesondere 638 ff.
  - nach Abschluss des Gründungsstadiums 905
  - zeitlicher Geltungsbereich 747 ff.
- Reduktion, s. Herabsetzungsgrund
- Wegbedingung der Haftung 593, Anm. 1179, 697, Anm. 1359

Haftung, arbeitsvertragliche 556, Anm. 1168

Haftung, auftragsrechtliche
- bei Errichtung und Führung einer AG 592
- der Kommissäre nach OR 731 II, 590, 861
- der Kontrollstelle und der Verwaltung 587 ff., Anm. 1166 ff.
- der besonderen Sachverständigen (OR 723) 590, 861, Anm. 1174 ff.
- Verhältnis zur Haftung aus OR 754, 585, Anm. 1162

Haftung, ausservertragliche
- Beweislast mit bezug auf das Verschulden 133
- der Gründer 146, Anm. 317, 925
  - vor Beginn des Gründungsstadiums 905
- des Hauptaktionärs 707
- der Organe gegenüber der AG 137
- von Organpersonen, Verhältnis zur aktienrechtlichen Verantwortlichkeit 595 ff., Anm. 1189

- Prospekthaftung als ausservertragliche Haftung 147

Haftung aus Kaufvertrag bei Verkauf einer Aktienmehrheit 594

Haftung ex lege, Beweislastverteilung 138, 337 ff.

Haftung, vertragliche
- Ansprüche der Gesellschaft als vertragliche Ansprüche 136 f.
- Ansprüche von Aktionären als vertragliche Ansprüche
  - bei mittelbarem Schaden 139
  - bei unmittelbarem Schaden 138
- Beweislast mit Bezug auf das Verschulden 133
- Ansprüche von Gläubigern als vertragliche Ansprüche? 140 ff.
  - bei mittelbarem Schaden 144
  - bei unmittelbarem Schaden 144
- der Organe gegenüber der AG 136
- vor Beginn des Gründungsstadiums 905

Haftungsgrundlagen 3
- konkurrierende zivilrechtliche 585 ff.

Haftungsverschärfung
- durch die Statuten 593a
- Tendenz der Judikatur 1193 ff.

Handelsgesellschaft, Haftung für ihren Vertreter im Verwaltungsrat 716 ff., 719 ff., Anm. 1404, Anm. 1426

Handelsregistereintrag
- als Abschluss des Gründungsstadiums 904
- deklaratorischer, bei Bestellung eines Verwaltungsrates 699
- als Entstehungsvoraussetzung der AG 10, Anm. 40
- und Gründerhaftung 945 ff.
- als Klagevoraussetzung für die AG 10, Anm. 40

Handelsregisterführer und Gründerhaftung 937, Anm. 1710

Handlungsbevollmächtigter, Unterstellung unter die Organhaftung? 741

Häufigkeit von Verantwortlichkeitsansprüchen 1183 ff.

373

Hauptaktionär
- keine allgemeine Haftung 705, Anm. 1377
- Haftung nach OR 754ff., 706
- Haftung nach OR 41, 707, Anm. 1379f.

Herabsetzung der Schadenersatzpflicht
- im Aktienrecht allgemein 344
- gegenüber der AG und den Aktionären bei unangemessener Entschädigung? 358, Anm. 665
- gegenüber Aktionären und Gläubigern bei Gefälligkeitsauskunft? 359
- bei Fehlen der Verfolgung eigener Vorteile? 355f.
- bei Drittverschulden? 353f.
- bei Duldung spekulativer Geschäfte? Anm. 548
- bei leichter Fahrlässigkeit? 351f., Anm. 525, 360ff., 389ff.
- bei mangelnden Kenntnissen? 363
- bei Krankheit? 364
- bei allgemein verbreiteten Missständen? 293
- bei Mitverschulden staatlicher Behörden? 379, Anm. 694
- bei Notlage des Haftpflichtigen? 361
- bei Selbstverschulden? 281, 302, 345ff., 547, Anm. 1080
- sozialpolitisch begründete Herabsetzung für Arbeitnehmer 302
- bei fiduziarischer Tätigkeit? 315, 362
- bei uneigennütziger Tätigkeit? 357, Anm. 663
- bei Zeitmangel? 363
- konkurrierender Zufall als Herabsetzungsgrund? 353
- bei der Haftung für Sozialabgaben 1107

Hilfsperson
- Begriff 728, 657ff.
- Haftung bei Durchführung von Kontrollaufgaben 858, Anm. 1588
- Verschulden 334
- als Vertreter einer delegierenden Gesellschaft 728
- Haftung bei deren Beizug? 329f.

Hintermann
- Verantwortlichkeit des Hintermannes 703f., 706, Anm. 1373f., 730
- delegierende Gesellschaft als Hintermann 730

Höhe des einklagbaren Schadens bei mittelbarer Schädigung 232ff.

Hypothesen 273

I, J

Immaterielle Unbill infolge schuldhaften Verhaltens von Organpersonen 153

indirekter Schaden, s. Schaden, mittelbarer

Inkorporationstheorie 633
Innenverhältnis, Aufteilung im 404ff.
Interessenkonflikte von Verwaltungsratsmitgliedern 19, 307
Internationales Privatrecht, s. auch Delikts-, Personal- und Vertragsstatut, Zweigniederlassung
- bei Prospekthaftung 978ff.
- und aktienrechtliche Verantwortlichkeit im allgemeinen 631ff.

Invalidenversicherung 1115
Investitionsentscheid und Kontrollstellbericht Anm. 1599

Juristische Person
- delegierende
  - Haftung für Vertreter im Verwaltungsrat 716, 719ff., Anm. 1404, Anm. 1426
  - Haftung für verdeckten Vertreter im Verwaltungsrat 704
- als Kontrollstelle 334, 857
- Haftung 858, Anm. 1588

K

Kantonale Steuern 1061ff.
Kapitalerhöhung

Sachregister

- Anwendung der Geschäftsführungshaftung 907ff., 982
- Anwendung der Gründerhaftung? 907ff.
  - Verhältnis zu OR 754, 908ff., Anm. 1662f., 951
  - Verhältnis zur Prospekthaftung 981
- Anwendung der Prospekthaftung 969
  - Verhältnis zur Geschäftsführungshaftung 982
  - Verhältnis zur Gründerhaftung 913f.
- Haftung der aktienrechtlichen Kontrollstelle bei Kapitalerhöhungen 852, Anm. 1578

Kaufvertrag und Verantwortlichkeitsbestimmungen 594

Kausalhaftung, steuerrechtliche für Liquidatoren und Organe 1028, 1041

Kausalzusammenhang, s. adäquater Kausalzusammenhang, natürlicher Kausalzusammenhang

Kenntnis, der Aktionäre, Gläubiger usw., s. Einwilligung
- des Schadens und der Person der Ersatzpflichtigen als Beginn von Verjährungs-oder Verwirkungsfristen 498ff.

Klage nach OR 756 II
- Bedeutung der Klage 73f.
- aussergerichtliche Geltendmachung anstelle der Klage 67
- Klagerecht 65f.
- Leistung an Kläger 66
- gleiche Regelung bei Nachlassvertrag mit Vermögensabtretung 77f.
- Streitgenossenschaft 66
- Vergleich 67

Klageabweisung
- bei Klage der AG 316
- und weitere hängige Klagen 45
- bei fehlender Substantiierung 161

Klagelegitimation, doppelte, des Gläubigers 106, 229

Klagenhäufung 44

Klagekonkurrenz
- bei mittelbarem Schaden 24
- bei unmittelbarem Schaden 23

Klagerecht der AG, s. Verantwortlichkeitsansprüche und -klagen der AG

Klagerecht des Aktionärs, s. Verantwortlichkeitsansprüche und -klagen des Aktionärs

Klagerecht der Gläubiger, s. Verantwortlichkeitsansprüche und -klagen der Gläubiger

Klagerecht, selbständiges
- des Aktionärs 38, 41, 49, 52
  - aus mittelbarem Schaden 60f., 65, Anm. 190, 97
- des Gläubigers
  - aus mittelbarem Schaden 65, 97, 106f., Anm. 245, 463

Klagerecht, subsidiäres des Aktionärs 38, Anm. 102, 65

Klageverzicht
- der AG 38
- der GV 410
- der Konkursverwaltung 56, 60

Klumpenrisiken 811f.

Kollokation, ausreichend für das Klagerecht des Gläubigers? 110

Körperschaft, öffentlich-rechtliche, s. Gemeinwesen

Kommissäre im Sinne von OR 731 II, 590

Kompetenzaufteilung, Bedeutung für die Haftung 319

Kompetenzdelegation, Bedeutung für die Haftung 321

Konkurrenz
- von Klagen gegen AG *und* Organperson 613ff., 618
- von Klagen aus Gründer- und Prospekthaftung 913f.
- von Klagerechten Anm. 103, 126, 370ff.
- von Verantwortlichkeitsklagen
  - und Anfechtung von GV-Beschlüssen 621ff.
  - und Auflösungsklage nach OR 736 Ziff. 4, 626

375

- und Feststellungsklage 628f., Anm. 1243
- und Nichtigkeitsklage bezüglich GV-Beschlüssen 624
- und Rückerstattungsanspruch nach OR 678f., 627

Konkurs der AG
- Befugnisse der zweiten Gläubigerversammlung 16
- und Haftung der Liquidatoren 1005, Anm. 1857f.
- und Klage des Aktionärs nach OR 756 II, 66
- Klage durch Konkursverwaltung
  - anstelle der AG 20, Anm. 63
  - anstelle der Aktionäre 52
  - anstelle der Gläubiger 97
- Klagerecht des Aktionärs
  - aus mittelbarem Schaden 34, 41, 52, 66, 264
  - aus unmittelbarem Schaden 29
- Klagerecht des Gläubigers
  - aus mittelbarem Schaden 100ff., 204f., 264
  - aus unmittelbarem Schaden 80 in Verb. mit 29
- Solidarität zwischen Kontrollstelle und Verwaltung 377
- und Wirkung der Decharge 475
- paulianische Klagen Anm. 430

Konkursmasse, s. Masse

Konkursverwaltung
- und Abschluss von Vergleichen, s. Vergleich
- und Ansprüche gegen Gründer 554
- Beschwerde gegen deren Verfügungen 52
- Fristenlauf bei Geltendmachung
  - von Aktionärsansprüchen 509
  - von Gesellschaftsansprüchen 508
  - von Gläubigeransprüchen 508, 510
- Geltendmachung der Gesellschaftsansprüche 53
- Klage trotz Decharge
  - bei mittelbarem Schaden von Aktionären 53, 463
  - bei mittelbarem Schaden von Gläubigern 97, 102, 463
- Klageberechtigung
  - anstelle der Gläubiger 97, 101f., 475, 550, 553
  - als Vertreterin der AG 20, 463, 550
- Klageberechtigung im Bankenkonkurs 16
- Klageerhebung, Mitentscheidung
  - der Aktionäre 52
  - der Gläubiger 52, 101
- als Vertreterin der Gemeinschuldnerin 54
- Klagepflicht bei Aktionärsansprüchen 52f., 55
- Verzicht auf Geltendmachung von Aktionärsansprüchen 56
- Verzicht auf Geltendmachung von Gläubigeransprüchen 104

Kontrolle, s. Kontrollstelle

Kontrollstellbericht Anm. 1599

Kontrollstelle
- Dauer der Haftung 864f.
- auftragsrechtliche Haftung 585ff., Anm. 1166ff.
- juristische Person als 334, 857
  - Haftung 858, Anm. 1588
- Pflichten und Pflichtverletzungen 866ff., 874ff.
- Schadensberechnung bei Haftung der, s. Schadensberechnung
- Solidarhaftung mit Mitgliedern der Verwaltung und Geschäftsführung, s. Solidarität
- Haftung bei Ausübung aktienrechtlicher Funktionen 852
- Haftung bei Ausübung nicht spezifisch aktienrechtlicher Funktion 854
- Haftung bei erweitertem Aufgabenkreis (OR 731 I) 855
- Haftung bei fehlerhafter Gründung 852
- Haftung bei Kapitalerhöhungen 852, Anm. 1578

Kontrollstellmitglieder
- Ansprüche der AG gegen 13

– Dechargeerteilung an, s. dort
Konzern, Verantwortlichkeitsverhältnisse 708 ff., Anm. 1382 ff.
Krankheit 309
Kundgabe als Begründung der Organhaftung 676 ff., 689 ff.
Künftiges Recht 1209 ff.

L

Leistung
– an die AG bei mittelbarem Schaden des Aktionärs 36
– an Aktionäre
  – bei Klage aus unmittelbarem Schaden 30
  – bei Klage im Konkurs 72
– an Gläubiger bei Klage aus
  – mittelbarem Schaden 72
  – unmittelbarem Schaden 83
Liberierungspflicht
– nachträgliche, bei Scheineinzahlung 947
– bei Überbewertung von Sacheinlagen 603
Liquidation
– und Klageberechtigung der AG 10
– Klagerecht analog OR 756, 77
– stille Anm. 1854
Liquidatorenhaftung
– Anwendungsbereich 1002 ff.
– und Geschäftsführungshaftung 1002
– als Haftung für jede Pflichtwidrigkeit 1009
– Kasuistik 1011 ff.
– bei Konkursaufschub 1003
– verantwortlicher Personenkreis 1006 ff., Anm. 1864
– bei der Bestellung einer juristischen Person als Liquidator 1007
– für Steuern 1035 ff.
– für Sozialabgaben 1071 ff.
– Verhältnis zur Haftung nach SchKG 5, 1005, Anm. 1857 f.
– steuerrechtliche 1028, 1041

Löschung der Gesellschaft, Auswirkungen auf die Verantwortlichkeitsansprüche 537 ff.

M

Masse
– deren Ansprüche gemäss SchKG 260 I, 57 f.
– Einreden gegen Masseansprüche 102
– Gläubiger als Prozessführungsbevollmächtigter der Masse 106, 144
– Gläubigerentschädigung aus 55
– Prozessbevollmächtigte der Masse 61
– Schadenersatzleistung an die Masse bei mittelbarem Schaden 55, 103
– und Überschuss nach SchKG 260 II, 72, 103 in Verb. mit 72
Materielle Kontrolle 1149
Materielle Organfunktion 657 ff., 685 ff.
– fehlender Versicherungsschutz 1177
– bei faktischer Ausübung des Kontrollstellmandats 859 f.
Mehrheit von Klageberechtigten
– mehrere mittelbar Geschädigte 127
– mehrere unmittelbar Geschädigte 23, 125
– unmittelbar und mittelbar Geschädigte 126
Mehrheit von Klagerechten bei gleichzeitiger mittel- und unmittelbarer Schädigung 129
Minderheit im Verwaltungsrat als Verantwortliche 13
Minderheitsaktionäre und Haftungsrisiko 1120
Mittelbarer Schaden s. Schaden, mittelbarer
Muttergesellschaft
– und Verantwortlichkeit ihrer Organe 708
– ihr selbst gegenüber 709, Anm. 1382

377

- gegenüber eigenen Aktionären und Gläubigern 709
- gegenüber der Tochtergesellschaft 710, Anm. 1386
- gegenüber Aktionären und Gläubigern der Tochtergesellschaft 710 ff.
- Verantwortlichkeit gegenüber der Tochtergesellschaft 708, 710 a.E., Anm. 1387

N

Nachlassvertrag mit Vermögensabtretung
- und mittelbarer Schaden
  - des Aktionärs 77 f.
  - des Gläubigers 100, 116 in Verb. mit 77 f.
- Vermögenszugehörigkeit der Verantwortlichkeitsansprüche 77

Namenaktien, vinkulierte
- eingetragener Aktionär
  - und mittelbarer Schaden 47
  - und unmittelbarer Schaden 31, Anm. 90
- nichteingetragener Erwerber 31, Anm. 90, 47
  - und mittelbarer Schaden 47
  - und unmittelbarer Schaden 31, Anm. 90

natürlicher Kausalzusammenhang 266 f.
- als Tatfrage 278

Nichtigkeit von Gesellschaftsbeschlüssen und Verantwortlichkeit 624

Notar s. Urkundsperson

O

Obergesellschaft s. Muttergesellschaft

Objektivierter Verschuldensmassstab
- bei Verantwortlichkeitsansprüchen allgemein 134, 292 ff., 296 f.
- Bedeutung für die Beweislastverteilung 134, 341

- Bedeutung der subjektiven Entschuldbarkeit 295
- Konkretisierung 297

Obligationen, s. Anleihensobligationen

Obligationäre, Klagerecht aus Prospekthaftung, Voraussetzungen 914

Organ
- Begriff allgemein 638 ff.
  - im Strafrecht 648
  - im Sozialversicherungsrecht 648
- Eigenschaften Anm. 209
- der Muttergesellschaft
  - Verantwortlichkeit ihr gegenüber 709, Anm. 1382
  - Verantwortlichkeit gegenüber der Tochtergesellschaft 708, 710, Anm. 1386
- als Teil der juristischen Person Anm. 205

Organeigenschaft
- als Haftungsvoraussetzung 638 ff.
- des fiduziarischen Verwaltungsrates 315 ff., 362, 697
- des stillen Verwaltungsrates 700
- des Hintermannes 703
- des verdeckten Vertreters einer juristischen Person 704
- des Hauptaktionärs 705 ff.
- der Muttergesellschaft 708 ff.
- der delegierenden Gesellschaft 727 f.
- von Beratern 736 f.
- von Direktoren, Prokuristen und Handlungsbevollmächtigten 741, 743
- von nicht Zeichnungsberechtigten 743
- des Sekretärs des Verwaltungsrates 742
- des Beistandes 744

Organfunktionen
- formelle 7, 654 ff., 772 ff.
- materielle 7, 657 ff., 779, s. auch Organeigenschaft
- durch Kundgabe 676 ff., 780
- und Haftungsumfang 680 ff.

– der mit Verwaltung und Geschäftsführung Betrauten 652f.
Organhaftung der Gesellschaft, Verhältnis zur Verantwortlichkeit 611ff.
Organisation, angemessene und Haftungsrisiko 1127ff.
Organisationsreglement 1129
Organperson
– Ansprüche von Privatgläubigern gegen 85
– Ausschluss des Stimmrechts, s. Stimmrechtsausschluss
– Ausschluss von Verantwortlichkeitsansprüchen gegen 154
– strenge Beurteilung des Verhaltens von 1193ff., Anm. 2169, Anm. 2171, Anm. 2182
– Dauer der Haftung 747ff.
– Dechargeerteilung an einzelne Organpersonen 459
– Exkulpationsmöglichkeiten 301f., 308ff., Anm. 566f., s. auch Exkulpation
– fiduziarisch tätige 315ff., 362, 697f.
– mit strafrechtlicher Garantenstellung 1021, Anm. 1895
– Haftung gegenüber der AG
  – ausservertragliche 137
  – vertragliche 136
– arbeitsvertragliche Haftung 586, Anm. 1165
– auftragsrechtliche Haftung 585, 588, Anm. 1162, Anm. 1170
– steuerrechtliche Haftung 1028f., 1040, 1142
– Handeln aufgrund von GV-Beschlüssen 544ff., Anm. 1073
– und Schadenersatzanspruch der AG 544
– Handeln, allgemein pflichtgemässes und Vorteilsanrechnung 164
– Handeln mit Zustimmung aller Aktionäre 549, Anm. 1086
– im Sinne der Verantwortlichkeitsbestimmungen 654, s. auch Organeigenschaft

– Stimmrechtsausschluss bei Decharge 417f., Anm. 797
– und Umfang ihrer Geschäftstätigkeit 298ff.

P

Partizipanten, deren Ansprüche und Klagerecht 117ff., 972, 1229a
Personalstatut 631ff., 978, Anm. 1795
Pflichtaktien, Bedeutung der Subrogation 407
Pflichten
– der mit Verwaltung und Geschäftsführung Betrauten 771ff.
– der Kontrollstelle 866ff.
Pflichtverletzung
– Ausschluss des Klagerechts trotz Pflichtverletzung 22
– durch schuldhaft schlechte Prozessführung Anm. 430
– als Verantwortlichkeitsvoraussetzung 249, 374
Pflichtverletzungen eines Organs
– gegenüber der AG 86, 240, 258
– und Ausschluss von Verantwortlichkeitsansprüchen 154
– fahrlässige 290
– gegenüber Gläubigern 86, Anm. 210, 258ff., 241
– und unmittelbarer Schaden der AG 191
Pflichtverletzungen von Mitgliedern der Verwaltung und Geschäftsführung, Kasuistik 781ff.
Pflichtverletzungen der Kontrollstelle, Kasuistik 874ff.
Pflichtverletzungen von Gründern
– Kasuistik 956ff.
– und unmittelbarer Schaden der AG 191
Pflichtverletzungen von Prospekthaftpflichtigen
– Kasuistik 995ff.
Pflichtverletzungen von Liquidatoren, Kasuistik 1011ff.

Pflichtwidrigkeit
- Begriff 250ff.
- eigene 271, Anm. 498
- als adäquate Schadensursache 266ff., 269f., 271f.
- Tatbestände (Übersicht) 253ff.
- als Teilursache des Schadens 270
- Ausschluss
    - bei Ausführung von GV-Beschlüssen 265
    - bei Handeln auf Weisung des Verwaltungsrates 265
    - durch Einwilligung des Geschädigten 262f.

Praktische Bedeutung der Verantwortlichkeit 1182ff.

Prämienzahlung durch die Gesellschaft 1181

Präsident des Verwaltungsrates 696, Anm. 1357, 404

Prävention s. Vermeidung der Haftung

Prokurist 741ff.
- Haftung im Sozialversicherungsrecht 1075

Prospekt, Pflicht zu 968f.

Prospekthaftung
- Anwendungsbereich im allgemeinen 967ff.
- bei der Gründung 967f.
- bei der Kapitalerhöhung 969
- bei Aktienausgabe
    - einer schweizerischen AG 978 Anm. 1794f.
    - einer ausländischen Gesellschaft in der Schweiz 979f.
- bei unrichtigen Angaben in Prospekten 974, 991ff.
- bei unrichtigen Angaben in Zirkularen oder ähnlichen Kundgebungen 975, 991ff.
- beim Fehlen eines Prospekts 976
- bei Unvollständigkeit des Prospekts 977
- beim Börsenprospekt 973
- Klagerecht von Aktionären und Obligationären 914, 987
    - nur aus unmittelbarer Schädigung 914, 994, Anm. 1844
- Klagerecht von
    - späteren Aktien- und Obligationenerwerbern 988f., Anm. 1833f.
    - Erwerbern von Genuss- und Partizipationsscheinen 117ff., 972, 987
    - Wandel- und Optionsobligationären 987
    - Zeichnern 988f.
- kein Klagerecht der AG Anm. 329, 914, 990, 994
- kein Klagerecht von Gläubigern ausser Obligationären 990
- bei Obligationenausgabe 971
- durch ausländische Gesellschaft in der Schweiz 980
- Verhältnis zur Haftung nach OR 1156 III, 971, Anm. 1775, 980
- verantwortlicher Personenkreis 984ff.
- Zeichnungsstelle insbesondere 986, Anm. 1822
- und Prospektzwang 980, Anm. 1798
- Rechtsnatur der Ansprüche aus Prospekthaftung 147, 340
- bei Simultangründungen 968, Anm. 1766
- bei Sukzessivgründungen 968, Anm. 1766
- Verhältnis zur Geschäftsführungshaftung 982
- Verhältnis zur Gründerhaftung 913f.
- Verschuldensnachweis 340
- Kasuistik 995ff.

Prospektzwang gemäss OR 1156, 980, Anm. 1798

Prozesserlös
- je nach Aktienbesitz 581
- Verteilung nach SchKG 260 II, 72
- Verwendung des 56, 72, 111 in Verb. mit 72

Prozessführungsrecht
- des Aktionärs 61, 207ff.
- des Gläubigers 106f., 207ff.

Q

Quorum für die Erteilung der Decharge 413f., Anm. 787ff.
Quoten, Berechnung nach SchKG 260 II, 73

R

Realitätstheorie Anm. 205
Rechtsanwalt, Haftung des im Verwaltungsrat tätigen 737
Rechtshängigkeit, s. Hängigkeit
Rechtsirrtum und Verjährung 505
Rechtsmissbrauch bei Verzögerung der Geltendmachung von Verantwortlichkeitsansprüchen 531f.
Rechtsnatur
– der Verantwortlichkeitsansprüche im allgemeinen 131ff.
– der einzelnen Klagerechte 40ff., 97, 207ff.
– der Klage aus mittelbarem Schaden 207ff.
Reform des Verantwortlichkeitsrechts 1209ff.
Reduktionsgrund, s. Herabsetzung der Schadenersatzlicht
Regress
– und externe Befreiung eines Haftpflichtigen 408
– und Dechargeerteilung 460
– Einreden der Haftpflichtigen 405f.
– Gerichtsstand 567
– Kriterien für die Schadensaufteilung 404, Anm. 766
– gegenüber Mitverantwortlichen 402
– definitive Schadenstragung 401
– aktienrechtliche Spezialbestimmung 366
– Streitverkündung 406
– Subrogation 407
– und Verjährung 517f.
– auf Vertreter des Gemeinwesens 734, Anm. 1439

– gegen Zahlungsunfähige 403, Anm. 762
– Verfahren zur Feststellung 409
Revisionshandbuch Anm. 545
Revisionsstelle
– bankengesetzliche Anm. 17, 591, Anm. 1177, 863
– nach OR 732 II, 590, Anm. 1174ff.
Risikoverteilung 811f.
Rückerstattungsanspruch (OR 678f.), Verhältnis zu Verantwortlichkeitsansprüchen 627
Rückerstattungsvereinbarungen, Unzulässigkeit 559, 593
Rückgriff, s. Regress

S

Sacheinlagen, Überbewertung 603
Sachverständige
– im Sinne von OR 731 II, 590
– Pflicht zu deren Beizug 305, Anm. 566f., 1154
Sachwalter gemäss OR 725 IV, Liquidatorenhaftung 1008, Anm. 1864
Schaden
– Begriff 149
– direkter, s. unmittelbarer
– Festsetzung durch Richter 159
– Feststellbarkeit 154
– individueller, s. unmittelbarer
– Kenntnis des 450f.
– mittelbarer, unmittelbarer: Abgrenzung 186ff.
– primärer, s. unmittelbarer
– Relevanz, aktienrechtliche 152f.
Schaden, mittelbarer
– von Aktionären und Gläubigern 24, 187, 193f., 200, 264
– von Aktionären insbesondere 201
– von Gläubigern insbesondere 203f.
– Höhe des einklagbaren Schadens 233ff.
– künftiges Recht 248, 1239, 1242
Schaden, unmittelbarer
– Begriff 188f.
– der AG 187, 190, 193f., 200ff., 264
– durch Gründer 191

- durch Organpersonen 191
- bei Prospekthaftung 192
- von Aktionären, Beispiele 195
- von Gläubigern, Beispiele 197
- von Aktionären und Gläubigern 23, 187, 190
- des eingetragenen Aktionärs 31, Anm. 90
- des nichteingetragenen Aktionärs 31, Anm. 90
- der Zeichner 192

Schadenersatzanspruch, Berechtigte 8 ff.
Schadenersatzbemessung 342 ff.
Schadensberechnung 157 ff., insbes. 166 ff.
- bei Gründerhaftung
  - infolge vorzeitiger Aktienausgabe 183
  - infolge Nichtbenachrichtigung des Richters 177
  - infolge unwirksamer Sacheinlage 169, 172
  - infolge verschleierter Sachgründung 170, 173
  - infolge Scheineinzahlung 168, 171
  - infolge Überbewertung der Sacheinlage 184
- bei Haftung der Kontrollstelle 180 ff.
- bei Haftung der Verwaltung
  - infolge fehlerhafter Anlage 175
  - infolge Erwerbs spekulativer Aktientitel 176
  - für gedeckten Schaden 179

Schadenseintritt
- Bestimmung durch richterliches Ermessen 160
- Darlegung durch Kläger 159

Schadensnachweis
- Beweislast 157
- bezüglich Existenz und Umfang 157 ff., 160

Scheineinzahlung
- und nachträgliche Liberierung 947
- als Tatbestand der Gründerhaftung 947

Schiedsgerichtsbarkeit, s. Schiedsgerichtsklausel
Schiedsgerichtsklausel, statutarische, für Verantwortlichkeitsklagen 579, Anm. 1148
Schweigepflicht und Beizug von Fachleuten Anm. 567
Selbstverschulden
- des Geschädigten 345 ff.
- der Gesellschaft 378, 547

Sekretär des Verwaltungsrates, Haftung allgemein 742
Simultangründung
- Beginn der Gründertätigkeit 903
- Prospekthaftung 968, Anm. 1766

Sitz der Gesellschaft
- als Gerichtsstand 562 ff.
- Massgeblichkeit im internationalen Privatrecht 631 ff.

Solidarität
- echte 367, 377, 397
- gesetzliche 365 f., 381
- Anwendbarkeit von OR 44, 386, 388
- «gemeinsame Schadensverschuldung» 368
- beim Setzen nur einer Teilursache 385
- Berücksichtigung leichten Verschuldens? 369 ff., 1197 f., 1246
- und Gesamtschuldnerschaft 369 ff.
- Haftungsvoraussetzungen 374 f., Anm. 685
- zwischen Mitgliedern der Kontrollstelle und der Verwaltung 377 ff.
  - bei Verschulden *beider* Organe 378
  - bei Verschulden *eines* Organs 378, Anm. 692
- für Steuerforderungen 1028, 1041
- Regress, s. dort
- Befriedigung des Geschädigten als Ziel 373
- Haftung eines jeden für den ganzen Schaden 380 ff.
- Beginn der Verjährungsfrist 515 f.
- und strafrechtliche Verjährungsfrist 529, Anm. 1049

- Wirkung von
  - Erlass 371
  - Stundung 371
  - Urteil 371
  - Vergleich 371

Sonderaufträge von Organpersonen 587f.

Sorgfalt
- im Verantwortlichkeitsrecht 292
- Mass 294, 306f.
- Anforderungen an die Organpersonen 299f.
- wie in eigenen Angelegenheiten 301, Anm. 555
- beim Beizug von Fachleuten 305, Anm. 566f.
- bei besonders qualifizierten Personen 306, Anm. 570
- und Risiko der Verantwortlichen 293f., Anm. 544, Anm. 548
- der Aktionäre bei Decharge 446
- diligentia quam in suis 301

Sozialabgaben, persönliche Haftung für 1067ff.
- AHVG 1070ff.
- BVG 1114
- Invalidenversicherung 1115
- Erwerbsersatzordnung 1115
- Familienzulagen in der Landwirtschaft 1115
- Beiträge zur Arbeitslosenversicherung 1115
- Fehlen des Versicherungsschutzes 1173, 1175

Sozialversicherungsstrafrecht 1026

Statuten, Abänderung der gesetzlichen Ordnung, der Verantwortlichkeitsansprüche 593, Anm. 1179f.

Steuern, Haftung für 1028ff.
- Verrechnungssteuer 1035ff.
- Direkte Bundessteuer 1053ff.
- Entwurf für ein BG über die direkte Bundessteuer 1055
- Warenumsatzsteuer 1056
- Stempelsteuergesetz 1057
- Tabaksteuergesetz 1058ff.
- Kantonale Steuergesetze 1061ff.
- Steuern nach OR 754, 1066

- Fehlender Versicherungsschutz 1174

Steuerstrafrecht 1024f., Anm. 1911

Stille Liquidation Anm. 1854, Anm. 1875

Stiller Verwaltungsrat 699f.
- Entlastung Anm. 893a
- Versicherungsschutz 1177

Stimmrechtsausschluss bei Decharge 416ff.

Stimmrechtsaktien, erhöhte Stimmkraft 15, Anm. 54, 415, Anm. 792

Stimmrechtsprivilegien, s. Stimmrechtsaktien

Strafrechtliche Verantwortlichkeit 1019ff.
- im Steuerrecht 1024f.
- im Sozialversicherungsrecht 1026

Strafsteuern 1024
- Versicherbarkeit 1176

Strafurteil, Bindung des Zivilrichters 526, Anm. 1040

Streitgenossenschaft
- aktive Anm. 146
- einfache Anm. 114
- bei Klage nach OR 756 II, 66
- Befriedigung nach SchKG 206 II, 72

Streitverkündung im Regress 406

Streitwert und Gesamtschaden 581, Anm. 1156

Strohmann
- Haftung
  - externe 315
  - interne 316f.
- und Stimmrechtsbeschränkung 422

Subrogation im Regress 407

Substantiierung von Verantwortlichkeitsklagen 148, 158f., 338

Sukzessivgründung
- Beginn der Gründertätigkeit 903
- Prospekthaftung 968

Suppleant, aktienrechtliche Verantwortlichkeit 739f.

T

Teilursache und Umfang der Haftpflicht 385
Tochtergesellschaft
- und Verantwortlichkeit der Muttergesellschaft selbst 708, 710 a.E., Anm. 1387
- und Verantwortlichkeit der Organe der Muttergesellschaft 708, 710, Anm. 1386

Treuhänderische Tätigkeit als Verwaltungsrat 697f., 1144f.

U

Überbewertung von Sacheinlagen 603
Übernahme
- des Haftungsrisikos durch die Gesellschaft? 593
- der Versicherungsprämien durch die Gesellschaft 561, 1181

Überwachungspflicht 1132
Undelegierbare Kompetenzen 322, 1131ff., 1223
Unerlaubte Handlung s. Handlung, unerlaubte
Unentgeltlichkeit als Grund für Schadensersatzreduktion? 355ff.
Untergang des Anspruchs
- der AG
  - infolge Decharge 97, 458
  - infolge Urteils und Vergleichs 483ff.
- der Aktionäre infolge Decharge 53, 458, 466
- der Gläubiger infolge Decharge 473, Anm. 934f.
- der Genussscheinberechtigten und Partizipanten infolge Decharge? 123
- durch Urteil und Vergleich 482f.
- gegen Verwaltungsräte trotz ungültiger Entlastung 429

Untergang des Klagerechts
- der AG durch Decharge 97
- der Aktionäre
  - durch Decharge 53, 97
- durch spezielle Erlöschensgründe 48
- durch Vergleich 482, 40ff., 102
- der Gläubiger
- durch Decharge 458
- durch Vergleich 482, 40ff., 102
- der Genussscheinberechtigten und Partizipanten infolge Decharge? 123

Urkunde im Sinne von OR 753, Ziff. 2, 949f., Anm. 1733
Urkundsperson
- und Gründerhaftung 933ff., Anm. 1698ff.
- Prüfungspflicht 936, Anm. 1707

Urteil, s. Vergleich
Urteilsfähigkeit als Verschuldensvoraussetzung 291

V

Verantwortlichkeit 1, Anm. 1, s. auch Haftung
- unterstellter Personenkreis 6f., 638, Anm. 1258, 657ff., 852ff., 916ff., 984ff., 1005f.
- aktienrechtliche im Verhältnis zu anderen Haftungsgrundlagen 585ff., 595ff.
- bankgesetzliche 2, Anm. 17
- für Sozialabgaben 1067ff.
- steuerrechtliche 1028ff.
- strafrechtliche 1019ff., Anm. 1891ff.
  - bei der Einmann-AG 1022
  - von Organpersonen mit Überwachungsaufgaben 1021, Anm. 1893f.
- zivilrechtliche, s. Haftung, arbeitsvertragliche, auftragsrechtliche, ex lege

Verantwortlichkeitsklage (im allgemeinen)
- praktische Bedeutung der 1182ff.
- Häufigkeit der 1201ff.
- Hindernisse 1191

Verdeckter Verwaltungsrat 701
- Entlastung Anm. 893a
- Versicherungsschutz, fehlender 1177

Vereinigung mehrerer Klagen 44, 128
Vergleich 482 ff.
– der AG und Klage des Aktionärs
  – Gleichsetzung mit Urteil 492
  – bei mittelbarem Schaden 487 ff., Anm. 955, Anm. 957
  – bei unmittelbarem Schaden 486
– der AG und Klage von Gläubigern 494 ff.
  – bei mittelbarem Schaden 496
  – bei unmittelbarem Schaden 495
– mit extern Haftpflichtigen 408
– durch die Konkursverwaltung
  – und Bindung der Aktionäre 493, Anm. 976
  – und Bindung der Gläubiger 496
– und Regelung bei Decharge 490 ff., Anm. 957
– Wirkungen für Solidarschuldner 371, 408
– Untergang der Klagerechte?
  – der AG 483 ff.
  – der Aktionäre 67, 486 ff.
  – der Gläubiger 111 in Verb. mit 67, 494 ff.
– und befreiende Wirkung für Organpersonen 492, Anm. 967
– und Zustimmung von Aktionären 492 f., Anm. 965
Vergleich, unangemessener, Anfechtung durch paulianische Klagen 227, Anm. 430
Vergleichserlös, Verwendung 72
Verhältnis von Klagerechten der Aktionäre und Gläubiger 65, 112 in Verb. mit 65, 113 f.
Verjährung 498 ff., s. auch Verjährungsfrist
– und Rechtsirrtum 505
– von Regressansprüchen 517 f.
– bei unmittelbarem Schaden des Aktionärs 28
– strafrechtliche 498, 516, 518, 522 ff.
  – absolute 528
  – Beginn 527, Anm. 1042
  – Geltungsbereich 529
  – gegenüber juristischen Personen 529, Anm. 1048

  – Verhältnis zu zivilrechtlicher 522 ff.
  – Voraussetzung 525
– Unterbrechung 519, 528
  – bei Solidarschuldnern 372, 518
  – im Verantwortlichkeitsrecht allgemein 498 ff.
– Verzicht auf die Einrede der Verjährung 520
Verjährungsfrist 498 ff.
– Beginn 506 f.
– bei mehreren schädigenden Handlungen 513
– und Kenntnis des Ersatzpflichtigen 502 ff.
– und Kenntnis des Schadens 502 ff.
– von OR 760, 498, 502, 521, Anm. 1026
  – Beginn 502, 504
  – bei Solidarschuld 515 f.
  – bei der Haftung für Sozialabgaben 1112
Vermeidung der Haftung
– als Verwaltungsratsmitglied 1117 ff.
– als Kontrollstelle 1147 ff.
Verrechnung von Schadenersatzansprüchen mit Gegenforderungen 531 f.
Verrechnungssteuer 1035 ff.
Verschärfung der gesetzlichen Verantwortlichkeit 593a
Verschulden
– als Verantwortlichkeitsvoraussetzung
  – allgemein 285
  – Ausnahme vom Grundsatz 951
  – bei Solidarität 374 f.
– Beurteilung des schuldhaften Verhaltens 289
– Beweislast 337 ff.
– leichtes, bei Solidarhaftung 389 ff.
– Mass des, s. objektivierter Verschuldensmassstab
– von juristischen Personen als Kontrollstelle 334
– und definitive Schadenstragung 401 ff.

385

Sachregister

- Urteilsfähigkeit als Voraussetzung 291
- Zeitpunkt für die Beurteilung 335

Versicherung der Verantwortlichkeitsrisiken
- allgemein 1160ff.
- Umfang und Grenzen der Versicherungsdeckung 1167ff.
- Übernahme der Versicherungsprämien durch die Gesellschaft 561, 1181

Vertragliche Haftung der Gesellschaft und Verantwortlichkeit 618

Vertragsstatut 637

Vertreter
- und Ausschluss des Stimmrechts, s. Stimmrechtsausschluss
- des Gemeinwesens 421, 731ff.
    - durch GV bestellter 735
    - Haftung 733
    - Regress auf 734, Anm. 1439
- von juristischen Personen und Handelsgesellschaften 716ff.
- Konkursverwaltung als Vertreter des Gemeinschuldners 54
- verdeckter, einer juristischen Person 704, 729, Anm. 1432

Vertreterbestellung
- durch den Richter 15
- und Stimmrechtsaktien 15

Vertretung der AG
- nach Abtretung ihres Anspruchs 21
- durch besonderen Bevollmächtigen 18
- bei Interessenkonflikten von Verwaltungsratsmitgliedern 19
- im Konkurs 20, 463
- Sonderfälle 19
- durch die Verwaltung 17

Vertretung von Gläubigern durch einen Aktionär infolge «Abtretung» nach OR 756 II, 61

Verwaltung 1, 7, s. auch Geschäftsführung, Geschäftsführungshaftung
- Aufklärungspflicht bei Decharge 441ff., 454
- Begriff ihrer Tätigkeit 649
- Dechargeerteilung, s. dort

- Pflichten und Pflichtverletzungen 771ff., 781ff.
- Solidarhaftung, s. Solidarität

Verwaltungsrat 638ff., 695ff.
- im Verwaltungsrat tätiger Anwalt, Haftung 737
- im Verwaltungsrat tätiger Berater, Haftung 736f.
- fiduziarischer
    - und aktienrechtliche Verantwortlichkeit 697
    - Wegbedingung der Haftung 697, Anm. 1359
- juristische Person oder Handelsgesellschaft, Haftung für delegierten Verwaltungsrat 716
- stiller
    - Begriff 699
    - Verantwortlichkeit des 700
- verdeckter
    - Begriff 701
    - der Tochtergesellschaft Anm. 1386
    - Verantwortlichkeit 701
- Vertreter
    - von Gemeinwesen 716ff.
    - von Handelsgesellschaften 716ff.
    - von juristischen Personen 716ff.
- Sekretär des Verwaltungsrates 742
- Bindung an Dechargebeschluss 430
- und gegenseitige Dechargeerteilung, s. dort

Verwaltungsratsminderheit und Ansprüche der AG gegen 13

Verwirkung 498ff.
- des Klagerechts des Aktionärs
    - aus mittelbarem Schaden 472, Anm. 926, Anm. 930

Verzögerung, rechtsmissbräuchliche der Geltendmachung 531f.

Vinkulierung, s. Namenaktie, vinkulierte

Volenti non fit iniuria 544ff.

Vollmachten, Einräumung von 1137ff.

Vollstreckung der Ersatzansprüche 583f.
- bei der Klage aus unmittelbarem Schaden 583

386

- bei der Klage aus mittelbarem Schaden 584
Vorteilsanrechnung im Verantwortlichkeitsrecht 163f.

W

Wegbedingung der Haftung durch statutarische oder vertragliche Bestimmung 593
Weisungen der Generalversammlung 548, Anm. 1084
Widerrechtlichkeit, s. Pflichtwidrigkeit
Wiedereintragung der gelöschten Gesellschaft als Voraussetzung für die Geltendmachung von Verantwortlichkeitsansprüchen? 542f.
Willkürlicher Charakter der Verantwortlichkeitsansprüche 1183ff.

Z

Zeichnungsberechtigter
- Haftung 743
- und Klageberechtigung bei Prospekthaftung 988
Zeichnungsberechtigung und Organstellung 656, 743
Zeitlicher Geltungsbereich 747ff., 864f.
Zeitpunkt
- des Beginns der Verantwortlichkeit 748ff.
- der Beendigung der Verantwortlichkeit 755ff.
- im Sozialversicherungsrecht insbes. 758, 1111
Zession, s. Abtretung
Zusätzliche Aufgaben, ausserhalb der Organpflichten 587ff., 736, 854
Zuständigkeit
- örtliche 568, Anm. 1123
- sachliche 568, Anm. 1123
Zustimmung der Aktionäre, Gläubiger usw., s. Einwilligung
Zweigniederlassung 636
Zwingender Charakter der Verantwortlichkeitsbestimmungen 593